Geoffrey A. Barborka

O PLANO DIVINO

Um estudo sobre *A Doutrina Secreta*

Geoffrey A. Barborka

O PLANO DIVINO

Um estudo sobre *A Doutrina Secreta*

Especialmente para o proveito daqueles que desejam ler e obter um entendimento mais aprofundado de A Doutrina Secreta *– apresentando uma exposição das doutrinas da filosofia esotérica, analisando e explicando todos os termos utilizados*

Tradução de Gisele Cunha

EDITORA
TEOSÓFICA

THE THEOSOPHICAL PUBLISHING HOUSE
ADYAR, MADRAS 600020, INDIA
2015

B 645	Barborka, Geoffrey A.
	O Plano Divino Brasília, DF: Editora Teosófica, 2022. 532p.
	Tradutora: Gisele Cunha Título original: The divine plan ISBN: 978-85-7922-218-4
	1. Teosofia 2. Ocultismo II. Título
	CDU 141.332

EDITORA TEOSÓFICA
SIG Quadra 6, Nº 1235
70.610-460 – Brasília-DF – Brasil
Tel.: (61) 3322-7843
E-mail: editorateosofica@editorateosofica.com.br
Site: www.editorateosofica.com.br
Instagram: @editorateosofica
Whatsapp: 61 9 8613-4906

Revisão: Cristina Coelho Raymundo, Valéria Marques de Oliveira e Usha Velasco
Capa e diagramação: Usha Velasco

Este trabalho é dedicado a
Helena Petrovna Blavatsky

Agradecimentos

Agradecemos, primeiramente, aos membros do Projeto Pioneiros, que, pela generosidade e ampla visão da importância do ensinamentos teosóficos, nos têm proporcionado o acesso a importantes literaturas teosóficas, traduzindo-as para a língua portuguesa e disponibilizando-as para posterior publicação pela Editora Teosófica. Dessa forma eles têm contribuído enormemente para a difusão do conhecimento teosófico a um número cada vez maior de brasileiros.

Nossos especiais agradecimentos são dirigidos à Gisele Cunha, membro da Sociedade Teosófica. Através de seu trabalho, de forma voluntária, ela traduziu, em 2000, esta obra para o português, primeiramente disponibilizando seu trabalho para teósofos do Rio de Janeiro (RJ) e, finalmente, cedendo os direitos da tradução à Editora Teosófica. Sem a sua valiosa contribuição, não nos teria sido possível concretizar a presente obra.

SUMÁRIO

CAPÍTULO III

A DOUTRINA DAS HIERARQUIAS — 74

CAPÍTULO IV

A DOUTRINA DA IDENTIDADE ESSENCIAL — 107

CAPÍTULO V

A DOUTRINA DA MUDANÇA CONTÍNUA — 124

CAPÍTULO XII

PREFÁCIO DA EDITORA

O Plano Divino (*The Divine Plan*. Wheaton, Illinois, USA: Theosophical Publishing House, 1961), do Sr. Geoffrey Avery Barborka (1897-1982), é um magnífico resumo sistemático da obra máxima da Sra. Helena Petrovna Blavatsky (1831-1891), *A Doutrina Secreta*, publicada originalmente em 1888. Barborka foi membro da Sociedade Teosófica, e destacou-se como um estudante sério e profundo da vida de H.P. Blavatsky, sua obra e ensinamentos, tendo apresentado vários sobre *A Doutrina Secreta*, principalmente nos Estado Unidos da América. Escreveu também outras obras, dentre as quais se destacam *H.P. Blavatsky, Tibete e Tulku*,[1] publicada pela Editora Teosófica, bem como *The Mahatmas and Their Letters*,[2] ainda não traduzido à língua portuguesa.

Blavatsky afirma, no Prefácio de *A Doutrina Secreta*, que o objetivo de sua obra era "demonstrar que a Natureza não é 'uma aglomeração fortuita de átomos'."[3] Barborka percebeu que, na verdade, era muito mais, dedicando lhe este estudo sistemático, como afirma em seu prefácio: "Esta obra tem como título O PLANO DIVINO porque o autor acredita que *A Doutrina Secreta* testemunha a existência de um Plano Divino[...]. Essa Sabedoria Antiga, ou Filosofia Esotérica, representa os ensinamentos que foram trazidos para a humanidade por Seres Divinos que a iluminaram durante [...]" épocas primevas... Como também comenta Krishnamurti, em *Aos Pés do Mestre* (Ed. Teosófica), a respeito do plano divino: "[...] esse plano é a evolução. Quando o homem o tiver visto uma vez, e realmente o conhecer, não poderá deixar de cooperar com ele, tornando-se uno com ele, por ser tão glorioso e tão belo."[4] Na verdade, é um tema tão motivador, pois está diretamente relacionado ao propósito da vida, que vários autores também tentaram apresentar sínteses de *A Doutrina Secreta* ou comentários de seus fragmentos, tais como *A Genealogia do Homem*,[5] de autoria da Dra. Annie Besant, e também de Besant & Leadbeater, a obra *O Homem: donde e como veio, e para onde vai?*,[6] bem como *O Sistema Solar*,[7] de Arthur Edward Powell. Uma importante atualização do argumento científico de *A Doutrina Secreta*, uma vez

---

[1] BARBORKA, Geoffrey. *H. P. Blavatsky, Tibete e Tulku*. Brasília: Teosófica, 2021.

[2] BARBORKA, Geoffrey. *The Mahatmas and Their Letters*. Chennai (Madras): Theosophical Publishing House, 1973.

[3] BLAVATSKY, H.P. *A Doutrina Secreta*. São Paulo: Pensamento, 1980, p. 12.

[4] KRISHNAMURTI, J. *Aos Pés do Mestre*. Brasília: Teosófica, 2017, p. 16-17.

[5] BESANT, Annie. *A Genealogia do Homem*. Rio de Janeiro: Grupo Annie Besant, 1981.

[6] BESANT, A. & LEADBEATER, C.W. *O Homem: donde e como veio, e para onde vai?* São Paulo: Pensamento, 1993.

[7] POWELL, Arthur E. *O Sistema Solar*. São Paulo: Pensamento, 1991.

que tal obra é do século XIX, foi apresentada pelo Dr. I.K. Taimni em *Ciência Oculta e Ciência Moderna*,[8] publicado pela Editora Teosófica, bem como em *O Homem, Deus e o Universo*.[9] Não se poderia deixar de recomendar uma síntese compilada da própria Sra. Blavatsky, *Fundamentos da Filosofia Esotérica*[10] (Ed. Teosófica), onde ela ensina como se deve estudar *A Doutrina Secreta*, além daquelas obras que são mencionados no Prefácio do Autor.

Todas essas obras inspiram o leitor a uma evolução progressiva e uma maior compreensão para viver melhor a sua vida em favor da fraternidade universal ou de uma cooperação consciente com o plano divino, e iluminação espiritual de todos os seres.

Agradecimentos são devidos a todos que de alguma forma contribuíram para esta inspiradora edição.

Brasília, 16 de outubro de 2022.

+ Ricardo Lindemann, Dr.
Diretor da Editora Teosófica
Ex-Presidente da Sociedade Teosófica no Brasil

8 TAIMNI, I.K. *Ciência Oculta e Ciência Moderna*. Brasília: Teosófica, 2020.
9 TAIMNI, I.K. *O Homem, Deus e o Universo*. São Paulo: Pensamento, 1989.
10 BLAVATSKY, H.P. *Fundamentos da Filosofia Esotérica*. Brasília: Teosófica, 2011.

PREFÁCIO DO AUTOR

O principal objetivo deste livro é apresentar um guia para aqueles que desejam ler e estudar *A Doutrina Secreta*. Não é nossa intenção fornecer um panorama completo do grande trabalho de H. P. Blavatsky, mas sim oferecer um método para que seu estudo possa ser levado adiante. Contudo, espera-se que aqueles que seguem este guia adquiram uma compreensão mais abrangente dos ensinamentos da Sabedoria Antiga.

Como os cursos sobre *A Doutrina Secreta* representaram, por muitos anos, o maior esforço teosófico empreendido pelo autor, vários conhecimentos a respeito dos problemas com os quais o estudante pode se confrontar, em seu empenho no estudo dos escritos de H.P. Blavatsky, foram obtidos. Em várias oportunidades expressou-se o desejo de que houvesse um livro que auxiliasse o estudo desses ensinamentos. Oferecemos o presente livro visando atender a esse anseio. Este trabalho foi desenvolvido de maneira a suplantar as dificuldades que o estudante possa encontrar; daí a forma especial com a qual o apresentamos.

O que realmente provocou a elaboração deste livro foi o seguinte episódio: o autor foi chamado a tomar parte em um simpósio a ser apresentado na Escola de Verão de 1956, realizada na Sede da Seção Americana da Sociedade Teosófica em Wheaton, Illinois. Esse acontecimento fazia parte da programação normal da convenção anual que ocorre nesse centro teosófico. O simpósio tinha como título "Métodos de Aproximação ao Estudo de *A Doutrina Secreta*". O tema era de suma importância, uma vez tratar-se da mesma linha do esforço empreendido pelos cursos. Por força dos problemas encontrados nas classes de estudo, decidiu-se pela apresentação de uma abordagem prática do assunto, enfatizando a maneira como se lê os volumes.

Realçou-se a ideia de que *A Doutrina Secreta* foi escrita muito mais sob uma visão Platônica do que Aristotélica; portanto, deve-se buscar, primeiramente, uma perspectiva universal. Muitas vezes houve dificuldade no entendimento dos ensinamentos, por se buscar visualizá-los "de baixo para cima" – isto é, de um ponto de vista individual – em vez de "de cima para baixo", de um ponto de vista cósmico. É necessário um esforço para olhar de cima para baixo, como se uma foto panorâmica estivesse sendo desmembrada. Não é preciso se preocupar com detalhes à primeira vista – isto é, no primeiro esforço para entender *A Doutrina*. Os detalhes podem ser examinados mais tarde e colocados na sequência apropriada. Utilizou-se o exemplo dos Sete Princípios do Homem. Com frequência eles são vistos "de baixo para cima", de forma que o *Sthūla-Śarīra* (corpo físico) é considerado como o primeiro, com os outros seis princípios sobrepondo-se a ele. Por causa disto, torna-se difícil compreender o significado de *Ātman* (o Eu divino do homem), observando-se de baixo para cima. Por outro lado, quando visto de cima, *Ātman* é um princípio universal; está na verdade unido à sua Fonte Originária; envia sua radiância através dos seis princípios emanados, que estão ligados ao Eu (*Ātman*). Assim sendo, o homem, do ponto de vista da Filosofia Esotérica, é um *Saptaparna* – um "homem-planta manifestando sete folhas", e não uma entidade que consiste de sete princípios separados e pode ser descascada como se fosse uma cebola, conforme H.P.B. expressou.

Com referência especificamente à *Doutrina Secreta*, sugeriu-se que o estudante não deveria tentar lê-la conforme se lê um livro comum, especialmente se não possuir qualquer conhecimento de Teosofia e não estiver familiarizado com os termos usados – sem mencionar as palavras em hebraico ou sânscrito. Então, como poderia tal pessoa começar a ler esse trabalho? A recomendação feita é de que *A Doutrina Secreta* deveria ser lida por assuntos, ao invés de página por página, usando-se o índice para anotar referências ao tópico escolhido, depois ler todas as páginas relacionadas ao tema. Maneiras de se conduzir classes de estudo foram consideradas, e algumas páginas selecionadas foram indicadas para uma leitura especial.

A resposta da conferência foi muito encorajadora. As pessoas demonstraram tanto entusiasmo que, por fim, uma série de acontecimentos inesperados veio à tona. Após a reunião, enquanto esperávamos pela vinda do trem que nos levaria de volta à casa, na estação da pequena cidade, o grupo de teósofos estava contemplando silenciosamente a beleza da noite e também refletindo sobre a sessão ocorrida à tarde.

Embora o Sol já houvesse se posto, o horizonte apresentava um brilho dourado radiante, e uma brisa amena mal balançava as árvores altas a distância. Acima, aves noturnas planavam languidamente ao longo da costa. Esse devaneio noturno foi interrompido por uma surpreendente pergunta (surpreendente por conta de suas implicações): "Por que você não escreve um livro nas mesmas bases descritas durante a Convenção? Seria de muita ajuda para os teósofos!"

E assim nasceu a ideia – uma inspiração havia sido fornecida. Ah, mas o trabalho envolvido! Mal sabia minha esposa a quantidade de vezes em que a chamaria para localizar referências; procurar por passagens que contivessem os tópicos desejados; percorrer o índice com o dedo à procura de itens que não estavam listados! Uma coisa é especificar o tipo de citação desejada, mas outra completamente diferente é achá-la. De passagem, podemos lembrar que, nesse tipo de trabalho, selecionar é de grande importância; meras referências (que são largamente fornecidas) geralmente provam ser de pouca validade – ainda assim, cada uma delas precisa ser examinada. Cada item, além de ser apropriado ao assunto em particular, deve se encaixar dentro do padrão geral. O trabalho é algo como montar alguns quebra-cabeças; cada peça individual precisa caber exatamente em seu devido lugar – de outra forma, deve ser deixada de fora, aguardando até que a configuração apropriada ao seu uso surja. Desnecessário dizer que a tarefa é muito mais difícil do que escrever sem citações.

Uma coisa é ter uma ideia, outra é transformá-la em realidade, outra ainda é cumpri-la. Aqui o leitor poderá se lembrar do conceito filosófico que explica o nascimento de um Cosmos através da instrumentalização dos Três *Logoi*. Primeiro há o *Logos* Não Manifestado – concebendo a ideia de um Cosmos. O segundo estágio, o Segundo *Logos*, converte a ideia do não manifestado para o manifestado, construindo a ponte que liga aquele que é não-manifestado até o plano de manifestação. E o terceiro estágio, o Terceiro *Logos* ou *Logos* Manifestado, dá seguimento à ideia manifestada.

De qualquer forma, o trabalho havia começado. Algumas ideias foram anotadas, uma estrutura foi delineada, memorandos foram coletados, cotações localizadas, e o Capítulo 1 teve início. Duas ou três cópias de cada volume de *A Doutrina Secreta* eram mantidas por perto, em cima das mesas, ao lado de cadernos de taquigrafia. Para aqueles interessados no real processo ou método usado: um rascunho em taquigrafia era feito; caso fosse satisfatório, era transcrito direto para a máquina de escrever. Muitas vezes era revisado com letra normal, emendado e depois datilografado. Algumas vezes uma terceira ou quarta revisão era necessária, especialmente se a pesquisa trouxesse à luz uma citação mais adequada.

Conforme os escritos progrediam, tornou-se evidente que as primeiras ideias precisavam de alterações; um tema maior estava sendo desenvolvido. Era como se o *śloka* favorito da minha assistente estivesse acontecendo: "Eu vos enviarei um fogo quando vosso trabalho estiver começado." (Palavras dirigidas pelo Senhor da Face Brilhante ao *Lha* da Terra, Livro II, Estância I, *śloka* 3.)

De fato, algo realmente havia acontecido. Não havia dúvida quanto a isso; era necessária uma revisão do manuscrito. Surgia um plano completamente novo. O resultado – o presente livro.

Como declaramos no início que este livro-guia foi "escrito em forma de comentários sobre *A Doutrina Secreta* de H.P. Blavatsky", quase não parece necessário lembrar que as citações são numerosas. Este método foi adotado pelas razões seguintes. Para ler *A Doutrina Secreta* de forma a compreendê-la é necessário saber: (1) o significado correto de um termo – no caso do sânscrito, ir até a raiz da palavra é de grande importância; (2) a maneira como esse termo é usado em relação à passagem; (3) o significado de toda a passagem; (4) a relação da passagem com a *Doutrina* como um todo; (5) se o termo ou passagem é usado em um sentido geral ou específico; (6) se o significado simbólico está sendo empregado; (7) se mais de uma interpretação é aplicável. Assim, com as citações colocadas nas posições desejadas, o leitor pode seguir a sequência sem ter que verificar no original.

É preciso, também, levar outro fator em consideração: nas aulas sobre *A Doutrina Secreta* o autor é constantemente desafiado em relação às declarações feitas ou a opiniões expressas, em que é feito o pedido para que seja "citada página e linha". Dessa forma, fornecendo as citações originais na ordem desejável, o leitor pode seguir a sequência de *A Doutrina Secreta* sem necessidade de verificar o original. Isto será de grande valia aos leitores que desejarem ver as passagens autênticas em forma de "assuntos", em vez de serem obrigados a procurar no índice apenas para descobrir que são incapazes de localizar a passagem desejada. Não há necessidade de dúvidas quanto à autenticidade das citações, uma vez que o autor é tão zeloso quanto o mais entusiasta colaborador em manter os ensinamentos originais conforme apresentados por H.P. Blavatsky. Assim sendo, a edição original é sempre usada e citada *verbatim*.

Outro problema, ainda enfrentado pelas classes de estudo, é a questão das diferentes edições de *A Doutrina Secreta*, uma vez que esse trabalho foi publicado várias vezes. Esse problema foi solucionado da seguinte maneira. As várias edições podem ser classificadas em três grupos principais: (1) a edição original, publicada em dois volumes, em Londres, 1888, (sob o título de Primeira Edição); seguida pela Segunda Edição e depois por todas as edições subsequentes mantendo a *paginação original* (tanto quando reproduzida pelo processo fotoestático ou através do processo tipográfico); (2) a Terceira Edição Revisada, publicada em dois volumes em 1893, cuja revisão resultou em um conjunto diferente de páginas; essa edição foi reimpressa muitas vezes: em 1902, 1905, 1908, 1911, 1913, 1918, 1921 e 1928; (3) as edições publicadas em Adyar, Índia, primeiro em 1938, sob o título de Quarta Edição (Adyar), seguida pela Quinta e Sexta Edições em 1946 e 1952, em seis volumes: os Volumes 1 e 2 dessa edição representam o Volume I da edição original; os Volumes 3 e 4 equivalem ao Volume II da edição original. Essas edições ainda resultaram em outra mudança de paginação. O Volume 5 dessa edição consiste de um trabalho conhecido como "terceiro volume" (primeiramente impresso em 1897, após a morte de H. P. Blavatsky), enquanto que o Volume 6 é apenas um índice.

Cada citação deste livro traz referências a essas três classificações da seguinte maneira: as referências de volume e página entre parênteses *após* cada citação referem-se à paginação da edição original. Seguindo essa referência, uma nota de rodapé indica o volume e página das edições de Adyar — sempre citadas como *edição de 6 volumes*, para rápida identificação. Esta, por sua vez, é seguida pelo volume e página da *terceira edição* (significando a terceira e revisada edição com as subsequentes reimpressões de Londres). O quinto volume (das edições de Adyar), representando o terceiro volume das edições londrinas, é referido apenas nas citações retiradas daquele volume.[1]

Sempre que possível, as referências de páginas dadas são das edições originais; isso também se aplica a outros escritos de H.P. Blavatsky — *A Chave para a Teosofia*,[2] *A Voz do Silêncio*,[3] *Ísis sem Véu*,[4] *Cinco Anos de Teosofia*, *Glossário Teosófico* e

[1] As edições às quais o autor faz alusão são as edições em língua inglesa. A publicação traduzida para o português (em 6 volumes) possui diferenças de paginação. Desta forma, para fins desta tradução, mantivemos a paginação conforme o original. (Nota da tradutora.)

[2] BLAVATSKY H.P. *A Chave para a Teosofia*, Brasília: Editora Teosófica, 2020 (Nota Ed. Bras.).

[3] BLAVATSKY H.P. *A Voz do Silêncio*, Brasília: Editora Teosófica, 2022 (Nota Ed. Bras.).

[4] BLAVATSKY H.P. *Ísis Sem Véu*, São Paulo: Ed. Pensamento (Nota Ed. Bras.).

Procedimentos da Loja Blavatsky. Era extremamente supérfluo adicionar *A Doutrina Secreta* após cada citação. As referências entre parênteses após as passagens citadas – as quais são facilmente identificáveis por apresentarem um recuo de parágrafo – sempre se referem a esse trabalho, assim como a abreviação *D.S.*.

É costume mencionar-se no Prefácio os trabalhos consultados. Esses já foram devidamente classificados (no parágrafo anterior), embora o objetivo fosse utilizar *A Doutrina Secreta* como um livro-referência chefe, sem recorrermos a outros autores. Todos os outros escritos de H.P. Blavatsky, com referências adicionais aos livros *Cartas dos Mahatmas para A.P. Sinnett*[5] e *Cartas de H.P. Blavatsky para A.P. Sinnett*, quando usados, estão cuidadosamente indicados.

Uma mensagem especial de agradecimento e apreço é destinada aos Curadores da Curadoria das *Cartas dos Mahatmas* – os atuais proprietários dos direitos autorais do volume intitulado *Cartas dos Mahatmas para A.P. Sinnett* – que graciosamente permitiram ao autor fazer citações a partir daquele trabalho. É necessário informar aos estudantes que recorrer às *Cartas dos Mahatmas* forneceu-nos elucidação e amplificação de muitas passagens de *A Doutrina Secreta*, conforme será demonstrado nesta obra. Assim sendo, tendo autorizado citações de *As Cartas*, os Curadores contribuíram grandemente para com o autor para levar adiante o seu objetivo, ou seja, demonstrar como *A Doutrina Secreta* pode ser estudada com maior aproveitamento. Chamamos a atenção para o fato de que as citações são feitas a partir da Segunda Edição Revisada.

O trabalho consultado a respeito de ortografia e classificação do significado das radicais sânscritas foi o *Dicionário Sânscrito-Inglês* de *Sir* Monier Monier-Williams. Sinceros agradecimentos são dedicados a esse estupendo volume.

Todavia, em vez de adotar o sistema ortográfico de Monier-Williams – por ele seguir um sistema técnico que poderia causar confusão para aqueles não familiarizados com *Devanāgarī*, como a escrita sânscrita é chamada – pretendemos usar o mesmo sistema ortográfico usado na época em que *A Doutrina Secreta* foi escrita. Mas antes de começar a composição, os editores desta obra (a *Theosophical Publishing House*), informaram estar em posse de um método moderno de acentuação de palavras sânscritas, que superava os sistemas mais antigos. Por causa disso, então, os acentos *macron* são usados no lugar dos acentos circunflexos da forma antiga. Isso não deve causar confusão; na verdade será de grande valia ao leitor, pois o *macron* (uma linha sobre a letra) chama atenção para a pronúncia especificamente desejada, indicando, assim, um alongamento do som da vogal. Vogais sem acento representam um som de vogal mais curto. Esse sistema de ortografia foi seguido também nas citações, pois o uso adequado da acentuação é vantajoso em mais de um aspecto. Não apenas auxilia na pronúncia, mas também fornece um meio de reconhecer e distinguir palavras sânscritas que são de certa forma parecidas. Por exemplo: *Kāma*

---

5 *Cartas dos Mahatmas para A.P. Sinnett*, volumes I e II, Brasília: Ed. Teosófica, 2017 e 2021 (Nota Ed. Bras.).

(o Princípio do Desejo); *Karma* (a Lei de Ajuste); *Brahmā* (o Terceiro Logos ou a Divindade "Criativa"); *Brahman* (o Primeiro Logos ou a Hierarquia Suprema de um sistema); *Manas* (o Princípio Mental); *Mānasaputras* (Filhos da Mente); *Svabhāva* (identidade essencial); *Svabhavat* ("Pai-Mãe" ou *Ākaśa*). Alguns podem se perguntar por que às vezes *Ātman* é grafado *Ātmā*. A primeira forma é usada quando na composição de uma segunda palavra, ou quando seguida de hífen. A razão para isso é que *Ātman* é a "forma de dicionário" dessa palavra, e há uma regra na gramática sânscrita que indica que, quando uma composição é formada, o *n* final da nova palavra formada é suprimido. A forma hifenizada é usada em lugar do método técnico de juntar palavras, de maneira a auxiliar o leitor na identificação das palavras componentes. (Assim, por exemplo, *Ātma-Buddhi-Manas* é usada no lugar de *Ātmabuddhimanas*). É costume pronunciar palavras sânscritas de acordo com a "forma de dicionário" (ou forma crua), em vez de usar uma das formas declinadas da palavra; este é o sistema aqui adotado. Explicando: *Ātman* é a "forma de dicionário"; *Ātmā* é o singular nominativo da palavra e representa sua forma declinada.

Foram aqui incluídas, imediatamente após este Prefácio, páginas indicando a correta pronúncia de palavras sânscritas. Sua correta pronúncia ajudará a imprimi-las na mente, assim como também a obter o *svara* (que pode ser interpretado como "o valor místico do som" de uma palavra sânscrita). É bem mais valioso ter estas páginas no início do volume do que em seu final.

Palavras de agradecimento são necessárias em um Prefácio. Elas servem como um meio de expressar gratidão àqueles que forneceram sua ajuda. Consequentemente, o autor agradece com profundo apreço a todos aqueles que expressaram seu interesse por este trabalho, e agradece a todas e cada uma dessas pessoas – mesmo se aqui não forem mencionadas pelo nome. Isto se aplica, dessa forma, aos membros das Classes de *A Doutrina Secreta* que ocorreram em Chicago, Pumpkin Hollow, Boston e também na Sede Americana da Sociedade Teosófica em Olcott, Wheaton. O entusiasmo desses membros no estudo dos volumes de H.P.B. é merecedor de ilimitados louvores. Uma expressão de gratidão é dedicada a Boris de Zirkoff, cujos muitos anos de dedicação à compilação dos *Collected Writtings* [*Os Escritos de H.P. Blavatsky*] merecem grato apreço por todos aqueles que estudam, o que nos levou à inclusão de uma valiosa seção nesta obra. Um posterior agradecimento é devido a Helen Todd e ao Sr. e Sra. Iverson Harris, pela sua ajuda na busca de algumas citações não encontradas em *A Doutrina Secreta*.

Seria imperdoável neste momento não reconhecer e conferir os maiores agradecimentos à pessoa que tornou a publicação deste livro possível. Se uma menção mais elaborada não é feita, é devido ao seu pedido pessoal de que não o fosse. Não obstante, o autor será sempre grato a N. Sri Ram, Presidente Internacional da Sociedade Teosófica, que gentilmente aceitou este trabalho em forma manuscrita e consentiu generosamente que o mesmo fosse publicado pela *Theosophical Publishing House*, em Adyar, Madras, Índia.

Da mesma forma, a K.S. Krishnamurti, Gerente da *Theosophical Publishing House*, e a todos e cada um dos que trabalham no centro de publicação, o autor expressa seu sincero apreço por seus esmerados esforços na produção desta obra.

Agora, algumas palavras endereçadas ao leitor, esboçando o plano adotado neste livro. Primeiramente, os termos em sânscrito são explicados conforme aparecem no texto, em detalhe. Isso dispensa a necessidade de se recorrer a um glossário na busca do significado das palavras. Também enfatiza a importância do termo e explica por que uma palavra sânscrita é utilizada. Segundo, com relação à ordenação dos capítulos. Aqueles que estiverem familiarizados com *A Doutrina Secreta* podem estranhar o fato da Cosmogênese e das três proposições fundamentais não serem consideradas primeiro. Explicamos: foi considerado aconselhável estudar as três proposições fundamentais em relação com a doutrina com a qual estão associadas. Eis por que a Segunda Proposição Fundamental aparece no primeiro capítulo, a terceira é estudada no Capítulo V e a primeira proposição no capítulo final. Uma razão pelas quais muitos encontram dificuldade em ler *A Doutrina Secreta* é porque essa obra inicia-se com a Primeira Proposição Fundamental e a Cosmogênese, cobrindo o nascimento dos mundos e sua origem, usando termos e expressando ideias que não são facilmente compreendidas na primeira leitura. Logo se tornará aparente que neste livro *A Doutrina Secreta* está sendo considerada por meio de *assuntos* — ou melhor, por doutrinas. Neste método os capítulos são organizados em uma sequência que leva a mente de uma doutrina a outra, em um padrão inter-relacionado. Isso deverá ser de grande auxílio para o leitor. Seguindo-se a sequência sugerida, mesmo que às vezes ocorram repetições, as quais são necessárias, um desdobramento gradual das doutrinas leva à consideração das ideias mais difíceis contidas no capítulo final.

O padrão utilizado é algo parecido com uma rima infantil conhecida como *This is the House that Jack Built* [*Esta é a Casa que Jack Construiu*]. Através de repetições e associações de ideias, a história dessa rima infantil é desenvolvida e trazida a uma bem-sucedida conclusão. A despeito de sua singularidade, existe uma grande dose de sabedoria nesse conto. Por exemplo: quando um Cosmos se torna realidade, devem existir construtores que façam o trabalho criativo. Jack representa os Construtores, geralmente representados por uma divindade única, como *Brahmā*, ou Deus. A "casa que Jack construiu" é, sem dúvida, o Cosmos, ou mundo, no qual vivemos e nos movemos e onde temos nossa existência. Juntamente com o formador ou "Criador", existe um poder que sustenta esse Cosmos. Este é representado no sistema religioso hindu como *Vishnu*. Na rima, esse fator preservativo é sintetizado como "o malte armazenado na casa que Jack construiu". Mas ao lado desse poder sustentador, passo a passo com ele, algumas vezes assumindo o controle, estão as forças sempre ativas da deterioração. Estas são representadas na história como o rato "que comeu o malte armazenado na casa que Jack construiu".

Notemos que na antiga cosmogonia escandinava, o "mundo" ou Cosmos é simbolizado como o *Yggdrasil* — a árvore eternamente germinante. As forças de deterioração são descritas como a serpente, *Nidhogg*, que eternamente rói as Raízes da Árvore Mundo. Mas é de se notar que na rima infantil há um fator "protetor" à mão, de forma que o rato não possa dar continuidade à sua depredação. Seu inimigo natural, o gato, entra em cena e, com um feroz ataque, se lança sobre o insuspeito rato. Aqui a atividade do destruidor, *Shiva*, é dramatizada, completando dessa forma os três grandes poderes manifestos nas atividades de um Cosmos. Eles são representados na *Trimurti* Hindu com *Brahmā*, a divindade criativa (ou Terceiro Logos); *Vishnu*, o Preservador; *Shiva*, o Destruidor – ou melhor, o Regenerador. Pois com a eliminação das formas gastas, novas e melhores *rūpas* (formas) podem ser reconstruídas. Não obstante, as forças destrutivas do Cosmos não têm tudo a seu favor em suas operações. Os processos de construção mantêm suas atividades continuamente. Isso é representado na rima quando o gato é assustado, de forma que a tendência destruidora é de alguma forma contra-atacada pelo cão. Entretanto, o cão, por sua vez, não pode obter supremacia, então é atirado para o ar por uma vaca de chifre torto, para sua grande frustração. A vaca também representa o aspecto sustentador e nutridor presente no Cosmos. Pois novamente, na Cosmogênese escandinava, a Vaca da Criação, *Audumla*, é descrita como a nutridora, de quem fluem rios de leite para alimentar os seres do mundo.

Tendo trazido a vaca à cena, é mais do que natural esperar que a dona da vaca apareça, e ela é representada como uma donzela desamparada que ordenhou a vaca. Mas a donzela não é deixada em seu estado de desamparado, pois é socorrida por seu companheiro, cujas vestes estão todas esfarrapadas e rasgadas (privado de suas qualidades espirituais no presente). É claro que o casal representa as potências masculinas e femininas da Natureza – as forças complementares necessárias para a produção de formas em um mundo, durante o seu ciclo de atividade. Essa verdade é consumada na cantiga de ninar através de um padre, barbeado e bem trajado, que casou o homem, que estava esfarrapado e rasgado, com a donzela desamparada, a que ordenhou a vaca de chifre torto que arremessou o cão que assustou o gato que matou o rato que comeu o malte armazenado na Casa que Jack construiu.[6]

E o que o padre representa? Os reinos superiores ao Reino Humano: os Reinos *Dhyāni-Chohanicos*, que possuem um papel muito importante no desenvolvimento do Reino Humano, como será demonstrado no presente trabalho.

Então, assim como na cantiga de ninar, conforme prossegue este trabalho, cada doutrina é levada a um entendimento de seus ensinamentos por meio das doutrinas precedentes, bem como por aquelas que se seguem na narrativa.

---

[6] *The priest, all shaven and shorn: who married the man, who was tattered and torn, to the maid who was all forlorn, who milked the cow with the crumpled horn, who tossed the dog, who worried the cat, who killed the rat, who ate the malt that lay in the House that Jack built.* (Nota da tradutora.)

Umas poucas palavras àqueles que estão entrando em contato com a Sabedoria Antiga pela primeira vez. Embora todo esforço tenha sido feito para que cada ideia seja a mais clara possível, de forma que uma compreensão de cada doutrina possa ser obtida, se você perceber que não está entendendo uma passagem, ou muitas passagens, não desanime por não entendê-las na primeira leitura. Em vez de ficar aborrecido ou deixar que entre em sua mente o pensamento de que "isto está além da minha compreensão", simplesmente mude de capítulo. Tente o capítulo sobre as Raças, ou sobre a Morte. Através de uma associação de ideias, aquilo que a princípio pareceu incompreensível pode se tornar claro. Lembre-se de que, ao compreender bem uma ideia, ela poderá ajudar a entender outra, porque os ensinamentos estão todos inter-relacionados. Causaria confusão desnecessária tentar apresentar os aspectos inter-relacionados antes de compreender os pontos principais de uma única doutrina.

Deve-se manter em mente que o trabalho de H.P. Blavatsky contém (como ela mesma afirmou) o corpo dos ensinamentos oferecidos ao mundo ocidental por aqueles que podem ser considerados os guardiões da Sabedoria Antiga. Eles não apenas possuem acesso aos registros antigos (como o *Livro de Dzyan* e seus *Comentários*, nos quais esses ensinamentos podem ser encontrados), mas, com significado ainda maior, são capazes de expor e explicar as profundas e recônditas doutrinas nas quais esses ensinamentos estão baseados. Essa Sabedoria Antiga, ou Filosofia Esotérica, representa os ensinamentos que foram trazidos para a humanidade por Seres Divinos que a iluminaram durante a época conhecida como a Terceira Raça.

Concluindo, esta obra tem como título *O Plano Divino* porque o autor acredita que *A Doutrina Secreta* testemunha a existência de um Plano Divino. Ele buscou transmitir esse conhecimento a você, leitor. É justo, entretanto, afirmar que a exposição total e completa de *A Doutrina Secreta* é alcançada apenas por meio das "sete chaves" para a sua compreensão. Uma vez que, em seus volumes, essas sete chaves não foram fornecidas, o autor afirma que procurou apresentar para a sua compreensão um livro-guia, expressamente para aqueles que desejam ler e estudar os ensinamentos antigos. É seu fervoroso desejo que este trabalho seja de ajuda para todos aqueles que o lerem.

Geoffrey A. Barborka
Oak Park, Illinois, Julho, 1958

O SIGNIFICADO DOS TERMOS SÂNSCRITOS

Uma vez que o principal propósito deste trabalho é servir como um livro-guia, uma característica singular é apresentada em suas primeiras páginas, por meio desta seção introdutória. Ela explica por que termos sânscritos são usados em tão vasta abundância em *A Doutrina Secreta*. Por isso, foi considerado necessário prover um sistema pelo qual o leitor e membros das classes de estudo pudessem aprender a pronunciar o sânscrito corretamente. Existe uma razão importante na correta pronúncia de uma palavra sânscrita com seu próprio *svara* (valor do som). Quando isso é aprendido, resulta não apenas em um grande apreço pelos termos sânscritos usados para transmitir os ensinamentos da Teosofia, mas num esforço a ser feito para aprender as antigas palavras de sabedoria e para pronunciá-las corretamente.

A linguagem sânscrita, e, especialmente, os termos que explicam os ensinamentos da Sabedoria Antiga, representam o auge da sabedoria da raça anterior (a Quarta Raça), liderada pelos mais altos iniciados da presente raça (a Quinta Raça). Por isso, muito frequentemente um termo sânscrito contém um pensamento-chave, capacitando o estudante a ter uma melhor compreensão dos ensinamentos que esta palavra expressa. Dessa forma, ao compendiar um ensinamento em uma palavra-chave, esses grandes Sábios tinham em mente três fatores: (1) o significado-raiz do termo, incorporando a ideia com um potente significado; (2) o *svara* – "valor místico do som da palavra"; (3) o *Mantrika-Śāktī* - "força ou poder das letras, do modo de falar, ou som". Possuindo o conhecimento desses três fatores, podemos produzir aquilo que pode ser chamado de resultados "mágicos". Com relação a esses mantras:

> O cântico de um Mantra não é uma oração, mas sim uma sentença mágica na qual a lei de causação oculta conecta-se a seu cantor e depende de sua vontade e atos. É uma sucessão de sons sânscritos e, quando sua corrente de palavras e sentenças é pronunciada, de acordo com a fórmula mágica no *Atharva Veda*, compreendida por uns poucos, alguns Mantras produzem um efeito instantâneo e maravilhoso. Em seu sentido esotérico, contém o *Vāch* (a "forma de falar mágica"), que reside em um Mantra, ou melhor, em seus sons, uma vez que é de acordo com as vibrações do éter que o efeito é produzido. Os "doces cantores" eram assim chamados por serem especialistas em Mantras. (*D.S.*, V, 394)

Embora seja verdade que o *Mantrika-śāktī* foi perdido e, muito provavelmente, o *svara* também, uma aproximação mais íntima a fim de se obter os dois primeiros fatores mencionados em conexão com os termos sânscritos deve ser feita. Assim sendo, o seguinte sistema de pronúncia de palavras sânscritas é dado, representando aquele que foi passado adiante pelos sanscritistas.

AUXÍLIO NA PRONÚNCIA DO SÂNSCRITO

Tanto as vogais quanto as consoantes são sempre pronunciadas do mesmo modo, pois não há letras mudas. Da mesma forma, quando consoantes estão combinadas, elas sempre têm o mesmo som. As letras romanas são usadas para transliterar os caracteres sânscritos, os quais são escritos em *Devanāgarī* – palavra que significa "a escrita da cidade divina". As letras são pronunciadas de acordo com seus equivalentes em português, conforme listado no mapa de pronúncia a seguir. A ordem das letras no alfabeto português foi usada para facilitar a referência, uma vez que a ordem das letras no alfabeto sânscrito é totalmente diferente.

TABELA DE PRONÚNCIA

	Pronunciado como em:	**Palavra Sânscrita**
a	Manhã, cana	*Aham*
ā	Cara, fada	*Ātman*
ai	Sai, vai	*Daivīprakriti*
au	Nau, pau	*Aum*
b	Bola, banco	*Bodhi*
bh	Não se pronuncia o "h"	*Bhūmi*
ch	Chave, chuva	*Chohan*
chh	Pronuncia-se normalmente o "ch", seguido pelo "h" com som de "rr"	*Chhāyā*
d	Dado, Domingo	*Devachan*
dh	Não se pronuncia o "h"	*Dharmakāya*
dhy	Mesmo que o acima, apenas acrescentando-se o "y", com som de "i"	*Dhyāna*
dz	Pronuncia-se o "d" mudo	*Dzyan*
e	Elefante, celeiro	*Devanāgarī*
g	Garrafa	*Gana*
gh	Pronuncia-se o "g", seguido do "h" com som de "rr"	*Gharma*
h	Mesmo que acima	*Hansa*
ḥ	Pronuncia-se o "h" aspirado	*Briḥ; braḥmā*

	Pronunciado como em:	Palavra Sânscrita
i	Mini	*Pitri*
i	Pronuncia-se um "i" mais alongado	*Sharīra*
j	Joia; justo	*Jīva*
k	Casa, carro	*Kāma*
kh	Pronuncia-se o "k", seguido do "h" com som de "rr"	*Khechara*
ksh	Pronuncia-se o "k" e o "sh"	*Kshetrajña*
l	Local	*Loka*
m	Mundo; mamãe	*Manvantara*
n	Nada	*Nidāna*
ng	Pinga; ginga	*Linga-Śarīra*
ñ	Senha, minha	*Sañjñā*
o	Soma	*Soma*
p	Puro	*Purusha*
ph	Pronuncia-se o "p", seguido "h" com som de "rr"	*Phala*
r	Rua	*Rūpa*
s	Sala	*Satya*
ś	Assistir, assar	*Śloka*
sh	Chave, chuva	*Śishta*
t	Talento	*Tala*
th	Pronuncia-se o "t", seguido do "h" com som de "rr"	*Sthūla-Śarīra*
u	Muro, jura	*Upādhi*
ū	Pronuncia-se um "u" mais alongado	*sūrya*
v	Véu	*Veda*
Y	Iate	*Yuga*

Além da tabela de pronúncia em forma de palavras-chave, as seguintes dicas podem ser fornecidas. As marcas diacríticas, ou acentos acima das letras, têm o propósito de indicar letras diferentes usadas na escrita sânscrita. Elas não indicam ênfase ou acentuação das sílabas. Uma vez que tanto as consoantes quanto as vogais são pronunciadas da mesma maneira, como indicado na tabela, é fácil pronunciar todas as palavras uma vez que a palavra-chave esteja em mente. Embora seja verdade que a combinação de consoantes dá origem a sons que não são familiares à língua portuguesa escrita, alguns deles estão presentes na linguagem falada. A visão das letras aspiradas é o que geralmente causa confusão. Na verdade, essas letras não são difíceis de serem pronunciadas, pois muitas estão presentes na língua inglesa, mais familiar à maioria, como: *inkhorn, leghorn, watch-hound, hedgehog, left-handed, adhrerence, upheaval, abhorrence*. As palavras sânscritas devem ser pronunciadas da mesma maneira – sem fazer pausa entre a consoante e a letra aspirada que a segue.

Ao pronunciar palavras sânscritas, não existem sílabas fortemente acentuadas, nem no princípio nem no fim da palavra; todas as sílabas possuem igual valor. É costume indicar-se uma pequena pausa, quase nunca um acento, na sílaba que representa a *raiz* da palavra. Por exemplo: *Parabrah-man, Mūlaprakri-ti, Nirvā-na*. Quando se desconhece a raiz da palavra, todas as sílabas devem ser pronunciadas com o mesmo valor. De maneira similar, essa pausa é feita quando duas palavras são juntadas, resultando em uma composição. Ilustrando: *Manvantara* (uma composição de *manu* e *antara*: *manvan-tara*); *mahātman* (uma composição de *mahā* e *ātman*: *mahāt-man*); *daivīprakriti* (uma composição de *daivī* e *prakriti*: *daivī-prakriti*); *devanāgarī* (uma composição de *deva* e *nāgarī*: *deva-nāgarī*).

É conveniente manter-se em mente que o sânscrito, embora associado com a Índia, não é um desenvolvimento das terras atualmente conhecidas como Índia; ele já havia sido aperfeiçoado ou "polido" (que é o verdadeiro significado da palavra sânscrita – de *Saṃskṛita*) pelos Iniciados da Quinta Raça, antes que o influxo de civilização tivesse se movido para a Índia. Dessa forma, o seu desenvolvimento é muito mais antigo que o período usualmente designado pelos estudiosos ocidentais.

> Os Vedas, o Bramanismo, e junto com estes o sânscrito, foram importações para o que agora nós conhecemos como Índia. Eles jamais foram nativos desse solo.[7]

Este é o ponto importante:

> O progenitor direto do sânscrito védico foi a linguagem sacerdotal (que possui um nome distinto entre os iniciados). O *Vāch* – seu *alter ego* ou "eu místico", linguagem sacerdotal do *Brahman* iniciado – tornou-se, com o tempo, a linguagem misteriosa do templo interno, estudada pelos iniciados do Egito e da Caldeia, dos Fenícios e dos Etruscos, dos Pelasgos e

[7] *Five Years of Theosophy* (*Cinco Anos de Teosofia*), p. 179, ed. orig.

Palanquans – em resumo, de todo o globo. A denominação *DEVANĀGARĪ* é um sinônimo, e idêntico, à Hermética e Hierática *NETER-KHARI* (linguagem divina) do egípcios.[8]

Isso não deixa qualquer traço de dúvida sobre a necessidade de dominar o significado dos termos sânscritos. Pois quando uma tentativa foi feita, em *A Doutrina Secreta*, para apresentar os ensinamentos da Sabedoria Antiga, foi necessário utilizar as palavras sânscritas místicas, em vez de linguagem mais moderna, pela razão que é tão bem expressa nesta passagem:

> A tentativa de colocar em linguagem europeia o grande panorama da eternamente periódica Lei recorrente – impressa nas mentes plásticas das primeiras raças dotadas com a Consciência por aqueles que a refletiam da Mente Universal – é ousada, pois nenhuma linguagem humana, a não ser o Sânscrito – que é a *linguagem dos Deuses* – pode fazê-lo em qualquer grau de adequação. (*D.S.*, I, 269)[9]

TERMOS SÂNSCRITOS COM RELAÇÃO AOS MANTRAS

Pode ser de alguma ajuda ter alguns poucos exemplos que demonstram o uso dos termos sânscritos. Empregados de certa maneira, eles não só nos fornecem joias de sabedoria, mas também, através de sílabas habilmente combinadas, colocam em cena um *mantrika-śakti* – um mantra. O primeiro exemplo é especialmente apropriado ao presente livro.

Ratmam ratnena samgachchhate
Uma joia vem acompanhada de uma joia

O significado especial desta gema da sabedoria sânscrita pode ser explicado quando se expande a tradução literal em uma paráfrase, assim: "Uma joia de sabedoria traz consigo outra joia de sabedoria." Explicando: as verdades da Sabedoria Antiga estão tão inter-relacionadas que joias de sabedoria podem ser encontradas ao se buscar um significado mais profundo quando estas doutrinas são colocadas juntas, de forma que, em vez de se estudar uma doutrina a partir de seu significado óbvio, sua inter-relação com outras doutrinas verte esplendor por todas as outras doutrinas consideradas.

O próximo exemplo pode ser o lema da Sociedade Teosófica, bem familiar em sua versão para o português, mas com um charme adicional quando pronunciado em sânscrito:

---

[8] *Cinco Anos de Teosofia*, p. 412. Os Pelasgos ou Pelasgians representam uma raça e cultura antiga, pré-grega, mencionada como "antiga" nos escritos homéricos. Com relação à Raça Smoth, a base de uma das celebradas Escolas de Mistério da Grécia antiga, *A Doutrina Secreta* relata que "a Raça Smoth foi colonizada pelos Fenícios, e antes deles pelos misteriosos Pelasgians que vieram do Oriente" (II, 3; III, 17, ed. 6 vol.; II, 3ª ed.). Enciclopédias não fornecem informações sobre os Palanquans.

[9] Vol I, p. 313, ed. 6 vol.; I, 290, 3ª ed.

Satyān nāsti paro dharmaḥ
Não há Religião Superior à Verdade

Inquestionavelmente, o mais celebrado exemplo alcançou o significado cumulativo de um mantra, e assim foi popularizado em todo o Tibete: você alguma vez já tentou entoá-lo suave e meditativamente?

Om mani padme hum
Om – a joia no lótus – *Om*

Na verdade, existe um significado mais profundo do que "a joia no lótus", pois dentro do coração de toda flor de lótus *Ātman* está entesourado. Assim como, dentro de cada coração humano pulsante, também está *Ātman*. Então, da mesma forma, dentro das impenetráveis profundezas do Espaço infinito, uma "joia no lótus" está adormecida, pronta para desabrochar para a manifestação. H.P.B. explicou o significado de *Om* em muitos lugares;[10] o *Hum* final é uma sílaba tibetana mística, de significado similar, assim como a outra forma familiar da sílaba – *Aum*.

Um verso do *Rig-Veda* (iii, 62,10) acabou por tomar o significado de um mantra (e na verdade é realmente um); ele é conhecido como *Gāyatrī* (essa palavra sânscrita vem do verbo *gai*, cantar ou colocar em canção). Também é chamado *Sāvitrī* (do verbo *sū*, que significa vivificar), significando um verso ou oração dirigida ao Sol.

Om bhūr bhuvah svah
Tat savitur varenyam
Bhargo devasya dhīmahi
Dhiyo yo nah prachodayāt

Em vez de uma tradução literal, a seguinte versão é oferecida:

Om! Oh! Hierarca da Terra,
Grande Espírito da Terra, Salve!
Radiante órbita de deslumbrante Esplendor Solar!
Insuflai nossas mentes com Vosso brilho!
Para que possamos perceber nossa unidade convosco e com tudo que existe.
Que nós prossigamos em nossa senda – até os Vossos portais.
Iluminados e envolvidos em Vosso esplendor!

Em *A Voz do Silêncio*, um mantra de outra espécie é dado:

---

10 Uma breve explanação é a seguinte: "Uma sílaba mística, a mais solene de todas as palavras na Índia. É 'uma invocação, uma benção, uma afirmação e uma promessa'; e é tão sagrada, que chega a ser na verdade a palavra no suave respirar do oculto na maçonaria primitiva." *The Theosophical Glossary*, p. 239 [*Glossário Teosófico*, Ed. Ground, 7ª ed., p. 442 (Nota Ed. Bras.)]. Uma explicação mais completa pode ser encontrada em *D.S.*, Vol. V, p. 418 e seguintes.

Om vajrapāni hum
Om – manejador do relâmpago – *Om*

Aqui somos chamados a exercitar nossa intuição, pois o significado da palavra sânscrita composta *vajrapāni* é “mão de relâmpago”, ou aquele que empunha o relâmpago. Quem seria capaz de manejar um relâmpago? Apenas aquele que já tivesse obtido completo autodomínio. Caso contrário, o relâmpago poderia despedaçar a mão de quem o segura.

Aham eva Parabrahma
Em verdade Eu sou o Ilimitado

Agora precisamos permitir que nosso pensamento se expanda além dos limites normais, e ainda assim *não atingir um limite!* Pois quem pode cingir o infinito? Não obstante, o eu divino do homem, *Ātman*, não é limitado ou cingido. Assim ele pode verdadeiramente dizer: “Eu sou um com o infinito: *Om Tat Sat*” (*Om* – Infinita Realidade!).

ĀTMAGĪTĀ[11]

A partir da Origem Infinita de Tudo – a real Fonte da Existência – por milhões de séculos atrás Eu vim,
Fluindo como uma Centelha da Essência da própria Chama, consciente apenas da glória transcendente.
Começando uma jornada cíclica cobrindo períodos de tempo sem conta,
Descendo de regiões de brilho estelar –
Da mesma natureza desse esplendor flamejante, livre de todos os mantos da forma –
Eu podia correr velozmente para qualquer lugar nas vastas distâncias do Espaço: através de sistemas solares ou Universos galácticos, e ainda assim não possuir qualquer sensação de consciência,
Porém, sempre impelido para a frente e para baixo, sugado irresistivelmente para as regiões da densidade –
Descendo cada vez mais baixo, estágio por estágio, atraído ao reino da Forma.
Lá adquiri vestimentas pertencentes aos Reinos do Fogo, Ar, Água e Terra,
Permanecendo por uma eternidade em cada reino, sempre buscando uma mansão permanente.
Finalmente emergi dos reinos mais sutis e me manifestei em forma material,
Envolvido em um revestimento cristalino, onde o brilho prístino da Chama espelhava-se.

[11] *Ātmagitā* pode ser considerado como “A Canção da Mônada”.

Depois de longos *eons* e ciclos eu adquiri novas vestes:
Onde gemas duradouras e brilhantes radiantes foram trocadas por beleza e simetria de forma, cor e fragrância,
Onde o resplandecente raio de Sol estimulava a ânsia pelo retorno à Casa ancestral mais alto, sempre mais alto.
Com o passar de outras eras, entrei em outro reino,
Possuindo agora o poder de mover-me de um lugar para outro, e capaz de determinar minha direção uma vez mais;
Então, ao tomar veículos de sangue quente, vieram novas sensações de devoção, sacrifício e amor.
Finalmente eu despertei e me vi como uma Hóstia do Reino Humano,
Aprendendo sobre o poder transformador do amor, pulsando em consonância com o Plano Divino
Agora, sob a regência do Magnífico *Ah-hi*,[12]
Conscientemente posso lutar para acelerar meu caminho e obter o conhecimento de *Ātman*:
Assim como a centelha busca se reunir à Chama de onde surgiu.
Ascendendo sempre para o alto, mais alto até os turbilhonantes Palácios dos *Lhas* Planetários,[13]
Nivelando com os Sete Filhos Primitivos da Luz,
Passando por sóis ardentes e rastros de cometas, passando por galáxias e Universos, Igual ao Sol Central Espiritual...
Pois eu aprendi a dizer: *Aham eva Parabrahman*.[14]

---

[12] *Ah-hi* – *Mānasaputras* – Filhos da Mente – "Os Despertadores da humanidade".
[13] *Lhas* Planetários – Regentes Planetários, Vigilantes, ou *Logoi*.
[14] *Aham eva Parabrahman*: "Em verdade Eu sou Ilimitado".

INTRODUÇÃO

Quando ponderamos a respeito das vastas distâncias para as quais se pode lançar o pensamento, para que milhões e milhões de estrelas possam ser vislumbradas e, ainda assim, percebemos que não há limites para as imensidões do Espaço, não há como não pensar que a lei e a ordem prevalecem por todo o infinito – que existe realmente um Plano Divino. Tudo faz parte deste Plano: mundos, sóis, nebulosas, galáxias, Universos – tudo isso existe por causa deste Plano Divino; tudo na verdade faz parte dele. Todos os seres nos vários mundos também são partes integrais do Plano. O Universo existe porque ele representa o desenvolvimento do Vasto Esquema. Outros Universos, da mesma forma, manifestam a operação do Plano Divino.

O Plano Divino é uma manifestação da LEI Divina. Assim como o Sol emite inumeráveis raios que são da mesma essência que sua fonte emanante, assim também raios são emitidos da Lei Divina, que são da mesma essência que sua Fonte; portanto, esses raios são Leis Divinas. Eles mantêm o Plano Divino.

As Leis Divinas são fundamentais em seu escopo; elas já eram operativas antes da existência do Universo; elas continuam a funcionar por tanto tempo quanto o Universo permanecer manifesto, e continuarão operando quando o Universo deixar de existir. Uma vez que essas leis continuam a operar, não importando se um homem, um planeta, um Sol, ou até mesmo um Universo estiver manifesto ou não, então essas leis são Leis Divinas, pois elas estão além do alcance do tempo e do espaço (no sentido em que estamos acostumados a pensar em termos de tempo e espaço).

Como o Universo ganhou existência por força das leis que o governam, então tudo dentro dele deve estar sob a regência dessas leis e fazer parte do Plano Divino, na medida em que a parte deve seguir o mesmo padrão que o todo segue. Consequentemente você, você mesmo, é parte do Plano.

Você duvida disso? Você se questiona se é ou não parte da Divindade? Até as escrituras afirmam: "Não sabeis que és o templo de Deus, e que o Espírito de Deus habita em vós?"[15] Em verdade, Deus é o mesmo que a Divindade – um com o Espírito Divino – o Plano Divino. Dessa forma, as dúvidas podem ser substituídas por certezas quando as Leis Divinas lhes são afirmadas e colocadas à sua frente para contemplação. Então você verá como se encaixa no Grande Projeto, como você e todas as outras entidades do Cosmos existem por causa desse Plano Divino e por causa das Leis Divinas que o presidem.

---

[15] Coríntios I, iii, 16.

Talvez possa lhe parecer que não existe um Plano Divino em operação, ou até mesmo que o mundo esteja em total confusão e de cabeça para baixo quando conflitos armados irrompem – então, na verdade você percebeu a necessidade deste livro. Pois o propósito é mostrar a você que existe um Plano Divino e que as Leis Divinas são equivalentes a ele, e nele operando.

Com relação às imperfeições que você observa, elas são devidas às ações de *seres imperfeitos*. Enquanto houver seres imperfeitos, seja na administração de assuntos mundanos ou na regência de um Cosmos, imperfeições inevitavelmente ocorrerão. Não sustentamos que a perfeição existe, nem que o Cosmos é uma manifestação da perfeição. E o motivo pelo qual esta ideia não é mantida é devido ao próprio Cosmos estar evoluindo, procurando se tornar um Cosmos melhor, lutando para alcançar um degrau mais elevado de harmonia com o Plano Divino. Isto é assim porque o Cosmos representa a manifestação de um Grande Ser, por mais grandioso que seja o resultado. De fato, existe um termo para esse Grande Ser, chamado, tecnicamente, de *Logos*, ou "Observador" de um Sistema Cósmico. Assim, o Cosmos está sob a regência de um *Logos* Cósmico, o qual está cercado por Seres menores, os quais por sua vez administram as Leis aplicáveis à sua esfera de influência. Esses Seres menores – embora muito superiores em grau de evolução aos seres humanos – são conhecidos como *Dhyāni-Chohans* – literalmente os "Senhores Meditativos" – inteligências divinas.

Uma vez que a função dos *Dhyāni-Chohans* é administrar as Leis Divinas, seu maior esforço é realizar suas tarefas cada vez mais eficientemente, de forma a se tornarem executores mais hábeis do Plano. Mais ainda. Não importa o quão consumadamente elevado seja o estado dos *Dhyāni-Chohans* em comparação ao estágio evolutivo da humanidade, esses Seres excelsos estão por sua vez procurando seu desenvolvimento evolucionário, com o propósito de se tornarem ainda mais excelsos e mais experientes, para que sua magistratura das Leis Divinas seja mais perfeita e em maior consonância com o Plano Divino. Da mesma forma como eles estão procurando *seu próprio* desenvolvimento evolucionário, assim também estão os outros seres que atuam sob sua esfera de operação, independentemente do *status* evolucionário desses seres menores.

Cada ser possui um desejo inato de se esforçar por alcançar maior harmonia com a operação do Plano Divino, lutando para se tornar um expoente mais hábil dessas Leis, mesmo que aparentemente esteja empregando mal suas habilidades e, algumas vezes, agindo de forma contrária às Leis Divinas. No entanto, mesmo que aja dessa forma, esse indivíduo nada fez além de se colocar sob a operação de uma dessas Leis, cuja função específica é corrigi-lo, de forma que, com o tempo, ele aprenda a trabalhar em harmonia com a Grande Lei, em vez de trabalhar contra ela.

Tendo afirmado a existência das Leis Divinas, o próximo passo é demonstrar que elas estão em operação. Isso será feito através da exposição de doutrinas que foram selecionadas para exemplificar a operação das Leis. As doutrinas representam os ensinamentos da Sabedoria Antiga, ou da Filosofia Esotérica (*Gupta-Vidyā* é o termo em sânscrito), conforme apresentadas no livro intitulado *A Doutrina Secreta*. Mas primeiro note a enumeração das Leis e doutrinas associadas, pois isso dará a sequência na qual são consideradas, enquanto ao mesmo tempo fornecerá uma visão da natureza e do escopo do trabalho.

A LEI DE PERIODICIDADE – Ela é demonstrada através do axioma de que para cada período de atividade existe um consequente intervalo de repouso, observável na Natureza através do dia e da noite, das idas e vindas da maré, dos processos de vigília e sono, nascimento e morte, e assim por diante. Uma fase dessa Lei se manifesta como a Lei da Constante Renovação, na qual a necessidade do renascimento, ou retomada de um corpo, é demonstrada. Desta forma, a doutrina que exemplifica a Lei de Periodicidade é chamada de Doutrina da Constante Renovação.

A LEI DO AJUSTE – Uma vez que a harmonia segue como a sequência natural do desdobramento do Plano Divino, sempre que ela for perturbada um ajuste precisará ser feito, de forma que o equilíbrio rompido possa ser restaurado. Uma palavra que explica a ação desta Lei é bem conhecida; de fato, ela é chamada de Lei do *Karma*. A exposição da Lei do *Karma* é fornecida na Doutrina do Equilíbrio e Harmonia.

A LEI DA UNIDADE ESSENCIAL – Esta Lei ilustra verdadeiramente a operação do Plano Divino, pois cada entidade vive sua vida no campo ou esfera de um ser maior; o ser maior mantém a esfera para os menores. A Doutrina das Hierarquias é o nome escolhido para a doutrina que exemplifica a Lei da Unidade Essencial. "Seres graduados" é a definição intencionada para a palavra "hierarquias", infinitas em número. Os seres que formam e vivem no Universo estão todos ligados por um laço comum de origem, de acordo com a Lei.

A LEI DO AUTODESENVOLVIMENTO – Esta lei é demonstrada pelo anseio que faz com que cada entidade busque se expressar de acordo com suas características essenciais. A doutrina associada a esta Lei é chamada de Doutrina da Unidade Essencial.

A LEI DO MOVIMENTO – Tudo demonstra a ação desta Lei, pois nada pode permanecer isolado ou estático. Alguma força nos impele eternamente para a frente, na busca de um estado superior. "É uma lei fundamental em Ocultismo que não há repouso ou cessação de Movimento na Natureza." Esse Movimento é aplicável não somente durante os períodos de atividade como também durante os períodos de repouso. A Doutrina da Mudança Contínua exemplifica a Lei do Movimento Eterno.

A LEI SETENÁRIA – A prevalência do número sete – tão familiar nos sete dias da semana, nas sete cores do arco-íris, nas sete notas da escala musical – indica que esta Lei é operativa. Especial atenção é dada aos seguintes "setes": os sete Planos, os sete *Lokas* e *Talas*, os sete *Tattvas* ou os sete Princípios Cósmicos, a constituição setenária do homem. As considerações sobre a Lei Setenária prosseguem nos três capítulos seguintes, intitulados: A Doutrina das Esferas (o qual é subdividido em sete seções); A Doutrina das Raças; e A Doutrina das Rondas.

Seguindo a Lei Setenária, outra fase da Lei de Periodicidade é revista sob o título "Os Estados Após a Morte", respondendo à questão: "O que acontece ao homem quando ocorre a morte?"

A LEI DA COMPAIXÃO — Embora presente por todo o Universo, e sendo uma necessidade fundamental na consecução dos propósitos do Plano Divino, a Doutrina das Duas Sendas ilustra a operação da Lei em um grau superlativo.

A LEI DO VIR A SER — O título escolhido para esta Lei esforça-se por expressar em palavras aquele desconcertante mistério presente na manifestação da Vida que penetra toda entidade, grande ou pequena. "Tudo veio do *Ākāśa*, obedecendo a uma lei de Movimento nele inerente, e depois de certa existência se desvanece." O nome escolhido para a doutrina associada a esta Lei é a Doutrina do Conhecimento Universal. Embora admitindo que o assunto esteja além do alcance do homem em seu presente estágio evolucionário, uma vez que as faculdades superiores não estão totalmente desenvolvidas, de qualquer forma algumas das ideias mais sublimes apresentadas em *A Doutrina Secreta* são analisadas neste capítulo de conclusão.

Ao apresentar, para a sua consideração, as doutrinas associadas às Leis Divinas, colocamos o leitor *en rapport* com o grande Continente de Pensamento representante da Sabedoria das Eras — a herança da raça humana. Que ela possa ser de auxílio a você, como foi àqueles que a contataram e por sua vez a transmitiram, de forma que a sua visão possa ser mais ampla e seu entendimento mais profundo, de maneira que sua vida seja mais nobre, sempre voltada para maior harmonia com o Plano Divino.

CAPÍTULO I

A Doutrina da Constante Renovação

A primeira Lei Divina a ser considerada é a Lei de Periodicidade. Essa é demonstrada no axioma de que para todo período de atividade existe um consequente e igual período de repouso, seguido por outro impulso para a atividade e um consequente intervalo para repouso, seguido por outra série, e assim por diante. Isso é admiravelmente exemplificado pelo padrão familiar dos dias e noites (que ocorrem pela rotação da Terra em torno do Sol);[16] o dia é seguido pela noite, e a noite se afasta depressa quando a alvorada anuncia um novo dia. Sendo assim, com o pôr do Sol, outra noite se aproxima enquanto o dia desaparece. Dizemos: cada amanhecer traz um novo dia! É verdade. Existe uma constante procissão de novos dias, assim também como um número consequente de novas noites. Os dias são constantemente renovados: as noites oferecem incessantemente oportunidade para a renovação.

Ligada a essa Lei de Periodicidade há uma ideia básica, que está formulada em *A Doutrina Secreta* como uma proposição: a segunda das três dessas fórmulas chamadas de proposições fundamentais. São consideradas tão importantes que todo o sistema de pensamento apresentado em seus volumes baseia-se no correto entendimento dessas proposições. Entretanto, em vez de serem apresentadas no início deste trabalho, essas três proposições fundamentais serão consideradas separadamente, em seu próprio conjunto, juntamente com as doutrinas que as exemplificam. Dessa forma, separadas, poderão ser estudadas com maior proveito.

A Lei de Periodicidade enfatiza a necessidade de uma constante renovação. Sem essa renovação, as forças que requerem manutenção se dissipariam. Assim, esse aspecto de constante restauração representa um período de atividade — tecnicamente chamado de *Manvantara*, literalmente um período entre dois *Manus*, da palavra sânscrita composta: *Manu*, um grande Ser Divino, dos quais existem 14, denominados os Soberanos da Terra, cada *Manu* estando encarregado de um Grande Período; e *antara*, entre. Um *Manvantara* é representado na Filosofia Esotérica como o Expirar do Grande Alento. O Inspirar é visto como um período de descanso, tecnicamente

---

[16] Certamente um lapso do autor, pois os dias e as noites ocorrem em virtude do giro da Terra em redor de seu eixo, a cada 24 horas aproximadamente, e não da translação da Terra em redor do Sol, que causa as estações do ano. (Nota da tradutora.)

chamado de *Pralaya*, literalmente um período de dissolução: da palavra sânscrita composta *pra*, para longe; *laya*, da palavra-raiz *li*, dissolver. Não obstante, mesmo durante o período de repouso o Movimento Eterno não cessa.

> O aparecimento e o desaparecimento do Universo são retratados como sendo um exalar e um inspirar do "Grande Alento", o qual é eterno, e que, sendo Movimento, é um dos três aspectos do Absoluto – o Espaço Abstrato e a Duração sendo os outros dois. Quando o "Grande Alento" é projetado, é chamado de Sopro Divino, e é visto como o respirar de uma Divindade Incognoscível – a Existência Única – que sopra um pensamento, e este se torna um *Kosmos*. Da mesma forma, quando o Sopro Divino inspira, o Universo desaparece no peito da "Grande Mãe", que adormece "envolta em seus mantos invisíveis". (I, 43, ed. or.)[17]

"A Grande Mãe" aqui equivale ao ESPAÇO Infinito. O *Kosmos* (aqui grafado com um k) equivale em *A Doutrina Secreta* ao Universo; Cosmos (com c) é usado com o significado genericamente aceito da palavra: o mundo, ou também o Sistema Solar.

Uma vez que o Universo segue essas pulsações rítmicas em harmonia com o Plano Divino, todas as partes do Universo devem da mesma forma observar a mesma lei com a qual o Universo se conforma: assim como é com o Todo, assim é com as partes. Desta forma, o homem segue os mesmos padrões em seu ciclo de vida. Durante o dia ele se levanta e põe em movimento um período de atividade; durante a noite vai dormir e tem um período de repouso. No dia seguinte, ao acordar, dá origem a outro período de atividade, e de noite se retira para outro período de repouso. Eventualmente se retira da atividade da vida como um todo – deixa a esfera terrestre, entrando em outras esferas que não são visíveis para nós. Ali o homem tem um longo período de repouso. Não obstante, em harmonia com o Plano Divino, mais cedo ou mais tarde ele terá que inaugurar outro período de atividade. Isso é feito quando retorna à Terra e nasce novamente como uma criancinha, de forma a assumir outro longo período de atividade – esse novo período, ou ciclo de vida, é novamente marcado por curtos períodos de atividade e repouso.

O homem segue esse aparecimento e desaparecimento cíclico na Terra em razão dela, da Terra onde ele vive, observar o mesmo padrão. Não apenas a Terra, mas todos os planetas do Sistema Solar são governados pela mesma lei, porque o regente do Sistema – o Sol – está em conformidade com o mesmo ciclo rítmico de aparecimento e desaparecimento: um *Manvantara* solar, seguido por um *Pralaya* solar. Da mesma maneira, o Universo possui o seu período de atividade e seu período de repouso. Em cada caso – seja homem, planeta, Sol, Universo – cada um está pulsando em harmonia rítmica com a atividade da Lei Divina – o Plano Divino.

---

[17] *A Doutrina Secreta*, Vol. I, pp. 115-6, ed. 6 vol.; Vol. I, 74, 3ª ed.

A Segunda Proposição Fundamental

A análise da Segunda Proposição Fundamental dá continuidade ao tema da Lei de Periodicidade. A proposição se inicia com as seguintes palavras:

> Além disso, a Doutrina Secreta afirma:
> A Eternidade do Universo *in toto* é um plano infinito... (I,16)[18]

Ao ler esta citação, é importante não fazer uma pausa após a palavra "Universo", mas preferencialmente depois de *in toto* (que significa "em sua inteireza"); a razão é que o conceito aqui intencionado não é uma consideração ao Universo, no senso comumente aplicado à palavra. Ao contrário, pretende-se postular que "o Universo *in toto*" é equivalente ao que se denomina de ESPAÇO em *A Doutrina Secreta*, como o TODO infinito e sem fronteiras, no qual incontáveis Universos têm existência. A próxima frase da proposição mostra que esta interpretação está correta:

> ...periodicamente "o pátio para inumeráveis Universos aparecerem e desaparecerem incessantemente", chamados de "estrelas manifestantes" e de "centelhas da Eternidade". (I,16)

Este processo de manifestação e de dissolução de Universos tipifica a ação da Grande Lei. A *razão* para o seu aparecimento e desaparecimento não está incluída na proposição, mas será fornecida em várias páginas adiante, como segue:

> A Doutrina Secreta ensina o desenvolvimento progressivo de tudo, dos mundos bem como átomos; e esse estupendo desenvolvimento não possui qualquer início concebível ou fim imaginável. O nosso "Universo" é apenas um, dentre um número infinito de Universos, todos eles "Filhos da Necessidade", pois estão ligados na grande cadeia Cósmica de Universos, cada um sendo um efeito com relação ao seu predecessor, e sendo uma causa com relação ao seu sucessor." (I, 43)[19]

Embora para uma pessoa educada no Ocidente possa parecer inimaginável a inexistência de um começo concebível para o desenvolvimento evolucionário de um mundo, um momento de consideração à ideia demonstrará que esta afirmação se encontra em muito mais estreito relacionamento com o estado de coisas no qual nos encontramos, isto é, numa esfera situada no meio das vastas distâncias do Infinito. Ter certeza de que há um começo para *esta* Terra, assim como haverá um fim para *esta* Terra, não é o ponto em questão. Todavia, antes que esta Terra viesse a existir, havia uma esfera anterior, que por sua vez era a reencarnação de um globo anterior, e antes dessa uma esfera antecedente, e assim por diante, estendendo-se incalculavelmente abaixo do nível *deste* desenvolvimento evolucionário. Da mesma forma,

---

[18] Vol. I, p. 82, ed. 6 vol.; I, 45, 3ª ed.
[19] Vol. I, p. 115, ed. 6 vol.; I, 74, 3ª ed.

podemos visualizar um crescente avanço evolucionário neste mundo, projetando-se mais e mais alto, infinitamente além do alcance de nossa imaginação, aos mais superiores estágios de evolução. Não é este um conceito mais grandioso do que uma simples passagem pela existência planetária? Tendo apenas uma curta vida terrena para cada homem neste globo?

De forma similar, assim como existe uma "cadeia de mundos", no sentido de uma série de mundos, cada um sendo o efeito ou o resultado do mundo anterior e a causa para seu sucessor, assim há uma série de aparições para o homem nesta Terra, cada manifestação sendo o resultado de um ciclo de vida anterior, e a vida presente sendo a causa para a próxima existência.

A palavra *plano*, na citação anterior, merece atenção, uma vez que é frequentemente usada e necessita de definição. Aqui ela não tem o sentido que encontramos no dicionário, tampouco em seu significado latino de nível, plano, grosseiramente traduzindo *planus*; em vez disso:

> Como usado em Ocultismo o termo denota o âmbito ou extensão de certo estado de consciência, ou do poder perceptivo de um conjunto particular de sentidos, ou a ação de uma força particular, ou o estado de matéria correspondente a qualquer um dos acima.[20]

Assim, a frase da Segunda Proposição Fundamental: "A Eternidade do Universo *in toto* é um plano infinito" pode ser entendida como Espaço Eterno — até onde a consciência é capaz de concebê-lo sem qualquer limite, direção ou tempo — existe sem cessação. Nesse Todo-Ser, Universos incontáveis aparecem e desaparecem continuamente.

A proposição continua se referindo ao homem, o que indica, como muitas vezes ocorre em *A Doutrina Secreta*, que um símbolo pode se referir tanto ao macrocosmo quanto ao microcosmo — o Universo ou o homem. Isso ocorre porque o homem está indissoluvelmente ligado ao Universo; ao mesmo tempo chama a atenção para o fato de que a mesma Lei Divina se aplica igualmente ao Universo e ao homem. A frase é fornecida em linguagem mística no *Livro de Dzyan*:

> "A Eternidade do Peregrino" é como um piscar de Olhos da Auto-Existência. "O aparecimento e desaparecimento de Mundos é como o regular fluxo e refluxo das marés." (I, 16-17)[21]

Na segunda frase o *Livro de Dzyan* também é citado, mais uma vez enfatizando a Lei de Periodicidade, desta vez através da referência à ação das marés, em seu ciclo rítmico de fluxo e refluxo.

---

[20] *Glossário Teosófico*, H.P. Blavatsky, Ed. Ground, p. 496.

[21] Vol. I, p. 82, ed. 6 vol.; I, 45, 3ª ed.

A Condição da Mônada em Relação à Constante Renovação

Uma nota de rodapé está conectada à palavra "Peregrino", a qual é importante uma vez que estabelece o uso do termo:

> "Peregrino" é a denominação dada à nossa Mônada (o dois em um) durante seus ciclos de encarnação. (I, 16)

O Ciclo de Encarnações ou Ciclo de Necessidade (como também é chamado) é amplamente considerado na Terceira Proposição Fundamental,[22] uma vez que este é o tema principal dessa proposição. Mas podemos apontar de passagem que o próprio termo postula a reencarnação do homem – reencarnação como uma fase da Doutrina da Constante Renovação. Pois se há de existir ciclos de encarnações – um grande número, não necessariamente um número específico ou predeterminado de encarnações – deve haver um princípio (ou princípios) inerente à constituição humana que permaneça intacto através da mudança ocorrida, ou seja, quando o despojamento das vestes, ou revestimentos inferiores, ocorre. Este processo é geralmente chamado de "morte". Uma vez que as vestes inferiores são despojadas, elas precisam ser renovadas durante os ciclos de encarnações. O ímpeto para a sua renovação é proporcionado pelos princípios que permanecem inalterados no homem durante seu ciclo de vida neste planeta, os quais são referidos na citação sob o termo de Mônada.

A respeito da Mônada, trata-se de um termo que gera muita confusão – primeiro por ser usado muito vagamente, sem precisão; segundo porque é usado de duas maneiras diferentes: (1) pode significar "Peregrino" (conforme usado na citação) e (2) pode significar a essência da qual brota o Peregrino. Pode-se dizer que a Mônada é um Raio da Essência Monádica, numa tentativa de clarear este ponto em particular. Uma terceira razão (talvez só aplicável àqueles que estejam familiarizados com o grego): Mônada primitivamente significa unidade, *um*, aquele que é indivisível, como sugere o significado original da palavra grega. Além do mais, a "Centelha da Eternidade" é, na verdade, vista como indivisível. Não obstante, na própria passagem onde é considerada como Peregrino, também se faz referência ao "dois em um", aparentemente um *par*.[23] Isso demanda uma explicação.

"O dois em um" faz referência aos princípios superiores do homem (em sua constituição setenária), *Ātman* e *Buddhi*, embora *Ātman* seja, por diversas vezes, traduzido como "alma", especialmente em compêndios. Um melhor significado seria Ser, o Ser Divino. O significado essencial da palavra *Ātman* pode ser melhor traduzi-

[22] Veja Capítulo V – A Doutrina da Mudança Contínua.

[23] *Duad*, em inglês. (Nota Ed. Bras.)

do por "respiração" (conforme sugerido por alguns estudiosos, pois a palavra seria derivada do verbo *an*, que significa respirar), o que dá ensejo ao pensamento místico de que *Ātman* é expirado a partir da Origem de TUDO, a Fonte da Existência.

Ātman pode ser descrito como uma parte de nós que é mais universal que individual em seu aspecto; não é aquela parte de nós que percebe e diz "eu sou eu", nem aquela que declara "eu sou", mas sim "eu sou um com o TODO". Entretanto, esse aspecto universal não é capaz de funcionar diretamente nos planos mais inferiores de existência, nem no mundo físico. Seu único contato com os planos inferiores é feito através do *upādhi* (para se usar o termo técnico). Tem-se geralmente aplicado a *upādhi* o significado de "base" ou "veículo", embora também possa ser entendido como substituto, aparição, disfarce do espírito ou "véu do espírito". Pois a palavra é um composto de *upa*, um prefixo preposicional que significa em direção a, perto, sobre; e *ādhā*, colocar, ou até depositar. Assim, novamente, *upādhi* pode ser entendido como aquele que é depositado por *Ātman* – a saber, o sexto princípio, *Buddhi*.

Buddhi – cujo derivado vem do verbo *budh*, saber, iluminar – é vastamente interpretado como a Alma Espiritual, a inteligência, o poder de discernimento, a intuição. Na Filosofia Esotérica, *Buddhi* é o *upādhi*, ou "véu do espírito" de *Ātman*, e funciona no homem como o Princípio Discriminador. É esta união do "dois em um", *Ātma-Buddhi*, que constitui a Mônada.

Ciente de que uma confusão pode surgir com relação à palavra Mônada, fornecemos um esclarecimento:

> Talvez não esteja totalmente correto, dentro das linhas estritamente metafísicas, chamar *Ātma-Buddhi* de MÔNADA, uma vez que na visão materialista ele é dual e, portanto, composto. Mas como Matéria é Espírito, e vice versa, e uma vez que o Universo e a Divindade que o formam são inseparáveis, o mesmo se aplica ao caso de *Ātma-Buddhi*. (I, 179)[24]

Algumas vezes encontramos um adjetivo qualificador aplicado à Mônada, assim como Mônada Mineral, Mônada Vegetal, Mônada Animal, Mônada Humana, o que de novo gera confusão. Este ponto também está esclarecido:

> Agora, a Essência Monádica, ou melhor, Cósmica (se podemos usar o termo), no mineral, vegetal e animal, embora a mesma ao longo das séries de ciclos, desde o mais baixo elemental até o Reino Dévico, difere na escala de progressão. Seria muito enganoso imaginar a Mônada como uma Entidade separada trilhando lentamente seu caminho em trilhas diferentes através dos Reinos inferiores, e após uma incalculável série de transformações florescendo em um ser humano; resumindo, que a Mônada de um Humboldt tenha a mesma idade de um átomo de uma *hornblenda*.[25] Ao invés de dizer uma "Mônada Mineral", a fraseologia mais correta em ciência física, a qual diferencia cada átomo, seria, é claro, chamá-la de "a

---

[24] Vol. I, pp. 231, ed. 6 vol.; I, 202, 3ª ed.

[25] *Hornblenda* é a designação dada a um grupo de minerais monoclínicos, do grupo das anfíbolas, constituídos por mistura isomorfa de silicatos de cálcio, magnésio, ferro, alumínio e, por vezes, também de sódio, manganês ou titânio. (Nota Ed. Bras.)

> Mônada que está se manifestando naquela forma de *Prakriti* chamado de Reino Mineral." (...) Os peripatéticos aplicavam a palavra *Monas* ao todo do *Kosmos*, no senso panteístico; e os Ocultistas, embora aceitando esse pensamento por conveniência, distinguem os estágios progressivos de evolução da forma concreta a partir do abstrato, dos quais a "Mônada Mineral, Vegetal, Animal (etc.)" são exemplos. O termo simplesmente significa que a onda de maré da evolução espiritual está passando através desse arco de seu circuito. (I, 178)[26]

Desta forma, as Mônadas que passam por esse arco de seu circuito que demanda uma experiência evolucionária no Reino Vegetal se manifestam naquela forma de *Prakriti* apropriada ao Reino Vegetal. Da mesma forma, as Hostes Monádicas que necessitam de experiência no Reino Animal possuem veículos adequados a esse Reino, enquanto que as Hostes de Mônadas que procuram um estágio de desenvolvimento no Reino Humano usam corpos humanos. Por serem os corpos agregados, compostos por pequenas vidas, ou células, as quais estão continuamente passando por seu ciclo de experiência evolucionária, sua incessante atividade na renovação do veículo proporciona ao corpo humano um *upādhi* para os princípios mais elevados.

Quando o termo Mônada é usado junto com o equivalente sânscrito *Jīva*, ou *Jīvātman*, não há necessidade de confusão. *Jīva*, derivado do verbo *jīv*, viver, significa a vida *per se*, o princípio vital. Quando composta, como *Jīvātman*, faz referência ao espírito *vivo* quando este está associado a um veículo, dessa forma distinguindo-o do Espírito Universal. Isso significa que, quando *Jīvātman* está associado com um veículo, mesmo que temporário, este fornece o ímpeto de vida ao agregado que o constitui. Enquanto *Jīvātman* estiver associado a ele, o *vāhana* (ou veículo) mantém sua agregação por certo período de atividade. Mas o *vāhana* pode vir a se desfazer, assim como todos os agregados. O *Jīvātman* perdura até mesmo quando a agregação cessa sua manifestação nos reinos físicos — quer dizer, quando o veículo é despojado. No tempo certo, o agregado será recomposto novamente, renovado, através do ímpeto de *Jīvātman*. Esta é a Doutrina da Constante Renovação quando observada do ponto de vista de *Jīvātman*, ou Mônada.

Um excelente exemplo de como *Jīva* pode ser considerado é dado na seguinte citação. Como anteriormente explicado, ilustra o segundo uso do termo "Mônada", aqui equivalente à Essência Monádica:

> Pois a Mônada ou *Jīva*, *per se*, não pode nem mesmo ser denominada de espírito: é um raio, um sopro do ABSOLUTO, ou melhor, a Totalidade e a Homogeneidade Absoluta, não possuindo qualquer relação com a finitude relativa e condicionada, é inconsciente em nosso plano. (I, 247)[27]

Daí a razão para a associação do *Ātman* com seu *upādhi*, *Buddhi*, a união que constitui a Mônada.

---

[26] Vol. I, p. 230-1, ed. 6 vol.; I, 267, 3ª ed.

[27] Vol I, p. 292, ed. 6 vol.; I, 267, 3ª ed.

Resumindo, a consideração da nota de rodapé com respeito à Mônada e sua conexão com a Segunda Proposição Fundamental, a citação continua o tema do excerto acima citado. A sentença começa com a palavra "Ela", que se refere à Essência Monádica:

> Ela é o único princípio eterno e imortal em nós, sendo uma parte indivisível do todo integral — o Espírito Universal, de onde emana, e para o qual é absorvida ao fim de um ciclo. Quando é dito que emana de um espírito único, uma expressão inepta e incorreta tem de ser usada por falta de uma palavra apropriada em nossa língua. Os Vedantinos a chamam de *Sūtrātman* (o Fio-Alma). (I, 16-17)[28]

"O Espírito Universal" é equivalente a *Paramātman*, de onde emana *Ātman*. O significado literal de *Paramātman* é Ser Supremo; é composto da palavra sânscrita *parama*, primordial ou supremo; *Ātman*, Ser; também é interpretado como Espírito Supremo. Este representa a mais alta ou suprema Fonte de uma hierarquia cósmica e é equivalente ao termo "Absoluto" ou "Totalidade" da citação anterior.

No que diz respeito ao termo *Sūtrātman*, uma explicação será dada após a elucidação da frase "absorvida ao final de um ciclo".

A Relação dos Ciclos com a Doutrina da Constante Renovação

Por serem as ideias conectadas com a questão da absorção da Mônada ao final de um ciclo de suma importância na obtenção de um maior entendimento da Doutrina da Constante Renovação, é necessário fazermos uma pausa na elucidação da Segunda Proposição Fundamental, de forma a considerar uma diferente fase da doutrina, aquela que lida com a questão dos ciclos. Pois, uma vez que se afirma que a Essência Monádica "é absorvida ao final de um ciclo", é necessário que se determine qual ciclo se tem em mente.

Em primeiro lugar, podemos dizer que a palavra "ciclo" é derivada da palavra grega *kyklos*, que significa círculo. Como um círculo representa um retorno, uma queda e ascensão, uma descida de forma a subir, uma conclusão de uma revolução de forma que uma nova possa começar, então uma série de ciclos representa uma série de renovações.

Ideias similares à absorção são encontradas em religiões antigas, particularmente nos registros hindus e egípcios. Elas foram provavelmente a base das crenças das religiões atuais com relação à eternidade, a qual é vista como prevalecendo após a morte. Deve-se entender claramente, entretanto, que o "fim de um ciclo" não se refere ao fim da vida do homem na Terra, pois foi demonstrado que a Mônada não é "absorvida" após a morte, mas perdura e proporciona o estímulo que traz um novo veículo à existência. Tampouco pertence o "fim de um ciclo" à conclusão

[28] Vol. I, p. 82, ed. 6 vol.; I, 45, 3ª ed.

de um período planetário da Terra. Ao invés disso, aplica-se ao fim do Ciclo *Solar*, tecnicamente denominado *Saurya*[29] *Manvantara* – um período de atividade Solar, ou o perfeito Grande Dia. Também é chamado de A Idade de *Brahmā*, equivalente ao período de Vida de Brahmā, que consiste em 100 de *Seus* Anos – totalizando 311.040.000.000.000 anos. A perfeita Grande Noite (*Mahā-Pralaya*), que segue o perfeito Grande Dia, é um período de igual duração. Também é conhecido pela frase mística "o Grande dia de Esteja-Conosco". A Absorção em *Brahman* é o equivalente hindu. Uma passagem sobre este tema pode ser citada, referindo-se especificamente às Mônadas que terão atingido a meta no "fim de um ciclo":

> Se a alcançarem – descansarão na bem-aventurança de *Parabrahman*, ou na "Escuridão Desconhecida", que deve tornar-se para todas elas Luz – durante todo o período do *Mahā-Pralaya*, a "Grande NOITE", ou seja, 311.040.000.000.000 anos de absorção em *Brahman*. O dia do "Esteja-Conosco" é o período de repouso ou *Paranirvāna*. Corresponde ao Dia do Julgamento Final dos Cristãos, que foi tão violentamente materializado pela religião destes. (I, 134)[30]
>
> No limiar do *Paranirvāna*, ela [a Essência Monádica] reassume sua Essência primitiva e torna-se Absoluta uma vez mais. (I, 135)[31]

Enquanto a Essência Monádica "reassume sua Essência primitiva", ou repousa "na bem-aventurança de *Parabrahman*," a matéria ou substância que compõe o Sol e o Sistema Solar retornará ao estado *laya* – uma condição na qual a substância se torna homogênea e é incapaz de atuar ou diferenciar. Isso perdurará por toda a extensa Grande Noite – pelo período de tempo acima indicado. Ainda que essa Idade possa ser vista como igual a uma eternidade, não obstante também terá um fim. De acordo com a Lei Divina, que requer que haja uma reaparição solar, ou uma reincorporação solar – por um período de atividade igual em extensão ao *Mahā-Pralaya*, quando um novo Ciclo Solar recomeça –, a Essência Monádica irá novamente se associar com mundos da forma através dos *upādhis* ("véus do espírito").

Explicando os termos usados na citação:

Parabrahman: um termo usado especialmente no sistema de filosofia vedantino, e empregado da mesma maneira por toda *A Doutrina Secreta*. Uma breve explicação pode ser dada da seguinte maneira: Como *Brahman* é definido como o Hierarca Supremo de um sistema (sendo esse sistema um Cosmos ou um Universo), a importação filosófica do termo *Parabrahman* significa aquilo que está *além* da Hierarquia Suprema (*para* significando "além"). O "além", entretanto, não tem conotação de finito, tampouco se refere a "outros Universos", principalmente porque cada "outro Universo" possui *sua* Hierarquia Cósmica, cada um possuindo, portanto, seu "além".

---

29 *Saurya* é a forma adjetiva de *Sūrya* – Sol. (Nota da tradutora.)
30 Vol. I, p. 192, ed. 6 vol.; I, 159, 3ª ed.
31 Vol. I, p. 163, ed. 6 vol.; I, 160, 3ª ed.

Assim sendo, *Parabrahman*[32] significa infinito, desconhecido, sem limites – o Ilimitado. O equivalente cabalístico do termo é *Ain Soph.*

Paranirvāna: na filosofia Budista, o mais alto *Nirvāna* (*para*, além, longe, distante, etc.; *Nirvāna*, um estado exaltado de existência e consciência absolutas). "Um *Não-Ser* Absoluto, que é equivalente ao *Ser* absoluto ou 'Não-Ser', o estado alcançado pela Mônada humana no final de um Grande Ciclo."[33]

Os interessados em números ou numerologia acharão muito interessante a resolução das figuras que dão o período de um ciclo do Sistema Solar. Isso pode ser alcançado através de uma série de números cabalísticos: 666.[34] Um método para decifrar as séries pode ser feito através da gematria (um método de empregar números usados na Cabala):

O primeiro número 6, ou 6 na posição "centesimal", fornece o número chave do antigo ciclo caldeu conhecido como o *Naros* – 600. Mas havia três ciclos do *Naros*: o Maior, o Médio e o Menor.

O segundo número 6, ou 6 na posição "decimal", compõe 60. Adicionando dois números 60, achamos o número chave do *Saros* caldeu, 120.

Assim, duas chaves de ciclos foram achadas, embora a maneira pela qual os ciclos caldeus eram usados tenha sido perdida. Por isso nos fixaremos nos ciclos dos *yugas* hindus, uma vez que a maneira de usá-los é bem conhecida. É baseada no cálculo que dá a extensão do *Kali-Yuga*. Muitos ficam confusos sobre por que a era presente, chamada de Idade do Ferro ou Idade do Vício, deve ter o nome sânscrito equivalente a "um ponto" (conforme é chamado pelos jogadores de dado), uma vez que o significado literal de *Kali* é o nome do dado, ou o lado do dado marcado com um ponto – o dado perdedor.[35] Eles não veem qualquer conexão entre a Idade Escura e o dado com o primeiro número. Uma pista, entretanto, é o próprio número, uma

---

32 Fornecemos um extrato de Subba Row, o grande expoente da filosofia vedantino, o qual é sempre citado em *A Doutrina Secreta*: "Todos os escritores vedantinos há muito formularam o Princípio de que *Parabrahman* é a única essência de quase tudo no Cosmos."

"Esse *Parabrahman* – que existe antes de todas as coisas no Cosmos –, é a única essência da qual brota para a existência um centro de energia, o qual pode ser chamado, por enquanto, de *Logos*." *Notas sobre a Bhagavad-Gitā*, pp. 17-17 (P.L. ed.).

H.P.B. define o *Vedānta* da seguinte maneira: "Um sistema místico de filosofia, o qual se desenvolveu a partir dos esforços de gerações de sábios que interpretaram o significado secreto dos *Upanishads*."

Sankarācharyā, que tornou popular o sistema vedantino, e o fundador da filosofia Advaita, é algumas vezes chamado de fundador das modernas escolas de *Vedānta*. *Glossário Teosófico*, p. 361.

33 Equivalente em significado ao termo *Paranirvāna* é o termo *Paranishpanna*: composto de *para*, além; *nis*, fora ou para a frente; *panna*, a forma do particípio perfeito do verbo *pad*, andar, ir; assim, literalmente, "indo para além" – inferindo tratar-se daquele que passou para além do presente sistema cósmico. *Glossário Teosófico*, pp. 249-50.

34 Em *A Doutrina Secreta* há uma sugestão de que 666 contém uma chave de valor; entretanto, nenhuma pista é dada sobre o seu significado ou como essa chave pode ser usada.

35 É de interesse notar que o *Mahābhārata* narra que heróis do grande épico (os Pandavas e os Kurus) eram grandes jogadores de dados. A *Bhagavad-Gitā* é um episódio que ocorre em uma das principais seções (são 18 ao todo) do *Mahābhārata*, que significa "a grande [guerra] dos *Bhāratas*".

vez que ele fornece a chave para o uso dos números de ciclos — através dos *nomes* dos *yugas*. A palavra *yuga* significa um ciclo, uma era; deriva do verbo *yuj*, juntar. Pode ser observado que, juntando os números, temos como resultado uma sequência de números, estabelecendo um período de tempo, ou uma era.

A figura cíclica que dá a extensão do *Kali-Yuga* pode ser determinada através do 666 cabalístico da seguinte maneira:

O primeiro 6, ou o 6 na posição "centesimal" (o ciclo de *Naros* Menor Caldeu) é	600
O segundo 6, ou 6 na posição "decimal" é	60
A multiplicação deles dá	36.000
O terceiro 6, possuindo o valor de 6, quando dobrado (6+6 ou 6x2), dá	12
A multiplicação deste conjunto de números dá	432.000 anos
Multiplicando esse número pelo valor numérico do *Kali-Yuga* (que é 1), o resultado dará o número de anos de um *Kali-Yuga*	432.000 anos
A Era que precede o *Kali-Yuga* é conhecida como *Dvāpara-Uuga* — *dvāpara* significando o nome do dado ou o lado do dado que possui dois pontos. Multiplicando o valor numérico do *Dvāpara-Yuga* (que é 2) pelo número de anos de um ciclo do *Kali-Yuga*, o resultado será a extensão do *Dvāpara-Yuga*, que é	864.000 anos
A Era anterior ao *Dvāpara-Yuga* tem o nome de *Tretā-Yuga* — *tretā* significando *trey*, o dado com três pontos. *Tretā* também significa "três fogos", a idade das tríades, também conhecida como a Idade Prateada. Multiplicando o valor numérico do *Tretā-Yuga* (que é 3) pelo número de anos de um ciclo do *Kali-Yuga*, o número resultante é a extensão do *Tretā-Yuga*	1.296.000 anos
O primeiro das séries dos quatro *Yugas*, representando a Idade Dourada, é chamado de *Krita-Yuga*. *Krita*, o particípio passado do verbo-raiz *kri*, fazer, tem a conotação de bem feito, bom. O *yuga* também é conhecido como o *Satya-Yuga* - *satya* significando verdade, honestidade — a Idade na qual a verdade reina suprema. Seguindo a sequência numérica dos outros *Yugas*, multiplicando o número do ciclo do *Kali-Yuga* por 4, chegamos à extensão do *Krita-Yuga*	1.728.000 anos
A soma dos quatro Yugas fornece a extensão de um *Mahā-Yuga* (literalmente uma "Grande Era") e equivale a	4.320.000 anos

Esse mesmo número pode ser através dos ciclos caldeus, da seguinte maneira:

Multiplicando o *Naros* Menor pelo *Saros* o resultado é 72.000: 600 x 120 = 72.000.

Multiplicando o resultado dos dois ciclos Caldeus (72.000) pelo "segundo 6" da série 666, que é 60, o número resultante é a extensão de uma idade de um *Mahā-Yuga*: 72.000 x 60 = 4.320.000.

Resumindo os períodos cíclicos bramânicos: na *Bhagavad-Gitā*[36] a extensão de um Dia de *Brahmā* é dada como 1.000 revoluções dos *yugas* (*Mahā-Yugas*), ou o equivalente a 4.320.000.000 anos. O significado deste número – ou a extensão de um Dia de *Brahmā* – é que ele representa o período de tempo do reinado dos 14 *manus* (994 *Mahā-Yugas* mais *sandhis* ou "interregnos"), o que é equivalente a um *Kalpa*, ou o período de tempo de um *Manvantara* planetário. O período de atividade planetária é então seguido de um período de repouso planetário – o *Pralaya* planetário – de mesma duração, de acordo com a Lei Divina. O *Pralaya* planetário será seguido por uma reaparição planetária, ou reincorporação planetária. Na conclusão desse período de atividade planetária, outro *Pralaya* planetário terá início. As séries de *Manvantaras* e *Pralayas* planetários seguir-se-ão por tanto tempo quanto perdurar o Ciclo Solar. Como expresso na *Bhagavad-Gitā*:[37]

> Todos os mundos em *Brahman* estão sujeitos ao renascimento outra e outra vez. Na chegada de um Dia de *Brahmā* todas as coisas são lançadas do imanifesto para a manifestação. Quando a Noite de *Brahmā* se aproxima, todas as coisas são absorvidas novamente no imanifesto. Mas existe aquele que na dissolução de todas as coisas não é destruído; é indivisível, indestrutível e de outra natureza do visível.

A extensão de um Ciclo Solar pode ser computada pelas séries 666 da seguinte maneira: multiplique o *Naros* Maior (600.000) pelo *Saros*: 600.000 x 120. O resultado é 72.000.000 – que é a extensão de um Ciclo Solar, ou o período de vida de um Sistema Solar – o *Manvantara* Solar, em *Mahā-Yugas*.

Completando o cálculo: igualando-se os *Mahā-Yugas* aos "anos terrestres", 72.000.000 x 4.320.000 = 31.040.000.000.000 anos, ou um *Kalpa* Solar. No sistema bramânico esse período é conhecido como a Era de *Brahmā*, ou a Vida de *Brahmā*. Os meios para se calcular o tempo da Vida de *Brahmā* são fornecidos pelo *Mahābhārata* desta maneira, baseado no cálculo de um *Kalpa* (ou Dia de *Brahmā*): 30 desses *Kalpas* são iguais a um mês de *Brahmā*, cujo ano consiste de 12 meses; assim seu tempo de vida consiste de 100 desses anos.

---

36 Capítulo viii.

37 Capítulo viii, seguido pela revisão de W.Q. Judge.

O Mês de *Brahmā* é obtido através da adição dos Dias e Noites e multiplicando o resultado por 30. Quando esse resultado é multiplicado por 12, fornecerá o período de um Ano de *Brahmā*. A extensão da Vida de *Brahmā* é obtida ao se multiplicar o período de tempo de seu Ano por 100. Expresso na seguinte figura:

4.320.000.000 x 2 x 30 x 12 x 100 = 311.040.000.000.000 anos

Uma vez que o cálculo de vários ciclos, culminando no período de tempo de um Ciclo Solar, é o mesmo quando usamos as figuras caldeias ou a série de números hindu, não parece necessário frisar que ambos os sistemas são inquestionavelmente derivados da mesma fonte – a Doutrina Secreta das eras.

Como já foi indicado, o ápice desse vasto período de anos contidos em um Ciclo Solar não passa da conclusão de um *Manvantara* Solar. Embora traga a perfeita Grande Noite, que durará por um número equivalente de anos, quando esse período de tempo é exaurido, um novo Sistema Solar ressurgirá, se reincorporará, sendo resultado do sistema anterior – de acordo com a Doutrina da Constante Renovação.

> O Ocultismo diz (...) com a mesma segurança de sempre: "A MATÉRIA É ETERNA, tornando-se atômica (em seu aspecto) apenas periodicamente." Isso é tão verdadeiro quanto aquela outra proposição, que é quase unanimemente aceita pelos astrônomos e físicos – ou seja, de que os desgastes e avarias do corpo do Universo estão imutavelmente acontecendo, o que levará finalmente à extinção dos fogos Solares e à destruição do Universo – está totalmente equivocada nas linhas traçadas pelos Homens de Ciência. Haverá, como sempre houve no tempo e na eternidade, dissoluções periódicas do Universo manifesto, mas (a) um *Pralaya* parcial após cada "Dia de *Brahmā*"; e (b) um *Pralaya* Universal – o MAHĀPRALAYA – apenas após o lapso de cada Era de *Brahmā*. (I, 552)[38]

A diferença entre os dois *Pralayas* é realmente muito grande: (a) refere-se à dissolução de uma cadeia planetária, ao final de um Dia de *Brahmā* – um período de 1.000 *Mahā-Yugas*; (b) refere-se à dissolução de um Sistema Solar no final de uma Era de *Brahmā* – um período de 72.000.000 *Mahā-Yugas*.

É necessário ter-se em mente que a Doutrina da Constante Renovação refere-se às vestes inferiores ou mantos externos que se manifestam no Plano Físico, enquanto que o princípio interior, espiritual, básico e indivisível – o qual é chamado de Essência Monádica – perdura de *Pralaya* a *Manvantara*, assim como de um período de atividade para um período de repouso. Isso quer dizer que a Essência Monádica sobrevive aos períodos de dissolução e é responsável pelos processos de se reinvestir ou de novamente se manifestar que ocorrem quando o período de repouso é concluído

[38] Vol. II, p. 275, ed. 6 vol.; I, 602-3, 3ª ed.

e um novo ciclo de atividade tem início. O princípio é o mesmo, seja considerando-se um Sistema Solar, um planeta ou um homem. Isto é indicado na frase "do interior para a superfície", que encontramos na seguinte passagem:

> Quando a chamada "Criação", ou formação de um planeta, é realizada pela força que é chamada pelos ocultistas de VIDA e pela ciência de "energia", então o processo começa do interior para a superfície, dizendo-se que todo átomo contém em si a energia criativa do sopro divino. (I, 11-12)[39]

Devemos lembrar que o Sopro Divino é uma projeção, por assim dizer, do Grande Alento, que é eterno (como foi comentado no início desse capítulo). No *Catecismo Oculto*, em forma de perguntas e repostas, isso está expresso da seguinte maneira:

> "O que é que está sempre vindo e indo?,"
> "O Grande Alento." (I, 11)[40]

O *vindo* representa a contração ou Inalação do Grande Alento — equivalente ao *Pralaya*. O *indo* se aplica à expansão ou Exalação do Grande Alento — *Manvantara*.

A razão para que o processo de emanação ou desdobramento — chamado de "criação" na citação antecedente — possa ocorrer é a concretização, por assim dizer, do Sopro Divino em um "centro". Esse centro atua como um foco para a energização de forças que procedem do interior para a superfície, por meio das potências expansivas sendo desencadeadas através desse vórtex.

No caso da reencarnação do homem, a Mônada atua na forma de um centro de energia para o desencadeamento das potências da Essência Monádica. Esse centro envia um Raio que atua como seu *upādhi*[41] na esfera material. Quando esse Raio é ligado com um foco — representado por uma "semente de vida" — as potências energizantes começam a trabalhar do interior para a superfície, primeiro atraindo o Corpo Modelo e depois o veículo externo (o Corpo Físico), elementos formadores que são usados para a construção das vestimentas ou mantos inferiores. Isso é o que está indicado, na citação a seguir, como "a formação de novos princípios humanos". Significa os quatro princípios inferiores da constituição setenária humana, usualmente chamados de quaternário inferior. Os três princípios imortais da constituição setenária — a Mônada (*Ātma-Buddhi*) e *Manas* (o Princípio Mental) — não são, é claro, "novos". Será bom deixar claro o tema nesse ponto, dando o nome dos "princípios que são desintegrados" e depois reagrupados novamente para uma nova encarnação, ou seja: *Kāma* (o Princípio do Desejo); *Prāna* (o Princípio da Vida); *Linga-Śarīra* (o

39 Vol. I, p. 77, ed. 6 vol.; I, 40, 3ª ed.

40 Vol. I, p. 77, ed. 6 vol.; I ,39, 3ª ed.

41 Isso foi explicado na seção intitulada "A Condição da Mônada em Relação à Constante Renovação". Explicação posterior é dada na seção seguinte: *Sūtrātman* — O Fio Luminoso da Mônada Imortal.

Corpo Modelo — que é o veículo de *Prāna*); o *Sthūla-Śarīra*, o Corpo Físico.[42] A desintegração dos princípios, é claro, é uma fase temporária:

> Assim, então, torna-se aparente o quão a analogia entre os processos da Natureza no *Kosmos* e aquele no homem individual é perfeita. O último vive através de seu ciclo de vida, e morre. Seus "princípios superiores", que correspondem, no desenvolvimento de uma cadeia planetária, ao ciclo de Mônadas, passa para o *Devachan*, que corresponde ao "*Nirvāna*" e estado de repouso entre duas cadeias. Os "princípios" inferiores do homem se desintegram com o tempo e são usados novamente pela Natureza para a formação de novos princípios humanos, e o mesmo processo ocorre na desintegração e formação de mundos. A analogia é, assim, um fiel guia à compreensão dos ensinamentos Ocultos. (I, 173)[43]

A correspondência existente entre o processo do *Kosmos* e o processo do homem é uma indicação de que a Lei Única permeia o Universo. Demonstra o trabalho do Plano Divino.

A explicação com respeito ao ciclo de Mônadas e a passagem para o *Devachan* são assuntos tratados em capítulos especiais.[44]

Com relação ao "estado de repouso entre duas cadeias": este é conhecido, tecnicamente, como o "Estado *Laya*", e ocorre durante o ciclo de inatividade ocasionado por um *Pralaya* Planetário, que sucede um Dia de *Brahmā* (ou *Manvantara*). Uma "cadeia" consiste em uma série de sete globos, cada um compondo um sistema planetário durante um *Manvantara* Planetário. A retomada de um corpo por um sistema planetário, ou uma "cadeia planetária", também consistirá de sete globos, quando um novo *Manvantara* será conduzido para a atividade.

Sūtrātman — o Fio Luminoso da Mônada Imortal

A análise da Segunda Proposição Fundamental será reassumida agora. Daremos continuidade ao tema nos referindo e explicando o termo vedantino *Sūtrātman*, que foi mencionado como sendo equivalente em significado à Mônada. Veremos que o uso da mesma ideia inserida na Segunda Proposição Fundamental é feito, ou seja, que períodos de atividade são seguidos por períodos de repouso. Esses períodos são chamados de "ciclos ativos e passivos" na citação.

> Em cada um de nós, aquele fio dourado de vida continua — periodicamente quebrado por ciclos ativos e passivos de existência sensória na Terra, e supersensória no Devachan —; ele *existe* desde o começo de nossa aparição sobre esta Terra. É o *Sūtrātman*, o fio luminoso da

[42] O assunto é amplamente considerado no Capítulo VI, "A Lei Setenária", e no Capítulo X, "Os Estados após a Morte".
[43] Vol. I, p. 226, ed. 6 vol.; I, 196, 3ª ed.
[44] O ciclo de Mônadas é explicado no Capítulo IX — "A Doutrina das Rondas". O assunto do *Devachan* está reservado para "Os Estados Após a Morte" — Capítulo X.

O PLANO DIVINO

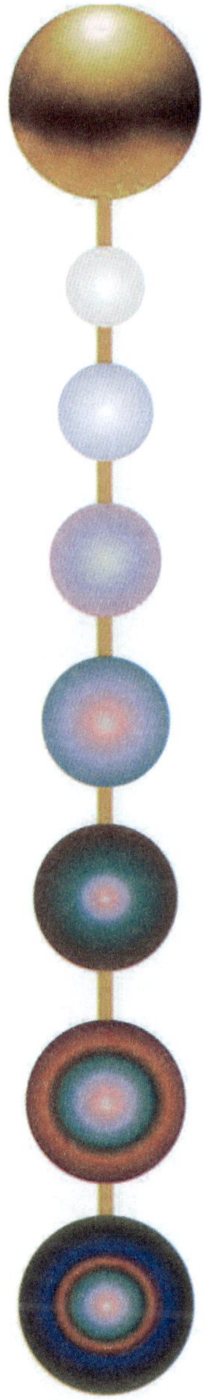

REPRESENTAÇÃO GRÁFICA DE UM *SŪTRĀTMAN*
E DOS EGOS EVANESCENTES

> Mônada imortal e *impessoal*, sobre o qual nossas vidas terrenas ou *Egos* evanescentes são "enfileirados como contas" – de acordo com a bela expressão da filosofia vedantina. (II, 513)[45]

Devachan é o estado de bem-aventurança, chamado de supersensório, no qual a tríade superior imperecível entra após a morte, para um ciclo passivo. Quando o período de repouso é concluído, a tríade imortal emerge do estado de bem-aventurança para outra encarnação na Terra. O verso em itálico *existe* expressa a continuidade do Fio-Eu através do ciclo de existências. As personalidades mortais aqui são chamadas de "Egos evanescentes".

Sūtrātman é um termo sânscrito composto, usado especialmente na filosofia vedantino: *sūtra*, fio; *Ātman*, Eu. O Fio-Eu pode ser descrito[46] como o cordão dourado que possibilita ao homem se manifestar na Terra, ligando o Eu imortal com o veículo impermanente. A ligação permanece por inumeráveis ciclos passivos e ativos que ocorrem em um período de vida. Um ciclo ativo consiste do período de atividade durante o dia, enquanto que o ciclo passivo é o período de repouso à noite. Através desses ciclos ativos e passivos, o indivíduo não está consciente de qualquer mudança, pois nenhuma ocorreu no que diz respeito ao Fio-Eu. Quando ocorre o longo ciclo passivo, visto como "morte", ainda não há qualquer mudança para o *Sūtrātman* durante esse prolongado período de repouso. Pois este está sempre presente, inerente no Eu duradouro, que não morre quando o veículo físico é abandonado. Quanto à *personalidade*, ou Ego evanescente que existia na Terra, esse é deixado como uma conta no fio, embora seu manto exterior ou ligação com o mundo físico, representado pelo corpo, tenha sido deixado na esfera material.

Uma representação gráfica pode ser usada de forma a explicar ainda mais esta ideia. Um grande orbe, na porção superior do diagrama, tem a intenção de representar uma esfera dourada, o que simboliza a Essência Monádica. Quando o homem está prestes a entrar em um período de atividade, de forma a experimentar um ciclo de vida na Terra, um raio é expelido ou estendido a partir da Essência Monádica para os reinos materiais, e, através dos maravilhosos processos que envolvem trazer à vida uma criança, o nascimento ocorre no mundo físico. Conforme a criança se desenvolve para a adolescência e desta para a vida adulta, uma personalidade é desenvolvida. Essa personalidade, ou ego, está ligada à sua fonte de origem, o *Jīvātman* ou Essência Monádica, pelo fio dourado, o *Sūtrātman*. Quando a morte ocorre, essa personalidade, representada como uma esfera pequena, é deixada como uma conta sobre o Fio-Eu. Então passa por um ciclo passivo. No final do período de repouso outro raio é enviado para o mundo material e outra personalidade é trazida à existência, que

45 Vol. IV, p. 82, ed. 6 vol.; II, 540, 3ª ed.

46 Na exposição a ser apresentada, a explicação de *A Doutrina Secreta* será seguida em detrimento dos vedantinos, uma vez que H.P.B comenta que "a explicação deles difere em algum sentido da dos ocultistas; a explicação desta diferença, entretanto, deixamos a cargo dos próprios vedantinos." (I, 17; I, 82, ed. 6 vol.; I, 45, 3ª ed.)

se manifesta no mundo para outro período de atividade. Este, por sua vez, é seguido por outro período de repouso, e outra personalidade é deixada no fio. O processo é contínuo através de todo um *Manvantara*.

No diagrama, cada esfera pendente no fio representa a encarnação e a formação de uma personalidade durante o período de atividade na Terra. Cada personalidade é deixada como uma conta sobre o fio, ou como uma joia em um colar. A esfera inferior representa a personalidade presente; é maior que as outras, uma vez que é predominante e a pessoa está sempre cônscia dela. O ego é assim conduzido em suas atividades e experiências na Terra sem ter conhecimento das personalidades ou contas anteriores. Esta também será deixada como outra conta, quando a morte ocorrer. O fator mais importante, entretanto, é que cada personalidade pode ser moldada em uma bela conta – ou deixada como uma conta imperfeita.

As contas são colocadas como pingentes, uma abaixo da outra, em uma série descendente, ao invés de em forma de colar, de modo a enfatizar o seguinte ponto: cada esfera, representando a personalidade ou ego evanescente, embora chamada de transitória e impermanente, só é efêmera no que concerne à sua relação com o mundo material. Ela é vista como uma conta no *Sūtrātman*, porque fornece a base para modelar a personalidade que será produzida no próximo renascimento ou reencarnação na Terra. Obviamente, quando um nascimento ocorre no mundo físico, um novo corpo é produzido, nascido dos pais, e a consequente personalidade que se desenvolverá será uma *nova personalidade*, a qual, assim como a Fênix, "renasce" das cinzas (ou contas) do ego anterior. Isso acontece porque a "conta" deixada no *Sūtrātman* fornece o molde ou padrão para o novo ego, o qual é, dessa forma, o resultado da velha personalidade. Assim, em realidade, o ego evanescente não é "perdido" – ele está presente no novo indivíduo que vive na Terra, ligado ao Eu permanente através do Fio-Eu.

Além disso, voltando ao diagrama, a maior esfera pendente, representando a personalidade atual na Terra, não é apenas o resultado da esfera imediatamente anterior, mas representa o acúmulo de *todas* as esferas (ou personalidades) precedentes, combinadas ou mescladas, por assim dizer, no ego atual. Ao mesmo tempo, por viver no mundo, criando constantemente um novo padrão de pensamento, assim como criando novas causas, a personalidade está sendo sempre modificada. Dessa forma o homem está sempre se tornando "novo", ao mesmo tempo em que sempre será a representação da soma de todas as vidas anteriores, uma vez que o *Sūtrātman* "*existe* desde o começo de nossa aparição sobre esta Terra".

Concluindo a explicação da representação gráfica do *Sūtrātman*, devemos lembrar que, na realidade, mesmo o orbe superior, que representa a Essência Monádica, está unido à sua Fonte de origem, *Paramātman* – mas, como não há meios de se representar essa união, deixamos isso para a imaginação do leitor.

A mesma ideia associada ao *Sūtrātman* é apresentada nas *Estâncias de Dzyan*. O símbolo é igualmente belo, se não mais sublime, pois a Chama é usada para simbolizar a Essência Monádica, enquanto a representação do ego evanescente é feita por centelhas, que pendem desta através do fio de *Fohat* – significando o fio da Vida – equivalente ao *Sūtrātman*. Uma centelha lampeja da chama e desaparece; não obstante a chama permanece, independente do número de centelhas que procedam da Origem. Aqui estão as palavras do *śloka* (ou verso), seguidas por uma pergunta e sua resposta correspondente:

> A Centelha pende da Chama através do melhor fio de *Fohat*.
> (Estância VII, *śloka* 5)
>
> O que é essa "Centelha" que "pende da Chama"? É *JĪVA*, a MÔNADA em conjunção com *MANAS*, ou antes, seu aroma – aquilo que permanece de cada personalidade, quando meritório, e pende de *Ātma-Buddhi*, a Chama, pelo fio da vida. (I, 238)[47]

É *Manas*, o Princípio Mental, que possibilita que a Mônada projete seu "fio de vida" aos veículos inferiores, pois é o *Manas* superior (tecnicamente *Manas-Taijasī*, ou seja, *Manas* com a luz de *Buddhi*, aqui retratado como "o aroma de *Manas*"), o qual é denominado de Ego Reencarnante, que fornece o impulso motivador para juntar os princípios inferiores novamente para uma outra encarnação na Terra. Ademais, é através do princípio *Manas* que é feito o elo entre a personalidade e o Eu permanente.

O tema continua no *śloka* seguinte (verso 6):

> Desde o primeiro nascimento, o fio entre o Observador Silencioso e sua sombra torna-se mais forte e radiante a cada mudança. (Estância VII, *śloka* 6)

O "primeiro nascimento" significa "o primeiro homem, ou homem primitivo", aquele que começou o Ciclo de Necessidade, resultando em inumeráveis séries de encarnações na Terra. O "fio" é novamente o fio da vida, o fio de *Fohat*, *Sūtrātman*. O "Observador Silencioso" é o *Jīvātman*, ou a Mônada, antes denominado o Protótipo Divino. Ele é visto como Observador Silencioso pois não é capaz de se manifestar nas esferas materiais, e assim é mais um espectador que um participante das encarnações terrenas. A "sombra" é a personalidade ou ego evanescente, embora ligada ao Observador Silencioso. "Cada mudança" significa cada reencarnação.

> ...O "Observador" e suas "Sombras" – as últimas em número de tantas quanto forem as reencarnações da Mônada – são um. O Observador, ou Protótipo Divino, está no degrau mais alto da escada da existência; a sombra está no mais inferior... Seu *Primário*, o Espírito (*Ātman*) é um, é claro, com *Paramātman* (o Espírito Universal único)... "Meu Pai, que está nos Céus, e eu – somos um" – diz a Escritura Cristã; aí, de qualquer maneira, está o eco fiel do dogma esotérico. (I, 265)[48]

---

47 Vol. I, p. 284, ed. 6 vol.; I, 259, 3ª ed.
48 Vol. I, p. 308, ed. 6 vol.; I, 285-6, 3ª ed.

Conforme o homem aprende a se iluminar através de seu Eu divino (esse "Pai nos Céus"), torna-se mais "radiante" a cada reencarnação. A realização final e gloriosa, quando o homem se torna *plenamente* iluminado, que é o significado do termo *Buddha*, é lindamente pintada nestas palavras do *śloka*:

> A luz solar matutina se transformou na glória do meio-dia.
> (Estância VII, *śloka* 6)

Uma das mais extraordinárias passagens escritas nesses volumes pode ser apropriadamente adicionada. É dada com fins de ilustrar a continuidade do Eu imortal e permanente, em contradição com as personalidades transitórias:

> Assim como bilhões de brilhantes centelhas dançam nas águas de um oceano sobre o qual a mesma lua está brilhando, da mesma forma as nossas personalidades evanescentes – os envoltórios ilusórios da MÔNADA-EGO imortal – cintilam e dançam nas ondas de *Māyā*. Elas aparecem e perduram, assim como as centenas de centelhas produzidas pelos raios lunares, apenas enquanto a Rainha da Noite irradia seu lustro nas águas correntes da vida: o período de um *Manvantara*; e depois desaparecem, os raios – símbolos de nossos Egos Espirituais eternos – sobrevivendo sozinhos, se fundem novamente, e se tornam, como antes, um com a Fonte-Mãe. (I, 237)[49]

A "Fonte-Mãe," aquela com a qual a Essência Monádica está unida, é *Paramātman* – o Espírito universal único. *Māyā* é o termo sânscrito que pode ser traduzido como mundo ilusório. A palavra é um derivado do verbo *mā*, medir; daí, o que é medido. Em verdade, aquele que pode ser medido é finito e transitório – logo, sujeito à contínua mudança e renovação. Somente a Realidade, que não está sujeita a mudanças, está longe do alcance de *Māyā*.[50]

A apresentação da Segunda Proposição Fundamental, abaixo referida como "essa segunda asserção", é concluída por meio deste resumo geral.

> Essa segunda asserção de *A Doutrina Secreta* é a universalidade absoluta daquela lei de periodicidade, ou fluxo e refluxo, cheia e vazante, que a ciência física tem observado e registrado em todos os departamentos da Natureza. Uma variação como a do Dia e da Noite, da Vida e da Morte, do Sono e da Vigília, é um fato tão comum, tão perfeitamente universal e sem exceção, que é fácil compreender que nisso vemos uma das leis absolutamente fundamentais do Universo. (I, 17)[51]

É por isso que é denominada de Lei Divina.

---

49 Vol. I, p. 283, ed. 6 vol.; I, 258, 3ª ed.

50 "Na filosofia hindu, o único que é imutável e eterno é chamado realidade; tudo o que é sujeito a mudanças através da decadência e diferenciação, e que dessa forma possui um começo e um fim, é visto como *māyā* – ilusão." *Glossário Teosófico*, p. 211.

51 Vol. I, p. 82, ed. 6 vol.; I, 45, 3ª ed.

Reencarnação – Uma Fase da Doutrina da Constante Renovação

Até aqui os aspectos causais da Doutrina da Constante Renovação foram realçados. A razão para isto deve estar clara: uma vez que seja dominada a ideia de que a renovação das *formas*, ou corpos, é uma necessidade – sendo ela parte de um processo cósmico sob o governo da Lei Divina –, será compreendido que o procedimento correto é manter um trabalho harmonioso com as Leis Divinas, e que esse é um processo tão natural quanto é para o Sol e as estrelas brilharem. A Lei que procura preservar a Grande Harmonia é a Lei do *Karma*.

No caso de um ser humano, a necessidade de se tomar um novo corpo, ou o processo de renascimento, é chamado de Reencarnação, uma vez que a atual fase do desenvolvimento evolucionário do homem na Terra requer que ele experimente um ciclo em um corpo carnal. O significado literal da palavra latina reencarnação quer dizer "tomar novamente um corpo de carne".

Especificamente aplicada ao homem, portanto, a Doutrina da Constante Renovação implica na Doutrina da Reencarnação – a necessidade do homem aparecer na Terra uma e mais vezes, de forma a experimentar ciclos ativos de existência. Quando um ciclo de vida é levado a um fim através da morte do corpo, então segue-se um ciclo passivo. Entretanto, por sua vez, o ciclo passivo chegará a um fim, e será seguido por outro ciclo de vida – quando o homem renasce na Terra.

A Doutrina da Reencarnação é admiravelmente colocada nesta citação:

> Intimamente, ou melhor, indissoluvelmente, conectada com o *Karma*, então, está a lei do renascimento, ou da reencarnação, da mesma individualidade espiritual em uma longa, quase interminável série de personalidades. Essas últimas são como os vários figurinos e personagens personificadas pelo mesmo ator, que, assim como o público, se identifica com cada uma delas durante o espaço de umas poucas horas. O homem *interno*, ou real, que personifica esses personagens, sabe o tempo todo que ele é Hamlet, pelo breve espaço de alguns atos, que representa, entretanto, no plano da ilusão humana, toda a vida de Hamlet. E ele sabe que foi, na noite anterior, Rei Lear, a transformação por sua vez de um Otelo em uma noite ainda mais anterior; mas supõe-se que o personagem externo, visível, não tenha conhecimento do fato. Na vida real essa ignorância é, infelizmente, muito real. Não obstante, a individualidade *permanente* é totalmente consciente do fato, embora, através da atrofia de seu olho "espiritual" no corpo físico, esse conhecimento seja incapaz de impressionar a consciência da falsa personalidade. (II, 306)[52]

A "atrofia do olho espiritual" se refere ao não funcionamento desse órgão no corpo. O seu emprego capacitaria o homem a intuir conhecimento espiritual, assim como a alcançar a percepção de seu Eu permanente. O "olho espiritual" é chamado

[52] Vol. III, p. 307, ed. 6 vol.; II, 320, 3ª ed.

por vários nomes: o olho de *Dangma*, o *Devāksha*, o olho de *Śiva*, o terceiro olho. Embora atrofiado, até onde diz respeito ao seu uso espiritual, o órgão físico conhecido como glândula pineal, não obstante, tem um papel dominante no corpo físico.

A importância dessa doutrina essencial da Reencarnação é claramente indicada:

> Os ocultistas devem ensinar a reencarnação cíclica e evolucionária; esse tipo de renascimento, misterioso e ainda incompreensível para muitos que ignoram a história do mundo, que foi cautelosamente mencionada em *Ísis sem Véu*. Um renascimento geral para todo indivíduo com interlúdio de *Kāma-Loka* e *Devachan*, e uma reencarnação consciente cíclica com um grande e divino objetivo para uns poucos. (*S.D.*)

Kāma-Loka e *Devachan* são os dois estados após a morte. O primeiro estado representa a condição que segue imediatamente a morte, na qual a entidade que desencarnou, após um tempo, passa pela separação do princípio perecível remanescente dos princípios superiores, a tríade imortal. Essa separação é mencionada pelos antigos como "a segunda morte." Quando isso tiver sido feito, a entidade então experimenta um segundo estado, o *Devachan* – a bem-aventurada, sonhadora condição de repouso – um ciclo passivo.[53]

Nitya-Sarga e *Nitya-Pralaya*: Criação Incessante e Dissolução Perpétua

Existe outro aspecto da Doutrina da Constante Renovação, o qual é aplicável especialmente a todos os agregados ou veículos – usualmente chamados de "corpos", tal como o corpo físico do homem. Isto está condensado nas palavras *Nitya-Sarga* e *Nitya-Pralaya*. *Nitya* é uma palavra sânscrita que significa contínuo, perpétuo, eterno; *sarga*, do verbo *srij*, significa emissão ou criação de matéria; *pralaya*, dissolução. Esses termos se aplicam ao processo de incessante construção e perpétuo colapso, que prossegue constantemente nos corpos agregados – seja o corpo de um homem, o "corpo" de um planeta no qual ele vive, a Terra, o corpo de um Sol ou até o corpo de um Universo. Pois em qualquer um dos casos, o "corpo" é um agregado de vidas, mesmo que sejam vidas diminutas e apenas visíveis sob um microscópio. Cada pequena vida está seguindo o padrão rítmico de constantemente renovar a si mesma. Assim, no corpo humano, essas pequenas vidas são as células, que estão se fragmentando e se renovando continuamente, através do maravilhoso processo da divisão celular. A operação é interminável, mesmo que o corpo dê a impressão de ser um veículo imutável. Eventualmente o processo de fragmentação obtém ascendência sobre a construção, e o corpo morre. *Nitya-Pralaya* é referido como a

53 O assunto é coberto plenamente no Capítulo X – "Os Estados Após a Morte". O "grande e divino objetivo de uns poucos" é considerado em capítulos posteriores deste livro, especialmente no Capítulo XI – A Doutrina das Duas Sendas.

> Mudança que ocorre imperceptivelmente em tudo neste Universo, do globo até o átomo — sem cessação. É crescimento e decadência (vida e morte). (I, 371)[54]

Deve-se ter em mente que existem várias espécies de *Pralayas*, e a pista para seu significado específico é fornecida pelo adjetivo. Assim, existem três *Pralayas* principais:

> O primeiro é chamado *NAIMITTIKA* "ocasional" ou "incidental", causado pelos intervalos dos "Dias de *Brahmā*"; é a destruição das criaturas, de tudo o que vive e possui uma forma, mas não da substância que permanece *em status quo* até o novo AMANHECER desta "Noite" (i.e., Noite de *Brahmā*) (I, 370)[55]

O segundo é chamado *Prākritika*, a forma adjetiva de *Prakriti*, que significa matéria ou Natureza; daí o *Pralaya* da Natureza, que equivale à dissolução total:

> ... e ocorre no final de uma *Era* ou Vida de *Brahmā*, quando tudo que existe é resolvido no elemento primário, para ser remodelado ao final daquela longa noite. Mas o terceiro, *Ātyantika*, não diz respeito aos mundos ou ao Universo, mas apenas à individualidade de algumas pessoas; é, portanto, o *Pralaya* individual ou *NIRVĀNA*; após o qual, não há mais existência futura possível, nem renascimento, até depois do *Mahā-Pralaya*. A última noite que dura 311.040.000.000.000 anos. (I, 371)[56]

Ātyantika é o adjetivo sânscrito que significa "além do próprio fim ou limite"; excessivo; infinito. Refere-se especificamente aos *Nirvānīs* (aqueles que alcançaram e entraram no *Nirvāna*). Observe, entretanto, a frase "*até depois do Mahā-Pralaya*," que significa que até mesmo os *Nirvānīs* seguirão a mesma lei após um período incalculável.

> Pois é dito nos *Ślokas* Sagrados:
> O fio de radiância que é imperecível e só se dissolve no *Nirvāna*, reemerge deste em sua integridade no dia em que a Grande Lei chama todas as coisas de volta à ação. (II, 80)[57]

Como foi dito com referência ao "Grande Dia do Sê-Conosco" — que é equivalente à perfeita Grande Noite ou *Mahā-Pralaya* — que a Mônada reassume "sua Essência primitiva" na entrada do *Paranirvāna* "tornando-se Absoluta uma vez mais" (I, 135)[58] e, uma vez que o ressurgimento de um *Nirvānī* ocorre na conclusão de uma perfeita Grande Noite, deve ficar claro que da mesma forma irá a Mônada ressurgir daquele longo período de Repouso, o qual é chamado de *Paranirvāna*.

Outros períodos de repouso (*Pralayas*) e outros períodos de atividade (*Manvantaras*) podem ser descritos assim: *Paurusha-Pralaya* e *Paurusha-Manvantara*

---

54 Vol. II, p. 87, ed. 6 vol.; I, 398, 3ª ed.
55 Vol. II, p. 86, ed. 6 vol.; I, 397-8, 3ª ed.
56 Vol. II, p. 86, ed. 6 vol.; I, 398, 3ª ed.
57 Vol. III, p. 89, ed. 6 vol.; II, 83-4, 3ª ed.
58 Vol. I, p. 193, ed. 6 vol.; I, 160, 3ª ed.

podem ser aplicados ao próprio homem, significando a morte e a vida de um indivíduo (*paurusha* sendo a forma adjetiva de *purusha* – homem). *Bhaumika-Pralaya* e *Bhaumika-Manvantra* – a dissolução da Terra e o período de atividade da Terra (*bhaumika* é a forma adjetiva de *bhūmi* – a Terra). *Saurya-Pralaya* e *Saurya-Manvantara* – a dissolução do Sol (por conseguinte, também de um Sistema Solar) e o período de atividade do Sol (*saurya* é a forma adjetiva de *Sūrya* – o Sol).

De acordo com a pulsação rítmica, aos períodos de repouso se seguem períodos de atividade; assim, independentemente do tipo e duração do *Pralaya*, quando seu período de tempo tiver transcorrido, um novo *Manvantara* surgirá, em rítmica harmonia com a Exalação do Grande Alento e em consonância com a Lei Divina, manifestando uma vez mais um aspecto do desenrolar do Plano Divino.

CAPÍTULO II

A Doutrina do Equilíbrio e Harmonia

Uma proposição foi estabelecida de que há uma lei fundamental de Ritmo, a qual é um aspecto do Movimento Eterno. Esta lei se manifesta na forma de pulsações cíclicas em períodos alternados de manifestação e dissolução. Assim, todo período de atividade (*Manvantara* ou Manifestação) requer uma sequência rítmica na direção oposta, ou seja, um período de repouso (*Pralaya* ou Dissolução). Desta forma, podemos deduzir que Harmonia ou Ritmo é um aspecto fundamental do Plano Divino. Daí que, se essa harmonia for perturbada, seja por forças externas ou energias internas, haverá necessidade de um estímulo a ela inerente, tendendo à restauração dessa harmonia perturbada. A Sabedoria Antiga postula que esse estímulo é a manifestação de uma lei tão fundamental e eterna quanto o próprio Movimento, operando constantemente em direção à restauração da harmonia onde quer que esta seja rompida, de forma a manter o equilíbrio. Essa lei primária pode ser chamada de Lei do Ajuste, embora tenha se tornado mais familiar através do nome sânscrito que é razoavelmente conhecido no Ocidente — a Lei do *Karma*.

O *Karma* tem sido descrito como a lei de causação ética, ou a lei de causa e efeito. Deve-se ter em mente, entretanto, que o significado essencial desta palavra sânscrita é ação, pois *karman* é um derivado do verbo *kṛ*, que significa fazer, agir. Quando uma ação é executada, uma sequência de eventos está destinada a ocorrer, dependendo do tipo da ação e da força empregada. Da mesma forma a reação, ou efeito, é governada pela força motivadora: se fraca, a reação será fraca; se forte, haverá uma forte reação — até que o equilíbrio seja restaurado e a harmonia volte a reinar.

No capítulo de abertura enfatizou-se o esquema universal, mostrando que o processo de constante renovação governa o Universo e todas as partes deste; agora se dará continuidade a este aspecto. Com referência novamente aos períodos de atividade, seguidos por períodos de repouso: durante os primeiros, o Universo torna-se manifesto por um período ativo; durante os últimos, entra em um período passivo. Claro está que causas foram engendradas durante o ciclo de existência e que algumas não foram completamente resolvidas, ou plenamente ajustadas, quando o Universo entrou em passividade; consequentemente, todas elas permanecem não cumpridas. É esse "negócio inacabado" (para usar palavras de fácil compreensão) que atua como um potente vínculo que requer o seu cumprimento. Em consequência, esses atos são um poderoso fator na realização do ressurgimento, de forma que outro período de atividade possa oferecer uma oportunidade para que se complete esse "negócio inacabado", assim como se faça os ajustes necessários.

Uma pausa para fazermos uma comparação com o ciclo de vida humano, onde o mesmo fator está envolvido. Uma pessoa passa por este mundo antes de completar seu verdadeiro objetivo, deixando para trás hostes de desejos e anseios. Esses últimos atuam como potentes fatores que levam a pessoa de volta à cena dos empreendimentos passados, de forma que ela possa resolver o que desejava fazer. Pode-se pensar que esses anseios foram riscados, ou apagados, durante o intervalo da morte, e que, portanto, iriam desaparecer gradualmente da atmosfera da Terra; porém, este não é o caso. Pois um registro indelével foi feito no momento em que aquele pensamento ou ato foi iniciado, sendo impresso sobre a substância primordial, imperecível, que permeia o Universo, tanto durante o *Manvantara* (período de atividade) quanto durante o *Pralaya* (período de dissolução). Essa substância primordial, imperecível, é conhecida como *Ākāśa*. Pois até mesmo em períodos de Repouso, o Movimento ainda "pulsa e vibra em cada átomo adormecido", como é explicado por um *Comentário* ao *Livro de Dzyan*. (I, 116)[59]

Ākāśa é um termo que precisa ser explicado, uma vez que é frequentemente usado em *A Doutrina Secreta* com significados variados; daí ser difícil fornecer uma definição precisa. O significado original poderá nos dar uma pista: é um derivado do verbo *kās*, brilhar; portanto, literalmente "a substância brilhante". Esotericamente significa a Luz Primordial se manifestando através da Ideação Divina. Vejamos a explicação que é fornecida:

> No Pensamento Divino ou Absoluto, tudo existe e nunca houve tempo em que não existiu; mas a Ideação Divina está limitada pelos *Manvantaras* Universais. O reino de *Ākāśa* é o Espaço abstrato, indiferenciado e subjetivo que será ocupado pelo *Chidākaśa*, o campo da consciência primordial. Tem, no entanto, vários graus na Filosofia Oculta; de fato, "os sete campos de atuação".[60]

Daí a razão para a variação no significado, pois *Ākāśa* pode ser dividido em vários estágios ou planos, ou campos de manifestação. Assim, em sua parte superior há correspondência com a definição de Raiz de Tudo, como é usado no Budismo do Sul, de onde surge tudo no Universo, em obediência à lei de movimento nele inerente. Neste aspecto, *Ākāśa* é sinônimo do termo tibetano *Tho-og* – Espaço, que é apresentado como *Aditi* nas escrituras hindus. *Ākāśa* também é equivalente a *Ādi-Buddhi* na terminologia Budista do Norte; *Ālaya*, ou *Svabhavat* nas *Estâncias de Dzyan*, denominado o "Pai-Mãe"; algumas vezes é traduzido como "Éter Primordial".

---

[59] Vol. I, p. 176, ed. 6 vol.; I, 142, 3ª ed.

[60] *Comentários Sobre* A Doutrina Secreta, *Diálogos com H.P. Blavatsky*, H.P. Blavatsky, Brasília: Editora Teosófica, p. 114 (Nota Ed. Bras.). *Chidākāsha*: composto de *Chit*, consciência abstrata (tornando-se *Chid* quando em palavras compostas) e *Ākaśa*: daí o campo da consciência primordial.

Outro termo usado com bastante frequência e significado similar é *Mūlaprakriti* (Substância-Raiz pré-cósmica) dos vedantinos, onde é a base para os sete *Prakritis* que compõem o mundo manifesto. No esquema brahmânico, a palavra equivalente é *Pradhāna*. *Anima Mundi* não pode ser omitida desta relação. Estas duas palavras latinas, significando literalmente "Alma do Mundo", com muita frequência são usadas do mesmo modo que Luz Astral é empregada (por uma carência de equivalente em português), de duas maneiras: (1) a Luz Astral *Universal*; (2) a Luz Astral *da Terra* – representando os campos mais inferiores do *Ākāśa* e significando tecnicamente, nesse aspecto, o *Linga-Śarīra* da Terra.

> A luz astral está na mesma relação ao *Ākāśa* e à *Anima Mundi*, como Satã está para a Divindade. São uma e a mesma coisa, *vista sob dois aspectos*: o espiritual e o psíquico – ou elo supra-etérico entre a matéria e o espírito puro e o físico. (I, 197)[61]

Ainda em outro aspecto, *Ākāśa* é enumerado como um dos Princípios Cósmicos (*Tattvas*) – o Quinto Princípio Cósmico, que é interpretado como Éter.

O aspecto particular do *Ākāśa* que se deseja enfatizar aqui é aquele do registro permanente e sua relação com a Doutrina do Equilíbrio. Esse registro pode ser descrito como um armazém cósmico ou uma galeria de quadros, pois todo feito ou pensamento, seja no Plano Físico ou Astral, é indelevelmente registrado ali. Este aspecto está bem marcado nas religiões, especialmente na hindu e na egípcia, em conexão com o julgamento que acontece após a morte. O tema está presente no Ocidente também, na ideia do Anjo Registrador – que sem dúvida tem sua origem na Cabala, na descrição dos quatro Anjos Registradores, cada um em conexão com um dos pontos cardeais. Há o relato no Livro da Revelação, do Livro da Vida e do julgamento:

> E eu vi os mortos, os pequenos e os grandes, à frente de Deus; e os livros estavam abertos: e outro livro estava aberto que era o livro da vida: e os mortos eram julgados pelas coisas que estavam escritas nos livros, de acordo com suas obras. (c. xx, v. 12)

Que tudo faz parte do Plano Divino, e é registrado no sempre presente registro do *Ākāśa*, pode ser apontado em outra passagem conhecida do Novo Testamento, onde a ideia está presente, muito embora as palavras sejam expressas de forma alegórica, quando se diz que nem mesmo um pardal é esquecido por Deus e que "até mesmo os cabelos de tua cabeça são todos numerados". (Lucas, xii, 6-7)

É claro que, se nem mesmo um pardal é esquecido por Deus, é porque a Sua presença foi registrada no registro indelével – o *Ākāśa*.

---

[61] Vol. I, p. 247, ed. 6 vol.; I, 219, 3ª ed.

Os *Lipikas* – sua Relação com o *Ākāśa* e com o *Karma*

Uma vez que este processo de registro em conexão com o *Ākāśa* segue continuamente, deve haver entidades ou seres a ele associados. Em *A Doutrina Secreta* esses seres são chamados de *Lipikas*, algumas vezes apresentados como "Senhores do *Karma*". É um termo bastante satisfatório, ao mesmo tempo em que transmite a ideia, embora seja preciso ter em mente que a conotação de julgamento usualmente associada à palavra Senhor não deve ser aplicada, visto que o registro é um processo automático. É muito similar ao ato de fotografar algo com uma câmera – tudo o que for exposto às lentes é capturado na foto automaticamente, independente do que o quadro seja ou represente, e sem que qualquer julgamento lhe seja aplicado, embora haja uma pessoa segurando a câmera, focando e fotografando. Podemos dizer que os *Lipikas* fornecem o *Ākāśa* específico para registrar a ação ou o pensamento. Um termo melhor do que Senhores do *Karma* seria Escribas *Kármicos*, pois este é o significado literal da palavra *Lipika*, que é um derivado do verbo sânscrito, *lip* – escrever.

> Misticamente, esses Seres Divinos estão conectados com o *Karma*, a Lei da Retribuição, pois eles são os Registradores ou Analistas que imprimem nas (para nós) invisíveis tábuas da Luz Astral, "a grande galeria fotográfica da eternidade" – um registro fiel de cada ato e até pensamento, do homem, de tudo o que foi, é, ou alguma vez será, no Universo fenomenal. Como foi dito em *Ísis*, essa tela divina e invisível é o LIVRO DA VIDA. (I, 104)[62]

Esses Seres Divinos são relacionados com as divindades das religiões na seguinte passagem:

> Os quarenta "Assessores" que se encontram na região de Amenti como acusadores da Alma perante Osíris pertencem à mesma classe de divindade que os *Lipika*; e seriam considerados como semelhantes, se os deuses egípcios não fossem tão mal compreendidos em sua significação esotérica. O *Chitra-Gupta* que lê a história da vida de cada Alma nos registros chamados *Agra-Sandhāni*; os "Assessores" que os leem do coração no defunto, que se torna um livro aberto diante de Yama, Minos, Osíris, ou *Karma*; são outras tantas cópias e variantes dos *Lipika* e seus Registros Astrais. Não obstante, os *Lipika* não são divindades ligadas à Morte, mas à Vida Eterna. (I, 104-5)[63]

Pois o Plano Divino é eterno e os *Lipikas* estão continuamente registrando suas fases, de forma que a Lei de Harmonia Divina possa ser cumprida.

Em conexão à citação anterior, sem dúvida a mais dramática de todas as representações religiosas, com relação às ações do homem e consequentes condições pós-morte, é aquela retratada pelos egípcios. Sustentava-se que durante a vida de

---

[62] Vol. I, p. 165, ed. 6 vol.; I, 130, 3ª ed.
[63] Vol. I, p. 166, ed. 6 vol.; I, 130-1, 3ª ed.

todo indivíduo era realizada uma compilação dos registros de seus feitos, tanto dos bons quanto dos maus. Quando ocorria a morte este seria julgado de acordo com esse registro. O morto era levado ao Salão da Verdade por Anúbis, a divindade com cabeça de chacal. Senhor da Terra Silenciosa do Ocidente, a terra da Morte, o preparador do caminho para o outro mundo. Ante o conclave de deuses e deusas reunidos em número de quarenta e dois, chamados de Assessores na citação acima, ele é conduzido ao trono de Osíris, o grande Juiz da Morte, retratado com seu cetro no formato de um cajado e um chicote. O coração do morto era colocado em um dos pratos da balança e pesado – os bons atos contra os maus. O resultado era registrado pelo escriba divino, Thoth, que é retratado portando uma tábua e um buril. O morto era representado como se estivesse alegando ser alguém como Osíris e assim ter a permissão de descansar entre as estrelas que nunca se põem. Este será o destino ao final do Grande Ciclo. Para os mortais o resultado da pesagem na balança consistiria em passar para as purificantes regiões de Amenti, e, depois de uma suficiente purificação, entrar nos campos de *Aanroo*. Ali o morto iria plantar e colher trigo de três, cinco ou sete cúbitos de altura. Aqueles que juntassem trigo de três pés voltariam às regiões purificantes. Aqueles que juntassem os talos mais altos entrariam na terra de bem-aventurança, e após um período de três mil anos retornariam à Terra para renascer, procurando equilibrar a balança.

Na narrativa hindu, Yama é o deus dos mortos e é representado sentado em um trono de julgamento (chamado *Vichārabhū*)[64] em seu palácio, *Kalīchī*. Quando uma pessoa morre sua alma entra na região dos mortos, conhecida como *Yamapura* (o domínio de Yama), e encontra seu caminho para o palácio de Yama. Ali, ante a poltrona de julgamento, o registrador divino, *Chitragupta* (literalmente "o eminente oculto"), lê as anotações do grande livro de registro, o *Agra-Sandhānī*,[65] de acordo com o qual Yama faz seu julgamento. Se culpado, ele deverá entrar em um dos 21 infernos, de acordo com o grau de sua culpa; do contrário, será encaminhado para a residência dos *Pitris* (equivalente ao *Devachan*). Eventualmente é mandado para a Terra, de forma a renascer.

Na narrativa grega, Minos é visto como um dos juízes de Hades (o Submundo governado por Plutão).

Até mesmo as narrativas populares das antigas religiões (uma vez que os ensinamentos secretos jamais foram registrados) correspondem aos ensinamentos apresentados em *A Doutrina Secreta*, quando as pistas para a interpretação e o entendimento das religiões antigas são seguidas.

Continuando o tema dos *Lipikas*: como o registro permanente foi feito – registrado pelos *Lipikas* nas tábuas eternas do Livro da Vida –, torna-se obrigatório que

64 *Vichārabhū*: derivado do verbo *vicharati*, mover-se de cá para lá; assim, quando aplicado à mente: ponderar, considerar; portanto, "a poltrona de julgamento".

65 *Agra-Sandhānī*: *agra*, primeiro, chefe; *sandhānī*, reunido, congregado; daí a "grande assembleia de feitos".

esse cálculo seja balanceado; daí as circunstâncias que são passadas com o propósito de promover os ajustes necessários tornam-se o *Karma* – seja no caso de um Universo ou do homem. Observe o processo com relação ao Universo:

> Como são os *Lipikas* que projetam para a objetividade o plano ideal do Universo a partir da Mente Universal passiva, sobre o qual os "Construtores" reconstroem o *Kosmos* após cada *Pralaya*, eles correspondem aos Sete Anjos da Presença, os quais os cristãos reconhecem nos Sete "Espíritos Planetários", ou os "Espíritos das Estrelas"; pois assim são eles os diretos amanuenses da Ideação Eterna – ou, como chamados por Platão, do "Pensamento Divino". O Registro Eterno não é um sonho fantástico... (I, 104)[66]

Sobre o processo com relação ao homem:

> Conectados como estão os *Lipikas* com o destino de todo homem e o nascimento de toda criança, cujas vidas já estão traçadas na Luz Astral – não de forma fatalística, mas apenas porque o futuro, como o passado, estão sempre vivos no presente – também se pode dizer que eles exercem uma influência sobre a ciência do Horóscopo. (I, 105)[67]

São os pensamentos e atos do homem que fornecem o padrão para a sua vida, tanto no presente imediato quanto no futuro. O homem é essencialmente um pensador, está constantemente emitindo pensamentos. Alguns de seus pensamentos ele impregna e dota com potência, alguns dos quais realiza em forma de atos. Dessa forma, criada pelo próprio homem, essa sua vida-pensamento, com o tempo, se torna um padrão dominante. À medida que sua vida continua, dia a dia ele segue com o processo de formação e modelação desse padrão. É este padrão que ele está projetando na Luz Astral e se tornará seu futuro padrão dominante quando retornar à Terra para o próximo renascimento. Então ele "seguirá o rastro" do padrão de sua vida, pois este é sua própria criação.

É fornecida uma explicação sobre como o processo de registro reage sobre a humanidade – através da mediação dos *Lokapālas* e *Mahārājas*, ambos os quais podem ser vistos como aspectos populares dos *Lipikas* sob a roupagem de divindades. A citação abre, entretanto, com a alusão às duas citações anteriores, e depois chama a atenção para os *Lokapālas*:

> Os Espíritos Planetários são os espíritos que formam as Estrelas, em geral, e especialmente os Planetas. Eles governam os destinos dos homens, todos nascidos sob uma ou outra de suas constelações; o segundo e terceiro grupo, que pertencem a outros sistemas, possuem as mesmas funções e todos governam vários departamentos da Natureza. No panteão esotérico hindu, eles são as divindades guardiãs que presidem sobre os oito pontos da bússola – os quatro pontos cardeais e os quatro pontos intermediários – e são chamados *Lokapālas*, "Defensores ou guardiães do Mundo" (em nosso *Kosmos* visível), dos quais *Indra* (Leste), *Yama*

---

[66] Vol. I, p. 165, ed. 6 vol.; I, 130, 3ª ed.

[67] Vol. I, p. 166, ed. 6 vol.; I ,131, 3ª ed.

> (Sul), *Varuna* (Oeste) e *Kuvera* (Norte) são os principais; seus elefantes e esposas pertencem, naturalmente, à fantasia e malícia, embora todos eles possuam um significado oculto.
> (...)
> Os *Lipikas*... são os Espíritos do Universo, enquanto que os Construtores são apenas nossas próprias divindades planetárias. Os primeiros pertencem à mais oculta porção da Cosmogênese, que não pode ser fornecida aqui... Sobre seus graus superiores uma coisa apenas é ensinada: os *Lipikas* estão ligados ao *Karma* – sendo seus registradores diretos. (I, 128)[68]

Os quatro *Mahārājas*, assim como os quatro pontos cardeais, são os mesmos que os *Lokapālas* há pouco mencionados. Os quatro governantes dos pontos intermediários são: *Agni* no Sudeste, *Surya* no Sudoeste, *Pavana* no Nordeste e *Soma* ou *Chandra* no Noroeste (de acordo com as Leis de *Manu*).

Um *śloka* (ou verso) das *Estâncias de Dzyan* abre a próxima passagem. Note a similaridade da visão de Ezequiel, capítulo I: "Olhei, e eis que um vento tempestuoso vinha do Norte, e uma grande nuvem com fogo a revolver-se, e resplendor ao redor dela... do meio dessa nuvem saía, à semelhança de quatro seres vivente... cada um tinha quatro rostos, como também quatro asas... O aspecto das rodas e a sua estrutura eram brilhantes como o berilo; tinham os quatro a mesma aparência, cujo aspecto e estrutura eram como se fosse uma roda dentro da outra." (versos 4-16)

> Quatro "rodas aladas em cada canto... para os quatro sagrados e seus exércitos (hostes)"... Esses são os "quatro *Mahārājas*" ou grandes Reis dos *Dhyān-Chohans*, os *Devas* que presidem cada um sobre um dos quatro pontos cardeais. Eles são os Regentes ou Anjos que governam as Forças Cósmicas do Norte, Sul, Leste e Oeste, cada uma dessas Forças possui uma propriedade oculta distinta. Esses SERES também estão relacionados com o *Karma*, pois este necessita de agentes físicos e materiais que executem seus decretos, assim como os quatro tipos de vento, por exemplo, cujas influências, benéficas e maléficas, sobre a saúde da Humanidade e de tudo que vive, foram declaradamente admitidas pela ciência. Existe uma filosofia oculta naquela doutrina Católica Romana que relaciona as várias calamidades públicas, como as epidemias, guerras, e assim por diante, aos "Mensageiros" invisíveis do Norte e do Oeste. "A glória de Deus vem pelo caminho do Leste", diz Ezequiel...
> (...)
> A crença nos "quatro *Mahārājas*" – os Regentes dos Quatro pontos cardeais – era universal, e é agora a mesma dos cristãos, que os chamam, depois de Sto. Agostinho, "Virtudes Angélicas" e "Espíritos" ...
> (...)
> Não é o "Reitor" ou o *Mahārāja* que pune ou recompensa, com ou sem a permissão ou ordem dos "Deuses", mas o próprio homem – seus feitos ou *Karma*, que atraem, individual ou coletivamente (como no caso de nações inteiras ocasionalmente), todo mal e calamidade. Nós produzimos CAUSAS, e essas despertam os poderes correspondentes no mundo sideral; poderes esses que são magnética e irresistivelmente atraídos por aqueles que produziram as causas, reagindo sobre eles; sejam essas pessoas praticamente os agentes do mal, ou apenas Pensadores que geraram dano. (I, 122-4)[69]

---

[68] Vol. I, pp. 186-7, ed. 6 vol.; I, 153, 3ª ed.
[69] Vol. I, pp. 181-2, ed. 6 vol.; I, 147-9, 3ª ed.

Uma das passagens citadas anteriormente faz referência à "Constelação" sob a qual uma pessoa nasce. Esse tema é novamente mencionado na citação a seguir e, posteriormente, esclarecido. Hoje em dia a "Constelação" é geralmente chamada de Signo do Zodíaco – um para cada mês do ano. Observe a interpretação dada ao termo sânscrito *Māyā* (literalmente "o medido", derivado do verbo *mā* – medir; desta forma, aquele que pode ser medido, limitado, quando aplicado ao mundo material, ou Universo material, o qual sob o ponto de vista da Realidade é um mundo ilusório, uma ilusão):

> De acordo com os ensinamentos, *Māyā*, ou a aparência ilusória do ordenamento dos eventos e ações sobre a Terra, muda, variando de acordo com as nações e lugares. Mas os aspectos principais da vida de um indivíduo estão sempre de acordo com a "Constelação" sob a qual tenha nascido, ou, podemos dizer, com as características do princípio ou divindade animadora que o preside, quer o chamemos de *Dhyān-Chohan*, como na Ásia, ou Arcanjo, como nas igrejas Latinas e Gregas...
>
> (...)
>
> Sim; "nosso destino *está* escrito nas estrelas!" Porém, quanto mais próxima a união entre o reflexo mortal HOMEM e seu PROTÓTIPO celestial, menos perigosas as condições externas e consequentes reencarnações – das quais nem *Buddha* ou Cristo podem escapar. (I, 638-9)[70]

"Sim, nosso destino está escrito nas estrelas", porque o homem definiu o padrão desse destino em sua vida anterior. O próprio homem ajuda no seguimento deste ao passar pela soleira da vida (nesta Terra) através de uma porta particular – pois existem doze portas, uma para cada mês do ano – em um dia particular do mês. A frase "quanto mais próxima a união entre o reflexo mortal Homem e seu Protótipo celestial" pode ser esclarecida desta maneira: o objetivo da personalidade do homem nesta Terra é obter União (ou *Yoga*). Resumindo, é a união de sua personalidade com sua origem divina. A personalidade é aqui aludida como o "reflexo mortal homem", uma vez que esta desaparece com a morte do corpo físico, não retornando à vida terrena. Mas é a parte imortal do homem, tecnicamente o Ego Reencarnante, que reencarna e se torna um dos raios da fonte original do homem – a Essência Monádica, ou o "Protótipo Celestial".

Quanto à frase "reencarnações das quais nem *Buddhas* ou Cristos podem escapar" (observe a forma *plural*!), esta poderá suscitar alguma confusão. É uma frase provocante, para dizer o mínimo, e só poderá ser compreendida quando um completo conhecimento da Doutrina das Esferas, assim como da Doutrina das Rondas e Raças e dos "mistérios de *Buddha*" (como H.P.B. o coloca em outra parte), for obtido. É suficiente dizer aqui,[71] em uma breve explicação, que um *Buddha* é aquele que obteve União – alcançou a meta até onde é possível nesta Terra; e que um Cristo é um ser

---

70 Vol. II, pp. 363-4, ed. 6 vol.; I, 699-700, 3ª ed.

71 O assunto é tratado mais completamente no Capítulo XI – "A Doutrina das Duas Sendas".

superior a esta Terra. Entretanto, em esferas e sistemas superiores, a realização nesses reinos é obtida da mesma maneira que é alcançada nesta Terra – ou seja, através da Doutrina da Constante Renovação – ou através de repetidas reencarnações "das quais nem *Buddhas* ou Cristos podem escapar" *nesses reinos superiores*.

Karma não é Fatalismo

Observando a Lei do Ajuste de um ponto de vista pessoal, em vez de um ponto de vista cósmico, uma pessoa poderá ser levada a concluir que, uma vez que tenha colocado causas em movimento – que reagirão sobre si como efeitos –, o destino já traçado será inevitável, e ela ficará inclinada a ver sua vida presente de uma maneira fatalista. Portanto, chamamos particular atenção para o que está escrito com relação ao Fatalismo. É a continuação da citação anterior:

> Isso não é superstição, muito menos Fatalismo. O último implica em um curso cego de um ainda mais cego poder, mas o homem é um agente autônomo durante sua estada na Terra. Ele não pode escapar de seu Destino predominante, mas tem a escolha de duas sendas que o levam naquela direção, e ele pode alcançar a miséria – se esta estiver decretada a ele, tanto com as alvas vestes de um mártir, como com as vestimentas manchadas de um voluntário rumo à iniquidade; pois existem condições externas e internas que afetam a determinação de nossa vontade sobre nossas ações, e está em nosso poder seguir uma das duas. (I, 639)[72]

Que escrito incomparável! Os críticos que veem o *Karma* como Fatalismo são bem respondidos aqui. Afirma-se com clareza que "o homem é um agente autônomo durante sua estada na Terra". É verdade que também é dito que o homem não pode escapar de seu destino predominante, uma vez que ele mesmo criou esse destino. Pois somente ele colocou em movimento as causas e deve sofrer as reações e resultados. Não obstante, a despeito disso, ele ainda possui a escolha de duas sendas. Ninguém além do próprio indivíduo poderá decretar qual delas irá seguir, pois ele tem o poder da escolha. Não é tanto o fato de que ele tem que seguir seu destino predominante, ou seja, enfrentar certas condições de sua própria criação, mas é importante *como ele reagirá* às condições de sua vida atual. Pois ele pode alterar o rumo que está tomando; também pode criar um novo padrão para sua vida futura. Isso não é Fatalismo.

A citação continua com outro exemplo da maneira espirituosa com a qual H.P.B. manejava sua pena – é uma das mais celebradas citações de *A Doutrina Secreta*:

> Aqueles que acreditam em *Karma* têm que acreditar em *destino*, o qual, do nascimento à morte, todo homem está tecendo, fio por fio, ao seu redor, como uma aranha tece sua teia; e esse destino é guiado ou pela voz celestial do *protótipo* invisível fora de nós, ou por um homem mais intimamente *astral*, ou interior, que é, na maioria das vezes, o gênio mal da

---

[72] Vol. II, p. 364, ed. 6 vol.; I, 700, 3ª ed.

entidade encarnada chamada homem. Ambos levam o homem à frente, mas um deles deve prevalecer; e desde o princípio da batalha a severa e *implacável lei de compensação* intervém e toma o seu rumo, seguindo fielmente as flutuações. Quando o último filamento é tecido, e o homem está aparentemente emaranhado em sua própria rede, então ele se encontra completamente sob o império do *destino* criado por ele próprio. Então este se fixa a ele como uma concha inerte sobre uma rocha imóvel, ou o leva como uma pluma em um turbilhão construído por suas ações, e isso é — *KARMA*. (I, 639)[73]

O "protótipo" celestial já foi descrito. Observe que H.P.B. afirma estar ele "fora de nós", uma vez que na verdade não encarna no homem; ele se encontra na esfera ovóide que circunda o homem, para usar uma ideia encontrada na Cabala. Quanto ao "homem mais intimamente astral, ou interior", isso quer dizer tecnicamente o *Manas* inferior, ou *Kāma-Manas* — o princípio mental em conjunção com o princípio do desejo — que pode ser descrito de forma geral como a personalidade.

Outra celebrada passagem a respeito do *Karma* é fornecida a seguir. É um tanto longa, mas apresenta tão claramente a Doutrina do Equilíbrio que é totalmente merecedora de consideração, uma vez que o tema é tão importante.

No Ocidente, uma vez que a Sabedoria Pagã foi repudiada como tendo crescido e se desenvolvido a partir das forças das trevas, as quais supunha — se estarem constantemente em guerra e oposição com a pequena tribo de Jeová — o completo e sublime significado da palavra grega *NÊMESIS* (ou *Karma*) foi totalmente esquecido. (I, 642)[74]

Como os Gregos viam Nêmesis (ou *Karma*) e os Destinos Triformes

Muito pouco chegou aos nossos dias a respeito da deusa grega Nêmesis. Ela é mencionada em Hesíodo (o pai da poesia grega e o primeiro a registrar a sua mitologia) como uma deusa vingativa, representando a justa cólera das divindades diante das más ações. Dessa forma Nêmesis é responsável pela punição distribuída aos malfeitores, que não lhe escapam de maneira alguma. Na sentença a seguir (extraída da citação) o verdadeiro conceito com relação a Nêmesis é explicado, o qual também é aplicável ao correto entendimento do *Karma*. Não é o *Karma* que nos castiga: colocamos em movimento causas através de nossas ações e essas causas reagem sobre nós como efeitos. Continuando:

Caso contrário, os cristãos teriam compreendido melhor a profunda verdade de que Nêmesis não possui atributos; que enquanto a temida deusa é absoluta e imutável como Princípio, somos nós mesmos — nações e indivíduos — que a impelimos à ação e damos o impulso para

---

73 Vol. II, p. 364, ed. 6 vol.; I, 700-I, 3ª ed.
74 Vol. II, p. 367, ed. 6 vol.; I, 704, 3ª ed.

> a sua direção. *KARMA-NÊMESIS* é a criadora de nações e mortais, mas uma vez criados, são eles que a tornarão um Anjo de fúria ou de recompensa. Sim –
>
> "Sábios são aqueles que adoram Nêmesis"
> – como diz o coro a Prometheus."

O verso é tirado da tradução de Swanwicks para "O Limite de Prometheus" de Ésquilo, linha 957 – o coro (dos antigos dramas gregos) atua como um comentarista. Há uma nota de rodapé dizendo que o verso estaria melhor traduzido: "Sábios são aqueles que *temem Karma-Nêmesis*." E a passagem continua:

> E ignorantes aqueles que acreditam que a deusa pode ser apaziguada por qualquer sacrifício ou oração, ou ter sua roda desviada do caminho já tomado. "Os Destinos triformes e as obedientes Fúrias" são seus atributos apenas na Terra, e foram criados por nós. Não há retorno dos caminhos que ela traça; e ainda assim, esses caminhos são de nossa própria criação, pois somos nós, coletiva ou individualmente, que os preparamos. (I, 642-3)[75]

Os gregos não foram os únicos a retratar os Destinos na forma de três deusas. As *Eddas* Escandinavas antigas representam três divindades presidindo o destino do homem – descrevendo-as como mulheres idosas, fiando e costurando o destino do homem; eram chamadas de *Norns*. O nome da primeira *Norn* era Urd, que significa Passado; Werdandi, a Segunda, significa o Presente; e a terceira, Skuld, o Futuro "que tanto pode ser rico em esperança ou sombrio com lágrimas", como diz o *Edda*. As *Norns* moram ao lado da grande *Yggdrasil* – a Árvore-Mundo – e da fonte de Urd, e são suas guardiãs. Embora Urd fosse conhecida como a Nascente do Destino, também era a água da Sabedoria, ou a água da vida e da morte. *Yggdrasil* é mantida constantemente fresca e verde por causa da água da Fonte que lhe é dada diariamente pelas *Norns*; e assim sempre será enquanto o mundo existir.

As "Fatalidades Triformes" da Grécia antiga eram conhecidas como as *Moirai*, filhas da Noite, incorporando assim a ideia mística de que elas precediam o Dia (ou Atividade ou *Manvantara*), assim como os *Lipikas*, uma vez que eles "projetam para a objetividade o plano ideal do Universo". As deusas também eram chamadas de *Klothes*, que significa Fiandeiras. A primeira Fiandeira é apropriadamente chamada Klotho, que significa aquela que fia – a deusa que começa o fio da vida do homem. Aqui novamente encontramos a vida do homem ligada a um fio, análogo ao *Sūtrātman* sânscrito - o Fio-Eu. Klotho segura o fio para a segunda deusa, Lachesis, cujo nome significa "o lote", uma vez que era sua função distribuir o destino sobre o fio do homem. Klotho, por sua vez, passa o fio para Atropos, "a inflexível", aquela que determina quando o fio deve ser cortado – desta forma encerrando a vida do homem.

Outro nome para essas divindades era *Parcae*, associando-as desta forma com as deusas do nascimento, pois a palavra Latina *parere*, que significa trazer, nascer, é a raiz

---

[75] Vol. II, p. 367, ed. 6 vol.; I, 704, 3ª ed.

verbal de onde *parcae* deriva. Carrega a mesma ideia presente nos contos de fadas, quando as fadas assistem ao nascimento de uma criança e lhe dão seu destino. Essa ideia prevalecia nos antigos tempos latinos (cf. Tertuliano, *De Anima*, 37) sob o nome de *Fata Scribunda*, que pode ser traduzida como "a fada escritora", outra vez transmitindo a ideia de escritores ou registradores dos Registros *Kármicos* – os *Lipikas*.

Quanto às terríveis Fúrias (descritas como tendo serpentes no lugar dos cabelos), são divindades subsidiárias que realizam os decretos de Nêmesis, punindo os malfeitores, e por isso são chamadas das divindades vingativas, pois não podem deixar qualquer crime impune. Elas foram transformadas pelo grande dramaturgo grego Ésquilo em *Eumênides*, "as que desejam o bem", ou anjos recompensadores, trazendo ao clímax a maior de suas trilogias.

Continuando a exposição sobre *Karma-Nêmesis*:

> *Karma-Nêmesis* é um sinônimo de PROVIDÊNCIA, excluindo destino, bondade, ou qualquer outro atributo ou qualificação finita, que de tal forma não são filosoficamente atribuídos a ela. Um ocultista ou um filósofo não falará da bondade ou crueldade da Providência; mas, ao identificá-la com *Karma-Nêmesis*, estará ensinando que, não obstante, ela guarda os bons e vela por eles, não somente nesta como também nas vidas futuras; assim como castiga os maus – sim, até seu sétimo renascimento. Em suma, pelo tempo que durar o efeito de haver perturbado até o mais ínfimo átomo no Infinito Mundo da harmonia, até que essa possa ser restabelecida. Pois o único decreto do *Karma* – um eterno e imutável decreto – é a Harmonia absoluta no mundo da matéria assim como é no mundo do Espírito. Não é, portanto, o *Karma* que recompensa ou pune, e sim nós que recompensamos ou punimos a nós mesmos à medida que trabalhemos com, por meio de e juntamente com a Natureza, fiéis às leis das quais dependem a Harmonia, ou – as quebremos. (I, 643)[76]

As frases "mundo da matéria" e "mundo do Espírito" podem ser consideradas como os mundos visível e invisível, ou, para usar um conceito platônico, o mundo fenomênico e o mundo numênico. Nossas ações acontecem no mundo fenomênico, é claro, entretanto suas impressões são registradas no mundo numênico. Assim, quando uma pessoa deixa o mundo fenomênico ou físico antes que os ajustes às suas ações tenham sido completados, o registro permanece no mundo numênico e não é apagado do "mundo do Espírito", permanecendo ali até que o ajuste seja feito, mesmo que tenha que esperar por sete renascimentos (conforme mencionado na citação).

[76] Vol. II, pp. 367-8, ed. 6 vol.; I, 704-5, 3ª ed.

Como Deve Agir o Homem

A chave da maneira como o homem deve agir é fornecida aqui:

> Os caminhos do *Karma* também não seriam inescrutáveis se os homens trabalhassem em união e harmonia, ao invés de desunião e rivalidade. Pois nossa ignorância desses caminhos – que uma parte da humanidade chama de os caminhos da Providência, obscuros e intricados; enquanto outra parte vê neles a ação do Fatalismo cego; e uma terceira, ainda, simples sorte, sem deuses ou demônios para guiá-los – certamente desapareceria, se atribuíssemos à tudo isso a sua verdadeira causa. Com o conhecimento correto, ou de qualquer maneira, com uma confiante convicção de que nossos vizinhos não agiriam de forma a nos magoar, tanto quanto nós não podemos imaginar causar-lhes dano, dois terços do mal do Mundo seriam varridos pelo ar. Onde o homem não magoa seu irmão, *Karma-Nêmesis* não encontra motivo ou armas para agir. É a constante presença entre nós do elemento da rivalidade e da oposição, a divisão de raças, nações, tribos, sociedades e indivíduos em Cains e Abéis, lobos e cordeiros, que é a principal causa dos "caminhos da Providência". Diariamente, com nossas próprias mãos, damos essas inúmeras voltas em nossos destinos, enquanto imaginamos estar seguindo os trilhos da majestosa estrada da respeitabilidade e do dever, e depois reclamamos pelo fato desses caminhos serem tão intricados e obscuros.

Segue agora uma verdadeira joia. Sugerimos que a passagem seja lida devagar, para depois ser relida, e, então, memorizada:

> Ficamos desnorteados ante o mistério de nossa própria criação, e os enigmas da vida que *não iremos solucionar*, e depois acusamos a grande Esfinge de nos devorar. Mas na verdade não existe acidente algum em nossas vidas, nem um dia ruim, ou má sorte, cujos rastros não nos levem às nossas próprias obras, nesta ou em outra vida.

H.P.B. fornece outra rápida explicação sobre *Karma-Nêmesis*, a qual é extremamente útil; mas antes disso, lança um dito espirituoso, tão característico de sua pena:

> Assim sendo, se há alguém que esteja desamparado ante essas leis imutáveis, esse alguém não somos nós, artífices de nossos próprios destinos, mas sim aqueles anjos, os guardiões da harmonia. *Karma-Nêmesis* nada mais é do que um efeito dinâmico (espiritual) das causas e forças trazidas para a atividade através de nossas próprias ações.

A seguir temos uma passagem que vale a pena recordar quando nenhum progresso aparente está sendo feito no "mundo da matéria", ou no Plano Físico, e fornece a pista sobre onde devemos centralizar nossos esforços. E em seguida um conselho bem prático também é oferecido:

> Existe uma lei da dinâmica oculta que "determinada quantidade de energia despendida no Plano Espiritual ou Astral é produtora de ainda maiores resultados que a mesma quantidade despendida no plano objetivo ou físico, da existência".
>
> (...)

Esse estado perdurará até que as intuições espirituais do homem estejam completamente abertas, o que não acontecerá antes que arremessemos de uma vez nossas grossas camadas de matéria; até que comecemos a agir de dentro, ao invés de sempre seguir os impulsos de fora; isto é, aqueles produzidos por nossos sentidos físicos e por nosso corpo denso egoísta. Até lá, o único paliativo para os males da vida é a união e a harmonia – a Fraternidade *IN ACTU*, e o altruísmo, não só como uma palavra morta. A supressão de uma única causa má irá suprimir não apenas um, mas uma variedade de maus efeitos.

A próxima citação incluí um dístico de Dryden:

O conhecimento do *Karma* dá a convicção de que se –

"... a virtude na aflição, e o vício no triunfo
tornam a humanidade ateísta",

é somente pelo fato de a humanidade ter sempre fechado seus olhos à grande verdade de que o homem é seu próprio salvador e seu próprio destruidor." (I, 643-4)[77]

---

77 Vol. II, pp. 368-9, ed. 6 vol.; I, 705-6, 3ª ed.

CAPÍTULO III

A Doutrina das Hierarquias

A Lei da Unidade Essencial foi selecionada para ser associada com a terceira doutrina a ser considerada – a Doutrina das Hierarquias. Esta lei se aplica a todos os mundos, assim como a todos os seres que utilizam esses mundos como seus lares. Embora a princípio possa parecer estranho considerar a unidade essencial como uma Lei Fundamental, é apenas dessa maneira que podemos entender o conceito básico da Doutrina das Hierarquias. Pois a unidade essencial é o modelo básico no Universo, mesmo que as aparências externas pareçam indicar o contrário. Essa ideia básica ilustra o trabalho do Plano Divino, da mesma forma como foi demonstrado que a Lei de Ajuste – que mantém o ritmo através do restabelecimento do equilíbrio perturbado – manifesta o trabalho do Plano Divino.

Esta lei fundamental foi introduzida em *A Doutrina Secreta* através de uma passagem altamente sublime. A beleza de sua linguagem e o tema inspirador coloca a mente em uma atitude receptiva para a aceitação da lei. A passagem é na verdade uma citação, pois trata-se de um Catecismo Oculto no qual é ensinado ao estudante (*Lanoo*) a unidade essencial de Tudo, por seu Mestre (*Gurudeva*). O tema é muito elevado, altamente apropriado para iniciar o estudo da Doutrina das Hierarquias:

> No Catecismo, assim pergunta o Mestre ao discípulo:
>
> "Levanta a cabeça, ó *Lanoo*! Vês uma luz ou luzes inumeráveis por cima de ti, brilhando no céu negro da meia-noite?"
>
> "Eu percebo uma Chama, ó *Gurudeva*! Vejo milhares de centelhas não destacadas que nela brilham."
>
> "Dizes bem. E agora observa em torno de ti, e dentro de ti mesmo. Essa luz que arde no teu interior, porventura a sentes de alguma maneira diferente da luz que brilha em teus irmãos humanos?"
>
> "Não é de modo algum diferente, embora o prisioneiro continue seguro pelo *Karma*, e as suas vestes externas enganem os ignorantes, induzindo-os a dizer: 'Tua Alma e Minha Alma'." (I, 120)[78]

A lei é considerada fundamental em Ocultismo, veja:

[78] Vol. I, p. 179, ed. 6 vol.; I, 145, 3ª ed.

> A lei fundamental da Ciência Oculta é a unidade radical[79] da essência última de cada parte constitutiva dos elementos compostos da Natureza, desde a estrela até o átomo mineral, do mais alto *Dhyān-Chohan* ao mais humilde dos infusórios,[80] na completa acepção da palavra, quer se aplique ao mundo espiritual, quer ao intelectual ou físico. "A Divindade é um ilimitado e infinito expandir", diz um axioma Oculto... (I, 120)[81]

Esta lei está exemplificada no padrão do esquema hierárquico sob o qual funciona um Cosmos, ou seja, cada entidade vive sua vida no campo, ou esfera, de um grande Ser — o maior fornecendo a "moradia" para o menor. É preciso enfatizar que a unidade é feita para ser aplicada não somente aos mundos espiritual e intelectual (como se poderia esperar), mas também aos mundos físicos, como indica a citação abaixo:

> A doutrina da origem comum de todos os planetas e corpos celestiais foi, antes de Kepler, Newton, Leibnitz, Kant, Herchel e Laplace, inculcada por antigos astrônomos, como veremos. O calor (o Sopro), atração e repulsão — os três grandes fatores do Movimento — são condições sob as quais nasceram, desenvolveram-se e morreram todos os membros de toda essa família primitiva, para renascerem após uma "Noite de *Brahmā*" durante a qual a matéria eterna retorna ao seu estado primário indiferenciado. (I, 103)[82]

Uma Noite de *Brahmā* equivale ao *Pralaya* Planetário, que possui a mesma duração do período chamado Dia de *Brahmā*, ou *Manvantara* — 4.320.000.000 anos.

A frase "matéria eterna" não é usada inadvertidamente, pois representa o axioma fundamental dentro da Filosofia Esotérica, enunciado em termos bastante claros:

> A matéria é Eterna. Ela é o *Upādhi* (a base física) para a Mente Universal Única construir a partir dela suas ideações. Assim sendo, os esotéricos sustentam que não há nenhuma matéria inorgânica ou *morta* na Natureza, sendo tão improcedente quanto arbitrária e destituída de razão a distinção entre elas feita pela ciência. Seja lá o que a ciência pensa, entretanto — e a ciência *exata* é uma dama caprichosa, como todos nós sabemos por experiência — o Ocultismo sabe e ensina diferentemente, desde tempos imemoriais. (I, 280-1)[83]

Em outro ponto, o significado atribuído aos termos atração e repulsão, ou forças centrípeta e centrífuga (como usado no Ocultismo), é explicado da seguinte maneira, embora sendo elas mencionadas como duas forças contrárias:

> O Poder ativo, o "movimento Perpétuo do grande Alento", somente desperta o *Kosmos* na aurora de cada novo Período, colocando-o em movimento através das duas Forças contrárias — as forças centrípeta e centrífuga, que são feminina e masculina, positiva e negativa, física e espiritual, as duas sendo uma Força Primordial — fazendo com que o *Kosmos* se torne objetivo no plano da Ilusão. Em outras palavras, esse movimento dual transfere o *Kosmos* do plano do Ide-

---

79 Para aqueles não familiarizados com a palavra "radical" em seu significado adjetivo (devido ao seu uso excessivo como substantivo), pode ser útil indicar que aqui significa "raiz" ou "fundamental".

80 Infusórios — classe de protozoários ciliados que compreende os ciliados e os tentaculíferos. (Nota Ed. Bras.)

81 Vol. I, p. 179, ed. 6 vol.; I, 145, 3ª ed.

82 Vol. I, pp. 164-5, ed. 6 vol.; I, 129, 3ª ed.

83 Vol. I, p. 323, ed. 6 vol.; I, 301, 3ª ed.

al Eterno para a manifestação finita, ou do plano *numênico* para o plano *fenomenal*. (I, 282)[84]

Podemos dizer que os dois capítulos precedentes, que apresentam a Doutrina da Constante Renovação e a Doutrina do Equilíbrio, lidaram com o "porquê" e o "como" das coisas, isto é, considerando as doutrinas de um ponto de vista geral, sem serem muito específicos quanto aos detalhes. O presente capítulo, então, tratará do "do quê" das coisas: *do quê* é composto o Universo; a partir *do quê* ele é construído.

Desde o princípio deve ficar claro que a Sabedoria Antiga não considera o Universo como um vasto recipiente cheio de coisas (usando uma linguagem popular, que, embora expressiva, é também um tanto quanto indefinida). Ao contrário, o Universo é o resultado da manifestação dos *seres*, que o constroem e guiam. Assim, é dito que:

> O Mistério de todo o Universo ergue-se apoiado nas Hierarquias e nos números corretos desses Seres invisíveis (para nós) exceto em raríssimas ocasiões. (I, 89)[85]

> ... a Doutrina Secreta... ensina que todo o Universo é governado por Forças e Poderes inteligentes e semi-inteligentes. (I, 287)[86]

Os Poderes são as três grandes Classes ou Hierarquias, conhecidos pela denominação comum de *Dhyāni-Chohans*, que dirigem e guiam as Forças "semi-inteligentes", também chamados por uma denominação comum: as três Classes ou Reinos dos Elementais. Mais adiante, com relação à construção do mundo – geralmente aludida como "criação" por um "Criador":

> Na filosofia esotérica, o *Demiurgo* ou *Logos*, visto como o CRIADOR, é apenas um termo abstrato, uma ideia, como "exército". Pois assim como este último é um termo generalizante para definir um corpo de forças ativas ou de unidades trabalhadoras – soldados – assim também o *Demiurgo* é um composto qualitativo de uma legião de Criadores e Construtores. (I, 380)[87]

Um esclarecimento posterior dos termos *Logos* e *Demiurgo* é fornecido:

> A Doutrina Secreta... admite um *Logos* ou um "Criador" coletivo do Universo; um *Demi-urgos* – com o mesmo sentido implícito quando nos referimos a um "Arquiteto" como o "Criador" de um edifício, muito embora esse Arquiteto jamais tenha tocado em um tijolo sequer, forneceu o plano para sua construção, deixando todo o trabalho manual para os pedreiros; em nosso caso, o plano foi fornecido pelas Hostes de Poderes e Forças inteligentes. Todavia, esse *Demiurgo* não é uma divindade *pessoal* – isto é, um deus *extracósmico* imperfeito – mas apenas um agregado de *Dhyān-Chohans* e outras forças. (I,279-80)[88]

Muito embora o tema principal da citação a seguir seja o aparecimento de mundos, há nela também uma indicação a respeito do esquema hierárquico presente no

---

84 Vol. I, p. 324, ed. 6 vol.; I, 302-3, 3ª ed.
85 Vol. I, p. 153, ed. 6 vol.; I, 116, 3ª ed.
86 Vol. I, p. 328, ed. 6 vol.; I, 307, 3ª ed.
87 Vol. I, II, p. 95, ed. 6 vol.; I, 408, 3ª ed.
88 Vol. I, p. 322, ed. 6 vol.; I, 300, 3ª ed.

começo das fases de um Cosmos, explicando como os *Dhyāni-Chohans* percebem o padrão necessário a ser utilizado por eles na construção do mundo:

> Assim que as TREVAS... desaparecem em seu próprio reino de Luz eterna, deixando atrás de si apenas sua divina Ideação manifestada, os *Logoi* criativos têm sua compreensão desperta, e podem ver no mundo ideal (até então oculto no pensamento divino) as formas arquetípicas de tudo, e começam a copiar e construir ou modelar sobre esses modelos formas evanescentes e transcendentes. (I, 380)[89]

Com relação à modelagem das formas:

> Existem hierarquias de "Construtores da forma", e séries de formas e graus, dos mais elevados aos mais baixos. Enquanto as primeiras são moldadas sob a supervisão dos "Construtores", os deuses "Cosmocratores", as últimas são moldadas por Elementais ou Espíritos da Natureza. Como um exemplo disso, observem os estranhos insetos e alguns répteis e criaturas invertebradas, que imitam tão de perto, não só por sua cor, mas por sua aparência externa, folhas, flores, galhos cobertos com musgo e outras coisas assim chamadas "inanimadas".[90]

E com respeito às formas propriamente ditas:

> Foi-nos dito que toda forma é construída de acordo com o modelo para ela traçado na Eternidade, e refletido na MENTE DIVINA.[91]

A Mente Divina equivale à Ideação Divina, que reflete um aspecto do Plano Divino. É preciso ter em mente, entretanto, que a Mente Divina ou Ideação Divina, na Filosofia Esotérica, não é sinônimo de Pensamento Divino ou de *Ādi-Buddhi*, pois:

> No Pensamento Divino ou ABSOLUTO, tudo existe, e nunca houve um tempo em que nada existisse; mas a Ideação Divina é limitada pelos *Manvantaras* Universais.[92]

Mas retornemos ao tema das Hierarquias. Devemos explicar em detalhes o termo Hierarquia, uma vez que o mesmo é usado com muita frequência na literatura Teosófica. É um composto de duas palavras gregas: *hieros*, sagrado; *archon*, de *achein*, governar; consequentemente, autoridade ou governo em coisas sagradas. A palavra é familiar à linguagem eclesiástica, onde é empregada para designar o corpo que governa a Igreja, com os vários dignitários encabeçados por um líder. Na linguagem científica o termo é usado para designar uma série de classes ou grupos consecutivos. Em zoologia, por exemplo, as séries são compostas de um reino, ordem, subordem, família, gênero e espécie. O mesmo se aplica à classificação das plantas. Assim sendo, uma série de seres graduados é o significado atribuído ao termo Hierarquia, conforme usado em *A Doutrina Secreta*. Os seres são "graduados" em relação ao seu estágio

---

89 Vol. II, p. 95, ed. 6 vol.; I, 407, 3ª ed.
90 *Transactions of the Blavatsky Lodge*, p. 98 [*Comentários sobre* A Doutrina Secreta, Ed. Teosófica, p. 154 (Nota Ed. Bras.)].
91 *Idem* nota 90.
92 *Idem* nota 90, pp. 114.

evolucionário, não por seus fatores determinantes inerentes. O topo de uma hierarquia é denominado *Hyparxis*, que significa o chefe ou cabeça de um sistema, não no sentido de um governante ou chefe, mas antes significando o mais elevado ser da Hierarquia. Este Grande Ser é conhecido misticamente como o Observador Silencioso (assim como por outros termos que serão considerados em capítulos futuros).

"A Hierarquia Celestial"

Embora esta palavra seja geralmente empregada para designar o governo mundial, a ideia de uma série de seres, ou uma hierarquia, responsável pela estrutura de um Cosmos, por assim dizer, é uma ideia presente na literatura da Igreja e assim também encontrada na Bíblia. É baseada num sistema surgido nos escritos de uma pessoa conhecida como Dionísios (o Areopagita), que supostamente foi um dos primeiros convertidos de Paulo quando este pregava no Monte Marte (o *Areopagus*) em Atenas – como diz a história Cristã. Esses escritos são considerados cristãos, embora tenham origem em fontes Neoplatônicas. Uma vez que duas palavras hebraicas são usadas na classificação da hierarquia, podemos concluir que as ideias eram conhecidas na época de sua compilação e ensinadas em várias escolas de pensamento. Elas tiveram um profundo efeito na teologia cristã tanto dos primeiros séculos quando durante a Idade Média.

"A Hierarquia Celestial" sustenta que Deus é infinito em poder, embora este poder seja transmitido, parte direta e parte indiretamente, por divindades menores. Desta forma, a Fonte Divina é representada vertendo sua divindade transcendente por seres graduados, de forma que todos os membros sejam sustentados pela Fonte Divina e estando, portanto, intimamente conectados com ela. A fonte transcendente, que também é a imanência universal, é descrita como o Deus Trino. Três séries de tríades são responsáveis por transmitir a Fonte Divina à humanidade: a primeira série de três, a mais próxima de Deus, é capaz de espelhar a Fonte Divina e transmiti-la para a segunda classe ou série de tríades, que por sua vez a passa para a terceira classe, que a transfere para a humanidade. O termo "Anjo" é aplicado a essas três classes de transmissores, que atuam como carregadores ou mensageiros (que vem a ser o significado literal da palavra grega *angelos*, anjo, implicando em um transmissor de reinos celestiais para o mundo dos homens).

A hierarquia celestial é enumerada a seguir, consistindo de nove classes, em escala descendente, e três grupos de tríades:

1ª Tríade: Serafins Querubins Tronos	2ª Tríade: Domínios Virtudes Poderes	3ª Tríade: Principados Arcanjos Anjos

Com a inclusão do *Hyparxis*, ou topo, "Deus", a hierarquia consiste de dez classes, que compreendem um esquema décuplo.

Comparemos isso à Estância IV, *śloka* 5 (das *Estâncias de Dzyan*):

> "A Voz do Mundo, *Svabhavat*, os Números, pois ele é Um e Nove."

Uma breve explicação é acrescentada:

> O que perfaz dez, ou o número perfeito atribuído ao "Criador", o nome dado à totalidade de Criadores combinados pelos Monoteístas em Um. (I, 98)[93]

Isso quer dizer de forma resumida na palavra "Deus".

Na Estância, a palavra *Svabhavat* é um termo do Budismo do Norte, que pode ser traduzido literalmente como "Vir-a-ser". É equivalente ao termo místico "Pai-Mãe" das *Estâncias*, e é definido como "a Essência mística, a raiz plástica da Natureza física".[94]

Com relação ao Um e Nove, a ideia pode ser expressa da seguinte maneira: a primeira manifestação ou emanação da Fonte Divina de TUDO é UM, de onde o Nove procede em escala descendente, formando dez: "A Década que contém em si todo o Universo". (I, 99)[95]

A Hierarquia Cabalística – os *Sephiroth*

Na Cabala, a manifestação do Um e Nove que somam Dez é claramente demonstrada no esquema conhecido como a Árvore *Sephirothal*. Uma vez que há referências – conquanto sem detalhes – a esse tema em *A Doutrina Secreta*, faremos um esboço do mesmo, pois que também elucida a Doutrina das Hierarquias.

Nas ilimitadas fronteiras do Infinito (o termo usado na Cabala é *Ain Soph*, também grafado *En Soph*, *Eyn Sūf*, etc.; quer dizer literalmente "Sem Limite", sem fim, ou seja, Infinito), surge um foco de Luz, *Ain Soph Aur*, literalmente, a "Luz Sem Limite". A partir dessa massa, irrompe um Esplendor – *Sephira*,[96] radiante como uma coroa de glória, *Kether*.

> Quando chegou o tempo para um período de atividade, produziu-se uma expansão natural dessa Essência Divina de dentro para fora consoante à lei eterna e imutável; e dessa luz

---

93 Vol. I, p. 160, ed. 6 vol.; I, 125 3ª ed.

94 Vol. I, p. 160, ed. 6 vol.; I, 125, 3ª ed.

95 Vol. I, p. 161, ed. 6 vol.; I, 126, 3ª ed.

96 Os Cabalistas não chegaram a um acordo quanto ao significado da palavra *Sephira* (ou *Sefirāh*); alguns atribuem sua origem à raiz verbal *spr*, contar, calcular. Sugere-se que *Sephira* pode ser interpretado como "a potência de números" – a "potência" significando o Um e Nove = 10, e a habilidade de emanar o nove a partir do um, completando dez. *Sephiroth* é a forma plural da palavra *Sephira*.

eterna e infinita (que para nós é a escuridão) foi emitida a substância espiritual.[97]

Ao começar a *sephirar* — ou seja, numerar ou manifestar sua potência — a primeira *Sephira*, *Kether*, produziu a segunda *Sephira*, *Chokmah* — Sabedoria. À medida que a revelação dessa potência prossegue, do duo, ou seja, do primeiro e segundo *Sephiroth*, emana a terceira, *Binah* — Inteligência, também traduzida como Entendimento. A tríade (a primeira, segunda e terceira) produz a Quarta *Sephira*, *Chesed* — Misericórdia, também traduzida como Amor ou Grandeza. Da quaternária (a primeira, a segunda, a terceira e a quarta) emana a quinta *Sephira*, *Geburah* — Poder, ou Justiça. O *Sephiroth* quíntuplo (que consiste da primeira, segunda, terceira, quarta e quinta), dá origem à sexta *Sephira*, *Tiphereth* — Beleza. A sêxtupla (a primeira, segunda, terceira, quarta, quinta e sexta *Sephira*) produz a sétima *Sephira*, *Netzah* — Firmeza ou Vitória. A partir da sétupla (primeira, segunda, terceira, quarta, quinta, sexta e sétima) é emitida a oitava *Sephira*, *Hod* — Esplendor. Então, da óctupla (primeira, segunda, terceira, quarta, quinta, sexta, sétima e oitava *Sephira*) surge a nona *Sephira*, *Jesod* — Fundamento. Finalmente, da nona *Sephira*, mais as potências da primeira, segunda, terceira, quarta, quinta, sexta, sétima e oitava, emana a décima e última *Sephira*, *Malkuth* — Reino.[98]

Algumas vezes, a Árvore *Sephirothal* é representada como três pilares, cada um consistindo de três tríades, encabeçados pela primeira *Sephira*, a Coroa (*Kether*), da seguinte forma:

KETHER (COROA)		
O Pilar Esquerdo	**O Pilar do Meio**	**O Pilar Direito**
Binah — Inteligência *Geburah* — Poder *Hod* — Esplendor	*Tiphereth* — Beleza *Jesod* — Fundação *Malkuth* — Reino	*Chochmah* — Sabedoria *Chesed* — Misericórdia *Netzah* — Firmeza

Não são os nomes ou significados propriamente ditos — os quais obviamente representam qualidades elevadas — que são importantes, porém eles tipificam po-

97 *Idra Zutah*, ii (*Zohar*), transcrito de *Ísis Sem Véu*, II, 213.

98 O sistema de descendência dos *Sephiroth* — para usar uma frase Cabalística, embora a ideia seja mais corretamente expressa pelas palavras "desdobramento emanante de cada *Sephira*" — foi dado detalhadamente por representar tão bem um dos princípios cardinais da Filosofia Esotérica: a emergência emanante. Ele fornece uma chave para a compreensão do desdobramento dos sete Elementos-Princípios, os sete *Loka-Talas*, assim como dos Sete Princípios do Homem — compreendidos no tema do Capítulo VI.

deres e potências que são responsáveis por levar o Universo à manifestação por um período de atividade.

> A Árvore *Sephirothal* é o Universo, e Adão Kadmon a representa no Ocidente, assim como *Brahmā* a representa na Índia. (I, 352)[99]

Os cabalistas ocidentais consideram o Adão Kadmon como o Homem Arquetípico ou o "Homem Celestial", e distribuem os dez *Sephiroth* em vários lugares do corpo humano. Entretanto, um conceito mais de acordo com a Cabala oriental consideraria o Adão Kadmon como possuindo a mesma natureza do Terceiro *Logos* – que é a ideia associada à *Brahmā* no esquema hindu, conforme mencionado na citação acima.

Além disso, mantendo-se em mente a ideia de que todos os *Sephiroth* estão interligados por força de sua emergência emanante, e de que existe uma interação constante e consciente entre eles, fica clara a interação presente entre todos os graus de seres no Universo manifesto.

O Esquema Numérico Hierárquico de Pitágoras

Voltemos nossa atenção para outro esquema que também lida com números, condensado na *Tetraktys* – o "Quatro Sagrado" dos Pitagóricos, tão importante para eles que foi incorporado em seu juramento sagrado. A Escola Pitagórica representou uma das mais místicas escolas de pensamento produzidas pelos antigos gregos. O seu juramento sagrado demonstra isso, e também contém a pista para o significado interno da *Tetraktys*: "Sim, pela *Tetraktys*, que forneceu à nossa alma a fonte que contém a raiz da sempre fluente natureza." O resultado da *Tetraktys* sagrada produz a Década mística: primeiro o ponto, depois a linha, depois as superfícies, depois o sólido ou quadrado: 1 + 2 + 3 + 4 = 10. Isso pode ser demonstrado pela maneira como a *Tetraktys* era representada, especialmente significante quando colocado dentro de um triângulo: primeiro o único ponto no ápice do triângulo significando Um, a Mônada; seguido pelo duo (a linha), dois pontos separados; a seguir a tríade (as superfícies), em três pontos separados; concluindo com a tétrade, quatro pontos separados: 1 + 2 + 3 + 4 = 10. As raízes da sempre fluente natureza representam o Universo tornando-se manifesto.

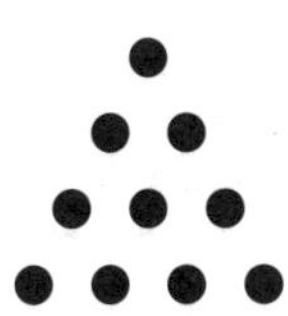

99 Vol. II, 67, ed. 6 vol.; I, 376, 3ª ed.

O *Tetragrammaton* (a palavra sagrada dos Cabalistas composta de quatro letras, que significa Divindade) foi representado de maneira semelhante; em lugar do ponto, a letra sagrada dos hebreus, *jod*, foi usada. A *Tetraktys*

> simboliza o Universo na famosa Década Pitagórica. O ponto superior é a Mônada, e representa um Ponto-Unidade, que é a Unidade de onde tudo procede. Tudo é da mesma essência que ele. Ao passo que os dez pontos do triângulo representam o mundo fenomenal, e os três lados do triângulo equilátero, que encerram a pirâmide de pontos, são as barreiras da Matéria *numênica*, ou Substância, que a separam do mundo do Pensamento. (I, 616)[100]

É verdade que o *completo* significado do sistema pitagórico não está revelado, e tampouco alguma vez sua solução foi publicada. A razão disso, e também o significado do numero 10, nos é fornecida na seguinte frase:

> O 10, sendo o número sagrado do Universo, era secreto e esotérico. (I, 360)[101]

O mesmo pode ser dito a respeito do sistema cabalístico, que aqui foi apresentado antes do pitagórico. Apenas a forma externa, as emanações dos *Sephiroth* e seus nomes foram registrados para representação externa. Quanto ao seu significado interno, *este* ainda permanece como um conhecimento oculto e secreto. Não obstante, o resumo manteve os aspectos recônditos do saber caldeu.

Assim sendo, deveria estar evidente que existe muito mais a respeito desses dois sistemas do que aparenta na superfície, mesmo considerando-se que cada um deles encara o padrão hierárquico do Universo de diferentes pontos de vista. Outra citação demonstrará que ainda existe outra maneira de estudar a *Tetraktys* pitagórica, diferente das anteriormente citadas.

> Desde o início dos séculos — no tempo e no espaço, em nossa Ronda e em nosso Globo — os mistérios da Natureza (pelo menos os que às nossas Raças é permitido conhecer) foram classificados e inscritos pelos discípulos daqueles "Homens Celestes" (agora invisíveis) em figuras geométricas e símbolos. As chaves que podiam decifrá-los foram transmitidas de uma a outra geração de "Sábios". Alguns símbolos passaram assim do Oriente para o Ocidente, trazidos por Pitágoras, que não foi o inventor do famoso "Triângulo" que tem o seu nome. Esta figura geométrica, o quadrado e o círculo representam descrições que são muito mais eloquentes e científicas que volumes inteiros de Cosmogonia descritiva e de "Gêneses" reveladas. Os dez Pontos inscritos no "Triângulo Pitagórico" valem por todas as teogonias e angelologias já concebidas pelos cérebros teológicos. Aquele que souber interpretar os dezessete pontos (inclusive os sete Pontos Matemáticos ocultos) — tais como ali estão e na ordem indicada — encontrará neles a série ininterrupta das genealogias, desde o primeiro Homem Celeste até o homem terrestre. E, assim como eles dão a ordem dos Seres, revelam também a ordem em que se desenvolveram o Cosmos, a nossa Terra e os Elementos Primordiais de que se originou esta última. Engendrada nos "Abismos" invisíveis e na Matriz da mesma Mãe, como seus companheiros, quem dominar os mistérios da nossa Terra terá dominado os de todos os demais Globos. (I, 612-3)[102]

---

100 Vol. II, p. 341, ed. 6 vol.; I, 675, 3ª ed.
101 Vol. II, p. 76, ed. 6 vol.; I, 386, 3ª ed.

Uma vez que não possuímos a chave para resolver completamente o mistério do sistema hierárquico condensado na *Tetratkys*, talvez o esquema hierárquico sírio do Universo seja de mais fácil compreensão.

O Esquema Hierárquico Sírio do Universo

Uma vez que usamos a forma tabular para descrever os sistemas anteriores, forneceremos agora outro método, na tentativa de retratar os pensamentos que surgem da contemplação dos infinitos panoramas celestiais que se alargam cada vez mais à medida que observamos os céus noturnos. Imediatamente nos surge a ideia de que existem milhares e milhares de estrelas brilhando naquele espaço incomensurável. Ao mesmo tempo cada estrela pulsa em ritmo harmonioso com o grande propósito, e cada uma está demonstrando o trabalho do Plano Divino.

Imaginemos, então, o esquema sírio das hierarquias como esferas concêntricas que se alargam cada vez mais em direção ao espaço, a Terra como a esfera central, uma vez que, naturalmente, os céus são vislumbrados a partir deste globo. Circundando a esfera terrestre encontramos outra, chamada Lua, cuja região é guardada por Anjos, para usar um termo hierárquico cristão equivalente. Circundando a esfera da Lua está a de Mercúrio, governada por Arcanjos. A terceira esfera, Vênus, está sob o domínio dos Principados. Na quarta esfera, chamada Sol, encontram-se os mais poderosos deuses do sistema — os deuses solares de todas as nações. A quinta, Marte, é regida pelas Virtudes. A sexta, Júpiter, é governada pelos Domínios; a sétima, Saturno, pelos Tronos. Circundando a esfera de Saturno temos a oitava esfera, chamada de esfera das 1.122 Estrelas — é onde está situado o domínio dos Querubins. O nono círculo, chamado de esfera das "Estrelas Caminhantes" ou das "Estrelas Inumeráveis", que podemos interpretar como Cometas e Nebulosas, é o reino dos Serafins. Finalmente, a décima esfera — das "Estrelas Invisíveis" — é representada pela Via Láctea.

Nessa representação diagramática de esferas concêntricas do esquema sírio, partimos do mundo visível e permitimos que nosso pensamento voasse até os vastos reinos do invisível. Mas isso não é o "fim", pois o próprio plano sírio admitia que além da esfera das Estrelas Invisíveis iniciava-se o incompreensível Oceano do Infinito, sem limite ou fim. A esfera das Estrelas Invisíveis marca o começo desse Universo.

A fim de considerarmos esse plano de Universo funcionando durante um período de atividade (*Manvantara*, ou período de manifestação), devemos considerar o esquema como uma descida das hierarquias. A Potência Divina principia por manifestar a Essência Primordial como as "Estrelas Invisíveis" da Via Láctea, das quais emanam as Nebulosas e Cometas (as "Estrelas Caminhantes"), que por sua vez ema-

[102] Vol. II, pp. 337-8, ed. 6 vol.; I, 671-2, 3ª ed.

nam as "1.122 Estrelas Fixas", sendo que esses três estágios representam as esferas ou planos sem forma. Descendo das esferas amorfas, o efluxo emanante alcança as esferas da forma, donde se manifesta o Sistema Solar. Entretanto, o conceito de Universo não está limitado a um único Sistema Solar; existem outros sistemas solares. Embora o nosso seja usado como modelo ou padrão para descrever outros siste-

REPRESENTAÇÃO DIAGRAMÁTICA DO ESQUEMA HIERÁQUICO SÍRIO DO UNIVERSO

mas, cada um contendo seus sistemas planetários – em nosso caso enumerados em sete regiões planetárias, cada região sendo representada por uma esfera equivalente àquelas dos Sete Planetas Sagrados dos antigos.

A "descida" do efluxo divino ao Sistema Solar e, por sua vez, para cada planeta do sistema, dá causa ao surgimento do Cosmos e de todos os planetas, incluindo a nossa Terra.

A Estrutura Hierárquica da Terra

Passemos agora a considerar a estrutura hierárquica do nosso mundo, primeiramente detalhando o sistema descrito pelos gregos, exposto pela Escola Platônica, e depois pelos Pitagóricos e Neoplatônicos, que, embora expressando a mesma ideia, empregam nomenclatura própria. O *Hyparxis*, que significa o ápice ou cume da hierarquia, foi chamado de Divino e representado pelo primeiro ou mais alto estágio; o segundo estágio na escala descendente foi chamado de Deuses – o Espiritual; o terceiro de Semideuses, também chamados de Heróis Divinos; o quarto estágio, Heróis, homens de qualidades superiores, eminentes exemplos da humanidade; o quinto, Homens – o reino humano; sexto, os animais ou bestas; sétimo, o mundo vegetal; oitavo, o mundo mineral; nono, Hades, o qual pode ser denominado de mundo Elemental. Observem que nesta enumeração a família humana está situada na metade do esquema hierárquico, representando, dessa forma, o equilíbrio entre espírito e matéria. Também podemos notar que apenas nove estágios ou graus estão enumerados, pois os gregos os representavam pendendo do mais baixo grau da hierarquia do Universo (embora superior ao mais alto estágio do nosso mundo), atuando como o elo de conexão entre as duas hierarquias. Esse estágio hipercelestial, ou superdivino, completa o esquema décuplo dessa hierarquia. Essa ligação entre uma hierarquia inferior e uma superior, e da superior com uma ainda mais elevada e assim por diante, fornece uma série interminável de hierarquias, tanto na escala ascendente quanto na escala descendente. Assim também cada degrau ou estágio de um esquema está ligado tanto ao imediatamente superior quanto ao imediatamente inferior, uma vez que cada um deles está ligado da mesma maneira; todo e cada estágio estão interligados.

Desta perspectiva, percebemos que não há qualquer parte do Universo que seja distinta e separada das demais; tudo vive e se move no interior da vida de um ser ainda maior. Este é o conceito fundamental subjacente à Doutrina das Hierarquias.

Para melhor compreensão daremos o exemplo do corpo humano, o qual, do ponto de vista esotérico, é composto de inúmeros *Jīvāṇus* ("átomos-vida"); cada um desses *Jīvāṇus* possui sua própria vida individual e, ainda assim, é um membro da hierarquia que usa o "campo" do corpo humano como seu "lar". Cada ser humano é um indivíduo lutando para sobreviver à sua maneira; não obstante, cada ser humano também é um membro da hierarquia do reino humano, que utiliza o "campo" da Terra como seu lar. O reino humano é uma das dez classes ou reinos membros da grande hierarquia que utiliza o campo do planeta Terra (a Cadeia Planetária da Terra) como seu "lar". O planeta Terra é um membro da grande hierarquia de planetas que usa o campo do Sistema Solar como seu lar. O Sol é um membro do grupo hierárquico de Sóis (doze ao todo) que possuem seu lar no Sistema Solar Universal. O Sistema Solar Universal é um do grupo hierárquico de sistemas solares universais usando o campo de um *Rāja-Sol* como seu lar. E a série de hierarquias não termina aqui, estendendo-se muito além.

REPRESENTAÇÃO DIAGRAMÁTICA DA ESCADA DA VIDA

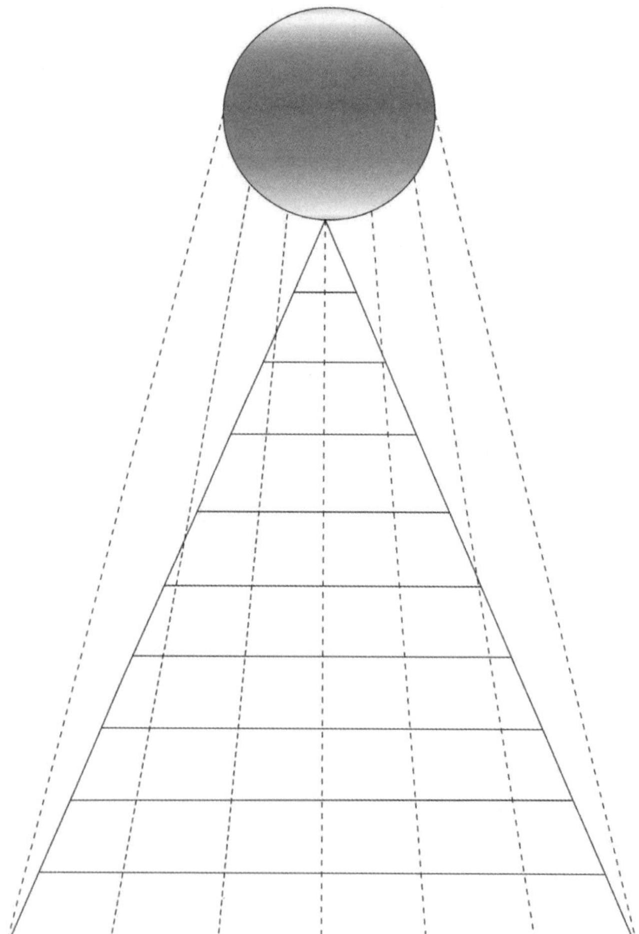

Explicação sobre a Representação Diagramática da Escada da Vida

Neste diagrama foi feito um esforço para esclarecer o conceito da subida das Mônadas na Escada da Vida. Antes que uma Mônada possa começar sua subida, entretanto, ela tem que ter descido desde a sua origem divina primitiva. A descida a leva aos mais baixos reinos da Hierarquia, ao mais baixo degrau da Escada da Vida.

A Escada da Vida está retratada em forma de um triângulo com dez degraus. Cada degrau representa um grau de realização evolucionária. Esse degrau é caracterizado por uma hoste ou classe de Mônadas que representam um grupo hierárquico, ou um reino da Natureza. A Escada triangular foi escolhida de forma a focalizar a atenção no ponto ou ápice que representa o mais alto grau que pode ser atingido pela Hierarquia, tecnicamente chamado de *Hyparxis* – que significa chefe ou topo de uma hierarquia. Esse Grande Ser é chamado de *Logos* Planetário, ou o Observador Planetário Silencioso. Deve-se ter em mente que existe um desses Vigilantes para cada um dos Globos que compõem uma Cadeia Planetária.

Acima da Escada da Vida existe uma esfera; a intenção é representar um globo dourado, a Fonte ou Origem da Vida. Podemos chamá-lo de *Paramātman* (o *Ātman* Primordial Universal), uma vez que representa a Origem de *Ātman* – o sétimo princípio, uno com o Espírito Universal.

> Ele (*Ātman*) é aquela centelha homogênea que se irradia em milhões de raios a partir do "Sete" primitivo... É *a centelha* EMANANTE *do Raio* INCRIADO – um mistério. (I, 571)[103]

Ou, como expressa uma representação mística, de forma alegórica, no *Chun- Tsiu*:

> Um dia as estrelas deixaram de brilhar na escuridão e a abandonaram caindo como chuva sobre a terra, onde agora estão ocultas. Essas estrelas são as Mônadas. (II, 486)[104]

A descida das Mônadas é retratada como "raios cadentes".

Uma vez na Terra, as Mônadas iniciam seu ciclo, seguindo a grande jornada evolucionária conhecida como o Ciclo de Necessidade. Seu objetivo é obter uma existência independente e autoconsciente (como estabelecido na Terceira Proposição Fundamental – a ser considerada no Capítulo V). A jornada evolucionária consiste em escalar a Escada da Vida até o seu topo. O mais baixo degrau da Escada da Vida representa o estágio mais inferior da Hierarquia, que é o Terceiro Reino Elemental, terceiro do ponto de vista descendente, não em relação ao ponto de origem. A Classe de seres situada no segundo degrau, de baixo para cima, é conhecida como o

---

103 Vol. II, p. 294, ed. 6 vol.; I, 624, 3ª ed.

104 Vol. IV, p. 55, ed. 6 vol.; II, 511, 3ª ed.

Segundo Reino Elemental, enquanto que o terceiro degrau da Escada é o alcançado pelo Primeiro Reino Elemental. Essas três Classes, embora invisíveis para nós e, por conseguinte, chamadas de Reinos Não Manifestados da Natureza, são, na verdade, inferiores em evolução ao primeiro dos Reinos Manifestados, o Reino Mineral, que se encontra no quarto degrau da Escada.

É nesta Classe superior que

> A "Essência Monádica" começa a adquirir imperceptivelmente a consciência individual no Reino Vegetal. (I, 179)[105]

O processo continua no próximo degrau da Escada, representado pelo Reino Animal. Todavia, a consciência individual total só é obtida no sétimo degrau da Escada da Vida, no Reino Humano. Os três degraus superiores representam os três Reinos dos *Dhyāni-Chohans*.

A Escada Hierárquica da Vida

De volta à nossa Terra, o esquema hierárquico de nosso mundo, conforme apresentado em *A Doutrina Secreta*, é composto de dez Classes ou Reinos. Essas dez Classes formam a Escada da Vida – ou a Escada da Existência. Cada Reino representa um passo ou estágio nessa Escada da Vida e deve ser encarado como o provedor dos meios pelos quais os seres localizados em um determinado degrau desta poderão obter as experiências necessárias para aquele estágio de desenvolvimento. É uma falácia imaginar que os seres situados em qualquer um dos dez Reinos fazem *parte inerente* daquele estágio da Escada da Vida,[106] ou que ali foram colocados por um "Deus onipotente". Os seres estão situados em um degrau específico da Escada por terem atingido um estado evolutivo que lhes permite manifestar seus poderes naquele estágio da Escada da Vida.

As dez classes ou reinos, partindo da mais elevada à mais inferior, são:

1. Classe I do Reino dos *Dhyāni-Chohans*
2. Classe II do Reino dos *Dhyāni-Chohans*
3. Classe III do Reino dos *Dhyāni-Chohans*
4. O Reino Humano
5. O Reino Animal
6. O Reino Vegetal
7. O Reino Mineral

---

[105] Vol. I, p. 231, ed. 6 vol.; I, 201, 3ª ed.

[106] Veja esta passagem em *Cartas dos Mahatmas a A.P. Sinnett* [Ed. Teosófica, Volume I, Carta nº 18, p. 120 (Nota Ed. Bras.)]: "... mas não existe uma ordem separada e constituída eternamente de Espíritos Planetários". O *status* em cada degrau da Escada da Vida é obtido através do desenvolvimento evolucionário. Veja Capítulo IX.

8. Classe I do Reino Elemental
9. Classe II do Reino Elemental
10. Classe III do Reino Elemental

As Classes 4, 5, 6 e 7 dessa hierarquia representam os estágios de evolução humana, animal, vegetal e mineral da Escada da Vida, e enumeram os Reinos da Natureza que se manifestam no Plano Físico e nos são familiares. As outras seis classes, entretanto, embora geralmente invisíveis para nossos sentidos físicos, estão ativas em seus respectivos planos. Dessa forma, as Classes 8, 9 e 10 funcionam em planos mais baixos que o físico (planos quinto, sexto e sétimo de nossa esfera terrestre).[107] As três Classes mais elevadas – os Reinos dos *Dhyāni-Chohans* – operam em planos superiores ao nosso Plano Físico.

Os *Dhyāny-Chohans*

Uma vez que o termo *Dhyāni-Chohan* é muito usado, achamos necessário que dele se faça uma elucidação. O termo em questão é um composto sânscrito-tibetano e geralmente o encontramos em sua forma abreviada *Dhyān-Chohan* (com ou sem hífen), ou ainda *Dhyāni* (plural *Dhyānis*). A parte sânscrita é um derivado do verbo *dhyai*, meditar; o substantivo, *dhyāna*, significa profunda e abstrata meditação religiosa. A palavra tibetana *chohan* significa “senhor”; assim, temos “Senhores Meditativos”. Esta palavra sugere uma belíssima ideia, pois significa um estado de Seres que são muito elevados e devotados à contemplação do Plano Divino, e dos meios para completá-lo e desenvolvê-lo. Assim, em vez de “deuses”, podemos considerá-los como os poderes conscientes e inteligentes da Natureza. De fato, eles são “inteligências divinas encarregadas da supervisão do Cosmos.”[108] O termo, entretanto, é usado não de maneira específica, porém mais generalizante, podendo ser aplicado, assim, a qualquer ser celestial (“celestial” no sentido de um ser cujo estágio na Escada da Vida é superior ao do Reino Humano, por já ter evoluído através deste último há milhões de anos). Não seria incorreto igualar o termo *Dhyāni-Chohan* a Espírito Planetário, exceto que, esotericamente, um Espírito Planetário é a designação para um grau ou estágio específico de um *Dhyāni-Chohan*, como o de Reitor ou Regente de um Planeta (Cadeia Planetária). Devemos ter em mente que, embora para fins de estudo os *Dhyāni-Chohan* possam ser divididos em três Classes ou Reinos principais, cada um se subdividindo em sete subclasses ou grupos, na verdade todos eles são parte de uma grande Hierarquia e cada subclasse realiza uma função específica.

---

[107] Cf. *Glossário Teosófico*, p. 112.
[108] Cf. *Glossário Teosófico*, p. 101.

> A Estância continua com uma descrição minuciosa das Ordens da Hierarquia Angélica. Do grupo de Quatro e Sete emanam os Grupos de Dez nascidos da Mente; os de Doze, de Vinte e Um, etc. – todos, por sua vez, divididos em subgrupos de Héptades, Enéades e Dodécades, e assim por diante, até perder-se o espírito nesta enumeração interminável de grandes números de Seres celestiais, cada um com uma função peculiar no governo dos Cosmos visível, durante a existência deste. (I, 129).[109]

Seria inútil tentar fornecer termos equivalentes aos usados em *A Doutrina Secreta*, porque enquanto um grande número de equivalentes é empregado, estes possuem, invariavelmente, um significado específico e se referem a um grau ou função particular. Por exemplo, os *Pitris* Solares e Lunares: ambos são classes de *Dhyāni-Chohan*, sendo que o adjetivo fornece o grau e função. Provavelmente o termo mais próximo, usado também de maneira geral, é a palavra tibetana *Lhas*, embora, como mencionado por H.P.B. em seu *Glossário*, sua intenção ao usar "*Lhas*" foi se referir a "espíritos de esferas superiores". Dessa forma, algumas citações poderão demonstrar o papel que esses Grandes Seres possuem no drama do Universo e na realização dos desígnios do Plano Divino. Existem aqueles que supervisionam e aqueles que efetivamente tornam o Universo manifestado, e, como tais, os *Dhyāni-Chohans* são os "alentos que não descansam jamais".

Primeiramente, entretanto, uma ilustração auxiliará na melhor compreensão do assunto. Quando um empreiteiro deseja levantar um edifício, primeiro ele solicita uma planta a um arquiteto. Depois ele começa a empregar trabalhadores (carpinteiros, pedreiros, eletricistas, bombeiros, decoradores etc.), que executarão os planos. Não obstante, o empreiteiro mantém sua posição de supervisor de todo o projeto.

> Os *AH-HI* (*Dhyān-Chohans*) são uma coletividade de inúmeros seres espirituais – a Hoste Angélica do Cristianismo, os *Elohim* e "Mensageiros" dos judeus – e são o veículo para a manifestação da vontade e pensamentos universais ou divinos. São as Forças Inteligentes que elaboram e decretam as "leis" da Natureza, ao mesmo tempo em que atuam de acordo com leis a eles impostas de maneira semelhante por Poderes ainda mais elevados. Entretanto, eles não são a "personificação" dos poderes da Natureza, como muitos creem erroneamente. Essa hierarquia de Seres espirituais através da qual a Mente Universal atua é como um exército, uma verdadeira "Hoste" por meio da qual o poder de luta de uma nação se manifesta, e é composta de unidades, divisões, brigadas, regimentos e assim por diante, cada um com sua individualidade ou vida separada, assim como liberdade de ação e responsabilidades limitadas. Cada um está contido em uma individualidade maior, em relação à qual seus próprios interesses são subservientes, e cada um contém em si individualidades menores. (I, 38)[110]

Ou, como expresso anteriormente, tudo vive e se move e tem sua existência na vida de um ser ainda maior. A citação acima ilustra não apenas o que os *Dhyāni-Chohans* fazem, mas fornece também uma excelente ilustração do funcionamento da

---

[109] Vol. I, p. 187, ed. 6 vol.; I, 154, 3ª ed. A Estância de *Dzyan* aqui citada é a de número V, *śloka* 6.

[110] Vol. I, pp. 111-2, ed. 6 vol.; I, 70, 3ª ed.

hierarquia de forma prática, na figura de um exército. O padrão hierárquico é também muito eficiente na produção de resultados tangíveis no mundo dos negócios.

Como salientado na citação, os *Dhyāni-Chohans* representam o "lado inteligente" da Natureza, sendo os administradores das Leis Divinas. O cumprimento dessas Leis é realizado através do que chamamos comumente de Forças da Natureza, que representam o aspecto manifesto ou o "lado material" desta. As "Forças" são explicadas de forma adicional na seguinte passagem:

> Possuem caráter dual, compostas de (a) a *energia bruta*, irracional, inerente à matéria, e (b) a alma inteligente ou consciência cósmica que dirige e guia essa energia, e que é *o pensamento dos Dhyān-Chohans refletindo a Ideação da Mente Universal.* O resultado é uma série perpétua de manifestações físicas e *efeitos morais* sobre a Terra durante os períodos de *Manvantara*, estando todo o conjunto subserviente ao *Karma*. (I, 280)[111]

Chamamos a atenção para a frase em itálico acima. Foi dito que a Mente Universal sempre *é*, enquanto a Ideação Cósmica espelha as impressões da Mente Universal no decorrer do *Manvantara*. Em seguida, o *pensamento* da Hoste de *Dhyāni-Chohans* espelha o reflexo da Ideação Cósmica e atua como um poder orientador sobre Seres Menores, e a isso costumamos chamar de Leis e Forças da Natureza. Por sua vez, essas Forças se manifestam no mundo fenomenal, ou mundo visível, representando, dessa forma, o funcionamento da Lei de Ajuste – ou *Karma*.

Quanto aos *efeitos morais* em ação sobre a Terra, sem dúvida eles são o resultado de sequências de energias incompletas produzidas em sistemas planetários anteriores (a Cadeia Lunar, da qual a Cadeia Terrestre é a reincorporação), agindo em forma de *Karma* sobre a Terra.

Com relação aos fenômenos terrestres, sempre se manifestando de maneira desfavorável, resultando em perdas de vidas e propriedades, estes representam fases da Lei de Ajuste, e são produzidos pela interação de Seres que representam o lado inteligente – os administradores das Leis – com as Forças duais explicadas acima. Os homens são afetados por estarem ligados a todos os Reinos da Natureza. Também devemos lembrar que esses reinos são afetados da mesma forma pelos fenômenos terrestres.

Uma elucidação posterior nos é fornecida considerando as duas causas principais da existência (do ponto de vista da Filosofia Esotérica), ou seja, as Forças de Atração e Repulsão, também conhecidas como forças centrípeta e centrífuga. A elas a seguinte citação se refere como "Forças opostas":

> Além do mais, para os Ocultistas... essas duas Forças opostas são simplesmente dois *aspectos* da unidade universal, chamada "MENTE MANIFESTA", aspectos nos quais o Ocultismo, através de seus grandes Videntes, percebe uma Legião inumerável de Seres atuantes: os *Dhyāni-Chohans* Cósmicos, Entidades cuja essência, em sua natureza *dual*, é a Causa de todos os fenômenos terrestres. Pois essa essência é consubstancial com o Oceano Elétrico

[111] Vol. I, p. 322, ed. 6 vol.; I, 300, 3ª ed.

Universal, que é a VIDA; e sendo, como já dissemos, dual – positiva e negativa –, são suas emanações que ora atuam sobre a Terra com o nome de "modos de movimento". Atualmente, a própria palavra Força tem dado motivo a objeções, pelo receio de que possa alguém ser induzido a separá-la da Matéria, ainda que só em pensamento! É, como diz o Ocultismo, os *efeitos* duais daquela essência dual, que agora chamamos de forças centrípetas e centrífugas; polos positivos e negativos, ou polaridade, frio e calor, luz e trevas, etc. (I, 604)[112]

O fator mais significativo na Doutrina das Hierarquias é que, na realidade, todos os seres estão ligados entre si, formando um vínculo inseparável, pois tudo tem sua raiz na Vida Una. Os estágios na Escada da Vida, que compreendem os reinos da Natureza, representam os graus de elevação alcançados no Grande Ciclo Evolucionário. O inter-relacionamento de todos os reinos, que demonstra a Lei da Unidade Essencial, foi descrito admiravelmente neste pequeno parágrafo:

De *Deuses* a *homens*, de mundos a átomos, de estrelas a faíscas, do Sol ao calor vital do menor dos seres orgânicos – o mundo da Forma e Existência é uma imensa cadeia, cujos elos estão todos conectados. A lei de Analogia é a primeira chave para o problema do mundo, e esses elos devem ser estudados coordenadamente em sua relação oculta mútua. (I, 604)[113]

Os elos dessa imensa cadeia são, na realidade, os *seres* que formam a Escada Hierárquica da Vida, conforme anteriormente enumerado. A importância da compreensão desta fase do ensinamento relativo à Doutrina das Hierarquias precisa ser constantemente enfatizada.

Assim como responsável pelas causas que se manifestam sobre a Terra sob a forma dos mais variados efeitos, a própria Terra e todos os planetas e globos compreendidos em uma cadeia planetária estão sob a regência de um Reitor, ou Regente, ou Observador – chamado de *Logos* Planetário, ou Observador Planetário, ou ainda o Espírito Planetário do *Dhyāni* principal. Cada planeta possui sua "Ronda", ou período de atividade particular – um *Manvantara* Planetário – e completa seu ciclo em sete Rondas.

É necessário explicar e recordar novamente que, como o trabalho de cada Ronda é distribuído para diferentes grupos dos assim chamados "Criadores" ou "Arquitetos", o mesmo se aplica a cada globo, i.e., sob a supervisão e direção de "Construtores" e "Vigilantes" especiais – os vários *Dhyān-Chohans*. (I, 233)[114]

Além disso, existem Seres ainda mais elevados:

São Entidades dos mundos superiores na hierarquia da Existência, tão imensamente elevados que para nós parecem Deuses, e coletivamente – DEUS. (I, 133)[115]

---

112 Vol. II, p. 328, ed. 6 vol.; I, 661, 3ª ed.
113 Vol. II, p. 328, ed. 6 vol.; I, 662, 3ª ed.
114 Vol. I, p. 278-9, ed. 6 vol.; I, 253 3ª ed.
115 Vol. I, p. 190, ed. 6 vol.; I, 157, 3ª ed.

Descendo a escala da evolução, vemos que não apenas as Rondas e Globos, mas também as Raças possuem seus Regentes; de fato:

> Cada povo e nação como já dito possui seu Observador, Guardião ou Pai nos Céus *direto* – um Espírito Planetário. (I, 576)[116]

Existe uma conexão ainda mais importante entre os *Dhyāni-Chohans* e o Reino Humano, mas este é um assunto muito extenso, e deverá ser tratado em capítulos posteriores. Contudo, podemos fazer uma breve referência a esse relacionamento, uma vez que diz respeito ao tema em questão, no que tange aos mundos superiores à Terra e aos Seres pertencentes a essas esferas mais elevadas:

> Somos ensinados que na mais elevada encontram-se as sete ordens de Espíritos puramente divinos; nas seis inferiores estão as hierarquias que podem ser ocasionalmente vistas e ouvidas pelos homens, e que se comunicam com sua progênie na Terra. Essa progênie está indissoluvelmente ligada a eles, cada princípio do homem possuindo sua origem direta na natureza desses grandes Seres, que por sua vez nos suprem com nossos elementos invisíveis. (I, 133)[117]

Por conseguinte, é por força desta cooperação de seres superiores que o homem é capaz de funcionar na Terra. Tendo auxiliado a evolução do homem durante a época mais crítica da presente Ronda, essa grande Hierarquia ainda fornece esse auxílio constantemente, de uma maneira totalmente insuspeita: eles auxiliam aqueles que deixam a esfera dos vivos.

> Os *Dhyāni-Chohans*, que não participam da orientação do Ego humano vivo, protegem a vítima indefesa quando ela é violentamente lançada fora do seu elemento em um novo elemento, antes que esteja amadurecida, preparada e pronta para isso. Nós dizemos a você o que sabemos, *porque fomos levados a aprender isso por experiência pessoal*.[118]

Na verdade, os outros reinos também recebem assistência por parte dos *Dhyāni-Chohans*. No caso dos três reinos inferiores, também invisíveis aos nossos olhos, existe uma interação definida, pois os Elementais são causas secundárias na produção dos fenômenos terrestres, sob a inteligência orientadora dos *Dhyāni-Chohans*. A citação a seguir, embora seja um pouco longa, explica o tema de forma tão clara que a citamos integralmente, de forma a apresentar os trabalhos "internos" da Escada hierárquica. Além do mais, esta passagem oferece uma explicação jamais oferecida pela ciência a respeito do funcionamento do Universo.

> Deve o leitor deve ter em mente que, segundo os nossos ensinamentos que consideram este Universo fenomenal como uma grande *Ilusão*, quanto mais próximo um corpo se encontre

---

116 Vol. II, p. 300, ed. 6 vol.; I, 630, 3ª ed.
117 Vol. II, p. 328, ed. 6 vol.; I, 662, 3ª ed.
118 *Cartas dos Mahatmas para A.P. Sinnett*, p. 131 [Ed. Teosófica, Volume 1, Carta 70C, p. 331. (Nota Ed. Bras.)].

> da SUBSTÂNCIA DESCONHECIDA, tanto mais ele se acerca da *Realidade*, por estar mais distanciado deste mundo de *Māyā*. Consequentemente, embora a constituição molecular de seus corpos não possa ser deduzida de suas manifestações neste plano de consciência, eles possuem do ponto de vista do Adepto ocultista uma estrutura nitidamente objetiva, se não material, no Universo relativamente *numênico*, oposto ao fenomênico ou externo. Podem os homens de ciência, se lhes aprouver, chamá-los força ou forças geradas pela matéria, ou ainda "modos de movimento" da matéria; o Ocultismo vê nesses efeitos os "Elementais" (forças), e, nas causas diretas que produzem Obreiros, DIVINOS e inteligentes. A conexão íntima dos Elementais (a correlação, poderíamos dizer), guiados pela mão infalível dos Regentes, com os elementos da Matéria pura manifesta-se como fenômenos terrestres, tais como a luz, o calor, o magnetismo, etc. É verdade que nunca estaremos de acordo com os "substancialistas" americanos, para quem toda força ou energia, seja luz, calor, eletricidade ou coesão, é uma "Entidade", seria o mesmo que dizer que o ruído produzido pelo rodar de uma carruagem é uma *Entidade* – confundindo e identificando assim o "ruído" com o "condutor" que está *fora* ou com o Dono, a "Inteligência Diretora", que se acha *dentro* do veículo. Mas damos, certamente, aquele nome aos "condutores" e às "Inteligências diretoras", os *Dhyān-Chohans* regentes, como já dissemos. Os Elementais, as Forças da Natureza, são as causas secundárias que atuam invisíveis, ou melhor, imperceptíveis; e que, por sua vez, são os efeitos de causas primárias por trás do Véu de todo fenômeno terrestre. A eletricidade, a luz, o calor, etc., foram com razão chamados os "Espectros ou Sombras da Matéria em Movimento", ou seja, dos estados suprassensíveis da matéria, de que só podemos perceber os efeitos. Para ampliar o conceito, voltemos à comparação anterior. A sensação da luz é, como o ruído das rodas em movimento, um efeito puramente fenomênico e sem realidade alguma fora do observador. A causa imediata que provoca a sensação é comparável ao condutor – um estado suprassensível da matéria em movimento, uma força da Natureza ou um Elemental. Mas, por trás deste – do mesmo modo que do interior da carruagem o seu proprietário dirige o condutor – se encontra a causa mais elevada e *numênica*: a *Inteligência*, cuja essência irradia aqueles estados da "Mãe", que geram os incontáveis milhares de milhões de Elementais ou Espíritos psíquicos da Natureza, assim como cada gota de água gera seus infusórios físicos infinitesimais. (I, 145-7)[119]

De modo algum podemos dar o assunto a respeito dos *Dhyāni-Chohans* como concluído. Entretanto, achamos que material suficiente foi fornecido para demonstrar que os Reinos superiores ao Humano possuem uma posição importante – ou melhor, vital – na Escada de Existência hierárquica.

Os Hierarcas do Sistema

Foi dito que cada hierarquia está sob o comando de um Hierarca. Vários termos são usados para designar o Ser Supremo de um Sistema: Observador, Guardião, Reitor, Espírito Planetário, *Logos*, o *Dhyāni* do sânscrito, ou, ainda, o *Manu*, o *Lha* tibetano e o *Hyparxis* grego. O Grande Ser fornece o lar para inumeráveis seres e o esplendor do Hierarca permeia todo o sistema, sobre o qual sua Observação se estende. Em todo caso, por mais elevada que seja a vigilância do Grande Ser, um Ser

---

[119] Vol. I, pp. 201-2, ed. 6 vol.; I, 169-70, 3ª ed.

ainda Maior abarca uma extensão ainda maior. Como ilustração, podemos dizer que a partir do Observador Silencioso da Raça, tecnicamente chamado de *Bodhisattva* Superterrestre, pode-se elevar a consciência e contemplar o Observador Silencioso de Nosso Globo. Como o Plano Divino prevê a existência de sete raças, existem, portanto, sete *Bodhisattvas* Superterrestres, um para cada raça. Como uma cadeia planetária consiste de sete globos – em nosso caso a Terra é o globo D – e possui mais seis companheiros, existem sete *Dhyāni-Bodhisattvas*, cada um zelando por um Globo da Cadeia Terrestre.

A partir do Observador Silencioso de um Globo, pode-se estender a consciência até o Observador Silencioso de uma Ronda (um *Dhyāni-Buddha*). Como são necessárias sete Rondas para que o desenvolvimento da Terra no Plano Divino seja completo, existem sete *Dhyāni-Buddhas*, cada um zelando por uma Ronda. Assim sendo, o Quarto *Dhyāni-Buddha* está no momento estendendo seu período de vigilância sobre a presente Ronda. O *Manu* da Quarta Ronda é conhecido como *Vaivasvata-Manu*.

Na verdade, cada Cadeia Planetária possui o seu Observador; no caso particular da Terra, existe um significado especial associado aos Sete Planetas Sagrados e seus *Dhyānis*.

A partir dos *Logoi* Planetários, pode-se elevar a consciência ao Observador do Sistema Solar e aos sete *Logoi* Solares. E ainda mais para o alto, para o *Dhyāni* do *Rāja*-Sol. E então para além desses Grandes Sistemas até o Observador do Sol Central – e mais, e mais adiante, infinitamente....

Uma Representação Gráfica da Hierarquia da Compaixão

O diagrama a seguir, baseado numa descrição fornecida pela *Doutrina Secreta* (I, 572), tem a intenção de retratar a Hierarquia da Compaixão em emanação descendente, saindo desde a Fonte da Existência – ou o Princípio Imutável, ao qual faz referência a Primeira Proposição Fundamental como a Raiz sem Raiz. Deve o leitor ter em mente que essa representação trata do "lado inteligente" de um Universo e não considera o seu "lado forma". Em outras palavras, representa o que é chamado de "lado espiritual", ao invés do "lado material" de um Universo.

Na parte superior do diagrama, no centro, está colocado um círculo incompleto, o qual não tem a intenção de representar *Ādi-Buddhi*, uma vez que a Sabedoria Primordial ou Pensamento Divino sempre *é* e, portanto, não pode ser circunscrito. Da mesma maneira, um círculo completo representaria, é claro, limitação, mesmo que essa limitação seja a de um Universo de magnitude inconcebível. De forma que este círculo aberto tem o propósito de representar *Mahā-Buddhi*, ou *Mahat* – que equivale à Mente Divina ou Mente Universal. O círculo foi deixado aberto porque *Mahat* é permeada por *Ādi-Buddhi*. De tal maneira que o círculo incompleto também pode representar o que se chama de Primeiro *Logos*, se bem que o Primeiro *Logos* (e devemos nos lembrar disso) *não é manifesto*, sendo representado como um *Logos* Não Manifestado.

Na passagem onde encontramos essa descrição, afirma-se que a Mônada *Ādi-Buddhica*, ou seja, *Ādi-Buddhi* representado na fase de manifestação de um sistema, se manifesta como *Mahā-Buddhi* (o mesmo que *Mahat*). E *Mahā-Buddhi* foi definido como a raiz espiritual, onisciente e onipresente da inteligência divina. Essa Inteligência Divina não permanece "contida", mas continua sua fase de manifestação descendo como uma Chama. No diagrama essa descida está representada como raios dourados partindo de *Mahā-Buddhi*. O termo técnico para essa Chama sempre presente é *Daivīprakriti* — que quer dizer imóvel, sem aumento ou diminuição, por quanto tempo durar o Ciclo-Vida de um sistema. *Daivīprakriti* — a luz divina que emana do *Logos* — nos recorda uma frase Bíblica: "Que se faça a Luz!" Conforme continua em sua descida para as regiões da manifestação, sua força inerente, ou Movimento, o transforma em *Fohat* nos planos da manifestação, ou Vida Universal no plano mundano. Nesse ponto de sua descida se completa o período das "sete eternidades" da Estância de *Dzyan*, e todas as potências e energias da Vida Universal estão prontas para irromper na existência.

Desse plano de Vida consciente irrompem os Filhos da Luz — retratados no diagrama como sete raios — como se fossem sete línguas flamejantes. Esses são os Sete Primitivos das *Estâncias*, "Os Sete Primordiais, os primeiros Sete Alentos do Dragão de Sabedoria" (Estância V, *śloka* 1).

Até agora esse diagrama, de acordo com a citação, é aplicável a qualquer sistema, seja Universo, Sistema Solar ou Sistema Planetário. Com a manifestação dos Sete Primitivos, o resto da citação, assim como o resto do diagrama, é apenas aplicável a um Sistema Planetário, uma vez que um *Dhyāni-Buddha* representa o *Hyparxis* de um Sistema Planetário.

Dos Sete Primitivos — os Sete Filhos da Luz — emanam os *Dhyāni-Buddhas* (os "*Buddhas* de Meditação"), que são a forma concreta de seus Pais sem forma. No diagrama eles estão representados como Estrelas ligadas às Sete Chamas Primordiais. Os *Dhyāni-Budddas* são os governadores das Rondas. Como elas são em número de sete, sete são os *Dhyāni-Buddhas*, um Observador para cada Ronda.

Os *Dhyāni-Buddhas* "emanam seus *chhāyās*", o que significa que eles emanam seus Filhos, os *Dhyāni-Bodhisattvas*, conhecidos como *Bodhisattvas* dos Reinos Celestes, pois governam os Globos de uma Cadeia Planetária. No diagrama representamos os sete globos observados por um *Dhyāni-Bodhisattva*.

Como os *Dhyāni-Bodhisattvas* são os protótipos dos *Boddhisattvas* Superterrestres, esses últimos zelam pelas Sete Raças que percorrem um circuito de Globos.

O quarto globo dos sete representados no diagrama é a Terra, Globo D. Está subdivido em sete partes, indicando as sete Raças-Raízes a serem desenvolvidas no Globo. A Quinta Raça ainda está em processo de desenvolvimento, e duas raças posteriores evoluirão neste Globo.

A Hierarquia da Compaixão

Uma vez que elevamos nossa consciência, podemos continuar a descida, estudando a Hierarquia da Compaixão do ponto de vista do "lado inteligente" da Existência. Dois aspectos estão representados na formação de um sistema: (1) o "lado-inteligência". Para melhor compreensão, esses Grandes Seres podem ser considerados como os Arquitetos, aqueles que instituem as leis prevalecentes no sistema, assim como os produtores do "projeto" para os Trabalhadores que se seguirão. (2) O "lado-forma", representado pelos Construtores, aqueles que executam os aspectos criativos ou formativos na construção de um sistema, executando, dessa forma, o projeto e o padrão fornecido por aqueles Arquitetos. A Hierarquia é descrita nesta notável passagem:

UMA REPRESENTAÇÃO GRÁFICA DA HIERARQUIA DA COMPAIXÃO

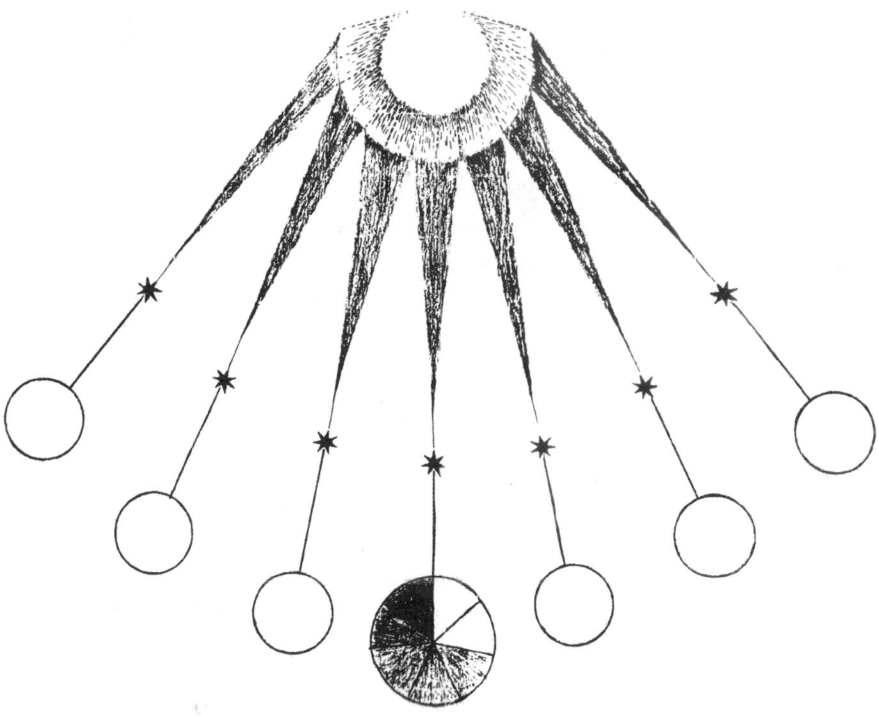

> A Mônada Divina, puramente *Ādi-Buddhica*, manifesta-se como o *Buddhi* universal (o *Mahā-Buddhi* ou *Mahat* da filosofia Hindu), a raiz espiritual, onisciente e onipotente da inteligência divina, a *Anima Mundi* mais elevada ou *Logos*. *Esta* desce "como uma chama difundindo-se desde o Fogo eterno, imutável, sem aumento nem diminuição, sempre o mesmo até o fim" do ciclo de existência, e converte-se em vida universal no Plano do Mundo. Deste plano de Vida *consciente* brotam, como sete línguas de fogo, os Filhos da Luz (os *logoi* de Vida); em seguida, os *Dhyāni-Buddhas* de contemplação, as formas concretas de seus Pais sem forma – os Sete Filhos da Luz, *ainda eles mesmos*, a quem se pode aplicar a frase mística dos *brāmanes*: "Tu és 'AQUILO' – Brahmā." Destes *Dhyāni-Buddhas* emanam seus *chhāyās* (Sombras), os *Bodhisattvas* dos reinos celestiais, os protótipos dos *Bodhisattvas Superterrestres* e dos *Buddhas* terrestres e, finalmente, dos homens. (I, 572)[120]

A Hierarquia da Compaixão pode ser relacionada, em ordem descendente, da seguinte maneira:

1. *Ādi-Buddhi*
2. *Buddhi Universal* (*Mahā-Buddhi* ou *Mahat*)
3. Luz ou Vida Universal (*Daivīprakriti*)
4. Os Sete Filhos da Luz (os Sete *Logoi* de Vida)
5. *Dhyāni-Buddhas*
6. *Dhyāni-Bodhisattvas*
7. *Boddhisattvas* Superterrestres
8. *Buddhas* Terrestres (*Mānushya-Buddhas*)
9. Homens

Explicando os termos utilizados:

(1) *Ādi-Buddhi* – literalmente "Sabedoria Primitiva", ou "Mente Universal Primitiva" – um termo sânscrito composto de: *ādi*, primitivo, primeiro, originador; *Buddhi*, num sentido cósmico a Mente ou Alma Universal. Este também é um termo do Budismo do Norte.

> uma denominação dada pelos primeiros Arianos à divindade Desconhecida; a palavra *Brahmā* não é encontrada nos *Vedas* nem nos trabalhos anteriores. Significa Sabedoria Absoluta. (I, p. xix)[121]

Chamamos atenção para o fato de que o termo usado nesta citação é Mônada *Ādi-Buddhica*. Evidentemente era a intenção de H.P.B. transmitir uma ideia macrocósmica que encontramos no microcosmo chamado homem. Ou seja, aquela de que o *Ātman* no homem é incapaz de se manifestar neste plano sem seu *upādhi*, que é *Buddhi*. Assim, tecnicamente, a Mônada (humana) é *Ātma-Buddhi*. Da mesma forma,

---

[120] Vol. II, p. 296, ed. 6 vol., I, 625, 3ª ed.
[121] Vol. I, p. 43, ed. 6 vol., I, 3, 3ª ed.

na esfera macrocósmica, *Ādi-Buddhi*, que pode ser denominado Pensamento Divino, ou Sabedoria Divina Primitiva, sempre *é*. A fim de se manifestar, suas potências são emanadas como Ideações Cósmicas, que representam a Mônada *Ādi-Buddhica* ou primeiro estágio da manifestação, a qual, por sua vez, se manifesta como *Mahā-Buddhi*.

(2) *Mahā-Buddhi* – literalmente "Grande Sabedoria" ou "Grande Mente Universal", um termo usado pelo Budismo do Norte, equivalente a *Mahat* (cujo significado literal na filosofia hindu é "o grande"): a raiz espiritual, onisciente e onipotente da inteligência divina. *Ālaya*, outro termo budista, equivale à "Alma Universal, cujo aspecto *Manvantárico* é *Mahat*." (*D.S.*, V, 499).

> A Alma Universal não é a Causa neutra da Criação ou (*Para*) *Brahman*, mas simplesmente aquela a qual chamamos de sexto princípio do *Kosmos* intelectual no plano de manifestação da vida. *Mahat*, ou *Mahā-Buddhi*, a grande Alma, o veículo do Espírito, o primeiro reflexo primitivo da Causa sem forma, e que por esse motivo está além até mesmo do Espírito. (I, 420)[122]

(3) *Daivīprakriti* – Luz Universal: um termo sânscrito composto de *daivī*, de *div*, brilhar, luz, e *prakriti*, substância original. É geralmente denominada como a Luz do *Logos* Não Manifestado (o Primeiro *Logos*); em sua diferenciação se torna *Fohat*.

> No Esoterismo Vedanta, *Daivīprakriti*, a Luz manifestada através de *Ishvara*, o *Logos*, é ao mesmo tempo a Mãe e a Filha do *Logos* ou Verbo de *Parabrahman*; enquanto nos ensinamentos trans-himalaios ela é – na hierarquia da teogonia alegórica e metafísica – a "Mãe" ou abstração, matéria ideal, *Mūlaprakriti*, a Raiz da Natureza; – do ponto de vista metafísico, a correlação de *Ādi-Bhūta*, manifestado no *Logos*, *Avalokiteśvara*; – e do ponto de vista puramente oculto e Cósmico, *Fohat*, o "Filho do Filho", a energia andrógina resultante dessa "Luz do *Logos*", a qual se manifesta no plano do Universo objetivo como a oculta, tanto quanto revelada, Eletricidade – que é Vida. (I, 136-7)[123]

A citação a seguir, menos técnica, poderá ser melhor compreendida:

> "a emanação direta da Mente Universal (i.e., *Mahā-Buddhi*) – o *Daivīprakriti* (a luz divina que emana do *Logos*), ("Luz" que denominamos *Fohat*) – formou os núcleos de todos os orbes "que se movem" no *Kosmos*. É o informador, sempre presente, a Alma Vital dos Sóis, Luas e Planetas, inclusive de nossa Terra. (I, 602)[124]

(4) Filhos da Luz – os *Logoi* da Vida, que brotam do plano da Vida consciente, como sete línguas de Fogo. Os Filhos da Luz são assim chamados nas *Estâncias de Dzyan*:

> Os Sete Primordiais, os primeiros Sete Alentos do Dragão de Sabedoria, produzem, por sua vez, em seus alentos circungiratórios sagrados o Redemoinho de Fogo. (*D.S.*, V, *śloka* 1)

---

122 Vol. II, p. 138, ed. 6 vol., I, 453, 3ª ed.
123 Vol. I, pp. 193-4, ed. 6 vol., I, 161 3ª ed.
124 Vol. II, p. 326, ed. 6 vol., I, 659 3ª ed.

Para esta citação, um significativo comentário é fornecido:

> Essa talvez seja a mais difícil das *Estâncias*. Sua linguagem é compreensível apenas para aquele que é totalmente versado em alegoria Oriental, e possui uma fraseologia propositadamente obscura (I, 106)[125]

Como o termo "Alento" sempre faz referência àquilo que resulta em um período de atividade, ou *Manvantara*, especialmente em conexão com as *Estâncias*, os Sete Alentos representam os Sete Primordiais que emanaram do Dragão de Sabedoria, ou seja, a Sabedoria, agora em sua "forma manifesta". Os "alentos circungiratórios" fazem referência ao que é produzido pelos Sete Primordiais, ou seja, os *Dhyāni-Buddhas*. Existe uma pista para o significado de "Redemoinho de Fogo" na seguinte passagem. Ele é

> a poeira Cósmica incandescente que, da mesma maneira como os filamentos de ferro seguem o ímã, apenas segue magneticamente o pensamento dirigente das "Forças Criativas". Todavia, essa poeira cósmica é algo mais, pois todo átomo no Universo possui potencialmente a autoconsciência, e é, como as Mônadas de Leibnitz, um Universo em si, e *para* si. *É um átomo e um anjo.* (I, 107)[126]

Que pensamento sublime! E assim é porque todo átomo é penetrado pela Vida Una, e possui suas Raízes na Fonte de Origem. Assim, todo átomo é parte da Lei da Unidade Essencial.

O *śloka* seguinte da Estância V também liga os Sete Primordiais e os *Dhyāni-Buddhas* da seguinte maneira (a primeira palavra, "eles", se refere aos Sete Primordiais):

> Eles fazem dele o Mensageiro de sua Vontade. O *Dzyu* se torna *Fohat*... (Est. V, *śloka* 2)
> (...)
> Isso mostra os "Sete Primordiais" usando *Fohat* como seu *Vāhana* (veículo, ou o sujeito manifestado que se torna o símbolo do Poder que o direciona), o qual é chamado, consequentemente, de o "Mensageiro de sua vontade" — o furacão de fogo.
> (...)
> *Dzyu* se torna *Fohat* — a própria expressão o demonstra... Nesse caso, *Dzyu* é a expressão da Sabedoria coletiva dos *Dhyāni-Buddhas*. (I, 108)[127]

(5) *Dhyāni-Buddhas*, literalmente, "*Buddhas* de Meditação": também chamados de *Buddhas* Celestiais e *Buddhas* de Contemplação. Existem sete *Dhyāni-Buddhas*, assim como sete Filhos Primordiais da Luz, cada um governando uma Ronda. Assim, eles equivalem-se aos "*Manus* de Ronda".

---

[125] Vol. I, p. 166, ed. 6 vol., I, 131, 3ª ed.
[126] Vol. I, p. 167, ed. 6 vol., I, 132, 3ª ed.
[127] Vol. I, p. 168, ed. 6 vol., I, 133, 3ª ed.

Eles são, por assim dizer, os protótipos eternos dos *Buddhas* (*Mānushya-Buddhas*) que aparecem nesta Terra, sendo que cada qual possui seu protótipo divino particular. Assim, por exemplo, *Amitābha* é o *Dhyāni-Buddha* de Gautama Śākyamuni, que se manifesta através dele sempre que esta grande Alma se encarna na Terra, conforme Ele o fez em Tzon-kha-pa. (I, 108)[128]

(6) *Dhyāni-Bodhisattvas*: literalmente Os Meditativos, cujas essências (*sattva*) tornaram-se inteligência (*boddhi*) – um composto sânscrito. São também sete os *Boddhisattvas* Celestiais, que emanam dos *Dhyāni-Buddhas*, chamados tecnicamente de *Chhāyās* – uma palavra que significa Sombras. Cada *Dhyāni-Bodhisattva* governa sobre sete globos, compreendendo uma cadeia planetária.

(7) *Bodhisattvas* Superterrestres – são aqueles que por sua vez emanam dos *Bodhisattvas* Celestiais, razão pela qual os últimos são chamados de "protótipos". Também em série de sete, cada *Bodhisattva* Superterrestre rege uma das Sete Raças (ou RAÇAS-RAÍZES), compreendendo uma Ronda Global no Ciclo de Necessidade.

(8) *Buddhas* Terrestres. São os representantes na Terra da Hierarquia de Compaixão, a qual foi considerada em ordem descendente – são chamados tecnicamente de *Mānushi-Buddhas* ou *Manushya-Buddhas*. As palavras sânscritas *mānushi* e *mānushya* são formas derivadas do pronome *manusha*, que significa humano. Isso distingue esse tipo de *Buddha* do Celestial, ou *Dhyāni-Buddha*. Assim como existem "*Manus* de Rondas" e "*Manus* de Raças", também o *Mānushya-Buddha* pertence a uma raça específica – uma de cada uma das sete raças. Assim como o *Dhyāni-Buddha* "prevalece eternamente em tempo e espaço, i.e., de um *Mahā-Kalpa* para outro" (V, 365), também o *Mānushya-Buddha* prevalece pelo período de uma raça. Na seção intitulada "O Mistério de *Buddha*" isso é explicado da seguinte maneira:

> Quando o mundo necessita de um *Buddha* humano, o *Dhyāni-Buddha* "cria", pelo poder de *Dhyāna* (meditação, devoção onipotente), um "filho nascido da mente" – um *Bodhisattva*, cuja missão é continuar, após a morte física do *Mānushya-Buddha* (o *Buddha* humano), a obra deste na Terra, até a vinda do *Buddha* seguinte. O significado esotérico do ensinamento é claro. No caso de um simples mortal, seus princípios são apenas os reflexos, mais ou menos brilhantes, dos sete Princípios celestes – a Hierarquia dos Seres suprassensíveis. No caso de um *Buddha*, os princípios são eles-mesmos *in esse*. O *Bodhisattva* toma o lugar de seu *Karāna-Śarīra*, o princípio do Ego, e o restante de forma correspondente; e é neste sentido que a Filosofia Esotérica explica a frase: "Pelo poder de *Dhyāna* (ou meditação abstrata) o *Dhyāni-Buddha* (o espírito ou a Mônada de *Buddha*) cria um *Bodhisattva*" – ou seja, o Ego astralmente revestido no *Mānushya-Buddha*. Por isso, enquanto o *Buddha* retorna ao *Nirvāna* de onde saiu, o *Bodhisattva* fica para prosseguir na Terra a obra do *Buddha*. (*S.D.*, V, 365-6)

---

[128] Vol. I, p. 168-9, ed. 6 vol., I, 133-4, 3ª ed.

H.P.B. acrescentou uma nota explicando a passagem com referência aos princípios do *Buddha*, assim:

> Isso significa que cada princípio no *Buddha* foi a mais elevada evolução possível na Terra; ao passo que, no caso de outros homens que alcançam o *Nirvāna*, esse não é necessariamente o caso. Até mesmo como simples *Buddha* humano (*Mānushya*), Gautama foi um modelo para todos os homens. Mas os seus *Arhats* não o eram. (*D.S.*, V, 368)

(9) O homem é colocado como o grupo de fechamento da Hierarquia, ou o primeiro degrau da Escada no sentido ascendente. Isso pode parecer estranho à primeira vista, mas duas razões importantes podem ser mencionadas para esta inclusão: (a) existe uma conexão direta entre os Sete Primordiais e o Homem; (b) o estágio humano precisa ser experimentado e a perfeição atingida, de forma que os estágios superiores da Hierarquia possam ser alcançados. Ambos os fatores são considerações importantes, pois indicam a verdade básica enunciada na Doutrina das Hierarquias, qual seja, a Lei da Unidade Essencial, assim como os laços entre os membros da hierarquia.

(a) Embora o tema não esteja totalmente desenvolvido, podemos fazer-lhe referência na seguinte mensagem iluminadora que encontramos em uma das *Estâncias de Dzyan*:

> Aprenda o que nós, que descendemos dos Sete Primordiais, nós, nascidos da Chama Primordial, aprendemos de nossos Pais. (Estância IV, *śloka* 2).

No primeiro *śloka* da Estância, os Sete Primordiais eram chamados de "Filhos do Fogo", cuja explicação foi dada da seguinte maneira:

> Escutai, ó Filhos da Terra. Escutai os vossos instrutores – os Filhos do Fogo. (Est. IV, *sl.* 1)
> "Os Filhos do Fogo" – por serem os primeiros Seres (em *A Doutrina Secreta* são chamados de "Mentes"), evoluíram do Fogo Primordial. (I, 87)[129]

Desnecessário mencionar que a Chama Primordial, ou Fogo Primordial, não é o mesmo "fogo" que está presente em nosso globo. A chave para o significado de Chama Primordial é fornecida na seguinte passagem:

> Existem dois "Fogos" e a distinção entre eles é feita nos ensinamentos Ocultos. O primeiro, ou o Fogo puramente Sem Forma e invisível oculto no Sol Central Espiritual, é referido como "tríplice" (metafisicamente); enquanto que o Fogo do *Kosmos* manifesto é setenário, por todo o nosso Sistema Solar e Universo. "O fogo ou o conhecimento consome toda a ação no plano da ilusão", diz o comentário. "Assim, aqueles que o tenham obtido e se emanciparam são chamados de 'Fogos'." (I, 87)[130]

---

[129] Vol. I, p. 151, ed. 6 vol., I, 114, 3ª ed.
[130] Vol. I, p. 151, ed. 6 vol, I, 115-116, 3ª ed.

(b) A importância de se experimentar a fase humana de evolução, de forma a obter estágios superiores na Hierarquia, é enfatizada em toda *A Doutrina Secreta*. É um fator básico da Terceira Proposição Fundamental,[131] e isso requer que seja reiterada:

> A Doutrina ensina que, para tornar-se um deus divino, plenamente consciente, as Inteligências Espirituais Primárias (inclusive as mais elevadas) têm que passar pela fase humana. E a palavra "humana" não deve aplicar-se tão somente à nossa humanidade terrestre, mas igualmente aos mortais que habitam todo e qualquer mundo, ou seja, àquelas Inteligências que alcançaram o necessário equilíbrio entre a matéria e o espírito, como *nós* agora, que já transpusemos o ponto médio da Quarta Raça-Raiz da Quarta Ronda. Cada Entidade deve conquistar por si mesma o direito de converter-se em um ser divino, à custa da própria experiência. (I, 106)[132]

Chamamos a atenção para a sentença que menciona o fato da necessidade de experiência no estágio humano. Isso não significa que essa fase tem de ser completada nesta Terra. Tecnicamente, podemos expressá-la assim: *Manas* (o quinto princípio do homem) deve ser despertado e o homem precisa aprender a funcionar à vontade em seu sexto princípio, *Buddhi*. Antes disso, no entanto, ele deve ter aprendido como atuar conscientemente em seu *Manas* superior (ou seja, *Manas* com a luz de *Buddhi*). Em outras palavras, a presente fase humana de evolução enfatiza a personalidade, a qual é tão aparente no dia a dia do homem. É representada pela parte *Kāma-Manas* da constituição humana, na qual *Kāma* (o princípio do Desejo) domina *Manas* (o Princípio Mental) – também conhecido como *Manas* inferior. *Manas* à luz de *Buddhi* foi denominado *Kārana-Śarīra* (no parágrafo citado do "Mistério de *Buddha*"). A existência contínua implica viver nesta parte da constituição humana. Isso significa "o direito de converter-se em um ser divino, à custa da própria experiência".

"Séries Intermináveis de Hierarquias"

Passando da Hierarquia de Compaixão para o "lado-forma" da vida, notamos uma grande diversidade. Todavia, esta ocorre apenas na manifestação exterior, uma vez que, fundamentalmente, todos os seres provêm da mesma Fonte e compartilham da Vida Una. O assunto é bem colocado na seguinte citação, formando uma conclusão adequada para a Doutrina das Hierarquias:

> Todo o *Kosmos* é dirigido, controlado e impulsionado por uma série quase interminável de Hierarquias de Seres sencientes, cada qual com uma missão a cumprir, e que – seja qual

[131] A Terceira Proposição Fundamental será considerada no Capítulo V, "A Doutrina da Mudança Contínua".

[132] Vol. I, p. 167, ed. 6 vol., I, 132, 3ª ed.

> for o nome que lhes dermos, *Dhyān-Chohans* ou Anjos – são os "mensageiros" (exclusivamente no sentido de agentes das Leis *Kármica* e Cósmica). Variam ao infinito em seus respectivos graus de consciência e inteligência; e chamar Espíritos Puros a todos eles, sem qualquer toque terrestre, aquele toque "que o tempo costuma imprimir em suas presas", é simplesmente uma licença poética. Porque cada um destes Seres – ou *foi* um homem num *Manvantara* anterior, ou vai sê-lo no atual ou em ciclo futuro. (I, 274-5)[133]

A frase "cada um destes Seres – ou *foi* um homem", se aplica aos três Reinos dos *Dhyāni-Chohans*, que obtiveram sua "graduação" desenvolvendo-se a partir e por meio do Reino Humano. Tendo alcançado o estágio de humanidade "aperfeiçoada", eles continuam sua jornada evolutiva cíclica para alcançar degraus ainda mais elevados na Escada da Vida – como indicado na Hierarquia de Compaixão.

A frase "cada um desses Seres... prepara-se para tornar-se um homem" se refere aos reinos abaixo do Reino Humano, na mesma Escada da Vida. Como é tão bem expresso pelo axioma cabalístico: "O sopro se torna uma pedra; uma pedra se torna um vegetal; um vegetal, uma fera; a fera um homem; o homem, um espírito; e o espírito, um deus."

A referência feita aos *Dhyāni-Chohans* como "mensageiros das Leis Cósmicas" sugere que o significado original da palavra grega "anjo" seja "mensageiro". A citação continua:

> Quando não são homens incipientes, são homens "aperfeiçoados"; e, em suas esferas superiores e menos materiais, não diferem moralmente dos seres humanos terrestres senão em que se acham livres do sentimento da personalidade e da natureza emocional humana – duas características puramente terrenas. Os últimos, isto é, os "aperfeiçoados", estão libertos daquele sentimento, porquanto: (a) já não possuem corpos carnais, este peso que entorpece a Alma; e (b) o elemento espiritual puro, não encontrando obstáculos e sendo mais livre, é menos influenciado por *Māyā* do que o homem jamais poderá ser, a menos que este seja um Adepto, isto é, capaz de manter completamente separadas suas duas personalidades (a espiritual e a física). As Mônadas incipientes, por nunca terem possuído corpos humanos, não podem experimentar nenhum sentimento de personalidade ou de Egoísmo. (I, 275)[134]

A frase "As Mônadas incipientes, por nunca terem possuído corpos humanos" se refere às Mônadas que ainda não se manifestaram fisicamente em veículos terrestres, ou seja, os três Reinos Elementais, que pertencem aos primeiros estágios da Escada da Vida. Seguindo uma compulsão inerente, entretanto, seus esforços as levam a se manifestarem fisicamente em veículos terrestres, conforme a série descrita pelo axioma cabalístico anteriormente citado. É interessante notar que nenhum senso de individualidade ou personalidade está presente nas "Mônadas incipientes", o que também se aplica ao Reino Mineral, Vegetal e Animal, pois o senso de Egoísmo, ou a "faculdade do Eu", equivalente ao *Ahamkāra*, é trazido à tona pelo princípio *Kāma*

---

[133] Vol. I, p. 318, ed. 6 vol., I, 295, 3ª ed.

[134] Vol. I, p. 318, ed. 6 vol., I, 295-6, 3ª ed.

em conjunção com o princípio *Manas*, excluindo-se *Buddhi*. O princípio *Manas* não começou a funcionar no Reino Humano até a última parte da Terceira Raça, durante a Quarta Ronda.

A referência ao Adepto que é capaz de manter suas duas personalidades inteiramente separadas – a espiritual e a física – também se refere ao *Kārana-Śarīra* (a contraparte espiritual do homem), enquanto que o *Sthūla-Śarīra* é a sua personalidade física. Continuando a citação:

> Sendo o que se entende por personalidade uma limitação e uma relação ou, conforme a definiu Coleridge, "a individualidade existente por si mesma, tendo, porém, uma natureza como base", a palavra não pode obviamente aplicar-se a entidades não humanas; mas, tal como o atestam gerações de videntes, nenhum daqueles seres, superiores ou inferiores, possui individualidade ou personalidade como Entidade separada, no sentido em que o homem afirma: "Eu sou eu, e não o outro." Em outras palavras, eles não têm consciência daquela separatividade tão característica que se observa nos homens e nas coisas da Terra. A Individualidade é um traço distintivo de suas respectivas Hierarquias, e não de suas unidades; e esse traço varia somente com a categoria do plano a que pertencem as mesmas Hierarquias: quanto mais próximo da região da Homogeneidade e do Divino, tanto mais pura e menos acentuada é a Individualidade da Hierarquia. São seres finitos sob todos os aspectos, salvo no tocante aos seus princípios superiores (as Centelhas imortais, que refletem a Chama Divina Universal); individualizados e separados tão só nas esferas da Ilusão, por uma diferenciação que é tão ilusória quanto o resto. São "Seres Viventes", porque são correntes projetadas da Vida Absoluta sobre a tela cósmica da Ilusão; Seres nos quais a vida não pode extinguir-se antes que esteja extinto o fogo da ignorância naqueles que sentem essas "Vidas". Tendo surgido à existência sob a influência vivificante do Raio incriado – reflexo do grande Sol central que cintila sobre as praias do Rio da Vida – há neles o Princípio Interno, que pertence às Águas da imortalidade, embora a sua vestimenta diferenciada seja tao perecível como o corpo do homem. (I, 275-6)[135]

Todos os seres na Escada Hierárquica da Vida tiveram sua origem na Vida Absoluta, tão belamente expresso no extrato acima. Assim sendo, essa unidade essencial inclui toda entidade dentro do esquema hierárquico. Todos estão indissoluvelmente ligados entre si e à sua Fonte; daí o significado da frase "fraternidade universal".

Nunca é demais repetir que os princípios internos dos seres são essencialmente divinos, pois brotam da Fonte Universal de Existência. Esses princípios internos são chamados de Mônadas; daí a frase "Mônadas incipientes" e "Mônadas aperfeiçoadas". A Fonte a atrai para si, ou veste-se com o veículo necessário à sua manifestação em um degrau particular da Escada da Vida. Mas a *vestimenta* não é o ser, assim como uma roupa não é um ser humano. O ser toma uma nova vestimenta – ou uma nova *rūpa*, ou forma, ou "traje diferenciado" – conforme galga cada degrau da Escada da Vida. Durante esse tempo, cada entidade vive sua vida na esfera, ou campo, de um grande Ser.

---

[135] Vol. I, pp. 318-9, ed. 6 vol., I, 296, 3ª ed.

> “O homem não pode nem propiciar nem comandar os *Devas*.” Mas, paralisando sua personalidade inferior e, chegando assim ao pleno conhecimento da *não-separatividade* entre o seu Eu Superior e o Ser Absoluto, pode o homem, até mesmo durante a sua vida terrestre, tornar-se como “Um de Nós”. De modo que, alimentando-se com o fruto do conhecimento que dissipa a ignorância, o homem se converte em um dos *Elohim* ou *Dhyānis*; e, uma vez no plano *destes*, o espírito de Solidariedade e de perfeita Harmonia que reina em todas as Hierarquias deve estender-se a ele e protegê-lo em todos os sentidos. (I, 276)[136]

Assim demonstrará o homem a Lei de Harmonia, assim como a Lei da Unidade Essencial.

---

[136] Vol. I, p. 319, ed. 6 vol., I, 297, 3ª ed.

CAPÍTULO IV

A Doutrina da Identidade Essencial

A Lei relacionada à Doutrina da Identidade Essencial foi chamada de Autodesenvolvimento ou Autorrevelação. Também poderia ter sido chamada de Autotransformação – pois esta última expressão traduz exatamente o significado da palavra sânscrita para essa doutrina, *Svabhāva*.[137] Ambos os termos podem ser aplicados à ideia comunicada pelo termo Evolução segundo o ponto de vista da Filosofia Oculta (em vez do conceito geralmente aceito das teorias conectadas à evolução). Não obstante, embora a Doutrina da Identidade Essencial esteja intimamente relacionada à Doutrina da Mudança Contínua (título do Capítulo V), cada uma apresenta uma doutrina específica, de forma que serão consideradas separadamente.

A Lei do Autodesenvolvimento naturalmente comunica a ideia de que a Vida já esteja presente no ser, possibilitando que este se desenvolva – do contrário, nenhum desenvolvimento seria possível. É essa VIDA, ou *JĪVA*, o Grande Mistério. Ela é considerada na Filosofia Oculta como a eterna energia incriada, a qual impele toda entidade a se expressar através do autodesenvolvimento – de forma que pode ser bem traduzida como uma "lei".

> Tudo é VIDA, e até mesmo cada átomo de poeira mineral é uma VIDA, embora além de nossa compreensão e percepção, pois está fora do alcance das leis conhecidas por aqueles que rejeitam o Ocultismo. (I, 248-9)[138]
>
> (...)
>
> *Jīva*, ou o princípio-vida que anima homens, feras, plantas e até mesmo minerais, certamente *é* "uma forma indestrutível de força", uma vez que essa força é a vida una, ou *Anima Mundi*, a alma vivente universal, e que todos os variados modos pelos quais as várias coisas objetivas, em seus agregados atômicos, se mostram a nós na Natureza em forma de minerais, vegetais, animais, etc, são todas diferentes maneiras pelas quais essa força se manifesta. Caso ela se tornasse, não diremos ausente, uma vez que isso é impossível por ser ela onipresente, mas que por único instante se tornasse inativa, digamos, em uma pedra, então as partículas desta última perderiam instantaneamente sua propriedade coesiva e ela se desintegraria – embora a força ainda permanecesse presente em cada uma de suas partículas, ainda que em estado latente. Assim, quando dizemos que essa força indestrutível "é

[137] Também grafada *Swabhāva*, uma vez que alguns sanscritistas sustentam que o *v*, quando ocorre entre uma consoante e uma vogal, é pronunciado como o *w* inglês, embora escrito *v* em *Devanāgarī*. A palavra é explicada neste capítulo.

[138] Vol. I, p. 293, ed. 6 vol., I, 269, 3ª ed.

> desconectada de um conjunto de átomos, ela é imediatamente atraída por outro conjunto", não significa que esta tenha abandonado inteiramente o primeiro conjunto, apenas que transferiu seu *vis viva* ou poder de vida, a energia do movimento, para outro conjunto. Mas como se manifesta no outro conjunto como aquilo a que chamamos de energia cinética, não ocorre que o primeiro conjunto seja totalmente privado dela, pois ela continua ali em forma de energia potencial, ou vida latente. Essa é uma verdade fundamental e básica em Ocultismo, de cujo perfeito conhecimento depende a produção de todo fenômeno.[139]

Talvez a ideia não fique bastante clara à primeira leitura, uma vez que faz referência a dois conjuntos de átomos-vida (ou *Jīvaṇus*). O parágrafo a seguir poderá ajudar na compreensão desta citação.

Quando ocorre a morte, os átomos-vida dos quais o corpo humano é composto não são mais mantidos coesos, por assim dizer, pelo poder dominante que os mantinha juntos — ou seja, eles são liberados. Em razão disso, a força indestrutível é desconectada desse conjunto de *Jīvaṇus*. Todavia, a vida-força, ou *Jīva*, continua inerente a cada *Jīvaṇus*. Assim, cada átomo-vida é imediatamente atraído por outros e transfere sua energia a um novo conjunto de átomos-vida, ajudando a compor outro indivíduo, assim continuando até que esse novo conjunto seja liberado, por sua vez.[140]

A produção de fenômenos físicos depende desse fato, uma vez que todos os objetos são mantidos juntos por meio dessa "força sustentadora" inerente aos "átomos adormecidos". Aquele que souber como libertar essa coerência temporariamente, e depois juntar os "átomos adormecidos", terá sido capaz de demonstrar a "produção de um fenômeno".

É *Jīva*, a Força Única, ou a Vida, que impele cada entidade a se expressar através de suas vestimentas ou de uma *rūpa*. Pode ser perguntado: por que uma entidade se expressa dessa maneira? Ou, mais especificamente: por que um ser humano é um ser humano? Por que um animal é um animal; uma árvore, uma árvore; ou uma pedra, uma pedra? Ou, dando um passo maior: por que um planeta é um planeta, ou um Sol, um Sol? Essas não são perguntas vãs que devem ser colocadas de lado pela mera afirmação de que um animal é um animal porque pertence ao Reino Animal, ou de que um ser humano é um membro da família humana.

Do ponto de vista da Filosofia Esotérica, existe uma bem definida resposta a essas questões, e esta foi fornecida na Doutrina das Hierarquias. Ou seja: os Reinos da Natureza representam o estágio ou degrau de evolução obtido pelos seres que estão avançando na Escada Hierárquica da Vida. Um ser humano atingiu o estágio de desenvolvimento que lhe possibilita se manifestar no degrau humano da Escada da Vida — chamado de Reino Humano. Da mesma forma, um mineral representa o es-

139 Extraído de um artigo intitulado "A Transmigração de Átomos de Vida" (reproduzido em *Five Years of Theosophy*, pp. 533-9), citado em *A Doutrina Secreta*, II, 672-3. Também publicado em *H.P. Blavatsky Collected Writings*, 1883, pp. 112-3.

140 Este assunto é melhor considerado na seção que conclui este capítulo.

tágio de avanço que lhe permite se manifestar no degrau da Escada da Vida chamado de Reino Mineral. Uma árvore significa que o estágio do Reino Vegetal foi alcançado; e um animal alcançou o degrau da Escada da Vida representado pelo Reino Animal. No Cosmos, um planeta alcançou o estágio de desenvolvimento de um planeta – e se manifesta como planeta. Um Sol obteve o estágio de Sol e irradia seu esplendor solar.

A Doutrina da Identidade Essencial leva essa ideia ainda mais longe, a qual também pode ser expressa através de uma pergunta: por que é que o rebento reproduz as mesmas características de seus pais? Como esta pergunta pertence a cada um dos Reinos da Escada Hierárquica, podemos expandi-la da seguinte maneira: por que é que uma semente sempre produz a mesma espécie de planta de seus pais? Por que é que o rebento ("semente") de um animal é o mesmo de seus pais? Por que é que o rebento ("semente") de um ser humano é sempre humano? E além, estendendo a questão para a competência de um ponto de vista cósmico: por que é que o produto de um planeta é um planeta, e o produto de um Sol é um Sol?

A resposta completa a essas questões é obtida através da inter-relação das doutrinas de Filosofia Esotérica, culminando em *Ātma-Vidyā* (Conhecimento Universal), pois cada doutrina está ligada a todos os demais ensinamentos. Todas as doutrinas juntas formam uma unidade de apresentação que não é apenas uma harmoniosa síntese de ideias, mas uma inter-relação necessária de todas as fases dos ensinamentos. Entretanto, para propósitos de estudo, é necessário considerar uma doutrina de cada vez, em vez de considerar uma apresentação global. A resposta inicial à questão, no entanto, pode começar pela afirmação de que o rebento representa as características que lhes foram transmitidas por seus pais, pois os pais alcançaram um determinado degrau de desenvolvimento evolucionário na Escada da Vida. Os pais são incapazes de transmitir uma característica que ainda não tenham desenvolvido.

Svabhāva

A ideia fundamental ao ensinamento da Doutrina da Identidade Essencial está contida na palavra-chave *Svabhāva*, que é um composto sânscrito de *sva*, que significa eu, ou próprio, e *bhāva*, existindo ou tornando-se, pois deriva do verbo *bhū*, tornar-se. As definições encontradas no dicionário com relação a este termo podem ajudar a aclarar o entendimento: condição própria ou um estado de existência própria; disposição inata; espontaneidade inerente; natureza inerente; impulso inato. Todas fornecem o significado de um impulso inerente da entidade para se expressar em suas próprias características, ou seja, a identidade essencial. Obviamente isso implica a existência de uma potência ou fonte inerente de energia que impele a entidade a perseguir sua autoexistência, demonstrando uma característica especial, pois a forma ou vestimenta é tão somente o meio pelo qual esses modos de expressão de uma identidade característica são transportados.

Dessa forma, o desabrochar de uma rosa ostenta as características de uma rosa e não de uma violeta; o desabrochar de uma violeta mostra as características de uma violeta e não de uma rosa. A *rūpa* de uma rosa (que é a vestimenta que a roseira ostenta) é capaz de produzir "sementes" que manifestarão as características da rosa, assim como a ida violeta é capaz de fazer a mesma coisa pela violeta. Da mesma forma o carvalho produz bolotas, cada uma possuindo a possibilidade de se tornar um carvalho. No interior de cada semente foi transmitida a potência que lhe permite se reproduzir da mesma forma que seus pais, quando três condições estão presentes: local ou ambiente apropriado, fornecido pelo solo; calor adequado; umidade adequada. Este fato nos foi demonstrado em repetidas observações. Já não expressamos qualquer admiração sobre isso; nós a tomamos como certa, declarando que as várias espécies demonstram o trabalho das leis da Natureza. Exatamente assim. Porém, nos capítulos precedentes foi manifestada a ideia de que essas "leis da Natureza" são o resultado da *operação de seres* que colocam as colocam em movimento, demonstrando que a lei e a ordem são apenas a manifestação do trabalho do Plano Divino.

A transmissão das potências ou características está tão estreitamente conectada com o assunto da palingênese que achamos apropriado considerá-lo agora, muito embora palingênese nada mais seja que um aspecto da Doutrina da Constante Renovação ou Reencarnação.

Palingênese

Palingênese é uma palavra grega composta, significando literalmente "vir a ser novamente": *palin*, novamente; *gênesis*, vir a ser ou geração. A palavra algumas vezes é traduzida por "novo nascimento" e assim é usada por poetas, algumas vezes de forma literal mas quase sempre com sentido metafórico, especialmente quando significa uma mudança de um estado a outro. O termo agora é usado pela biologia de uma forma um tanto quanto técnica, como um equivalente de ontogênese, que significa que a influência hereditária controlou o desenvolvimento de um germe, e não foi influenciada pelo ambiente ou pela adaptabilidade. Mas em entomologia (o estudo dos insetos), o termo carrega mais do seu significado original, pois é usado em conexão com a total mudança pela qual passa um inseto, como no caso de uma lagarta que se torna um casulo e depois emerge como borboleta. Cada estágio representa uma palingênese — "um novo vir a ser".

Dentre os pitagóricos o termo foi usado de maneira similar à metempsicose, no seu significado mais abrangente de que a alma não morre com o corpo, mas parte para um novo vir a ser, ou novo nascimento. Somando-se a esse aspecto, a palingênese cobre aquilo que pode ser chamado de transmissão de características dos pais para sua cria. Assim, no caso de uma árvore, por exemplo, é o padrão de vida transmitido à semente cujo cultivo produz uma nova árvore, similar em todos os aspectos à árvore mãe. Na verdade, essa mesma ideia está presente na teoria da transmissão de características através dos cromossomos e genes, que formam o conceito básico das atuais teorias sobre a hereditariedade, num esforço para explicar os mecanismos do porquê de alguns traços serem passados de pais ou avós às suas crianças. O assunto é um tanto técnico e não há necessidade de nos aprofundarmos. É suficiente dizer, entretanto, que a palavra palingênese não é usada em relação a esse aspecto do assunto.

Especificamente sobre a nossa principal questão, ou seja, "por que uma bolota sempre se torna um carvalho", respondemos: uma bolota se torna um carvalho porque a Essência-Vida que permeia o carvalho foi transmitida através de seu plasma germinal à fruta do carvalho, que se forma a partir da flor, e permanece inerente na semente do carvalho (a bolota) até que condições apropriadas lhes sejam fornecidas. Quando isso ocorre, um novo carvalho toma existência, seguindo a Lei da *Autoexistência* ou Autodesenvolvimento, por meio das potências transmitidas pelo carvalho à sua semente. Da mesma forma, o plasma germinal de uma roseira é transmitido a uma semente de rosa, ou da violeta à sua semente. Embora possa nos parecer muito óbvio que a semente sempre produza o mesmo tipo de vegetal do qual se originou, isso representa um dos mistérios da Existência. É uma fonte de admiração que uma pequena semente possua tais potências encerradas em seu invólucro.

A seguinte citação é bem apropriada:

> Podemos comparar o *Ākāśa* e a Luz Astral, com relação a esses protótipos, com o germe na bolota. Essa última, além de conter em si mesma a forma astral do futuro carvalho, oculta o germe a partir do qual crescerá a árvore contendo milhões de formas. Essas formas estão potencialmente contidas na bolota, entretanto o desenvolvimento de cada bolota, em particular, depende de circunstâncias externas, forças físicas, etc.[141]

Protótipos

Com relação aos protótipos: "Os protótipos, ou ideias, existem primeiramente no plano da Consciência Eterna e Divina, e dali são refletidos e revertidos na Luz Astral, a qual também reflete, sem seu plano individual inferior, a vida de nossa Terra, registrando-a em suas tabuletas". O *Ākāśa* é "a eterna consciência divina que não possui diferenciação, qualidade ou ato; a ação pertence àquilo que ela reflete ou espelha", isto é, a Luz Astral. Continuando com o exemplo da bolota e do carvalho:

> Da bolota crescerá um carvalho e este carvalho, como árvore, pode ter mil formas, as quais variam todas umas das outras. Todas estas formas estão contidas na bolota, e embora a for-

[141] Esta citação e as seguintes foram retiradas de um trabalho intitulado "*Transactions of the Blavatsky Lodge of the Theosophical Society*" [*Comentários sobre* A Doutrina Secreta, *Diálogos com H. P. Blavatsky*, Ed. Teosófica, pp. 115-7], sendo notas taquigrafadas em reuniões nas quais H.P.B. respondeu a questões sobre *A Doutrina Secreta* quando esta foi estudada pela Loja de Londres em 1889.

> ma que a árvore tomará dependerá de circunstâncias externas, entretanto o que Aristóteles chamou de "privação da matéria" existe de antemão nas ondas astrais. Porém, o germe *numenal* do carvalho existe além do plano da Luz Astral; é somente a imagem subjetiva dele que já existe na Luz Astral, e o desenvolvimento do carvalho é o resultado do desenvolvimento do protótipo na Luz Astral, desenvolvimento que procede dos planos superiores para os inferiores, até que no plano mais baixo tem sua última consolidação e desenvolvimento da forma. E aqui reside a explicação do fato curioso, segundo a afirmação vedantina, de que cada planta tem seu *Karma* e que seu crescimento é o resultado deste *Karma*. Este *Karma* provém dos *Dhyān-Chohans* inferiores que traçam o plano de desenvolvimento da árvore.

Utilizando a analogia da semente, podemos dizer que esta ilustra o que acontece quando um Universo tem existência, embora, naturalmente, o processo se passe em uma escala muito maior. Um Universo tem existência através de processos de autotransformação, autodesenvolvimento, proporcional aos poderes e potências implantados em seu *Hiranyagarbha*. Esse termo é o que melhor expressa a ideia de uma "semente do Universo", pois é literalmente o "ovo dourado" ou "ventre dourado". É dessa "semente de vida" que um Universo tem existência — assim como um carvalho de uma bolota, ou uma criança de seu *Hiranyagarbha*.

> ...para o seguidor da verdadeira Sabedoria Oriental Arcaica; para aquele que não adora, em espírito, nada que não seja a Unidade Absoluta, este grande *Coração* que pulsa por todo o sempre, que palpita em todas as coisas, em cada átomo da Natureza; para ele, cada um destes átomos encerra a semente capaz de fazer nascer e vicejar a Árvore do Conhecimento, cujos frutos dão a Vida Eterna, e não somente a vida física. Para ele, a cruz e o círculo, a Árvore ou o *Tau* — mesmo depois que todos os seus símbolos tenham sido assinalados e compreendidos, um após outro — permanece ainda um profundo mistério em seu passado, e é só para este passado que ele dirige as suas vistas ansiosas. Pouco lhe importa que seja a Semente que procede da Árvore genealógica do Ser, chamada Universo. Não lhe interessa tampouco os Três em Um, o tríplice aspecto da Semente — forma, cor e substância —, e sim a Força que dirige o seu crescimento, Força sempre misteriosa, sempre desconhecida. Porque esta Força vital — que faz germinar a semente, se abre e lançará rebentos, então forma o tronco e os galhos, que, por sua vez, se curvam como os ramos de *Aśvattha*, a Árvore sagrada de *Bodhi*, lança fora as suas sementes, e estas, enraizando-se, produz novas árvores — esta Força vital, dizíamos, é a ÚNICA que tem realidade para ele, por ser o Sopro de Vida que nunca morre. (II, 588-9)[142]

Uma nota de rodapé acrescenta que "a Cruz e a Árvore são idênticas e sinônimas em simbolismo".

[142] Vol. IV, p. 160, ed. 6 vol., II, 622, 3ª ed.

A Força da Vida Una – "A Existência Inicial"

O que é chamado de FORÇA, na citação acima, recebe a denominação de VIDA UNA em outros lugares. Embora tenhamos considerado até aqui o Reino Vegetal especificamente para ilustrar a Doutrina da Identidade Essencial, essa mesma potência está ativa em todas as hierarquias, aplicando-se as devidas alterações pertinentes aos seres que se encontram em determinado degrau da Escada da Vida. As citações a seguir podem fornecer essas alterações, ao mesmo tempo em que dão continuidade ao tema da Força Vital. São conhecidas como aforismos ocultos de um, até então, comentário secreto. Elas começam com o que é denominado "A Existência Inicial" (o que pode equivaler à Vida Una), que é o que fornece a potência que possibilita que *Svabhāva* se torne operativa. Embora colocados em sentenças místicas, esses aforismos ocultos merecem nossa ponderação.

> (xvii) A Existência Inicial, na primeira aurora do *Mahāmanvantara* (após o *Mahā-Pralaya* que sucede cada Idade de *Brahmā*), é uma QUALIDADE ESPIRITUAL CONSCIENTE...
>
> (...)
>
> (xxviii) A primeira (a Existência Inicial), que se pode denominar, durante esse estado de existência, a VIDA UNA, é, conforme foi explicado, um véu para fins criativos ou formativos. Ela se manifesta em sete estados, os quais, com as subdivisões setenárias, constituem os Quarenta e Nove Fogos a que se referem os livros sagrados....
>
> (...)
>
> (xxix) O primeiro é a 'Mãe' (MATÉRIA Prima). Subdividindo-se em sete estados primários, descendo por ciclos; quando se consolida como MATÉRIA DENSA, gira em torno de si mesma, e anima com a sétima emanação do último, o primeiro e inferior elemento (a serpente que morde a própria cauda). Em uma Hierarquia, ou Ordem de Existência, a sétima emanação do seu último princípio é:
>
> (a) No Mineral, a Centelha que nele se acha latente, sendo chamada à sua transitória vida pelo Positivo que desperta o Negativo (e assim sucessivamente)...
>
> (b) Na Planta, é aquela Força Vital e inteligente que anima a semente e a faz desabrochar na folha de uma erva, numa raiz ou num arrebento. É o germe que se converte no *Upādhi* dos sete princípios do ser em que habita, exteriorizando-os à medida que o último cresce e se desenvolve.
>
> (c) No Animal, ela procede do mesmo modo. É o seu Princípio de Vida e a sua força vital; o seu instinto e as suas qualidades; as suas características especiais e as suas idiossincrasias.
>
> (d) Ao Homem, ela dá tudo o que concede às demais unidades manifestadas na Natureza; mas nele desenvolve, além disso, o reflexo de todos os seus "Quarenta e Nove Fogos"... Cada um de seus sete princípios é o herdeiro completo e participante dos sete princípios da "Grande Mãe". (I, 289-91)[143]

[143] Vol. I, pp. 330-2, ed. 6 vol., I, 309-11, 3ª ed.

Daí porque o homem, na Filosofia Esotérica, é chamado de um *Saptaparna* – uma "planta de sete folhas" (essa é a tradução literal desta palavra sânscrita composta), ou um lótus de sete pétalas.

> O Lótus, ou *Padma*, é, além disso, um antigo e apreciado símbolo do próprio *Kosmos*, assim como do homem. As razões populares para isso são, primeiramente, o fato ... de que a semente de lótus contém em si uma perfeita miniatura da futura planta, o que tipifica o fato de que os protótipos espirituais de todas as coisas existem no mundo imaterial antes que estas se materializem na terra. Segundo, o fato de que a planta de lótus cresce através da água, com sua raiz no *Ilus*, ou lama, e desabrocha sua flor na superfície. Dessa forma, o Lótus tipifica a vida do homem e também do *Kosmos*; pois a Doutrina Secreta ensina que os elementos de ambos são os mesmos, e que ambos estão se desenvolvendo na mesma direção. A raiz do Lótus mergulhada na lama representa a vida material, seu talo atravessando a água representa a existência no mundo astral, e a flor flutuando na superfície e abrindo-se aos céus é o emblema da vida espiritual. (I, 57-8)[144]

De volta à ideia da "Vida Una" ou Força Una, que é a potência motivadora e impulsionadora que opera através dos vários reinos, um pequeno parágrafo a resume de forma excelente, muito embora a denomine por um outro termo: "*Nous* que faz mover a matéria." *Nous* é um termo usualmente associado com o pensamento platônico, significando a Mente superior, em contraste com *Psyche*, a Mente inferior ou Alma. Outros gregos como Anaxágoras e, mais adiante, os gnósticos, designavam o *Nous* – conforme o *Nout* egípcio – como o Espírito Supremo, desta forma equivalendo ao Terceiro *Logos* ou *Mahat*.

> O *Nous* que faz mover a matéria, a Alma que a anima, imanente em todos os átomos, manifestada no homem, latente na pedra, tem graus diversos de poder; e esta ideia panteísta de um Espírito-Alma geral, que penetra toda a Natureza, é a mais antiga de todas as concepções filosóficas. (I, 51)[145]

O ponto principal a ser notado é o da existência dessa potência (que podemos chamar, conforme nosso desejo, de Vida Una, Força, Alma-Espírito, *Jīva*, ou até mesmo "*Nous* que move a matéria"), que, independentemente da forma externa, ou veículo, ou casca, permite que cada entidade manifeste seu *svabhāva* (ou espontaneidade inerente) – e, mais ainda, que esta é transmitida dos pais aos seus descendentes, que, por sua vez, a transmitem para outros descendentes, seja por germes, células germes, plasma germinal ou através dos genes e cromossomos (para usar termos atuais, em conexão com as teorias modernas de transmissão que ainda não haviam sido formuladas quando *A Doutrina Secreta* foi escrita).

---

144 Vol. I, p. 123, ed. 6 vol., I, 82, 3ª ed.

145 Vol. I, p. 123, ed. 6 vol., I, 82, 3ª ed.

Transmissão do Plasma Físico e "Plasma Espiritual"

Independentemente da terminologia usada, a *ideia* de uma transmissão orientada, com relação ao homem, foi apresentada na seguinte passagem:

> Aquele germe se tornará a potência espiritual na célula física que guiará o desenvolvimento do embrião, e essa é a causa da transmissão hereditária das faculdades e de todas as qualidades inerentes no homem. A teoria darwiniana, entretanto, da transmissão de faculdades adquiridas, não é ensinada nem aceita em Ocultismo. A evolução, para este último, procede em outras linhas; com o físico, de acordo com o ensinamento esotérico, evoluindo gradualmente do espiritual, mental e psíquico. Essa alma interna da célula física, esse "plasma espiritual", que domina o plasma germinal, é a chave que um dia abrirá os portões da terra incógnita do biologista, hoje conhecida como o obscuro mistério da embriologia. (I, 219)[146]

Com respeito à ciência da embriologia:

> as duas principais dificuldades da ciência embriológica, a saber: quais são as forças que operam na formação do feto, e qual é a *causa* da "transmissão hereditária" das semelhanças física, moral ou mental, nunca foram resolvidas de maneira satisfatória; e jamais o serão até o dia que os cientistas se dignarem a aceitar as teorias ocultas. Mas, se este fenômeno físico a ninguém causa espanto — embora intrigue os embriólogos —, por que haveria de considerar-se ou de parecer mais impossível o nosso desenvolvimento intelectual e interno, a evolução do Humano-Espiritual no Divino-Espiritual? (I, 223-4)[147]

Essa questão não foi mais considerada. Entretanto, foi feita uma referência quanto às avançadas teorias do biólogo alemão August Weissmann (1834-1914), que antecipou a teoria de hereditariedade do plasma germinal, ao mesmo tempo em que negou a transmissão dos caracteres adquiridos — teoria que se opunha principalmente aos darwinistas ingleses. O aspecto particular da teoria de Weissmann considerado por H.P. Blavatsky se relacionava à transmissão do plasma germinal através de células germinais. Weissmann sustentava que o corpo não era mais que um desenvolvimento da célula germinal ancestral, a qual era transmitida dos pais para os descendentes, sendo que essa célula germinal ancestral não seria modificada, por assim dizer, pelas células corporais da progênie. Conforme a citação:

> Mal avisados estariam os materialistas e os evolucionistas da escola de Darwin se aceitassem as novas teorias do Professor Weissmann, autor de *Beiträge zur Descendenzlehre*, no tocante a um dos mistérios da embriologia que acabamos de mencionar, e que ele supõe ter resolvido. Ora, quando for encontrada a solução exata terá a Ciência entrado no verdadeiro domínio do Oculto, saindo para sempre da região do transformismo, tal como ensinado por Darwin. As duas teorias são irreconciliáveis, do ponto de vista do materialismo. Considerada, porém, do ponto de vista do Ocultismo, a nova teoria soluciona todos aqueles mistérios. Os

146 Vol. I, p. 265, ed. 6 vol.; I, 239, 3ª ed.
147 Vol. I, p. 269, ed. 6 vol.; I, 244, 3ª 3d.

> que não estão a par das descobertas do Professor Weissmann – que já foi um dos mais entusiastas darwinistas – devem ler as suas obras. O filósofo e embriólogo alemão – passando sobre as opiniões de Hipócrates e Aristóteles, e seguindo em linha reta até os ensinamentos dos antigos arianos – mostra como uma célula infinitesimal, entre um milhão de outras, trabalha pela formação de um organismo, determinando por si só, e sem nenhum auxílio, pela segmentação e multiplicação constante, a imagem correta do futuro homem ou animal, com as suas características físicas, mentais e psíquicas. É essa célula que imprime, na fisionomia e na forma do novo indivíduo, os traços dos pais ou de algum antepassado distante; é também essa célula que transmite as idiossincrasias intelectuais e mentais dos pais e, assim, sucessivamente. Semelhante plasma é a parte imortal do nosso corpo, desenvolvendo-se por um processo de assimilações sucessivas. A teoria de Darwin, que considera a célula embriológica como a essência ou o extrato de todas as demais células, foi posta de lado; é incapaz de contabilizar as transmissões hereditárias. Só há duas maneiras de esclarecer o mistério da hereditariedade: ou a célula germinal é dotada da faculdade de atravessar todo o ciclo de transformações que conduz à elaboração de um organismo separado, e depois à reprodução de células germinais idênticas; ou *estas células germinais não têm, de modo algum, sua gênese no corpo do indivíduo, mas procedem diretamente da célula germinal hereditária, transmitida de pai a filho através de muitas gerações*. Foi esta última hipótese que Weissmann adotou e baseou os seus trabalhos, sustentando que tal célula representa a parte imortal do homem. Até aí, muito bem; e quando essa teoria – que é quase correta – for aceita, como explicarão os biólogos o primeiro aparecimento daquela célula eterna? A não ser que o "homem" cresça à semelhança da imortal "Topsy"[148] e não tenha nascido, mas caído das nuvens, como terá surgido nele aquela célula embriológica? (I, 223)[149]

Embora esta espirituosa sagacidade tenha sido deixada sem resposta, H.P.B. acrescentou esta significativa afirmação:

> Complete o Plasma Físico a que nos referimos acima, a "Célula Germinal" do homem com todas as suas potencialidades materiais, com o "Plasma Espiritual", por assim dizer, ou o fluido que contém os cinco princípios inferiores do *Dhyāni* de Seis Princípios, e terá em suas mãos o segredo, se você for bastante espiritual para compreendê-lo. (I, 224)[150]

Desafiados por esta enigmática observação, vejamos se é possível derramar mais luz sobre essa passagem. Para fazê-lo, entretanto, teremos que nos aprofundar em outros ensinamentos que ainda não foram considerados. Em primeiro lugar, existe um "plasma físico" equivalente à Célula Germinal, que é a condutora das potencialidades físicas ou "potencialidades materiais" do futuro ser. Weissmann sustentou que essa Célula Germinal não provinha da Célula Germinal Ancestral. Entretanto, o ponto essencial da passagem acima é que a Célula Germinal, ou "plasma físico", não é suficiente por si só para a produção de um "homem"; algo mais é necessário, e é denominado "plasma espiritual", pois não é produzido através de *meios físicos*. Este é fornecido por seres mais elevados, que se desenvolveram e se graduaram a partir

---

148 Menção à personagem Topsy do livro *A Cabana do Pai Tomás*, de Harriet Beecher Stowe. (Nota da tradutora.)
149 Vol. I, p. 270, ed. 6. vol.; I, 243-4, 3ª ed.
150 Vol. I, p. 270, ed. 6 vol.; I, 244, 3ª ed.

do Reino Humano há milhões e milhões de anos. (Este é o tema principal do Volume II de *A Doutrina Secreta*, intitulado Antropogênese.)[151] Usando-se palavras de fácil compreensão, se não fosse pela assistência dessa classe superior de seres, o homem não passaria de um animal superior. Na citação, esses seres superiores são chamados de *Dhyān* (forma abreviada do termo *Dhyāni-Chohans* – já considerados no capítulo sobre a Doutrina das Hierarquias).

Observe que os *Dhyāni-Chohans* são chamados de seres "de seis princípios". Isso indica que eles não possuem um *Sthūla-Śarīra*, ou corpo físico – o princípio inferior. E, além disso, que o "plasma espiritual" pode estar ligado a um fluido que contém os "cinco princípios inferiores". Podemos enumerá-los, em ordem decrescente, da seguinte maneira: *Buddhi*, *Manas*, *Kāma*, *Prāna* e *Linga-Śarīra*. É o "plasma espiritual" que mantém o homem unido, juntamente com o plasma físico, e mais seu sétimo princípio, que formam o homem completo. Esta ideia é algo análoga à passagem mencionada na Bíblia, quando, após o homem ter se formado a partir do pó da terra, o *Elohim* "soprou em suas narinas o sopro da vida; e o homem tornou-se uma alma viva" (Gênesis ii:7).

Imediatamente a seguir à *significativa afirmação* que acabamos de estudar, encontramos uma citação de "*Anthopos*", o qual é dito ser "um trabalho em embriologia oculta", conforme demonstra sua fraseologia mística.

> Quando a semente do homem animal é lançada no terreno fértil da mulher animal, não poderá germinar se não tiver sido frutificada pelas cinco virtudes (o fluido ou emanação dos princípios) do Homem Sêxtuplo Celeste. Esta é a razão por que o Microcosmo é representado como um Pentágono dentro do Hexágono em forma de estrela, o Macrocosmo. (I, 224)[152]

Com as pistas fornecidas, a passagem acima deve estar clara; no entanto, os termos cabalísticos podem ser melhor elucidados. Obviamente "homem animal" e "mulher animal" fazem referência aos corpos físicos, que, não possuindo a "luz da Mente" poderiam ser descritos como meros animais. As "cinco virtudes" equivalem ao "plasma espiritual", aqui mencionado como "a emanação dos princípios do Homem Sêxtuplo Celeste". "Homem Celeste" é um conhecido termo cabalístico, geralmente dado como o equivalente ao Adão *Kadmon*, sinônimo dos *Dhyāni-Chohans* de Seis Princípios. O Microcosmos é o homem, cujo símbolo é um pentágono ou a estrela de cinco pontas. Uma das razões pelas quais o homem é simbolizado pela estrela de cinco pontas é porque ele é frutificado através das cinco virtudes (ou Homem Celeste). A estrela de seis pontas simboliza o Macrocosmos – o Universo. Essa estrela de seis pontas é feita a partir do entrelaçamento de dois triângulos – da forma como encontramos no símbolo da Sociedade Teosófica. O triângulo mais claro apontando

151 Volumes III e IV da edição de 6 volumes.

152 Vol. I, p. 271, ed. 6 vol.; I, 244, 3ª ed.

para cima simboliza o espírito; o mais escuro, apontando para baixo, representa a matéria. Quando os dois são unidos, por *Fohat*, como em um Universo Manifestado, a dualidade toma conta. Mas daremos continuidade à citação, que agora aparece na terminologia dos *Comentários* (das *Estâncias de Dzyan*), ao invés das enigmáticas frases do "*Anthropos*".

As Funções de *Jīva*

> As funções de Jīva nesta terra são de caráter quíntuplo. (I,224)[153]

O termo *Jīva* demanda uma explicação. Uma vez que a palavra é derivada do verbo sânscrito *Jīv*, que significa viver, seu significado literal é *vida*, especialmente no que se relaciona à VIDA UNA ou FORÇA, conforme já mencionado. É também usado como sinônimo de Absoluto e Divindade Incognoscível (V, 471). Embora encontremos *Prāna* e *Jīva* usados como sinônimos, uma vez que ambas as palavras carregam o significado de "vida" ou de "princípio de vida" (se bem que *Prāna* vem do verbo que significa respirar), existe uma diferença em Ocultismo. *Jīva* significa a Vida Una, que a tudo permeia durante um período de atividade, ou *Manvantara*; enquanto *Prāna* não é "a vida absoluta, mas o seu aspecto no mundo das ilusões" (V, 471). Assim, *Prāna* equivale ao princípio Vida no homem, durante sua vida na Terra, assim como o princípio Vida da própria Terra. Quando sobrevém a morte, podemos dizer que o *Prāna* retorna à sua fonte, ou origem, que é *Jīva*.

Podemos também notar que algumas vezes *Jīva* é usado como um equivalente para Mônada (tecnicamente a conjunção de *Ātman* e *Buddhi*), embora o mais correto, neste caso, fosse *Jīvātman*.

A citação que iniciamos acima continua especificando as funções de *Jīva* nos quatro Reinos de manifestação. Devemos notar que a enumeração feita se refere às *cinco virtudes* do Homem Celeste (*Dhyāni-Chohans*) e *não* se aplica à numeração geralmente dada à classificação setenária do homem. Esta é uma distinção importante para que não se faça confusão. Esclarecendo, fez-se uma tabela com os números e as cinco virtudes (ou princípios) correspondentes, indicando o funcionamento de *Jīva* relativamente a *esta citação*:

1. *Linga-Śarīra* (o Corpo Modelo; "o princípio mais inferior dos sêxtuplos *Dhyānis*")
2. *Prāna* (o princípio Vida)
3. *Kāma* (o princípio do Desejo)
4. *Manas* (o princípio Mental)
5. *Buddhi* (o princípio Discriminador)

---

153 Vol. I, p. 271, ed. 6 vol.; I, 244, 3ª ed.

> As funções de *Jīva* nesta Terra são de caráter quíntuplo. No átomo mineral ele está relacionado aos princípios inferiores dos Espíritos da Terra (os Sêxtuplos *Dhyānis*); na célula vegetal, com o segundo dos mesmos princípios, *Prāna* (Vida); no animal, com os princípios anteriores mais o terceiro e o quarto;

O terceiro e o quarto são, respectivamente, *Kāma* e *Manas*; mas, no Reino Animal, este último está ativo apenas como "mente instintiva", não detendo qualquer faculdade de raciocínio e, certamente, nenhuma das faculdades intelectuais ou espirituais que ocorrem no Reino Humano. A citação salienta o que ocorre com o homem quando esses princípios superiores não recebem a "frutificação".

> no homem, deve o germe receber a realização de todos os cinco, pois sem isso ele não nascerá superior ao animal, ou seja, um idiota congênito. Assim, é só no homem que o *Jīva* está completo. Quanto ao seu sétimo princípio (*Ātman*), não é senão um dos Raios do Sol Universal. Toda criatura racional recebe como empréstimo temporário aquilo que deve um dia retornar à sua fonte. Quanto ao corpo físico, esse é formado pelas Vidas terrestres inferiores, através da evolução física, química e fisiológica. (I, 224)[154]
>
> (...)
>
> Só o Raio Divino (*Ātman*) provém diretamente do Uno. (I, 222)[155]

Embora possa parecer que essa elucidação parcial da constituição setenária do homem tenha nos afastado do tema da Doutrina da Identidade Essencial, esse não é o caso. Pois agora, por meio desta exposição, somos capazes de fornecer uma resposta completa à questão original, base de nosso estudo desta doutrina, qual seja: por que a descendência de um ser humano é sempre humana? Podemos agora responder da seguinte maneira. Primeiramente, nos termos místicos do trabalho que temos estudado: porque a potência das cinco virtudes do Homem Celeste, que frutificaram a humanidade, exerce um domínio maior do que as sementes do homem animal. Usando outras palavras: porque o "plasma espiritual", que foi "soldado" na constituição do homem pelos *Dhyāni-Chohans*, tem predominância sobre o plasma germinal físico. Por isso, a identidade essencial de humanidade prevalece sobre a estrutura física "tipo animal". Esse "plasma espiritual" não só é responsável pela manutenção da estrutura física, com suas singulares qualidades humanas, durante a vida do homem na Terra, como também é a razão principal pela qual a identidade essencial de humanidade é transmitida ao plasma germinal físico pelos pais aos seus filhos. Além do mais, é por causa dessa "solda" do plasma espiritual que todo indivíduo tem que permanecer, necessariamente, no degrau da Escada da Vida apropriado ao Reino Humano, dessa forma apresentando características humanas e impelindo cada "Peregrino" a passar pela evolução cíclica nesse estágio da

---

154 Vol. I, p. 271, ed. 6 vol.; I, 224-5, 3ª ed.

155 Vol. I, p. 269, ed. 6 vol.; I, 242, 3ª ed. Este assunto será tratado em sua totalidade em um capítulo posterior.

Vida, até que tenha obtido o direito de se elevar sobre o Reino Humano e se colocar no próximo degrau superior da Escada da Vida. Da mesma forma como em *kalpas* (eternidades cíclicas de tempo) passados, o Peregrino obteve o direito de avançar do degrau do Reino Animal para o do Reino Humano.

As mesmas "leis da Natureza" (isto é, *operações de seres*) se aplicam aos degraus inferiores da Escada da Vida. Por exemplo, o degrau abaixo do Reino Humano, que é o Reino Animal. O "plasma espiritual" do Reino dos *Dhyāni-Chohans*, operando de forma adequada sobre os seres localizados naquele degrau da Escada da Vida, também prevalece sobre o "plasma germinal físico" estritamente animal. Assim, a identidade essencial dos seres do Reino Animal é retida em cada caso particular, juntamente com a transferência do plasma germinal dos animais aos seus rebentos.

Com relação ao Reino Vegetal, localizado no degrau abaixo do Reino Animal, o "plasma espiritual" fornecido pelo Reino dos *Dhyāni-Chohans*, banhando-os de maneira apropriada, mantém seu domínio sobre o "plasma germinal físico" estritamente vegetal, e é transmitido aos frutos pelas plantas paternas (conforme o exemplo do carvalho), e destes para as sementes que ficam encapsuladas na bolota. E, de maneira similar, funciona em outras espécies do Reino Vegetal: da roseira à rosa e às sementes, da violeta à semente de violeta e assim por diante, com cada planta particular transmitindo sua característica essencial à semente. Então, quando essa semente é plantada, cresce e amadurece, mais uma vez a identidade essencial de seus pais é manifestada.

A Transmissão de Átomos-Vida

Ainda com referência à transmissão de características dos pais para seus descendentes, há outro aspecto a ser considerado, o qual é apresentado pela Filosofia Esotérica. Este diz respeito à transmissão de átomos-vida (tecnicamente *Jīvāṇus*, que significa o elemento de vida essencial que está associado com um átomo, ou a vitalização do átomo pela centelha que nele habita), com especial referência ao *Prāna*, ou princípio Vida na constituição do homem.

Além do mais, além da transmissão de uma porção do *Jīvāṇus Prāṇico*, existe uma reassociação de átomos-vida componentes da constituição dos sete princípios do homem, aplicável tanto ao que é chamado de Tríade Imperecível (os três princípios superiores), quanto, e especialmente, ao Quaternário Inferior.

> Por sua vez o Ocultismo ensina: (a) Que os átomos vitais de nosso Princípio Vital (*Prāna*) nunca se perdem inteiramente quando o homem morre. Que os átomos mais impregnados do Princípio Vital, fator independente, eterno e consciente, são em parte transmitidos de pai a filho por meio da hereditariedade e, em parte, reunidos outra vez para se tornarem o princípio animador do novo corpo em cada nova encarnação da Mônada. Porque (b), assim

como a Alma Individual é sempre a mesma, assim também os átomos dos princípios inferiores (o corpo, seu duplo astral ou vital, etc.) são atraídos por afinidade e pela Lei *Kármica* à mesma individualidade, em uma série de corpos diferentes, etc., etc. (II, 671-2)[156]

A sentença (a) da citação acima será comentada após a inclusão da nota de rodapé que a acompanha. Na sentença (b), "Alma Individual" significa tecnicamente o Ego Reencarnante — o *Manas* superior mais o resplendor da Mônada (*Ātma-Buddhi*); a Tríade Imperecível, mencionada quase ao final da citação como sendo "a mesma individualidade". Os "princípios inferiores" significam o Quaternário Inferior: "corpo", *Sthūla-Śarīra*; "seu duplo astral ou vital", *Linga-Śarīra*; o "etc" significa: (1) o princípio-Vida, *Prāna*, mencionado na sentença (a); (2) o princípio do Desejo, *Kāma*; (3) a Personalidade, *Kāma-Manas*.

Na nota de rodapé que acompanha esta citação, o termo *Anima Mundi*, significando literalmente "alma do mundo", é aqui interpretado como "a alma do nosso pequeno Universo". Este termo é usado como um equivalente para *Ākāśa*, com vários significados, uma vez que este também é aplicável à essência dos sete planos de consciência. Em seu aspecto superior, *Anima Mundi* é equivalente a *Nirvāna*; em seu aspecto inferior, à Luz Astral.

A agregação coletiva destes átomos forma assim o *Anima Mundi* do nosso Sistema Solar, a Alma do nosso pequeno Universo, cada átomo do qual é, naturalmente, uma *alma*, uma Mônada, um minúsculo Universo dotado de consciência e, portanto, de *memória*. (II, 672)[157]

É de grande importância compreender o significado deste ensinamento, e que este passe a fazer parte do pensamento de cada um. Ele dará um novo valor à vida cotidiana, pois a potência dos pensamentos e atos do homem será reconhecida. O homem não está apenas tecendo um padrão que está modelando tanto sua existência presente quanto futura; ele está, da mesma forma, imprimindo traços indeléveis no tecido de seu próprio ser. Este tecido é composto de átomos-vida que formam sua constituição sétupla. São esses átomos-vida que serão reagrupados para formar o novo corpo, quando ele renascer na próxima encarnação. Deve estar claro que esses *Jivāṇus* estarão impressos com os traços e características que o indivíduo teceu através de suas atividades e pensamentos diários.

Na verdade, os pais transmitem às suas crianças certos átomos-vida que atuam como um núcleo para o processo de reagrupamento, antes e depois do nascimento da criança. Entretanto, esses átomos-vida transmitidos tornam-se subservientes ao *Jivāṇus* reagrupado dominante, que é o próprio indivíduo, e a ele são arrastados da mesma forma que os fios de metal são atraídos pelo ímã. Esses átomos-vida são re-

[156] Vol. IV, p. 241, ed. 6 vol.; III, 709, 3ª ed.
[157] Vol. IV, p. 241, ed. 6 vol.; III, 709, 3ª ed.

colhidos de todos os Reinos da Natureza (Elemental, Mineral, Vegetal, Animal e até Humano), para onde haviam sido dispersos por ocasião da morte do *Sthūla-Śarīra* (veículo físico).

Os *Jīvāṇus* seguem seu *svabhāva* (espontaneidade inerente), seguindo para seus Reinos correspondentes. Desta forma eles transmigram de um Reino a outro, dando continuidade às suas atividades cíclicas.

Este ensinamento é sem sombra de dúvida a base das ideias errôneas sobre a doutrina da Transmigração, bem como sobre a doutrina pitagórica da Metempsicose. São os *átomos-vida* que transmigram para os reinos inferiores da Natureza, nunca a alma do homem que transmigra para corpos animais.

> Ora, os Ocultistas, para quem cada átomo do Universo, quer seja simples ou complexo, promana de uma só Unidade, a *Vida* Universal; que não admitem possa existir algo *inorgânico* na Natureza, seja o que for; que desconhecem o que se chama Matéria *inerte* – os Ocultistas são coerentes com a sua doutrina do Espírito e da Alma, quando falam da *memória* que há em cada átomo da vontade e da sensação... Nós conhecemos os "átomos-vida" e os "átomos adormecidos", e a eles nos referimos, porque consideramos essas duas formas de energia – a cinética e a potencial – como produzidas por uma só e mesma força, a Vida Una, sendo esta última a fonte propulsora de todo movimento. (II, 672)[158]

O termo "átomos adormecidos" é explicado da seguinte maneira, no artigo em referência:

> Assim, o que se quer dizer com "os átomos-vida que passam por infinitas migrações" é que, na fraseologia oculta, consideramos e chamamos esses átomos, que são movidos pela energia cinética, de "átomos-vida", enquanto que aqueles que por enquanto são passivos, contendo apenas energia potencial *invisível*, nós denominamos "átomos adormecidos", considerando ao mesmo tempo estas duas formas de energia como produzidas pela mesma força ou vida.[159]

Assim, com uma explicação sobre a transmigração dos átomos-vida, o tema da abertura do capítulo – o da Vida Universal, também conhecida como Vida Una, Força Una – é aqui mencionada. A não ser que se compreenda a Doutrina das Hierarquias, assim como a Doutrina da Identidade Essencial e dos Sete Princípios do Homem, será difícil explicar os conceitos errôneos predominantes no Ocidente com relação à Reencarnação, visto que essa elucidação das doutrinas de Transmigração e Metempsicose são aspectos dos ensinamentos relacionados ao Renascimento, ou Doutrina da Constante Renovação – o que claramente ilustra a inter-relação dos ensinamentos da Doutrina Arcaica. Cada doutrina não apenas explica um aspecto

---

158 Vol. IV, pp. 241-2, ed. 6 vol.; II, 709-10, 3ª ed.

159 "*Transmigration of Life Atoms*", primeiramente publicado em *The Theosophist*, e depois em *Five Years of Theosophy*, pp. 533-9; e também no *Collected Writings of H.P. Blavatsky*, 1883, pp. 109-117.

específico do ensinamento como também provê o entendimento de outra doutrina, assim como elucida todo o corpo de ensinamentos.

***

Com o que até aqui nos foi apresentado sobre a Doutrina da Identidade Essencial, o leitor deve ter agora uma compreensão mais clara do significado do conceito básico da Doutrina das Hierarquias, ou seja, que toda entidade vive sua vida na esfera de um ser maior, e, mais além, que cada membro da hierarquia (quer dizer, *todo ser* ou toda entidade no grupo hierárquico – consequentemente, toda a hierarquia), está unido. A dedução parece óbvia: todo ser, ou toda entidade, dessa forma, é parte do Plano Divino. Aqui temos a ideia fundamental com relação à fraternidade universal. Nas palavras de *A Doutrina Secreta*:

> A lei fundamental da Ciência Oculta é a unidade radical da essência última de cada parte constitutiva dos elementos compostos da Natureza, desde a estrela ao átomo mineral, desde o mais elevado *Dhyān-Chohan* ao mais humilde dos infusórios, na completa acepção da palavra, quer se aplique ao mundo espiritual, quer ao intelectual ou físico. (I, 120)[160]

Foi demonstrado que o auxílio fornecido pelo Reino dos *Dhyāni-Chohans* é de vital necessidade, uma vez que este existe como uma influência e um poder estabilizador que penetra cada grupo hierárquico do mundo manifesto. Desnecessário dizer que também está presente nos três reinos inferiores – mesmo que estes últimos não sejam visíveis para nós e, por consequência, sejam denominados não manifestados.

Esta apresentação também visa demonstrar como a Doutrina da Identidade Essencial está ligada ao tema da Doutrina das Hierarquias, assim como nos leva à Doutrina da Mudança Contínua, a qual ajudará na melhor compreensão do presente assunto, assim como de todas as doutrinas que foram consideradas até agora.

---

160 Vol. I, p. 179, ed. 6 vol.; I, 145, 3ª ed.

CAPÍTULO V

A Doutrina da Mudança Contínua

O Movimento Eterno – a Lei conectada à Quinta Doutrina – é, em realidade, o título do presente capítulo, pois a Mudança Contínua implica Movimento Incessante. Em lugar de usar o termo "Evolução" para o que agora será considerado, uma vez que esta palavra é muitas vezes mal compreendida, escolhemos o termo "Mudança Contínua" como título desta doutrina. Na verdade, ambos os termos transmitem a mesma ideia de movimento: atividade incessante, um ímpeto eterno em busca de expressão, do qual todos têm consciência, seja em suas atividades diárias, seja em seu repouso, em momentos de reflexão nos quais os pensamentos espirituais predominam.

Desta forma, mais uma vez a ideia fundamental de abertura deste capítulo é enfatizada. Sendo um pensamento sublime, nunca será repetido em demasia: existe um movimento eterno e incessante por todos os recantos do Infinito. Quando admiramos o céu noturno e contemplamos as estrelas, percebemos que existe um movimento rítmico que mantém esses orbes reluzentes em seu curso, que sustenta a Terra em seu circuito usual e o Sol em sua jornada através do céu.

O Movimento é Eterno

O Movimento é eterno. Isso vale tanto para os períodos de descanso (*Pralayas*) quanto para os períodos de atividade (*Manvantaras*), pois o Movimento é um dos três aspectos do Absoluto (aqui usado com o mesmo sentido de "Verdadeiro Ser Único"), sendo os outros dois o Espaço e a Duração. A palavra Movimento é usada por ser de fácil compreensão, mas o termo místico é Alento ou Grande Alento, conforme expresso nestas enaltecedoras palavras das *Estâncias*:

> Nada existia... nada, a não ser o Incessante Alento eterno, para si mesmo ignoto. (*Estâncias de Dzyan*, I, *śloka* 6, e II, *śloka* 2)

A palavra "Movimento" é acrescentada entre parênteses após a palavra "Alento", e a seguir encontra-se a explicação:

> O "Alento" da Existência Una é expressão adotada pelo esoterismo arcaico só no que concerne ao aspecto espiritual da Cosmogonia; em outros casos, é substituída pelo seu equiva-

> lente no plano material – o Movimento. O Elemento Eterno Uno, ou Veículo que contém o elemento, é o Espaço sem dimensões em qualquer sentido; coexistente com a Duração Sem Fim, com a Matéria Primordial (portanto indestrutível) e com o Movimento, o "Movimento Perpétuo", Absoluto, que é o "Alento" do Elemento Uno. Este Alento, como se vê, não pode cessar jamais, nem mesmo durante as Eternidades *Pralaicas*. (I, 55)[161]

Os termos mais usados para a comunicação das ideias associadas com esses três aspectos do "Absoluto" podem ser: (1) duração sem fim: *Parabrahman* (ou o *Ain-Soph* dos cabalistas – aquele sem fronteiras, i.e., Espaço sem Fronteiras); (2) matéria primordial: *Mūlaprakriti* (Substância-Raiz pré-cósmica, o mesmo que Matéria Primordial); (3) Movimento: *Fohat* ("energia vital", i.e., Movimento Incessante). Estes podem ser considerados a grande tríade da cosmogonia de *A Doutrina Secreta*. A compreensão dessa tríade torna-se um processo sempre crescente, conforme o estudo desta obra prossegue. Como também uma crescente expansão de ideias ao se procurar obter um panorama global, tão necessário para a visualização de todo o esquema de pensamento apresentado pela Filosofia Esotérica. Neste ponto, nos parece ser conveniente listar a grande tríade de termos que transmitem ideias relacionadas à Antropogênese: os *Pitris* Lunares (ou *Barhishads*); os *Pitris* Solares (ou *Mānasaputras*); e os "Anjos Caídos" (representando a separação dos sexos).

Embora o termo *Fohat* não seja o equivalente exato do termo esotérico "Grande Alento", a descrição dos dois conjuntos de tríades tem o propósito de apresentar a *ideia* básica encontrada nos volumes de *A Doutrina Secreta*, mais do que o estudo de termos técnicos.[162] Seja como for, o termo tibetano oculto *Fohat* com certeza transmite a *ideia* de movimento incessante, o qual é um ímpeto sempre presente nos estágios de pré-manifestação, conforme é revelado pelas *Estâncias de Dzyan* o despertar cósmico, e as atividades desta Presença ubíqua são descritas como colocando um "sistema" rapidamente em ordem – seja este um Sistema Planetário, um Sistema Solar ou um Universo. Isso está claramente indicado na seguinte citação, que liga o presente tema ao tema da Vida Una (estudado no capítulo anterior):

> *Fohat* está intimamente associado com a "Vida Uma" ... *Fohat*, agindo ao longo dos sete princípios do *Ākāśa*, atua sobre a substância manifestada, ou o Elemento Único ... diferenciando-o em vários centros de energia, põe em movimento a lei de Evolução Cósmica, que, em obediência à Ideação da Mente Universal, produz todos os diversos estados do Ser, no Sistema Solar manifestado. (I, 110)[163]

---

161 Vol. I, p. 125, ed. 6 vol.; I, 85, 3ª ed.

162 Na realidade, os termos técnicos serão cobertos mais adiante, quando estudarmos o assunto – veja Capítulo XII. A este propósito podemos dizer que, quando esses dois conjuntos de tríades são *totalmente* dominados pelo estudante, este estará no caminho certo para compreender os pontos principais tratados nos volumes da obra de H.P.B.

163 Vol. I, p. 170, ed. 6 vol.; I, 135, 3ª ed.

Afinal de contas, quando falamos de Movimento Incessante deve haver alguma força, ou poder, ou potência que mantenha este Movimento "indo" (se nos permitem a expressão). *Fohat* resume essa potência.

Uma vez que o Movimento é eterno e prevalece durante os *Pralayas*, é óbvio que também está presente durante os *Manvantaras*. Assim, afirma-se que:

> "O Movimento é eterno no não manifestado, e periódico no manifestado", reza um ensinamento Oculto. (I, 97)[164]

Aqui o termo "não manifestado" é equivalente a "*Pralaya*" e "manifestado" a *Manvantara*. O significado da palavra "periódico" com relação ao *Manvantara* é que existem períodos alternados de descanso e atividade que ocorrem durante a manifestação, observados como os períodos de sono e de vigília. Nesse sentido, um sistema planetário se torna manifestado e deixa de sê-lo durante uma Grande Era, ou tempo de vida de um Sistema Solar, inúmeras vezes. Da mesma forma, o Sol, coração pulsante do Sistema Solar, observa a mesma lei em um ciclo maior. De forma similar, o homem, por sua vez, segue o mesmo padrão em seus ciclos de nascimentos e mortes.

Cada ser, cada entidade, está inseparavelmente unido em seu padrão hierárquico e tem necessariamente de navegar pelas leis da Grande Hierarquia, e segui-las de acordo com a operação do Plano Divino. Toda entidade sente em seu interior o ímpeto de cumprir este mandato divino, dessa forma tomando parte da atividade da mudança contínua, primeiro se associando ou se enredando em uma forma com o propósito de se manifestar, e depois deixando esta forma por um período de descanso (uma vez que a própria estrutura da forma é composta de entidades menos evoluídas, por mais insignificantes que sejam), que também seguem a mesma lei, pois são também governadas pela lei da mudança constante.

Esta fase de nosso assunto, em particular, é expressa por meio dos termos *Nitya Sarga* e *Nitya Pralaya*. Embora estes termos tenham sido considerados sob a Doutrina da Constante Renovação, podem aqui ser repetidos, uma vez que o tema é de extrema importância. *Nitya Sarga* significa o estado de criação e evolução constante, mesmo que essa mudança seja imperceptível. Iso se aplica tanto ao globo quanto aos seres que habitam o *loka* (mundo ou globo). Todos estão sendo constantemente reconstruídos através de forças construtoras, até que esse processo finalmente chegue a um fim, pelo domínio de uma lei ainda mais potente, que demanda um descanso temporário ou periódico. Muito embora a forma possa deixar de existir temporariamente como uma unidade, seus componentes continuam sua incessante atividade.

Isso é bem exemplificado na vida de um ser humano. O contínuo processo de construção das células é incessante, embora não se possa notar qualquer mudança no corpo como um todo; ainda assim, em um período de sete anos, todo o corpo é

---

[164] Vol. I, p. 160, ed. 6 vol.; I, 124, 3ª ed.

modificado. Todavia, *Nitya Pralaya* – que significa um contínuo processo de decomposição – prosseguiu implacavelmente, juntamente com as forças construtoras. Eventualmente os processos de decadência obtêm predominância, e uma grande mudança ocorre. As pequenas vidas, cuja união compõe o que reconhecemos como corpo humano, serão liberadas, uma vez que já não estão sob o domínio de seu mestre, o Ego (Eu superior), seu chefe supremo, retornando aos seus respectivos reinos, de onde haviam sido recolhidas. Durante todo esse processo elas continuam sua atividade incessante, que consiste de ciclos contínuos de atividade e repouso. *Nitya Sarga* e *Nitya Pralaya*, desta forma, resumem a Doutrina da Mudança Contínua, a qual está sempre presente durante um período de atividade (*Manvantara*).

> Na Natureza não existe repouso nem cessação de movimento – este é um princípio básico em Ocultismo. O que parece repouso não é senão a mudança de uma forma em outra; e a mudança de substância opera paralelamente à mudança de forma – pelo menos é o que nos ensina a física ocultista. (I, 97)[165]

Uma interessante nota de rodapé é acrescentada ao final deste parágrafo, embora não seja significativa para o assunto em consideração. Não obstante, como esta fornece uma pista para uma questão que muitas vezes desorienta os interessados em Ocultismo, ou seja, *como operam os fenômenos*, da mesma forma que fornece *uma* explicação de como as *Cartas dos Mahatmas* foram recebidas, achamos importante incluí-la aqui:

> É o conhecimento desta lei que permite ao *Arhat* realizar os seus *Siddhis* ou fenômenos diversos, tais como a desintegração da matéria, o transporte de objetos de um lugar para outro, etc. (I, 97)[166]

O termo *Siddhis*, aqui utilizado, significa a habilidade de produzir fenômenos – que é na verdade o significado comum da palavra, embora literalmente signifique "obter", pois deriva do verbo *sidh*, que pode significar "tornar-se perfeito" ou "obter bem-aventurança". Em escritos sânscritos podemos encontrar oito *Siddhis*: *Aṇiman* – o poder super-humano de tornar-se tão pequeno quanto um átomo; *Laghiman* – a faculdade supernatural de assumir extrema leveza através da força de vontade; *Prāpti* – o poder de obter tudo através da força de vontade; *Prākāmya* – vontade irresistível (como a do decreto divino); *Mahiman* – o poder mágico de aumentar de tamanho; *Īśitva* – o poder da supremacia; *Vaśitva* – o poder sobrenatural de subjugar a vontade de outrem; *Kāmāvasāyitva* – o poder de suprimir o desejo. Podemos acrescentar uma nota de H.P.B sobre os *Siddhis*:

> Há duas espécies de *Siddhis*: um grupo que compreende as energias inferiores, grosseiras, "psíquicas" e mentais; e outro, exige o mais elevado cultivo dos poderes espirituais. Diz

[165] Vol. I, p. 160, ed. 6 vol.; I, 124, 3ª ed.
[166] *Idem* 165.

> Krishna no *Srimad-Bhāgavat*: "Aquele que se empenhou no desenvolvimento do *Yoga*, que venceu os seus sentidos e concentrou sua mente em mim (Krishna) – a um tal *yogi*, todos os *Siddhis* estão prontos a servir".[167]

Seria axiomático dizer que não há quietude ou cessação de atividade durante um período de manifestação, uma vez que esta é uma lei fundamental – o Movimento é incessante. Da mesma forma seria axiomático dizer que um ser não possui a habilidade para permanecer na mesma condição por um considerável período de tempo, pois está bem claro que uma entidade não permanece estacionada, de forma que dois caminhos estão disponíveis: (1) um ser precisa progredir, quer dizer, desenvolver-se em algo melhor, ou (2) regredir, ou seja, tornar-se algo pior. Seria inútil considerar esta última afirmação, uma vez que todo indivíduo possui um sentimento de que "isso não é assim", pois, desnecessário dizer, é contrário ao Plano Divino. Daí não ser surpresa encontrar a seguinte declaração:

> A Doutrina Secreta ensina o desenvolvimento progressivo de tudo, mundos assim como átomos; e esse estupendo desenvolvimento não possui qualquer início concebível ou fim imaginável. (I, 43)[168]

Desenvolvimento Progressivo – a Lei de Evolução

A Lei de Evolução, no significado original da palavra, é também um axioma fundamental da Sabedoria Antiga, uma vez que o desenvolvimento progressivo de *tudo*, ATÉ DE ÁTOMOS, nos é ensinado. Infelizmente, a palavra evolução perdeu seu significado primitivo[169] e passou a ser associada ao "lado forma" dos seres, ou ao seu "aspecto-veículo", que o *Jīvātman* (ou Mônada) precisa tomar com o propósito de se manifestar nesta esfera. Assim, a palavra "evolução" não mais expressa o desdobramento das potencialidades inerentes aos seres. "Evolução" vem do latim *e*, "fora", *volvere*, "virar" ou "voltar"; daí tornar-se, vir a ser, sair; em outras palavras, desabrochar, como uma flor desabrocha suas potencialidades ocultas dentro do botão.

---

167 *A Voz do Silêncio*, p. 73 [Editora Teosófica, nota de rodapé, p. 51, 4ª ed., 2022 (Nota Ed. Bras.)]. Citado do *Srimad-Bhāgavat*, título aplicado à *Bhabavad-Gitā*, que pode significar "a bela Canção do Senhor", uma vez que o adjetivo *srimad* significa bela, esplêndida, eminente.

168 Vol. I, p. 115, ed. 6 vol.; I, 74, 3ª ed.

169 Até mesmo o uso das palavras demonstra a ideia de mudança contínua. Para aborrecimento do escritor, este descobre que o significado das palavras se deteriora à medida que é empregado no dia a dia. Por exemplo, a palavra "perfeito", que significa excelência consumada, livre de defeitos, na linguagem comum perdeu seu significado original, especialmente quando usada adverbialmente. Ouvimos dizer: "Isto está perfeitamente claro", quando ainda resta uma sombra de dúvida na voz de quem fala. Quantas palavras tiveram seus significados deturpados desde os tempos de Shakespeare! Sim, a linguagem toma forma, tem o seu auge e se extingue; veja o grego e o latim antigos. A razão pela qual a maioria das línguas modernas sofreu tão pouca mudança em nossos tempos quanto em épocas anteriores (apesar das incongruências de grafia e pronúncia) deve-se principalmente a um fator usualmente desconsiderado, a descoberta da tipografia. A palavra impressa teve um marcante efeito sobre a linguagem, fixando formas que teriam se modificado, caso fossem apenas palavras faladas.

Encontramos esta definição em dicionários, mas as *teorias* da evolução adicionaram outros significados ao termo. O assunto é trazido à tona na seguinte passagem:

> O que *é* EVOLUÇÃO? Se lhes pedíssemos uma definição exata e completa do termo, nem Huxley nem Haeckel seriam capazes de dá-la melhor do que Webster: "O ato do desenvolvimento; o processo do crescimento e do desenvolvimento; como a evolução do botão em uma flor, ou do ovo em um animal." E tanto o fragmento como a semente devem encerrar, em estado latente, as potencialidades necessárias à reprodução e ao desenvolvimento gradual, ao desdobramento nas mil e uma formas ou fases de evolução que terão que passar antes que a flor e o animal cheguem ao seu desenvolvimento máximo. Por isso, o plano futuro — se não o DESÍGNIO — *tem que estar ali.* (II, 653)[170]

Este é o ponto essencial. Se não estivesse presente o desígnio, não haveria nenhum padrão a ser seguido pela forma a surgir. Nem haveria motivo, conforme é o caso, para o ímpeto em produzir formas cada vez melhores, afirmam os evolucionistas. A Sabedoria Antiga concorda com essa afirmação, baseada, entretanto, em razões diferentes das por eles oferecidas, tal como a luta pela existência e a sobrevivência do mais apto. Esta Sabedoria atesta o seguinte:

> Toda a ordem da Natureza evidencia uma marcha progressiva para uma vida mais elevada. Há um desígnio na ação das forças aparentemente mais cegas. O processo integral da evolução, com suas adaptações intermináveis, é uma prova disso. As leis imutáveis que eliminam as espécies fracas, para dar lugar às fortes, e que asseguram "a sobrevivência dos mais aptos", por cruéis que sejam em sua ação imediata, cooperam todas no sentido da grande meta final. O *fato* mesmo de que ocorrem adaptações, de que os mais aptos são os que sobrevivem na luta pela existência, demonstra que a chamada "Natureza inconsciente" é, na realidade, um complexo de forças manejadas por seres semi-inteligentes (Elementais), sob a direção de Elevados Espíritos Planetários (*Dhyān-Chohans*), que formam coletivamente o Verbo manifestado do *Logos* não manifestado, constituindo ao mesmo tempo a Mente do Universo e sua Lei imutável. (I, 277-8)[171]

Aqui encontramos de novo a ideia básica já considerada no terceiro e no quarto capítulos: a força dirigente de Seres Superiores — os Reinos dos *Dhyān-Chohans*. Quanto à frase "o Verbo manifestado do *Logos* não manifestado", podemos explicá-la da seguinte maneira. A filosofia oculta apresenta um conceito no qual o primeiro aparecimento de um Universo depois do *Pralaya*, ou seja, um Universo em uma condição não manifestada (ou melhor, em um estado de "vir a ser" mais do que de ser), acontece em primeiro lugar no aspecto não manifestado, de maneira que a emanação primitiva também é não manifestada, o que é conhecido como o *Logos* não manifestado (ou Primeiro *Logos*).[172] Todas as potencialidades para a manifestação estão

---

170 Vol. IV, p. 223, ed. 6 vol.; II, 689-90, 3ª ed.

171 Vol. I, p. 320, ed. 6 vol.; I, 298, 3ª ed.

172 Isto pode ser traduzido como "o Mundo potencializado" do Plano Divino. *Logos* é a palavra grega para Mundo, assim como *Verbum* é sua palavra latina.

sintetizadas nesse *Logos* não manifestado, e a manifestação ocorre pela emanação potencializada do Primeiro *Logos*, através da ligação ou ponte com os processos de manifestação, ou seja, o Segundo *Logos* (ou o *Logos* não manifestado-manifestado), através do Terceiro *Logos* (ou *Logos* Manifestado), o qual é representado como responsável pelo "Vir a Ser", ou aspecto criativo do *Logos*. Assim é que o Plano Divino, por todo o período de manifestação (*Manvantara*), é apresentado no *Logos* não manifestado "constituindo ao mesmo tempo a Mente do Universo e sua Lei imutável". Toda entidade segue inerentemente essa Lei Imutável, demonstrando estar de acordo com a Lei através de suas atividades cíclicas e mudanças contínuas.

Podemos acrescentar aqui a seguinte explicação sobre o *Logos*:

> O significado esotérico do termo *Logos* — Linguagem ou palavra, *Verbo* — é a conversão do pensamento oculto em expressão objetiva, como sucede com a imagem na fotografia. O *Logos* é o espelho que reflete a MENTE DIVINA, e o Universo é o espelho do *Logos*, embora este último seja o *esse* do Universo. Assim como o *Logos* reflete *tudo* no Universo do *Pleroma*, assim também reflete o Homem, em si mesmo, tudo o que vê e encontra em seu Universo, a Terra... "Cada Universo (Mundo ou Planeta) tem o seu próprio *Logos*" — diz a Doutrina. (II, 25)[173]

Desta forma, cada *Logos* contém potencialmente o seu próprio sistema. A palavra *esse* na citação é o verbo latino "ser", transmitindo a mesma ideia. A palavra grega *Pleroma* significa "plenitude". Também é um termo gnóstico técnico para Alma Divina. Embora o *Logos* (de qualquer sistema a ser considerado) seja o responsável pelo "vir a ser" de um sistema e "vele" por ele, vale à pena ter em mente que:

> A primeira lição ensinada pela Filosofia Esotérica é que a causa Incognoscível não envolve, nem consciente nem inconscientemente, limitando-se a exibir periodicamente *aspectos* diferentes de Si mesma para a percepção das mentes finitas. Ora, a Mente Coletiva — a Mente Universal —, composta de inumeráveis e variadas Legiões de Poderes Criadores, por mais infinita que seja no Tempo Manifestado, é, não obstante, finita quando se compara com o Espaço Não Nascido e Inalterável em seu aspecto essencial supremo. O que é finito não pode ser perfeito, e, por conseguinte, entre essas Legiões há Seres inferiores... (II, 487)[174]

O processo de manifestação com relação ao "lado forma", ou lado material, em contraste com o "lado espírito", é obtido pela descida gradual de esferas e planos espirituais para esferas e planos concretos ou materiais. Esse processo representa o desdobramento das potencialidades pertinentes à expressão do lado material. A isso chamamos evolução. Ao mesmo tempo em que está ocorrendo o processo de

---

173 Vol. III, p. 38, ed. 6 vol.; II, 28, 3ª ed. O assunto dos três *Logoi* será considerado mais detalhadamente ao apresentarmos a Primeira Proposição Fundamental de *A Doutrina Secreta* — no Capítulo XII. Também as ideias associadas ao termo *Be-ness*. A razão para a inclusão do tema neste ponto é chamar a atenção para o ensinamento de que até mesmo o *Logos* de um sistema está sujeito à mesma Lei — a Lei do Movimento —, da mesma forma que os "Seres inferiores" do sistema são subservientes a ela. A próxima citação trata desse aspecto.

174 Vol. IV, p. 55, ed. 6 vol.; II, 511, 3ª ed.

desenvolvimento do lado material, existe uma diminuição concorrente e gradual da expressão do lado espiritual – neste caso, as potencialidades espirituais estão se ocultando ou envolvendo, enquanto que a matéria está se desenvolvendo. Quando o ponto mais inferior dessa descida cíclica é atingido, então a grande descida à matéria é concluída; daí por diante, começa um ciclo de retorno a uma expressão mais grandiosa do lado espiritual, no qual cada vez mais atividades na direção do desenvolvimento espiritual são levadas a cabo, ao mesmo tempo em que há uma recessão gradual da materialidade. Ocorre então um recolhimento das potencialidades materiais, o que representa a evolução do espírito e a involução da matéria.

Pravritti e *Nivritti* – Evolução e Involução

Pravritti e *Nivritti* são as palavras sânscritas usadas em conexão com esta Doutrina, por transmitirem a mesma ideia. *Pravritti* é um composto formado por *pra*, um prefixo preposicional que significa "adiante" ou "à frente", e *vritti*, do verbo *vrit*, virar, girar, rolar – significando aquilo que se desenrola em direção à manifestação, como no caso de um Universo em seu aspecto de produção de formas, representando assim a manifestação do seu lado formal, ou material.

Nivritti é um composto com o significado oposto de *Pravritti*; *ni* é um prefixo preposicional que significa "fora", "longe", ou seja, para trás, no sentido de uma direção reversa; e *vritti*, como verificado acima, nos dá o significado de envolver, enrolar. Assim *Nivritti* representa o processo reverso à manifestação, ou seja, desenrolando-se de volta a partir do aspecto da manifestação para aquele de não manifestação.

Pravritti é a designação daquilo que é conhecido como o Arco Descendente – a descida do espírito na matéria. Também é chamado de Arco Sombrio, uma vez que a matéria eclipsa gradualmente o espírito, cada vez mais, até este se tornar "obscurecido". Quando o ponto intermediário do Grande Ciclo é alcançado, ou seja, quando o ponto mais baixo do arco de descida é alcançado, e a matéria tenha desenvolvido suas maiores capacidades, o caminho de subida tem início. *Nivritti* passa a ser mais operativo que *Pravritti*; uma volta ou reversão do processo se manifesta de forma ainda mais acentuada, de forma que a matéria involui e o espírito evolui. *Nivritti*, dessa forma, equivale ao Arco Ascendente, também chamado de Arco Luminoso – pois nos últimos estágios do Grande Ciclo a matéria virtualmente se tornará luminosa.

Em ambos os processos (Arcos Ascendente e Descendente) não há uma predominância total de um sobre o outro. No Arco Ascendente há uma diminuição gradual das atividades da matéria, até que o espírito domine. O mesmo processo ocorre no Arco Descendente; a matéria nunca exclui inteiramente o espírito, embora o domine cada vez mais, à medida que a descida ao longo do Arco ganha mais ímpeto.

A história racial da humanidade – conforme descrita em *A Doutrina Secreta* – segue a mesma lei que governa os processos de *Pravritti* e *Nivritti*, Evolução e

Involução. O homem surgiu neste *Kalpa* (Ronda) como um ser possuindo um veículo etérico, sendo mais espiritual do que material. À medida que progrediu no Arco Descendente seu veículo se tornou cada vez mais matéria, até atingir o ponto mais baixo, culminando com um maior desenvolvimento material. Na medida em que se progride no Arco Ascendente, a forma física do homem se tornará, do mesmo modo, mais etérea e menos material, trabalhando de acordo com a lei fundamental da mudança contínua com relação a seu veículo, o corpo físico. Nossa atual raça, a Quinta Raça-Raiz,

> já transpôs a linha equatorial, e prossegue em seu curso cíclico pelo lado espiritual; mas algumas de nossas sub-raças se acham ainda no arco descendente sombrio de seus respectivos ciclos nacionais, enquanto outras, as mais antigas, tendo cruzado o ponto médio (que é o que decide se uma raça, nação ou tribo viverá ou perecerá), estão no apogeu do desenvolvimento espiritual como sub-raças. (II, 301)[175]

Pode ser que, a princípio, não tenhamos consciência da importância do assunto *Pravritti* e *Nivritti* — a concomitante evolução da matéria e involução do espírito no Arco Descendente, e a subsequente involução da matéria e evolução do espírito no Arco Ascendente —; por isso, chamamos atenção para o significado da seguinte afirmação:

> É na exata compreensão da Evolução primitiva do Espírito-Matéria, e de sua essência real, que deve o estudante apoiar-se para a gradual elucidação da Cosmogonia Oculta, sendo esse o único índice seguro que pode guiá-lo em seus estudos ulteriores. (I, 277)[176]

Sugerimos que a importância disso está no fato de o Reino Humano representar o equilíbrio das potencialidades do espírito e da matéria. Os seres superiores ao Reino Humano (os Reinos dos *Dhyāni-Chohans*) já conquistaram este estágio, e se encontram além dele. Os seres que estão nos degraus inferiores da Escada da Vida ainda terão que experimentar esse estágio. O homem possui em suas mãos a escolha de vencer e prosseguir na subida, ou sucumbir às tendências da matéria.

A Terceira Proposição Fundamental

A razão para isto está claramente colocada na Terceira Proposição Fundamental de *A Doutrina Secreta*. Consideramos este o ponto ideal para o seu estudo, uma vez que o principal tema da proposição relaciona-se à Doutrina da Mudança Contínua, ou Evolução, muito embora a ideia de abertura acentue a unidade essencial de toda a vida — a qual dá forma ao pensamento de encerramento da Doutrina da Identidade Essencial.

---

175 Vol. III, p. 302, ed. 6 vol.; II, 315, 3ª ed.
176 Vol. I, pp. 319-20, ed. 6 vol.; I, 297, 3ª ed.

A Segunda Proposição Fundamental foi concluída com a asserção de que a Lei de Periodicidade era "uma das leis absolutamente fundamentais do Universo". A Terceira Proposição inicia com as seguintes palavras:

> Ensina também a Doutrina Secreta:
>
> A identidade fundamental de todas as Almas com a Alma Suprema Universal, sendo esta última um aspecto da Raiz Desconhecida; e a peregrinação obrigatória para todas as Almas, centelhas daquela Alma Suprema, através do Ciclo de Encarnação, ou de Necessidade, em comunhão com a Lei Cíclica ou Cármica, durante todo esse período. (I, 17)[177]

Primeiro, uma explicação dos termos. "Alma", conforme usado aqui, representa uma das traduções de *Ātman* — o sétimo princípio do homem, como seu elo com o Universo e não um princípio separado e individualizado. "Alma Suprema" é uma interpretação de *Paramātman*. Isso é corroborado pela frase que segue o termo Alma Suprema, "sendo esta última um aspecto da Raiz Desconhecida", ou a Raiz sem Raiz, a Origem de Tudo (conceito da Primeira Proposição Fundamental, a ser considerado no Capítulo XII). *Paramātman* é uma palavra sânscrita composta de *parama*, primordial ou supremo; e *ātman*, ser ou espírito; daí o Ser Supremo do Universo. É interessante notar uma definição de Alma Suprema encontrada no dicionário: "O elemento espiritual do Universo que é infinito e do qual as almas finitas retiram sua existência e sustento; um termo usado por Emerson para uma concepção filosófica da Divindade, similar ao que é conhecido em teologia como o Espírito Santo." Na *Bhagavad-Gitã*, *Paramātman* é apresentado como o Espírito Supremo. Todavia, uma vez que a citação adotou desde o princípio o termo "Alma", este foi mantido, muito embora seja o *Peregrino* ou Mônada, para usarmos um termo mais preciso, ou, ainda melhor, *Jīvātman*, que prossegue na peregrinação, conforme estabelecido na Segunda Proposição Fundamental.[178]

Com relação às palavras "peregrinação obrigatória", deve-se entender que não se trata de um comando enviado por uma divindade, impondo sobre um relutante peregrino uma árdua jornada. Se esse fosse o caso, onde entraria o livre-arbítrio do homem? Até onde diz respeito a este último, o homem *possui* o poder de escolha, uma vez que três caminhos lhe estão abertos: (i) ele pode decidir se deve cumprir a peregrinação dentro do período especificado — o *Manvantara* planetário; (2) ou escolher alcançar sua meta antes deste período coberto pelo Ciclo de Necessidade; (3) ou decidir prolongar sua peregrinação, e até dobrar a extensão desse determinado período. Desta forma seu livre-arbítrio não é castrado, uma vez que ele possui o poder de fazer sua própria escolha. Seja qual for o caminho pelo qual ele se decidir, somente ele será o responsável pelos resultados dessa decisão.

---

177 Vol. I, p. 82, ed. 6 vol.; I, 45, 3ª ed.

178 Ver Capítulo I.

A peregrinação *obrigatória* tem início na própria origem do homem, pois *Ātman* é uma centelha de *Paramātman* (ou a Alma é uma centelha da Alma Suprema). No momento em que a Centelha é derramada de sua fonte, ocorre um impulso divino que a impele a retornar, ou tornar-se una com a sua Origem, não mais como uma Centelha, mas como a própria Chama. É isso que atua como uma força propulsora inextinguível, que necessita da "peregrinação obrigatória" até que esse impulso original tenha êxito. No que diz respeito ao peregrino, existe essa *meta final* (há pouco mencionada) que está além do destino indicado mais adiante nesta citação, a de obter uma existência de autoconsciência independente. Esse destino é muito superior à *meta imediata* para o Reino Humano. O desafio consiste em galgar a Escada da Vida até o degrau hierarquicamente superior, que por si só é um empreendimento de extrema significância. Para falar a verdade, todas as religiões e filosofias tentam definir uma meta para o peregrino, seja oferecendo como recompensa o Paraíso, o *Nirvāna*, *Moksha* ou o conceito que for, pois foi estabelecido no Capítulo I que *Nirvāna*, e todos os estados similares ao Paraíso, são nada mais do que pausas *temporárias*, pois ainda não foi atingido o impulso originador da peregrinação. Desta forma, é imperativo o ressurgimento dos estados de repouso, independentemente do tempo nele envolvido, mesmo em se tratando de um *Manvantara*, de forma que a peregrinação *obrigatória* possa ter continuidade.

O Ciclo de Necessidade

O Ciclo de Encarnação, também conhecido como Ciclo de Necessidade, se refere àquele grande Peregrino no qual se transforma toda entidade desde sua primeira aparição, até atingir um estágio comparado à sua Fonte. É uma jornada de tempo tão incomensurável que fica difícil concebê-la, e que podemos chamar de Ciclo Super-Super. O ciclo menor, o Ciclo da Necessidade, é vasto o bastante em suas devidas proporções, e está relacionado com o ciclo da cadeia planetária, ou ainda, em seu sentido mais profundo, com o ciclo de um Sistema Solar. O Ciclo de Necessidade de uma cadeia planetária leva muitos milhões de anos. A dramatização de certos aspectos do Ciclo de Encarnação foi de grande importância nos ritos associados aos Mistérios Antigos. Na Grécia antiga eram chamados de *Kuklos Anagkes*, significando o Ciclo de Necessidade ou o Ciclo Inevitável. Sobre este tema escreve H.P.B.:

> Entre as numerosas catacumbas do Egito e Caldeia, as mais renomadas eram as criptas subterrâneas de Tebas e Mênfis. As primeiras começavam no lado ocidental do Nilo e se estendiam para o deserto do Líbano. Eram conhecidas pelo nome de catacumbas das Serpentes (Adeptos Iniciados). Nelas eram celebrados os sagrados mistérios do *Kuklos Anagkes*, e instruídos os candidatos sobre as leis inexoráveis traçadas para todas as almas desencarnadas desde o princípio dos tempos. Estas leis diziam que cada Entidade que se reencarnava, depois de abandonar seu corpo, deveria passar desta vida terrestre para outra vida num plano

mais subjetivo, um estado de bem-aventurança, a não ser que os pecados da personalidade produzissem uma completa separação entre os 'princípios' superiores e inferiores; que o "Ciclo de Necessidade" ou *Ciclo Inevitável* deve durar um período de tempo determinado (de mil até três mil anos, em alguns casos), e que, uma vez terminado, a Entidade *deve voltar à sua múmia*, isto é, a uma nova encarnação. Os ensinamentos egípcios e caldeus eram os da "Doutrina Secreta" dos teósofos. Os ensinamentos dos mexicanos também eram os mesmos. No *Popol Vuh*[179] (ver a obra de Bourbourg), descreve-se o *ahugero de colubra*,[180] que é idêntico às 'Catacumbas das Serpentes', ou passagem, acrescentando que este era subterrâneo e 'terminava na raiz do céu', onde seu semideus Votan era admitido, por ser ele, por sua vez, "um filho das Serpentes" ou um *Dragão de Sabedoria*, isto é, um Iniciado. Em todo o mundo, os sacerdotes Adeptos davam-se os nomes de "Filhos do Dragão" e "Filhos do Deus-Serpente".

De sua maneira peculiarmente dramática, H.P.B. escreve sobre o Ciclo de Necessidade, condensando em uma só frase todo o atual Ciclo deste Globo, "desde a primeira até a sétima raça":

> ...Segundo explica a DOUTRINA SECRETA, para cumprir o ciclo de necessidade e progredir em sua tarefa de evolução — tarefa de que ninguém pode se eximir, nem pela morte natural, nem pelo suicídio; pois devemos todos atravessar o "Vale dos Abrolhos", antes de entrar nas planícies do repouso e da luz divina. E assim os homens continuarão a renascer em novos corpos, "até que estejam suficientemente puros para passar a uma forma superior de existência".
>
> (...)
>
> Isso quer dizer que, desde a primeira até a sétima raça, a humanidade se compõe do mesmo elenco de atores, que desceram das altas esferas para levar a cabo sua excursão artística em nosso planeta, a Terra. Iniciando a jornada como espíritos puros, baixamos ao mundo — sim! — com a inata sede da verdade (agora parcialmente revelada pela DOUTRINA SECRETA); e a lei cíclica nos trouxe até ao vértice *invertido* da matéria, cujo fundo já transpusemos. E a mesma lei de gravitação nos fará subir lentamente às esferas superiores, ainda mais puras que as de onde partimos.
>
> (...)
>
> O nosso macrocosmo e o seu insignificante microcosmo, o homem, ambos repetem a mesma série de sucessos universais e individuais em cada estação, como em cada palco a que o *Karma* os conduz para representarem os seus respectivos dramas da vida. (*S.D.* Vol. V, p. 300)

Tanto a lei cíclica quanto a lei *kármica* são citadas na passagem acima, conforme mencionado na proposição. A respeito da frase "um período de tempo determinado", podemos aplicá-la como segue: como exposto do trecho citado, pode ser relativo ao nosso globo presente, cobrindo desde a primeira até a sétima raça; ou um circuito de sete globos da cadeia planetária, o qual seria equivalente a uma Ronda; ao circuito

179 Os livros sagrados dos Guaemaltecos. Manuscritos Quichés descobertos por Brasseur de Bourbourg. *Glossário Teosófico*, versão original e póstuma de 1892, editada por George Mead, Centro Lusitano de Unificação Cultura, Portugal. (Nota Ed. Bras.)

180 As palavras corretas em espanhol são *agujero de culebra*, que significa "buraco da serpente". A citação foi retirada do *Glossário Teosófico*, p. 304.

completo de um Sistema Solar; e a um ainda mais vasto ciclo com a finalidade de completar a *peregrinação obrigatória*.

A proposição prossegue com as seguintes palavras:

> Em outras palavras: nenhum *Buddhi* puramente espiritual (Alma Divina) pode ter uma existência consciente independente, antes que a centelha, emanada da essência pura do Sexto Princípio Universal – ou seja, da ALMA SUPREMA – haja *(a)* passado por todas as formas elementais pertencentes ao mundo fenomenal do *Manvantara*. (I, 17)[181]

Primeiramente explicaremos os termos: *Manvantara*, conforme usado aqui, implica o período de atividade de uma cadeia planetária, a qual é completada ao final de um ciclo de sete Rondas. *Buddhi*, o sexto princípio do homem, aqui, equivale à "Alma Divina", assim como o sexto princípio Universal é *Mahā-Buddi*, descrito como "o veículo do Espírito, o primeiro reflexo primordial da CAUSA sem forma, e aquilo que está ainda *além* do Espírito". (I, 420)[182] A Alma Suprema é a raiz espiritual, onisciente, onipotente da inteligência divina, equivalente ao *Alaya* e ao *Svabhāvat* usados nas *Estâncias*.

É inquestionável que o propósito de atravessar pelo Ciclo de Encarnação é esclarecido no trecho da terceira proposição, ou seja, tornar-se capaz de funcionar consciente e *constantemente* no princípio *Buddhi*, e obter uma condição de existência independente.

O completo significado desta afirmação pode passar despercebido, uma vez que essa condição não foi descrita em *A Doutrina Secreta*, a não ser por este trecho bastante vago:

> Muitas daquelas Entidades Espirituais se encarnaram corporalmente no homem, desde que este apareceu; e, sem embargo, existem ainda, tão independentes como antes, no infinito Espaço.
>
> (...)
>
> Mais claramente: uma tal Entidade invisível pode estar corporalmente presente na Terra, sem contudo abandonar a sua condição e as suas funções nos planos suprassensíveis. Se há necessidade de alguma explicação, só nos cabe pedir a atenção do leitor para casos análogos registrados no "Espiritismo", embora sejam muito raros. (I, 233)[183]

Acrescentamos o inspirador texto a seguir, extraído do livro *Cartas dos Mahatmas para A.P. Sinnet*,[184] pois acreditamos no auxílio que o esclarecimento desta condição pode dar. Especialmente por fornecer um objetivo tangível ao empenho que podemos realizar para a consecução de uma meta de real valia, assim como apontar

---

[181] Vol. I, p. 82, ed. 6 vol.; I, 45, 3ª ed.

[182] Vol. II, p. 138, ed. 6 vol.; I, 453, 3ª ed.

[183] Vol. I, p. 279, ed. 6 vol.; I, 254, 3ª ed.

[184] *Cartas dos Mahatmas para A.P. Sinnet*, pp. 43-4 [Editora Teosófica, Vol. I, Carta 18, pp. 119-120].

o propósito da passagem pelo Ciclo de Encarnação – tendo em vista as provações e desapontamentos que ocorrem durante a vida terrena:

> Com relação à sua pergunta... "pode um Espírito Planetário ter se encarnado como humano?" Primeiramente devo dizer que não pode haver um Espírito Planetário que não tenha sido outrora material ou o que você chama de humano. Quando o nosso grande *Buddha* – o patrono de todos os adeptos, o reformador e codificador do sistema oculto, – atingiu o primeiro *Nirvāna* na Terra, ele se tornou um "Espírito Planetário"; i.e., o seu espírito podia ao mesmo tempo percorrer os espaços interestelares *em plena consciência* e continuar à vontade na Terra, em seu corpo individual original. Pois o Eu divino havia se desembaraçado tão completamente da matéria que podia criar um substituto interno para si, deixando-o na sua forma humana durante dias, semanas, e às vezes anos, sem que essa mudança afetasse de modo algum o princípio vital nem a mente física do seu corpo. Essa é a forma mais elevada de um adeptado a que o homem pode aspirar em nosso planeta. Mas é tão rara quanto os próprios *Buddhas*, sendo que o último *Khobilgan* que o atingiu foi Tsong-ka-pa de Kokonor (século XIV), o reformador do Lamaísmo, tanto exotérico como do vulgar... Um Espírito planetário desse tipo (semelhante ao *Buddha*) pode passar à vontade para outros corpos de matéria mais ou menos eterealizadas, e que habitam outras regiões do Universo. Há muitas ordens e graus, mas não há uma ordem *separada* e constituída eternamente de Espíritos Planetários.

Devemos também acrescentar as três últimas linhas do texto:

> Você está certo... "cada diamante, cada cristal, cada planta e cada estrela têm sua alma individual, além do homem e do animal...", e "há uma hierarquia de almas, desde as formas mais inferiores de matéria até a Alma do Mundo"... [Vol. I, Carta 18, p. 120, Ed. Teosófica]

Resumindo a consideração da Terceira Proposição Fundamental, especificamente do item (a), "passado por todas as formas elementais pertencentes ao mundo fenomenal do *Manvantara*", que acompanha a referência à Alma Suprema, ele possui um significado maior do que uma leitura superficial pode fornecer. Mais claramente: o mundo fenomenal é o mundo da forma ou Plano Físico. Os seres que estão manifestados no mundo físico e se encontram no mais baixo degrau hierárquico da Escada da Vida são as entidades que compõem o Reino Mineral. Elas precisam passar por sete Rondas de desenvolvimento antes de ascender ao próximo degrau mais elevado da Escada evolucionária, representado pelo Reino Vegetal. Da mesma maneira, as entidades do Reino Vegetal devem passar por sete fases de experiência evolucionária (sete Rondas) antes de galgar o próximo estágio ao Reino Animal. Até onde diz respeito ao desenvolvimento da individualidade – que é o ponto em questão, trazido à tona pelo ponto (b) da citação –, as *formas* pertencentes aos reinos Mineral, Vegetal e Animal são "formas elementais", uma vez que nenhuma delas ainda experimentou a individualidade, conforme ocorre no Reino Humano. Isto quer dizer que existem formas preliminares ou primitivas no mundo físico.

Na realidade, o termo "elemental" geralmente designa uma entidade, ou ser, que persegue suas experiências evolucionárias antes de assumir uma forma física ou material. Cada um desses elementais é – conforme mencionado na citação – uma Centelha emanada da Essência pura, e deve continuar pelo Ciclo de Existência, subindo pelos degraus hierárquicos da Escada da Vida. Cada uma dessas Centelhas representa a Mônada que passa através dos estágios dos Reinos preliminares. Isto quer dizer que, antes de entrar no Reino Mineral para se manifestar fisicamente, a entidade precisa seguir sua evolução em três reinos precedentes ao primeiro reino manifestado. Estes são conhecidos como o Primeiro, o Segundo e o Terceiro Reino Elemental. Em cada um dos três reinos ocorre uma evolução em sete estágios. Podemos obter uma melhor compreensão das condições dos seres elementais considerando suas sete classes; quatro delas são relacionadas pelos cabalistas sob o nome de salamandras, silfos, ondinas e gnomos – representando os seres que pertencem aos elementos do fogo, do ar, da água e da terra. As três outras classes não possuem nomenclatura.

A Obtenção da Individualidade

O item (b) da Terceira Proposição Fundamental leva o tema até seu auge, fazendo referência ao topo da Escada Hierárquica da Vida – um *Dhyāni-Buddha*. Desta forma, os estágios mencionados no item (a) são realmente fatores necessários na escalada da Escada, assim como também são aqueles mencionados no item (b). Repetindo a passagem em referência, aplicada ao item (b):

> Nenhum *Buddhi* puramente espiritual (Alma Divina) pode (b) ter uma existência consciente independente, antes que a centelha tenha adquirido a individualidade, primeiro por impulso natural e depois à custa dos próprios esforços, conscientemente dirigidos (regulados pelo *Karma*), ascendendo assim todos os graus de inteligência, desde o *Manas* inferior até o *Manas* superior; desde o mineral e a planta ao Arcanjo mais sublime (*Dhyāni-Buddha*). (I, 17)[185]

A Individualidade é obtida quando a Mônada, que está viajando através do Círculo de Necessidade e subindo os degraus da Ladeira Hierárquica da Vida por meio do uso de vestes apropriadas para cada reino, finalmente entra no Reino Humano. Antes dessa entrada, o seu ciclo de existência é levado a cabo através de um impulso natural, no qual a Mônada segue a evolução gradual, lentamente através dos reinos. Desta forma a Centelha ascende através de todos os graus de inteligência, desde o mineral e a planta, do animal ao homem, sendo que esses estágios são marcados por características pertencentes a cada reino. Por conseguinte, no primeiro dos reinos de manifestação – o Reino Mineral – vemos as cores e o brilho das pedras preciosas. Este tipo de inteligência supera mais um degrau da Escada por meio da beleza da forma, da cor e do perfume das flores do Reino Vegetal. Outros fatores se manifes-

185 Vol. I, p. 82, ed. 6 vol.; I, 45, 3ª ed.

tam no Reino Animal: as qualidades de amor e devoção são cultivadas e traços de inteligência são claramente discernidos. Apesar disso, podemos dizer que todas essas características são obtidas através de impulsos naturais. Isso está sucintamente explicado em um *Comentário* sobre as *Estâncias de Dzyan*:

> Cada forma na Terra e cada partícula (átomo) no Espaço tendem, em seus esforços de autoconstrução, a seguir o modelo posto à sua frente no "Homem Celeste"... A involução e a evolução do átomo e o seu crescimento e desenvolvimento externo e interno têm um só e mesmo objetivo, o Homem; o Homem como a forma física mais elevada e última sobre a Terra; a Mônada em sua totalidade absoluta e em sua condição de desperta – como culminação das encarnações divinas na Terra. (I, 183)[186]

Mesmo o homem está se empenhando em obter a condição de Homem Celeste, o que representa o auge alcançável pelo Reino Humano ao final de um *Manvantara* planetário. Desnecessário dizer que o presente estágio de evolução humana está muito distante desse objetivo. Quando o Reino Humano é alcançado, um novo fator entra em cena na jornada pelo Círculo de Necessidade. O avanço já não é mais um impulso natural; pelo contrário, a Mônada prossegue sua ascensão através da autoindução e de esforços conscientemente dirigidos. A Individualidade foi obtida. Daí por diante um avanço rápido pode ser conseguido através da escada evolucionária, exceto por um impedimento, que é mencionado na proposição por três pequenas palavras colocadas em parênteses. Talvez elas devessem ter sido escritas em letras maiúsculas, uma vez que são tantas vezes esquecidas: "REGULADOS PELO *KARMA*." Isto, é claro, significa que o avanço de um indivíduo pode ser impedido por força de suas próprias ações, pois sempre que há uma ação, esta produzirá reações sobre o indivíduo que lhes deu origem, dessa maneira colocando obstáculos na obtenção do objetivo desejado. Entretanto, essas ações não se referem apenas àquelas cometidas no Plano Físico ou mundo manifestado. Os feitos são geralmente o resultado de pensamentos, os quais, desta forma, têm origem em planos superiores ao físico, atingindo o Plano Espiritual, mas, principalmente, o Plano Mental, que é a morada do pensamento. Além disso, esse mundo-pensamento inclui o plano psíquico ou emocional, que é o mundo do desejo. O *Karma* é engendrado em todos esses planos; não é produzido apenas no físico, onde os resultados das ações podem ser prontamente vistos. São as causas colocadas em movimento que reagem sobre o seu emissor, não importando o plano no qual tenham sido originadas. Cada ser humano, por consequência, tem o poder de moldar seu próprio destino, seja por pensamentos ou por atos. A meta é atingida quando a condição desperta da Mônada é alcançada, o que tipifica a condição de um *Buddha*.

Seria apropriado dizermos umas poucas palavras sobre *Manas*, uma vez que este é mencionado no item (b) da citação anterior. *Manas* é o quinto princípio do homem em sua classificação setenária. A palavra deriva do verbo sânscrito *man*, pen-

[186] Vol. I, p. 235, ed. 6 vol.; I, 205-6, 3ª ed.

sar, cogitar, refletir, ou seja, a parte pensante do homem, o Princípio Mental. Este é o princípio axial no homem e atua com uma característica dual. Pode procurar se unir ao sexto princípio, *Buddhi*, ou pode tender para o aspecto mais inferior da natureza humana, o princípio do desejo, *Kāma*. Um exemplo simbólico dessa capacidade do homem tanto de ascender até seus princípios mais superiores quanto de descer aos mais inferiores pode ser dado através do bem conhecido episódio do Cristianismo: o homem amarrado à cruz. O homem pode ganhar sua liberdade procurando se unir com seu Pai interno (não no céu; seu próprio Eu superior), ou então pode se manter atado à cruz, preso pelos grilhões de seus desejos e emoções.

Não é excessivo enfatizar a importância do estágio humano na Escada da Vida, pois este é repetido inúmeras vezes em *A Doutrina Secreta*. Vejam este trecho:

> Ensina a Doutrina que, para chegarem a deuses divinos e plenamente conscientes, as Inteligências Espirituais Primárias (inclusive as mais elevadas) têm que passar pela fase humana. E a palavra "humana" não deve aqui aplicar-se tão somente à nossa humanidade terrestre, mas igualmente aos mortais que habitam todo e qualquer mundo, ou seja, àquelas Inteligências que alcançaram o necessário equilíbrio entre a matéria e o espírito, como nós agora, que já transpusemos o ponto médio da Quinta Raça-Raiz da Quarta Ronda. Cada Entidade deve conquistar por si mesma o direito de converter-se em um ser divino, à custa da própria experiência.
>
> ... esse é também o significado da expressão *purānica*, tantas vezes repetida, de que *Brahmā* é constantemente "impelido pelo desejo de criar". Isso também explica da frase cabalística que diz: "O Sopro torna-se pedra; a pedra converte-se em planta; a planta em animal; o animal em homem; o homem em espírito; e o espírito em um deus". Os Filhos nascidos da Mente, os *Rishis*, os Construtores, etc., foram todos homens, quaisquer que tenham sido suas formas e aspectos em outros mundos e nos *Manvantaras* precedentes.
>
> (...)
>
> Este assunto, sendo de caráter eminentemente místico, é muito difícil explicá-lo em todas as suas minúcias e consequências, pois nele se acha contido todo o mistério da criação evolutiva. (I, 106-107)[187]

Recapitulando o enunciado da Terceira Proposição Fundamental, através da próxima frase da citação:

> A Doutrina axial da Filosofia Esotérica não admite a outorga de privilégios nem de dons especiais ao homem, salvo aqueles que forem conquistados pelo próprio Ego com o seu esforço e mérito pessoal, ao longo de uma série de metempsicoses e reencarnações. (I, 17)[188]

Tendo em vista a exposição apresentada, deve estar bem claro que o progresso ascendente na Escada da Vida, uma vez que o Reino Humano tenha sido conquistado, é realizado por cada homem. Cada estágio individual é determinado pelo esforço de cada um, vida após vida, e não é devido a "privilégios nem dons especiais".

---

187 Vol. I, p. 167, ed. 6 vol.; I, 132, 3ª ed.

188 Vol. I, p. 83, ed. 6 vol.; I, 45, 3ª ed.

A Doutrina da Metempsicose

Uma vez que a palavra "metempsicose" é mencionada na proposição, faremos aqui uma breve consideração, muito embora esta se aplique a uma fase específica daquela doutrina geralmente, entendida como a Doutrina da Reencarnação. As palavras usadas na citação não são sinônimas; possuem significados diferentes. Além disso faz-se necessária uma explicação, pois a própria palavra, conforme encontrada em dicionários, não transmite totalmente o significado da doutrina, ao mesmo tempo em que as ideias a ela conectadas têm sido tristemente mal interpretadas. Existem três razões principais para isto:

(1) O termo é um dentre os muitos usados nas antigas Escolas de Mistério gregas e, consequentemente, os ensinamentos a ele conectados nunca se tornaram públicos. Metempsicose é uma palavra grega composta, cuja porção principal é facilmente reconhecida como a palavra *psyche*, que significa alma; *meta* significa "sobre", enquanto que o composto *empsychoun* significa "colocar uma alma dentro". Assim, a palavra é traduzida como "a passagem de uma alma de um corpo para outro após a morte". Não possuindo qualquer conhecimento do significado esotérico do termo, lexicógrafos afirmam que metempsicose significa que após a morte a alma passa de um corpo a outro, e que isso implica a entrada em corpos animais. A palavra transmigração é incluída como se fosse um sinônimo. Dessa forma, ideias errôneas foram associadas com a palavra metempsicose, uma vez que seu verdadeiro significado nunca foi revelado fora dos templos. Além do mais, metempsicose e transmigração[189] não são termos sinônimos; cada um lida com uma fase específica da Doutrina da Reencarnação.

(2) Os ensinamentos *públicos* a respeito da Metempsicose foram dados de forma alegórica; nao havia a intenção de que fossem tomados literalmente. Assim, "animais" eram usados simbolicamente para exemplificar que os *átomos-vida* (*Jīvāṇus*), que compõem o corpo físico do homem, quando liberados pela morte passam para o Reino Animal. Os átomos-vida liberados entram no corpo de animais de acordo com as características neles impressionadas durante a vida de um homem. Assim, átomos-vida impressionados com tendências viciosas procuram um veículo animal apropriado, enquanto que os *Jīvānus* impressionados com traços gentis entrariam em uma forma que exibe características gentis. É obvio que os átomos-vida não são a alma (ou Mônada) do homem.

Entretanto, escritores antigos sempre repetiram os ensinamentos públicos relacionados à Metempsicose, subentendendo que estes eram os ensinamentos dos

[189] Observe a conclusão do Capítulo IV a respeito dos ensinamentos esotéricos concernentes à Transmigração.

pitagóricos ou de outros grupos relacionados com as Escolas de Mistério. Sustentando esta afirmação, note o que Heródoto escreveu sobre o aspecto exotérico da Metempsicose:

> Os egípcios foram os primeiros a emitir a opinião de que a alma do homem é imortal, e que quando o corpo morre, essa entra em uma forma animal nascida naquele momento. Dessa forma, passa de um animal a outro, até circular por todas as formas de todas as criaturas habitantes da terra, do mar e do ar, após o que entra novamente na estrutura humana para nascer de novo. Todo o período de transmigração — segundo eles — é de três mil anos... Existem escritores gregos, tanto de datas anteriores quanto posteriores, que tomaram de empréstimo essa doutrina dos egípcios, alegando-a como suas.[190]

(3) Posteriormente, escritores clássicos escreveram sobre a Metempsicose da mesma maneira que Heródoto; por isso alguns estudiosos afirmam que esses escritores estavam usando as ideias gregas aceitas a respeito da Metempsicose. Como exemplo, escreveu o poeta latino, Ovid (43 a.c, - 17 d.c.):

> As almas não podem morrer. Elas deixam sua morada anterior,
> Para morar em novos corpos, e por eles vagar. Nada pode perecer. Embaixo, tudo muda,
> Pois os espíritos, através de todas as formas, vêm e vão. Boas feras podem originar formas humanas, e os homens, Se maus, devem novamente em feras se tornar.
> Assim, através de milhares de formas, deve a alma seguir
> Cumprindo seu destino no mundo inferior.[191]

Mas este não é o ensinamento oculto dos pitagóricos, como pode ser demonstrado a partir da citação de Hiérocles (430 d.c.), um neoplatônico que escreveu sobre aquilo que foi chamado de Versos de Ouro de Pitágoras:

> Se, através de uma vergonhosa ignorância da imortalidade de nossa alma, um homem é persuadido de que sua alma morre com seu corpo, ele esperará por algo que jamais poderá acontecer. Da mesma maneira, aquele que espera que após sua morte seja colocado no corpo de uma fera e se torne um animal irracional por causa de seus vícios, ou uma planta, por causa de seu embotamento e estupidez, este homem — devo dizer —, agindo contrário àqueles que transformam a essência do homem em seres superiores, está infinitamente iludido, e absolutamente ignorante da forma essencial da alma, que não pode mudar jamais. Pois é dito que o homem pode se tornar um Deus ou uma fera, através da virtude ou do vício, mas jamais ser uma coisa ou outra.
>
> (...)
>
> Só podemos curar nossas tendências inferiores através da força que nos impulsiona para o alto, por uma pronta submissão a Deus, por uma total conversão à lei divina. O objetivo da doutrina pitagórica é abrir-se para receber o bem divino, de forma que quando chegue a morte, possamos deixar para trás, sobre a terra, o corpo mortal, estando preparados para

---

190 Livro II, Euterpe, cap. 123.
191 Traduzido do original de *Dryden*.

nossa jornada celestial. Só então nosso estado primitivo terá sido restaurado. Esse é o mais belo dos objetivos.[192]

Hierocles forneceu a pista para o significado interno da Metempsicose: após a morte, a Mônada (alma) prossegue sua jornada celestial, tomando um corpo após o outro em esferas celestes, e, após três mil anos, retorna à Terra para reassumir a forma humana.

De maneira que, nas palavras da Terceira Proposição, a metempsicose se refere à jornada celestial da Mônada, enquanto que as reencarnações representam a tomada de "corpos de carne" na Terra.

Concluindo a Terceira Proposição Fundamental

Próxima à conclusão da primeira parte do Volume I, existe uma passagem que nos fornece uma síntese das ideias abrangidas pela proposição. Esta passagem deve ser lida em conexão com a Terceira Proposição Fundamental:

> Assim marcham os ciclos da evolução setenária, na Natureza sétupla: a natureza espiritual ou divina, a psíquica ou semidivina, a intelectual, a passional, a instintiva ou "cognitiva", a semicorporal e a puramente material ou física. Todas elas evolucionam e progridem ciclicamente, passando de uma para outra, em um duplo sentido, centrífugo e centrípeto, *uno* em sua essência última, e *sétuplo* em seus aspectos. Destes, o inferior é, naturalmente, o que depende dos nossos cinco sentidos... Isso em relação às vidas individual, humana, senciente, animal e vegetal, cada uma delas sendo o microcosmo de seu macrocosmo superior. Dá-se o mesmo quanto ao Universo, que se manifesta periodicamente, tendo por objetivo o progresso em conjunto das Vidas inumeráveis – as expirações da Vida Una; a fim de que, através do perpétuo *Vir a Ser*, cada um dos átomos deste Universo infinito, passando do informe e do intangível, pelas complexas naturezas do "semiterrestre", à matéria em plena geração, para depois retroceder e tornar a subir a estados ainda mais elevados e mais próximos da meta final; a fim de que – repetimos – possa cada átomo alcançar, *por meio de esforços e méritos individuais*, aquele estado em que voltará a ser o TODO UNO e incondicionado. Mas, entre o Alfa e o Ômega, se estende o áspero "Caminho", eriçado de espinhos, que primeiro se dirige para baixo, e depois
>
> Sobe em espiral para o alto da colina,
> Sim, sem cessar, até alcançar o topo...
>
> (...)
>
> Ao iniciar a longa viagem, o Peregrino encontra-se imaculado; descendo cada vez mais na matéria pecaminosa e associando-se a cada um dos átomos do Espaço manifestado – só depois de chegar ao fundo do vale da matéria, e de haver lutado e sofrido através de cada uma das formas do ser e da vida, pode ele identificar-se com a humanidade coletiva, tendo percorrido então a primeira metade do seu ciclo. Essa humanidade, *ele a fez segundo a sua*

[192] Extraído da obra de Dacier, *Life of Pythagoras, with his Symbols and Golden Verses, together with the Life of Hierocles, and his Commentaries upon the Verses*, p. 335; Londres, 1721.

> *própria imagem*. A fim de ganhar a senda do progresso e subir sempre, até alcançar a sua verdadeira pátria, o "Deus" tem ainda que ascender, com o sofrimento, o caminho escarpado do Gólgota da Vida. É o martírio da existência autoconsciente. Como *Viśvakarman*, ele tem que *sacrificar-se a si mesmo* para redimir todas as criaturas, para ressuscitar de muitos para a *Vida Una*. Então, há a sua real ascensão para os céus, onde imerge na incompreensível Existência e Bem-Aventurança Absolutas do *Paranirvāna*, e reina incondicionalmente; e de onde voltará a descer na próxima "vinda", que uma parte da humanidade, atendo-se à letra morta, espera como o "Segundo Advento", e outra parte como o último *Kalki Avatāra*. (I, 267-8)[193]

Este é o significado da Terceira Proposição Fundamental. A referência que se faz a *Viśvakarman* está relacionada com uma lenda nos *Purānas* que nos fala do "Todo-Criador" (uma palavra sânscrita composta por *viśva-karman*, que significa literalmente "fazedor de tudo") fazendo um sacrifício pessoal para o bem de todos e depois subindo aos céus. Nos *Vedas*, *Viśvakarman* é equivalente a *Prajāpati*, ou, ainda, *Brahmā*, o criador de todas as coisas e o arquiteto do Universo.

Com relação ao *Kalki-Avatāra*, esta é a décima manifestação avatárica de *Vishnu*, o qual, segundo o *Mahābhārata*, estará chegando ao final do *Kali-Yuga* (o último dos quatro *yugas*). Ele estará montado em um cavalo branco, brandindo uma espada. Nas palavras da *Bhagavad-Gitā*, "para destruir o depravado e estabelecer a correção". (Cap. IV).

O termo *Paranirvāna* é equivalente em significado à palavra *Paranishpanna* – um composto sânscrito de *para*, "além"; *nis*, "fora", "adiante"; *panna*, o particípio passado do verbo *pad*, "andar", "ir" – ou seja, "o estado de alguém que tenha ido além", o estado que um dia será alcançado pela Mônada:

> A Mônada, nascida da natureza e da essência mesma dos 'Sete' (e cujo princípio mais elevado permanece consagrado no Sétimo Elemento Cósmico), deve cumprir sua revolução setenária através dos Ciclos da Existência e das Formas, desde a mais elevada até a mais ínfima; e, depois, do homem a Deus. No limiar do *Paranirvāna* retoma sua Essência primitiva e volta a ser o Absoluto. (I, 135)[194]

Mas uma coisa é entrar no *Paranirvāna* com a consciência de um *Dhyāni-Buddha*, que possui o conhecimento de *Paramārtha* (a Realidade Suprema ou Verdade Absoluta – literalmente "o mais alto objetivo": *parama*, o maior; *artha*, objetivo, propósito); outra coisa é alcançar o estado superior na condição de um viajante no Ciclo de Necessidade.

> Importa lembrar que *Paranishpanna* é o *summum bonum*, o Absoluto, o mesmo que *Paranirvāna*. Além de ser o estado final, é aquela condição de subjetividade relacionada exclusivamente com a Verdade Una Absoluta (*Paramārtha-Satya*), em seu próprio plano. É

193 Vol. I, pp. 310-1, ed. 6 vol.; I, 288-9, 3ª ed.
194 Vol. I, pp. 192-3, ed. 6 vol.: I, 160, 3ª ed.

o estado que conduz à verdadeira apreciação do significado pleno do Não-Ser, que é, como já explicamos, o *Absoluto Ser*. Mais cedo ou mais tarde, tudo quanto agora *parece existir* existirá real e verdadeiramente no estado de *Paranishpanna*. Mas há uma grande diferença entre o Ser *consciente* e o Ser *inconsciente*. A Condição de *Paranishpanna* sem *Paramārtha*, a consciência que se analisa a si mesma (*Svasam-Vedana*), não é uma bem-aventurança, mas simplesmente a extinção durante Sete Eternidades. (I, 53-4)[195]

No que diz respeito à condição de um *Dhyāni-Buddha*, mencionado na proposição como sendo o pináculo do desenvolvimento, recordemos que o termo foi equiparado ao "arcanjo mais sagrado". Na teologia, um arcanjo é definido como um anjo de ordem superior. A palavra grega *archon* significa chefe, primeiro, principal; de forma que *Dhyāni-Buddha* também pode ser encarado como o *Buddha* Principal, muito embora o significado literal da palavra *Dhyāna* em sânscrito seja meditação, contemplação, ou *Buddha* Celestial. Especialmente com relação à literatura budista, deve-se ter em mente que a função de um *Dhyāni-Buddha* é trabalhar no e com o "lado espírito" de uma cadeia planetária, não com seu "lado forma". Os que governam o "lado forma" são os Espíritos Planetários, que são chamados de *Cosmocratores* ou Construtores de Mundo. Um *Dhyāni-Buddha* governa sobre uma Ronda de uma cadeia planetária. Como existem sete *Buddhas* Principais, há um *Dhyāni-Buddha* para cada Ronda.

Embora esta consideração da Terceira Proposição Fundamental de *A Doutrina Secreta* cubra tão vasto esquema, a mesma não deve ser vista como uma apresentação de todo o plano evolucionário, pois devemos lembrar que esse estupendo desenvolvimento ensinado pela Doutrina "não possui qualquer início concebível ou fim imaginável" (I, 43).[196] Também não está aqui apresentado o completo desenvolvimento do homem, muito menos uma indicação é feita sobre o estágio de desenvolvimento futuro, que equivale ao que é mencionado como a Sexta Raça. Não obstante, quando esse estágio *for* alcançado, terá sido um grande avanço, mesmo que insignificante em comparação ao futuro glorioso que espera pela raça humana. Entretanto, as *Estâncias de Dzyan* nos fornecem, através de uma série de *ślokas*, um relato da história passada da humanidade, de uma natureza tão surpreendente, completamente desconhecida pelos seguidores da ciência ortodoxa, que pode até ser considerada fantástica. O certo é que este relato fornecido pelas *Estâncias* demonstra a lei de movimento operante como mudanças contínuas da forma, ou veículo, do homem. E que continuará operante por tanto tempo quanto a raça humana continuar a se manifestar neste globo.

195 Vol. I, p. 124, ed. 6 vol.: I, 84, 3ª ed.
196 Vol. I, p. 115, ed. 6 vol.; I, 74, 3ª ed.

Evolução Humana

Uma consideração sobre a Evolução, conforme apresentada na Doutrina da Mudança Contínua, estaria incompleta se omitíssemos a Evolução Humana, uma vez que esta recebe atenção especial em *A Doutrina Secreta* (quase todo o segundo volume[197] é devotado a esse tema, juntamente com séries especiais de *ślokas* das *Estâncias de Dzyan*) [Vol. III, Antropogênese, edição brasileira]. Não obstante, a complexidade do assunto impede que ele seja tratado em sua totalidade, de maneira que o objetivo aqui será apresentar apenas seus conceitos básicos. Isso poderá ser feito através da consideração de dois conjuntos de três proposições fundamentais a respeito da evolução humana. O primeiro conjunto de três é encontrado na página de abertura do segundo volume:[198]

> No que concerne à evolução da humanidade, a Doutrina Secreta enuncia três novas proposições, que estão em contradição formal com a ciência moderna e também com os dogmas religiosos correntes. Ensina ela: (a) a evolução simultânea de sete grupos humanos em sete diferentes partes do nosso globo; (b) o nascimento do corpo *astral* antes do corpo *físico*, servindo o primeiro de modelo ao segundo; e (c) que o homem, nesta Ronda, precedeu a todos os mamíferos – inclusive os antropoides – do reino animal. (II, I)[199]

É óbvio que os seguidores da ciência ainda não aceitam essas proposições. A razão para isso é bem colocada nesta passagem:

> É bem verdade que o aparente supernaturalismo desses ensinamentos, conquanto alegórico, é tão diametralmente oposto à letra das declarações da Bíblia, assim como às últimas hipóteses da Ciência, que há de provocar refutações apaixonadas. Os ocultistas sabem, no entanto, que as tradições da Filosofia Esotérica devem ser as verdadeiras, pela simples razão de serem as mais lógicas e resolverem todas as dificuldades. (II, 3)[200]

Cada uma das três cláusulas da proposição será considerada separadamente.

> (a) a evolução simultânea de sete grupos humanos em sete porções diferentes de nosso globo.

Não temos disponível uma completa explicação sobre essa passagem, mas ela está baseada no *śloka* 13 da Estância III (das *Estâncias de Dzyan*) [em Antropogênese]:

> Eles (deuses da Lua) seguiram cada qual para a terra que lhe cabia: sete deles, cada qual em seu destino.

Explicando:

> Os Ensinamentos Secretos nos mostram os Progenitores divinos criando homens em sete partes do Globo, "cada qual em seu destino", isto é, cada qual uma raça de homens externa e internamente diferente, e em Zonas distintas. (II,77)[201]

---

197 Volumes III e IV da edição de 6 volumes.
198 Página 15 do volume III da edição de 6 volumes.
199 Volume III, p. 15, ed. 6 vol.; II, 1, 3ª ed.
200 Vol. III, pp. 16-17, ed. 6 vol.; II, 2-3, 3ª ed.

Podemos a isso adicionar o seguinte Comentário:

> Nos primórdios da vida (humana) a única terra seca ficava no extremo direito da esfera (*i.e.*, o Pólo Norte), ali onde (o globo) é imóvel. Toda a Terra era um imenso deserto líquido, e a água era morna... Ali nasceu o homem, nas sete zonas da parte imortal, da parte indestrutível do *Manvantara*. Reinava uma eterna primavera nas trevas; (mas) o que são trevas para os homens de hoje era luz para o homem em sua aurora. Ali, repousavam os Deuses... (II, 400)[202]

Quem eram esses deuses? Eram os deuses da Lua, ou aqueles conhecidos como os Progenitores Divinos. Foram eles que trouxeram à existência os homens, em sete porções do globo.

Os *Pitris* Lunares

Os deuses Lunares, ou *Pitris* Lunares, possuem tantas denominações em *A Doutrina Secreta* que se faz necessário fornecer aqui uma lista:

Pais	Deuses da Lua
Progenitores	Filhos do Soma (a Lua)
Antepassados	Filhos da Lua
Progenitores Divinos	*Pitris*
Homens Celestiais	*Pitaras*
Antepassados Celestiais	*Pitar-Devatās*
Pais Lunares	*Barhishads*
Progenitores Lunares	*Barhishad-Pitris*
Filhos Lunares	As Quatro Classes Inferiores de *Pitris*
Deuses Lunares	*Pitris* Corpóreos
Espíritos Lunares	*Dhyānis*
Mônadas Lunares	Senhores da Lua
Pitris Lunares	Antepassados Lunares

Essa relação pode causar muita dificuldade e confusão na mente do iniciante, pois cada termo possui seu próprio significado, embora se refira *à mesma classe* de seres. Uma vez que os *Pitris*, com ou sem um adjetivo designado, fornecem o caminho para o entendimento do assunto da evolução humana conforme apresentado em *A Doutrina Secreta*, é necessário se familiarizar com esta lista.

---

201 Vol. III, pp. 86-87, ed. 6 vol.; II, 81, 3ª ed.
202 Vol. III p. 399, ed. 6 vol.; II, 418, 3ª ed.

Primeiramente, com relação às palavras sânscritas na lista. A palavra *Pitris* é a forma crua (ou de dicionário) para a palavra sânscrita "pais". Sua forma plural é *pitaras*. A palavra *devatās* (que significa um ser semelhante a um deus, ou divindade), quando junto com a palavra *Pitris*, enfatiza uma ordem superior de seres – superior, neste caso, ao Reino Humano. *Barhishad* é um composto de *barhis*, que pode ser traduzido tanto por "relva sagrada" quanto "fogo", e *sad*, sentar – resultando em "aqueles que sentam junto ao fogo". O significado literal raramente comunica o significado esotérico, o qual, neste caso específico, é um tanto quanto obscuro. Sugere-se que os *Pitris* Lunares estão representados "sentados ao lado do Fogo Sagrado" (significando o Fogo de *Manas*, ou o Princípio Mental), pois eles ainda não haviam alcançado o grau ou potência para serem capazes de despertar o "fogo da mente" na humanidade nascente. Sua função, que será descrita mais adiante, era fornecer *rūpas* ou veículos). Não obstante, a palavra sânscrita enfatiza o grau ou classe de *Pitris*, facilmente distinguível de outras grandes classes de Seres – os *Pitris Solares*. Devemos manter em mente que, sempre que as palavras *Pitris* ou *Dhyānis* são usadas (sem o adjetivo), uma classificação imediata deve ser feita, para saber se estão sendo designados os *Pitris* (*Dhyānis*) Solares ou Lunares. (Os *Pitris* Solares serão considerados posteriormente.)

> Os homens da primeira Raça-Raiz, ou seja, os primeiros "Homens" da Terra (qualquer que fosse sua forma) eram os descendentes dos "Homens Celestes", chamados corretamente na filosofia hindu de "Antepassados Lunares" ou *Pitris*, que se compõem de sete classes ou Hierarquias. (I, 160)[203]

Tecnicamente, os *Pitris* Lunares representam os seres que alcançaram a meta. Em outras palavras, são seres que cumpriram o Ciclo de Necessidade, ou galgaram a Escada Hierárquica da Vida, ultrapassando o Reino Humano ao completar Sete Rondas na Cadeia Lunar. Por isso são chamados de Deuses Lunares ou Filhos de *Soma*. Ao completar as Sete Rondas nos sete globos da Cadeia Lunar, toda a cadeia de globos entrou em seu *Pralaya* planetário.

> Quando um planeta morre, seus princípios essenciais são transferidos a um centro *laya* ou de repouso, cuja energia potencial, latente até então, desperta para a vida, principiando a desenvolver-se em um novo corpo sideral... (I,147)[204]

– quando esse período do *Pralaya* planetário terminar (que é igual ao período do *Manvantara* planetário anterior); neste caso, o período de atividade da Cadeia Lunar. Dessa forma, seus princípios internos ou essenciais formarão a Cadeia Terrestre.

---

203 Vol. I, p. 214, ed. 6 vol.; I, 183-4, 3ª ed.

204 Vol. I, p. 202, ed. 6 vol.; I, 170, 3ª ed.

> É *Fohat* quem guia a transferência dos princípios de um a outro planeta, de um astro ao seu astro-filho. (I,147)[205]

Com o renascimento da Cadeia Terrestre, as Dez Classes ou Reinos abrangidos pela Escada da Vida durante a Cadeia Lunar também renascem na Cadeia da Terra, dando continuidade à sua evolução, de acordo com a Lei do Movimento ou da Mudança Contínua.

Uma vez que novas *rūpas* (veículos) são necessárias para a humanidade da Quarta Raça do Ciclo Setenário, sobre o globo mais material do Arco Descendente, os *Pitris* Lunares são encarregados da modelagem das formas para a raça humana.

> Os grandes *Chohans*, chamados de Senhores da Lua, possuidores de corpos etéreos. "Produzem homens, homens da sua natureza. Dando-lhes suas formas". (Estância III, *śloka* 12, vol. III)

Eles fazem isso através da projeção de seus *chhāyās* (literalmente "sombras"), ou seja, seus duplos astrais ou *Linga-Śarīras*, em sete zonas.

> Os *Pitris* projetam, de seus corpos estéreos, símiles deles próprios, ainda mais etéreos e sutis (o que hoje chamaríamos "duplos" ou "formas astrais"), à sua própria imagem. Isso dá à Mônada sua primeira habitação (na Quarta Ronda do Globo D nossa Terra), e à matéria cega um modelo sobre o qual ela pode daí em diante construir. (I, 248)[206]

A palavra "astral" pode vir a causar confusão para algumas pessoas. "Etéreo" foi sugerida como sendo uma palavra mais adequada, e é usada no lugar de "astral" por alguns escritores. Ainda assim, a palavra "etéreo" não esclarece o ponto em questão, uma vez que significa "aérea". Além do mais, seu significado original grego é "abrasador", do verbo *aithen*, queimar. Ainda possui outro significado: *sutil*, de forma que o "corpo etéreo" pode ser bem vertido para "corpo sutil". Por outro lado, astral significa "estrelado", ou seja, possuindo a aparência de uma estrela. Entretanto, mesmo a palavra "etéreo" não transmite o completo significado fornecido pelo termo sânscrito *Linga-Śarīra* – que quer dizer "veículo modelo". A dificuldade encontrada no uso de palavras em nossa língua pode ser evitada ao se aplicar os termos técnicos do sânscrito, uma vez que "corpo astral" pode ser usado como: (1) *Māyāvi-Rūpa*; (2) *Kāma-Rūpa*; (3) *Linga-Śarīra*.

Esses três termos significam:

(1) *Māyāvi-Rūpa*: o "veículo de projeção", literalmente o "veículo ilusório", uma vez que *māyāvi*, forma adjetiva de *māyā* – uma derivação do verbo *ma*, medir – possui a conotação de "ilusão"; *rūpa*, forma, veículo. O *Māyāvi-Rūpa* é o veículo no qual um

[205] *Ibid.*

[206] Vol. I, p. 293, ed. 6 vol.; I, 268, 3ª ed. Este assunto será desenvolvido posteriormente no Capítulo VIII – A Doutrina das Raças.

adepto pode aparecer quando projeta seus aspectos superiores a qualquer distância desejada, concretizando a substância "astral" das cercanias do local onde ocorre a "aparição", modelando assim uma réplica ilusória de si mesmo.

(2) *Kāma-Rūpa*, literalmente o "veículo do desejo". O veículo após a morte que habita o *Kāma-Loka* (mundo do Desejo) até que a segunda morte ocorra e seja introduzido no *Devachan* (estado de bem-aventurança). O *Kāma-Rūpa* é corretamente descrito como o *eidolon*, a sombra, o espectro, o fantasma, ou ainda o *bhūta*.

(3) *Linga-Śarīra*, o "veículo modelo", literalmente "o modelo que definha". Esse "definhar", entretanto, ocorre apenas após a morte do corpo físico. Normalmente não é visível pelo olho físico; o *Linga-Śarīra* é o modelo ou padrão para a construção do corpo físico. É descrito como "o veículo ou forma inerte na qual o corpo é moldado" (II, 593).[207] Na verdade, o nascimento do *Linga-Śarīra* ocorre antes do nascimento do *Sthūla-Śarīra* (corpo físico) do recém-nascido, mesmo que isso seja desconhecido pela ciência médica.

Fica claro que os termos sânscritos (1) e (2) não se aplicam à ideia que se tem em mente, mas o terceiro sim. Mais ainda, a citação acrescenta que o corpo astral é um modelo para o físico — o significado exato da palavra. Em todos os seus escritos, H.P.B. usou o termo "corpo astral" como um equivalente para *Linga-Śarīra*.

O item (b) da citação trata da história antiga da raça humana, afirmando que em idades longínquas a forma do corpo humano era na verdade etérea, e que este tornou-se concreto e físico com o passar das eras. Mais do que uma "criação", conforme geralmente é usado, o primeiro homem (ou antes, a primeira raça de homens) foi produzido... Porém, deixemos essa explicação para o *śloka* 14 (da Estância IV), em sua forma peculiar:

> As Sete Legiões, o Senhores "Nascidos da Vontade" (ou *Nascidos da Mente*), impulsionados pelo Espírito Dispensador da Vida (*Fohat*), separaram os Homens de si mesmos, cada qual em sua própria Zona.
>
> (...)
>
> Eles se desprenderam de suas sombras (*chhāyās*) ou *corpos astrais* — se é que se pode dizer que um ser tão etéreo como um "Espírito Lunar" possui um Corpo Astral, além de outro quase tangível. Em outro *Comentário* se diz que os Antecessores *exalaram* o primeiro homem... E em um terceiro se diz que eles, os Homens recém-criados, eram as "sombras das Sombras".
>
> (...)
>
> No que se refere a esta frase: "Eram as sombras das Sombras", pode-se acrescentar algo mais... Quem dentre os que já presenciaram o fenômeno da materialização de uma forma surgindo dos poros de um médium, ou às vezes do seu *lado esquerdo*, poderia hesitar em admitir, pelo menos, a possibilidade de semelhante *nascimento*? A Filosofia Oculta... ensina

[207] Vol. IV, p. 165, ed. 6 vol.; II, 627, 3ª ed.

> que o primeiro grupo humano emanou da própria essência de Seres superiores semidivinos. Se tal processo pode parecer de todo anormal e inconcebível – porque a Natureza, no estado atual da evolução, não mais o adota –, provado está, contudo, pela autoridade de certos FATOS "espiritualistas". (II, 86-7)[208]

Dessa forma, a citação cobriu fartamente este ponto específico da proposição, ou seja, de que o nascimento do corpo astral precede o do corpo físico. A próxima passagem, entretanto, trata dos aspectos *causativos* da evolução humana, os quais do ponto de vista da Filosofia Oculta são mais importantes do que o seu resultado. Na verdade, as causas possuem maior significado, uma vez que são responsáveis pelos efeitos ocorridos e registrados na história antiga. Da mesma maneira, essas causas produzirão as mudanças que ocorrerão em idades futuras. Esta passagem deve ser lida com cuidado, e após uma pausa, relida, pois, se seu conteúdo for bem compreendido, o leitor poderá obter a chave para o entendimento do esquema básico da evolução humana, conforme apresentado em *A Doutrina Secreta*. Também chamamos atenção para "a absoluta, sempre atuante e correta lei que prossegue nas mesmas linhas de uma eternidade a outra". Poderiam outras palavras ser mais enfáticas que essas? Um homem evolui, todo o reino humano evolui, assim como o reino animal, o reino vegetal, o mineral, os três reinos elementais e, da mesma maneira, os três Reinos *Dhyāni-Chohanic*, pois cada indivíduo dentro da hierarquia, assim como todas as hierarquias, são parte do *Kosmos*, são a verdadeira fibra do Universo – e o próprio Universo atua de acordo com a LEI absoluta e sempre atuante!

> Ora, este Ensinamento nos diz como já mostramos que o homem não foi "criado" como o ser completo que hoje é, por mais imperfeito que ainda seja. Houve uma evolução espiritual, uma evolução psíquica, uma evolução intelectual e uma evolução animal, do mais elevado ao mais inferior, assim como um desenvolvimento físico – do simples e homogêneo ao complexo e heterogêneo, porém, *sem que isto tenha ocorrido inteiramente segundo as linhas traçadas pelos evolucionistas modernos*. Essa dupla evolução, em dois sentidos contrários, exigiu várias idades e diferentes naturezas e graus de espiritualidade e intelectualidade para construir o ser agora conhecido como homem. Além disso, a lei una absoluta, sempre em ação infalível, que procede sempre do mesmo modo, de uma a outra Eternidade (*Manvantara*) – proporcionando sempre uma escala ascendente ao manifestado, ou o que chamamos de Grande Ilusão (*Mahā-Māyā*), mas submergindo o Espírito cada vez mais profundamente na materialidade, por um lado, e depois assegurando a sua *redenção por meio da carne* e libertando-o; esta lei, dizemos, emprega para tais objetivos Seres pertencentes a outros planos mais elevados, homens ou Mentes (*Manus*), conforme as exigências *kármicas*. (II 87-88)[209]

A "dupla evolução", em "dois sentidos contrários", significa os processos de *Pravritti* e *Nivritti*[210] – a involução do espírito e a evolução da matéria no Arco Descendente, e a evolução do espírito e a involução da matéria no Arco Ascendente.

[208] Vol. III, pp. 95-96, ed. 6 vol.; II, 90-91, 3ª ed.
[209] Vol. III, pp. 96-97, ed. 6 vol.; II, 91-92, 3ª ed.
[210] Descritos anteriormente neste capítulo.

O homem seguiu essa mesma lei na sua jornada cíclica: começou com uma forma espiritual, embora sem autoconsciência, sempre concretizando e tornando física essa forma, conforme seguia o Arco Descendente até o ápice da materialidade. Quando este ponto mais baixo foi alcançado, ele começou a subir pelo Arco Ascendente, em cuja escalada agora está empenhado.

Os Seres de outros planos superiores que auxiliam o homem em sua evolução são de duas classes de *Pitris*: primeiro, os *Pitris* Lunares; depois, mais tarde, os *Pitris* Solares.

"O Homem Precedeu a Todos os Mamíferos"

O terceiro postulado do primeiro conjunto de proposições é sem dúvida o de mais fácil compreensão, muito embora sua linguagem bem delineada não seja suficiente para descrever as teorias dos evolucionistas. Na verdade, esse ensinamento é até mesmo admitido como "diametralmente oposto às teorias da evolução e da descendência animal do homem, genericamente aceitas atualmente" (II, 168), ou seja:

> (c) que o homem, nesta Ronda, precedeu a todos os mamíferos – inclusive os antropoides – do Reino Animal.

Assim fica claro que, se o homem *veio antes* de qualquer mamífero na Terra, este não pode ser colocado como o *último* ser a ter evoluído na suposta linha única de evolução. As palavras mais importantes a serem recordadas nesse postulado são "*nesta Ronda*", ou seja, em nossa presente Ronda, que é a Quarta, e que o homem surgiu *antes dos mamíferos* do Reino Animal. A razão dessa afirmativa da Filosofia Oculta é explicada da seguinte maneira – usando a analogia do homem como um microcosmo ("pequeno Universo") do macrocosmo ("grande Universo"):

> No tocante à outra questão, a da prioridade do homem sobre os animais na ordem da evolução, também está pronta a resposta. Se o homem é realmente o Microcosmo do Macrocosmo, o ensinamento nada tem de impossível e é de todo lógico. Porque o homem se converte em Macrocosmo para os três reinos que lhe são inferiores. De um ponto de vista físico, todos os reinos inferiores, exceto o Reino Mineral – que é a própria luz cristalizada –, desde as plantas até as criaturas que precederam os primeiros mamíferos, se consolidaram em sua estrutura física por meio da "poeira abandonada" pelos minerais e dos *resíduos de matéria humana, provenientes de corpos vivos e mortos, de que se alimentavam e que lhes deram seu corpo externo*. Também o homem, por sua vez, se robusteceu fisicamente reabsorvendo em seu sistema o que havia expelido e que se transformou, graças às transmutações alquímicas da Natureza, ao passar pelos cadinhos vivos dos animais. Existiam então animais que os nossos naturalistas modernos nem sequer em sonho imaginaram; e, quanto mais forte se fazia o homem material e físico – os gigantes daqueles tempos – tanto mais poderosas eram suas emanações. Uma vez que a "humanidade" Andrógina se separou em sexos, transformados pela Natureza em máquinas portadoras de criaturas, cessou de procriar a sua espécie por meio de gotas de energia vital que emanavam do corpo. Mas, quando o homem

> ainda ignorava as suas faculdades procriadoras no plano humano – antes de sua Queda, como diria um crente em Adão –, toda essa energia vital, disseminada por toda a parte, foi empregada pela Natureza na produção das primeiras formas de animais mamíferos. Sabe-se que a evolução é um *eterno ciclo de vir a ser*, e que a Natureza jamais deixa sequer um átomo sem utilização. Por outra parte, desde o início da Ronda tudo na Natureza tende para a formação do Homem. Todos os impulsos da Força dual, centrípeta e centrífuga, são dirigidos para um mesmo ponto – o Homem. (II, 169-70)[211]

Pois o homem sintetiza o equilíbrio entre o espírito e a matéria, representando a posição na jornada cíclica do Ciclo de Necessidade, onde a autoconsciência pode prosseguir no caminho evolucionário. As forças centrípeta e centrífuga mencionadas na citação são o Espírito e a Matéria; no Arco Descendente a ação é centrípeta na matéria e centrífuga no espírito. No Arco Ascendente o processo é revertido (conforme já explicado). A frase "os resíduos de matéria humana" se refere à matéria utilizada pelo homem na Ronda precedente (a Terceira Ronda), assim encarado como "resíduo", pois foi usado e "liquidado" no que diz respeito aos processos evolucionários. Assim, então, temos a explicação para o *śloka* nas *Estâncias de Dzyan* que narra como os primeiros animais desta Ronda foram produzidos. Ele diz:

> Das gotas de suor, do resíduo da substância, material proveniente dos corpos mortos dos homens e dos animais da Roda anterior (a anterior, Terceira Ronda), e do pó abandonado, os primeiros animais (desta Ronda) foram produzidos. (II, 80)[212]

A citação anterior também explica como o homem se tornou cada vez mais "físico" no curso cíclico das eras, quer dizer, em relação ao seu veículo etéreo, "através da reabsorção em seu sistema do que ele havia se despojado". Na verdade, o mesmo processo ocorre atualmente através do alimento, da água ingerida e do ar por nós respirado. Pois esse processo da matéria é contínuo, embora a ênfase agora *não* seja sobre o "lado material", mas sim sobre o "lado espiritual", uma vez que agora estamos seguindo o Arco Ascendente de nossa jornada, enquanto que *antes*, durante a última parte do Arco Descendente (período mencionado na citação), a inclinação se fazia em direção à matéria. Chamamos atenção também para a frase "transmutações alquímicas da Natureza". Esse processo foi descrito no capítulo anterior sob o tema da transferência dos átomos-vida.[213]

Em continuação à explicação da terceira proposição em relação à precedência do homem sobre os mamíferos, a passagem a seguir fornece uma visão geral do assunto, e também o vincula com uma exposição adicional da Terceira Proposição Fundamental (já descrita). O período de vida (ou tempo) da Terra é mencionado como consistindo de "um grande ciclo *Manvantárico* de Sete Rondas". O ponto mediano

---

211 Vol. III, p. 177, ed. 6 vol.; II, 179, 3ª ed.
212 Vol. III, p. 187, ed. 6 vol.; II, 190, 3ª ed.
213 Veja o Capítulo IV, Seção "A Transmissão de Átomos-Vida".

desse grande período, mencionado como "o ponto mediano da evolução", estaria no ponto equidistante das três rondas e a três raças e meia na Quarta Ronda. Esse ponto marcou a grande mudança na evolução da raça humana quando esta foi "separada" em dois sexos — quer dizer, "separada" a partir de um ser andrógino. Esse evento ocorreu há 18 milhões de anos, período estabelecido em *A Doutrina Secreta*. O ponto mais inferior no Arco Descendente ocorreu durante este ciclo. Falando tecnicamente, durante a Quarta Ronda (a Ronda atual), durante a quarta sub-raça da Quarta Raça (conhecida como Raça Atlante).

> A Doutrina Oculta afirma que, na Ronda atual, os mamíferos foram produzidos pela evolução posteriormente ao homem. A evolução procede por Ciclos. O grande Ciclo *Manvantárico* de Sete Rondas, que se inicia na Primeira Ronda com o mineral, o vegetal e o animal, continua sua obra evolucionária pelo arco descendente, até que se detém ao chegar à metade do curso da Quarta *Raça*, no fim da primeira metade da Quarta *Ronda*. É, portanto, em nossa Terra — a quarta Esfera e a inferior — que, na presente Ronda, se alcança esse ponto médio. E como a Mônada passou, após sua primeira "solidificação", no Globo A, pelos reinos mineral, vegetal e animal, e por todos os graus dos três estados da matéria, exceto o último grau do terceiro, ou estado sólido, que ela só atinge no "ponto médio" da evolução, é perfeitamente lógico e natural que, no começo da Quarta Ronda no Globo D, fosse o homem o primeiro a aparecer, e que a sua constituição se formasse com a matéria mais tênue compatível com a objetividade. Para tornar mais claro, diremos que, se a Mônada inicia o seu ciclo de encarnação nos três reinos objetivos, sobre a curva descendente, deve necessariamente entrar sob a forma humana na curva ascendente da Esfera. No arco descendente é o aspecto espiritual que se transforma gradualmente no material. Na linha média da base, o Espírito e a Matéria se equilibram no Homem. No arco ascendente, o Espírito volta lentamente a afirmar-se, à custa do aspecto físico ou da Matéria, de modo que, no final da Sétima Raça da Sétima Ronda, a Mônada se verá tão livre quanto o era no princípio; tendo ganhado, porém, a experiência e a sabedoria, frutos de todas as suas vidas pessoais, sem suas maldades e tentações." (II, 180-1)[214]

A evolução do corpo físico da raça humana foi o resultado de uma mudança gradual que levou muitos milhões de anos, culminando na presente forma com dois sexos. Não obstante, o atual *rūpa* (para usar um termo técnico) não é o desenvolvimento último do veículo do homem, pois ainda há muitas mudanças pela frente, e isso ocorrerá ciclo após ciclo.

Devemos deixar claro, também, que a Doutrina Oculta não sustenta a visão lançada por seguidores da teoria da evolução, na qual o homem teve sua origem no lodo do oceano (o qual é considerado como a primeira origem da "vida" neste planeta). Tampouco concorda com a teoria de que houve uma progressão gradual de formas, desde a primeira criatura a aparecer no lodo do oceano, ascendendo em escala até a forma de inseto e depois ao reino animal, culminando no homem.

---

[214] Vol. III, p. 187, ed. 6 vol.; II, 190-1, 3ª ed.

Nenhum ocultista pode aceitar a proposição, nada razoável, de que todas as formas atuais, "desde a ameba até o homem", são descendentes diretos de organismos que viveram no mar ou na terra lodosa, durante as épocas pré-silurianas, milhões e milhões de anos antes do aparecimento do homem. Os ocultistas creem em uma *Lei inerente do Desenvolvimento Progressivo*. (II, 259-60)[215]

(...)

Entre a evolução da natureza espiritual do homem, partindo das almas ameboides, já citadas, e o suposto desenvolvimento de sua forma física, desde o habitante protoplásmico do limo do oceano, há um abismo que nenhum homem com *plena* posse de suas faculdades intelectuais seria capaz de transpor. (II, 650)[216]

(...)

Os que acreditam na lei da evolução e do desenvolvimento gradual e progressivo a partir da célula — que de célula vital passou à célula morfológica, até surgir finalmente como protoplasma puro e simples — não podem certamente limitar sua crença a uma linha única de evolução. Os tipos de vida são inumeráveis; e, além disso, o progresso da evolução não segue o mesmo compasso em todas as diferentes espécies. A constituição da matéria primordial na era Siluriana — referimo-nos à *matéria* "primordial" da Ciência — era, em suas particularidades essenciais, a mesma da matéria primordial *viva* de nossos dias, salvo quanto ao grau atual de rudeza. Tampouco vemos o que deveria ser visto, se a teoria evolucionista ortodoxa de hoje fosse *inteiramente* exata, a saber: um progresso constante, ocorrendo sempre em todas as espécies de seres. Em vez disso, o que vemos? Enquanto os grupos intermédios dos seres do reino animal tendem todos para um tipo superior, e enquanto as especializações, ora de um tipo, ora de outro, se desenvolvem no curso das eras geológicas, mudam as formas, assumindo outras novas, aparecem e desaparecem com a rapidez de um caleidoscópio de um período a outro, segundo as descrições dos paleontólogos, as duas únicas exceções à regra geral são as que se encontram nos dois polos opostos da vida e dos tipos: O HOMEM e *as espécies inferiores* de seres! (II, 256)[217]

Três Diferentes Esquemas da Evolução do Homem

O desenvolvimento evolucionário gradual da estrutura física do homem nada mais é do que um dos três aspectos do esquema evolucionário postulado para o desenvolvimento do homem. Os outros dois aspectos não são considerados em conexão com as teorias evolucionárias dos cientistas. É por este motivo que *A Doutrina Secreta* postula três esquemas distintos de evolução para o homem. Enquanto essas três linhas de desenvolvimento podem ser separadas para fins de estudo, na realidade elas não são seguidas em três esquemas separados, pois esses três processos ocorrem concomitantemente. Esse esquema evolucionário triplo forma o segundo conjunto de três proposições prefaciadas neste parágrafo:

[215] Vol. III, p. 262, ed. 6 vol.; 271, 3ª ed.
[216] Vol. IV, p. 220, ed. 6 vol.; 687, 3ª ed.
[217] Vol. III, p. 258, ed. 6 vol.; 267, 3ª ed.

> Está claro agora que existe na Natureza um tríplice esquema evolutivo, para a formação dos três *Upādhis periódicos*; ou melhor, três esquemas separados de evolução, que em nosso sistema se acham entrelaçados e combinados em todas as suas partes. Eles são: a evolução Monádica (ou Espiritual), a Intelectual e a Física. Os três são os aspectos finitos, os reflexos, no campo da Ilusão Cósmica, de *Ātman*, o sétimo princípio, a Realidade Única. (I, 181)[218]

Cada esquema será considerado separadamente. Com relação ao termo *Upādhi*, este é usado na filosofia hindu sob uma variedade de significados. A raiz dessa palavra sânscrita nos fornece a solução, pois o composto verbal de *Upā* e *dhā* significa "colocar"; daí, aquilo que é colocado no lugar de outra coisa, um substituto; pode significar também aparição, disfarce, especialmente quando aplicado a certas formas ou propriedades consideradas disfarces do espírito. De forma que, enquanto a palavra é usualmente traduzida como uma base, ou ainda veículo, pode também ser usada como "véu do espírito", especialmente quando ligada à classificação quaternária dos princípios do homem. Conforme exposto no sistema do *Tāraka Rāja-Yoga*, de três *Upādhis* coroados por *Ātman*. Da mesma forma, na divisão setenária dos princípios do homem, *Buddhi* atua como um *upādhi* para *Ātman*.

Isto pode ser colocado da seguinte forma. Uma vez que *Ātman* é "a Realidade Una", este não pode manifestar-se diretamente na esfera física, que é o "campo de Ilusão Cósmica". Dessa forma, ele precisa "vestir" algo (um *upādhi*) que agirá como seu substituto nesse campo. Muito embora o esplendor de *Ātman* penetre seu substituto, este seu veículo alternativo funciona como um "véu" para a manifestação desse esplendor.

Notamos que os três *upādhis* do sistema *Tāraka* não foram mencionados na citação ora considerada; não obstante, neste caso a tradução como "véus do espírito" é bastante apropriada. Aqui também o *upādhi* atua como um redutor desse esplendor.

O fornecimento de eletricidade, tanto comercial quanto doméstica, é uma ilustração que pode nos ajudar a tornar o assunto mais claro. A eletricidade é gerada numa usina por meio de dínamos, e a corrente assim obtida é enviada pelos fios de alta tensão. Seria desastroso se essa tremenda força fosse fornecida diretamente à residência, pois a corrente provocaria curtos-circuitos ou poderia queimar os aparelhos. A alta voltagem da eletricidade, então, é reduzida por meio de transformadores, de forma que a corrente possa ser usada em casa sem perigo. É da mesma natureza o poder elétrico nos cabos de alta tensão e no uso doméstico, embora, em casa, a corrente tenha sido reduzida por meio de um transformador.

Ātman é visto como a Realidade Una, pois, embora classificado como o princípio mais elevado, o sétimo princípio do homem, é, na realidade, um princípio muito mais universal que individual. Mesmo que identificado como uma centelha de *Paramātman*, este permanece ligado com essa Realidade Una através de todo um ciclo de vida.

---

[218] Vol. I, p. 233, ed. 6 vol.; I, 203, 3ª ed.

Evolução Monádica

É importante compreender o correto significado do termo "Evolução Monádica" – o primeiro dos três esquemas mencionados na citação. Dessa forma, é necessário rever a definição de Mônada. O *upādhi* para *Ātman* é *Buddhi*, e a união desses dois é chamada de Mônada, o *Jīvātman*. Mas nem mesmo a Mônada pode se manifestar no Plano Físico, uma vez que essa união não é compartilhada com aspectos ou vestes finitas. Não obstante, por meio da "redução" apropriada de seus aspectos ao longo dos vários planos de existência, a veste mais inferior se manifesta nesta esfera física sob o aspecto do corpo físico. É essa capa inferior que oscila pelas leis pertencentes ao mundo físico, leis como a da mudança contínua e a da incessante alternância de períodos de atividade e repouso. No entanto, a Mônada é governada pelas leis que pertencem a este plano. Assim, com relação à evolução Monádica:

> 1. A evolução Monádica, como a expressão indica, relaciona-se com o crescimento e desenvolvimento da Mônada em fases de atividade cada vez mais elevadas, em conjunção com a evolução Intelectual. (I, 181)[219]

Durante seu período na terra, a porção Monádica da constituição do homem está a ele associada, ou ligada, pelo *Sthūla-Śarīra* (corpo físico), pois não está na realidade encarnada *no* corpo físico, mas usa este último como uma veste. Assim, o corpo físico é o veículo por intermédio do qual os membros do Reino Humano se manifestam durante determinado período na Terra – sim, pois a Terra é apenas uma das Mansões da Vida. Um período de vida representa o uso de uma vestimenta nesta esfera. Durante os estados de pós-morte, outras experiências são acumuladas. O objetivo da evolução humana é alcançado quando se obtém uma "graduação" no Reino Humano; então a evolução Monádica continuará por degraus superiores da Escada da Vida.

Em realidade, a evolução Monádica está sendo acompanhada por cada uma das Dez Classes abrangidas pela Escada da Vida. As Mônadas se utilizam das vestes ou mantos, que pertencem a cada classe ou reino, com o propósito de se manifestarem no degrau da Escada da Vida, no globo sobre o qual estão evoluindo. O objetivo de cada classe é se "graduar" nesses reinos, de forma a avançar para o próximo degrau superior, onde também se utilizarão de vestes apropriadas àquele degrau. A evolução Monádica é descrita de forma excelente no *śloka* 5 da Estância VII (das *Estâncias de Dzyan*):

> A Centelha pende da Chama pelo mais tênue fio de *Fohat*. Ela viaja através dos Sete Mundos de *Māyā*. Detém-se no Primeiro (Reino), e é um Metal e uma Pedra; passa para o Segundo (Reino), e eis uma Planta, a Planta gira através de sete mutações, e vem a ser um Animal Sagrado (a primeira Sombra do Homem Físico).
>
> (...)

[219] Vol. I, p. 233, ed. 6 vol.; I, 203-4, 3ª ed.

O que é aquela "Centelha" que está suspensa da "Chama"? É *Jīva*, a Mônada em conjunção com *Manas*, ou melhor, com o aroma deste último, aquilo que sobrevive a cada Personalidade quando é meritória, e que pende de *Ātma-Buddhi*, a Chama, pelo Fio da Vida. De qualquer maneira, e seja qual for o número de princípios em que se divida o homem, fácil é demonstrar que esta doutrina era ensinada por todas as religiões antigas, desde a religião védica até a dos egípcios, desde a de Zoroastro até a dos judeus. Quanto a esta última, temos sobejas provas nas obras cabalísticas. (I, 283-9)[220]

(...)

A expressão "através dos Sete Mundos de *Māyā*" refere-se aos sete Globos da Cadeia Planetária e às sete Rondas, ou às quarenta e nove estações da existência ativa que se apresentam ante a "Centelha" ou Mônada, no início de cada Grande Ciclo de Vida ou *Manvantara*. O "Fio de *Fohat*" é o Fio de Vida já mencionado anteriormente.

(...)

Temos aqui o maior dos problemas filosóficos: a natureza física e substancial da Vida. A ciência moderna nega a natureza independente da Vida; e a nega por ser incapaz de compreendê-la. Os que acreditam na reencarnação e no *Karma* são os únicos que têm uma vaga percepção de que todo o segredo da vida está na série ininterrupta de suas manifestações, seja no corpo físico, seja fora dele. Porque, se:

A vida, qual cúpula de cristais multicolores,
Tinge a resplandecente alvura da Eternidade –
É, contudo, em si mesma, uma partícula dessa Eternidade. E só a Vida
pode compreender a Vida." (I, 238)[221]

Chamamos especial atenção para esta frase: "todo o segredo da vida está na série ininterrupta de suas manifestações, seja no corpo físico", porque a Evolução Monádica *é contínua*, "seja no corpo físico, seja fora dele"! Já mencionamos o axioma cabalístico que ocorre em uma das *Estâncias de Dzyan*, demonstrando ser uma parte e uma parcela da Sabedoria Antiga. A ele é dada uma elucidação posterior na citação a seguir, dando continuidade ao tema da Evolução Monádica. Observe a definição conferida à Mônada, incluída posteriormente:

Há um conhecido aforismo cabalístico que diz: "A pedra se converte em uma planta; a planta num animal; o animal num homem; o homem num espírito; e o espírito em um deus." A "Centelha" anima sucessivamente todos os reinos, antes de penetrar e animar o homem divino; e entre este e o seu predecessor, o homem animal, existe todo um mundo de diferença... A Mônada ou *Jīva*... foi lançada inicialmente pela Lei de Evolução, na forma mais baixa da matéria: o mineral. Encerrada na pedra (ou no que iria tornar-se mineral e pedra na Quarta Ronda), e depois de um giro sétuplo, daí a Mônada desliza para fora como um líquen, por assim dizer. E, passando através de todas as formas de matéria vegetal, e depois ao que se chama de matéria animal, alcança o ponto em que se deve converter, digamos assim, no germe do animal que se transformará em homem físico. Tudo isso, até a Terceira Ronda, é sem forma, como matéria, e insensível, como consciência. Porque a Mônada ou *Jīva*, *per se*, não pode ser considerada sequer como Espírito: é um Raio de Luz, um Sopro do Absoluto,

---

220 Vol. I, p. 283-4, ed. 6 vol.; 258-9, 3ª ed.

221 *Ibid.* Os versos foram extraídos de "Adonai", de Shelley. *O Lamento*, por John Keats, 1821.

> ou antes, algo *na condição de Absoluto*, e a Homogeneidade Absoluta, não tendo nenhuma relação com o finito, condicionado e relativo, é inconsciente em nosso plano. Assim, além do material de que necessita para sua futura forma, requer a Mônada: (a) um modelo espiritual ou protótipo, para dar configuração àquele material; e (b) uma consciência inteligente para guiar a sua evolução e progresso, nenhumas das quais é possuída pela Mônada homogênea, nem pela matéria viva, desprovida de sentido. (I, 246-7)[222]

Deve ficar claro que não é a veste física da pedra que se transforma em uma planta, como também não é a planta viva que se metamorfoseia em um animal; ao contrário, é a Mônada que se utiliza de vestes pertencentes a cada reino, com o propósito de obter experiência evolucionária em cada uma das classes. Dessa forma, a Mônada aparece primeiramente na esfera visível no Reino Mineral, e depois passa por sete giros – comparáveis e equivalentes ao período de tempo requerido pelas Sete Raças durante as Sete Rondas no Reino Humano. Depois se gradua nesta classe onde suas vestes eram mais duras, tornando-se apta a utilizar vestes de uma natureza mais flexível, embora estacionária, como ocorre no Reino Vegetal. No próximo Grande Período Cíclico, a Mônada estará apta a usar as vestes apropriadas ao Reino Animal.

Antes de aparecer no mundo manifestado, entretanto, sete giros foram necessários em cada um dos reinos não manifestados, chamados de Classe I, Classe II e Classe III dos Reinos Elementais. O objetivo dessas três classes, que estão abaixo do Reino Mineral (em termos de condição evolucionária), é obter a manifestação física, para depois prosseguir no ciclo superior.

Com relação às Mônadas que já usam veículos do Reino Humano, aquelas que se graduaram após passar por sete Grande Ciclos (ou Sete Rondas) estão aptas a continuar sua Evolução Monádica nos Reinos *Dhyāni-Chohanicos*.

> Todos estão sujeitos ao *Karma*, e devem esgotá-lo em cada ciclo. Ensina a Doutrina Secreta que não existem seres privilegiados no Universo, assim em nosso sistema como nos outros, assim nos mundos externos como nos mundos internos – seres privilegiados à maneira dos Anjos da religião ocidental ou dos judeus. Um *Dhyān-Chohan* não surge ou nasce como tal, subitamente, no plano da existência, isto é, como um Anjo plenamente desenvolvido; mas veio a ser o que é. A Hierarquia celeste do *Manvantara* atual ver-se-á transportada, no próximo ciclo de vida, a Mundos superiores, e dará lugar a uma nova Hierarquia composta dos eleitos de nossa humanidade. A existência é um ciclo interminável no seio da Eternidade Absoluta, em que se movem inúmeros ciclos internos, finitos e condicionados. Deuses criados como tais não demonstrariam nenhum mérito pessoal em ser Deuses. Semelhante classe de Seres – perfeitos unicamente em virtude da natureza imaculada e especial que lhes fosse inerente – em face de uma humanidade que luta e sofre, e ainda das criaturas inferiores, seria o símbolo de uma injustiça eterna de caráter inteiramente satânico, um crime para todo o sempre presente. Uma anomalia e uma impossibilidade na Natureza. (I, 221-2)[223]

---

[222] Vol. I, pp. 291-2, ed. 6 vol.; 266-7, 3ª ed.
[223] Vol. I, p. 268, ed. 6 vol.; I, 241-2, 3ª ed.

São palavras bem enfáticas, é verdade, porém muito necessárias em vista das ideias religiosas que se acumulam ao redor dos anjos e deuses! Não é uma classe especial, não existem duas linhas de evolução! Outra citação deixa isso bem claro.

> Em verdade, conforme acabamos de demonstrar, cada um dos chamados "Espíritos" *ou é um homem desencarnado ou um homem futuro*. Porque, desde o mais elevado Arcanjo (*Dhyān-Chohan*) até o último Construtor consciente (a classe inferior das Entidades Espirituais), todos estes *são homens* que viveram em outros *Manvantaras*, em *evos* passados, nesta ou em outras Esferas; e os Elementais inferiores, semi-inteligentes e não inteligentes, são todos homens *futuros*. Para o ocultista, a circunstância de um Espírito ser dotado de inteligência representa, por si só, a prova de que este Ser foi um *homem*, havendo adquirido essa inteligência e o seu conhecimento através do ciclo humano. No Universo só existe uma Onisciência e Inteligência indivisível, e esta vibra em cada átomo e ponto infinitesimal de todo Cosmos, que não tem limites e ao qual se dá ao nome de ESPAÇO, considerado independentemente de todas as coisas nele contidas. (I, 277)[224]

Neste ponto é conveniente chamarmos a atenção para uma poderosa declaração feita com relação aos "Espíritos Planetários", que é um termo equivalente em significado a *Dhyāni-Chohans*:

> Existem muitos outros graus e ordens, mas não existe nenhuma ordem *separada* ou eternamente constituída de Espíritos Planetários.[225]

É importante fazer uma clara distinção entre a evolução da *forma* e a evolução da *Centelha* que se utiliza da forma. E esta é a razão pela qual esse assunto foi apresentado da forma mais completa possível. A evolução da *Centelha*, ou Mônada (a palavra técnica é *Jīva* ou *Jīvātman*) representa o primeiro esquema, chamado de Evolução Monádica. Em contradição, a evolução da *forma* (a palavra técnica é *rūpa*, geralmente traduzida como corpo), é chamada de Evolução Física.

A Evolução do Intelecto

Ao abordarmos o assunto do segundo esquema, outra fase da evolução humana é trazida à nossa consideração, e é o aspecto mais significativo do desenvolvimento humano. É conhecido como a evolução do intelecto – o termo técnico é *Manas*, o Princípio Mental, e é definido como:

> 2. A evolução Intelectual, representada pelos *Mānasa-Dhyānis* (*Devas* Solares ou *Pitris Agnishvātta*), aqueles que "dão ao homem a inteligência e a consciência". (I, 181)[226]

---

224 Vol. I, p. 320, ed. 6 vol.; I, 297-8, 3ª ed.
225 *Cartas dos Mahatmas para A.P. Sinnett*, p. 44 [Ed. Teosófica, Vol. I, Carta nº 18, p. 119 (Nota Ed. Bras.)].
226 Vol. I, p. 233, ed. 6 vol.; I, 204, 3ª ed.

Por "intelectual" entende-se o funcionamento do Princípio Mental, *Manas*, seu despertar e consequente estímulo sobre a evolução humana, pois sem este o homem teria continuado em estado sonolento por incontáveis eras. É por causa desse fator que o homem é capaz de acelerar ou retardar seu próprio avanço evolucionário. A escolha pertence somente ao homem, embora ele esteja compelido a seguir o Ciclo de Necessidade.

Chama a atenção o fato de qu,e para esse segundo esquema da evolução humana, os Seres são representados como responsáveis por "fornecer inteligência e consciência" ao homem. Como a frase está entre aspas, fica evidente que ela é apenas uma figura de linguagem. Realmente. Não é um *presente*, no sentido comum da palavra, ou seja, o ato de doar ou fornecer algo que o homem não possui. Isto deve ser claramente compreendido, pois é bastante óbvio que a inteligência (de certo tipo) está presente no Reino Animal, embora esta pertença mais ao instinto do que ao intelecto; também não há qualquer percepção de autoconsciência. Tecnicamente expresso, significa que embora *Manas* – o Princípio Mental – esteja presente no Reino Animal, ele permanece latente ou dormente, ou seja, não funcional. Similarmente, nas duas primeiras raças da humanidade *Manas* estava presente, mas não atuante, pois as duas primeiras raças são chamadas tecnicamente de *Amānasa* (as raças "Sem Mente").

Esse segundo esquema de evolução, o qual lida com a iluminação mental da raça humana, representa o ponto central de todo o esquema da carreira humana sobre a Terra. Sem sombra de dúvida, é o fator mais importante no que concerne ao desenvolvimento humano neste globo. Por não possuir esta chave, as teorias científicas são incapazes de se aprofundar no problema das razões para o aparecimento e o desenvolvimento do homem na Terra.

Os *Pitris* Solares

Recordemos que o ímpeto inicial sobre a evolução humana neste globo, na Quarta Ronda, foi devido à assistência fornecida pelos *Pitris* Lunares, conforme já explicado. Não obstante, a despeito da ajuda dada pelos Pais Lunares, o progresso da evolução humana, durante a Primeira e a Segunda Raças-Raízes, foi muito lento. De fato, estava sendo levado da mesma maneira que nos Reinos Inferiores da Escada Hierárquica da Vida, pois eles passavam por seus ciclos de evolução através de um "impulso natural". Algo estava faltando. A situação é descrita nas palavras da Estância:

> O homem permaneceu como um *Bhūta*, insensível e vazio.
> (Antropogênese, Estância IV, *śloka* 17)

Esse estado de existência como um *bhūta* insensível – um fantasma –, devido ao não funcionamento do Princípio Mental, teria continuado ciclo após ciclo se não fosse pela ajuda fornecida por Seres elevados na Escada Hierárquica da Vida, até mesmo superiores aos Deuses Lunares. Por terem eles próprios desenvolvidos a faculdade da Mente e a habilidade de usá-la em *plena* consciência em *Manvantaras* anteriores, foram capazes de despertar a adormecida faculdade de *Manas* durante a Terceira Raça, capacitando, por sua vez, o homem a funcionar intelectualmente. Esses Seres superiores são, portanto, denominados de Senhores da Chama, ou Filhos da Mente – *Mānasa-Putras* – ou ainda Deuses Solares. De fato, são chamados por tantos nomes diferentes em *A Doutrina Secreta* que achamos de utilidade fornecer uma lista aqui:

Pais Solares	Filhos do Fogo
Ancestrais Solares	Filhos da Sabedoria
Anjos Solares	Senhores de Sabedoria
Devas Solares	Senhores da Chama
Pitris Solares	
	Agnishvāttas
Mānasaputras	*Agnishivāttta Pitris*
Mānasa	3 Classes Superiores de *Pitris*
Mānasas	*Pitris* Incorpóreos
Mānasvin	*Vairājas*
Mānasa Dhyānis	
Dhyānis	*Kumāras Dhyānis*
Espirituais	Filhos Sagrados
Dhyānis de Fogo	*Yogues* Sagrados
Filhos de *Mahat*	Ascetas Sagrados
Filhos de *Manas*	Sagrados Nascidos da Virgem
Filhos Nascidos da Mente	Ascetas Virgens
Filhos da Mente	
	Lhas (termo tibetano equivalente)
	Lhas Solares

Naturalmente surge uma pergunta: por que tantos nomes são usados para designar essa classe de Seres? Podemos responder da mesma forma que respondemos quando tratamos dos *Pitris* Lunares. Cada nome possui uma nuance particular de significado, enfatizando um aspecto particular do ensinamento. Isso é notado especialmente com relação aos termos sânscritos, que podem ser subdivididos em três categorias: (1) o aspecto de *Manas*; (2) o aspecto de *Agnishvātta*; (3) o aspecto de *Kumāra*. A seguir, explicamos cada um, embora sem nos aprofundarmos nos detalhes:

(1) O aspecto de *Manas* enfatiza a fase de despertar do Princípio Mental, ao mesmo tempo em que chama a atenção para o fato de que os *Mānasaputras* (os "Filhos da Mente") pertencem essencialmente ao princípio *Manas*; assim sendo, são eles, verdadeiramente, os Senhores da Chama.

(2) O aspecto de *Agnishvātta* enfatiza a fase evolutiva, com referência especial à bem-sucedida obtenção do desenvolvimento de *Manas*; portanto são *Pitris* completamente desenvolvidos – *Pitris* Solares.

(3) O aspecto *Kumāra* representa a fase de iluminação através de assistência direta; nesta, os Jovens Sagrados (tradução literal da palavra *Kumāra*) realmente encarnam em uma porção da raça humana. Os *Kumāras*

> podem, sem dúvida, assinalar uma *criação* "especial" ou extra, pois são eles que, encarnando-se nos invólucros não conscientes das duas primeiras Raças-Raízes e em uma grande parte da Terceira Raça-Raiz, criam, por assim dizer, uma *nova raça*: a dos homens pensadores, *divinos*, conscientes de si mesmos. (I, 457)[227]

Nas três categorias acima mencionadas, nenhuma referência é feita aos relatos exotéricos sobre os *Pitris* Solares, pela razão de que isso levaria o assunto muito além do ponto específico em vista; assim, apenas o aspecto esotérico é considerado aqui. Além do mais, o assunto é tão vasto que requereria um volume inteiro para tratá-lo em toda a sua complexidade.

Na citação que delineia o segundo esquema da evolução humana, três termos sânscritos foram usados para denominar essa grande Classe de Seres. Essas palavras serão explicadas em detalhes, especialmente porque sua elucidação ajudará a clarificar o tema. A primeira, *Mānasa Dhyānis*, faz referência específica ao Princípio Mental, pois a palavra sânscrita *Mānasa* é a forma adjetiva da palavra *Manas*, que é uma derivação do verbo *man*, pensar; assim, até mesmo a palavra inglesa *man* (homem) pode ser traduzida como o ser que pensa, o pensador. Tecnicamente, *Manas*, o quinto princípio da divisão setenária da constituição do homem, é o *upādhi* ("veículo do espírito") de *Buddhi*. Essa conjunção ou união de *Manas* com *Buddhi* permite continuar seu crescimento e desenvolvimento, conforme especificado no primeiro dos três esquemas de evolução. *Dhyānis*: a palavra é a abreviação do conhecido termo *Dhyāni-Chohans*, e faz referência ao grande Reino superior em progresso ao Reino Humano. Como nota H.P.B., eles são "As Inteligências divinas encarregadas da supervisão do *Kosmos*."[228] *Mānasa Dhyānis* pode ser traduzido como "os seres-Mente meditadores".

---

227 Vol. II, p. 176, ed. 6 vol.; I, 493, 3ª ed.
228 *Glossário Teosófico*, p. 101.

O segundo termo, Devas Solares, deve ficar bem claro, uma vez que parte dele é um adjetivo que quer dizer "pertencente ao Sol", enfatizando, assim, o aspecto divino dessa Classe de Seres. Quanto à palavra *Devas*, devemos observar que, embora seja geralmente traduzida por "deuses", essa é uma derivação do verbo *div*, que significa brilhar; assim, podemos verter a palavra para "aqueles que brilham", "os que resplandecem". Também podemos traduzi-la como "seres celestiais". Entretanto, [a palavra] *deva* é usada um tanto quanto livremente, algumas vezes aplicada a seres do Reino Elemental que também podem ser classificados como "seres celestiais", uma vez que eles (assim como o homem) também foram originados nos reinos celestes, embora, no presente, não estejam desenvolvidos. No fundo, o homem é um "ser resplandecente", um *deva*, e um dia, quando o *Saptaparma* (o homem setenário) se desenvolver totalmente, brilhará realmente como um. No presente, ele está apenas parcialmente desenvolvido. O termo composto, *Devas* Solares, chamando a atenção para o Sol, enfatiza o "lado-espírito", especificamente o aspecto espírito-intelectual da evolução, em contraste com os *Pitris* Lunares, que vieram da Lua e representam o lado forma da evolução.

O terceiro termo, *Agnishvātta Pitris*, aponta para outro aspecto da doutrina. *Agnishvātta* é por si só um composto formado por *agni*, fogo ou essência interior, aplicado figurativamente à mente; assim, temos "o fogo da mente"; *svātta*, o particípio passado de *svad*, significa provar ou abrandar. O termo pode então ser explicado de duas maneiras: (1) aplicado àqueles Seres que provaram o fogo da mente e foram estimulados dessa forma a alcançar e concluir seu ciclo de evolução de forma a graduar-se para Classes superiores; (2) aqueles Seres que foram abrandados pelo fogo do sofrimento e da necessidade através do Ciclo de Existência, ou Ciclo de Necessidade, e alcançaram a graduação. *Pitris* é a palavra sânscrita para pais ou progenitores, referindo-se especificamente à grande Classe de Seres que auxilia a evolução humana através do despertar do "fogo da mente" adormecido, desta forma, "dando inteligência e consciência ao homem". O assunto é muito vasto para que possamos tratá-lo completamente nesta obra. No entanto, pode ser fornecido um resumo que ilustra essa doutrina; ele é a continuação do *śloka* 5 da Estância VII:[229]

> Dos atributos combinados de todos esses, forma-se o *Manu* (o homem), o pensador.
> (...)
> Quem o forma? As Sete Vidas e a Vida Una.
> (...)
> Quem o completa? O Quíntuplo *Lha*. (I, 238)[230]

[229] A primeira parte desse *śloka* foi fornecida da página 43.
[230] Vol. I, p. 283, ed. 6 vol.; I, 258, 3ª ed.

"A Vida Una" e "As Vidas"

Encontramos uma explicação, em forma de pergunta e resposta, na seguinte passagem:

> "Quem forma o *Manu* (o Homem), quem forma o seu corpo? A Vida e as Vidas. O Pecado (o equivalente caldeu para a Lua) e a Lua." Aqui, *Manu* representa o homem espiritual e celeste, o Ego real que não morre em nós e que é a emanação direta da "Vida Una" ou Divindade Absoluta. Quanto aos nossos corpos físicos exteriores, a habitação ou tabernáculo da Alma, a Doutrina ministra uma estranha lição; tão estranha que, ainda quando explicada por completo e compreendida de maneira cabal, só poderá ser plenamente comprovada pela Ciência exata do futuro. (I, 248)[231]

A "estranha lição" que a doutrina ensina fornece uma pista para a origem da Vida — o grande mistério do Ser — e também explica o que se pretende dizer com "Vida Una". O ponto vital da "lição" será apresentado sequencialmente através de extratos, pois o assunto é muito vasto para ser desenvolvido em sua inteireza. O primeiro extrato pertence a um *Comentário* sobre as *Estâncias de Dzyan*. A segunda citação, seguida por dois extratos do *Livro de Dzyan*, trata da origem da vida sobre a Terra na *Primeira* Ronda. A última citação, que aparece sob o título "Química Oculta", é uma das passagens mais importantes de *A Doutrina Secreta* e, embora longa, deve ser incluída em um trabalho dessa natureza. É fornecida sem interrupção, de forma que a sequência de ideias possa ser percebida.

> "Os mundos para o profano", diz o *Comentário*, "estão construídos com os Elementos conhecidos". Segundo o conceito de um *Arhat*, estes Elementos, coletivamente, são uma Vida Divina; distributivamente, no plano das manifestações, são as inumeráveis massas de Vidas. O Fogo somente é UM no plano da Realidade Única; no da Existência manifestada, e, portanto, ilusória, suas partículas são Vidas ígneas, que vivem e existem a expensas de todas as outras Vidas que consomem. São, por isso, chamadas "os Devoradores"... Cada coisa visível neste Universo é constituída por VIDAS semelhantes, desde o homem primordial, divino e consciente, até os agentes inconscientes que elaboram a matéria... "Da VIDA UNA, sem forma e incriada, procede o Universo de Vidas". (I, 249-50)[232]
>
> (...)
>
> Sem entrar na descrição minuciosa das Vidas Superiores, vamos concentrar a nossa atenção nos Seres terrenos e na própria Terra. Esta última, segundo os ensinamentos, foi construída para a *Primeira* Ronda pelos "Devoradores", que desintegram e diferenciam os germes de outras Vidas nos Elementos; e é de supor que o façam de modo semelhante ao dos *aeróbios*, no estado presente do mundo, quando minam e desorganizam a estrutura química de um organismo, transformando a matéria animal e dando nascimento a substâncias de constituição variável. O Ocultismo descarta, assim, a chamada Idade Azóica da Ciência, mostrando que em tempo algum deixou de existir vida sobre a Terra. Onde quer que haja um átomo de

---

231 Vol. I, p. 293, ed. 6 vol.; I, 268, 3ª ed.

232 Vol. I, p. 294-6, ed. 6 vol.; I, 269-70, 3ª ed.

matéria, uma partícula ou molécula, ainda que em estado supergasoso, aí existe vida, latente ou inconsciente que seja.
(...)
Tudo o que deixa o Estado *Laya* tornar-se Vida ativa, e é atraído ao torvelinho do MOVIMENTO (o solvente alquímico da Vida); Espírito e Matéria são dois aspectos do UNO, que não é nem Espírito nem Matéria, sendo ambos a VIDA ABSOLUTA, latente. (*Livro de Dzyan*, Com. III, p. 18)
(...)
O Espírito é a primeira diferenciação do (e no) ESPAÇO; e a Matéria é a primeira diferenciação do Espírito. O que não é nem Espírito nem Matéria — é AQUILO — a CAUSA sem Causa do Espírito e da Matéria, que são a Causa do Cosmos. AQUILO, nós O chamamos a VIDA UNA ou o Sopro Intracósmico.
(...)
Mais uma vez dizemos — *os semelhantes devem produzir os semelhantes*. A Vida Absoluta não pode produzir um átomo inorgânico, seja simples ou complexo; e ainda no estado *Laya* existe a vida, exatamente do mesmo modo que o homem imerso em profundo sono cataléptico continua um ser vivente, embora com todas as aparências de um cadáver.
(...)
... quando os "Devoradores", dizíamos, diferenciam os "Átomos de Fogo", por um processo especial de segmentação, estes últimos se convertem em Germes de Vida, que se aglutinam de acordo com as leis da coesão e da afinidade. Então os Germes de Vida produzem Vidas de outra espécie, que atuam na estrutura de nossos Globos.
(...)
Assim, o Globo, na Primeira Ronda, tendo sido construído pelas primitivas Vidas de Fogo (isto é, tendo sido formado como esfera), não possuía solidez nem qualidades, salvo um resplendor frio, sem forma, sem cor...
(...)
É por meio das radiações dos sete Corpos das sete Ordens de *Dhyānis* que nascem as sete Qualidades Distintas (Elementos), cujo movimento e união harmoniosa produzem o Universo manifestado na Matéria. (*Comentário*) (I, 258-9)[233]
(...)
Assim, a ideia de que o tabernáculo humano é construído por Vidas inumeráveis, exatamente como o foi a crosta rochosa de nossa Terra, em nada repugna aos verdadeiros místicos. E a Ciência não tem como objetar ao ensinamento; porque, se o microscópio não pode jamais descobrir o último átomo vivo ou a última expressão da vida, tal circunstância não basta para refugar a doutrina.
(...)
Ensina a Ciência que nos organismos do homem e do animal, tanto vivos como mortos, formigam centenas de bactérias de espécies as mais diversas; que somos ameaçados externamente cada vez que respiramos, com a invasão de micróbios, e internamente por leucomaínas, aeróbios, anaeróbios e muita coisa mais. Mas a Ciência ainda não foi ao ponto de afirmar, como o faz a Doutrina Oculta, que os nossos corpos, assim como os dos animais, as plantas e as pedras, são inteiramente formados de semelhantes seres, os quais, com exceção de suas espécies maiores, não podem ser observados pelo microscópio. No que se refere à parte puramente animal e material do homem, a Ciência está a caminho de descobertas que irão corroborar plenamente essa teoria. A Química e a Fisiologia são os dois grandes magos do futuro, destinados a abrir os olhos da humanidade para as grandes verdades físicas.

[233] Vol. I, p. 302-3, ed. 6 vol.; I, 278-9, 3ª ed.

Cada dia que passa mais se demonstra a identidade entre o animal e o homem físico, entre a planta e o homem, entre o réptil e seu abrigo, a rocha, e o homem. Pois que há identidade entre os componentes físicos e químicos de todos os seres, a ciência química pode muito bem concluir que não existe diferença alguma entre a matéria de que se compõe o boi e a que forma o homem. Mas a Doutrina Oculta é muito mais explícita. Diz ela: não só a composição química é a mesma, senão que as mesmas *Vidas Invisíveis* e infinitesimais formam os átomos dos corpos da montanha e da margarida, do homem e da formiga, do elefante e da árvore que o abriga do Sol. Toda partícula, chamem-na orgânica ou inorgânica, *é uma* Vida. Todo átomo ou molécula no Universo *dá ao mesmo tempo a vida e a morte* às formas, pois constrói, mediante agregação, os Universos e os efêmeros veículos destinados a acolher as almas que transmigram, assim como destrói e muda eternamente as *formas*, despedindo as almas de suas habitações provisórias. Cria e mata, gera e extermina, traz à existência e aniquila este mistério dos mistérios, que é o *corpo vivente* do homem, do animal ou da planta, em cada instante no tempo e no espaço; engendra igualmente a vida e a morte, a beleza e a fealdade, o bem e o mal, e ainda as sensações agradáveis e desagradáveis, as benéficas e as maléficas. É aquela VIDA misteriosa, representada coletivamente por miríades incontáveis de Vidas, que segue, em seu próprio caminho, a lei do atavismo, até aqui incompreensível; que reproduz os traços de família, como também aqueles que encontram impressos na aura dos geradores de cada ser humano futuro. Um mistério, em suma.

(...)

Poder-se-ia imaginar que essas "vidas ígneas" e os micróbios da Ciência são a mesma coisa. Não o são. As "vidas ígneas" constituem a sétima e mais elevada subdivisão do plano da matéria, e correspondem no indivíduo à Vida Una do Universo, ainda que unicamente nesse plano de matéria. Os micróbios da Ciência estão na primeira e mais baixa subdivisão do segundo plano, o do *Prāna* material (ou Vida). O corpo físico do homem sofre uma completa mudança de estrutura a cada sete anos, e a sua destruição e conservação devem-se às funções alternadas das Vidas Ígneas, como "destruidores" e "construtores". São "construtores" sacrificando-se a si mesmos, sob a forma de vitalidade, para conter a influência destruidora dos micróbios; e, proporcionando a estes o necessário, obrigam-nos, mediante esse freio, a construírem o corpo material e suas células. São "destruidores" quando o freio desaparece, e os micróbios, carentes da energia vital para construir, são deixados em liberdade e se convertem em *agentes* de destruição. Assim, durante a primeira metade da vida do homem, ou seja, nos *cinco* primeiros períodos de sete anos, estão as "vidas ígneas" indiretamente ocupadas na construção do corpo material do homem; a Vida percorre a curva ascendente, com a sua força utilizada para construir e fazer crescer. Passado esse período, principia a idade da retrocessão: esgotando-se a energia no trabalho das "vidas ígneas", inicia-se a obra da destruição e decadência.

(...)

Pode ver-se aqui uma analogia com os acontecimentos cósmicos da descida do Espírito na matéria, durante a primeira metade de um *Manvantara* (assim planetário como humano), e sua ascensão na segunda metade, a expensas da matéria. (I, 260-3)[234]

Quanto ensinamento para uma "estranha lição", nos contando sobre a origem da constituição humana, assim como dos outros Reinos da Natureza; sobre o mistério da Vida Una contido no *śloka*, e respondendo à questão proposta sobre o homem: "Quem o forma?" A resposta foi dada: "As sete vidas e a Vida Una."

234 Vol. I, pp. 304-6, ed. 6 vol.; I, 281-3, 3ª ed.

Evolução Física

Ao estudarmos as "sete vidas", uma explicação dessa parte da questão nos leva ao assunto relacionado ao terceiro esquema de evolução, o qual foi definido como:

> 3. A evolução Física, representada pelos *Chhāyās* dos *Pitris* Lunares, *Chhāyās* em torno dos quais a Natureza formou o corpo físico atual. Este Corpo serve de veículo ao "crescimento" (empregando uma palavra inadequada) e às transformações (por meio de *Manas* e graças à acumulação de experiências) do Finito no Infinito, do Transitório no Eterno e Absoluto. (I, 181)[235]

Essa fase da doutrina foi coberta anteriormente sob o tema dos *Pitris* Lunares e suas atividades. É suficiente dizer aqui que *Chhāyās* é uma palavra sânscrita que significa "sombras", aplicável aos *Linga-Śarīras* que foram dispensados pelos *Pitris* Lunares, formando a Primeira Raça de humanos. As "sete vidas" podem ser interpretadas de duas maneiras: (1) "a evolução simultânea de sete grupos humanos em sete partes diferentes de nosso globo" (estudada sob a primeira categoria do primeiro conjunto de proposições a respeito da Evolução Humana); (2) a Sétima Classe de seres que verdadeiramente condensaram o corpo físico do homem – tecnicamente o *Sthūla-Śarīra* – ao redor do *Linga-Śarīra* dispensado pelos *Pitris* Lunares. Essa Sétima Classe é mencionada na citação a seguir como espíritos terrestres ou elementais, pertencentes ao Reino Elemental:

> O Grupo da Hierarquia incumbido de "criar" (aqui encontramos uma nota de rodapé afirmando que "criação não é uma palavra muito correta para ser usada") os homens é, portanto, um Grupo especial; e desenvolveu o homem sutil neste Ciclo, precisamente como o fez um Grupo ainda mais elevado e espiritual na Terceira Ronda. Mas, como aquele Grupo é o Sexto – na escala descendente da espiritualidade – sendo o sétimo e o último dos Espíritos Terrestres (Elementais) que formam, constroem e condensam gradualmente o corpo físico do homem – o Sexto grupo não evolui mais do que a forma etérea do homem futuro, uma cópia sutil, transparente, pouco visível, dos seres que compõem o mesmo Grupo. (I, 233)[236]

A respeito da Segunda questão do *śloka* 5: "Quem o completa?", a resposta foi fornecida: "O *Lha* quíntuplo." Uma resposta curta e direta, é verdade, mas que envolve um mistério. *Lha* é a palavra tibetana equivalente em significado a *Dhyānis*, ou seja, os *Pitris* Solares. Por que quíntuplo? Podemos dar uma sugestão: porque os *Lhas* Solares despertaram o *quinto* princípio do homem. Novamente, outra citação nos informa que:

> Torna-se tarefa da Quinta Hierarquia – os seres misteriosos que presidem a constelação de Capricórnio, *Makara* ou "Crocodilo", na Índia e no Egito – a de animar a forma animal,

[235] Vol. I, p. 233, ed. 6 vol.; I, 203, 3ª ed.
[236] Vol. I, p. 279, ed. 6 vol.; I, 253-4, 3ª ed.

vazia e etérea, dela fazendo o Homem Racional. Este é um dos assuntos sobre os quais muito pouco se pode dizer ao público em geral. É realmente um mistério... (I, 233)[237]

A passagem sobre os três esquemas de evolução é concluída com uma breve síntese demonstrando o quanto o Reino Humano está ligado aos Reinos Superiores dentro da Escada da Vida. E para enfatizar esse ponto, segue-se com outro extrato que ilustra a proteção, uma das funções dos Seres Superiores da Hierarquia.

> Cada um dos três sistemas tem suas próprias leis, é regido e guiado por grupos diferentes dos mais excelsos *Dhyānis* ou *Logoi*. Cada sistema está representado na constituição do homem, o Microcosmo do Macrocosmo; e é a união, no homem, daquelas três correntes que faz dele o ser complexo que atualmente é. (I, 181)[238]
> (...)
> Cabe ainda explicar e lembrar que, assim como o trabalho de cada Ronda está a cargo de um Grupo diferente dos chamados Criadores ou Arquitetos, assim também sucede em relação a cada Globo, que se acha sob a vigilância e a direção de Construtores e Observadores especiais: os diversos *Dhyān-Chohans*. (I, 233)[239]

Façamos um momento de pausa para reiterar o ensinamento chave de A Doutrina da Mudança Contínua. Existe um motivo subjacente a todas as fases da evolução humana e, por esta razão, à evolução de todas as formas, seja mineral, vegetal ou animal. Esse motivo provoca mudanças nas formas e desabrocha o desenvolvimento de faculdades espirituais no reino humano. Essas modificações não são devidas ao fato de existir uma luta pela existência; as alterações ocorrem porque é uma lei fundamental no Universo a de que tudo deve passar por uma mudança contínua: *o movimento é eterno e incessante.*[240]

Em cumprimento a essa lei, a Terra está passando por mudanças. Junto com ela os Elementos os quais estamos propensos a considerar como inalteráveis estão sujeitos a mudanças, assim como a Terra. Por elementos queremos dizer os Princípios-Elementos, ou seja, Fogo, Ar, Água e Terra. Seus nomes sânscritos, respectivamen-

---

237 *Ibid* nota 236.

238 Vol. I, p. 233, ed. 6 vol.; I, 203, 3ª ed.

239 Vol. I, p. 278-9, ed. 6 vol.; I, 253, 3ª ed. Lembrando que cada Ordem ou Reino possui seu Guardião ou Observador, extraímos a seguinte passagem de *Cartas dos Mahatmas para A.P. Sinnett*, que faz referência especialmente aos Reinos Vegetal e Animal: "E por que essas entidades fetais e infantis não deveriam? Todos eles são, como nós, frutos de um elemento. Assim como nós possuímos nossos *Dhyān-Chohans*, eles possuem seus guardiões nos reinos elementais, e por eles são assistidos tanto como nós. Esse elemento não só preenche o espaço como é espaço, e interpenetra todo átomo de matéria cósmica." (p. 97) [Ed. Teosófica, Vol. I, Carta nº 67, p. 294. (Nota Ed. Bras.)]

O "elemento" é o *Ākāśa*, sempre em atividade, sempre em contínuo movimento:

"Reconhecemos apenas um elemento na Natureza, este é o *Ākāśa* que interpenetra nosso Sistema Solar, cada átomo é parte dele e permeia o espaço e, de fato é o espaço, pulsando como em sono profundo durante os *Pralayas*, o Proteu universal, e como a sempre ativa Natureza, durante os *Manvantaras*. (p. 63) [Ed. Teosófica, Vol. I, Carta nº 65, p. 268. (Nota Ed. Bras.)]

240 Compare com esta passagem: "O movimento é eterno porque o espírito é eterno." (*Cartas dos Mahatmas para A. P. Sinnett*, p. 142 [Carta nº 90, Vol. II, p. 75, Ed. Teosófica])

te, são: *Tejas-Tattva*, Fogo; *Vāyu-Tattva*, Ar; *Apas-Tattva*, Água; e *Prithivī-Tattva*, Terra. A Filosofia Oculta relaciona mais três Princípios-Elementos: *Ākāśa-Tattva*, o Princípio Etéreo; *Anupādaka-Tattva*, o Princípio Órfão ou Espiritual; *Ādi-Tattva*, o Princípio Original.[241] Um Princípio-Elemento é desenvolvido durante cada Ronda.

> Os elementos, sejam simples ou compostos, não podem ter permanecido sempre os mesmos desde o começo da evolução de nossa Cadeia. No Universo todas as coisas progridem constantemente durante o Grande Ciclo; e nos ciclos menores passam sem cessar por fases ascendentes e descendentes. A Natureza jamais permanece estacionária durante o *Manvantara*; não se limita a *ser*, mas está continuamente *vindo a ser*. A vida mineral, vegetal e animal não para de adaptar seus organismos aos Elementos predominantes na ocasião; e por isso *aqueles* Elementos eram então apropriados para ela, como o são agora para a vida da humanidade presente. Só no decorrer da próxima Ronda – a Quinta – é que o quinto Elemento, o Éter, o corpo grosseiro do *Ākāśa* (se assim podemos qualificá-lo), tornando-se uma coisa familiar da Natureza para todos os homens, como para nós é o ar atualmente, deixará de ser o "agente" hipotético de tantas coisas, como hoje é considerado. E só durante aquela Ronda serão suscetíveis de completa expansão os sentidos mais elevados, a cujo desenvolvimento e evolução o *Ākāśa* a preside. (I, 257-8)[242]

Realmente muitas mudanças ainda aguardam o homem, tanto com relação à sua constituição física e à sua forma, quanto ao desenvolvimento de suas faculdades e espiritualidade.

Protótipos – "Formas Originais" e "Formas Ideais"

Existe, ainda, outra fase da evolução humana a ser considerada. Esta diz respeito à forma ou formato da estrutura humana. Podemos resumi-la nesta pergunta: por que o corpo humano possui o formato e as características que conhecemos? Por que não outro formato? Embora esta possa parecer uma questão engraçada, para a qual não há resposta aparente, a Filosofia Oculta nos fornece uma. A resposta é aplicável, também, tanto para a forma humana quanto para a vegetal ou a animal; e tanto quando falamos da forma "original" quanto do produto de evolução progressiva:

> O Ocultismo ensina que nenhuma forma pode ser conferida ao que quer que seja, pela Natureza ou pelo homem, sem que já exista o seu tipo ideal no plano subjetivo. Mais ainda: que

---

241 Este assunto é elucidado mais adiante no Capítulo VI, na seção "Os Sete Princípios-Elementos", e ainda mais adiante no Capítulo IX, seção 3, intitulada "A Relação das Rondas e Esferas". Com relação à palavra sânscrita *Anupādaka*, existem variantes em sua forma. A própria H.P. Blavatsky lista três deles: "*Anupādaka*, *Anupapādaka* e também *Anupapāduka*; "órfão", "autoexistente", nascido sem quaisquer pais ou progenitores..." *Glossário Teosófico*, p. 25. A ortografia da palavra é a seguinte: *na*, partícula negativa, não; *upa*, preposição que significa "de acordo com"; *pādaka*, derivado da raiz *pad*, cair, descer. Assim, temos "não descendo da mesma maneira" (que outros o fazem – relativo ao parentesco), de forma que é traduzido em geral como "órfão".

242 Vol. I, p. 301-2, ed. 6 vol.; I, 278, 3ª ed.

nenhuma forma ou figura pode penetrar na consciência do homem, ou desenvolver-se em sua imaginação, sem preexistir como protótipo, ao menos como aproximação. (I, 282)[243]

(...)

Tudo o que *é*, *foi* e *será*, EXISTE eternamente, inclusive as inumeráveis formas, que são finitas e perecíveis tão somente em seu aspecto objetivo, mas não em seu aspecto *ideal*. Elas existiram como Ideias na Eternidade, e, quando desaparecerem, subsistirão como reflexos. (I, 282)[244]

O conceito filosófico subjacente a esta citação está contido no seguinte trecho:

O Poder ativo, o "Movimento Perpétuo do Grande Alento", desperta o Cosmos na aurora de cada novo Período, pondo-o em ação por meio das duas Forças contrárias, a centrípeta e a centrífuga, que são o masculino e o feminino, o positivo e o negativo, o físico e o espiritual; ambas constituindo a Força *Primordial* Una e, deste modo, tornando-a objetiva no plano da Ilusão. Em outras palavras, esse duplo movimento transfere o Cosmos do plano Ideal eterno ao da manifestação finita, ou do plano *Numênico* ao *Fenomenal*. (I, 282)[245]

A razão para a qual as formas ideais existem na eternidade deve-se ao fato de que protótipos, ou ideias das coisas, existem primeiro no plano da Eterna Consciência Divina, o reino de *Ākāśa*, e dessa forma refletem-se na "Luz Astral", a qual é o aspecto inferior do *Ākāśa* e envolve a Terra. Tudo existe no Pensamento Divino ou Absoluto, e não houve tempo em que não tenha existido. No entanto há uma diferença entre o Pensamento Divino ou Absoluto e a Ideação Divina: o primeiro sempre É, enquanto que a Ideação Divina pertence aos *Manvantaras* Universais.[246]

O Lótus, usado como um símbolo nas *Estâncias*, é tomado como exemplo de uma forma prototípica:

A planta de Lótus não só existe em miniatura na semente (uma de suas características físicas), mas o seu protótipo se acha presente como uma forma ideal na Luz Astral, desde a "Aurora" até a "Noite", durante o período *manvantárico*, o que acontece, aliás, com todas as coisas neste Universo objetivo, do homem ao verme, da árvore gigante à mais pequenina folha de erva.

(...)

Tudo isso, conforme nos ensina a Ciência Oculta, é somente o reflexo temporário, a sombra do eterno protótipo ideal que existe no Pensamento Divino; e observe-se que a palavra "Eternidade" não tem aqui outro sentido que não o de *éon*, isto é, o de um período que parece não ter fim, mas que é limitado, o ciclo de atividade chamado *Manvantara*. (I, 64)[247]

---

[243] Vol. I, p. 324, ed. 6 vol.; I, 303, 3ª ed.

[244] *Idem* nota 243.

[245] *Idem* nota 243.

[246] Compare com *Transactions of the Blavatsky Lodge*, pp. 74-5 [*Comentários sobre* A Doutrina Secreta, p. 115, Ed. Teosófica (Nota Ed. Bras.)], e também: "O *Akāśa* é a eterna consciência divina que não pode diferenciar-se, ter atributos, ou atuar." (*Ibid* [*Idem* (Nota Ed.Bras.)].) *Akāśa*, *Mulaprakriti*, *Pradhāna* são termos equivalentes. *Akāśa* é o termo usado na Doutrina Secreta, assim como nos *Vedas*; *Mulaprakriti* é o termo vedantino equivalente, literalmente "raiz-matéria" pré-cósmica; *Pradhāna* é o termo brâmane.

[247] Vol. I, p. 132, ed. 6 vol.; I, 92, 3ª ed.

Dando continuidade ao tema, com referência especial à forma prototípica do homem:

> Nem a forma do homem, nem as de qualquer animal, planta ou pedra, foram jamais "criadas"; e só em nosso plano é que começaram a *vir a ser*, isto é, a objetivar-se em seu presente estado material, ou a expandir-se de *dentro para fora*: desde a essência mais sublimada e suprassensível até o seu aspecto mais denso. Assim, as *nossas* formas humanas já existiam na Eternidade como protótipos astrais ou etéreos; e foi por estes modelos que os Seres Espirituais ou Deuses — cuja missão era trazê-los à existência objetiva e à vida terrestre — desenvolveram, de sua *própria* essência, as *formas protoplasmáticas* dos Egos futuros. Depois, quando pronto esse *Upādhi* ou modelo-base humano, as Forças terrestres naturais começaram a operar sobre aqueles modelos suprassensíveis, *que continham, além de seus elementos próprios, os de todas as formas vegetais do passado e animais do futuro neste Globo*. Portanto, o invólucro *exterior* do homem passou por cada um dos corpos vegetais de animais, antes de assumir a forma humana. (I,282)[248]

Uma pista para o significado dessa passagem pode ser extraída do seguinte trecho:

> Quando se tem presente que todas as formas que hoje povoam a Terra são outras tantas variações de *tipos fundamentais* oriundos dos homens da Terceira e da Quarta Ronda, o argumento dos evolucionistas, que insistem na "unidade do plano estrutural" que caracteriza os vertebrados, perde toda a sua força. Os tipos fundamentais a que aludimos eram em número muito reduzido em comparação com a multidão de organismos que deles se originaram finalmente; não obstante, uma unidade geral de tipo foi conservada através das idades. A economia da Natureza não sanciona a coexistência de vários "planos fundamentais", completamente opostos, de evolução orgânica, no mesmo planeta...
> (...)
> O fato é que, conforme já dissemos, o tipo humano é como que um repositório de todas as formas orgânicas potenciais e o ponto central de onde se irradiam todas elas. Neste postulado encontramos uma verdadeira "evolução" ou "desenvolvimento", num sentido que não se pode arguir como decorrente da teoria mecânica da Seleção Natural. (II, 683)[249]

Este é um ponto extremamente importante a se manter em mente, pois ordena o argumento trazido por aqueles que declaram ter o homem surgido depois dos mamíferos, por certas partes do corpo humano serem tão parecidas com as desses animais (como o trato digestivo do coelho, a estrutura craniana de certos antropoides, etc.). Entretanto, a citação faz referência ao homem prototípico, não ao homem de hoje (ou, usando um termo técnico, o homem da atual Quinta Raça). Naquele tempo, também, os mamíferos surgiram *depois* do homem, sendo produtos exclusivos da "Quarta Ronda", remontando à era da Segunda Raça. As primeiras formas terrestres de animais foram resultado do despojamento dos homens da Terceira Raça. O extrato a seguir esclarece o assunto:

---

[248] Vol. I, p. 324-5, ed. 6 vol.; I, 303, 3ª ed.
[249] Vol. IV, p. 253, ed. 6 vol.; II, 721-2, 3ª ed.

> No que concerne ao nosso atual período terrestre da *Quarta Ronda*, só a fauna mamífera pode ser considerada como descendente dos protótipos semeados pelo homem. Os anfíbios, as aves, os répteis, os peixes, etc., são produtos da Terceira Ronda, são formas astrais fósseis, armazenadas na envoltura áurica da Terra e projetadas na objetividade física depois que se depositaram as primeiras rochas Laurencianas...
> (...)
> Os mamíferos, cujos primeiros traços são os marsupiais descobertos nas rochas triásicas da época Secundária, foram evoluções de ascendentes *puramente* astrais, contemporâneos da Segunda Raça. São, assim, *pós-humanos* e, por conseguinte, é fácil explicar-se a semelhança geral entre os seus estados embrionários e os do homem, que necessariamente encerra em si e resume, em seu desenvolvimento, os sinais do grupo a que deu origem. (II, 684)[250]

Com respeito a certos estágios de desenvolvimento do feto humano, que parece não ter qualquer relação com a estrutura posterior dos rebentos humanos – para mencionar apenas dois exemplos, citamos a aparência de esponja, em seu primeiro estágio de desenvolvimento, e visíveis fendas assemelhando-se a guelras em determinados estágios –, isso é explicado da seguinte maneira:

> O processo de desenvolvimento do feto humano sintetiza não só as características da vida terrestre da Quarta Ronda, mas também as da Terceira Ronda. Toda a gama do tipo é percorrida de modo abreviado. Os ocultistas não se veem, portanto, em apuros para "explicar" o nascimento de crianças com um verdadeiro apêndice caudal, ou o fato de que a cauda, no feto humano, seja, em certo período, duas vezes maior que as pernas nascentes. A potencialidade de todos os órgãos úteis à vida animal está encerrada no Homem – o Microcosmo do Macrocosmo... (II, 685)[251]

Se perguntarem como as formas ideais chegam ao plano subjetivo como protótipos ideais, podemos responder: a partir do *Manvantara* anterior. Isso, é claro, reitera o conceito fundamental da Segunda Proposição, que sustenta que os Universos têm existência por um período de atividade (*Manvantara*), e depois passam para um período de repouso (*Pralaya*). Assim, embora as formas físicas deixem a esfera de manifestação durante o *Pralaya*, os tipos ideais permanecem "fixados" no plano subjetivo, e posteriormente são objetivados durante o *Manvantara* que segue o *Pralaya*.

No caso de um planeta, naturalmente a escala não é tão vasta quanto no caso de um Universo, embora possamos aplicar-lhe a mesma analogia. Da mesma forma, no caso da nossa Terra, todas as formas prototípicas permanecem como potências resultantes de todas as realizações evolucionárias ocorridas na cadeia de globos anterior. Esta cadeia foi a Cadeia Lunar.

> Limitando o ensinamento estritamente à nossa Terra, pode-se indicar que, assim como as formas etéreas dos primeiros homens foram inicialmente projetadas em sete zonas por sete *Centros* de Força *Dhyān-Chohānicos*, assim também há centros de poder criador para cada

250 Vol. IV, p. 254, ed. 6 vol.; II, 722-3, 3ª ed.
251 Vol. IV, p. 255, ed. 6 vol.; II, 723, 3ª ed.

> espécie original das inumeráveis formas da vida vegetal e animal. Não há nisso uma "criação especial" ou um "desígnio", exceto no "plano básico" geral elaborado pela Lei Universal; mas há, certamente, "planejadores", embora esses não sejam nem onipotentes nem oniscientes, no sentido absoluto dos termos. São simplesmente *Construtores*, ou Maçons, que trabalham sob o impulso que lhes dá o Mestre Maçon incognoscível (em nosso plano) – a VIDA UNA e a Lei. Pertencendo a esta esfera, não lhes cabe intervir em outra, nem têm possibilidade de fazê-lo, pelo menos no presente *Manvantara*. Que eles trabalham por ciclos e em uma escala de progressão estritamente geométrica e matemática, mostram-no amplamente as espécies animais extintas; e que atuam dentro de um plano quanto aos pormenores das vidas inferiores (espécimes animais secundários, etc.), prova-o suficientemente a história natural. Na "criação" de espécies novas, que algumas vezes se afastam muito do tronco ancestral, como sucede na grande variedade do gênero Felis (lince, tigre, gato, etc.), são os "planejadores" que dirigem a nova evolução, acrescentando às espécies certos apêndices, ou suprimindo-os, conforme sejam úteis ou tenham deixado de o ser no novo ambiente. Por isso, quando dizemos que a *Natureza* provê as necessidades de cada animal ou de cada planta, sejam grandes ou pequenos, estamos usando uma expressão correta. Porque são esses Espíritos terrestres da Natureza que formam a Natureza integral; e, se esta por vezes se engana em seus desígnios, não devemos por isso considerá-la cega, nem censurar-lhe o erro, visto que, possuindo um conjunto de qualidades e atributos *diferenciados*, ela é por esta simples razão *condicionada e imperfeita*.
>
> (...)
>
> Se não houvesse ciclos de evolução, como um eterno progresso em espiral na Matéria, a par de um proporcional *obscurecimento* do Espírito (embora os dois não sejam senão um), seguindo-se uma ascensão inversa no Espírito e a anulação da Matéria – alternadamente ativa e passiva –, como poderiam explicar-se as descobertas da Zoologia e da Geologia? (II, 732)[252]

Aqui o recorrente tema da Vida e Lei Una é enfatizado mais uma vez. É a Vida Una que é o Mestre Construtor, indicado como o sempre desconhecido em nosso plano. Os Construtores ou Pedreiros que levam a Lei Una adiante são os *Dhyāni-Chohans*. Trabalhando sob sua supervisão estão os espíritos terrestres, ou elementais. Devemos notar que os *Dhyāni-Chohans* trabalham "em ciclos e numa escala de progressão estritamente geométrica e matemática" – o que nos recorda a famosa frase de Platão que nos diz que Deus geometriza.

---

252 Vol. IV, p. 301-2, ed. 6 vol.; II, 773-4, 3ª ed.

O Ápice da Evolução Humana: Desenvolvimento do *Saptaparna*

Concluindo o tema da Evolução Humana, a fase na qual esta se encontra no presente é aquela descrita na citação como a condição da "ascensão do espírito e derrota da matéria". Isso significa o progresso que está acontecendo no Arco Ascendente, durante o qual uma evolução gradual do espírito está ocorrendo, concomitantemente a uma imperceptível involução da matéria. A Filosofia Oculta está mais preocupada com a evolução das faculdades e potências espirituais do homem do que com o desenvolvimento de sua constituição física. O assunto pode ser resumido com uma breve colocação: uma vez que o homem é um *Saptaparna*, e um *parna* é desenvolvido a cada Ronda, ele está, no presente, engajado no desenvolvimento de seu *chaturparna*, e continuará nesse desenvolvimento pelos séculos vindouros.

Esclarecendo o exposto acima: *Saptaparna* é o termo sânscrito usado nas *Estâncias de Dzyan*. *Sapta* significa sete; *parna*, folha, de forma que temos o "homem-planta de sete folhas". O termo carrega a ideia de que o homem está desenvolvendo suas potencialidades e poderes desde seu âmago mais profundo, ou ser essencial, ou Identidade essencial, assim como o vegetal contém suas potencialidades na semente; quando lhe damos as três condições apropriadas de solo, calor e umidade, a semente brota e começa a desenvolver-se em uma planta a partir das potencialidades ali encerradas, desenvolvendo suas raízes, folhas, flores e finalmente sua própria semente, de acordo com os poderes que lhe foram transmitidos por sua planta ancestral. O mesmo ocorre com o homem. Ele desenvolve seus *parnas*, um de cada vez. Cada *parna* é um "princípio", um dos sete princípios dos quais ele é composto. Cada *parna*, por sua vez, é um feixe de sete, que quando totalmente desenvolvido resultará em uma flor — o *parna* estará completo. Leva um Círculo Sétuplo completo, incluindo o Ciclo de Necessidade, para desenvolver-se um *parna*. O Círculo completo consiste de sete ciclos de sete anéis cada. Uma vez que a raça humana está no quinto anel do quarto ciclo do Quarto Círculo, o homem está no presente ocupado em desenvolver seu *chaturparna* — seu quarto feixe, e a quinta folha deste feixe. Isso quer dizer que a raça humana está na Quinta Raça da Quarta Ronda do Quarto Globo. (Este tema será desenvolvido mais completamente em outro capítulo.)

Ao final do presente *Manvantara* Planetário (concluindo o atual Ciclo de Necessidade), a humanidade será verdadeiramente um *Saptaparna*. E quanto ao próximo *Manvantara* planetário? Outro Ciclo de Necessidade:

> Nos *Manvantaras* futuros, eles [os reinos *Dhyāni-Chohānicos*] serão guindados a Sistemas superiores ao nosso mundo planetário; e o seu lugar será ocupado pelos Eleitos de nossa humanidade, os Precursores no difícil e árduo caminho do Progresso. Os homens do nosso próprio Ciclo de Vida serão, no próximo grande *Manvantara*, os instrutores e guias de uma humanidade cujas *s* podem estar agora aprisionadas — semiconscientes — nos espécimes

> mais inteligentes do reino animal, enquanto os seus princípios inferiores animam, talvez, os exemplares mais elevados do reino vegetal.
>
> (...)
>
> Assim marcham os ciclos da evolução setenária, na Natureza Sétupla; a natureza espiritual ou divina, a psíquica ou semidivina, a intelectual, a passional, a instintiva ou *cognitiva*, a semicorporal e a puramente material ou física. Todas elas evolucionam e progridem ciclicamente, passando de uma para outra, em um duplo sentido, centrífugo e centrípeto, *uno* em sua essência última, e *sétuplo* em seus aspectos. (I, 267-8)[253]

O "duplo caminho centrífugo e centrípeto" faz referência aos processos cíclicos de evolução e involução durante os Arcos Descendente e Ascendente – a evolução da matéria no descendente e a evolução do espírito no ascendente, manifestando-se em diferentes fases por todo o tempo, assim como em uma variedade de vestimentas exteriores durante seus sete giros.

A Respeito da Doutrina do *Nirvāna*

Ainda há outra fase da Doutrina da Mudança Contínua a ser considerada. Diz respeito ao aparente descanso da atividade incessante, pelo menos para aqueles que aceitam a doutrina do *Nirvāna* e encaram a entrada em *Moksha* (termo *brāmane* equivalente à *Nirvāna*) como o término da existência individual. Assim, aqueles que encaram o *Nirvāna* como o término da existência humana, assim como aqueles no mundo ocidental que acreditam nos dogmas relacionados ao Paraíso, estarão prontos a levantar uma objeção à ideia esboçada quanto à Lei do Movimento Constante. Pois eles sustentam que a obtenção do *Nirvāna* coloca quem o atingiu (o *Nirvāni* ou *Nirvānin*), ou aquele que alcançou o Paraíso, fora do alcance da Lei de Movimento. Embora esse assunto pertença aos ensinamentos considerados no Capítulo XI, sob o título A Doutrina das Duas Sendas, este problema específico será considerado agora.

Primeiro, para aqueles que não estão familiarizados com a versão exotérica do *Nirvāna*, os belos versos extraídos do poema de *Sir* Edwin Arnold, *A Luz da Ásia*,[254] podem ser usados para descrever a condição exaltada daquele que entra no *Nirvāna*:

> Necessidade alguma tem tal homem de viver aquilo que chamais de vida; Aquilo que nele começou nele está terminado;
> Realizou o propósito pelo qual ele se tornou Homem.
> Já não padecerá tormentos, os pecados já não o mancharão; os sofrimentos, as alegrias e as dores terrenas já não perturbarão sua paz eterna e as mortes e existências não recomeçarão mais para ele.
> Para no *Nirvāna*. Ele é uno com a Vida; Contudo não vive;
> Ele é abençoado, deixando de ser.

---

[253] Vol. I, pp. 310-1, ed. 6 vol.; I, 288, 3ª ed.

[254] Ed. Teosófica, 2018 (Nota Ed. Bras.).

Om mani padme hum! A gota de orvalho desliza para o interior
do mar resplandecente![255]

Igualmente bela é a descrição que encontramos em *A Voz do Silêncio*:

Quando ao Permanente o mutável se sacrifica, o prêmio é teu; a gota retorna ao lugar de onde veio. A Senda Aberta conduz à mudança imutável – o *Nirvāna*, o glorioso estado Absoluto, a bem-aventurança que ultrapassa o entendimento humano. [*Śloka* 181, Ed. Teosófica (N.E.)]

A "Senda Aberta", tão logo atinjas o objetivo, te levará a rejeitar o corpo *Bodhissatvico*, e te levará a ingressar no estado três vezes glorioso estado de *Dharmakāya*, que é o eterno esquecimento dos homens e do mundo.[256] [*Śloka* 186, Ed. Teosófica (N.E.)]

Esta é a afirmação Budista; da mesma maneira afirmam os Vedantinos. Podemos citar inclusive uma passagem de *A Doutrina Secreta* para apoiar o assunto:

A Mônada nascida da natureza e da essência mesma dos "Sete" (e cujo Princípio mais elevado permanece no Sétimo Elemento Cósmico) deve cumprir sua revolução setenária através dos Ciclos da Existência e das Formas, desde a mais elevada até a mais ínfima; e, depois, do homem a Deus. No umbral do *Paranirvāna* retoma sua Essência primitiva e volta a ser o Absoluto. (I, 135)[257]

Mas espere um momento: este não é o FIM. Existe ainda outra assertiva.

Porque está dito nos *Ślokas* Sagrados:
(...)
O Fio Radiante, que é imperecível e só se dissolve no *Nirvāna*, dele emerge de novo em sua integridade no dia em que a Grande Lei chama outra vez todos os Seres à atividade. (II, 80)[258]

O Fio Brilhante, também conhecido como o Fio de *Fohat*, também é chamado de Fio da Vida. É imperecível, conforme afirmado há pouco, perdurando pelo *Nirvana*. Ele liga o Eu essencial (o *Ātman*) com sua Fonte Paterna (*Paramātman*). É o Fio Brilhante que permite que a "Centelha se torne a Chama" – uma comparação poética igualmente expressiva e equivalente em significado à "gota de orvalho que desliza para o mar resplandecente". Uma extrusão do Eu essencial do homem (através dos *upādhis*, conforme já explicado) traz a personalidade à existência, a qual também está unida ao Eu por um "fio", que liga "a sombra" com a sua origem, conforme encontramos nas inspiradas palavras de uma das *Estâncias*:

---

255 Livro Oitavo.

256 Pp. 41-2 (ed. original). Ver Capítulo XI, "A Doutrina das Duas Sendas", onde os termos *Bodhisattva*, *Dharmakāya* e "Caminho Aberto" – assim como "Caminho Secreto" – são explicados.

257 Vol. I, pp. 192-3, ed. 6 vol.; I, 160, 3ª ed.

258 Vol. III, p. 89, ed. 6 vol.; II, 83-4, 3ª ed. Os "*Ślokas* Sagrados" aos quais se faz referência são os *Comentários* no *Livro de Dzyan*.

> Desde o Primeiro-Nascido (*primeiro homem, ou homem primitivo*) o fio que une o Vigilante Silencioso à sua sombra torna-se mais forte e radiante a cada Mutação (*reencarnação*). A luz do Sol matutina transformou-se no esplendor do meio-dia... (I, 264-5)[259]

A Estância não foi finalizada, assim tomamos a liberdade de acrescentar: *quando o Peregrino obteve sucesso, pois a Centelha tornou-se a Chama* – que ficou ainda mais brilhante por causa dessa união. H.P.B. incluiu, a título de explicação, um parágrafo que é todo resplendor:

> Esta frase: "o Fio que une o Vigilante Silencioso à sua Sombra torna-se mais forte a cada Mutação" é outro mistério psicológico... Por ora bastará dizer que o "Vigilante" e suas "Sombras" (sendo estas tão numerosas quanto as encarnações da Mônada) não constituem mais que um. O Vigilante, ou o Divino Protótipo, ocupa o degrau superior da escala; a Sombra, o inferior. Por outro lado, a Mônada de cada ser vivente – a menos que a sua degeneração moral venha a romper o laço, fazendo-o extraviar-se e perder-se na "Senda Lunar",[260] consoante a expressão oculta – *é um Dhyān-Chohan individual; distinto dos outros, e com uma espécie de individualidade espiritual que lhe é peculiar, durante um determinado Manvantara*. O seu Princípio Espiritual (*Ātman*) é, naturalmente, uno com o Espírito Universal Único (*Paramātman*); mas o Veículo (*Vāhana*), que é o seu tabernáculo, *Buddhi*, faz parte integrante daquela Essência *Dhyān-Chohānica*. Nisto é que reside o mistério da *ubiquidade*... "Meu Pai, que está no céu, e eu somos um" – diz a Escritura Sagrada dos cristãos; e aqui, pelo menos, ela é o eco fiel do ensinamento esotérico. (I, 265)[261]

É por essa individualidade singular possuir sua origem no princípio Búdico que, como dizem os budistas, mesmo que "a gota de orvalho se perca no seio do mar resplandecente", essa gota de orvalho não está "perdida". Mais ainda: mesmo que o estado *Nirvânico* seja obtido por todas as *s* ao final do *Manvantara* Solar, ainda assim cada Mônada retém o conhecimento de sua individualidade. Um *Manvantara* Solar é denominado de *Mahāmanvantara*, e equivale em significado ao

> dia após o *Mahāmanvantara*, ou o "Dia do Sê Conosco". Então, tudo se torna um, todas as individualidades se fundem em uma; entretanto, cada uma conhece a si mesma, um ensinamento verdadeiramente misterioso. Mas então, aquilo que para nós agora é não consciência ou o inconsciente, será então consciência absoluta.[262]

A fim de completarmos o tema, faremos menção ao fato de que a mesma ideia, que reforça o conceito de liberdade da necessidade de renascimento e união com o Supremo, ocorre nas escrituras brâmanes. Os termos geralmente usados nos *Upanishads*, as Leis de *Manu* e no *Mahābhārata* (do qual a *Bhagavad-Gitā* é um episódio),

---

259 Estância VII, *śloka* 6, *Estâncias de Dzyan*, Vol. I, p. 308, ed. 6 vol.; I, 285, 3ª ed.
260 Ver Capítulo XI.
261 Vol. I, p. 308, ed. 6 vol.; I, 285-6, 3ª ed.
262 *Transactions of the Blavatsky Lodge*, p. 112 [*Comentários sobre* A Doutrina Secreta, Ed. Teosófica, p. 178 (Nota Ed. Bras.)]. O "Dia do Sê Conosco" significa *Mahā-Pralaya*.

são *Moksha*, ou *Mukti*, e *Jīvanmukta*. Ainda na *Bhagavad-Gitā*, a palavra *Nirvāna* (no original em sânscrito) é usada para a conclusão do capítulo dois com o seguinte verso:

> Sim! Aquele que assim se livra do domínio da carne Vive como senhor, não como serviçal de seus desejos; Se livra do orgulho, da paixão, do pecado do "Eu", Atinge a tranquilidade!
> Oh Filho de *Pritha*!
> Essa é a condição de *Brahm*! Não resta qualquer temor
> Quando esse último passo é alcançado!
> Vivendo onde viver, morrendo a seu tempo,
> tendo passado por tudo, atingiu a benção do *Nirvāna*
> E se juntou aos Deuses.[263]

Os termos *Moksha* e *Mukti* significam liberdade, sendo o significado original de ambos "libertar", "emancipar"; daí "liberdade", "emancipação". *Jīvanmukta* é traduzido em alguns dicionários como "libertação da existência mundana ou das transmigrações"; emancipação final ou eterna, uma vez que a tradução literal desse composto sânscrito é "enquanto viver, livre"; o significado original de *Jīv* é viver. Aquele que alcança a Liberdade é então chamado de *Jīvanmuktin*, que pode ser também interpretado como uma Mônada liberta. A interpretação esotérica é a de *Jīva* liberto de suas capas ou vestimentas inferiores, e por conta desta emancipação *Jīva* está apto a unir-se com o Supremo – fundido em *Brahman*. As próprias palavras das *Estâncias* podem ser citadas, onde a "Chama", ou *Ātman*, diz (em forma de conversação) a suas vestes: "Eu revesti-me de ti." Mas deixemos que o *śloka* nos fale em seu modo peculiar:

> Eis a tua Roda atual – diz a Chama à Centelha. Tu és eu mesmo, minha imagem e minha sombra. Eu vesti-me de ti, e tu és o meu *Vahāna* (veículo) até o "Dia do Sê Conosco", quando voltarás a ser eu mesmo e outros, tu mesmo e eu. (I, 265)[264]

A "roda atual" significa os Globos que formam a Cadeia Terrestre; um "Raio da Roda" faz menção a um único Globo. O *vāhana* é *Buddhi*, o veículo de *Ātman*. O "Dia do Sê Conosco" equivale em significado ao *Paranirvāna* – esse último denotando os recantos mais superiores do *Nirvāna*. Um pequeno parágrafo foi adicionado como explicação a esse *śloka*, seguido de outro parágrafo mais longo, escrito com alguma veemência contra as concepções errôneas acerca do *Nirvāna*, especialmente por aqueles que concebem esse estado exaltado como o equivalente à aniquilação. Não deixa dúvidas, entretanto, sobre qual é o conceito esotérico a respeito do *Paranirvāna*:

> O dia em que a centelha retornará à Chama, em que se dará a fusão do Homem com o seu *Dhyān-Chohan*, "eu mesmo e outros, tu mesmo e eu", como diz a Estância, significa que o *Paranirvāna* (quando o *Pralaya* tiver reconduzido não só os corpos materiais e psíquicos,

263 Tradução métrica da Canção Celestial por *Sir* Edwin Arnold.

264 Vol. I, p. 309, ed. 6 vol.; I, 286, 3ª ed. Essa é a Estância nº VII, *śloka* 7, que conclui o Vol. I. A palavra em sânscrito *śloka* significa verso.

> mas também os próprios Egos espirituais, ao seu princípio original), as Humanidades passadas, presentes e até mesmo futuras, assim como todas as coisas, não formarão mais do que uma só unidade. Tudo será reabsorvido pelo Grande Alento. Ou, em outras palavras: "Dar-se-á a fusão de tudo em *Brahma*", ou seja, na Unidade Divina.
>
> (...)
>
> Será isso aniquilamento, como pensam alguns? Ou é *ateísmo*, conforme pretendem outros críticos – os que adoram uma divindade *pessoal* e creem num paraíso antifilosófico? Nem uma nem outra coisa. Será mais que inútil insistir nessa questão de ver um suposto ateísmo no que é *espiritualismo* no mais alto sentido. Supor que o *Nirvāna* é aniquilamento equivale a considerar também aniquilado um homem que está imerso em profundo sono, *sem sonhos, um destes sonos que não deixam a mínima impressão na memória e no cérebro físico, por se achar então o "Eu superior" da pessoa adormecido em seu estado original de Consciência Absoluta.* Mas este exemplo corresponde apenas a um aspecto da questão – o mais material, porque *reabsorção* não é, de maneira alguma, "um sono sem sonhos", mas, antes pelo contrário, Existência *Absoluta*, uma unidade não condicionada ou um estado que a linguagem humana é de todo incapaz de descrever. Estado do qual não se pode formar um conceito aproximado ou parecido senão mediante as visões panorâmicas da Alma, através das ideações espirituais da divina. Com a reabsorção, não se perde a Individualidade, *nem sequer a essência da Personalidade* (se alguma restar). Pois o estado *paranirvānico*, embora infinito do ponto de vista humano, tem um limite na Eternidade. Depois de o haver alcançado, a Mônada *ressurgirá* dali como um ser mais perfeito ainda, num plano muito mais elevado, para recomeçar o seu ciclo de atividade. A mente humana em seu estado atual de desenvolvimento pode apenas chegar a estas alturas do pensamento; não pode ir além. Vacila aqui, à beira do Absoluto e da Eternidade incompreensíveis. (I, 265-6)[265]

E qual a missão desses Seres exaltados que, tendo entrado no glorioso estado do Absoluto, ressurgem desta Sublimidade Radiante da Glória do Meio-Dia, resplandecentes por sua união com o Supremo, no *novo Manvantara* para o qual são conduzidos? Uma vez que não estão fora do alcance da Lei do Movimento, estarão esses *Nirvānis*[266] sob a influência da Lei da Mudança Contínua quando de seu reaparecimento? A resposta é sim. Embora estivessem delas isentos durante os últimos dias do *Manvantara* no qual atingiram a Glória, o impulso adormecido de "subir mais alto" ressurge com a impetuosa vitalidade do Novo Período, e uma vez mais eles devem retomar a Tarefa que deixaram para trás. Eles se tornam os instrutores dos jovens peregrinos na senda. Note-se:

> Se se dissesse ao leitor, como nas *alegorias semiesotéricas*, que estes seres eram *Nirvānis* em retorno de anteriores *Mahāmanvantaras* – Idades de incalculável duração que se sucederam na Eternidade há um tempo ainda mais incalculável – dificilmente compreenderia o texto de maneira correta. (I, 79-80)[267]

---

[265] Vol. I, p. 309, ed. 6 vol.; I, 286-7, 3ª ed.

[266] Aqueles que seguem o "Caminho Aberto" até seu clímax e entram no *Nirvāna* são chamados de *Nirvānis*.

[267] Vol. III, p. 89, ed. 6 vol.; II, 83, 3ª ed.

É preciso compreender claramente que é a Mônada que alcança o *Nirvāna*, livre de suas vestes inferiores, e depois ressurge desse estado superexaltado para um novo *Manvantara*. Assim, a ideia mantida por orientalistas que encaram o *Nirvāna* como aniquilação aplica-se tão somente às vestes inferiores. Podemos dizer que os *upādhi* inferiores são "extintos" – o que, na verdade, é a tradução literal do termo; *vāna* é o particípio passado do verbo *vā*, que significa "soprar", e *nir* quer dizer "fora". A veste mais inferior desaparece quando a Mônada entra no *Nirvāna*, pois os agregados que a compõem consistem de "pequenas vidas" (ou *Jīvāṇus*), as quais retornam a seus próprios reinos.

Uma vez que a Mônada, ou melhor, a Essência Monádica, foi emitida do próprio Coração do Ser (o *Ātman* do *Paramātman*), ela deve ser semelhante à origem da qual brotou. Desta forma, está impregnada com a verdadeira Essência da Lei Divina. Quando um *Manvantara* tem início, a Lei Divina se reflete nas Leis que governam aquele Período de Atividade; assim, a Essência Monádica está essencialmente ligada ao Movimento Eterno, que se manifesta durante um *Manvantara* como a Lei da Atividade Constante, resultando em Mudança Contínua. É

> difícil de compreender, a menos que se conheça bem a metafísica filosófica de uma série, sem princípio nem fim, de Renascimentos Cósmicos; e se esteja familiarizado com aquela imutável lei da Natureza, que é o MOVIMENTO ETERNO, cíclico e espiral, e, consequentemente, progressivo, mesmo em seu aparente retrocesso. (II, 80)[268]

É óbvio que as capas ou vestes da Mônada também fazem parte de sua essência, e assim têm que estar em conformidade com a Lei da Atividade Constante. Esse é o caso, em especial, da veste inferior – o *Sthūla-Śarīra* ou corpo físico – que se manifesta no mundo como um agregado, pois é composto de pequenas vidas que estão sofrendo mudanças contínuas enquanto o corpo físico for um veículo composto coeso, sob o domínio do Ego Humano, ou Ego Reencarnante. Devemos notar, entretanto, que o *Sthūla-Śarīra* não está completamente sob o controle da personalidade, pois o sistema involuntário dentro do corpo mantém suas funções a despeito de como uma pessoa leva sua vida sobre a Terra.

Em todos nós há um impulso básico na direção de algo melhor, que podemos sentir até mesmo em nossa vida cotidiana. Podemos chamá-lo de "insatisfação divina", uma vez que é uma tendência subjacente que permanece por toda uma vida, sempre nos instando a obter algo melhor, algo mais grandioso, algo mais nobre.

---

[268] Vol. III, p. 90, ed. 6 vol.; II, 84, 3ª ed.

O Propósito da Existência

Afinal, qual o propósito da existência? Esta é uma pergunta que sempre se repete, formulada tanto pelos desalentados ou desanimados quanto pelos bem-sucedidos. Até mesmo o estudante perplexo, que conseguiu compreender algo dos conceitos básicos da Sabedoria Antiga, expressa sua confusão mais ou menos nessas linhas:

Uma vez que a Mônada é universal, sem limites e não fragmentada, assim como não é complexa e divisível, nada pode ser a ela acrescentado durante o período de manifestação até sua entrada no Absoluto – durante o *Mahā-Pralaya*. Então, qual é o propósito de tudo isso, se nada pode a ela ser acrescentado e a Mônada entra novamente no estado ou condição da qual se originou? Tampouco é a própria Mônada capaz de se manifestar em esferas inferiores, e também através de um Raio; então, aparentemente, é também incapaz de afetar o curso do raio inferior.

Enquanto possam parecer simples perguntas, as respostas só serão obtidas quando os conceitos fundamentais apresentados em *A Doutrina Secreta* forem totalmente compreendidos. O propósito deste trabalho é fornecer algumas pistas para o entendimento dessas ideias básicas. Em primeiro lugar, devemos nos lembrar de que a descrição da Mônada fornecida nas perguntas acima é, na verdade, aplicável à Essência Monádica – aquela que representa a Fonte de um ser, o *Ātman* ou Eu – não *Ātma-Buddhi*, que, tecnicamente, é a Mônada. A conjunção de *Buddhi* com *Ātman* representa o primeiro aspecto da Mônada, pois o primeiro *upādhi*, ou "véu do espírito", emana de *Ātman* como um Raio. Todavia, esse primeiro aspecto é incapaz de manifestar-se no Plano Físico, de forma que um segundo *upādhi* é necessário. O segundo "véu do espírito" é emanado. A ele faz-se referência, tecnicamente, como o *Manas* superior, ou Ego Reencarnante. Por sua vez, o Ego Reencarnante necessita de um veículo de forma a contactar o Plano Físico; este é fornecido por seu Raio, a personalidade. Além disso, a personalidade é um composto do corpo físico (*Sthūla-Śarīra*) com seu auxiliar, o Corpo Modelo (*Linga-Śarīra*), mais o princípio vitalizante (*Prāṇa*), junto com o Princípio do Desejo, *Kāma*, em conjunção com o aspecto inferior do Princípio Mental, *Manas*.

É bem verdade que, nos reinos abaixo do humano, a Mônada é incapaz de afetar o curso do raio inferior, uma vez que a autoconsciência ainda não foi desenvolvida. Entretanto, quando o princípio *Manas* desperta – o que ocorre durante o estágio de evolução no reino humano –, existe então a possibilidade da Mônada ter condições de afetar o curso de seu Raio, *quando a personalidade é receptiva à iluminação*. É aqui que os "esforços autoinduzidos e autoimpostos" da Terceira Proposição Fundamental entram em jogo.

A peregrinação no Ciclo de Necessidade ocorre não com o propósito de "acrescentar" qualquer coisa à Essência Monádica, uma vez que o conceito fundamental do esquema evolucionário não tem o propósito de arrecadar substâncias ou propriedades adicionais, mas sim um desenvolvimento de potências e capacidades inerentes.

O circuito que é percorrido pelo Peregrino – ou a Mônada – permite que a Essência Monádica aumente sua esfera de influência, de forma a incluir todos os Reinos, assim como todos os globos de cadeias planetárias com os quais entre em contato através da experiência direta obtida por seus Raios. Ao mesmo tempo, as capas ou vestes *que estão se manifestando* são capazes de obter.

Obter o quê?

Obter suas próprias experiências. Certamente não há por que duvidar da afirmativa de que a personalidade (o raio inferior) ganha experiência durante sua vida na Terra! Através de repetidas experiências neste globo (Globo D), a personalidade ganha a capacidade de ser um instrumento receptivo de seu Raio superior (o Ego reencarnante). Por sua vez, o Ego Reencarnante obterá o poder de funcionar conscientemente em todos os globos da Cadeia Terrestre. Com o tempo, também o Raio superior obterá a condição de existir *autoconscientemente*, que é o objetivo da peregrinação pelo Círculo de Necessidade, conforme afirmado na Terceira Proposição Fundamental. Isso quer dizer que o Raio, *Buddhi*, obterá o poder de existir sem a necessidade de um raio no Plano Físico, ou seja, da personalidade. Ao mesmo tempo, *Buddhi* alcançará um estado de redenção com sua Essência Monádica. Desta forma, a Essência Monádica e seu Raio serão capazes de ter sua existência durante um *Manvantara* Planetário, assim como durante um comparável período de não manifestação (*Pralaya* Planetário), sem a necessidade de capas ou vestes inferiores.

O propósito da Essência Monádica e do *seu* Raio é, portanto, funcionar nas mais abrangentes esferas de influência, sendo o domínio sobre cada área obtido através da supervisão naquele reino ou esfera.

Podemos fazer uma analogia de forma a esclarecer esse ponto, descrevendo o *status* do Observador do Globo, tecnicamente chamado de "*Lha* que gira o Quarto Raio" (também chamado de Reitor Planetário ou *Logos* Planetário do quarto globo). É óbvio que esse Grande Ser não poderia supervisionar cada encarnação humana no quarto Globo, tampouco os reinos inferiores da Escada da Vida. Todavia, o Observador fornece o "lar" para inumeráveis hierarquias de seres, mantendo o controle sobre sua "esfera de influência". Durante todo o período em que este "lar" é mantido para todos os seres na Escada da Vida, ou seja, durante um *Manvantara* Planetário, o *Lha* compartilha suas experiências evolucionárias em outros reinos, não importando a maneira como cada ser se desenvolve no Globo, de forma que uma maior esfera de influência possa ser obtida pelo Reitor.

Quanto à questão do propósito de alcançar-se o *Paranirvāna*, dizemos que isto fornece à Essência Monádica uma oportunidade de se libertar de suas capas ou vestes por um longo intervalo. Isso ocorre ao final de um *Manvantara* Solar.[269] Cer-

---

269 Para calcular os períodos de tempo que estabelecem a duração de um *Manvantara* e de um *Pralaya* Solar veja o Capítulo I, p. 47.

tamente, quando o período de manifestação solar termina, ocorre o *Pralaya* Solar. Assim, nesse Cosmos não há globos manifestos onde a Mônada possa funcionar. Quando entra no *Paranirvāna*, o Raio se funde com outros Raios, a "gota de orvalho se perde no seio do mar resplandecente", mas *Buddhi* ainda retém conhecimento de sua individualidade, ao passo que a Essência Monádica – *Ātman* – se harmoniza com *Paramātman*, a Centelha torna-se a Chama (nas palavras das *Estâncias*). Isso se dá porque *Ātman* está ligado com *Paramātman*, *como sempre esteve*, mesmo durante a vida na Terra.

> *Ātman*, o "Eu superior", não é o seu Espírito, tampouco o meu, mas, como a luz do Sol, brilha em tudo. É o "*princípio divino*" universalmente difundido e inseparável de seu único e absoluto *Meta*-Espírito, assim como o raio do Sol é inseparável de sua luz.[270]
> (...)
> ...imerge na Essência Una para tornar-se não somente um "Conosco", as Vidas universais manifestadas, que são *uma* Vida, mas esta mesma Vida." (I, 130)[271]

Concluindo: uma vez que o Movimento Eterno sempre É, podemos considerá-lo como a Lei primeva. Parece, então, que o objetivo ou propósito da existência é obter a condição do Grande Alento, no qual as condições permanecem as mesmas, tanto durante os períodos de manifestação quanto nos intervalos de não-manifestação, ou seja, durante os *Manvantaras* e *Pralayas*. Numa tentativa de descrição: é aquela condição na qual o que É é equivalente ao que NÃO É. Em outras palavras, ele representa as condições de SEIDADE em vez de *Ser*.

Podemos dizer da seguinte maneira: o propósito da existência é obter o *status* de uma consciência superdivina, comparável à primeira emanação de *Ādi-Buddhi*.[272]

---

270 *A Chave para a Teosofia*, p. 135 (ed. original).

271 Vol. I, p. 189, ed. 6 vol.; I, 155, 3ª ed.

272 *Ādi-Buddhi*: A Sabedoria Divina Original (Primordial) que sempre existiu. "A sempre existente inteligência suprema e absoluta" (*Cartas dos Mahatmas para A.P. Sinnett*, p. 90) [Ed. Teosófica, Vol. I, Carta nº 67, p. 285 (Nota Ed. Bras.)].

CAPÍTULO VI

A Lei Setenária

A fim de compreender as doutrinas apresentadas nos próximos capítulos, assim como muitos dos ensinamentos relativos ao homem e sua evolução, é de grande importância que o tema deste capítulo seja bem compreendido. Podemos determinar como ponto de partida o significado universal da Lei Setenária. Observemos o seguinte *Comentário* sobre as *Estâncias de Dzyan*:

> A Gênese Universal tem como ponto de partida o Um, divide-se em Três, depois em Cinco, e finalmente em Sete, que é o seu ponto culminante, para retornar a Quatro, a Três e a Um. (II, 160)[273]

Aquele que for capaz de explicar essa passagem em todo o seu significado também será capaz de explicar os mistérios relacionados à gênese universal. Uma vez que essa explicação não está disponível, podemos fazer algumas especulações. Um dos significados que podem ser conferidos ao "Um" é o de "Ponto dentro do Círculo".[274] "Divide-se em Três" pode ser aplicado à emanação dos três *Logoi*. Todavia, não encontramos em *A Doutrina Secreta* uma continuação da explicação sobre os "números", conforme observamos no seguinte trecho:

> Os números a que se acham associados estes Seres celestes são sumamente difíceis de explicar, pois cada número é comparável a diversos grupos de ideias distintas, conforme o grupo particular de Anjos que se pretende representar. É aí que está o *nodus* do estudo do simbolismo.... (I, 119)[275]

No que diz respeito ao "finalmente em Sete", podemos interpretá-lo através do seguinte verso extraído da Estância V:

> *Fohat* traça linhas espirais para unir a Sexta à Sétima – a Coroa.
> (*Estâncias de Dzyan*, *śloka* 4)

---

[273] Vol. III, p. 168, ed. 6 vol.; II, 170, 3ª ed.

[274] A explicação sobre "o Ponto dentro do Círculo", assim como sobre a emanação dos três *Logoi*, é fornecida no Capítulo XII.

[275] Vol. I, p. 178, ed. 6 vol.; I, 144, 3ª ed. *Nodus* em latim quer dizer "nó, ponto essencial", daí que a frase ficaria: "a chave para o estudo do simbolismo".

Uma explicação para esse *śloka* é fornecida a seguir. Chamamos a atenção para o simbolismo alegórico da união do sexto e do sétimo princípios do homem – *Buddhi* e *Ātman*. Essa união forma o ponto essencial na evolução do homem e seus princípios, cuja consideração é o principal aspecto do presente capítulo.

> Este traçado de "Linhas Espirais" refere-se tanto à evolução dos Princípios do Homem quanto à evolução dos Princípios da Natureza; evolução que se processa gradualmente, como sucede com todas as coisas na Natureza. O Sexto Princípio do Homem (*Buddhi*, a Alma Divina), embora sendo um simples sopro em nossas concepções, representa, contudo, algo material quando comparado com o Espírito Divino (*Ātman*), do qual é mensageiro e veículo. *Fohat*, em sua qualidade de Amor Divino (Eros), o poder elétrico de afinidade e simpatia, figura alegoricamente como buscando unir o Espírito puro, o Raio inseparável do Um Absoluto, com a Alma, constituindo os dois a Mônada do Homem, e na Natureza o primeiro elo entre o sempre incondicionado e o manifestado. (I, 119)[276]

Também o Sistema Solar é constituído de sete princípios, "como tudo o que faz parte daqueles centros. Tal é o ensinamento do Esoterismo trans-himalaico".[277] Foi trazido à existência pela atividade de *Fohat* sobre os sete princípios *akáshicos*, agindo sobre a substância manifestada ou o Elemento Uno.

> e, diferenciando-o em vários centros de Energia, põe em movimento a lei de Evolução Cósmica, que, em obediência à Ideação da Mente Universal, produz todos os diversos estados do Ser, no Sistema Solar manifestado. (I, 110)[278]

Nesse contexto, devemos ter em mente um dos postulados da Filosofia Esotérica, que diz:

> Tudo no Universo metafísico, assim como no Universo físico, é setenário. (I, 158)[279]

A esse postulado, podemos acrescentar três parágrafos extraídos de um dos *Comentários*. Lembramos que esses *Comentários*, juntamente com as *Estâncias de Dzyan*, formam o alicerce estrutural sobre o qual o sistema da Filosofia Esotérica está construído.

> (xxiii) É por causa da natureza setenária do Sol que os antigos a ele se referem dizendo que é arrastado por sete cavalos, como nos versos dos *Vedas*; ou, ainda, que, apesar de identificado com os SETE *Gaṇa* (Classes de Seres), em sua revolução, é distinto deles, como em verdade o é; e também possui SETE RAIOS, como efetivamente possui.
>
> (...)
>
> (xxv) Os Sete Seres que estão no Sol são os Sete Sagrados, nascidos por si mesmos em virtude do poder inerente à Matriz da Substância-Mãe. São eles que enviam as sete Forças

---

[276] Vol. I, p. 178, ed. 6 vol.; I, 144, 3ª ed.
[277] Vol. I, p. 170, ed. 6 vol.; I, 135, 3ª ed.
[278] *Idem* nota 277.
[279] Vol. I, p. 213, ed. 6 vol.; I, 182, 3ª ed.

principais, chamadas Raios, que no começo do *Pralaya* se concentrarão em sete novos Sóis para o próximo *Manvantara*. A energia, da qual elas surgem à existência consciente em cada Sol, é o que alguns chamam *Vishnu*, que é o Sopro do ABSOLUTO.

(...)

Nós lhe chamamos a Vida Una Manifestada – também ela é um reflexo do Absoluto. (I, 290)[280]

(...)

(xx) A Matéria ou Substância é setenária em nosso mundo, como também o é além dele. Cada um de seus estados ou princípios ainda possui sete graus de densidade. *Sūrya* (o Sol), em seu reflexo visível, exibe o primeiro grau, ou o inferior dos sete estados, que é a ordem mais elevada da PRESENÇA Universal, o puro entre os puros, o primeiro Sopro manifestado do Sempre Não Manifestado *Sat* [Asseidade]. Todos os Sóis centrais físicos ou objetivos são, em sua substância, o estado inferior do primeiro princípio do Alento. Nenhum deles é mais que o Reflexo de seus Primários, que se acham ocultos à vista de todos, menos à dos *Dhyān-Chohans*, cuja substância corpórea pertence à quinta divisão do sétimo princípio da Substância-Mãe e é, portanto, quatro graus mais elevada que a substância solar refletida. Assim como existem sete *Dhātu* (substâncias principais no corpo humano), do mesmo modo existem Sete Forças no Homem e na Natureza inteira. (I, 289-90)[281]

As sete Forças são distribuídas pelos Sete Raios Solares, que são:

Sushumnā, Harikesha, Vishvakarman, Vishvatryarchās, Sannadha, Sarvāvasu e *Svarāj* – são todos místicos, e cada qual tem sua peculiar aplicação em um estado distinto de consciência para fins ocultos. O *Sushumnā*, que, segundo está dito no *Nirukta* (II, 6), serve unicamente para iluminar a Lua, é, contudo, o Raio a que são afeiçoados os *Yogis* iniciados. A totalidade dos Sete Raios difundidos através do Sistema Solar constitui, por assim dizer, o *Upādhi* (Base) do Éter da Ciência; *Upādhi* em que a luz, o calor, a eletricidade, etc., isto é, as Forças da Ciência ortodoxa, se correlacionam para produzir seus efeitos terrestres. Como efeitos psíquicos e espirituais tais Forças emanam do *Upādhi* suprassolar, em que têm origem no éter dos ocultistas, ou *Akāśa*. (I, 515)[282]

Assim, no que diz respeito ao Sistema Solar, a lei setenária é básica e aplicável a todos os seus membros. A Terra representa o sétimo desdobramento do esquema setenário.

O número sete é proeminente na maioria dos antigos escritos hindus, o *Rig-Veda*. Um exemplo é o suficiente:

Os sete sábios modelam sete sendas.
Que por uma dessas possa vir o aflito mortal. (X, 5-6)

Este verso místico é elucidado da seguinte forma: os "sete sábios" são os sete raios de sabedoria – os sete *Dhyānis*. Geralmente este verso é interpretado apenas sob seu aspecto astronômico e cósmico – entretanto, é

280 Vol. I, p. 331, 3d. 6 vol.; I, 310, 3ª ed.
281 Vol. I, p. 330-1, ed. 6 vol.; I, 309, 3ª ed.
282 Vol. II, p. 240, ed. 6 vol.; I, 561, 3ª ed.

> um dos mais fecundos no sentido oculto. As "sendas" podem significar linhas (*maryādāh*), mas são primeiramente raios de luz que descem das sendas que conduzem à sabedoria... Significam "caminhos" ou sendas. São, em suma, os sete Raios que pendem livres do centro macrocósmico, os sete princípios no sentido metafísico, e as sete raças no sentido físico. Tudo depende da chave usada. (II, 191)[283]

Muito provavelmente, o extrato a seguir é o mais significativo no que diz respeito ao número sete, uma vez que sua concisão o torna ainda mais lúcido: sete é "o número perfeito e sagrado do nosso *Mahāmanvantara* atual." (II, 602)[284]

Uma vez que a palavra *Manvantara* é geralmente aplicada à vida de um planeta (ou sistema planetário), um *Mahāmanvantara* equivaleria à vida de um Sistema Solar – um período tão vasto que poderia ser considerado "universal" com relação a uma existência terrena. De qualquer forma, o sistema abordado em *A Doutrina Secreta* é chamado de cis-himalaico e baseia seu ensinamento no esquema setenário.

> O Ocultismo cis-himalaico com sua divisão *setenária*, e por causa dessa divisão, deve ser considerado como o mais antigo, a origem de todos. (II, 602)[285]

Devemos lembrar que a doutrina esotérica possui mais de uma chave para a sua leitura:

> sua interpretação e revelação dos Mistérios fazia-se com a ajuda de *sete* chaves, conforme dissemos, e não de duas ou três, no máximo; e por isso as causas e seus efeitos atuavam na Natureza invisível ou mística tanto quanto na Natureza psíquica, e aplicavam-se à Metafísica e à Psicologia, assim como à Fisiologia. (III, 632)[286]

Não precisamos percorrer todos os exemplos que existem da lei setenária, uma vez que uma grande seção de um dos volumes é dedicada a esse tema, sob o título de "Os Mistérios da Hebdômada".[287] Entretanto, de forma a demonstrar que muitos dos ensinamentos da Filosofia Esotérica podem ser encontrados na literatura existente, alguns exemplos serão fornecidos.

> O *Rig-Veda*, o mais antigo entre todos os antigos anais *conhecidos*, pode ser indicado como confirmando os Ensinamentos Ocultos quase em todos os sentidos. Os seus Hinos, que são os relatos escritos pelos primeiros Iniciados da Quinta Raça (a nossa) sobre os Ensinamentos Primordiais, referem-se às Sete Raças, chamadas alegoricamente as sete "Correntes" (I, 35-38); e às Cinco Raças (*Panchakrishtayah*) que já habitaram o mundo nas cinco regiões, assim como aos três Continentes que existiram.
> (...)

283 Vol. III, p. 197, ed. 6 vol.; II, 201, 3ª ed.
284 Vol. IV, p. 174, ed. 6 vol; II, 637, 3ª ed.
285 Vol. IV, p. 174, ed. 6 vol; II, 637, 3ª ed.
286 Vol. IV, p. 203, ed. 6 vol.; II, 668, 3ª ed.
287 Vol. II, pp. 590-641, ed. or.; Vol. IV, 162-212, ed. 6 vol.; II, 624-78, 3ª ed.

São três os Continentes submersos ou por outra forma desaparecidos... Os Iniciados que escreveram os *Vedas* – ou seja, os *Rishis* de nossa Quinta Raça – o fizeram numa época em que a Atlântida já tinha submergido. A Atlântida foi o *quarto* Continente que *apareceu*, sendo, porém, o *terceiro* que *desapareceu*. (II, 606)[288]

Os sete Raios do Sol, indicados no *Rig-Veda*, já foram enumerados. Outra interpretação de seu significado é agora introduzida através de uma referência ao caráter dos próprios Hinos:

Os Hinos do *Rig-Veda*, apesar de inteiramente alegóricos, não deixam por isso de ser bastante sugestivos. Os sete Raios de *Sūrya*, o Sol, são ali comparados aos sete Mundos de cada Cadeia Planetária, aos sete rios do Céu e da Terra, sendo os primeiros as sete Legiões criadoras e os últimos os sete Homens ou grupos humanos primitivos. Os sete antigos *Rishis* – os progenitores de tudo o que vive e respira sobre a Terra – são os sete Amigos de *Agni*, os seus sete "Cavalos" ou sete "CABEÇAS". (II, 605) [289]

Agni foi um dos mais importantes deuses Védicos. Outra grande divindade foi *Varuna*. Ele é

quem regula todos os fenômenos naturais, quem "traça o caminho que o Sol deve seguir". Os sete Rios do Firmamento (os Deuses Criadores que descem) e os sete Rios da Terra (as sete Humanidades primitivas) estão sob o seu domínio... (II, 606)[290]

Outro dos quatro *Vedas*, o *Ātharva-Veda*, também ilustra a predominância do número sete:

O Tempo nos leva para diante; é um corcel de mil olhos, infatigável, cheio de fecundidade. Sobre ele montam os sábios inteligentes; suas rodas são todos os mundos.
(...)
O Tempo marcha sobre *sete* rodas; tem *sete* naves; a imortalidade é o seu eixo. Ele é agora *todos estes mundos*. O Tempo acelera para adiante o primeiro Deus... (Hino, xix, 53)
(...)
Acrescente-se agora o seguinte versículo dos Livros Esotéricos:
O Espaço e o Tempo são um. O Espaço e o Tempo não têm nome, porque são o incognoscível AQUILO, que só pode ser percebido por meio dos seus SETE Raios – os quais são as SETE Criações, os SETE Mundos, as SETE Leis, etc.
(...)
Assim, desde as sete Criações, os sete *Rishis*, as sete Zonas, os sete Continentes, os sete Princípios, etc., das Escrituras arianas, o número passou através do pensamento místico dos indianos, dos egípcios, dos caldeus, dos gregos, dos judeus, dos romanos e finalmente dos cristãos, até que se fixou e permaneceu indelevelmente impresso em todas as teologias exotéricas. Os sete livros antigos, roubados da Arca de Noé por Ham e dados ao seu filho Cush, e as sete colunas de Bronze de Ham e de Cheiron são reflexo e reminiscência dos sete

---

288 Vol. IV, p. 177, ed. 6 vol.; II, 641, 3ª ed.
289 Vol. IV, pp. 176-7, ed. 6 vol.; II, 640, 3ª ed.
290 *Idem* nota 289.

> Mistérios primordiais, instituídos segundo as "sete Emanações secretas", os sete Sons e os sete Raios – modelos espirituais e siderais das sete mil vezes sete cópias que se fizeram no curso dos *eons* posteriores. (II, 612-3)[291]

Acrescente-se outro dos ensinamentos da Filosofia Esotérica, a respeito dos seis globos companheiros da Terra (os sete globos que formam a cadeia planetária), que pode ser achado na

> doutrina mais antiga e reverenciada das Escrituras hindus, o *Rig-Veda*. Aí se mencionam seis mundos, *além* de nossa Terra; os seis *Rajāmsi* acima de *Prithivī*, a terra, ou "este" (*Idam*) em oposição "àquele que está *ao longe*", isto é, os seis Globos nos outros *três* planos ou Mundos.
>
> (...)
>
> Os Magos ou Madeístas se limitavam a crer no que os outros criam, isto é, em sete "Mundos" ou Globos de nossa Cadeia Planetária, dos quais *só um* é acessível ao homem atualmente, a nossa Terra; e no sucessivo aparecimento e destruição de sete Continentes ou Terras sobre este nosso Globo, achando-se cada Continente dividido, como rememoração dos sete Globos (um visível e seis invisíveis), em sete ilhas ou continentes, sete "climas", etc. Esta era uma crença comum naqueles tempos, em que a Doutrina Secreta estava ao alcance de todos. (II, 607-8)[292]

Assim como os sete continentes e os sete climas, sete esferas de ação também estavam associadas à Terra. Esse assunto é introduzido através de uma referência ao conhecimento que os antigos tinham dos períodos de tempo que governam os ciclos da Terra.

> O conhecimento das leis naturais que fazem do sete, o número fundamental na Natureza, por assim dizer, no mundo manifestado, ou, pelo menos, em nosso ciclo de vida terrestre, e a maravilhosa compreensão do seu funcionamento eram os fatores do descobrimento de tantos mistérios da Natureza por parte dos Antigos. Eram também essas leis e seus processos nos planos sideral, terrestre e moral que permitiam aos antigos astrônomos calcular corretamente a duração dos ciclos e os respectivos efeitos na marcha dos acontecimentos; registrando com antecipação – ou profetizando, segundo a expressão consagrada – a influência que exerciam no curso e desenvolvimento das raças humanas. O Sol, a Lua e os Planetas, sendo os medidores infalíveis do tempo, e cujo poder e periodicidade eram bem conhecidos, tornaram-se assim, respectivamente, o grande regente e os governantes do nosso pequeno sistema, em todos os seus sete domínios ou "esferas de ação".
>
> (...)
>
> As esferas de ação das Forças combinadas da Evolução e do *Karma* são: 1º a Superespiritual ou Numenal; 2º a Espiritual; 3º a Psíquica; 4º a Astro-etérea; 5º a Subastral; 6º a Vital; e 7º as Esferas puramente físicas. (II, 621)[293]

---

291 Vol. IV, pp. 183-4, ed. 6 vol.; II, 647-8, 3ª ed.
292 Vol. IV, p. 179, ed. 6 vol.; II, 642-3, 3ª ed.
293 Vol. IV, p. 192, ed. 6 vol.; II, 657, 3ª ed.

Os Sete Planos

A Filosofia Esotérica postula que o Universo compreende sete planos. Os três planos superiores são chamados de Mundo Divino e sem Forma do Espírito; os quatro inferiores são os planos da Consciência Cósmica. Uma das razões para que este assunto seja de difícil compreensão é que o mundo ou Plano Físico – que é o mais inferior dos sete e é usualmente chamando de Plano Material – tem interesse predominante no Ocidente. Além do mais, nossos sentidos físicos foram gerados para funcionar no mundo físico, ou Plano Material, e, consequentemente, recebem maior atenção que os sentidos mais refinados, talvez até ao ponto de excluí-los. A princípio, seria bom rever a definição de H.P.B. de um plano.

> PLANO. Do latim *planus*. Extensão de espaço ou de algo nele contido, seja no sentido físico, seja no metafísico, por exemplo, um "plano de consciência". No Ocultismo tal termo designa o campo ou extensão de algum estado de consciência ou de poder perceptivo de uma série particular de sentidos ou esferas de ação de uma determinada força, ou o estado da matéria correspondente a qualquer um dos extremos anteriormente indicados.[294]

É habitual encontrarmos a representação dos sete planos diagramaticamente em forma de sete linhas horizontais, sobrepostas uma sobre a outra em intervalos aproximados. Isso é necessário no caso de uma representação no papel (uma "superfície plana"). Um método melhor seria o de considerar os sete planos como sete círculos concêntricos, com o plano mais elevado ou mais divino representado pelo círculo mais interno, e o mais material ou denso dos sete planos como a esfera exterior. Essa representação pode não parecer tão clara quanto o diagrama mais familiar; todavia, comunica melhor a ideia de cada plano como um "mundo". Dessa forma, os seres que funcionam em qualquer uma dessas sete esferas ou mundos estão totalmente independentes dos outros mundos, e podem funcionar sem interferência das outras esferas. Apesar disso, existe uma diferença ou distinção a ser salientada: os seres do mundo mais exterior, por seu *status* superior, têm a capacidade de penetrar nas esferas mais exteriores, enquanto que aqueles dos mundos mais exteriores são incapazes de contatar qualquer plano interior e funcionam somente em seu próprio mundo.

Este é um dos significados do "Anel Não Passarás" – um termo místico usado nas *Estâncias de Dzyan*:

> É o Anel chamado "Não Passarás", para os que descem e sobem... (Estância V, *śloka* 6)

Portanto, existe uma "barreira", por assim dizer, entre cada plano, evitando uma ascensão a um plano superior. Encontramos uma explicação para este *śloka* no seguinte trecho:

---

294 *Glossário Teosófico*, p. 255.

REPRESENTAÇÃO DIAGRAMÁTICA DOS SETE PLANOS

Sete círculos concêntricos são usados para representar os planos; cada plano está situado no campo da esfera. O plano mais elevado (Plano I) é representado como o círculo mais interno; o círculo mais externo, designado como Plano VII, é o mais material dos planos. A nossa Terra está situada dentro do Plano VII. Cada plano possui seu próprio "campo de força".

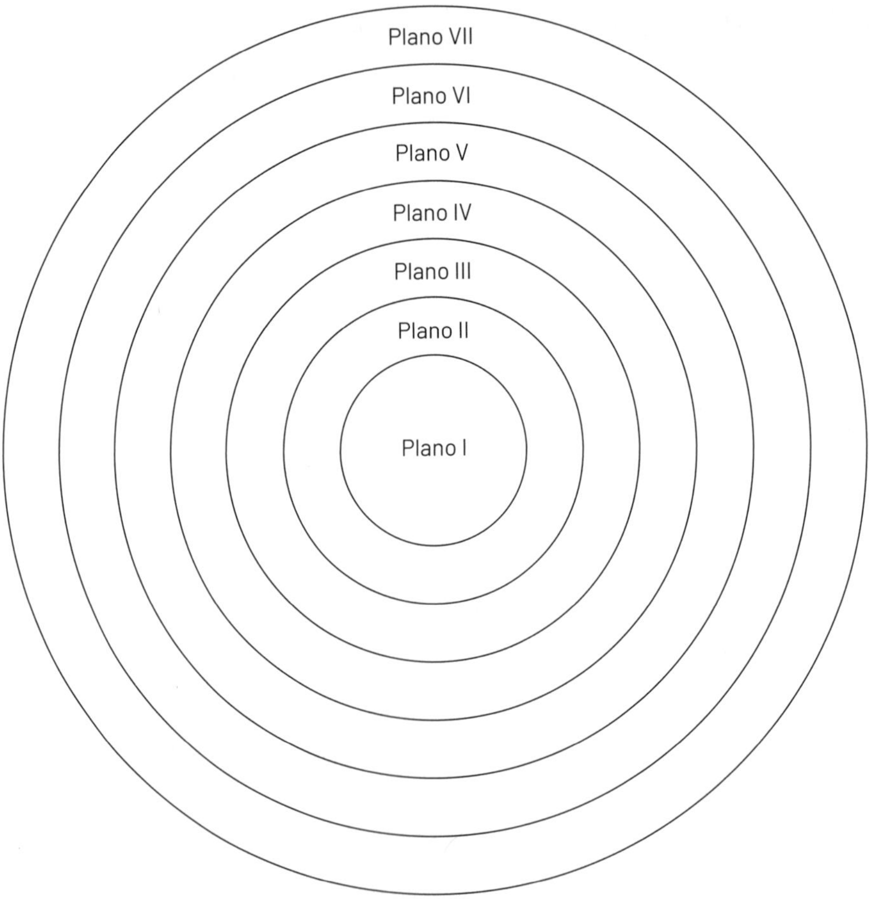

Os *Lipika* separam o mundo (ou plano) do Espírito puro do mundo da Matéria. Os que "descem e sobem" (as Mônadas que encarnam e os homens que aspiram à purificação, "que sobem", mas que ainda não alcançaram a meta) só poderão transpor o Círculo "Não Passarás" quando chegar o "Dia do Sê Conosco"; aquele dia em que o homem, libertando-se por si mesmo dos laços da ignorância, e reconhecendo plenamente a não separatividade do Ego que está dentro de sua Personalidade (erroneamente considerada como ele próprio), em relação ao Eu Universal (*Anima Supra-Mundi*), imerge na Essência Una para tornar-se não somente um "Conosco", as Vidas universais manifestadas, que são uma Vida, mas esta mesma Vida. (I, 130-1)[295]

Na Cabala, os quatro planos inferiores são descritos como os quatro *Olams* ou "Mundos", que emanam dos sete *Sephiroths* inferiores. A cada *Olam* foi dado uma denominação específica. A emanação dos quatro *Olams* ocorreu da mesma forma pela qual emanaram os *Sephiroth*: o mais alto produzindo o próximo e mais inferior; o primeiro e o segundo *Olams* produziram o terceiro; o primeiro, o segundo e o terceiro *Olams*, por sua vez, emanaram o quarto. Esses quatro Mundos são chamados de:

1. *Olam Atzīlūth* (ou)	o Mundo *Atzilático*	o Mundo Arquétipo
2. *Olam Berīāh*	o Mundo *Briático*	o Mundo Criativo
3. *Olam Yetzīrah*	o Mundo *Jetzirático*	o Mundo Formativo
4. *Olam Qelippoth* ou *Kliphoth*, também *Olam Asīah* ou Mundo Asiático		o Mundo Físico

É interessante notar que o Mundo mais inferior é dividido em sete habitações chamadas *Sheba Haichaloth*, que equivalem às sete zonas de nossa Terra.

Na representação dos sete planos apresentada em *A Doutrina Secreta*, uma vez que os três planos superiores são chamados de *arūpa*, que significa "sem forma", ali foi colocado um triângulo, a fim de abranger esses três primeiros planos. Em cada um dos quatro planos seguintes foi colocada uma esfera com o equivalente em português, e os termos cabalísticos dos quatro "Mundos" foram usados para denominar os planos, indicando a mesma ideia aplicada na Filosofia Esotérica. Veja a explicação a seguir:

Os três Planos superiores do Cosmos Setenário — o Mundo do Espírito Divino e Sem Forma — o *Arūpa* ou "sem forma", onde a forma cessa de existir, no plano objetivo.

Com relação ao quarto plano, chamado de "Mundo Arquétipo":

295 Vol. I, pp. 188-9, ed. 6 vol.; I, 155, 3ª ed.

A palavra "Arquétipo" não deve aqui ser tomada no sentido que lhe davam os Platônicos, isto é, o mundo tal como existia na mente da Divindade; porém, no sentido de um mundo feito como primeiro modelo, para ser seguido e melhorado pelos mundos que lhe sucedessem fisicamente, embora decrescentes em pureza.

(...)

Estes são os quatro planos inferiores da Consciência Cósmica; os três superiores são inacessíveis à inteligência humana em seu presente grau de desenvolvimento. Os sete estados da consciência humana constituem, aliás, uma questão inteiramente à parte. (I, 200)[296]

REPRESENTAÇÃO DIAGRAMÁTICA DOS SETE PLANOS

Baseada em um diagrama de *A Doutrina Secreta* (I, 200). Do lado esquerdo do diagrama os planos estão enumerados de acordo com os "Mundos Não Manifestados" e "Mundos Manifestados". Na parte central, estão representados os quatro *Olams*, ou "Mundos", como descritos na Cabala Caldeia, primeiro em português, depois em seu termo equivalente caldeu. No lado direito os sete planos estão enumerados em ordem decrescente.

1º Plano	MUNDOS NÃO MANIFESTADOS			Plano I
2º Plano		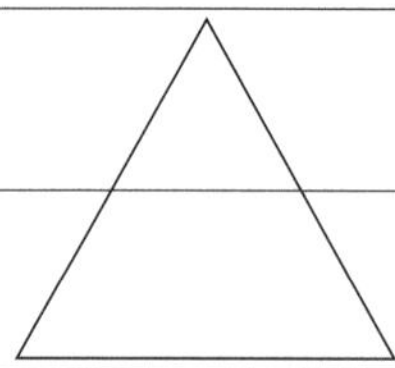		Plano II
3º Plano				Plano III
1º Plano	MUNDOS MANIFESTADOS	Mundo Arquétipo	*Olam Atzīlūth*	Plano IV
2º Plano		Mundo Intelectual ou Mundo Criativo	*Olam Atzīlūth*	Plano V
3º Plano		Mundo Substancial ou Mundo Formativo	*Olam Yetzīrah*	Plano VI
4º Plano		Mundo Material Físico	*Olam Qelippoth*	Plano VII

[296] Vol. I, p. 249; ed. 6 vol.; I, 221, 3ª ed.

A enumeração dos sete planos fornece a base para a consideração do número de "setes", estreitamente relacionada ao tema dos planos. Entretanto, antes de passar para esse assunto, chamamos a atenção para o fato de que *cada um* dos sete planos, por sua vez, está dividido em sete subplanos. Este é um importante ponto a ser lembrado, pois podemos imaginar que alguém possa entrar facilmente em um "plano superior", enquanto, na verdade, não estaria senão em uma subdivisão superior do plano objetivo inferior. Como um exemplo da subdivisão setenária, o mais baixo dos sete planos – o plano onde atua a humanidade no mundo objetivo, que pode ser chamado de Plano Terrestre ou *Prakrítico* –, é subdividido da seguinte maneira[297] (colocando as subdivisões superiores de acordo com sua sequência emanante, ao invés de em sequência numérica, de forma que o número sete é colocado em primeiro, enquanto que as subdivisões inferiores estão na parte inferior – numeradas "um"):

O PLANO INFERIOR OU SÉTIMO PLANO

O Plano Terrestre ou o Plano *Prākrítico*	7. Para-Ego ou *Ātmico* 6. Ego-Interior ou *Búdico* 5. Ego-*Manas* (*Manas* superior) 4. *Kāma-Manas* (*Manas* inferior) 3. *Kāma Prânico* ou Psíquico 2. Astral 1. Objetivo

Lokas e *Talas*

Estreitamente relacionada com o assunto dos sete planos encontra-se a consideração dos *Lokas* e *Talas*, já que dentro da literatura Teosófica a palavra *loka* é geralmente vista como o equivalente de plano. Literalmente, a palavra sânscrita *loka* quer dizer lugar ou localidade, sendo assim interpretada como mundo, esfera ou plano.

A palavra *loka* é usada em abundância na literatura exotérica hindu, especialmente nos *Puranas*, onde quatorze *lokas* são mencionados: sete *lokas* superiores chamados de sete céus, onde habitam classes de seres celestiais, enquanto os sete *lokas* inferiores equivalente a sete infernos. Uma vez que citações extraídas do *Vishnu-Purāna* aparecem em *A Doutrina Secreta* com frequência, fazendo referência a vários *lokas*, achamos útil listá-los fornecendo o significado de seus nomes, assim

[297] *S.D.*, V, p. 525.

como das *ganas* (classes de seres celestiais) que habitam cada *loka*. A lista parte do *loka* mais inferior, também chamado de sétimo:

7. *Bhūr-Loka*	Nosso mundo, a Terra, o Globo D, a residência dos mortais.
6. *Bhuvar-Loka*	*Bhuvas* torna-se *bhuvar* quando combinada com *loka* – "o mundo do ar", literalmente "o mundo do vir a ser", designado como o espaço entre a Terra e o Sol – habitado pelos *Munis* e *Siddhas* (uma classe ascética de seres semidivinos).
5. *Svar-Loka*	*Svah* torna-se *svar* quando combinada com *loka* – espaço ou céu brilhante, paraíso – a região acima do Sol ou entre o Sol e a Estrela Polar – a região de Indra, portanto muitas vezes chamada de *Indra-Loka*.
4. *Mahar-Loka*	"O grande mundo" (*maha*, grande, torna-se *mahar* quando combinada com *loka*) – a região acima da Estrela Polar, habitada pelos *Bhrigu* e outros *Rishis* que "sobreviveram à destruição dos três mundos inferiores" (na literatura popular). Também a residência dos *Pitris* após terem cumprindo sua missão de auxílio à humanidade.
3. *Janar-Loka*	"O mundo do nascimento", isto é, do nascimento espiritual (de *jan*, nascer). A habitação do filho de *Brahmā*, *Sanat-Kumāra*; também dos *Kumāras*, *Agnishvāttas* e *Mānasaputras*.
2. *Tapar-Loka*	"O mundo da meditação" (*tapas*, observância religiosa, devoção, meditação, torna-se *tapar* quando combinada com *loka*). A residência dos *Vairājas*. "Na filosofia esotérica são chamados de *Nirmānakayas*, sendo o *Tapar-Loka* o sexto plano (de baixo para cima). (*Glossário Teosófico*, p. 358)
1. *Satya-Loka*	"O mundo da verdade" ou realidade – a residência de *Brahmā*, também chamado de *Brahmā-Loka*. Aqueles que alcançam este *loka* se libertam dos laços de nascimentos, assim como os *Jīvanmuktas* ou *Nirvānis*.

Com relação aos sete *lokas* inferiores, estes são popularmente chamados de "infernos", embora o termo correto seja *talas*. *Tala* é uma palavra do sânscrito que significa superfície, nível, também o fundo ou a base de alguma coisa – que é o significado deste termo quando aplicado a um *loka*. Uma forma de descrever os *talas* em conexão como os *lokas* é considerar um *loka* como o "lado espiritual" do mundo ou plano, e o *tala* como o "lado material" do mesmo plano ou mundo. Enumeramos sete *talas*; cada *tala* atua como a base ou lado inferior de cada *loka* (acima descritos).

Estão enumerados em ordem decrescente, começando do *tala* mais elevado:

1. *Atala*	Significa literalmente "não um *tala*", isto é, "não uma base ou lugar"; *a* – não), transmitindo a ideia de que esse *tala* superior não possui muita materialidade no "lado material" de seu *loka* correspondente – *Satya-Loka*.
2. *Vitala*	Uma vez que o prefixo *vi* significa divisão, distinção ou até mesmo oposição, a palavra sugere que a matéria está se tornando mais dividida (do espírito) em sua descida.
3. *Sutala*	Um composto de *su*, bom, e *tala*; literalmente, um bom lugar.
4. *Rasātala*	Um composto de *rasa*, paladar, e *tala*, lugar; literalmente, o "lugar do paladar", significando que é nesse *tala* que os órgãos dos sentidos se tornam predominantes sobre as faculdades humanas, quando permitido.
5. *Talātala*	Composto de *tala* e *atala*, literalmente "um lugar que não é um lugar", transmitindo a ideia de que é a fase mais inferior do "lado material" ainda não alcançado, embora ainda seja um lugar mais material do que qualquer dos *talas* superiores. Algumas escolas de pensamento usam a palavra *Karatala* no lugar de *Talātala*, que pode ser traduzida por "lugar do toque", pois *kara* significa mão.
6. *Mahātala*	Literalmente, "o grande lugar" – *mahā*, grande; *tala*, lugar, significando que a matéria é verdadeiramente densa neste *tala*.
7. *Pātāla*	Um composto de *pāta*, submerso ou caído, e *tala*, lugar: o lugar da queda, o mais baixo dos *talas*; visto como a residência dos *Nāgas* (serpentes) e demônios.

No que diz respeito à filosofia esotérica, os *lokas* e *talas* possuem uma significância maior do que serem meramente morada ou localidade dos *gaṇas* (classe de seres celestiais). São comparáveis a estados de consciência nos quais o homem pode entrar; os *lokas* representam o aspecto espiritual, enquanto os *talas* representam o aspecto material.

Encarar os *lokas* como paraísos e os *talas* como infernos seria uma falha conceitual, e ainda mais equivocado seria dividir os *lokas* e *talas* de forma a obter quatorze mundos, ao invés de sete *loka-talas*. A fim de esclarecer este ponto, apresentamos a seguinte ilustração. Imaginemos sete moedas de 1 centavo, 5 centavos, 10 centavos, 25 centavos, 50 centavos, 1 dólar e 10 dólares. Cada moeda possui dois lados, chamados de cara e coroa. Esses dois lados são inseparáveis e constituem uma única moeda. Da mesma maneira, um *loka-tala* é uma unidade, somente separável com o propósito de ser examinado filosoficamente. Entretanto, o ponto mais importante dessa ilustração é o seguinte: da mesma maneira que o valor de cada uma das sete moedas enumeradas produz uma determinada condição ou sentimento, a ela claramente associado e distinto, o *loka-tala* também possui seu próprio estado de consciência distinto, que pode ser discernido pelo ser que entra nesse estado de consciência aplicável a um *loka-tala* em particular. O *loka* representa a evolução do espírito no Arco Ascendente, enquanto que o *tala* representa a evolução da matéria no Arco Descendente.

Ao associarmos cada par de *loka-tala* com um plano, os sete *loka-talas*

> são planos de fora para dentro, e Estados (os sete Estados Divinos) de Consciência pelos quais o homem pode passar — e *deve* passar, uma vez que esteja determinado a atravessar as sete sendas ou portais de *Dhyāna*. Para isso ele não precisa estar fora de seu corpo, e todos eles são alcançados na Terra, em uma ou muitas encarnações.
>
> (...)
>
> Veja a ordem: os quatro inferiores... são *rūpa*, isto é, são alcançados pelo Homem Interno com total concordância das porções, ou elementos, divinos do *Manas* Inferior, e conscientemente pelo homem pessoal. Os três estados superiores não podem ser alcançados ou lembrados por esse último, a não ser que ele seja um Adepto totalmente iniciado. Um *Hatha Yogi* jamais ultrapassará psiquicamente o *Maharloka*, e física-mentalmente o *Talātala* (lugar duplo ou dual). Para se tornar um *Rāja Yogi*, é necessário ascender ao sétimo portal, o *Satya-Loka*, pois este, o Mestre *Yogi* nos diz, é o desfrute ou sacrifício de *Yajña*. Quando os (estados) *Bhūr*, *Bhuvar* e *Svar* são ultrapassados, e a consciência do *Yogi* está toda centrada no *Maharloka*, ele se encontra no último plano e estado entre a completa identificação do *Manas* superior ou pessoal. (*D.S.*, V, 542)

Apresentamos a seguir o *tala* correspondente a cada *loka*, em ordem decrescente:

1. *Satya-Loka*	1. *Atala*
2. *Tapar-Loka*	2. *Vitala*
3. *Janar-Loka*	3. *Sutala*
4. *Mahar-Loka*	4. *Rasātala*
5. *Svar-Loka*	5. *Talātala*
6. *Bhuvar-Loka*	6. *Mahātala*
7. *Bhūr-Loka*	7. *Pātāla*

O próximo estágio da explicação desse assunto será baseado na observação dos sete *loka-talas* como equivalentes aos sete Princípios do Cosmos – um princípio para cada plano. Nessa correspondência os *lokas* representam o aspecto do princípio, enquanto que os *talas* representam o aspecto do elemento.

Há também o aspecto emanante de *loka-talas*. Assim como na emanação dos *Sephiroth* e no desenvolvimento dos sete Princípios-Elementos, os *loka-talas* seguem o mesmo procedimento. O primeiro *loka-tala* (*Satya-Loka-Atala*) emana o segundo; do primeiro e do segundo *loka-talas* (*Tapar-Loka-Vitala*) o terceiro par é emanado; a partir da primeira, segunda e terceira séries (*Janar-Loka-Sutala*), o quarto é desenvolvido; do primeiro, segundo, terceiro e quarto (*Mahar-Loka-Rasātala*), surge o quinto; do primeiro, segundo, terceiro, quarto e quinto (*Svar-Loka-Talātala*), é emanado o sexto; e finalmente, a partir do primeiro, segundo, terceiro, quarto, quinto e sexto (*Bhuvar-Loka-Mahātala*) surge o sétimo (*Bhūr-Loka-Pātāla*). Assim, fica aparente que a radiância ou essência do primeiro *loka-tala* penetra cada par até o sétimo, o mesmo se dando com o segundo, terceiro, quarto, quinto e sexto *loka-talas*. Por força desse desdobramento emanante, todos os *loka-talas* estão inseparavelmente ligados; além disso, cada gêmeo *loka-tala* pode ser considerado como composto de um *loka-tala* setenário, e, como são sete, totalizam 49.

Outra ilustração pode ser fornecida com relação ao aspecto dual dos *loka talas*, considerando o aspecto bipolar de cada par. Toda esfera possui um polo norte e um polo sul: o *loka* representaria o polo norte e o *tala* o polo sul. Outro exemplo ainda pode ser fornecido, dentro do domínio da ciência: na eletricidade sempre encontramos dois polos, o positivo e o negativo; o *loka* representaria o polo positivo, e o *tala* o negativo.

Uma vez que a consciência necessita de um "campo" para atuar, o *loka-talas* pode ser encarado como um "campo", o *loka* representando o aspecto espiritual da consciência e o *tala*, por sua vez, seu aspecto material. Exemplo: a consciência de uma pessoa experimentando o estado de *Turiya-Samadhi* se daria em um *loka* superior, enquanto que a consciência de alguém sob *delirium tremens* se daria em um *tala*.[298]

Os Sete Princípios-Elementos (*Tattvas, Tanmātras, Mahābhūtas* ou *Prakritis*)

Estreitamente associados com os sete planos estão os sete *Tattvas*, *Tanmātras* e *Mahābhūtas*. Enquanto cada um desses termos, conforme usados pela Filosofia Esotérica, transmite um significado especial, as ideias a eles associados são geralmente citadas em *A Doutrina Secreta* por um simples termo, "Elementos". Obviamente ne-

298 O assunto de *Lokas* e *Talas* será mais desenvolvido no Capítulo VII, seção 2, sob o título de "A Doutrina dos *Lokas* e *Talas*".

nhum termo em nossa língua é capaz de traduzir o significado dessas três palavras sânscritas, e não existem termos precisos disponíveis nas línguas modernas para transmitir essa ideia, de forma que a palavra "elemento" é usada para traduzir cada uma delas. Desta forma, a fim de usar outro significado diferente daquele geralmente associado à palavra elemento, usamos a composição "Princípio-Elemento".

Vamos começar com uma descrição das ideias associadas aos termos, seguida de seus significados etimológicos: *Tattva* transmite a ideia de que há um "lado-força" ou "lado-espírito" nos elementos, ou Princípios-Elementos, que são em número de sete, embora em trabalhos exotéricos sejam mencionados apenas cinco. É a força, ou "lado-espírito" de um elemento, que o leva à "mudança", ou seja, a desabrochar ou se desenvolver durante os períodos cíclicos. Por força dos vários planos, cada era requer um aspecto diferente no qual o Elemento-Princípio deve se manifestar de forma a concluir seu avanço ou desenvolvimento evolucionário. Em outras palavras, o Princípio-Elemento que primeiro se manifesta no Globo A da Primeira Ronda está consideravelmente alterado quando manifestado na Quarta Ronda do Globo D. Sua primeira manifestação emanante (na Primeira Ronda, no Globo A), seu aspecto *veicular* ou "lado-matéria", é representado pelo termo *Tanmātra*, que significa o Elemento Rudimentar ou Elemento Sutil. Conforme os ciclos progridem, o desenvolvimento evolucionário do *Tanmātra* (Elemento-Princípio Rudimentar) prossegue passo a passo com a mudança das condições do mundo, e esse estado de desenvolvimento, ou desdobramento, é conhecido como *Mahābhūta* (Elemento-Princípio Bruto). Em outras palavras, o aspecto veicular ou "lado-matéria" do Elemento-Princípio original (o *Tanmātra*) se desenvolveu ou se tornou o Elemento-Princípio Bruto (*Mahābhūta*) que está presente no Globo D (nossa Terra) na Quarta Ronda.

Dando continuidade à ideia, chegamos à sua conclusão lógica: conforme os ciclos progridem, cada Princípio-Elemento, impulsionado por seu aspecto *Tattva*, continua seu desenvolvimento evolucionário em um aspecto mais desenvolvido, *Mahābhūta*.

Entretanto, notemos que já ocorreu a fase "mais grosseira", ou o aspecto mais material dos *Mahābhūtas*, uma vez que o ponto mais denso aconteceu no auge do Arco Descendente, ou no ponto mais baixo do Arco Sombrio. Isso ocorreu durante o ciclo da Quarta Raça em sua Quarta Ronda. As fases de desenvolvimento dos *Mahābhūtas* continuaram em linhas mais etéreas que materiais, o que vem a ser o caso da própria Terra, assim como da humanidade, uma vez que a Onda de Vida humana está agora na Quinta Raça e no Arco Ascendente.

Com respeito à etimologia dos termos, *Tattva* é uma palavra sânscrita geralmente traduzida como "realidade", mas também pode ser interpretada como "elemento" no sentido da realidade subjacente por trás da aparência externa ou manifestação física. Temos isso bem explicado em uma exposição sobre os *Tattvas*.

> O Universo surgiu do *Tattva* (ou dos *Tattvas*); ele segue adiante por intermédio dos *Tattvas*; ele desaparece nos *Tattvas*; através dos *Tattvas* se conhece a natureza do Universo. (*S.D.*, V, 469)
> (...)

> Os *Tattvas* são apenas o substrato das sete forças da Natureza... Existem sete formas de *Prakriti*, conforme ensina o *Sānkhya* de Kapila, o *Vishnu-Purāna* e outros trabalhos. *Prakriti* é Natureza, Matéria (primordial e elemental); assim, a lógica exige que os *Tattvas* também sejam sete... eles são ao mesmo tempo Substância e Força, ou a Matéria atômica e o Espírito que a anima. (*S.D.*, V, 469)

Mahābhūta: composto de *mahā*, grande, e *bhūta*, o particípio passado do verbo *bhū*, ser, resultando em "elemento bruto". Em algumas escolas de filosofia hindus, os *Prakritis* (quando a palavra é usada em sua forma plural) equivalem aos *Mahābhūtas*, e são considerados como oito essências primárias, ou produtoras, que desenvolvem todo o mundo visível; são enumeradas como: *Avyakta*, *Buddhi* ou *Mahat*, *Ahamkāra* e os cinco *Tanmātras*. O significado desses três termos sânscritos, conforme usados na filosofia *Sānkhya*, é: *Avyakta*, literalmente "não desenvolvido", o elemento primordial ou princípio produtivo onde todo fenômeno no mundo material é desenvolvido; *Mahat*, literalmente "o grande", o princípio intelectual e a origem de *Ahamkāra*; *Ahamkāra*, literalmente "a faculdade de desenvolvimento do eu", a concepção de individualidade, a concepção do eu. Deve ser acrescentado que, quando a palavra *Prakriti* é usada no singular, tem o significado de substância original ou primária. Os *Prakritis* nascem de sua Substância Original, ou *Prakriti*. Os *Mahābhūtas*, "elementos brutos" ou Princípios-Elementos (conforme já explicado) são o resultado do desenvolvimento dos *Tanmātras* (Princípios-Elementos Rudimentares): Éter, Fogo, Ar, Água, Terra.

Tanmātra: um composto de *tat*, aquele, e *mātra*, um bocado; também uma unidade de medida. A palavra é geralmente traduzida por "elemento sutil", embora elemento rudimentar ou original expresse melhor a ideia (conforme já explicado).

Em um de seus aspectos, os cinco *Tanmātras* são equiparados aos cinco sentidos, que estão correlacionados aos Princípios-Elementos da seguinte maneira:

Tanmātra	Sentido	Desenvolvido na	Equiparado ao Elemento
Śabda	Som	Primeira Raça	Éter
Sparśa	Tato	Segunda Raça	Ar
Rūpa	Visão	Terceira Raça	Fogo
Rasa	Paladar	Quarta Raça	Água
Gandha	Olfato	Quinta Raça	Terra

> Os *Tanmātras* representam, literalmente, o tipo ou rudimento de um elemento desprovido de qualidades; mas, esotericamente, eles são o númeno primitivo do que no curso do progresso da evolução se converte num Elemento Cósmico, na acepção que se dava a este termo na antiguidade, e não na da Física. São os *Logoi*, as sete emanações ou raios do *Logos*. (I, 572)[299]

[299] Vol. II, p. 295, ed. 6 vol.; I, 625, 3ª ed.

Voltando aos *Tattvas*, os quatro inferiores dos sete são conhecidos como os elementos fogo, ar, água, terra. Entretanto, é preciso que fique claro que na Filosofia Esotérica os elementos acima mencionados são mais a "expressão física" daquilo que os elementos se tornaram em sua manifestação *no plano inferior* do que os elementos essenciais de onde a manifestação externa se originou.

A enumeração dos *Tattvas* fornece mais três Elementos que ainda são desconhecidos e serão totalmente desenvolvidos no futuro, pois a Filosofia Esotérica sustenta que é preciso uma Ronda para o completo desenvolvimento de um Princípio-Elemento (*Tattva*). Conforme a humanidade progride na Quarta Ronda, o Princípio-Elemento que está sendo desenvolvido é o *Tattva* "inferior" ou mais denso, o qual corresponde à Quarta Ronda da Terra. Da mesma forma, cada *Tattva* tem uma correspondência predominante com cada um dos "setes" a seguir: as Sete Rondas; as Sete Raças-Raízes; os Sete Globos (da cadeia planetária); os Sete Princípios Cósmicos; os Sete Princípios Humanos; e os sete sentidos do homem. Mas essas correspondências se aplicam apenas ao *Tattva* básico ou ao Princípio-Elemento Original, não ao resultado de seu desenvolvimento, familiar ao nosso plano.

Outro ponto a ser observado é que cada *Tattva* emana (ou tem a sua origem) a partir de um Princípio-Elemento Primordial – *Ādi-Tattva*. Assim, o segundo *Tattva*, o *Anupādaka-Tattva*, surge a partir do primeiro; o terceiro, o *Ākāśa-Tattva*, se origina no segundo e no primeiro; o quarto, o *Taijasi-Tattva*, brota do terceiro, segundo e primeiro *Tattvas*; o quinto, o *Vāyu-Tattva*, emana do quarto, terceiro, segundo e primeiro *Tattvas*; o sexto, o *Āpas-Tattva*, se origina do quinto, quarto, terceiro, segundo e primeiro *Tattvas*; e o sétimo *Tattva*, o *Prithivī-Tattva*, surge do sexto, quinto, quarto, terceiro, segundo e primeiro *Tattvas* – emanando sequencialmente, conforme descrito na emanação dos *Sephiroth*.

Listado em sequência descendente de emanação, com seu correspondente em português, temos:

1. *Ādi-Tattva*	Força Universal Primordial
2. *Anupādaka-Tattva*	Espírito
3. *Ākāśa-Tattva*	Éter
4. *Taijasi-Tattva*	Fogo
5. *Vāyu-Tattva*	Ar
6. *Āpas-Tattva*	Água
7. *Prithivī-Tattva*	Terra

Na Filosofia Esotérica, *Ādi-Tattva* é visto como a força que procede do Primeiro *Logos*, ou *Logos* Não Manifestado, e fornece aquilo que encerra *Brahmā* em seu Ovo – o *Sarva-Mandala*, também conhecido como o *Hiranyagarbha* ("ovo dourado"). O segundo *Tattva* é chamado de *Anupādaka*, um composto significando "sem pais", não quanto à sua emanação, mas quanto à sua individualização, visto que essa é a primeira manifestação externa de um Princípio-Elemento. O *Anupādaka-Tattva* é visto como procedendo do Segundo *Logos*, enquanto que o *Ākāśa-Tattva*, a Força Criativa que aparece em um Universo já manifestado, é a Força do Terceiro *Logos*.[300]

Podemos acrescentar um trecho que explica o significado dos Princípios-Elementos e indica que cada *Tattva* varia de acordo com o globo no qual atua. Logo, sua inclusão neste ponto será de grande vantagem. Notemos que o segundo *Tattva* (em ordem descendente de emanação) é chamado de *Purusha Śakti*, que pode ser traduzido como "Força Espírito" — mencionado acima como procedente do Segundo *Logos*. Chamamos atenção para as duas primeiras frases.

> existe apenas um elemento e é impossível obter a compreensão de nosso sistema antes que sua concepção esteja firmemente fixada na mente... a menos que este grandioso fato primário seja solidamente compreendido, o resto parecerá ininteligível. Esse elemento, metafisicamente falando, é o substrato ou causa permanente de todas as manifestações no Universo fenomênico. Os antigos falam dos cinco elementos cognoscíveis: éter, ar, água, fogo e terra; e de um não cognoscível (para os não iniciados), o sexto princípio do Universo, o qual chamam de *Purusha Śakti*, enquanto que falar do sétimo princípio fora do santuário era punido com a morte. Mas esses cinco são apenas os aspectos diferenciados do um. Um homem é um ser setenário, assim como o Universo — sendo que o microcosmo setenário, em relação ao macrocosmo setenário, nada mais é que uma gota de chuva em relação à nuvem da qual caiu, e que com o tempo se evapora e a ela retorna. Neste "um" estão abarcadas ou incluídas várias tendências para a evolução do ar, da água, do fogo, etc. (do puramente abstrato para sua condição concreta), e quando esses últimos são chamados de elementos, é para indicar suas potencialidades produtivas para as inumeráveis mudanças de forma ou para a evolução da existência. Representaremos a quantidade desconhecida por X, que é o princípio único, eterno e imutável; e A, B, C, D, E representarão cinco dos seis princípios menores, ou componentes do um; ou seja, os princípios da terra, água, ar, fogo e éter (*Ākāśa*), segundo a ordem de sua espiritualidade, começando com o mais inferior. Existe um sexto princípio no homem que corresponde a *Buddhi* (para evitar confusão, lembre-se que vendo a questão em escala descendente, o Todo abstrato ou princípio eterno seria numericamente designado como o primeiro, e o Universo fenomênico como o sétimo, seja com relação ao homem ou ao Universo; visto de forma ascendente a ordem numérica seria exatamente o contrário), porém não temos permissão para revelar seu nome exceto entre os iniciados. Posso, entretanto, fazer uma indicação de que ele está em conexão com o processo de intelectualização superior. Chamemo-lo de N. Além desses, existe sob todas as atividades do Universo fenomênico um impulso energizante de X, que chamaremos de Y. Colocado de forma algébrica, nossa equação ficaria A+B+C+D+E+N+Y=X. Cada uma dessas letras representa, por assim dizer, o espírito ou abstração daquilo que você chama de elementos (sua pobre língua não me fornece outra palavra). Esse espírito controla toda a linha de evolução por todo o ciclo *manvantárico* em seu próprio departamento. É a *causa* informativa, vivificadora, impulsionadora, evolucionária por trás das manifestações fenomênicas sem conta nesse departamento da Natureza. Trabalhemos a ideia com um único exemplo. Tome o fogo, D — o princípio ígneo primal residente em X. Este é a causa última de toda manifestação fenomenal do fogo em todos os globos da cadeia. As causas próximas são os agentes ígneos secundários que controlam separadamente os *sete* fogos descenden-

300 Cf. *S.D.*, V, 476.

tes de cada planeta.[301] No primeiro de todos (os globos), na cadeia *mavantárica*, apareceu como um brilho quase que puramente objetivo – o *Mahā-Buddhi*, sexto princípio da *luz eterna*. Nosso globo está na parte inferior do arco, onde a matéria exibe-se em sua forma mais grosseira, juntamente com o espírito – quando o elemento fogo se manifestar no globo que sucede ao nosso no arco ascendente, ele será menos denso do que como o vemos agora. Sua qualidade espiritual será idêntica àquela que o fogo possuía no globo precedente ao nosso na escala descendente; o segundo globo na escala ascendente corresponderá em qualidade ao segundo globo anterior ao nosso na escala descendente, etc. Em cada globo da cadeia existem sete manifestações do fogo, das quais a primeira em ordem se compara em qualidade espiritual com a última manifestação no planeta precedente; revertendo o processo, como você pode imaginar, no arco oposto. A infinidade de manifestações específicas desses seis elementos universais é, por sua vez, nada mais que rebentos, ou ramificações da única e primordial "Árvore da Vida".[302]

O que foi dito com respeito ao Princípio-Elemento ígneo – geralmente referido como o Elemento do Fogo – é aplicável a cada um dos Princípios-Elementos que estão se manifestando, ou seja, o Ar, a Água, a Terra. Também é aplicável aos três outros Princípios-Elementos dos sete *Tattvas* quando chega a sua vez de se manifestar, isto é, na Quinta, Sexta e Sétima Ronda, respectivamente.[303]

Os Sete Princípios

Indiscutivelmente, a principal doutrina que permite compreender o significado da lei setenária, exemplificada nos exemplos já fornecidos, é a que trata da constituição setenária do homem. Esta é uma ideia fundamental e um tema sempre evocado. Uma vez que a frase "constituição setenária do homem" tem sido usada extensivamente, juntamente com "sete princípios", o seu significado já deve ser bastante familiar. Todavia, devemos ter em mente que a definição de "constituição" encontrada nos dicionários reforça a ideia intencionada, pois traz como significado "estrutura e conexão de partes", ou seja, partes componentes, no sentido daquilo que entra na composição da estrutura do homem. Dessa forma, classificando o homem como um ser de sete princípios, a intenção não é explicar como o homem *atua* durante a vida na Terra através desses princípios, mas sim indicar como o homem *é construído* no plano setenário. Assim, as sete "partes componentes" podem ser encaradas como "blocos" ou "tijolos", que compõem não apenas o homem, mas todo o Universo. Entretanto, esses sete princípios não devem ser vistos como sete "tijolos" separados

301 Aqui cada planeta significa cada globo ou esfera (dos sete) da Cadeia da Terra. Também devemos notar que "cada elemento possui seus sete princípios". Também que "cada princípio tem sete subprincípios". Isso será explicado mais adiante, em outra seção.

302 *Cartas dos Mahatmas para A.P. Sinnett*, pp. 90-2 [Vol. II, Carta nº 67, pp. 286-7, Ed. Teosófica, 2ª ed. (Nota Ed. Bras.)].

303 O assunto da manifestação e evolução dos Princípios-Elementos (*Tattvas*) será desenvolvido no Capítulo IX, seção 3, sob o título de "A Relação das Rondas e Esferas".

– um em cima do outro, diagramaticamente – mas como constituintes inter-relacionados de uma "estrutura e conexão de partes" setenária.

A enumeração dos sete princípios é bastante simples, e os nomes sânscritos podem ser rapidamente aprendidos; entretanto, a doutrina referente à constituição setenária do homem possui maior significância do que parece, em seu aspecto exotérico, como diz claramente a seguinte citação:

> ...estudem bem tanto os seus próprios Princípios quanto os do Cosmos, dividindo o grupo em permanente e impermanente, em superior e imortal e inferior e mortal, pois somente dessa forma podemos dominar e guiar, primeiro o cósmico inferior e pessoal, depois o cósmico superior e impessoal. (*S.D.*, V, 489)

Então, seguindo este conselho, primeiro apresentaremos os componentes mortais e imortais da constituição setenária; depois, a relação entre os princípios humanos e cósmicos. A explicação dos termos sânscritos será considerada mais adiante, conforme a exposição da doutrina se desenvolva.

A Tríade Superior – Os Constituintes Imortais	
Atman	A Centelha Divina (A Essência Monádica)
Buddhi	O Princípio Discriminador
Manas	O Princípio-Mente
O Quaternário Inferior – Os Constituintes Mortais	
Kāma	O Princípio do Desejo relacionado ao *Śakti* Universal (Força-Vontade)
Prāna	O Princípio-Vida *Fohat* (Força Vital Universal)
Linga-Śarīra	O Corpo Modelo *Ākāśa* (Essência Espiritual que a tudo penetra)
Sthūla-Śarīra	O Corpo Físico Todos os Reinos da Natureza

Nessa divisão, o nome sânscrito é seguido pelo equivalente em português, por sua vez seguido pela relação do microcosmo (homem) com o macrocosmo (o Cosmos). A razão pela qual os princípios que compõem o Quaternário Inferior são chamados de "mortais" é o fato de que, uma vez que o homem é um composto, suas vestes inferiores são feitas de "essências cósmicas", das quais resultam seus "princípios" durante sua manifestação sobre a Terra (quer dizer, durante seu período de vida na Terra). Uma vez tendo ele abandonado sua vida terrena, há uma dissociação desse agregado. Cada um dos componentes "mortais", então, retorna para a sua origem cósmica – como indicado na coluna da direita. Desta forma, quando ocorre a morte, *Kāma* retorna à sua origem, unindo-se com a *Śakti* Universal, a Força-Vontade Cósmica. *Prāna* retorna à sua origem, que é *Fohat*, a Força Vital universal impulsionadora. Sem a vitalidade que o sustenta, o *Linga-Śarīra* logo se debilita (o significado literal de *śarīra*, do verbo *srī*, é debilitar) e retorna à sua origem, o *Ākāśa*,[304] a Essência Espiritual que a tudo penetra, cujo aspecto inferior é a Luz Astral. Com a partida dos seis princípios, a veste ou capa inferior, o *Sthūla-Śarīra*, é deixado sobre a esfera física. Sendo composto por todos os Reinos da Natureza manifestados, suas partes componentes, da mesma forma, retornam aos reinos de onde vieram. Não nos referimos aqui apenas aos constituintes materiais ou substâncias físicas, mas também aos átomos-vida que os vivificam. Com a saída da força que os mantinha unidos em um *rūpa* (ou corpo), os *Jīvāṇus* (os átomos-vida) também retornam a seus próprios reinos.[305]

> Assim como o homem é um ser setenário, o Universo também é – o microcosmo setenário está para o macrocosmo setenário assim como a gota de chuva está para a nuvem de onde caiu e para onde, em seu devido tempo, retornará.[306]

Podemos listar, por sua vez, os sete princípios que formam as partes componentes do Universo da maneira a seguir, usando os termos sânscritos já familiares para os sete princípios no sentido cósmico. Entretanto, neste caso as palavras usadas não devem ser tomadas ao pé da letra (especialmente os números 6 e 3, uma vez que várias escolas de pensamento usam essas palavras sânscritas com diferentes significados):

7. *Paramātman*
6. *Mahā-Buddhi* ou *Alaya*
5. *Mahat*
4. *Kāma* Cósmico
3. *Jīva* Cósmico
2. *Linga-Śarīra* Cósmico ou Luz Astral
1. *Sthūla-Śarīra*

As figuras (1 a 7) estão arranjadas em ordem decrescente, de forma a associar os princípios cósmicos à já conhecida divisão setenária aplicada ao homem, embora, obviamente, na ordem decrescente o *primeiro* na escala descendente seja numerado

304 Cf. *Cartas dos Mahatmas para A.P. Sinnett*, pp. 71-2 [Vol. I, Carta nº 44, p. 198, Ed. Teosófica, 2ª ed. (N.E.)].
305 Isso foi explicado no Capítulo IV – A Doutrina da Identidade Essencial.
306 *Cartas dos Mahatmas para A.P. Sinnett*, p. 89 [Vol. I, Carta nº 67, p. 287, Ed. Teosófica, 2ª ed. (N.E.)].

1, no lugar de 7. Novamente, do ponto de vista da ordem de emanações, que é a maneira esotérica de encarar os princípios, todos os princípios emanam do primeiro da lista, assim como na sequência setenária aplicada ao homem.

Paramātman: um composto de *parama*, primário, mais excelente, supremo; e *Ātman*, ser, espírito: o Espírito Supremo; a raiz ou origem de *Ātman* (o princípio universal do homem).

Mahā-Buddhi: um composto de *mahā*, grande, e *buddhi*, o princípio discriminador. "*Buddhi* é um raio da Alma Espiritual Universal (*Alaya*)." (*S.D.*, V, 471)

> Existe um sexto princípio no homem que corresponde a *Buddhi* (...), porém não temos permissão para revelar seu nome exceto entre os iniciados.[307]

Mahat: literalmente, o princípio "grande", a Mente Universal. "*Manas* (o Ego superior) tem origem em *Mahat*, o primeiro produto ou emanação de *Pradhāna*, que contém a *potencialidade* de todos os *Guṇas* (atributos). *Mahat* é a Inteligência Cósmica, chamada de o 'Grande Princípio'". (*S.D.*, V, 471)

> A Mente Cósmica é *Mahat*, ou ideação divina em atividade (operação criativa) e, portanto, é somente a manifestação periódica no tempo e *in actu* da Eterna Mente Universal *in potentia*.[308]

Kāma Cósmico: A *Śakti* Universal – a Força-Vontade, a energia universal.

> *Kāma* é o primeiro e consciente *desejo que a tudo abrange* para o bem universal, amor, e por tudo o que vive e sente, que necessita de ajuda e bondade, o primeiro sentimento de infinita compaixão e misericórdia que surge na consciência da FORÇA UNA criativa, assim que esta tem vida, tornando-se um raio do ABSOLUTO.[309]

Jīva Cósmico: Vida Cósmica, Vitalidade Cósmica. *Prāna* (o princípio-vida na constituição humana) pode ser visto como o aspecto individualizado de *Jīva* durante a vida do homem na Terra.

> Quando um ser vivo morre o *Prāna* volta a ser *Jīva*. De qualquer maneira, o *Prāna* na Terra é apenas um modo de vida, um movimento cíclico e constante para fora e para dentro de novo, um exalar e inalar da VIDA UNA, ou *Jīva*, sinônimo da Deidade Absoluta e Incognoscível. (*S.D.*, V, 471)

Linga-Śarīra Cósmico – normalmente considerado como a Luz Astral. Este último é definido da seguinte maneira:

> A região invisível que rodeia nosso globo, como rodeia a todos os demais, e corresponde, como segundo Princípio do Cosmos (sendo o terceiro a Vida, do qual é veículo) ao *Linga-*

---

307 *Cartas dos Mahatmas para A.P. Sinnett*, p. 90 [Vol. I, Carta 67, p. 287, Ed. Teosófica, 2ª ed. (Nota Ed. Bras.)].

308 *Transactions of the Blavatsky Lodge*, p. 19. [*Comentários sobre* A Doutrina Secreta, H. P. Blavatsky. Brasília: Ed. Teosófica, p. 51 (Nota Ed. Bras.).

309 *Glossário Teosófico*, pp. 170-1.

> -*Śarīra* ou Duplo Astral do homem. É uma Essência sutil, visível apenas para um olho clarividente, e o mais inferior, exceto um (a Terra), dos Sete Princípios *Ākashicos* ou Cósmicos.[310]

Sthūla-Śarīra: o Universo manifestado; a "capa" ou veículo físico de todos os princípios.

Com relação ao homem, o termo aplicado na Filosofia Esotérica é indicativo de sua natureza setenária, se bem que a palavra seja mística. No entanto, para seu significado verdadeiro, há uma pista para a compreensão da evolução humana, não apenas nesta esfera, mas em todos os sete globos que compreendem a unidade chamada de cadeia planetária. Ao mesmo tempo, o termo nos dá a razão pela qual o homem deve ser visto como um ser de sete princípios. Veja a primeira referência ao homem nas antigas *Estâncias de Dzyan*:

> Quando um se torna dois — o "trino" aparece. Os três são (*estão unidos em*) um; e é o nosso fio, Oh *Lanoo*, o coração do homem-planta, chamado *Saptaparna*. (Estância VII, *śloka* 3 — Vol. I)

Explicação da Representação de um *Saptaparna*

A representação diagramática do *Saptaparna* é feita por meio de uma figura simbólica de uma flor de lótus. Cada *parna* está representado por duas pétalas. H.P.B. traduz a palavra sânscrita *saptaparna* como "o homem-planta de sete folhas": *sapta*, sete; *parna*, folha. Vamos começar a explicação a partir da parte de fora da flor. Primeiro, na parte de baixo, temos pequenas pétalas. Durante o estágio de formação de uma flor, primeiro aparece o seu botão, que é totalmente protegido pelas sépalas. À medida que o botão se desenvolve, essa cobertura externa é a primeira a se abrir — assim, representando um invólucro externo ao botão de sete folhas, o *Sthūla-Śarīra* do homem, o corpo físico. As pétalas mais largas têm a intenção de representar aquilo que é, na realidade, o modelo para o *Sthūla-Śarīra*, aquele sobre o qual o corpo físico é formado, sendo, portanto, chamado de corpo modelo, *Linga-Śarīra* (a cor que representa essas pétalas é o violeta). As pétalas seguintes, que levam o princípio-vida para o *Saptaparna*, representam *Prāna* (cuja cor representativa é o laranja). Sem as pétalas laranja, ligado diretamente ao princípio da vida, e fornecendo o estímulo energético à flor, está *Kāma*, o princípio do desejo (representado pela cor vermelha). O próximo *parna* já está tão envolvido por *Kāma* que quase não há uma divisão discernível, pois o princípio do desejo geralmente domina o poder mental — é *Manas*, o Princípio Mental. *Kāma* e *Manas* estão tão intimamente ligados que aparentemente atuam como um princípio à parte, controlando a vida do homem (a cor representativa do *Manas* inferior é verde; do *Manas* Superior é índigo). As duas pétalas mais

[310] *Glossário Teosófico*, p. 38.

interiores, pintadas com uma tonalidade mais escura, são as mais importantes, pois são elas que envolvem a vagem, que é o coração de toda a flor e, é claro, permanece mesmo depois das pétalas caírem. Essas pétalas representam, *par excellence*, *Buddhi*, o princípio discriminador (representado em amarelo).

Dentro de todo lótus há uma jóia oculta, como nos fala a bela mensagem do mantra *Om mani padme hum!*. De fato, uma joia se esconde no coração do lótus – *Ātman* (representado pela vagem), e cada jóia brota de uma fonte, representada por um triângulo dentro de um globo dourado, o três-em-um dentro do círculo, a Trindade. Na verdade, *Ātman*, o princípio universal, está sempre unido à sua Fonte de Origem, *Paramātman*. Os raios que pendem da Fonte emanante pretendem representar as Mônadas que descem às esferas de manifestação. Esse símbolo é universal, e pretende transmitir a ideia de que cada uma e toda Mônada está ligada à sua Fonte de Origem.

Como toda flor de lótus tem suas Raízes ancoradas na lama, a representação simbólica de suas Raízes pretende representar o elo entre o *Saptaparna* e a hierarquia inferior, assim como *Ātman* o liga à grande Fonte de Tudo. Assim, outro mantra pode ser recitado: *Aham eva Parabrahman* (Eu sou mesmo Ilimitado).

Saptaparna é uma palavra sânscrita composta por *sapta*, sete, e *parna*, folha; ou seja, "o ser de sete folhas", a entidade de sete princípios. Assim como em algumas plantas, o homem se desenvolve folha a folha, ou seja, um princípio por vez. No presente estágio de evolução, o homem não se encontra, de forma alguma, totalmente evoluído, ou atuando como um ser de sete princípios completamente desenvolvidos. Ele está apenas no quarto estágio de seu desenvolvimento, ou seja, a quarta "folha" ou princípio está sendo desenvolvida (uma vez que estamos na Quarta Ronda). É preciso toda uma Ronda, um ciclo completo por todos os sete globos da cadeia planetária, a fim de desenvolver um princípio em sua totalidade.

A Estância que nos apresentou o *Saptaparna* continua:

> É a raiz que jamais perece; a chama de três línguas e quatro mechas. As mechas são as centelhas, que partem da chama de três línguas (*a tríade superior*) projetada pelos sete dos quais é a chama. (Estância VII, *śloka* 4)

A chama de três línguas que nunca morre é a tríade inextinguível:

Ātman, Espírito, o princípio universal do homem
Buddhi, o princípio Discernidor
Manas, o princípio mental

As quatro mechas são as centelhas que queimam; elas são o quaternário mortal:

Kāma, o princípio do Desejo
Prāna, o princípio da Vida
Linga-Śarīra, o corpo modelo
Sthūla-Śarīra, o veículo físico

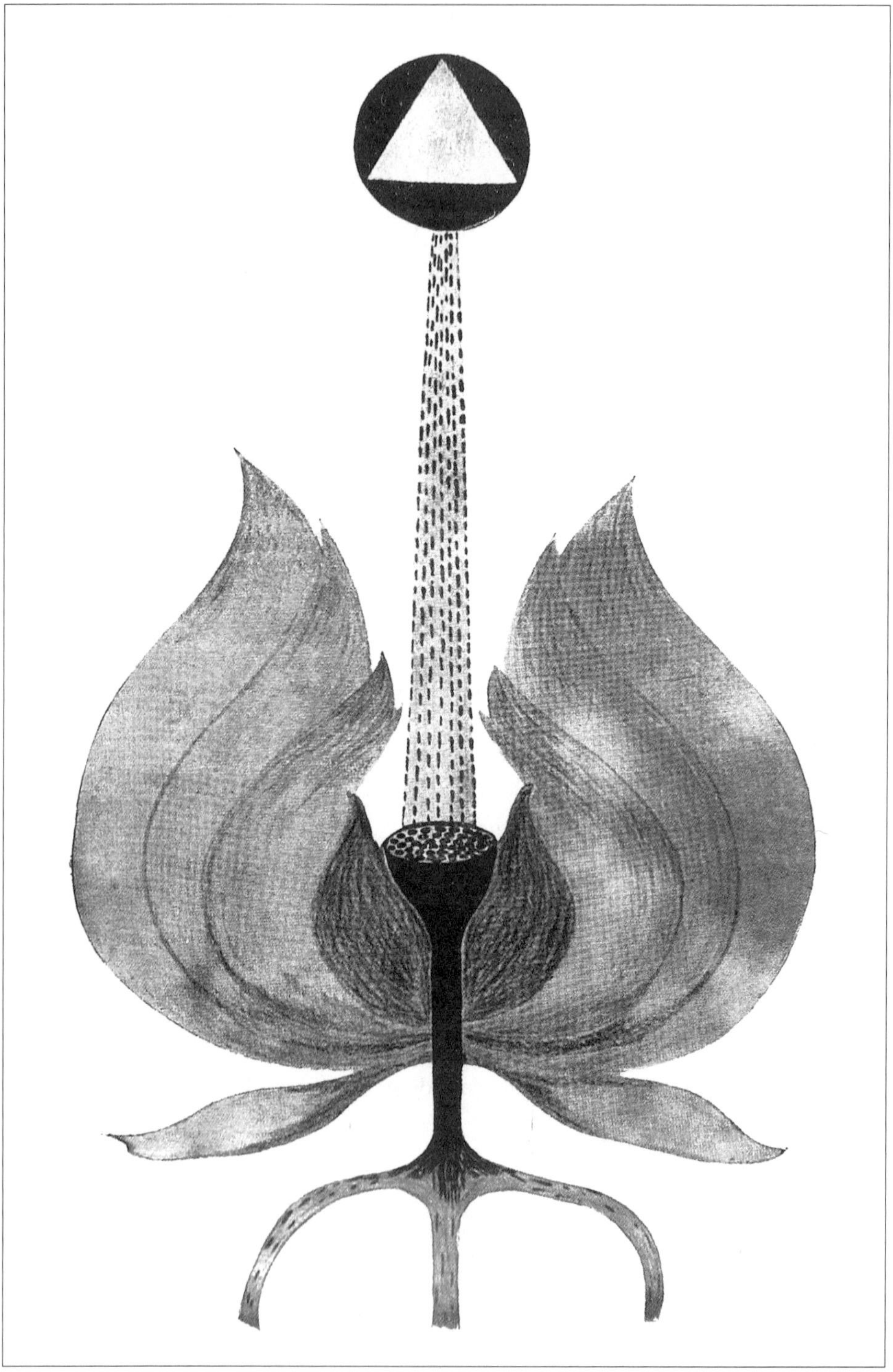

É bastante significativo que um verso do Ritual Egípcio dos Mortos use os mesmos termos:

> "Eu sou a Chama de três mechas e as minhas mechas são imortais", diz o defunto. (I, 237)[311]

O *śloka* usa o simbolismo da chama e das centelhas para transmitir a ideia de um desdobramento de emanações dos princípios, da seguinte maneira: *Ātman* emana de sua fonte original em primeiro lugar e permanece "imanifestado" através do ciclo. Os outros seis princípios saem, ou emanam, ou, ainda, se desdobram como as folhas, através de um processo interno. Por conseguinte, *Buddhi*, seu inseparável *upādhi*, emana de *Ātman*. De *Ātma-Buddhi* emana *Manas*; de *Ātma-Buddhi-Manas* surge *Kāma*; de *Ātma-Buddhi-Manas-Kāma* nasce *Prāna*; de *Ātma-Buddhi-Manas-Kāma-Prāna* o *Linga-Śarīra* é desenvolvido; de *Ātma-Buddhi-Manas-Kāma-Prāna-Linga-Śarīra* emana o *Sthūla-Śarīra*. Esse mesmo desdobramento de emanações produziu os *Tattvas* ou Princípios-Elementos; os *Lokas* e *Talas*; os *Sephiroths*.

Um comentário às *Estâncias de Dzyan* (relativo ao desdobramento de emanações dos sete princípios, chamado de "sete estados" do Ser, que tem origem na "existência Inicial") explica o processo:

> A primeira (*a Existência Inicial*), que se pode denominar, durante esse estado de existência, a VIDA UNA, é, conforme foi explicado, um VÉU para objetivos de criação ou formação. Ela se manifesta em sete estados, os quais, com as subdivisões setenárias, constituem os Quarenta e Nove Fogos a que se referem os livros sagrados.
>
> (...)
>
> O primeiro é a "Mãe" (matéria-prima). Subdividindo-se em seus sete estados primários, vai descendo por ciclos; quando se consolida em seu *último* princípio como *matéria densa*, gira em torno de si mesma, e anima com a sétima emanação do último, o primeiro e inferior elemento (a serpente que morde a própria cauda). Em uma Hierarquia, ou Ordem de Existência, a sétima emanação do seu último princípio é:
>
> (a) No Mineral, a Centelha que nele se acha latente, sendo chamada à sua transitória vida pelo Positivo que desperta o Negativo (e assim sucessivamente)...
>
> (b) Na Planta, é aquela Força vital e inteligente que anima a semente e a faz desabrolhar na folha de uma erva, numa raiz ou num rebento. É o germe que se converte no *Upādhi* dos sete princípios do ser em que habita, exteriorizando-os à medida que o último cresce e se desenvolve.
>
> (c) No Animal, ela procede do mesmo modo. É o seu Princípio de Vida e a sua força vital; o seu instinto e as suas qualidades; as suas características especiais e as suas idiossincrasias.
>
> (d) Ao Homem, ela dá tudo aquilo que concede às demais unidades manifestadas da Natureza; mas nele desenvolve, a mais, o reflexo de todos os seus "Quarenta e Nove Fogos"... Cada um de seus sete princípios é o herdeiro universal dos sete princípios da "Grande Mãe", e deles participa. O sopro de seu primeiro princípio é o seu Espírito (*Ātman*). (I, 291-1)[312]

---

311 *Livro dos Mortos*, cap. I, 7; Vol. I, p. 282, ed. 6 vol.; I, 257, 3ª ed.
312 Vol. I, pp. 331-2, ed. 6 vol.; I, 310-1, 3ª ed.

O simbolismo da serpente que morde o próprio rabo – representado no selo da Sociedade Teosófica – é novamente usado, desta vez com outro significado, diferente daqueles já fornecidos. A "grande Mãe" é, conforme dito, a Vida Una ou Matéria Prima (a "Substância Originadora"). A explicação dos Quarenta e Nove Fogos é feita em uma linguagem mística, afirmando que "cada um de seus sete princípios é o herdeiro universal dos sete princípios": 7 x 7 = 49. Isso se dá por causa do desdobramento de emanações dos princípios, conforme descrito, uma vez que *Ātman* interpenetra todos e cada um dos seis princípios "desdobrados". Da mesma maneira, cada um dos outros seis princípios interpenetram um ao outro. Podemos representá-lo diagramaticamente, usando *Ātman* como um exemplo, da seguinte maneira:

ĀTMAN é um "compartilhador" de cada um dos princípios {

Ātman
Buddhi
Manas
Kāma
Prāna
Linga-Śarīra
Sthūla-Śarīra

Cada um dos seis princípios pode ser indicado de forma similar, com a soma total dos "sete dentro do sete" produzindo os Quarenta e Nove Fogos. O objetivo da jornada cíclica pelas sete Rondas é completar o total desenvolvimento dos sete princípios em todos os seus aspectos, "ascendendo", assim, todos os Quarenta e Nove Fogos.[313] Como estamos apenas na Quarta Ronda da jornada setenária cíclica, muitos dos Fogos ainda permanecem "apagados".

Voltando aos *ślokas* citados (antes do *Comentário*), o *śloka* 4, "a raiz que nunca morre", indica que *Ātman* está enraizado em sua Fonte original, chamada de Vida Una em um *Comentário*. Depois, na segunda frase do *śloka* 3, "os três que estão unidos em um", *Ātma-Buddhi-Manas*, formando "nosso fio" no coração do *Saptaparna*, é explicada da seguinte forma:

> A última frase do *śloka* mostra quanto são antigas a crença e a doutrina de que o homem é sétuplo em sua constituição. O fio do ser que anima o homem e que passa através de todas as suas personalidades ou renascimentos na Terra – alusão ao *Sutrātmā* –, o fio que enlaça todos os "Espíritos", é feito da essência do Trino, do Quádruplo e do Quíntuplo, os quais contêm todos os que precedem. (I, 236)[314]

313 Voltaremos ao assunto, sob um aspecto diferente, na seção 6 do Capítulo IX, "A Doutrina das Rondas".
314 Vol. I, pp. 281-2, ed. 6 vol.; I, 256-7, 3ª ed.

Com relação à primeira frase do *śloka* 3, "quando o um se torna dois — o 'trino' aparece", esta é interpretada através de uma chave cósmica, ou seja, não aplicável aos princípios do homem. A explicação sobre os princípios do homem é fornecida em um comentário:

> Nos mundos mais elevados, os três constituem um; na Terra (no começo) o um se converte em dois. Estes são como as linhas (lados) de um triângulo que houvesse perdido sua base, a qual é o terceiro Fogo. (*Catecismo*, Livro III, seção 9) (II, 57)[315]

"O um se torna dois" quando *Buddhi* emana de *Ātman*, passando o dois a ser designado "a Mônada". Mas sem o "terceiro fogo", *Manas*, eles são como "duas linhas de um triângulo que houvesse perdido sua base" — o triângulo está incompleto. A complementação do triângulo ocorre quando o princípio *Manas* é desperto. Isto não ocorre, entretanto, até a Terceira Raça da Quarta Ronda. Embora isso tenha a ver com a "aparência" do "trino", a total iluminação do que é chamado de "terceiro fogo" (no *Comentário* acima) não se consumará até a conclusão da Quinta Ronda. Os "mundos superiores" onde "os três constituem um" podem ser considerados como os "mundos *arūpa*" — os "mundos sem forma" acima das sete esferas materiais, onde veículos materiais não são necessários. A descida aos "mundos *rūpa*" — os mundos da forma — requer o estabelecimento de um veículo (*upādhi*) com vestes inferiores.

As vestes inferiores foram preparadas antes do despertar do Princípio Mental, de acordo com a lei setenária. Isso foi colocado de maneira simbólica no seguinte *Comentário*:

> "Quando o Três e o Quatro se abraçam, o Quaternário une sua natureza à do Triângulo" (ou Tríade, isto é, a face de uma de suas superfícies planas se torna a face média de outra) "e se transforma em um Cubo; só então este (o Cubo desenvolvido) vem a ser o veículo e o número da Vida, o Pai-Mãe SETE". (II, 593)[316]

Explicando: o Três representa *Ātma-Buddhi-Manas*, o △ — a Tríade superior. As linhas superiores formam a união de *Ātman* e *Buddhi*, enquanto que a base é *Manas*, completando o triângulo. Os Quatro, que consistem de *Kāma*, *Prāna*, *Linga-Śarīra* e *Sthūla-Śarīra*, formam o □, Quaternário Inferior. *Kāma* representa a linha superior do quadrado, que quando é trazida para a linha inferior do triângulo "abraça" sua base, formando a díade, *Kāma-Manas*. Essa díade, mais as vestes inferiores, formam a personalidade do homem.

Quanto ao "cubo desenvolvido", sabemos que um cubo é um sólido limitado por seis quadrados iguais cujos ângulos são retos. Representando seis quadrados sobre

315 Vol. III, p. 68, ed. 6 vol.; II, 60, 3ª ed.
316 Vol. IV, p. 165, ed. 6 vol.; II, 627, 3ª ed.

uma superfície plana (assim como um pedaço de papel), teremos como resultado a seguinte figura: somando-se os três quadrados na horizontal com os quatro que se encontram na vertical do diagrama, teremos sete quadrados. É claro que um dos quadrados será contado duas vezes, isso porque ele representa o "abraço" do triângulo e do quadrado: "A face de uma de suas superfícies planas se torna a face média de outra."

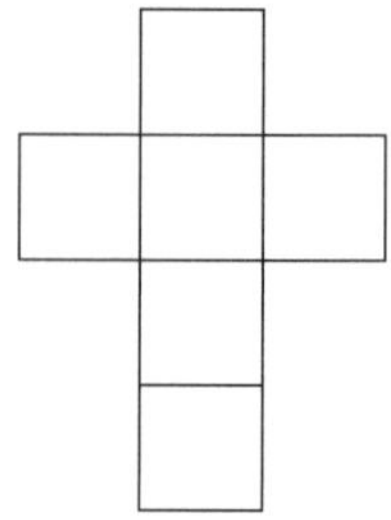

Tanto o Cubo – o número 6 – quanto o Cubo desenvolvido – o número 7 – são usados pelos antigos para representar o homem. A chave para esse aspecto do uso de números pode ser fornecida na seguinte explicação:

> Ora, o número *seis* foi considerado nos Antigos Mistérios como um emblema da Natureza *física*. Porque o seis é a representação das seis dimensões de todos os corpos – as *seis* direções que compõem a sua forma, a saber: as quatro direções que se estendem no sentido dos quatro pontos cardeais, norte, sul, este e oeste, e as duas direções de altura e profundidade que correspondem ao Zênite e ao Nadir. Assim, enquanto o *senário*[317] era aplicado pelos Sábios ao homem *físico*, o Setenário era para eles o símbolo do mesmo homem *mais* sua Alma imortal. (II, 591)[318]

É bem sabido que os Pitagóricos usavam números com a finalidade de simbolizar seus ensinamentos. Isso fica claro no seguinte trecho:

> Quanto ao número *sete*, ou Heptágono, os Pitagóricos o tinham em conta de número *religioso* e *perfeito*. Era chamado *Telesphoros*, visto que, por seu intermédio, tudo no Universo e na Humanidade *é conduzido aos seus fins*, isto é, ao seu ponto culminante. (II, 602)[319]

Uma advertência é feita quanto a como os sete princípios do homem *não* devem ser encarados. Essa advertência foi explicada admirável e claramente a seguir:

> dividimos o homem em sete princípios, mas isso não significa que ele tenha, digamos assim, sete peles, ou entidades, ou almas. Esses princípios são todos os aspectos de um único princípio, e mesmo este princípio não passa de um raio temporário e periódico da Chama ou Fogo Uno, eterno e infinito.[320]

Isso reitera a ideia anteriormente esboçada de que *Ātman* está enraizado em sua Fonte de origem, a Vida Una.

Uma explicação do significado das palavras sânscritas para os sete princípios fornecerá uma chave para uma melhor compreensão da constituição setenária do homem:

---

317 *Senary* em inglês (relativo ou baseado no número seis). (Nota Ed. Bras.)

318 Vol. IV, p. 163, ed. 6 vol.; II, 625, 3ª ed.

319 Vol. IV, p. 173, ed. 6 vol.; II, 637, 3ª ed.

320 *Transactions of the Blavatsky Lodge*, pp. 33-4 [*Comentários sobre* A Doutrina Secreta, H.P. Blavatsky. Brasília: Ed. Teosófica, p. 75 (Nota Ed. Bras.)].

Ātman – Geralmente traduzido como Ser, alma ou espírito. Não há uma explicação muito clara do significado da palavra sânscrita, entretanto acredita-se que ela é derivada de um verbo cujo significado é respirar. Assim, estaria intimamente relacionada com o significado da palavra "espírito", do latim *spire*, respirar – como na palavra inspirar.

> ... só *Ātman* reaquece o Homem Interno; isto é, o ilumina com o Raio da Vida Divina; e só ele é capaz de conferir ao Homem Interno, ou o Ego que reencarna, a sua imortalidade. (II, 110)[321]
>
> (...)
>
> *Ātman*, o "*Eu superior*", não é o meu ou o seu espírito, mas, como a luz do Sol, brilha em tudo. É o "*princípio divino*" universalmente difundido e inseparável de seu único e absoluto *Meta*-Espírito, assim como o raio de Sol é inseparável da luz solar.[322]

Buddhi – O Princípio Discenidor. Essa palavra sânscrita é um derivado da raiz *buddh*, que significa saber, iluminar, também perceber e despertar. O uso dessa palavra é bem explicado a seguir:

> *Bodha* significa a posse inata da inteligência ou entendimento divino; *Buddha*, a sua aquisição pelos esforços e méritos pessoais; e *Buddhi* é a faculdade de conhecer, o canal por onde o conhecimento divino flui até o Ego, o discernimento do bem e do mal e também a consciência divina; e a alma espiritual, que é o veículo de *Ātman*. (I, p. XIX)[323]
>
> (...)
>
> O Sexto Princípio do Homem (*Buddhi*, a Alma Divina), embora sendo um simples sopro em nossas concepções, representa, contudo, algo material quando comparado com o Espírito Divino (*Ātman*), do qual é mensageiro e veículo... constituindo os dois a Mônada no Homem. (I, 119)[324]

Manas – O Princípio Mental. Essa palavra sânscrita deriva da raiz *man*, que significa pensar, a mente, o pensador. Representa o aspecto intelectual do homem, sua faculdade de pensar. *Manas* é

> a faculdade mental que faz do homem um ser inteligente e moral, e o distingue dos meros animais.[325]
>
> (...)
>
> Entre o homem e o animal – cujas Mônadas ou *Jīvas* são no fundo idênticas – existe o abismo intransponível da Mentalidade e da autoconsciência. O que é a mente humana em seu aspecto superior? De onde ela procede se não é uma parte da essência – e em alguns casos

---

321 Vol. III, p. 119, ed. 6 vol.; II, 116, 3ª ed.

322 *They Key to Theosophy*, p. 135 [*A Chave para a Teosofia*, H.P. Blavatsky. Brasília: Ed. Teosófica, p. 124 (Nota Ed. Bras.)].

323 Vol. I, p. 43, ed. 6 vol.; I, 3, 3ª ed.

324 Vol. I, p. 178, ed. 6 vol.; I, 144, 3ª ed.

325 *The Key to Theosophy*, p. 347 [*A Chave para a Teosofia*, H.P. Blavatsky. Brasília: Ed. Teosófica, p. 125 (Nota Ed. Bras.)].

> raros a encarnação, *a essência mesma* – de um Ser superior, de um Ser pertencente a um plano superior e divino? (II, 81)[326]

Kāma – O Princípio do Desejo. A palavra quer dizer desejo, literalmente, pois deriva do verbo *kam*, desejar. Por si próprios, nem *Kāma* nem o desejo são maléficos; é apenas o mau uso da faculdade mental do homem em associação ao desejo que produz malefícios, especialmente quando direcionados para fins egoístas. *Kāma* em si mesmo é neutro; pode ser direcionado tanto para propósitos espirituais quanto egoístas. Em associação com os princípios superiores, *Kāma* pode se tornar um fator realmente benéfico, uma vez que nosso desejo de ajudar os outros é nobre; da mesma forma pode o nosso desejo de progredir e obter conhecimento, desde que não seja por motivos ambiciosos ou haja uma tendência de causar dano a outros durante esse processo.

> Kāma é preeminentemente o desejo divino de criar felicidade e amor; e somente em eras posteriores, quando a humanidade começou a materializar por meio de antropomorfizações seus ideais mais elevados como dogmas literais, que *Kāma* se tornou o poder que gratifica o desejo no plano animal.[327]

Para entender todo o significado do Princípio do Desejo, este deve ser estudado em conexão com *Manas*, o Princípio Mental.

Prāna – o Princípio da Vida. Na exposição da Filosofia Esotérica, *Prāna* é usado em um sentido geral, algumas vezes com sentido equivalente a *Jīva*, que quer dizer Vida, no sentido da Essência-Vida emanando do Supremo. Em escritos sânscritos antigos, a palavra *Prāna*, entretanto, é usada de modo específico. Deriva do verbo *an*, que significa respirar, soprar, viver; e o prefixo *pra*, que significa antes. Assim, nesses escritos, o termo é geralmente traduzido por "ares vitais" ou "ventos vitais", embora uma tradução mais adequada no que tange à sua aplicação ao corpo físico fosse "correntes vitais" ou "fluidos vitais". Em geral cinco tipos de *prāna* são classificados. O *Anu-Gitā* classifica sete *prānas*, atribuindo à palavra *prāna* o significado específico de respiração expirante.

Conforme usada em *A Doutrina Secreta*, *Prāna* significa vitalidade, o princípio vital que permeia o Universo, de forma que o corpo físico é por ele permeado, assim como a Terra. É a Vida, "o poder ativo que produz todos os fenômenos vitais." (II, 593)[328]

> O princípio-vida, ou energia-vida, que é onipresente, eterno, indestrutível, é uma força e um PRINCÍPIO... (II, 672-3)[329]

---

326 Vol. III, p. 90, ed. 6 vol.; II, 85, 3ª ed.
327 *Glossário Teosófico*, p. 171.
328 Vol. IV, p. 165, ed. 6 vol.; II, 627, 3ª ed.
329 Vol. IV, p. 242, ed. 6 vol.; II, 710, 3ª ed.

(...)

Prāna ou "Vida" é, estritamente falando, a força radiante ou Energia ou *Ātman* – como a Vida Universal e o SELF UNO – é inferior, ou melhor, mais físico (em seus efeitos), por causa de seu aspecto manifestante. *Prāna* ou Vida permeia todos os seres do Universo objetivo, e é chamado de "princípio" apenas por ser um fator indispensável e o *deus ex machina* do ser humano.[330]

Kāma depende de *Prāna*, sem o qual não existiria. *Prāna* desperta os germes *Kāmicos* para a vida; dá vida a todos os desejos, tornando-os vitais. (*S.D.*, V, 523)

Na morte do corpo físico, *Prāna* retorna à sua origem. O que acontece na retirada de *Prāna* é descrito nesse trecho:

Quando um corpo morre, adquire a mesma polaridade de sua energia masculina, e, em consequência, repele o agente ativo, o qual, perdendo seu poder sobre o todo, se concentra nas partes ou moléculas, o que constitui a chamada ação química. *Vishnu*, o Conservador, transforma-se em *Rudra-Śiva*, o Destruidor – correlação que a Ciência parece desconhecer. (I, 526)[331]

Na Filosofia Esotérica, o corpo físico (*Sthūla-Śarīra*) possui polaridade oposta àquela da Terra. Quando ocorre a morte, o corpo adquire a mesma polaridade da Terra, de forma que *Prāna* é repelido do corpo. Por causa dessa retirada de *Prāna*, o processo de separação e consequente deterioração se acelera. Entretanto, *Prāna* está inerente nos átomos-vida, que continuam suas transmigrações – retornando aos reinos de onde foram extraídos quando da formação do corpo físico durante a vida na Terra, quando o *Sthūla-Śarīra* estava impregnado de *Prāna*.

Por sua vez o Ocultismo ensina: (a) Que os átomos vitais de nosso Princípio Vital (*Prāna*) nunca se perdem inteiramente quando o homem morre. Que os átomos mais impregnados do Princípio Vital, fator independente, eterno e consciente, são em parte transmitidos de pai a filho por meio da hereditariedade, e em parte reunidos outra vez para se tornarem o princípio animador do novo corpo em cada nova encarnação da Mônada. Porque (b), assim como a Alma Individual é sempre a mesma, assim também os átomos dos princípios inferiores (o corpo, seu duplo astral ou vital, etc.) são atraídos por afinidade e pela Lei *Kármica* à mesma individualidade, em uma série de corpos diferentes.

(...)

A agregação coletiva destes átomos forma assim o *Anima Mundi* do nosso Sistema Solar, a Alma do nosso pequeno Universo, cada átomo do qual é, naturalmente, uma alma, uma, um minúsculo Universo dotado de consciência e, portanto, de *memória*. (II, 671-2)[332]

330 *A Chave para a Teosofia*, p. 176 [Ed. Teosófica, p. 150. (Nota Ed. Bras.)]. *Deus ex machina* – uma frase que pertence originalmente ao teatro; pode ser traduzida como o princípio introduzido para efetuar com sucesso a entrada do homem em um estágio de vida. Essa frase latina, usada em conexão com dramas gregos e romanos antigos, significa literalmente "um deus surgido da máquina", querendo-se dizer, com isso, um deus que foi introduzido no palco, de forma a levar a peça adiante com sucesso.

331 Vol. II, p. 250, ed. 6 vol.; I, 573, 3ª ed.

332 Vol. IV, p. 241, ed. 6 vol.; II, 709, 3ª ed.

Anima Mundi – Palavras em latim que significam, literalmente, "Alma do Mundo"; usadas abundantemente, algumas vezes como equivalente de Luz Astral, novamente com o mesmo significado de *Ākāśa*, conforme indicado na seguinte passagem:

> o mesmo que o *Alaya* dos Budistas do Norte, a essência divina que a tudo permeia, anima e informa, desde o átomo mais diminuto da matéria, o homem e o deus. Em certo sentido é a "mãe de sete peles" das estâncias de *A Doutrina Secreta*, a essência dos sete planos da inconsciência, consciência e diferenciação moral e física. Em seu aspecto mais elevado é o *Nirvāna* e, no inferior, é a Luz Astral... De natureza ígnea e etérea no mundo objetivo da forma (e, portanto, éter), e divina e espiritual em seus três planos mais elevados. Quando se diz que cada alma humana nasce ao se desprender da *Anima Mundi*, isso significa, esotericamente, que nossos Eus superiores são de idêntica essência àquela da Alma do Mundo, que é uma radiação do Absoluto Universal, sempre desconhecido.[333]

Linga-Śarīra – Esta palavra composta sânscrita fornece a correta interpretação do termo, cujos equivalentes em português, Corpo Astral ou Veículo Etérico, não expressam. *Linga*, um emblema ou modelo; *śarīra*, corpo – portanto, literalmente, corpo modelo. Ele é

> o veículo ou forma inerte na qual o corpo é moldado; o veículo da Vida (*Prāna*). (II, 593)[334]

Da mesma forma que o corpo físico é composto de matéria e substância física, sustentada por meios físicos, o *Linga-Śarīra* é sustentado e tem sua base na *Anima Mundi* – mais conhecida como Luz Astral, o aspecto inferior do *Ākāśa*. O Corpo Modelo não está sujeito a mudanças constantes como o corpo físico; ele permanece mais ou menos o mesmo durante uma vida. É bastante flexível e elástico, embora permaneça próximo ao corpo físico. Podemos dizer que seu material é de natureza elétrica, ou até mesmo de essência magnética. Assim como o corpo físico possui seu sistema nervoso, que se estende por todas as partes como fibras nervosas, o Corpo Modelo possui também seu sistema nervoso, assim como um sistema arterial para a transmissão da substância refinada da qual é composto.

Todos estão familiarizados com os órgãos do sentido com os quais o corpo está equipado: os olhos para ver, os ouvidos para ouvir, o nariz para cheirar, as papilas gustativas para degustação, o tato para perceber; mas os verdadeiros órgãos responsáveis por essas percepções estão centrados no *Linga-Śarīra*, e são transmitidos, por assim dizer, ao corpo físico.

Além do mais, como o corpo físico é produzido molécula por molécula sobre o padrão fornecido pelo *Linga-Śarīra*, é óbvio que o Corpo Modelo precede o corpo físico. Mas também sobrevive à morte do corpo, desaparecendo gradualmente e morrendo por sua vez.

---

333 *Glossário Teosófico*, pp. 22-3.

334 Vol. IV, p. 165, ed. 6 vol.; II, 627, 3ª ed.

Por causa da confusão dos termos relacionados ao *Linga-Śarīra* e ao *Kāma-Rūpa*[335] (ambos chamados de "corpo astral"), deveria ficar bem claro que

> o próprio *Linga-Śarīra* não pode abandonar o corpo até a morte; aquilo que aparece é um corpo astral, refletindo o corpo físico e servindo como um veículo para a alma, ou inteligência, humana. (*S.D.*, V, 208)

Sthūla-Śarīra – Esta combinação sânscrita nos fornece a chave para a ideia que pretende transmitir. Primeiramente, quanto à palavra *śarīra*, esta é derivada do verbo *śrī*, que quer dizer aquilo que se dissolve ou definha facilmente, significando algo impermanente; assim, o termo pode ser traduzido como um corpo impermanente. *Sthūla* possui várias palavras a ela associadas, como, por exemplo, áspero, grosseiro, grande, volumoso, etc. Se associarmos o termo com a ideia de que é um grande agregado de inumeráveis pequenas "vidas" – o que, realmente, o são as células de um corpo – teremos o conceito apresentado na Sabedoria Antiga. "A forma volumosa que definha" pode ser uma boa definição para a palavra.

Devemos ter em mente que o *Sthūla-Śarīra* é o veículo de todos os outros "princípios" durante a vida do homem na Terra; isso quer dizer que ele forma a base para a integração dos outros seis princípios. Sem ele, em nosso estágio de evolução, o homem não teria condições de viver na Terra. Desta forma, ele deveria ser encarado, na verdade, como o templo da alma, pois, através do uso de suas faculdades superiores, o homem pode moldá-lo e refiná-lo de forma a torná-lo uma expressão adequada de seus objetivos e propósitos na vida. Além disso, todos os resultados do modo como o homem vive serão registrados em seu corpo físico.

Podemos observar, de passagem, que aqui obtemos uma excelente resposta a uma pergunta constantemente formulada: "Qual é a finalidade de estudarmos os ensinamentos de *A Doutrina Secreta*? Qual o seu valor para a vida cotidiana?" Para falar a verdade, essas doutrinas são valiosas na vida cotidiana, pois os resultados de sua aplicação têm uma relação definitiva com a forma como o indivíduo leva sua vida. Com o tempo, esse resultado pode ser visto em seu veículo físico. Demonstra que aquele que possui uma saúde radiante trabalhou neste sentido, pois isso é conseguido através da interação dos sete princípios. Até mesmo o corpo físico é formado por meio da interação dos princípios superiores.

> A Matéria grosseira do corpo, a substância formada e moldada sobre o *Linga-Śarīra* (*Chhāyā*) pela ação do *Prāna*. (II, 593)[336]

---

[335] Uma explicação completa sobre o *Kāma-Rūpa* é fornecida no Capítulo X – "Os Estados Pós-Morte". Alguns escritores chamam o *Linga-Śarīra* de Veículo, ou Duplo Etérico; e o *Kāma-Rūpa* de "corpo astral". Muita confusão pode ser evitada utilizando-se os termos sânscritos.

[336] Vol. IV, p. 165, ed. 6 vol.; I, 627, 3ª ed.

Este processo tem início no útero materno, antes do nascimento físico. Continua à medida que a criança cresce, e permanece durante a vida na Terra.

Deve ser reiterado que a divisão do homem em sete princípios é feita apenas com o propósito de indicar *como o homem é constituído*, como ele se encaixa no Plano Divino de acordo com a lei setenária, que está operando por todo o *Mahāmanvantara*. Entretanto, essa divisão não tem a intenção de explicar como o homem *atua* durante sua vida terrena, pois para essa consideração é necessário dividir o homem de uma maneira diferente. Isso pertence aos vários sistemas ou métodos pelos quais o homem é dividido, onde um fator ou outro é enfatizado. O ponto crucial do problema está no princípio mental, que, durante a manifestação (quer dizer, durante a vida do homem na Terra), funciona com uma capacidade dupla. Isso é geralmente indicado através da referência aos dois aspectos de *Manas*: o *Manas* superior e o *Manas* inferior. Mas podemos avançar com o tema afirmando que existe um elo entre os princípios durante a manifestação (durante a vida na Terra), que pode ser explicado de forma diagramática. Ao mesmo tempo em que podemos fornecer uma classificação do sistema vedanta de *koshas* (dividindo o homem em cinco *koshas* – *Pañchakoshas*) "hiper-iluminadas" por *Ātman*. Podemos também indicar o sistema brâmane da classificação quaternária – três *upādhis* "hiper-iluminados" por *Ātman*. (Veja o diagrama da próxima página.)

Ao apresentarmos essa exposição dos sete princípios do ponto de vista de seu *funcionamento*, devemos notar que em cada caso (exceto nos aspectos mais elevado e inferior), dois princípios são necessários para demonstrar seu aspecto funcional:

No lado esquerdo (ou primeira coluna) da representação foram usados termos em português para dividir o homem em cinco categorias: a Divina, a Espiritual, a Intelectual, a Astral e a Física. No presente, o homem atua nas três categorias inferiores; algumas vezes na Espiritual. Chaves foram usadas para indicar que essas categorias estão ligadas, parte da categoria superior sendo usada na inferior, que também indica a interpenetração dos sete princípios – que assim estão divididos para fins de estudo apenas. A segunda coluna lista os sete princípios ligados por hífens, com a intenção de representar a ideia de que os princípios, assim ligados, atuam em conjunto. A terceira coluna lista a classificação vedanta, seguida pelo sistema da *Tāraka Rāja-Yoga*, representativo da classificação brâmane.

Ātman, ligado a *Buddhi*, indica a Mônada, uma vez que *Ātman* não pode se manifestar no Plano Físico sem seu *upādhi*, *Buddhi*. O segundo item da categoria "Espiritual" está listado como *Buddhi-Manas*, equivalente ao *Manas-Taijasī* no *Devachan*. Falando tecnicamente, pode não ser totalmente preciso igualar o *Ānandamaya-Kośa* ("a Veste de Bem-Aventurança") a *Buddhi-Manas*, uma vez que esse *kośa* superior representa *Buddhi*, embora, sob o ponto de vista funcional (que é o propósito do diagrama), *Buddhi* necessite de um *upādhi* para atuar durante a vida terrena. Esse *upādhi* é fornecido por *Manas*. Com relação ao tema "Corpo Causal", empregado

CLASSIFICAÇÃO DIAGRAMÁTICA DOS PRINCÍPIOS EM RELAÇÃO À SUA FUNÇÃO NO HOMEM

	Classificação Setenária – Ampliado	Classificação Vedanta	O Sistema do *Tāraka Rāja-Yoga*
O divino	*Ātman* – A Essência Monádica com sua radiação: *Hiranyagarbha* – a Essência Radiante	*Ātman*	*Ātman*
O Espiritual	*Ātma-Buddhi* – A MÔNADA		
O Intelectual ou mental	*Buddhi-Manas* (equivalente a *Manas-Taijasī* no *Devachan*)	*Ānandamaya-Kośa* (a "Veste da Bem-Aventurança")	*Kāranopādhi* (o "Corpo Causal")
	Manas-Manas (o aspecto da inteligência)	*Vijnānamaya-Kośa* (a "Veste da Inteligência")	*Sūkshmopādhi* (o "Veículo Sutil")
	Kāma-Manas – *Manas* Inferior	*Manomaya-Kośa* (a "Veste da Mente Inferior")	
	Resulta no *Kāma-Rupa* – depois da morte		
O Astral	*Prāna-Linga-Śarira* (o princípio-Vida e seu veículo)	*Prānamaya-Kośa* (a "Veste da Vida")	*Sthūlopādhi* (o Veículo Físico)
O Físico	*Kāma-Prāna-Sthūla-Śarira* – resulta no sangue		
	Prāna-Linga-Śarira-Sthūla-Śarira (a substância do corpo formada sobre o Corpo Modelo pela ação do Princípio-Vida)	*Annamaya-Kośa* (a "Veste construída de alimento")	

como tradução da palavra sânscrita *Kāranopādhi* (que também poderia ser interpretada com "Veículo Causal do Espírito", ou "Veículo Causal"), o trecho a seguir é digno de nota:

> Corpo Causal. Este "corpo", que não é um corpo objetivo ou subjetivo, mas *Buddhi*, a Alma Espiritual, é assim chamado por ser ele a causa direta da condição *Sushupti*, que leva ao estado *Turīya*, o mais alto estado do *Samādhi*. É chamado de *Kāranopādhi*, "a base da Causa", pelos *Tāraka Rāja-Yogis*; e no sistema vedanta corresponde ao *Vijñānamaya-* e *Ānandamaya-Kośa*, esse último vindo depois de *Ātman* e, portanto, sendo o veículo do Espírito universal. *Buddhi* só pode ser chamado de "Corpo Causal" em conjunção com *Manas*, a Entidade ou Ego encarnante.[337]

Ao lado da categoria Intelectual foi colocado o termo "*Manas-Manas*", usado de forma a enfatizar o aspecto *Manas* do princípio Mental *sem* a luz de *Buddhi*, uma distinção feita no sistema vedanta sob o termo *Vijñānamaya-Kośa*, embora esse termo seja geralmente considerado como a Mente superior. O termo *Vijñāna* significa intelectualidade, entendimento; em algumas escolas de pensamento hindus é considerado em oposição a *Jñāna*, "conhecimento verdadeiro". Seja como for, uma distinção pode realmente ser feita dividindo-se "conhecimento" em três categorias: (1) "conhecimento iluminado", *Buddhi-Manas*; (2) intelectualidade ou "conhecimento de livro", *Manas-Manas*; (3) conhecimento em conjunção com o desejo, *Manomaya-Kośa*, vontade e sentimentos, etc., *Manas* inferior. É este, em conjunção com o Astral e o Físico, que forma a Personalidade — o indivíduo que habita a Terra.

No sistema *Tāraka* o Intelectual e o Astral estão classificados em um único *upādhi*, o *Śūkshmopādhi*, o "Veículo Sutil", equivalente aos *kośas Vijñānamaya* e *Manomaya* da classificação vedanta; enquanto que o *Sthūlopādhi* inclui os *kośas Prānamaya* e *Annamaya*.

Em explicação sobre o aspecto funcional do princípio médio, um *Comentário* do *Livro de Dzyan*, com sua exposição, pode ser acrescentado:

> Primeiro o Sopro, depois *Buddhi* e o Filho-Sombra (o Corpo) foram "criados". (II, 241)[338]

A palavra "criados", colocada entre aspas, significa que foram conduzidos a um desenvolvimento evolucionário — como fica claro pelo *Comentário* a seguir, uma vez que a questão a respeito do princípio médio (*Manas*) não transmite a ideia de que está *faltando* o princípio mental, mas sim de que este não está funcionando. O "Sopro" é

---

337 *Glossário Teosófico*, p. 74. *Turīya* é o quarto dos estados ou condições de *Avasthās*, no qual o homem funciona. Os outros três *Avasthās* são fornecidos na citação a seguir; *Turīya*, ou como também é conhecido, *Turīya-Samādhi*, é obtido por meio do princípio *Búdico*, no qual o mais alto *Samādhi* é experimentado: "Quase um estado *Nirvânico* em *Samādhi*, que é por si só um estado beatífico da *Yoga* contemplativa além deste plano. A condição da Tríade superior, embora inseparável, é bem distinta da condição do *Jāgrat* (despertar), *Svapna* (sonhar) e *Sushupati* (dormir)." (*Op. cit.*, pp. 345-6.)

338 Vol. III, p. 244, ed. 6 vol.; II, 251-2, 3a ed.

Ātman. Na continuação da citação, *Ātman* é referido como indivisível, o princípio não separável; seu *upādhi*, *Buddhi*, é chamado de seu *Vāhana* – veículo ou carregador.

> "Mas onde estava o Eixo (o Princípio médio, *Manas*)? O homem está condenado. Quando estão sós, o Indivisível (o Elemento não diferenciado) e o *Vāhana* (*Buddhi*) – a causa do Sem-causa – se destacam da Vida manifestada. A menos – explica o *Comentário* – que estejam unidos e cimentados entre si pelo Princípio médio, o veículo da consciência pessoal de *Jīva*". Em outras palavras, os dois "princípios" superiores *não podem ter individualidade na Terra*, não podem constituir o *homem*, a não ser que existam: (a) a Mente, o *Manas*-Ego, para se conhecer a si mesmo, e (b) a *falsa personalidade* terrestre, ou o Corpo de desejos egoístas e a Vontade pessoal, para ligar o todo, como ao redor de um eixo – o que é bem o caso –, com a forma física do homem. (II, 241)[339]

Colocando essa passagem de outra maneira: *Ātman*, o princípio universal e divino do homem, não pode funcionar a não ser em *seu próprio* plano. De forma a funcionar ou se manifestar em planos inferiores, tem que utilizar um *upādhi* (literalmente, "no lugar de"; um substituto; também equivalente a "véu do espírito"). O *upādhi* que *Ātman* desenvolve de forma a se manifestar em um plano inferior é *Buddhi*. Da mesma maneira, *Buddhi* não pode funcionar sozinho; também necessita de um *upādhi* nos planos inferiores. O *upādhi* que *Buddhi* desenvolve é *Manas*. *Buddhi*, em conjunção com *Manas*, forma o *Manas* superior – o *Kāranopādhi*, o Veículo Causal, aquele que causa a Reencarnação do Ego (colocado na citação a seguir como "o verdadeiro Ego imortal"). Entretanto, nem mesmo o *Manas* superior pode funcionar no plano terrestre sem seu *upādhi*. O *vāhana* que surge através do desdobramento de *Manas* é o princípio de *Kāma*. Este, unido à *Manas*, forma o *Manas* inferior, o eixo, que em conjunção com as vestes astrais e físicas constrói a personalidade – denominada de personalidade *falsa*, uma vez que obscurece o Ego Reencarnante durante sua vida terrena, e tem a duração de um único período de vida na Terra. Entretanto, a Presença Radiante nunca está ausente, pois as duas (a "real" e a "falsa") estão ligadas e são inseparáveis durante uma encarnação na Terra. A citação continua:

> São o *quinto* e o *quarto* princípios – *Manas* e o *Kāma* – que contêm a Personalidade dual, o verdadeiro Ego imortal, se assimilado aos dois superiores, e a Personalidade falsa e transitória, o *Māyāvi* ou corpo Astral, ou Alma humana-animal (como é chamada) – que devem estar intimamente amalgamados, para os fins de uma existência terrestre *completa*. Fazei a Mônada Espiritual de um Newton, enxertada na do maior Santo da Terra, encarnar no mais perfeito corpo físico que se possa imaginar – isto é, em um corpo de dois ou mesmo de três princípios, composto de seu *Sthūla-Śarīra*, *Prāna* (o Princípio Vital) e *Linga-Śarīra* –; mas, se faltarem aqueles dois princípios, o médio e o quinto, tereis criado um *idiota* ou, quando muito, um ente de formosa aparência, sem alma, vazio e inconsciente. O "*Cogito, ergo sum*" não teria razão de ser no cérebro de semelhante criatura, pelo menos neste plano. (II, 241-2)[340]

---

339 *Ibid*.

340 Vol. III, p. 244-6, ed. 6 vol.; II, 252, 3ª ed.

A frase latina "*cogito, ergo sum*" quer dizer "penso, logo existo". Esta é a característica que distingue o ser humano: pensar, raciocinar. Ao lado dessa faculdade existe a habilidade criativa e o poder da imaginação: planejar e realizar belos e grandiosos trabalhos. Entretanto, por maiores que sejam, conquistas ainda maiores estão reservadas para a raça humana, e elas ocorrerão quando os três princípios superiores desabrocharem, o que acontecerá, respectivamente, na Quinta, Sexta e Sétima Rondas. Finalmente, ao final da Sétima Ronda todos os sete princípios estarão completamente desenvolvidos. Então, o homem terá alcançado o propósito da Lei Setenária aplicada ao Reino Humano. Estará pronto para se elevar ao próximo Reino superior.

Com isso, deve estar claro agora que há maior significado no ensinamento da constituição setenária do homem do que a mera divisão em sete princípios, ou que ele apenas segue o padrão da Lei Setenária. Podemos acrescentar aqui esta significativa afirmação:

> Toda a dificuldade está na compreensão exata de mais esse mistério: o que concerne à realidade, tão abstrata e transcendente à primeira vista, dos "Sete Princípios" no homem, que são reflexo das sete forças da Natureza, fisicamente, e das sete Hierarquias do Ser, intelectual e espiritualmente. Ainda que, para melhor entendimento da sua natureza trina (em linhas gerais) se divida o homem – material, etéreo e espiritual – em grupos cujo número varie conforme o sistema, a base e o ápice desta divisão são sempre os mesmos. Há no homem somente três *Upādhis* ou bases: mas sobre estas pode-se considerar um número qualquer de *kośas* ou envoltórios, com os seus aspectos, sem prejuízo da harmonia do conjunto. Assim é que, enquanto que o Sistema Esotérico aceita a divisão setenária, o vedantino não admite mais que cinco *Kośas*, e a *Tāraka-Rāja-Yoga* os reduz a quatro: os três *Upādhis* e *Ātman*, o princípio superior, que os sintetiza. (*S.D.*, V, 361)

A classificação vedanta de *kośas* (*Pañchakośas*) e a dos *upādhis* pela *Tāraka-Rāja-Yoga* (*Tryupādhis*) foram fornecidas na representação diagramática.[341] Podemos acrescentar, em relação ao que foi dito acima, que uma das pistas do "mistério de *Buddha*"[342] é obtida quando entendemos os três *upādhis*. Uma chave é dada no seguinte trecho:

> Apesar de existirem sete princípios no homem, não há senão três *Upādhis* (bases) distintos em cada um dos quais possa o *Ātmān* operar independentemente do resto. Um Adepto pode separar os três *Upādhis* sem o perigo de morrer, mas não é possível separar os sete princípios, sem destruir a sua constituição. (I, 158)[343]

Surge a pergunta: como isso é possível? Deixemos que H.P.B. termine a indagação, uma vez que ela própria fornece a resposta:

---

341 Veja a página 221.
342 Considerado no Capítulo XI.
343 Vol. I, p. 213, ed. 6 vol.; I, 182, 3ª ed.

"Como pode uma personalidade espiritual (ou semiespiritual) levar uma vida tripla ou até mesmo dupla, substituindo os respectivos 'Eus superiores' *ad libitum*, e ainda ser a Mônada única e eterna em um *Manvantara* infinito?" A resposta a isso é fácil para o verdadeiro ocultista, enquanto que para o profano não iniciado deve parecer absurda. Os "Sete Princípios" são, é claro, uma manifestação do Espírito único e indivisível, mas essa unidade se torna aparente apenas ao final de um *Manvantara*, e quando eles são reunidos no plano da Realidade Única; durante a jornada do "Peregrino", os reflexos dessa Chama Única indivisível, os aspectos do Espírito único e eterno, possuem, cada um, o poder de ação em um dos planos de existência manifestados – diferenciações graduais de um plano não manifestado – a saber, o plano a que ele mesmo pertence. Uma vez que nossa Terra fornece toda condição *Māyāvica*, ocorre que o Princípio Egóico purificado, o Eu pessoal ou astral de um Adepto, embora forme na realidade um todo integral com seu Ser Superior (*Ātman* e *Buddhi*) pode, não obstante, por misericórdia e benevolência universal, separar-se de sua Mônada divina a fim de levar neste plano de ilusão e existência temporária uma vida consciente, independente e distinta, sob uma forma ilusória tomada de empréstimo... (*S.D.*, V, 361-2)

Ligando os Sete Princípios ao Universo

Existe ainda outro aspecto da lei setenária, aquele que liga os sete princípios e a divisão do Macrocosmo (o Universo) em sete, da mesma forma como o Microcosmo (homem) é dividido. Isso é explicado da seguinte maneira:

O Cosmos eterno, o Macrocosmo, assim como o homem, o Microcosmo, é dividido na Doutrina Secreta em três Princípios e quatro Veículos, que coletivamente são os sete Princípios.

(...)

Os três princípios-Raízes são, exotericamente: o Homem, a Alma e o Espírito ("homem" significando a personalidade inteligente); e esotericamente: a Vida, a Alma e o Espírito. (*S.D.*, V. 208)

Ligando os termos acima com os termos sânscritos, os princípios-Raízes são: (exotericamente) Homem – *Kāma-Manas* mais as vestes astral e física, formando a personalidade; Alma – *Manas*; Espírito – *Ātman*. Esotericamente: Vida – *Jīva*, que se torna *Prāna* no homem (como um dos sete princípios); Alma – *Manas*; Espírito – *Ātman*. A citação prossegue:

Os quatro veículos são Corpo, duplo Astral, Alma Animal (ou humana) e Alma Divina (*Sthūla-Śarīra*, *Linga-Śarīra*, *Kāma* e *Buddhi*, o veículo de *Ātman* ou Espírito). Ou, para tornar ainda mais claro: (1) o *Sétimo* Princípio possui como veículo o Sexto (*Buddhi*); (2) o veículo de *Manas* é *Kāma*; (3) o veículo de *Jīva* ou *Prāna* (vida) é o *Linga-Śarīra* (o "duplo" do homem); o próprio *Linga-Śarīra* jamais pode deixar o corpo antes da morte; aquilo que aparece como corpo astral, refletindo o corpo físico e servindo como um veículo para a alma ou inteligência humana; (4) o Corpo, o veículo físico de todos os acima coletivamente. O ocultista reconhece a mesma ordem para a totalidade cósmica, o Universo *psico*cósmico.

(...)

> Na Cabala Caldaica Judaica, o Cosmos está dividido em sete mundos: o Original, o Inteligível, o Celestial, o Elementar, o Menor (Astral), o Infernal (*Kāma-Loka* ou Hades) e o Temporal (o do homem). No sistema caldeu é no Mundo Inteligível, o segundo, que aparecem os "Sete Anjos da Presença", ou os *Sephiroth* (os três superiores sendo, de fato, um e a soma de todos). Também são os "Construtores" da Doutrina Oriental; e é apenas no terceiro mundo, o Celestial, que os sete planetas de nosso Sistema Solar são construídos pelos sete Anjos Planetários, cujos corpos visíveis são os próprios planetas. Assim – conforme corretamente afirmado – se o Universo como um todo é formado da Substância ou Essência Única Eterna, não é essa Essência perpétua, a Divindade Absoluta, que lhe dá forma; isso é realizado pelos primeiros Raios, Anjos ou *Dhyān-Chohans* que emanam do Elemento Único, aquilo que se torna periodicamente Luz e Escuridão, e que permanece eternamente em seu Princípio-Raiz, a Realidade única e desconhecida, ainda que existente. (*S.D.*, V, 208)

Com relação aos dez *Sephiroth*: os três primeiros – *Kether*, *Chochmah* e *Binah* – formam uma tríade. São considerados no Zohar como "emanações", "algo inerente e coevo com o tema postulado; em outras palavras, "Energias"." (*S.D.*, V, 213). Os sete *Sephiroth*, a saber, *Chesed*, *Geburah*, *Tiphereth*, *Netzah*, *Hod*, *Jesod*, *Malkuth*, são "emanações" emitidas do *três em um*, a soma total de todos.

Quanto aos "Primeiros Raios", ou os "Sete Primitivos", esses são os Sete Filhos da Luz, também chamados de Estrelas, que são as emanações primitivas de *Daivīprakriti*. Esse composto sânscrito de *div*, brilhar, e *prakriti*, matéria ou substância original, significa a substância original ou primitiva. Essa matéria-prima é a emanação direta, divina e inteligente, da Mente Universal – a luz divina que emana do *Logos* –

> que forma o núcleo de todos os orbes "automoventes" no Cosmos. É o poder iluminador móvel e princípio vital, sempre presente, a alma vital dos sóis, luas, planetas e até de nossa Terra. (I, 602)[344]

Os Sete Caminhos da Bem-Aventurança e as Sete Verdades

Antes de concluir este capítulo, faremos referência a dois conjuntos de sete raramente aludidos, uma vez que representam aspectos da Lei Setenária que ainda serão realizados. Estes são os Sete Caminhos da Bem-Aventurança – *Nirvāna* ou *Moksha*, e as Sete Verdades. Ambos são mencionados nas *Estâncias de Dzyan*. Uma indicação é feita de que os Sete Caminhos da Bem-Aventurança se referem a certas faculdades "das quais o estudante saberá mais quando se aprofundar mais no Ocultismo."[345] Quanto às Sete Verdades:

---

344 Vol. II, p. 326, ed. 6 vol.; I, 659, 3ª ed.

345 *Transactions of the Blavatsky Lodge*, p. 25 [*Comentários sobre* A Doutrina Secreta, H. P. Blavatsky. Brasília: Ed. Teosófica, p. 61 (Nota Ed. Bras.)].

Das Sete Verdades e Revelações, ou melhor, segredos revelados, só quatro nos foram dadas a conhecer; pois estamos ainda na Quarta Ronda...

(...)

Até hoje "existem somente Quatro Verdades e Quatro *Vedas*" – dizem os hindus e budistas. Foi por uma razão semelhante que Irineu insistiu na necessidade de Quatro Evangelhos. Mas, como cada nova Raça-Raiz, no início de uma Ronda, deve ter a sua revelação e os seus reveladores, a próxima Ronda trará consigo a Quinta, a subsequente a Sexta, e assim por diante. (I, 42)[346]

---

346 Vol. I, p. 115, ed. 6 vol.; I, 73-4, 3ª ed.

CAPÍTULO VII

A Doutrina das Esferas

A Doutrina das Esferas nos abre uma das mais fascinantes possibilidades do pensamento presente na Sabedoria Antiga. Assim como o microscópio trouxe aos zoólogos novos campos de estudo, e o mesmo fez o telescópio em relação aos astrônomos, a Doutrina das Esferas abre novos panoramas ao estudante da Filosofia Esotérica. Entretanto, como ocorre com muitos ensinamentos, a Doutrina não é fornecida em sua plenitude. Todavia, aquilo que nos é fornecido nos capacita a entender que existe um sempre crescente reino de conhecimento, que se abre ao estudante que deseja prosseguir com seu estudo dos mistérios da Existência. Mas é imperativo que os conceitos básicos sejam totalmente compreendidos; do contrário, muitos mal-entendidos podem surgir, devido à natureza intrincada da Doutrina.

De forma a fazer com que a Doutrina das Esferas seja melhor entendida, este capítulo será dividido em sete seções, cada uma tratando de uma fase ou aspecto particular da doutrina. Na realidade, essas sete fases estão todas interrelacionadas e sua totalidade forma uma grande Doutrina; por isso estão divididas apenas com o propósito de facilitar o estudo e por conveniência da apresentação. As seções são:

1. A Doutrina dos Globos
2. A Doutrina dos *Lokas* e *Talas*
3. A Doutrina dos Sete Planetas Sagrados
4. A Doutrina do Sistema Solar Universal
5. A Doutrina da Relação do Sistema
6. A Doutrina das Jornadas Cíclicas
7. A Doutrina da Relação das Mônadas com o Sistema

Neste ponto, é bom lembrar que:

> Afirmou-se desde o começo e tem-se repetido muitas vezes: (1) Que nenhum teósofo, *nem mesmo como chela aceito* – para não falar dos estudantes leigos – pode esperar que lhe seja ministrados os ensinamentos secretos, com explicação *completa e perfeita*, antes de *haver-se vinculado de modo irrevogável à Fraternidade e de ter passado, no mínimo, por uma Iniciação*; pois nem símbolos nem números podem ser transmitidos ao público, e os números e os símbolos são a chave do sistema esotérico. (2) Que a parte já revelada era simplesmente o

revestimento esotérico do que se contém em quase todas as escrituras exotéricas das religiões do mundo, sobretudo no *Brāhmanas*, nos *Upanishads* e ainda nos *Purānas*. (I, 164-5)[347]

Entretanto, em conjunto com a passagem acima, devemos acrescentar o seguinte trecho:

Leve a vida que se faz necessária para a aquisição de tais poderes e conhecimento e a Sabedoria virá até você de modo muito natural. Desde o momento em que você for capaz de sintonizar a sua consciência com qualquer uma das sete cordas da "Consciência Universal", esses acordes percorrem a caixa de ressonância do Cosmos, vibrando ao longo de uma a outra Eternidade; quando estiver estudado por completo a "Música das Esferas" – então, e somente então, você terá plena liberdade para compartilhar o conhecimento com aqueles junto aos quais é possível fazê-lo sem perigo. (I, 167)[348]

Até agora apresentamos em cada capítulo uma lei em particular para cada doutrina, mas agora mudamos o procedimento. Não há uma lei em particular para ser associada à Doutrina das Esferas; em vez disso, a ela se aplicam *todas* as leis que foram consideradas até agora. Esse fato traz à tona um dos principais dogmas da Doutrina das Esferas, ou seja, que mundos, globos ou esferas não são meros "lugares" (*lokas*) ocupados por seus habitantes. Ao contrário, mundos estão vivos, pulsam, e, por isso, têm que seguir necessariamente as Leis Divinas inerentes ao Plano Divino, assim como as entidades sobre os globos são obrigadas a fazer o mesmo. Isso se dá porque as esferas, assim como as entidades sobre elas, são todos membros do Plano Divino e existem segundo as Leis Divinas que mantêm o Plano Divino em operação.

Na *Cabala*, os mundos são comparados a centelhas que brotam sob o martelo do grande Arquiteto – a *Lei*, a Lei que rege todos os Criadores menores. (I, 199)[349]

Se esta ideia parece fantasiosa, então observe a que se segue, brilhantemente lançada por uma pena talentosa.

É dito que milhões e bilhões de mundos são produzidos a cada *Manvantara*. (I, 143)[350]

A frase "é dito" refere-se muito provavelmente a um dos *Comentários* sobre as *Estâncias de Dzyan*. Quando podemos observar grupos de estrelas e estudar cada polegada de uma placa sensível de uma fotografia tirada por telescópios gigantescos, e então percebemos que foi apenas por meio de *sua* luz que puderam ser fotografadas, ficamos prontos a concordar com a afirmativa oculta. Mas falemos de nossa esfera, a Terra.

347 Vol. I, p. 218, ed. 6 vol.; I, 188, 3ª ed.
348 Vol. I, p. 220, ed. 6 vol.; I, 190, 3ª ed.
349 Vol. I, p. 248, ed. 6 vol.; I, 220, 3ª ed.
350 Vol. I, p. 199, ed. 6 vol.; I, 167, 3ª ed.

O globo, ou mundo físico, não é apenas composto de substância ou matéria para o uso das entidades que nele habitam, mas, na verdade, é composto de seres de vários graus e classes da Escada hierárquica da Vida – alguns mesmos invisíveis aos nossos olhos – que estão passando por sua peregrinação evolutiva cíclica, no campo deste Grande Ser, assim como os habitantes do globo. O globo visível representa a vestimenta exterior, a Casa da Vida ou "Palácio" (como dizem as *Estâncias*) para o Espírito Planetário, o Observador, o Reitor ou o *Lha* – este último é um termo tibetano usado nas *Estâncias*, enquanto que em sânscrito é *Dhyāni*. No caso de um planeta, o Observador é chamado de *Lha* ou *Logos* Planetário; no caso de um Sol, *Logos* ou *Lha* Solar. Nas palavras do *Comentário*:

> As Inteligências formadoras, que animam os diversos Centros do Ser, são chamadas indistintamente, pelos homens que moram além da Grande Ordem, *Manus*, *Rishis*, *Pitris*, *Prajāpatis*, etc.; e pelos que habitam o lado de cá, *Dhyāni-Budhas*, *Chohans*, *Melhas* (Deuses do Fogo), *Bodhisattvas* e outros nomes. Os ignorantes as chamam Deuses; os profanos instruídos, o Deus Único; e os sábios, os Iniciados, veneram nelas tão-só as manifestações *manvantáricas* de AQUILO, a cujo respeito nem os nossos criadores (os *Dhyān-Chohans*) nem as suas criaturas podem jamais discutir ou saber coisa alguma. O ABSOLUTO não se define, e nenhum mortal ou imortal jamais o viu nem compreendeu durante os períodos de Existência. O mutável não pode conhecer o Imutável, nem o que vive pode perceber a Vida Absoluta.
> (...)
> Não pode o homem conhecer, portanto, Seres mais elevados que seus próprios "Progenitores", "*Nem deve adorá-los*". Deverá, porém, saber *como* veio ao mundo. (II, 34)[351]

O termo específico para o Observador ou Regente de um globo é *Dhyāni-Bodhisattva*; um *Dhyāni-Buddha* é o Observador de uma Ronda. Os demais termos sânscritos são mais generalizantes do que específicos, quer dizer, um adjetivo qualificativo é necessário para designar a classe ou função do Ser especificado.

Para ilustrar como as Esferas (enquanto Seres) são dominadas pelas Leis Divinas consideradas, anteriormente, devemos observar que:

As Esferas funcionam de acordo com a Lei de Periodicidade, na qual tomam forma por um determinado período de atividade (*Manvantara*), seguido de um intervalo igual de repouso (*Pralaya*), de forma a se recuperarem para outro *Manvantara*, por sua vez sucedido por um novo *Pralaya*. Essa sequência continua, sendo que cada aparição significa um ciclo evolutivo e a tomada de um novo corpo pela esfera.

As Esferas estão sujeitas à Lei de Ajuste, na qual a tomada do novo corpo se dará conforme os padrões colocados em movimento durante o *Manvantara*.

As Esferas tomam parte na Lei da Unidade Essencial; elas dão curso às suas atividades no campo de um Grande Ser. No caso dos planetas, eles estão sob a "vigilância" do *Lha* Solar, que por sua vez está sob a observação de um *Lha* Solar Universal. E essa sequência se estende ao infinito.

351 Vol. III, p. 46-7, ed. 6 vol.; II, 37-8, 3ª ed.

Quanto à Lei do Autodesenvolvimento, cada esfera se expressa de acordo com suas características essenciais, seja um planeta ou um Sol. As palavras do *Comentário* o demonstram claramente:

> As Esferas do Ser, ou Centros de Vida que são núcleos isolados que produzem seus homens e animais, são inumeráveis; não há uma que se pareça com sua irmã-companheira, nem com outra qualquer, em sua progênie especial própria.
>
> (...)
>
> Todas possuem uma dupla natureza, física e espiritual. (II, 33)[352]

As Esferas observam as Leis do Movimento. Isso é bastante óbvio com relação à rotação da "mansão da Vida", mas o *Lha*, por sua vez, está buscando alcançar um estágio evolutivo superior a cada retomada de corpo. Sete transformações fundamentais são indicadas no processo de "evolução" das esferas:

> As sete transformações fundamentais dos Globos ou Esferas celestes, ou, mais propriamente, das partículas de matéria que os constituem, são assim descritas: 1ª – a *homogênea*; 2ª – a *aeriforme e radiante* (gasosa); 3ª – a *coagulosa* (nebulosa); 4ª – a *atômica e etérea*, começo de movimento e, portanto, de diferenciação; 5ª – a *germinal e ígnea*, diferenciada, mas composta somente dos germes dos Elementos em seus estados primordiais (possuindo sete estados quando completamente desenvolvida em nossa Terra); 6ª – a *quádrupla e vaporosa* (a Terra futura); 7ª – a *fria* e dependente do Sol para a vida e a luz. (I, 205-6)[353]

As Esferas exemplificam a Lei Setenária: cada esfera é um ser com sete princípios, assim como uma unidade setenária – em outras palavras, cada esfera é acompanhada por seis globos companheiros.

Quanto às duas outras leis ainda a serem mencionadas, isto é, a Lei da Compaixão e a Lei do "Vir a Ser", ambas são aplicáveis às esferas, da mesma forma como aos seres que habitam os mundos.

1. A Doutrina dos Globos

O primeiro aspecto da Doutrina das Esferas diz respeito aos Globos. Seus ensinamentos principais são colocados através de dois postulados:

> 1º. Tudo, no Universo metafísico como no Universo físico, é setenário. Atribuem-se, por isso, a cada corpo sideral, a cada planeta, visível ou invisível, seis Globos companheiros. A evolução da vida se efetua, nestes sete Globos ou corpos, do primeiro ao sétimo, em Sete Rondas ou Ciclos. (I, 158-9)[354]

---

352 Vol. III, p. 46, ed. 6 vol.; II, 36, 3ª ed.

353 Vol. I, p. 254, ed. 6 vol.; I, 226-7, 3ª ed.

354 Vol. I, p. 213, ed. 6 vol.; I, 182, 3ª ed.

Cada uma dessas séries setenárias é chamada de "Cadeia de Globos". Dessa forma, um planeta com seus seis globos companheiros é chamado de uma Cadeia Planetária; um Sol com seus seis globos companheiros, uma Cadeia Solar. Da mesma maneira a lua, com seus seis globos companheiros, é chamada de Cadeia da Lua ou Cadeia Lunar. No caso da Terra, os sete globos que compreendem as sete "Mansões da Vida" são chamados de Cadeia da Terra ou Cadeia Terrestre. Assim também os outros planetas que constituem o Sistema Solar possuem seu próprio conjunto de seis globos companheiros, de forma que cada planeta possui sua própria cadeia de sete globos. O planeta visível mais próximo do Sol, Mercúrio, com seus seis globos companheiros, formam a Cadeia de Mercúrio; Vênus e seus seis companheiros formam a Cadeia de Vênus; Marte e seus seis globos formam a Cadeia de Marte; Júpiter mais suas seis esferas formam a Cadeia de Júpiter; e Saturno, juntamente com seus seis globos, formam a Cadeia de Saturno.

É comum designar-se cada um dos sete globos que compõem uma cadeia com as primeiras letras do alfabeto; assim, temos o Globo A, o Globo B, o Globo C, o Globo D, o Globo E, o Globo F e o Globo G. Embora essa enumeração possa indicar naturalmente que o primeiro globo a aparecer ou a se manifestar é o Globo A, e que o sétimo, o Globo G, seria o último a se manifestar, é uma ideia errônea supor-se que o sétimo globo, embora o último a aparecer em cena, seja o inferior em ordem descendente, ou o mais material do conjunto. A fim de esclarecer este ponto, é necessário fazer referência novamente ao ensinamento que diz respeito aos Sete Planos (delineado no capítulo anterior), pois essa doutrina está estritamente amarrada à Doutrina das Esferas. Entretanto, isso não significa que um globo esteja localizado em cada um dos sete planos; ao contrário, os sete globos de uma cadeia estão situados no quarto Plano Cósmico inferior, da seguinte maneira: os Globos A e G estão situados no Quarto Plano Cósmico (numerando os planos em ordem decrescente, de forma que o sétimo plano é o mais inferior e material de todos); os Globos B e F estão localizados no Quinto Plano Cósmico; os Globos C e E atuam no Sexto Plano Cósmico, enquanto que o Globo D (a Terra) está situado sozinho no Sétimo e mais inferior Plano Cósmico, o mais material do conjunto.

Para mostrar a localização dos globos em seus respectivos planos, é comum utilizar-se de um diagrama, representando os globos como círculos e os planos por linhas horizontais. Essa representação é excelente para fins de demonstrar que o Globo D – nosso mundo, o mais material dos sete – está localizado no plano mais inferior. Por essa razão o Globo D é o único globo do conjunto visível para nós – uma vez que a humanidade está equipada para funcionar no Sétimo Plano Cósmico. Entretanto, é possível haver uma compreensão errônea por causa desse diagrama, pois os planos não estão necessariamente situados um acima do outro; em vez disso, representaremos os planos através de outro diagrama, usando círculos concêntricos.

Começando no mais externo dos círculos no diagrama, o Globo D é colocado na área formada pelos dois círculos mais externos, ambos representando assim o plano

REPRESENTAÇÃO DIAGRAMÁTICA DOS SETE GLOBOS E PLANOS

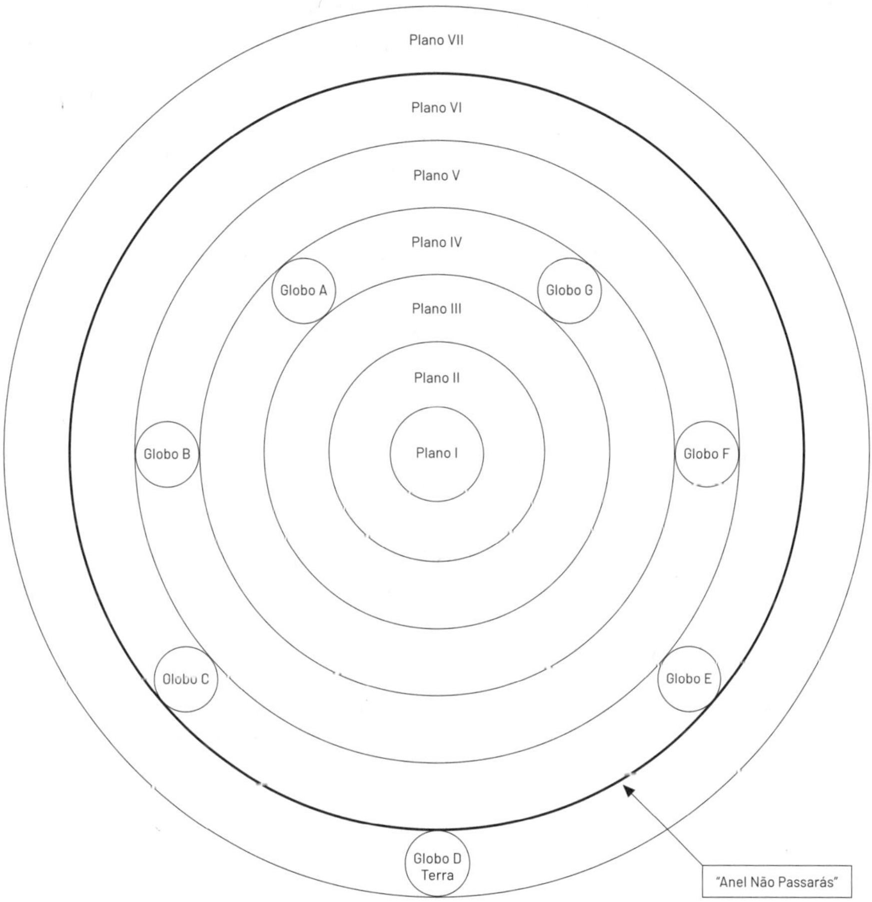

Em vez do modo convencional de representar os planos por meio de linhas horizontais, círculos concêntricos são aqui usados para indicar que os sete planos irradiam a partir do vortex central. O Plano I está localizado no círculo mais interno, enquanto que o plano VII – que é visto como o plano mais inferior, o plano físico – está representado como o círculo mais externo. Dentro da esfera, ou campo de força, está localizado o Globo D, a Terra. No círculo concêntrico interno seguinte, dois Globos estão situados, Globo C e E, no Plano VI. Os Globos B e F estão no Plano V. Completando os sete globos, os Globos A e G estão no Quarto Plano Cósmico, ou no Plano mais elevado dos Globos Manifestados.

mais externo – Plano VII, o Plano Físico ou Material. Isso indica que o "campo de influência" no qual o Globo D está apto a atuar é unicamente o Plano VII, o Plano Físico. Por esta razão os seres que se manifestam nesse Globo são incapazes de contatar seres de outros globos superiores da Cadeia Terrestre, estando assim impedidos pelo "Anel Não Passarás" formado por esse plano (conforme indicado no círculo). Na área subsequente formada pelos próximos dois círculos está representado o Plano VI, onde estão localizados *dois* globos da cadeia setenária – Globo C e Globo E. Cada globo possui seu próprio ciclo evolutivo para executar, se bem que os dois globos estão localizados no mesmo plano. Dirigindo nossa atenção ao próximo plano, Plano V, dois globos estão ali situados: Globo B e Globo F. Depois, no Plano IV, os Globos A e G completam a distribuição do conjunto setenário da Cadeia da Terra.

A vantagem desse diagrama, representando os planos através de círculos concêntricos, é tornar mais clara a ideia de que quanto mais espiritual o plano, maior o grau de sua esfera de influência, de forma que suas emanações possam abranger todos os planos, incluindo o mais externo, enquanto que quanto mais material o plano, menor o campo de sua influência.

Continuando o tema do primeiro postulado no que se refere à formação dos sete globos de uma cadeia planetária, isso ocorre por causa de uma lei fundamental que governa o nascimento de mundos, que são trazidos à existência da seguinte maneira:

> É inútil falar de "leis instituídas quando a Divindade se prepara para criar"; porque as "leis", ou melhor, a Lei é eterna e incriada; e, além disso, a Divindade é a Lei, e *vice-versa*. Por outro lado, a eterna Lei una desenvolve todas as coisas, na Natureza que há de manifestar-se, sobre a base de um princípio sétuplo; e este princípio rege as inumeráveis Cadeias circulares de Mundos, compostas de sete Globos graduados nos quatro planos inferiores do Mundo de Formação (os outros três pertencem ao Universo Arquétipo). Destes sete Globos, um somente, o *inferior e o mais material de todos*, se acha no nosso plano ou ao alcance dos nossos meios de percepção; os outros seis estão fora deste plano, sendo, portanto, invisíveis ao olho terrestre. Cada uma das Cadeias de Mundos é o produto e a criação de outra, *inferior e morta*: é a sua *reencarnação*, por assim dizer. (I, 152)[355]

Pois a forma externa, ou a "Mansão da vida", é construída sobre um núcleo ou Centro de Existência interno, o qual é imperecível. Esse núcleo, tecnicamente chamado de *Jīvātman* ou *Pratyagātman*, é descrito como um "nucléolo" em um *Comentário*, enquanto que a forma externa nessa tradução é chamada de "núcleo". Quanto aos termos em sânscrito do *Comentário*, embora *Jīvātman* seja usualmente traduzido como "alma individual", esse termo também pode ser traduzido como "a essência *átmica* da vida", uma vez que *jīva*, do verbo *jīv*, viver, significa vida. *Pratyagātman*, também traduzido como "alma individual", significa literalmente aquilo que se volta para dentro do *Ātman*, ou ser, uma vez que *pratyañch* significa "voltar na direção de",

---

355 Vol. I, p. 207, ed. 6 vol.; I, 176, 3ª ed.

"voltar para dentro". *Paramātman* significa Espírito Universal, a origem de *Ātman*. O termo usado para *Lhas* na citação é "Senhores do Ser" – suas *formas* são, é claro, os globos ou Mansões da Vida.

> Os nucléolos são eternos e imperecíveis; os núcleos, periódicos e finitos. Os nucléolos fazem parte do Absoluto. Constituem as aberturas daquela sombria e impenetrável fortaleza oculta para sempre à vista humana e até mesmo à dos *Dhyānis*. Os núcleos são a luz da eternidade que dali escapa.
> (...)
> É essa LUZ que se condensa nas formas dos "Senhores do Ser" – dos quais os primeiros e os mais elevados são, coletivamente, *JĪVĀTMAN*, ou *PRATYAGĀTMAN*, (que, em sentido figurado, se diz que emana de *Paramātman*; é o *Logos* dos filósofos gregos, que aparece no começo de cada novo *Manvantara*). Deles, em escala descendente – formados das ondas cada vez mais consolidadas dessa Luz, que se converte em matéria densa em nosso plano objetivo –, procedem as numerosas Hierarquias das Forças Criadoras; umas sem forma; outras com sua forma própria e características; outras, enfim, as mais inferiores (Elementais) sem forma alguma própria, mas assumindo toda espécie de formas, de acordo com as condições do meio ambiente.
> (...)
> Assim, pois, não há mais que um *Upādhi* (Base) Absoluto, no sentido espiritual; nele e sobre ele são construídos, para fins *manvantáricos*, os incontáveis centros básicos em que se processam as Evoluções individuais cíclicas e universais durante o período ativo. (II, 33-4)[356]

A explicação do primeiro postulado, a respeito dos sete globos que formam uma cadeia, trouxe à tona, necessariamente, a consideração de um assunto do segundo postulado, que trata do processo de formação dos sete globos, embora em uma fase um tanto quanto diferente. Assim, o segundo postulado pode agora ser introduzido:

> 2. Os Globos são formados por um processo que os ocultistas denominam "renascimento das Cadeias Planetárias (ou Anéis)". Quando a sétima e última Ronda de um dos Anéis se inicia, o Globo superior ou primeiro, *A* (e, como ele, todos os demais sucessivamente, até o último), em vez de entrar num período mais ou menos longo de repouso, ou de "Obscurecimento", como nas Rondas precedentes, começa a desgastar-se. A Dissolução Planetária (*Pralaya*) aproxima-se, a sua hora soou; cada globo deve transferir sua vida e energia a outro planeta. (I, 159)[357]

Esse postulado foi explicado posteriormente através de um diagrama[358] no qual os sete globos da Cadeia Lunar são usados para representar uma cadeia morrendo e transferindo suas energias para a nova cadeia de sete globos (nossa Terra). Nos estágios finais da Sétima Ronda, ou seja, quando a última Classe de Mônadas, ou a última das Ondas de Vida que levam as Hostes Monádicas a completar sua jornada

356 Vol. III, p. 46, ed. 6 vol,; II, 37, 3ª ed.
357 Vol. I, p. 213, ed. 6 vol.; I, 182, 3ª ed.
358 Vol. I, p. 172 (ed. or.); I, 255, ed. 6 vol.; I, 196, 3ª ed.

cíclica sobre os sete globos de uma cadeia, completa seu sétimo ciclo de evolução no Globo A, e depois passa ao Globo B (para que possa concluir seu ciclo setenário no segundo globo), outra fase no ciclo do progresso da cadeia de globos ocorre. O Globo A, ao invés de entrar em um estado de dormência (também descrito como período de "obscuridade"), se prepara para entrar em uma nova condição – *Pralaya*. Isso acontece por meio da transferência das energias vitais e princípios internos que constituem o Globo A para um centro ou ponto *laya*, ou seja, um estado onde há homogeneidade, quando a substância é incapaz de atuar ou diferenciar. Neste estado *laya*, durante um determinado período, os princípios internos de um globo permanecem em um estado semelhante ao *Nirvāna*. A situação é comparável àquilo que ocorre no caso da morte do ser humano. Os princípios inferiores são deixados para trás, despojados, no *Kāma-Loka*, enquanto a tríade superior (os princípios internos) permanece no *Devachan* até que chegue o momento de uma nova encarnação sobre a Terra. Quando a transferência se completa, o *Pralaya* (período de descanso) do Globo A se inicia.

O mesmo processo ocorre para o Globo B. Quando a última Classe de Mônadas deixa ao Globo B para entrar no Globo C para um novo ciclo setenário nesse terceiro globo, os princípios internos e energias vitais construídas no Globo B são transferidas para *outro* centro *laya*, para ali aguardar "o som da Palavra" (o chamado do *Logos*) que traz o Globo B para voltar à manifestação – seguindo a reencarnação do Globo A.

Quando a última Classe de Hierarquias que compõe a Escada da Vida deixa o Globo C para fazer o circuito final no Globo D, o terceiro globo irá transferir seus princípios internos para um terceiro centro *laya*, em preparação ao *Pralaya* do Globo C. Por sua vez, o Globo D segue o exemplo. O Globo E passa pelos mesmos estágios. O Globo F atravessa uma sequência idêntica. Finalmente o Globo G segue o padrão estabelecido em todos os globos anteriores. Os sete globos da cadeia planetária atingiram seu propósito. O *Manvantara* foi concluído. Um dia de *Brahmā* é encerrado; reina a Noite de *Brahmā*. Um *Pralaya* planetário para todos os sete globos tem lugar.

Enquanto isso representa um *Pralaya* total, no que diz respeito a uma cadeia planetária de sete globos, não pode ser chamado de um *Prākritika Pralaya*, uma vez que esse tipo de *Pralaya* ocorre ao final de uma Idade ou Vida de *Brahmā*. O termo correto é *Naimittika Pralaya*, que significa *Pralaya* "ocasional" ou "incidental", pois o Sol continua o seu *Manvantara*, assim como os outros planetas do Sistema Solar. Não obstante, os sete globos que entraram no *Naimittika Pralaya* permanecem em cena, embora os princípios internos e energias vitais que os constituíam não estejam mais operantes. Os sete globos continuam a ser a Cadeia Lunar e ainda são satélites lunares, um para cada sete globos de uma nova cadeia, mesmo depois que a reencarnação dos sete globos tenha ocorrido, conduzindo uma nova cadeia de sete globos à manifestação. A nova cadeia de globos constitui um novo sistema planetário.

O satélite da Terra é um exemplo de uma cadeia de globos anterior. É verdade que esse é o único globo da cadeia visível para nós. Representa o quarto globo, Globo D, da Cadeia Lunar, e como tal atua como a lua do Globo D, a nossa Terra.

Acrescentemos um terceiro postulado. Não obstante este fazer referência específica à nossa Terra, ao invés de uma Doutrina geral das Esferas, por analogia seu postulado é aplicável a uma cadeia de sete globos, embora especialmente para qualquer quarto globo de uma série de sete – assim como é nossa Terra.

> 3. A Terra, como representante visível dos globos-companheiros, invisíveis e superiores, seus "Senhores" ou "Princípios", deve existir, do mesmo modo que os demais, durante sete Rondas. Nas três primeiras, ela se forma e se consolida; na quarta, alcança estabilidade e sua máxima consistência; nas três últimas, retorna gradualmente à sua primeira forma etérea: espiritualiza-se, por assim dizer. (I, 159)[359]

A nossa Terra, o quarto globo da série de sete, o Globo D, representa a mais material das esferas. Passa pela fase do ciclo evolucionário de evolução e involução, na qual experimenta a descida à matéria através do Arco Descendente, período no qual a matéria se desenvolve. O aspecto mais material é alcançado no meio da Quarta Ronda. Então a matéria começa a involuir e o espírito evolui pelo Arco Ascendente, de modo a atingir o ponto mais etéreo.

A frase "representante visível" traz a questão de por que somos incapazes de ver os seis globos companheiros de nossa Cadeia Terrestre, uma vez que cada globo da série passa necessariamente pela mesma fase, tornando-se mais material na Quarta Ronda (a Ronda atual). Embora o postulado se aplique a cada globo de sete que compõem a cadeia, no qual o auge da materialidade é obtido durante a metade da Quarta Ronda, no entando esse grau mais grosseiro de materialidade é diferente para os globos superiores, por estar em planos diferentes e, portanto, não comparável ao grau de materialidade alcançado no mais baixo dos sete planos cósmicos, onde nossa Terra está situada. Além do mais, a materialidade de um plano superior é de um grau de "substância" diferente da matéria de nosso plano terrestre, diferente, portanto, da matéria da nossa Terra. A esse respeito, uma frase de *A Doutrina Secreta* deve ser memorizada (se outra não for escolhida para tal), pois é uma chave para o domínio desses ensinamentos ocultos a respeito da Doutrina das Esferas. A frase se refere aos seis globos superiores da Cadeia Terrestre:

> ...*como Globos estão em* COADUNAÇÃO, *mas não em* CONSUBSTANCIALIDADE *com a nossa Terra, e pertencem, portanto, a outro estado de consciência.* (I, 166)[360]

Essas duas palavras em maiúsculas podem causar confusão a alguns, mas carregam tão bem o significado pretendido que qualquer outra pareceria inadequada.

359 Vol. I, p. 213, ed. 6 vol.; I, 182-3, 3ª ed.
360 Vol. I, p. 220, ed. 6 vol.; I, 189, 3ª ed.

"Co-adunação" é uma palavra latina composta do particípio passado do verbo *coadunare*, que significa unido. Suas partes componentes são *co*, junto; *ad*, para; e *unus*, um — ou seja, *unidos como um só*. Assim, os sete globos estão unidos como um, mas por outro lado não estão em consubstancialidade. Essa segunda palavra latina é composta por *com*, com; *substantia*, substância, ou seja, unir uma substância ou natureza comum, enfatizando-se o NÃO, pois os globos *não* estão unidos em uma substância comum, de forma que *não* são da mesma substância (ou matéria). Dessa forma, cada um dos sete globos possui seu *próprio* grau de substância, embora todas as esferas estejam ligadas em uma unidade essencial.

É bem digna de estudo toda a passagem onde essa citação ocorre, uma vez que são as palavras do Mestre de H.P. Blavatsky. As palavras de abertura "nosso globo" referem-se à Terra (Globo D):

> O nosso Globo, como ficou dito desde o início, acha-se na curva inferior do arco de descida, onde a matéria que podemos perceber se manifesta em sua mais grosseira forma... Portanto, é lógico que os globos que cobrem nossa Terra devem estar em planos diferentes e superiores. Em resumo: como Globos, estão em COADUNAÇÃO, mas não em CONSUBSTANCIALIDADE, com a nossa Terra, e pertencem, portanto, a outro estado de consciência. O nosso planeta (como todos os que vemos) está adaptado à condição peculiar dos seus habitantes humanos, condição que nos permite contemplar com a vista ordinária os corpos siderais que se encontram em coessência com o nosso plano e a nossa substância terrestre, do mesmo modo que os habitantes daqueles, Júpiter, Marte e outros, podem perceber o nosso pequeno mundo — isto porque os nossos respectivos planos de consciência não diferem senão em grau, sendo idênticos em espécie e situados no mesmo estado de matéria diferenciada... Veja-se o que escrevi: "O *Pralaya* menor só se refere aos nossos pequenos Cordões de Globos.[361] (Naqueles dias férteis em confusão de palavras, chamávamos "Cordões" às Cadeias.)... A um desses Cordões pertence a nossa "Terra". Isso devia ter mostrado claramente que os outros planetas constituem também "Cordões" ou Cadeias... (I, 166)[362]

A isso acrescente-se:

---

361 Essa frase pode ser encontrada como resposta à Carta nº XV em *Cartas dos Mahatmas para A.P. Sinnett*, p. 93 [Vol. I, Carta nº 67, p. 289, Ed. Teosófica (Nota ed.bras.)], referindo-se ao seguinte:

> Existem três espécies de *Pralayas* e *Manvantaras*:
> 1. O universal ou *Mahā Pralaya* e *Mahā Manvantara*.
> 2. O *Pralaya* ou *Manvantara* solar.
> 3. O *Pralaya* ou *Manvantara* menor.

O nº 1 é chamado de *Ātyantika-Pralaya* — o *Pralaya* ininterrupto e infinito; o nº 2 de *Prākritikapralaya* — o "*Pralaya* da matéria" — o *Pralaya* solar; o nº 3 de *Naimittika-Pralaya* — o *Pralaya* "ocasional", o *Pralaya* de um sistema planetário. A citação continua:

> Quando o *Pralaya* nº 1 se completa, o *Manvantara* universal começa. Então todo o Universo deve ser redesenvolvido de novo. Quando o *Pralaya* de um Sistema Solar ocorre, ele afeta só o Sistema Solar. Um *Pralaya* solar = 7 pequenos *Pralayas*. Os pequenos *Pralayas*, mencionados sob o nº 3, dizem respeito apenas à nossa pequena cadeia de globos, carregados ou não de humanidades. A nossa Terra pertence a uma dessa cadeias.

362 Vol. I, p. 220, ed. 6 vol.; I, 189-90, 3ª ed.

> Fácil é, portanto, compreender por que não podemos ver, nem mesmo com a ajuda dos melhores telescópios, o que se acha fora do nosso mundo de matéria. Somente aqueles a quem damos o nome de Adeptos, que sabem como dirigir sua visão mental e transferir sua consciência, tanto física como psíquica, a outros planos de existência, podem falar com autoridade acerca de tais assuntos. (I, 166-7)[363]

> A ciência física pode proporcionar elementos corroborativos — conquanto ainda incertos —, mas tão somente no que se refere aos corpos celestes que ocupam o mesmo plano material do nosso Universo objetivo. Marte e Mercúrio, Vênus e Júpiter, como os demais planetas até hoje descobertos, ou que venham a ser posteriormente, são todos, *per se*, os representantes, em nosso plano, de Cadeias semelhantes à nossa. (I, 164)[364]

Mostrando que, mesmo quando estamos considerando pontos importantes dos ensinamentos, um toque de humor pode servir para mostrar a verdade, um extrato de uma das cartas do Mestre contém a seguinte preciosidade:

> Ademais, ambos (Marte e Mercúrio) são cadeias setenárias tão independentes dos senhores e superiores siderais da Terra, como vós sois independente dos "princípios" de Däumling (o Pequeno Polegar), os quais eram talvez os seus seis irmãos, com ou sem toucas de dormir... (I, 165)[365]

A frase "os senhores e superiores siderais da Terra" faz referência aos Seres mais elevados no esquema hierárquico da Terra. Os hindus a eles se referem como *Manus*; no Budismo são os *Dhyāni-Buddhas*, e nas *Estâncias*, os *Lhas*. Também são chamados de Vigilantes, Reitores ou Senhores da Existência. Cada um dos sete Globos possui seu Observador ou *Lha*. O termo específico para Reitor de cada esfera é *Dhyāni-Bodhisattva*.

Um dos mais antigos trabalhos de que temos notícia é conhecido como o *Vendīdād*, um fragmento dos trabalhos chamados de *Avesta* — geralmente *Zend Avesta*, embora a palavra *Zend* signifique apenas a linguagem antiga dos Masdeístas, ou Persas antigos. No *Vendīdād* nossa Terra é chamada de *Bhūmi Haptaiti*,[366] que é a forma *Zend* da palavra sânscrita *Sapta Bhūmi*, que quer dizer a Terra setenária (*sapta*, sete; *bhūmi*, a Terra). *Bhūmi* é dividida em sete *Karshvars* e cada *Karshvar* é separado por um "oceano", de forma que é impossível passar de um *Karshvar* a outro.

> O "Oceano" é, naturalmente o Espaço, que era denominado "Águas do Espaço" antes de ser conhecido como Éter. (II, 758)[367]

Seguindo esta pista, podemos considerar os sete *Karshvars* como equivalentes aos sete globos da Cadeia Terrestre. Além do mais, cada um dos sete *Kashvars* possui

---

363 Vol. I, p. 220, ed. 6 vol.; I, 190, 3ª ed.
364 Vol. I, p. 218, ed. 6 vol.; I, 187, 3ª ed.
365 Vol. I, p. 219, ed. 6 vol.; I, 189, 3ª ed.
366 *Yasna*, xxxii, 3.
367 Vol. IV, p. 327, ed. 6 vol.; II, 801, 3ª ed.

um nome definido, o que, para aqueles familiarizados com a doutrina dos sete globos, esclarece a citação a seguir extraída do *Vendidād*:

> Dois, *Vourubareshti* e *Vouruzareshti*, estão ao Norte; dois, *Vidadhasfshu* e *Fradadhafshu*, ao Sul; *Sarahē* e *Arzahē* a Este e Oeste. (II, 759)[368]

Seis "globos" foram enumerados; o sétimo é chamado de *Hvaniratha* (ou usando a forma *Pahlavi* da palavra, *Qaniratha*, conforme é feito em *A Doutrina Secreta*), que é a nossa Terra, o Globo D. Ele é descrito como estando ao centro, com os seis globos-companheiros ao seu redor, nas quatro direções da bússola. Colocando-os dessa forma, temos outra maneira de estudar as esferas, baseada na ideia de que a Terra estaria ao centro – não que tenha sido necessariamente assim considerada no *Vendidād*, mas uma maneira de ver seus seis globos-companheiros do ponto de vista da Terra, sem considerar os "planos" nessa representação.

Há ainda outro aspecto da doutrina dos sete globos em relação ao tema principal da doutrina das esferas que devemos considerar. Essa fase do assunto trata da interpenetração das esferas. No caso dos sete globos de uma cadeia, não é uma questão de *matéria* ou substância dos globos, mas sim de uma interação de vidas-forças na cadeia como um todo, assim como a interpenetração daquilo que é chamado de "Luz Astral" (ou aura) de cada um dos globos. Pois, como já foi dito, cada um dos sete globos possui seu próprio conjunto de sete princípios, e a "Luz Astral" de um globo pode ser considerada como o seu "segundo princípio" – equivalente ao segundo princípio da constituição setenária do homem, tecnicamente o *Linga-Śarīra*. Esse aspecto, então, atua diretamente sobre aquilo que é chamado de Rondas Internas das Esferas – um assunto a ser considerado em um capítulo futuro. Mas o que é apropriado ao tema em pauta é a interpenetração de *outras esferas* – esferas de outros sistemas, pois a Filosofia Esotérica postula que existem inumeráveis esferas pelo Cosmos, algumas das quais interpenetram nossa própria Terra, embora, desnecessário dizer, não tenham consciência dessa interpenetração. Isto está claramente colocado em uma passagem; embora longa, é de grande valia a sua total reprodução:

> Por isso, quando a Doutrina Secreta pressupõe que o espaço condicionado ou limitado (o espaço de posição) só tem existência real neste mundo de ilusão ou, em outras palavras, em nossas faculdades de percepção, quer significar que todos os mundos, tanto os superiores como os inferiores, interpenetram o nosso próprio mundo objetivo; que milhões de coisas e de seres se acham, quanto à localização, ao nosso redor e dentro de nós, assim como nós estamos ao redor deles, com eles e neles. E isso não é uma simples figura de retórica metafísica, mas sim a expressão de um fato real da Natureza, por mais incompreensível que seja para os nossos sentidos.
>
> (...)

---

368 Vol. IV, p. 328, ed. 6 vol.; II, 802, 3ª ed.

Cumpre entender, porém a linguagem do Ocultismo, antes de criticar suas afirmações. Por exemplo, a Doutrina se nega — como também o faz a Ciência em certo sentido — a empregar os termos "em cima" e "embaixo", "superior" e "inferior", com relação às esferas invisíveis, uma vez que neste particular tais expressões carecem de sentido. Da mesma forma, as palavras "Oriente" e "Ocidente" são meramente convencionais, e necessárias tão somente para ajudar as nossas percepções humanas; pois, embora tenha a Terra os seus dois pontos fixos nos polos Norte e Sul, o Este e o Oeste variam segundo a posição que ocupamos na superfície da Terra e em virtude de sua rotação de Ocidente para Oriente.

(...)

Assim, quando se mencionam "*outros* mundos" — melhores ou piores, mais espirituais ou ainda mais materiais, invisíveis em qualquer dos casos — o ocultista não situa essas esferas nem fora nem dentro de nossa Terra, como o fazem os teólogos e os poetas; porque elas não se localizam em nenhuma parte do espaço conhecido ou concebido pelo profano. Fundem-se, por assim dizer, com o nosso mundo; interpenetram-no e são por ele interpenetrados.

(...)

Há milhões e milhões de mundos que são visíveis para nós; muito maior é o número dos que se acham fora do alcance dos telescópios, e grande parte destes últimos não pertencem ao nosso plano *objetivo* de existência. Ainda que tão invisíveis como se estivessem situados a milhões de milhas do nosso Sistema Solar, coexistem conosco, junto de nós, *dentro* de nosso próprio mundo, e são tão objetivos e materiais, para seus respectivos habitantes, quanto o é o nosso mundo para nós. Mas a relação entre esses mundos e o nosso não é como a de uma série de caixas ovais encerradas umas nas outras, à maneira de certos brinquedos chineses; cada mundo está sujeito às suas próprias leis e condições especiais, sem ter relação direta com a nossa esfera.

(...)

Os habitantes desses mundos, já o dissemos, podem, sem o sabermos ou sentirmos, estar passando *através de nós ou ao nosso lado*, como num espaço vazio; suas moradas e suas regiões interpenetram as nossas, sem perturbar com isso a nossa visão, porque ainda não possuímos as faculdades necessárias à sua percepção. No entanto, graças à sua visão espiritual, os Adeptos, e até alguns videntes sensitivos, podem distinguir, em maior ou menor grau, a presença entre nós e a proximidade de Seres que pertencem a outras esferas de vida. Os que vivem nos mundos espiritualmente superiores só se comunicam com os mortais terrestres que, por seus esforços individuais, se elevam até o plano mais elevado que aqueles ocupam.

(...)

Os filhos de *Bhūmi* (a Terra) consideram os filhos dos *Devalokas* (as Esferas Angélicas) como seus Deuses: e os Filhos dos reinos inferiores olham os homens de *Bhūmi* como seus *Devas* (Deuses); os homens não têm consciência disso por causa de sua cegueira... (I, 604-5)[369]

(...)

No entanto, esses mundos invisíveis existem. Tão densamente povoados quanto o nosso, acham-se disseminados no espaço aparente em número incontável; alguns são muito mais materiais que o nosso próprio mundo; outros vão se tornando cada vez mais etéreos, até que perdem a forma e ficam como "sopros". Não serem vistos pelos nossos sentidos físicos não é razão para que não se creia na sua existência. Os físicos não podem ver os seus átomos, o seu éter, os seus "modos de movimento" ou forças; no entanto, os aceitam, e os incluem entre os seus ensinamentos.

(...)

369 Vol. II, pp. 329-30, ed. 6 vol.; I, 662-3, 3ª ed.

> Se encontramos, mesmo no mundo material que conhecemos, matéria que proporciona uma analogia parcial para a difícil concepção de semelhantes mundos invisíveis, parece fácil admitir a possibilidade de sua existência. A cauda de um cometa, que, atraindo a nossa atenção com o seu resplendor, não perturba nem impede a nossa visão, uma vez que através dela vemos os objetos situados do outro lado, já nos oferece um começo de prova, quanto àquela existência. A cauda de um cometa passa rapidamente através do nosso horizonte, e não a sentimos, nem nos damos conta de sua passagem, senão por causa da luminosidade que ela projeta, luminosidade que muitas vezes só é percebida por um pequeno número de pessoas a quem o fenômeno interessa, continuando as demais a ignorar-lhe a presença acima ou *através* de uma região do nosso Globo. (I, 606)[370]

A pergunta que pode surgir sobre o acima mencionado já foi formulada, e sua resposta também já foi fornecida:

> Quais as provas? Além das obtidas por via da dedução e do raciocínio lógico, não há nenhuma para o profano. Para os ocultistas, que creem no saber adquirido por inumeráveis gerações de Videntes e Iniciados, são suficientes os dados expostos nos Livros Secretos. (II, 700)[371]
>
> (...)
>
> Dizem os ensinamentos que os mais elevados *Dhyān-Chohans*, ou Espíritos Planetários, ignoram (afora o que sabem por meio da lei analógica) o que há além dos Sistemas Planetários visíveis, porque a sua essência não pode assimilar-se à dos mundos situados além do nosso Sistema Solar. Quando eles atingirem uma fase superior de evolução, estes outros Universos estarão abertos à sua percepção; enquanto isso, eles têm total conhecimento de todos os mundos que se acham dentro dos limites do nosso Sistema Solar. (II, 700)[372]

Representação Diagramática do Caduceu em sua Forma Original

O caduceu, em sua forma moderna, está representado como duas serpentes entrelaçadas ao redor de uma vara sob duas asas abertas. O símbolo é muito conhecido, uma vez que foi adotado pela profissão médica. Os médicos colocam o caduceu em seus carros, e este também é usado nas forças armadas dos Estados Unidos como um emblema, significando que a pessoa que o leva está a serviço médico. Na verdade, o caduceu era um símbolo da mitologia grega e romana, associado especialmente a Hermes, ou Mercúrio, em seu aspecto de mensageiro dos deuses. A representação moderna desse símbolo seguiu o modelo grego.

Existe um profundo significado relacionado à representação original do caduceu. Primeiro chamamos atenção para as suas asas, cuja pista é fornecida no seguinte *śloka*:

---

370 Vol. II, pp. 330-1, ed. 6 vol.; I, 664, 3ª ed.
371 Vol. IV, p. 269, ed. 6 vol.; II, 739, 3ª ed.
372 Vol. IV, p. 270, ed. 6 vol.; II, 740, 3ª ed.

> Cavalga a Ave da Vida, se queres saber.[373]

O Pássaro da Vida corresponde ao *Kala-Hamsa*, um termo aplicado a *Brahman*, o Espírito Supremo. (Etimologicamente, *hamsa* quer dizer ganso ou cisne; *kala* é normalmente traduzido por melodioso, mas um significado do verbo *kal* é anunciar o tempo; assim o termo pode ser interpretado como o cisne que anuncia o ciclo do tempo). H. P. Blavatsky fornece o seguinte significado a *Kala-Hamsa*: o cisne com e sem tempo. O significado dessa frase é a seguinte: o "cisne com tempo" refere-se ao período do *Manvantara*; o "cisne sem tempo" ao *Pralaya*; o Pássaro da Vida sempre permanece, seja um período de atividade ou um período de repouso. Isso fica claro na seguinte passagem:

> Sim, doce é o descanso entre as asas do que não nasce nem morre, mas é o *AUM* através de eras eternas.[374]

Quando soa a hora de um período de manifestação, a Grande Serpente começa a se mover. A serpente também representa o começo e o fim de um *Manvantara*, especialmente quando retratada em forma de um círculo em que a serpente morde seu rabo – como no Símbolo da Sociedade Teosófica. Então ocorre a "descida" à manifestação, representada pela serpente mais escura. Isso é bem colocado nas místicas palavras de um *Comentário*, que também fornece o significado místico do caduceu original:

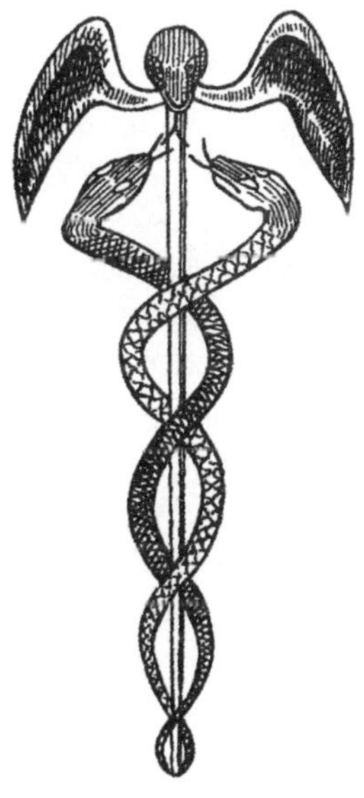

> O tronco do *AŚVATTHA* (a Árvore da Vida e do Ser, a VARA do Caduceu) nasce e desce em cada começo (em cada novo *Manvantara*) das duas asas escuras do Cisne (*Hamsa*) da Vida. As duas Serpentes, o eternamente vivo e sua ilusão (Espírito e Matéria), cujas duas cabeças procedem da cabeça entre as asas, descem ao longo do tronco, entrelaçadas num estreito abraço. As duas caudas juntam-se na terra (o Universo manifestado), formando uma só, e esta é a grande ilusão, ó Lanu! (I, 549)[375]

Na cosmogonia escandinava, o *Yggdrasil* (a árvore de cinzas do mundo), assim como o *Aśvatha*, representa o *Manvantara*, na medida em que floresce por todo um período de atividade. As duas serpentes entrelaçadas ao redor do *Aśvattha* (originalmente, agora substituído por uma vara) representam os Arcos de Descida e de Subida no Grande Ciclo da Vida e Existência durante um *Manvantara*. A serpente escura à esquerda representa o Arco Descendente; a serpente mais clara, à direita, o Arco Ascendente.

373 *A Voz do Silêncio*, p. 5 (ed. or.) [Ed. Teosófica, *śloka* 20, p. 57, 4ª ed., 2022 (Nota ed.bras.)].
374 *A Voz do Silêncio*, p. 5 (ed. or.) [Ed. Teosófica, *śloka* 19, p. 56, 4ª ed., 2022 (Nota ed.bras.)].
375 Vol. II, p. 273, ed. 6 vol.; I, 600, 3ª ed.

Ainda existe outra interpretação do caduceu, diferente da fornecida acima, que é aplicável especialmente à Doutrina dos Globos. Ela surge quando se coloca uma esfera em cada ponto onde as serpentes se encontram, começando por suas cabeças (como diz o *Comentário*, as "duas cabeças procedem da cabeça entre as asas"). A seguir, uma esfera na conjunção das duas cabeças, bem como uma colocada em cada interseção das serpentes clara e escura, terminando no encontro dos rabos. Dessa maneira, *sete globos* serão colocados, indicando a Doutrina dos sete globos de uma cadeia. A esfera mais inferior, é claro, representa nossa Terra, o Globo D, que é o ponto mais baixo do Arco de Descida. Também representa o começo do Arco Ascendente, uma vez que é no Globo D que o espírito e a matéria estão "equilibrados", ou, como o *Comentário* diz, "as duas caudas juntam-se na terra". De forma que é dito: "Esta é a grande ilusão."

2. A Doutrina dos *Lokas* e *Talas*

Passando ao assunto enumerado como o segundo aspecto da Doutrina das Esferas, lembramos que a apresentação desse tema já foi fornecida no Capítulo VI – A Lei Setenária, e que agora passaremos a considerar fases adicionais.

Um símbolo muito interessante usado para representar o *Loka-Talas* consiste de dois triângulos, um apontando para cima, e outro para baixo, entrelaçados, formando uma estrela de seis pontas. Na Índia ele é conhecido como o Selo de *Vishnu*. No Ocidente é chamado do Selo de Salomão, normalmente com um círculo ao redor dos triângulos. Os Teósofos estão familiarizados com esse símbolo, pois ele faz parte do Selo da Sociedade Teosófica.

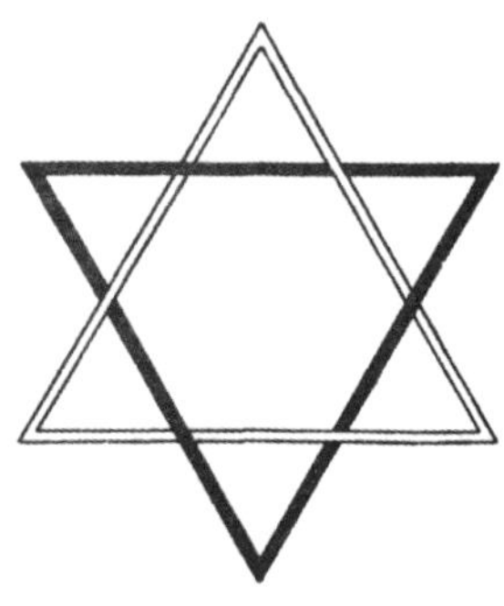

O triângulo que aponta para cima, de cor branca, representa o *loka* – o "lado-espírito" de um mundo; o triângulo que aponta para baixo, em preto, significa o *tala* – o "lado-matéria" de um mundo. Juntos, os triângulos entrelaçados representam o inseparável *Loka-Tala*. O profundo significado desse símbolo não é, todavia, totalmente compreendido, uma vez que se encontra implícito. Isso ocorre quando apenas a figura de seis pontas é mostrada, quando, na verdade, a intenção é a de representar um símbolo setenário, e isso só é obtido colocando-se um ponto em seu centro, formando, assim, sete pontos.

Embora o Símbolo da Sociedade Teosófica possua o *tao* egípcio, ou cruz *ansata*, ao centro – o que podemos considerar como uma intenção de representar o símbolo de sete pontos –, o fato do *ankh*, ou cruz circular, possuir um significado especial não transmite o mesmo significado do ponto dentro do círculo.[376] O *ankh* egípcio representava o símbolo da vida e sempre era colocado na mão de um deus ou deusa. Uma vez que a explicação sobre o Selo da Sociedade Teosófica foi fornecida ao Sr. A.P. Sinnett pelo Mestre de H.P. Blavatsky, e inclui o significado do símbolo do *Loka-Tala*, nós a forneceremos a seguir, embora a mesma seja um tanto quanto longa:

> Seus membros conhecem o significado dos triângulos branco e preto entrelaçados, que a Sociedade Matriz também adotou como selo? Devo explicá-lo? O triângulo duplo é visto pelos cabalistas judeus como o Selo de Salomão, que é como muitos de vocês sabem, sem dúvida, o *Sri-Yantra* do Templo Ariano Arcaico, o "mistério dos Mistérios", uma síntese geométrica de toda a doutrina oculta. Os dois triângulos entrelaçados são os *Buddhangums* da Criação. Eles contêm o "enquadramento do círculo", a pedra "filosofal", o grande problema da Vida e da Morte, e o Mistério do Mal. O *chela* que puder explicar esse signo em cada um de seus aspectos *é virtualmente um adepto*... Certamente você sabe que o triângulo duplo — o *Sathkiri Chakram* de *Vishnu* —, ou a estrela de seis pontas, é o sete perfeito. Em todos os antigos trabalhos sânscritos — *védicos e tântricos* — encontrará o número 6 mencionado mais do que o 7 — nesta figura, o ponto central está implícito, pois é o germe do seis e sua matriz... O ponto central é o sétimo, e o círculo, o *Mahākaśa* — o espaço sem fim —, o sétimo Princípio *Universal*. Em certo sentido, ambos são vistos como *Avalokiteśvara*,[377] pois são, respectivamente, o macrocosmo e o microcosmo. Os triângulos entrelaçados, o que aponta para cima é a Sabedoria oculta, e o que aponta para baixo é a Sabedoria *revelada* (no mundo fenomenal). O círculo[378] indica o limite, circunscrevendo a qualidade do *Todo*, o Princípio Universal, o qual se expande de qualquer ponto para abraçar todas as coisas, enquanto personifica a potencialidade de toda ação no Cosmos. Como o ponto é o centro sobre o qual o círculo é traçado, são idênticos e *um*, e, embora do ponto de vista de *Māyā* e *Avidyā* (Ilusão e Ignorância), estejam separados um do outro pelo triângulo manifesto, os três lados deste representam as três *gunas*[379] — atributos finitos. Na simbologia o ponto central é *Jivātma* (o sétimo princípio); assim, *Avalokiteśvara*, o *Kwan-Shai-Yin*, a "Voz" manifesta (ou *Logos*), o ponto germinal da atividade manifesta; dessa forma, na fraseologia dos cabalistas cristãos "o Filho do Pai e da Mãe", e de acordo com a nossa, "o Ser manifesto no Ser" — *Yih-Sin*, a "forma una de existência", a criança de *Dharmakāya* (a Essência universalmente difundida), tanto macho quanto fêmea. *Parabrahm* ou "*Ādi-Buddha*", enquanto atua através daquele ponto germinal externamente como uma força ativa, reage de sua circunferência internamente como a Potência Suprema, embora latente. Os triângulos duplos simbolizam o Grande Passivo e o Grande Ativo; o macho e a fêmea; *Purusha* e *Prakriti*.[380] Cada triângulo é uma Trindade, pois representa um aspecto triplo. O branco representa em suas linhas retas a *Jñāna* (Conhecimento); *Jñātā*

376 O completo significado do ponto dentro do círculo é fornecido no capítulo final — Cap. XII.

377 *Avalokiteśvara* — "a Divindade manifesta periodicamente", equivalente ao Terceiro *Logos* (veja o último capítulo).

378 No Selo da Sociedade Teosófica, o círculo é representado pela Serpente, conhecida como *Ananta-Śesha* — simbolizando o círculo do infinito, assim como do tempo sem fim. "A atividade é atraída pelo princípio passivo e a Grande Nag, a serpente emblema da eternidade, atrai seu rabo à sua boca, formando um círculo (ciclos de eternidade) nessa incessante busca do negativo pelo positivo." (C.M., p. 71 [*Cartas dos Mahatmas para A.P. Sinnett*, Ed. Teosófica, Vol. I, Carta nº 44, p. 197. (Nota Ed. Bras.)])

379 Os três *gunas* são descritos por completo na *Bhagavad-Gitā* como as três qualidades de *sattva*, *rajas* e *tamas*: as qualidades de luz ou verdade, paixão ou desejo e indiferença ou escuridão.

380 *Purusha* significa Espírito, previamente mencionado como "lado-espírito" ou *loka*; *Prakriti*, Matéria, o "lado-matéria", ou *tala*.

(o Conhecedor); e *Jñeya* (aquele que é conhecido). O preto – forma, cor e substância, e também as forças *criativa*, *preservativa* e *destrutiva*, mutuamente correlacionadas, etc., etc.[381]

Quanto ao símbolo do círculo:

> O Espírito da Vida e da Imortalidade era em toda a parte simbolizado por um círculo; e, por isso, a serpente que morde a própria cauda representa o Círculo da Sabedoria do Infinito, tal como a cruz astronômica, a cruz inscrita no círculo, e o globo de duas asas. (II, 552)[382]

O símbolo do círculo também representa um globo ou esfera, mas, do ponto de vista do Hierofante de Sabedoria, representa o Espírito ou Reitor Planetário, ao invés de um globo visível ou "Mansão da Vida".

> As Inteligências Incorpóreas (os Espíritos Planetários ou Poderes Criadores) eram sempre representadas sob a forma de círculos. Na primitiva Filosofia dos Hierofantes estes círculos *invisíveis* eram as causas prototípicas e os construtores de todos os orbes celestes, os corpos e invólucros *visíveis* de que eles eram almas. (II, 552)[383]
>
> (...)
>
> A visão do profeta Ezequiel faz lembrar fortemente este misticismo do círculo, quando ele vê um "torvelinho" de onde sai "uma *roda* sobre a Terra", cujo trabalho "*era* como que o de uma roda no meio de uma roda" – "pois o espírito da criatura viva *estava* nas rodas". (II, 552-3)[384]

Acreditamos ser o bastante a respeito da representação simbólica de *lokas* e *talas*. Neste ponto, relacionamos os *Loka-Talas* em ordem descendente – o sétimo é o par de *Loka-Tala* mais inferior e o mais material. Também incluímos o Princípio-Elemento ao qual cada *Loka-Tala* pertence especialmente.

Lokas		*Talas*	Pertencente ao Elemento-Princípio	
Satya-Loka	1	*Atala*	*Ādi-Tattva*	Primordial
Tapar-Loka	2	*Vitala*	*Anupādaka-Tattva*	"Sem Pais"
Janar-Loka	3	*Sutala*	*Ākāśa-Tattva*	Éter
Mahar-Loka	4	*Rasātala*	*Taijasi-Tattva*	Fogo
Svar-Loka	5	*Talātala*	*Vāyu-Tattva*	Ar
Bhuvar-Loka	6	*Mahātala*	*Apas-Tattva*	Água
Bhūr-Loka	7	*Pātāla*	*Prithivī-Tattva*	Terra

381 *Cartas dos Mahatmas para A.P. Sinnett*, pp. 345-6 [Vol. II, Carta nº 111, p. 214, Ed. Teosófica (Nota Ed. Bras.)]. As três forças, criativa, preservativa e destrutiva, são representadas no *Trimūrti Brāmane* como *Brahmā*, *Vishnu* e *Shiva*.

382 Vol. IV, p. 122, ed. 6 vol.; II, 582, 3ª ed.

383 Vol. IV, p. 122, ed. 6 vol.; II, 582, 3ª ed.

384 Vol. IV, p. 123, ed. 6 vol.; II, 583, 3ª ed. As citações de Ezequiel são do capítulo i, versos 4-16.

É preciso ter em mente que essa listagem não significa que o *Loka-Tala* se manifesta apenas no Princípio-Elemento a ele associado, pois esse não é o caso. Significa, na verdade, que o Princípio-Elemento relacionado alcança seu estágio de completo desenvolvimento no *Loka-Tala* mencionado. Todos os sete Princípios-Elementos estão presentes em cada *Loka-Tala*.

A conexão especial dos *Loka-Talas* com a Doutrina das Esferas, além do que já foi descrito, é que todos os sete pares de *Loka-Talas* não são aplicáveis apenas à nossa própria esfera (Globo D), mas também são considerados em relação a cada um dos sete globos da cadeia. Assim, seja qual for o globo no qual um ser esteja localizado, estará acompanhado da série setenária de *Loka-Talas*, passando pela lista acima mencionada.

Com relação aos sete Planos Cósmicos e sua relação com o *Loka-Talas*, uma vez que a Terra, o Globo D, está no plano mais inferior (o sétimo) e está na esfera mais densa da cadeia, consequentemente o mais inferior dos *Loka-Talas* – do ponto de vista material – predomina nesse ponto de nossa evolução. Esse par de *Loka-Talas* é chamado de *Bhūr-Loka-Pātāla*, representando o ponto de vista quando encarado por meio dos Elementos Cósmicos – o *Prithivī-Tattva*. Entretanto, o fato da Onda de Vida Humana estar atuando no Quarto Globo da série de sete, e de estar também na Quarta Ronda, o *Mahar-Loka-Rasātala* é o par de *Loka-Talas* que está sendo enfatizado, pois este é o quarto maior desenvolvimento dos pares de *Loka-Talas*. O desenvolvimento dos *Loka-Talas*, no que diz respeito às Rondas, ocorreu da seguinte maneira:

A Primeira Ronda	desenvolveu	*Satya-Loka Atala*
A Segunda Ronda	desenvolveu	*Tapar-Loka Vitala*
A Terceira Ronda	desenvolveu	*Janar-Loka Sutala*
A Quarta Ronda	desenvolveu	*Mahar-Loka Rasātala*

É claro que o desenvolvimento da *Ronda* continua, sendo que cada uma desenvolve o par de *Loka-Talas* em sua ordem descendente (conforme enumerado), adicionando o par ao estágio de desenvolvimento ao mesmo tempo em que preserva as potencialidades daqueles que já foram desenvolvidos.

> Em cada Ronda a Humanidade deu um passo para *baixo*, na Espiritualidade *Espiritual*, e um passo *acima* na Espiritualidade *Material*. É um movimento duplo, ao mesmo tempo centrípeto e centrífugo, por assim dizer.[385]

Correlacionando a série setenária de *Loka-Talas* com cada um dos Sete Planos Cósmicos, e, da mesma forma, com cada subdivisão setenária de cada um dos sete

385 *Cartas dos Mahatmas para A.P. Sinnett*, p. 255.

planos, que terá *sua* série setenária de *Loka-Talas*. Isso nos fornece uma pista ao aspecto dual mencionado em parágrafos anteriores.

Essa parte do assunto é aplicável especialmente aos estágios de desenvolvimento pelos quais passam as *raças* em sua jornada cíclica através dos sete globos de uma cadeia, seguindo as sete Rondas. Cada uma das raças (considerando cada raça em sua inteireza) é desenvolvida através dos 49 aspectos dos *Loka-Talas*. Esse tema, considerado desta maneira, torna-se bastante intricado. Em vez de seguirmos com o assunto nesse padrão mais complexo, a afirmativa a seguir poderá ajudar a compreender o ponto ora considerado. Uma vez que a Onda de Vida Humana está progredindo pela Quarta Ronda, no Quarto Globo da cadeia, o aspecto *Mahar-Loka-Rasātala* é o par dos *Loka-Talas* que está sendo enfatizado. Entretanto, como a Onda de Vida Humana está no estágio de desenvolvimento da Quinta Raça, o *Svar-Loka-Talātala* também está recebendo uma pequena quantidade de atenção.

3. A Doutrina dos Sete Planetas Sagrados

Podemos iniciar o terceiro aspecto da Doutrina das Esferas com uma afirmação significativa:

> A Doutrina das Esferas governada pelos sete Planetas Sagrados mostra, desde a Lemúria até Pitágoras, os sete Poderes da Natureza terrestre e sublunar, assim como as sete grandes Forças do Universo, atuando e desenvolvendo-se em sete tons, que são as sete notas da escala musical. (II, 602)[386]

Uma grande quantidade de ideias está contida nesta frase. Primeiro de tudo, os sete planetas sagrados — tema principal a ser desenvolvido nesta seção. As palavras “desde a Lemúria até Pitágoras” indicam que, já na Terceira Raça sobre o terceiro continente (chamado de “Lemúria” em vez do seu nome esotérico), aqueles que codificaram as leis divinas e a Doutrina Secreta estavam totalmente cientes do significado dos sete planetas sagrados, assim como da Música das Esferas — que mais tarde recebeu sua bem merecida fama através dos ensinamentos de Pitágoras e sua relação com os tons da escala musical.

> Foi com base no sete que Pitágoras compôs a sua doutrina da Harmonia e da Música das Esferas, chamando “um tom” a distância da Lua até a Terra; meio tom, da Lua a Mercúrio e deste a Vênus; um tom e meio, de Vênus ao Sol; um tom, do Sol a Marte; meio tom, deste a Júpiter; meio tom de Júpiter a Saturno; e um tom, deste ao Zodíaco; constituindo assim sete tons — o diapasão da harmonia. Toda a melodia da Natureza se acha nestes sete tons, e por isto se chama a “Voz da Natureza”. (II, 601)[387]

---

386 Vol. IV, p. 173-4, ed. 6 vol.; II, 637, 3ª ed.

387 Vol. IV, p. 172, ed. 6 vol.; II, 635, 3ª ed.

"Os sete poderes da Natureza" podem ser interpretados como os sete *Dhyāni-Bodhisattvas*, que são os Vigilantes (ou *Dhyānis*, ou ainda *Lhas*) dos sete globos de nossa Cadeia Terrestre (um Observador para cada globo em particular), que vêm desde os sete globos da Cadeia Lunar. "As sete grandes Forças do Universo" podem se referir às grandes forças desprendidas pelos Sete Raios primários no início de um *Manvantara*, ou ainda podem estar ligadas aos "sete raios distintos" que irradiam do Sol Central Espiritual (mencionado em I, 574)[388]

H.P.B. apressou-se em acrescentar que o significado atribuído aos Sete Planetas Sagrados possui maior importância do que a simples enumeração de sete planetas visíveis:

> A limitação a Sete Planetas não é porque os Antigos não conhecessem a existência de outros, mas simplesmente porque eram aqueles as "Casas" primitivas ou primordiais dos Sete *Logos*. Pode haver nove ou noventa e nove planetas descobertos – sem que isto em nada altere o fato de apenas aqueles serem os sagrados. (II, 602)[389]

Em outras palavras, os sete são tidos como sagrados porque as "Casas" dos sete *Logos* não passam do "reflexo" (ou foco) externo, por assim dizer, das Sete Grandes Forças do Universo mencionadas na primeira citação.

> Segundo os termos mais explícitos do *Comentário*:
> (...)
> O Globo, impulsionado para diante pelo Espírito da Terra e seus seis Auxiliares, obtém todas as suas forças vitais, sua vida e seus poderes do Espírito do Sol, por intermédio dos Sete *Dhyānis* Planetários. São estes os mensageiros de Luz e Vida. (II, 28 9)[390]

O "Espírito do Sol" significa o *Logos* Solar; "o Globo" refere-se ao Globo D da Cadeia Terrestre. Os Sete Vigilantes da Cadeia Terrestre são chamados de "o Espírito da Terra e seus seis Auxiliares" – os sete *Dhyāni-Bodhisattvas*. O Logos Planetário dos sete Vigilantes – ou "Espíritos" – são distintos de suas "Casas" (planetas visíveis).

"Quais são os nomes dos sete planetas sagrados?" é uma pergunta várias vezes formulada, especialmente depois que a descoberta de Plutão, em 1930, fornece um número de nove planetas na astronomia. Nem Plutão, Netuno, Urano ou a Terra pertencem ao grupo de sete planetas sagrados. Esses foram mencionados por H.P.B. em sua própria maneira singular:

> Os Sete Filhos da Luz – chamados pelos nomes de seus planetas, e com estes identificados muitas vezes pela massa ignorante, a saber: Saturno, Júpiter, Mercúrio, Marte, Vênus e, *presumivelmente*, o Sol e a Lua, para os críticos modernos, que não vão além da superfície

388 Vol. II, p. 298, ed. 6 vol.; I, 627, 3ª ed.
389 Vol. IV, p. 173, ed. 6 vol.; II, 637, 3ª ed.
390 Vol. III, p. 41, ed. 6 vol.; II, 32, 3ª ed.

quando estudam as religiões antigas – os Sete Filhos da Luz, dizemos, é que, segundo os Ensinamentos Ocultos, são os nossos Pais celestiais ou, sinteticamente, o nosso "Pai". (I, 575)[391]

Não devemos pensar sequer por um momento que o Sol e a Lua eram vistos como *planetas* neste grupo de sete. "Planetas", na verdade, foi a palavra usada como substituta ao nome dos dois planetas sagrados nos arredores dessas duas órbitas – como podemos ver claramente nesta nota de rodapé:

Estes são planetas tão somente aceitos para fins de Astrologia judiciária. A divisão astroteológica difere da que mencionamos acima. O Sol, que é uma *estrela* central e não um planeta, tem, assim como os seus *sete* planetas, uma relação mais oculta e misteriosa com o nosso globo que a geralmente conhecida. O Sol era, portanto, considerado o Grande Pai de todos os sete "Pais", o que explica as variações observadas entre os Sete e os Oito Grandes Deuses da Caldeia e os de outros países. A Terra e seu satélite, a Lua, e até mesmo as estrelas, por outra razão, não eram *mais que substitutos adotados para fins esotéricos*. Não obstante, mesmo que o Sol e a Lua estejam fora do cálculo, parece que os antigos conheciam *sete* planetas. Quantos deles nós conhecemos até o momento, se não levarmos em conta a Terra e a Lua? *Sete*, e não mais; Sete planetas primordiais ou principais; os outros são antes *planetoides* que planetas. (I, 575)[392]

Dando continuidade à citação sobre os sete planetas sagrados:

Saturno, Júpiter, Mercúrio e Vênus, os quatro planetas exotéricos, e três outros que não devem ser nomeados, eram os corpos celestes que se achavam em comunicação direta, astral e psíquica, moral e fisicamente, com a nossa Terra; seus Guias e Vigilantes. Os orbes visíveis proporcionavam à nossa Humanidade as características externas e internas; e seus Regentes ou Reitores, as nossas Mônadas e as nossas faculdades espirituais. A fim de evitar novas interpretações errôneas, diremos que entre os três Globos secretos, ou Anjos Estelares, não se incluem Urano e Netuno; não só porque os sábios antigos não os conheciam sob esses nomes, como porque, da mesma forma que todos os outros planetas, por numerosos que sejam, representam eles os Deuses e Guardiães de outras Cadeias de Globos setenários, dentro do nosso sistema.
(...)
...Existem pormenores em que não é possível entrar, em razão de seu alto grau de abstração metafísica. Basta, pois, dizer que são apenas sete os planetas intimamente relacionados com o nosso globo, da mesma forma que o Sol o é com todos os corpos a ele sujeitos no seu Sistema. Pobre e mesquinho, em verdade, é o número dos corpos que a Astronomia conhece como planetas de *primeira* e de *segunda ordem*. É razoável, portanto, admitir-se que há um grande número de planetas, pequenos e grandes, que ainda não foram descobertos, mas cuja existência devia certamente ser conhecida pelos antigos astrônomos, todos eles Adeptos Iniciados. Mas, por serem sagradas as relações entre estes e os Deuses, devia isso permanecer em segredo, como também os nomes de vários outros planetas e estrelas. (I, 575-6)[393]

391 Vol. II, pp. 298-9, ed. 6 vol.; I, 628, 3ª ed.
392 *Idem* nota 391.
393 Vol. II, pp. 299-300, ed. 6 vol.; I, 628-9, 3ª ed.

Orígenes, o Pai do Cristianismo, pode ser citado como autoridade no fornecimento da enumeração dos Sete Sagrados feita pelos gnósticos: Adonai, que equivale ao gênio do Sol; Iao, ao gênio da Lua; Eloi, de Júpiter; Sabbao, de Marte; Orai, de Vênus; Astaphai, de Mercúrio; Ildabaoth, de Saturno.[394]

No que concerne aos Antigos, havia muito mais a respeito do assunto do que a simples enumeração dos sete planetas. Mas como a explicação permanece oculta no templo do santuário, nada disso foi dado a conhecer ao público. Alusões a como os Sete Sagrados eram realmente demonstrados a candidatos compromissados chegaram aos nossos dias através de alguns escritores antigos. Testemunhe o seguinte:

> Todos os autores e filósofos clássicos que tenham tratado do assunto repetem, com Hermes Trismegisto, que os sete Reitores — os planetas incluindo o Sol — eram os associados ou cotrabalhadores do Todo Incognoscível, representado pelo Demiurgo, encarregado de conter o Cosmos — nosso mundo planetário — dentro de sete círculos. Plutarco demonstra isso representando "o círculo dos mundos celestiais". Também Denis de Trácia e o conhecido Clemente de Alexandria descrevem os Reitores como aparecem nos templos egípcios, na forma de rodas ou esferas misteriosas, sempre em movimento, o que fez os Iniciados afirmarem que o problema do movimento perpétuo havia sido solucionado pelas rodas celestiais na Iniciação *Adyta*. Essa doutrina de Hermes é a mesma de Pitágoras, e antes dele, de Orfeu. É chamada por Proclus de a doutrina do "Deus-suposto". Jâmblico dela nos fala com grande reverência. Filostrato diz a seus leitores que toda a corte sideral dos céus da Babilônia estava representada nos templos, "em globos feitos de safiras apoiando as imagens douradas de seus respectivos deuses".
>
> (...)
>
> Os templos da Pérsia eram especialmente famosos por essas representações. Caso possamos dar crédito a Cedreno, "o Imperador Heráclio, ao entrar na cidade de Bazacum, foi tomado de admiração e espanto ante a imensa máquina fabricada pelo Rei Cosróes, a qual representava o céu noturno com os planetas e suas revoluções, com os anjos presidindo sobre eles" (Cedreno, p. 338.). Fossem produzidas por um *mecanismo* ou por um poder *mágico*, essas máquinas — esferas celestiais completas com planetas em rotação — eram encontradas em santuários, e algumas ainda existem nos dias de hoje no Japão, em um templo subterrâneo secreto do antigo Micados, assim como em outros dois lugares. (*D.S.*, V. pp. 321-2).

Os caldeus nomearam os sete planetas, e os assírios e babilônios usaram a mesma enumeração, como segue:

Shamash	O Sol (substituindo um planeta)
Marduk	Júpiter
Ishtar	Vênus
Ninib	Saturno
Nebo	Mercúrio
Nergal	Marte
Sin	A Lua (substituindo um planeta)

394 Orígenes, *Contra Celsum*, Lv. VI, xxiv-xxxviii.

A ordem fornecida acima indica a relação de um *Dhyāni* planetário com um determinado globo da cadeia planetária da Terra (quer dizer, com seus sete globos). A indicação para esta ordem é fornecida em um *Comentário* sobre as *Estâncias de Dzyan*. É um excelente exemplo do método usado nas *Estâncias de Dzyan* e seus *Comentários*. Usando-se uma das sete chaves, uma interpretação é obtida; utilizando-se outra chave, nova tradução é obtida, própria para outro ensinamento. Mas há uma citação que explica esse ponto específico:

> ... e, como há sete chaves de interpretação para cada símbolo ou alegoria, o significado que pode não satisfazer, por exemplo, ao aspecto psicológico ou astronômico, estará, não obstante, inteiramente correto do ponto de vista físico ou metafísico. (II, 22)[395]

O *Comentário* citado é pertinente especificamente às Raças-Raízes. Outra chave o torna aplicável aos globos da Cadeia Terrestre:

> E assim como cada uma das Sete Regiões da Terra, cada um dos Sete Primogênitos (os Grupos Humanos primordiais) recebe espiritualmente a luz e a vida de seu próprio *Dhyāni* especial, e fisicamente do Palácio (a Casa, o Planeta) desse *Dhyāni*, o mesmo sucede com as sete grandes raças a nascer aí. A Primeira nasce sob a influência do Sol; a Segunda, sob a de *Brihaspati* (Júpiter); a Terceira, sob a de *Lohitānga* (Marte, o de "Corpo Ígneo", e também sob a de Vênus ou Śukra); a Quarta, sob a de *Soma* (a Lua, também o nosso Globo, pois a Quarta Esfera nasceu da Lua e sob a sua influência) e de *Śani*, Saturno, o *Krūra-Lochana* (Olho Maléfico) e o *Azita* (o Obscuro); a Quinta, sob a de *Budha* (Mercúrio). (II, 29)[396]

Indicamos a seguir o *Dhyāni* dos Sete Planetas Sagrados, que é o Observador de um globo particular das sete esferas da Cadeia Terrestres, na seguinte ordem: primeiro o termo sânscrito, seguido pelo nome familiar do planeta (ou a Casa do *Dhyāni*), depois o símbolo astronômico ligado ao globo em particular sobre o qual é o Regente:

Sūrya	Sol (substituindo um planeta)	☉	Globo A
Brihaspati	Júpiter	♃	Globo B
Uśanas-Śukra (ou *Lohitānga*)	Vênus	♀	Globo C
Śani (ou *Krūra-Lochana*)	Saturno	♄	Globo D
Budha	Mercúrio	☿	Globo E
Angāraka	Marte	♂	Globo F
Soma	Lua (substituindo um planeta)	☾	Globo G

395 Vol. III, p. 35, ed. 6 vol.; II, 25, 3ª ed.
396 Vol. III, pp. 41-42, ed. 6 vol.; II, 32, 3ª ed.

Devemos ter em mente que cada um desses Sete Planetas Sagrados é uma cadeia planetária, ou seja, cada cadeia planetária consiste de sete globos. Este ponto foi enfatizado na seguinte frase:

> Os SETE planetas são os planetas sagrados da antiguidade, e todos são setenários. (I, 167)[397]

Muitos se sentem confusos pelo fato da Terra não estar relacionada como um dos Sete Planetas Sagrados. Essa mistificação ocorre mais pelo fato de que existe uma confusão com relação ao propósito desta enumeração. Além disso, o completo significado dos Sete Planetas Sagrados não é totalmente compreendido. Não é uma questão de se dar nome aos planetas conhecidos, tampouco de enumerar planetas subservientes ao Sol (ou, em termos esotéricos, ao *Lhas* ou *Logos* Solar). É mais uma forma de indicar os *Lhas* Planetários que estão especialmente ligados à Terra, quer dizer, os planetas que auxiliaram, ou foram responsáveis pela construção da Cadeia da Terra – um planeta dos Sete tendo especial vigilância sobre *um* dos sete globos da Cadeia Terrestre, assim como um planeta "toma conta" de uma das Sete Raças da Terra (Globo D).

Esse assunto também traz à tona uma exemplificação da terceira lei (considerada no Capítulo III), a Lei da Unidade Essencial, em sua operação em nível cósmico. Conforme foi demonstrado, essa Lei ilustra a operação do Plano Divino no padrão hierárquico dos seres em um globo, de forma que toda entidade vive a sua vida dentro de um campo ou esfera de um ser ainda maior, e todos os membros da hierarquia estão intimamente ligados entre si. Este inter-relacionamento dos Seres Planetários (*Lhas*) está claramente indicado nesse aspecto da Doutrina das Esferas sob o nome de Sete Planetas Sagrados, pois o ensinamento explica que não apenas existe uma verdadeira associação que auxilia na moldagem dos Palácios dos *Lhas* (os Globos de uma Cadeia), mas um interesse pelos seres sobre as Mansões da Vida que estão passando por sua peregrinação evolucionária cíclica sobre os globos da Cadeia. Mas esse elo é muito mais íntimo do que apenas uma "observação" das raças. Existe uma ligação entre as Mônadas, assim como entre as vestimentas ou "princípios" utilizados pela Essência Monádica – que será demonstrada no sétimo aspecto da Doutrina das Esferas.

Entretanto, a perplexidade que ocorre com relação à omissão da Terra como um dos Sete Planetas Sagrados nos leva por outra linha de pensamento, o qual será vantajoso seguirmos aqui. A Cadeia Terrestre (de sete globos) atua na qualidade de um Planeta Sagrado, ao lado de outras seis Cadeias Planetárias de sete globos cada, auxiliando a construção de OUTRO SISTEMA DE SETE GLOBOS, que compreende *outro sistema planetário* (ou cadeia planetária). Se formos chamados a dar nome a essa série, não acharemos a resposta adequada? Que é: Terra, Marte, Mercúrio, A, B, Y, Z – que compreendem um SISTEMA DE MUNDOS.[398]

---

397 Vol. I, p. 221, ed. 6 vol.; I, 191, 3ª ed.

398 Vol. I, p. 163, ed. or.; I, 217, ed. 6 vol.; I, 187, 3ª ed.

É preciso apressar-se a acrescentar que isto não diminui de forma alguma a importância do Sol e sua relação com todos os sistemas de mundos dos quais ele é o Senhor — longe disso, como está claramente demonstrado na Estância:

> O *Lha* que dirige o Quarto (Globo, a Terra) é servidor do *Lha* dos Sete, os que giram conduzindo suas Carruagens ao redor do seu Senhor, o Olho Único (*Loka-Chakshus*)[399] do nosso mundo. (Estância I, *śloka* 1, 2ª série)

A explicação deste *śloka* é fornecida da seguinte maneira:

> Esta expressão indica, em linguagem corrente, que o Espírito Guardião do nosso Globo, que é o quarto da Cadeia, está subordinado ao Espírito principal (ou Deus) que comanda os Sete Gênios ou Espíritos Planetários. Conforme já foi explicado, os antigos, em seu *Kyriel* de Deuses, tinham Sete Deuses principais do Mistério, cujo chefe era, *exotericamente*, o Sol visível, ou o oitavo, e, *esotericamente*, o Segundo *Logos*, o Demiurgo. Os Sete — que na religião cristã passaram a ser os "Sete Olhos do Senhor" — eram os Regentes dos sete planetas *principais*; estes, porém, não eram contados de acordo com a enumeração imaginada mais tarde pelos que haviam esquecido os verdadeiros *Mistérios* ou deles tinham uma noção imperfeita, e que não incluíam nem o Sol, nem a Lua, nem a Terra. O Sol era, exotericamente, o chefe dos doze Grandes Deuses ou Constelações Zodiacais; e, esotericamente, o Messias, o *Christos* — o Ser "ungido" pelo Grande Sopro, ou o Uno — rodeado pelos doze Poderes que lhe são subordinados, estes também subordinados, respectivamente, a cada um dos sete "Deuses do Mistério" dos planetas.
> (...)
> "Os Sete Superiores fazem os Sete *Lhas* criarem o mundo" — reza um *Comentário*. Quer dizer que a nossa Terra — deixando de lado o resto — foi *criada* ou formada por Espíritos Terrestres, sendo os "Regentes" tão somente os supervisores. Eis o primeiro germe do que veio a ser depois a Árvore da Astrologia e da Astrolatria. Os Superiores eram os *Cosmocratas*, os construtores do nosso Sistema Solar. (II, 22-3)[400]

As palavras do *śloka* continuam a mostrar a grande importância do Sol:

> Seu sopro deu vida aos sete (deu luz aos planetas). Deu vida ao primeiro. (Estância I, *śloka* 1, 2ª série)

Ao explicar este verso, um *insight* é obtido com relação ao método de interpretação dessas profundas *Estâncias*. Existe um significado óbvio, é verdade, mas note como a percepção individual pode se expandir e alcançar um significado mais profundo através de uma interpretação dual, conforme a apresentada:

> Seu sopro deu vida aos Sete. A frase refere-se tanto ao Sol, que dá vida aos Planetas, como ao "Superior", o Sol *Espiritual*, que dá vida a todo o Cosmos. As chaves astronômica e astrológica, que abrem a porta de comunicação com os mistérios da Teogonia, só podem ser encontradas nos glossários ulteriores que acompanham as *Estâncias*.

---

399 O significado literal em sânscrito da palavra do *śloka*, *Loka-Chakshus*, é "olho do mundo".
400 Vol. III, pp. 35-6, ed. 6 vol.; II, 25-6, 3ª ed.

(...)
Nos *ślokas* apocalípticos dos Anais Arcaicos, a linguagem, se menos mística, é tão simbólica quanto ao dos *Purānas*. Sem a ajuda dos *Comentários* posteriores, compilados por gerações de Adeptos, seria impossível compreender o sentido correto. Nas antigas Cosmogonias, os mundos visível e invisível são os dois elos de uma mesma cadeia. Assim como o *Logos* invisível constitui, com suas Sete Hierarquias – cada uma das quais representadas por seu Anjo principal ou Reitor –, um PODER interno e oculto, assim também, no mundo das formas, o Sol e os sete Planetas principais formam a potência ativa e visível, sendo a última "Hierarquia", por assim dizer, o *Logos* visível e objetivo dos Anjos Invisíveis, sempre subjetivos, exceto nos graus inferiores. (II, 23)[401]

4. A Doutrina do Sistema Solar Universal

Uma vez que a sequência de ideias apresentadas tenha sido seguida até este ponto da Doutrina das Esferas, deve estar claro que existem mais planetas no Sistema Solar do que os Sete Planetas Sagrados. Há, é claro, a Terra. E o conhecimento comum astronômico lista mais três: Urano, Netuno e Plutão. Não há dúvida quanto à relação da Terra com o Sol – isso já foi enfatizado o suficiente. Mas certamente deve haver um meio de explicar por que os três planetas externos, que são considerados membros do nosso Sistema Solar do ponto de vista da ciência astronômica, não são vistos da mesma forma pela Filosofia Esotérica. Há realmente uma explicação. Ela está baseada num dos pontos principais da doutrina, enfatizado no terceiro capítulo, de que toda a entidade vive sua vida, ou exerce sua influência, dentro da esfera de um ser maior. Assim como o nosso globo e seu Observador são subservientes a um grande ser, de forma que "o *Lha* que dirige o Quarto (Globo D) é servidor do *Lha* dos Sete", como diz a Estância – o *Lha* dos sete é o Grande Observador de toda a cadeia planetária da Terra, e assim esse grande *Lha* Planetário é subserviente ao *Lha* Solar. Por sua vez, o *Lha* Solar, ou *Logos* Solar, é subserviente a um Ser Solar ainda maior – que por falta de expressão mais adequada pode ser chamado de *Lha* Solar "*Universal*", sob cuja regência encontram-se vários sistemas solares (podemos dizer, doze?).

Assim, embora os planetas exteriores – Urano, Netuno e Plutão – possam estar dentro da "esfera de influência" do nosso Sol e parecem demonstrar isso (para satisfação dos astrônomos), eles ilustram este trabalho harmonioso, pois são membros do Sistema Solar Universal, assim como é o nosso Sol. Vejamos a seguinte citação:

Quando falamos de Netuno, não o fazemos como ocultista e sim como um europeu. O verdadeiro ocultista oriental sustenta que, embora existam ainda muitos planetas por descobrir em nosso sistema, Netuno realmente não pertence a esse, em que pese a sua aparente conexão com o nosso Sol e a influência do mesmo sobre Netuno. Tal conexão é *mayávica* e imaginária, dizem. (I, 102)[402]

---

401 Vol. III, p. 36, ed. 6 vol.; II, 26-7, 3ª ed.
402 Vol. I, p. 164, ed. 6 vol.; I, p. 129, 3ª ed.

Um Ser como o grande *Lha* Solar Universal foi chamado de um "Imperado Solar" – um Sol *Raja* ou Estrela *Raja* – nessa majestosa passagem, indicando que nosso Sistema Solar, assim como outros, está realmente na órbita de um Ser Maior:

> Todo o nosso sistema está mudando imperceptivelmente sua posição no espaço. A distância relativa entre os planetas permanece sempre a mesma, e não é afetada de modo algum pelo deslocamento do sistema inteiro; e como a distância entre este sistema e as estrelas e outros sóis, é tão incomensurável que o deslocamento produzirá uma mudança pequena, talvez totalmente imperceptível nos próximos séculos e milênios, nenhum astrônomo perceberá *telescopicamente* até que Júpiter e alguns outros planetas, cujos pequenos pontos luminosos escondem atualmente da nossa vista milhões e milhões de estrelas (cerca de 5.000 ou 6.000 milhões) – nos permitam subitamente dar uma olhada em alguns dos *Raja*-Sóis que agora estão ocultando. Há uma estrela-rei exatamente atrás de Júpiter, que nenhum olho mortal jamais viu durante essa nossa Ronda. Se ela pudesse ser vista, ainda apareceria através do melhor telescópio, dotado do poder de multiplicar dez mil vezes seu diâmetro, um pouco pequena e sem dimensões, lançada à sombra pelo brilho de qualquer planeta; no entanto, esse mundo é milhares de vezes maior que Júpiter. A violenta perturbação da atmosfera desse último, e mesmo aquela mancha vermelha que tanto intriga a ciência ultimamente, são devidos – (1) àquele deslocamento e (2) à influência dessa *Raja*-Estrela.[403]

Na Cabala (que se originou na antiga Caldeia e mais tarde foi adotada por outras nações), um Sol Central é considerado como a Fonte Primeva da Existência, com três sóis secundários em cada Sistema Solar – incluindo o nosso. Um escritor contemporâneo, sintetizando suas visões sobre a Cabala, foi citado como a seguir:

> *O Sol Central... para eles* (como para os arianos) *era o centro de repouso*, o centro para o qual todo movimento tinha finalmente que retornar. Ao redor desse Sol central... "o primeiro dos três sóis do sistema... girava em um plano Polar... o segundo, num plano equatorial"... e somente o terceiro era o nosso Sol visível. Esses quatro corpos solares eram *os órgãos de cuja ação dependia o que os homens chamam a criação e a evolução da vida no planeta Terra*. Eles (os cabalistas) consideravam elétricos os canais por onde se transmite para a Terra a influência daqueles corpos... A energia radiante que flui do Sol Central fez surgir a Terra sob a forma de um globo aquoso, (cuja tendência) como núcleo de um corpo planetário era precipitar-se no Sol (central)... dentro de cuja esfera de atração havia sido criada... Mas a energia radiante, eletrizando a ambos da mesma maneira, os manteve separados, transformando assim o movimento para o centro de atração em um movimento ao redor do mesmo centro, que o planeta em revolução (a Terra) desse modo procurava alcançar. (II, 240)[404]
>
> (...)
>
> Citamos aqui a teoria cabalística para mostrar sua perfeita identidade com a Doutrina Oriental. Explique-se ou complete-se o ensinamento referente aos Sete Sóis com os sete sistemas de Planos do Ser, dos quais os 'Sóis' são os corpos centrais, e ter-se-ão os sete Planos Angélicos, cujas 'Legiões' são, coletivamente, os respectivos Deuses. (II, 240-1)[405]

---

403 *Cartas dos Mahatmas para A.P. Sinnett*, p. 167 [Vol. II, Carta nº 93B, p. 134, Ed. Teosófica (Nota Ed. Bras.)]
404 Vol. III, pp. 242-3, ed. 6 vol.; II, 250, 3ª ed.
405 Vol. III, p. 243, ed. 6 vol.; II, 251, 3ª ed.

Em uma elaboração posterior do tema, esta explicação foi acrescentada:

> A própria Ciência astronômica vê-se obrigada a aceitar este "Sol Central" dos ocultistas, não podendo negar a presença, no espaço sideral, de um corpo astral na Via Láctea, um ponto invisível e misterioso, o centro de atração sempre oculto do nosso Sol e do nosso Sistema. Mas aquele "Sol" é considerado de modo diferente pelos ocultistas do Oriente. Enquanto os cabalistas ocidentais e judeus – e até alguns astrônomos devotos modernos – sustentam que no mesmo Sol se acha especialmente presente a cabeça de Deus, e lhe atribuem os atos volitivos de Deus, os Iniciados orientais dizem que, a Essência supradivina do Absoluto Desconhecido estando igualmente difundida em toda a parte, o "Sol Central" é simplesmente o centro da Eletricidade Vital Universal, o recipiente dentro do qual essa Radiação Divina, já diferenciada no início de toda "criação", tem o seu foco. Embora se encontrando ainda em estado *laya* ou neutro, é, não obstante, o único Centro Vital de atração e de influência perpétua. (II, 240)[406]

Nas religiões antigas, nosso Sol era visto como a expressão física do Sol Central Espiritual, e embora sua adoração fosse direcionada, aparentemente, ao Sol físico por alguns adoradores, isso não era senão um meio de focalizar a atenção no que está oculto pelo estonteante brilho de sua manifestação física. Nenhuma outra invocação deixou isso tão claro quanto esta versão do antigo *Gāyatri* – um dos hinos do *Rig-Veda*:

> Revele, Oh! Tu que dás sustentação ao Universo, de quem tudo procede e a quem tudo retornará, a face do Verdadeiro Sol, ora oculto por um vaso de luz dourada; para que possamos ver a Verdade e cumprir toda a nossa missão nesta jornada rumo ao teu assento sagrado.[407]

Uma vez que os "Sóis Manifestados" – aqui inventamos um termo para distingui-los dos "Sóis Não Manifestados" – vieram à existência, tendo cada um seu próprio período de atividade (chamado de *Mahā-Kalpa* ou *Saurya Manvantara*), atingiram seu maior esplendor, depois o declínio e, finalmente, seu desaparecimento no *Pralaya* (por um período do Grande Repouso – um *Mahā-Pralaya*), é óbvio que eles devem possuir uma origem. Esta pode se encontrar no Sol Central Espiritual...

---

406 Vol. III, p. 242-3, ed. 6 vol.; II, 250, 3ª ed.

407 Essa sublime versão do celebrado *Gāyatrī*, tão conhecida pelos teósofos, foi publicada por William Q. Judge em seu *The Path*, Vol. VII, Janeiro, 1893, pp. 301-3, encabeçando um artigo intitulado "Um Comentário sobre o *Gāyatrī*", por "Um *Brahman* Obscuro". Como o Sr. Judge tinha o hábito de assinar muitos de seus artigos dessa forma ou de maneira similar, podemos a ele atribuir o artigo, e é bem possível que ele mesmo tenha feito a primorosa tradução. A fim de darmos total crédito, podemos acrescentar que a versão também foi publicada no primeiro volume de *The Path*, Abril, 1886, na página 1. Nesta primeira edição, as sete últimas palavras não aparecem (ou seja: "nesta jornada rumo ao teu assento sagrado"). Para aqueles que desejarem a referência do original sânscrito, este está no *Rig-Veda*, III, 62, 10. Quando recitado como um mantra – como é utilizado pelos hindus com extrema reverência – é precedido da Palavra Sagrada e de sua saudação: "*Om! Bhūr, bhuvah, svah*" – endereçada à hierarquia deste mundo (*Bhūr-Loka*) e a "mundos superiores" (*Bhuvar-Loka* e *Svar-Loka* – frequentemente igualados aos Globos E e F da Cadeia Terrestre):

Tat savitur varenyam
bhargo devasya dhimahi
dhiyo yo nah prachodayāt.

A palavra sânscrita *Gāyatrī* deriva do verbo *gai*, cantar, ou louvar numa canção.

As Ciências Ocultas... dizem que é o Sol, e todos os sóis.. que emergem do *Sol Central* na aurora *Manvantárica*. (I, 527)[408]

Não apenas os sóis, mas até mesmo o Universo emerge da mesma Fonte Original:

O Universo evolui do Sol central, o PONTO, o germe eternamente oculto. (I, 379)[409]

Pois embora os *Manvantaras* e *Pralayas* Solares venham e vão, o Ser Super-Solar continua a pulsar em seu brilho de glória incessante, de acordo com o ritmo do Plano Divino.

Na citação a seguir, o termo *Sandhyās* é usado como um equivalente a *Pralaya*, conforme apresentado pela própria citação. A palavra *Sandhyā* significa "a junção entre o dia e a noite", sendo um derivado da palavra *samdha* – unir, juntar. Dessa forma, significa tanto a aurora quanto o crepúsculo. É aplicável ao período que precede um *yuga*, e, por extensão, pode também ser aplicada ao período que precede um *Manvantara*. A frase "escala setenária do Ser", na citação, pode se referir aos sete Planos Cósmicos.

Sustenta a Filosofia Esotérica que, durante os *Sandhyās*, o "Sol Central" emite Luz Criadora – *passivamente*, por assim dizer. A *causalidade* está latente. Só durante os períodos ativos do Ser é que este faz surgir um fluxo incessante de Energia; e as correntes vibratórias adquirem mais atividade e potência à medida que descem em cada degrau na escala setenária do Ser. Torna-se então compreensível por que o processo de "criar", ou melhor, de formar o Universo orgânico, com todas as unidades dos sete reinos, requer a intervenção de Seres inteligentes – os quais se converteram coletivamente em um Ser ou Deus Criador, já diferenciado da Unidade Absoluta Única, pois que esta não tem relação com a "criação" condicionada. "Criação"– saída da Substância eterna preexistente, ou Matéria, é claro; Substância que, de acordo com os nossos Ensinamentos, é o Espaço ilimitado, sempre existente. (II, 239)[410]

Quantos estágios evolucionários podem estar envolvidos no avanço do Sol à condição de Sistema Solar Universal, e daí para o Sol Central Espiritual, é um assunto por demais elevado, sobre o qual poderíamos ponderar infinitamente. É correto que o deixemos sem solução.

Os Mestres dizem, aliás, com toda franqueza, que nem sequer os *Dhyāni-Chohans* de alta categoria penetraram jamais nos mistérios além dos limites que separam as miríades de sistemas solares daquele a que chamam o "Sol Central". (I, 13)[411]

---

408 Vol. II, p. 251, ed. 6 vol.; I, 574, 3ª ed.
409 Vol. II, p. 95, ed. 6 vol.; I, 407, 3ª ed.
410 Vol. III, pp. 241-2, ed. 6 vol.; II, 249, 3ª ed.
411 Vol. I, p. 79, ed. 6 vol.; I, 41, 3ª ed.

5. A Doutrina da Relação do Sistema

Além da relação dos Sete Planetas Sagrados com a Terra (conforme já descrito), há ainda outro laço de união que merece figurar em uma categoria especial, uma vez que não cabe em nenhum dos aspectos já considerados, ou sob os temas já apresentados. Embora esse assunto não esteja totalmente elaborado, podendo parecer um tanto quanto vago e obscuro, a razão para tal deveria ser aparente, já que esse aspecto da Doutrina das Esferas se oculta sob os mistérios que ainda não foram divulgados. A relação a ser considerada é ainda mais próxima do que o elo que liga todas as partes componentes de um sistema, tal como considerado na Doutrina das Hierarquias, quando foi demonstrado que todos os membros são partes integrantes de um sistema e, portanto, estão ligados entre si; embora esse aspecto prevaleça entre as esferas cósmicas, bem como entre os seres que habitam essas esferas.

Um fragmento desse ensinamento chegou até os nossos dias somente por se encontrar gravado em uma pedra, de forma que resistiu à passagem do tempo. Essa inscrição é um dos muitos decretos talhados em pedra emitidos pelo Rei Aśoka.[412] Embora aparentemente obscurecido pela preponderância dos preceitos budistas e das máximas religiosas, ele é capaz de emitir a seguinte joia: "De longe tremula a Vênus brilhante, o ser superior da Terra que nos toca com apenas um dedo."

A chave para o significado desse belo *śloka* pode ser encontrada em uma convincente passagem contida em um dos *Comentários* sobre as *Estâncias de Dzyan*:

> Cada mundo tem sua Estrela-Mãe e seu Planeta-Irmão. E a Terra é a filha adotiva e a irmã menor de Vênus, mas os seus habitantes pertencem a uma espécie própria... (II, 33)[413]

Essa relação é tratada mais extensamente em uma das alegorias cósmicas:

> Como Vênus não tem satélites, afirma-se alegoricamente que *Āsphujit* (esse "Planeta") adotou a Terra (progênie da Lua), "a qual cresceu mais que sua mãe e lhe causou muitos distúrbios" — o que é uma alusão à relação oculta entre as duas. O Regente (do Planeta) *Śukra* amava tanto o seu filho adotivo que se encarnou como *Uśanas*, e lhe deu leis perfeitas, que foram desprezadas e repudiadas em idades posteriores. Outra alegoria, no *Harivamsha*, reza que *Śukra* foi a *Śiva* e lhe pediu que protegesse seus discípulos, os *Daityas* e os *Asuras*, contra os Deuses guerreiros, e que, para conseguir o seu intento, executou um rito de *Yoga*, "absorvendo, *de cabeça para baixo*, a fumaça de palha durante 1.000 anos". Essa é uma alusão à grande inclinação do eixo de Vênus — que alcança 50 graus — e às nuvens eternas que

---

412 Aśoka, conhecido como o rei budista da Índia, reinou de 264 a 228 ou 227 a.C. Era neto de Chandragupta, o fundador da dinastia Maurya. Foi Chandragupta que libertou as províncias da Índia de Seleuco, que havia acompanhado Alexandre o Grande em sua marcha aos hindus. Após a morte de Alexandre, Seleuco assumiu a regência das terras orientais capturadas. Ainda existem 35 inscrições do Rei Aśoka, em pedaços de pedra, pilares e cavernas, num total de aproximadamente 5.000 palavras. A primeira inscrição foi talhada no 13º ano de regência do monarca.

413 Vol. III, p. 45, ed. 6 vol.; II, 36, 3ª ed.

> envolvem o planeta. Mas isto diz respeito somente à constituição física de Vênus. O Misticismo Oculto só se ocupa de seu Regente, o *Dhyān-Chohan* que o anima. (II, 32)[414]

Embora a alegoria possa parecer um tanto quanto extravagante, sempre há um significado esotérico, e parte dele nos foi fornecida nas últimas frases da citação. Adicionalmente, além dessa citação, existe outro pequeno extrato de um *Comentário*, apresentado através de uma referência às palavras de Pitágoras sobre Vênus, seguido de uma menção à Cabala e à mitologia hindu. A propósito, podemos mencionar que no bramanismo exotérico, *Śukra*, ou *Uśanas-Śukra*, é descrito como uma divindade masculina que dirige sua biga de *oito cavalos*. Podemos sugerir uma interpretação dos oito cavalos como sendo os Sete Planetas Sagrados além da Terra, formando o "*Ogdoad*" (oito membros).

> Pitágoras chama a *Śukra*-Vênus de o *Sol alter*, o "outro Sol". Dos "sete Palácios do Sol", o de *Lucifer*-Vênus é o terceiro na Cabala cristã e judia, e dele o *Zohar* faz a casa de Samael. Segundo a Doutrina Oculta, esse planeta é o *primário* da nossa Terra e o seu protótipo espiritual. Daí ser dito que o carro de *Śukra* (o de *Lucifer*-Vênus) é conduzido por um grupo de oito "cavalos *nascidos da terra*", sendo que os corcéis dos carros dos outros planetas são diferentes.
>
> (...)
>
> Todo pecado cometido na Terra repercute em *Uśanas-Śukra*. O Guru dos *Daityas* é o Espírito Guardião da Terra e dos Homens. Toda alteração que se produz em *Shukra* repercute e se reflete na Terra.
>
> (...)
>
> *Śukra* ou Vênus aparece, assim, como o Preceptor dos *Daityas*, os Gigantes da Quarta Raça, que, na alegoria indiana, alcançaram em certa época a sabedoria de toda a Terra e derrotaram os Deuses menores. Os Titãs da alegoria ocidental também estão estreitamente relacionados com Vênus-*Lucifer*, que os cristãos posteriormente identificaram com Satã... Devido à fantasiosa interpretação da tradição arcaica, segundo a qual Vênus se transforma (geologicamente) ao mesmo tempo em que a Terra, tudo o que sucede em uma também sucede na outra, inúmeras e imensas foram suas mudanças comuns; devido a essas razões, Santo Agostinho repete a mesma coisa, atribuindo as diferentes alterações de configuração, de cor, e até mesmo de curso de órbita, às características que a imaginação teológica emprestou a Vênus-*Lucifer*. (II, 31-2)[415]

Seja como for, as palavras de um *Comentário* são mais precisas quanto à relação entre a Terra e Vênus:

> A Luz vem por intermédio de *Śukra* (Vênus), que recebe uma provisão tríplice e dá um terço dela para a Terra. Por esse motivo são as duas chamadas as "Irmãs Gêmeas", mas o Espírito da Terra está subordinado ao "Senhor" de *Śukra*. Nossos sábios figuram os dois Globos um por cima e o outro por baixo do duplo Signo (a *Svastika* primitiva sem os seus quatro braços, ou seja, a cruz ✚)."

414 Vol. III, p. 45, ed. 6 vol.; II, 35-6, 3ª ed.
415 Vol. III, pp. 44-45, ed. 6 vol.; II, 34-5, 3ª ed.

(...)
O "duplo signo", como sabe todo estudante de Ocultismo, é o símbolo dos princípios masculino e feminino da Natureza, do positivo e do negativo; a *Svastika* ou 卐 é tudo isso e muito mais. Toda a Antiguidade, desde o nascimento da Astronomia – ensinada à Quarta Raça por um dos Reis da Dinastia Divina – e também da Astrologia, representava Vênus, em suas tábuas astronômicas, por um Globo colocado em cima de uma Cruz, e a Terra por um Globo embaixo de uma Cruz. A significação esotérica destas figuras é: "A queda da Terra na Geração, ou a reprodução de suas espécies por meio da união sexual". (II, 29-30)[416]

O símbolo astronômico de Vênus é ♀, e o da Terra ♁.
Existe ainda outro tipo de relação, que, entretanto, só pode ser sugerida:

Quanto a Marte, Mercúrio e "os outros quatro planetas", nenhum mestre ou ocultista elevado jamais falará da relação que têm com a Terra, nem explicará a natureza dessa relação. (I, 163-4)[417]

Todavia, há ainda o laço adicional de origem comum — "comum" no sentido de que tanto planetas quanto sóis tiveram origem na mesma substância primordial. Mesmo assim, isso não significa que a Filosofia Esotérica ensine que os planetas surgiram do nosso Sol visível, e esse ponto está bem claro, conforme demonstram as palavras de um *Comentário*.

O Sol Central faz com que *Fohat* aglutine a poeira primordial em forma de globos, que os impulsione a mover-se em linhas convergentes e, finalmente, que os aproxime uns dos outros, agregando-os. (*Livro de Dzyan*) (I, 201)[418]

"Aproxime e agregue" para assim formar um Sistema Solar.

A Doutrina Oculta rejeita a hipótese, nascida da teoria nebular, de que os (sete) grandes planetas são oriundos da massa central do Sol, deste nosso Sol visível, pelo menos. É certo que a primeira condensação da matéria cósmica se processou em torno de um núcleo central, o seu Sol-pai; mas, de acordo com o ensinamento, o nosso Sol apenas se desprendeu antes que os demais, ao contrair-se a massa em rotação, sendo por isso o "irmão" mais velho, maior do que os outros, e não o seu "pai". Os oito *Aditya*, os "deuses", são todos formados da substância eterna (a matéria cometária, a Mãe), ou o "material dos mundos", que é, ao mesmo tempo, o quinto e o sexto Princípio Cósmico, o *Upādhi* ou Base da Alma Universal, assim como, no homem, o Microcosmo, *Manas*, é o *Upādhi* de *Buddhi*. (I, 101)[419]

Uma nota de rodapé explica o significado das palavras "matéria cometária":

Esta essência da matéria cometária, segundo ensina a Ciência Oculta, é completamente diferente de todos os caracteres físicos ou químicos que a ciência moderna conhece. É ho-

416 Vol. III, p. 42, ed. 6 vol.; II, 33, 3ª ed.
417 Vol. I, p. 217, ed. 6 vol.; I, 187, 3ª ed.
418 Vol. I, p. 250, ed. 6 vol.; I, 222-3, 3ª ed.
419 Vol. I, p. 163, ed. 6 vol.; I, 127-8, 3ª ed.

> mogênea em sua forma primitiva além dos Sistemas Solares, mas se diferencia inteiramente quando transpõe as fronteiras da região de nossa Terra; viciada pela atmosfera dos planetas, e pela matéria já composta da textura interplanetária, é heterogênea unicamente em nosso mundo manifestado. (I, 101)[420]

Quanto ao termo *Ādityas*, conforme é usado aqui, significa "filhos de *Aditi*", que é a tradução literal da palavra sânscrita, ao contrário da significação mitológica usual. Assim, os oito *Ādityas* são "filhos do Espaço", *Aditi*. Existe um duplo significado para os oito *Ādityas*: (1) sete planetas e o Sol, pois um dos muitos nomes do Sol, além de *Sūrya* e *Mārtanda*, é *Āditya* – um filho de Aditi; (2) o significado comum de *Ogdoad*, ou seja, os Sete Planetas Sagrados e a Terra.

Uma vez que os oito *Ādityas* são formados a partir da Substância-Mãe Primordial, ou "matéria cometária", isso implicaria que essas esferas passassem por um estágio cometário antes de se tornarem planetas em uma órbita fixa ao redor do Sol. Esses sóis também teriam experimentado uma fase cometária.

> A afirmativa de que todos os mundos, estrelas, planetas, etc. – logo que um núcleo de substância primordial em estado *laya* (indiferenciado) é animado pelos princípios em liberdade de um corpo sideral que acaba de *morrer* – tornam-se os primeiros cometas e os sóis em mundos habitáveis, é um ensinamento tão antigo quanto os *Rishis*. (I, 203)[421]
>
> (...)
>
> O "Alento" de todos os "Sete" diz-se que é *Bhāskara* (o Fazedor da Luz), porque (os planetas) eram todos cometas e sóis em sua origem. Eles evolucionaram do Caos Primitivo (agora o númeno das nebulosas insolúveis) para a vida *manvantárica*, mediante a agregação e acumulação das diferenciações primárias da Matéria eterna, o que o *Comentário* traduz nesta formosa expressão: "Assim os Filhos da Luz se revestiram com o tecido das Trevas." Alegoricamente, são chamados os "Caracóis Celestes", em razão de suas Inteligências sem forma (para nós) que, invisíveis, habitam suas mansões estelares e planetárias, que, por assim dizer, arrastam consigo, à maneira de caracóis, em sua revolução. (I, 103)[422]

O "Tecido das Trevas" dos quais os Filhos da Luz se revestem é assim chamado porque um dia ele finalmente se tornará matéria – no sentido em que nós conhecemos –, embora em seus primeiros estágios, e até mesmo na Primeira Ronda do Globo A, o "vestuário" seria de "luz", se comparado com o tecido da nossa esfera. No que tange às "Inteligências", é a sua vigilância supervisora que mantém as esferas funcionando em harmonia.

Aqui surge uma questão: se todas as esferas foram uma vez cometas e sóis, por que acontece de algumas se tornarem planetas e outras permanecerem como sóis? O indício se encontra numa frase na primeira das duas citações acima: "Animado pelos princípios libertos de um corpo sideral que acaba de *morrer*." Quando um sistema

420 Vol. I, p. 163, ed. 6 vol.; I, 127-8, 3ª ed.
421 Vol. I, p. 251, ed. 6 vol.; I, 224, 3ª ed.
422 Vol. I, p. 164, ed. 6 vol.; I, 129, 3ª ed.

entra em *Pralaya* (o estado de repouso absoluto), toda a matéria se torna homogênea e os princípios superiores do sistema (seja de um Sol ou de um planeta) são transferidos do corpo morto para um centro *laya*, onde permanecem como *Skandhas* (para usar um termo técnico). Os *Skandhas* de um Sol darão origem a um Sol, assim como os *Skandhas* de um planeta produzirão um planeta, pois os *Skandhas* não pertencem a um único plano mas aos sete planos de existência. Quando despertos para a vida por *Fohat* (como descrito no *Comentário* acima), os princípios superiores que haviam anteriormente pertencido a um Sol se associarão a um "germe-mundo" e darão início ao processo de agregação e formação de um novo centro, assim como colocarão em movimento as potências que mais tarde se manifestarão como um novo Sol. Da mesma maneira, os princípios superiores de um planeta morto são transferidos para um centro *laya*. Quando despertos por *Fohat*, associam-se com um "germe-mundo", colocando em movimento as potências que, após passar pelo estágio cometário, se tornarão um novo planeta.

Seguindo a lei da analogia, o mesmo processo ocorre na morte de um ser humano. Após passarem pelo estágio preliminar de pós-morte, os princípios de um ser humano se retiram para um centro afim ao centro *laya*, ou seja, o *Hiranyagarbha* (literalmente um "ovo de ouro", equivalente ao Ovo Áurico), onde da mesma forma permanecem os *Skandhas*. Quando chega a época do renascimento, os princípios superiores que pertenceram à pessoa anterior (ao morto) associam-se a um "germe-humano"... e no devido tempo uma criança nasce.

> Disseminados pelo Espaço, sem ordem nem sistema, os Germes do Mundo entram em frequentes colisões antes da junção final, e depois se convertem em "Viajantes" (Cometas). (*Comentário* sobre o Livro de *Dzyan*) (I, 201)[423]

Os cometas são chamados de "Viajantes" porque não se fixaram em uma órbita regular ao redor de um Sol. Durante o curso de suas perambulações, procuram trazer para suas próprias órbitas, e consequentemente para seus "corpos", os "átomos de vida" que eles liberaram ao entrar no *Pralaya*.

O surgimento de mundos é apresentado de forma alegórica em muitos ensinamentos da Sabedoria Antiga, pois símbolos e alegorias são geralmente usados para despertar a intuição. Embora o nascimento de mundos pudesse naturalmente formar uma fase inicial na apresentação da Doutrina das Esferas, deixamos o assunto para esse ponto, a fim de torná-lo mais compreensível à luz das muitas facetas da doutrina já expostas até aqui. A alegoria é interpretada de forma primorosa.

> O nascimento dos corpos celestes no espaço é comparável a uma multidão de peregrinos na festa dos Fogos. Sete ascetas aparecem no limiar do templo, com sete varinhas de incenso acesas. À luz desses fachos, a primeira fila de peregrinos acende as suas varinhas de incenso.

---

423 Vol. I, p. 250, ed. 6 vol.; I, 233, 3ª ed.

> Em seguida, cada um dos ascetas começa a fazer girar o seu facho no espaço por cima da própria cabeça, e cede o fogo aos outros peregrinos. É o que também se passa com os corpos celestes. Um centro *laya* é iluminado e chamado à vida pelos fogos de outro "peregrino"; depois, o novo "centro" se lança no espaço e se converte em um cometa. E só quando perde a velocidade e, portanto, sua cauda flamejante, é que o Dragão de Fogo se resolve a uma vida tranquila e regular, como um cidadão respeitável da família sideral. Assim está escrito:
> (...)
> Nascido nos abismos insondáveis do Espaço, do elemento homogêneo chamado Alma do Mundo, cada núcleo de matéria cósmica, lançado subitamente à existência, inicia sua vida em circunstâncias as mais hostis. Ao longo de uma série de incontáveis idades, tem que conquistar por si mesmo um lugar no infinito. Corre em círculos, entre corpos mais densos e já fixos, movendo-se por impulsos súbitos; dirige-se para algum ponto ou centro que o atrai, procurando evitar, qual navio metido em uma estreita passagem semeada de recifes e escolhos, outros corpos que, por sua vez, o atraem e repelem. Muitos desses núcleos sucumbem, desintegrando-se no planetário, desaparecem tragados pelos ventres insaciáveis de vários sóis. Os que se movem mais lentamente, seguindo numa trajetória elíptica, estão condenados ao aniquilamento, mais cedo ou mais tarde. Outros, movendo-se em curvas parabólicas, escapam geralmente à destruição, graças à sua velocidade. (I, 203-4)[424]

Entretanto, antes mesmo que os membros de um Sistema Solar fiquem sob o domínio de seu Governante – o grande Ser Solar (o Sol) –, ficam sujeitos a Leis predominantes, três das quais são mencionadas: Atração, Repulsão e Calor.

> A doutrina de uma origem comum de todos os planetas e corpos celestes era, como já visto, ensinada pelos astrônomos arcaicos, muito antes de Kepler, Newton, Leibnitz, Kant, Herschell e Laplace.
> (...)
> O Calor (o "Alento"), a Atração e a Repulsão – os três grandes fatores do Movimento – são as condições em que nascem, desenvolvem-se e morrem todos os membros daquela família primitiva; para renascerem após a "Noite de *Brahmā*", durante a qual a matéria eterna recai, periodicamente, em seu estado primário não diferenciado. Os gases mais rarefeitos não podem dar, ao físico moderno, nenhuma ideia da natureza dessa matéria eterna. Centros de força a princípio, as Centelhas invisíveis ou átomos primordiais se diferenciam em moléculas e se convertem em Sóis (passando gradualmente ao estado de objetividade), gasosos, radiantes, cósmicos; e o "Torvelinho Único" (ou Movimento) dá finalmente o impulso para a forma e o primeiro movimento, regulado e mantido pelos "Alentos" que não descansam jamais: os *Dhyān-Chohans*. (I, 103)[425]

A Noite de *Brahmā* equivale a um *Pralaya* Planetário, um período de repouso completo (para um planeta). Durante o *Manvantara* Solar, as esferas planetárias continuam a cumprir seus ritmos cíclicos, *Manvantaras* seguindo *Pralayas* em sequência ordenada, durante um período de vida de um Ser Solar.

---

424 Vol. I, p. 252, ed. 6 vol.; I, 224-5, 3ª ed.
425 Vol. I, pp. 164-5, ed. 6 vol.; I, 129, 3ª ed.

6. A Doutrina das Jornadas Cíclicas

O sexto aspecto da Doutrina das Esferas nos chama novamente a atenção para o conceito fundamental da Unidade da Vida, enfatizando outra vez a Lei Divina da Unidade essencial – A Doutrina das Hierarquias, que já foi considerada no Capítulo III. A Doutrina das Jornadas Cíclicas é aplicável tanto a todos os seres dos globos quanto à essência interna dos mundos. Na verdade, existe um interrelacionamento entre os seres e as esferas que habitam. Entretanto, esse aspecto não será considerado no momento. O tema principal a ser considerado é a circulação da Vida-Força através das esferas, e os seres (quer dizer, as Mônadas) que também fazem parte dessa mesma Vida-Força, uma vez que receberam sua essência (seus princípios superiores) das esferas.

Uma vez estabelecido que as esferas celestes foram todas formadas a partir da Substância-Mãe Primordial (ou "matéria cometária"), segue-se como dedução natural que, seja qual for a forma que essa substância primordial assuma em suas mudanças evolucionárias durante os processos de estabelecimento de diferentes globos de um sistema, em sua essência interna as esferas são fundamentalmente Uma na origem, porquanto a essência interna (ou a Substância-Mãe Primordial) de todas as esferas é basicamente a mesma. Essa substância divina essencial – que também pode ser chamada de "sétima essência" – é o cerne, por assim dizer, ao redor do qual a substância externa ou matéria do globo é consolidada. O estado evolucionário alcançado por um planeta é demonstrado por suas coberturas ou vestes exteriores (normalmente entendidas como a substância ou matéria que forma um globo). No caso de um Sol, essa Substância-Mãe divina permanece como um núcleo interno, ou cerne, escondido dentro ou atrás do glorioso brilho externo que reconhecemos como sendo o orbe solar.

É essa "sétima essência" que atua como a Essência-Vida ou a Força-Vida Una, que, seguindo o impulso divino da Lei do Movimento, de estar sempre em atividade, coloca em andamento as jornadas cíclicas. A Essência-Vida é emitida em pulsações rítmicas do coração solar através das artérias do sistema, e retorna por meio de veias, da mesma forma como o sangue circula pelo corpo humano. As artérias e veias são as esferas que formam a Cadeia Planetária de Globos sob a regência de um *Logos* Solar. Da mesma maneira como, no corpo humano, o sangue que retorna através das veias precisa ser purificado para ser novamente utilizado, a Força-Vida, após ter sido usada pelos planetas, necessita ser vitalizada em sua Fonte ou Origem. Isso é alcançado quando ela retorna e passa através do coração solar.

Como o Sol e os planetas tiveram origem na mesma Fonte, a Força-Vida que irradia através do Sistema Solar pertence a cada uma e a todas as partes componentes desse sistema. Dessa forma, a "sétima essência", que nutre as partes do sistema, é mantida pela pulsação do coração solar.

Novamente, como na seção anterior, um *Comentário* sobre as *Estâncias de Dzyan* fornece a diretriz para o tema:

> (xxi) A essência real do (Sol) Oculto é um núcleo da Substância-Mãe. (Ou o "sonho da Ciência", a verdadeira matéria primordial homogênea, que nenhum mortal pode tornar objetiva nesta *Raça*, nem mesmo na presente *Ronda*.) Ela é o Coração e a matriz de todas as Forças vivas e existentes em nosso Universo Solar. É o Cerne de onde se disseminam, em suas jornadas cíclicas, todos os Poderes que põem em ação os Átomos, no exercício de suas funções, e o Foco no qual se reúnem de novo em sua Sétima Essência, de onze em onze anos. Se alguém te contar que viu o Sol, zomba dele, como se houvesse dito que o Sol se move realmente em seu curso diurno...
> (...)
> (xxiii) É por causa da natureza setenária do Sol que os antigos a ele se referiam dizendo que é arrastado por sete cavalos, como nos versos dos Vedas; ou, ainda, que apesar de identificado com os sete *Ganas* (Classes de Seres), em seu *orbe*, ele é distinto destes, como em verdade o é; e também que possui sete Raios, como efetivamente possui...
> (...)
> (xxv) Os Sete Seres que estão no Sol são os Sete Sagrados, nascidos por si mesmos em virtude do poder inerente à Matriz da Substância-Mãe. São eles que enviam as sete Forças principais, chamadas Raios, que no começo do *Pralaya* se concentrarão em sete novos Sóis para o próximo *Manvantara*. A energia, da qual elas surgem à existência consciente em cada Sol, é o que alguns chamam *Vishnu*, que é o Sopro da INCONDICIONALIDADE.[426]
> (...)
> Nós lhe chamamos a Vida Una Manifestada — sendo ela também um reflexo do Absoluto. (I, 290)[427]

Uma passagem do *Vishnu-Purāna* sobre a energia solar é aqui acrescentada como explicação à penúltima sentença:

> *Vishnu* em sua forma de energia ativa nunca nasce nem se põe, e é ao mesmo tempo o Sol *sétuplo* e distinto dele. (I, 290)[428]

A Força-Vida Una, que é a Essência-Vida que sustenta os sóis e planetas, não está estacionada no orbe solar, mas focada pelo Sol e através dele. Assim, está apta a cumprir suas jornadas cíclicas, conforme descrito nesta citação:

> ... a origem da Essência Vida, o Ocultismo a situa no mesmo Centro que o núcleo da *matéria-prima* do nosso Sistema Solar, pois que são uma e a mesma coisa.
> (...)
> O Sol é o coração do Mundo Solar (Sistema), e o seu cérebro está oculto por trás do Sol (visível). Dali, a sensação é irradiada para cada centro nervoso do grande corpo, e as ondas da essência da vida fluem para dentro de cada artéria e de cada veia... Os planetas são os seus membros e as suas pulsações... (*Comentário*) (I, 540-1)[429]

---

426 No inglês: *Absoluteness*. (Nota ed. bras.)
427 Vol. I, p. 331, ed. 6 vol.; I, 310, 3ª ed.
428 *Idem* nota 427.
429 Vol. II, p. 264, ed. 6 vol.; I, 590, 3ª ed.

As jornadas cíclicas constituem o meio pelo qual a Essência-Vida circula através dos membros e pulsações menores (os planetas). Cada globo de cada cadeia planetária é suprido com a Essência-Vida, atuando ao mesmo tempo como condutor da Força-Vida para a sua circulação dentro do sistema planetário. Dessa forma, ocorre um influxo, assim como um efluxo, da força vital. Os escritores gregos antigos, seguindo Homero, expressaram a ideia referindo-se a dois portões de passagem, um portão feito de chifre e outro feito de marfim. Para aqueles familiarizados com Homero, pode ser interessante ter essa passagem lembrada. A primeira referência ocorre quando é feita menção a uma agradável caverna, situada em Ithaca, e considerada o lar de Naiads. O poeta grego continua a descrição da seguinte forma:

> existem grandes teares de pedra, onde as ninfas tecem vestes tingidas de púrpura, uma maravilha para se contemplar, e nesse lugar existem águas que jorram eternamente. Dois portões existem na caverna, um colocado em direção ao Vento Norte, por onde os homens podem passar, mas os portais em direção ao Sul pertencem aos deuses, onde nenhum homem pode entrar; esse é o caminho dos imortais.[430]

Na segunda referência o poeta usa um método ainda mais fantasioso ao falar dos dois portões:

> sonhos verdadeiros são difíceis, e difíceis de serem percebidos, tampouco as coisas que lá se encontram são realizadas pelos homens. Dois são os portões dos sonhos sombrios, um é feito de chifres e outro de marfim. Os sonhos que passam pelo portal de marfim são enganosos, e trazem novidades que não são cumpridas. Mas os sonhos que vêm através dos portões de chifre trazem a verdade para qualquer mortal que os contemple.[431]

Seja lá como for, existem passagens para o influxo e efluxo da força vital, ou Essência-Vida. Até mesmo no corpo humano isso é notado. A circulação do sangue através de toda a estrutura é tão bem conhecida que serve como um excelente exemplo para ilustrar o transporte da Força-Vida através do Cosmos. Pelo pulsar do coração, o sangue é enviado e se espalha através do corpo pelas artérias. Por sua vez, há também um canal para o retorno do sangue; esse canal é fornecido pelas veias. Isso é apresentado na citação que segue o *Comentário* acima citado, fornecendo a verdadeira natureza do Sol:

> A Filosofia Oculta nega ser o Sol um globo em combustão, definindo-o simplesmente como um mundo, uma esfera resplandecente, atrás da qual se acha oculto o Sol verdadeiro, de que o Sol visível é apenas o reflexo, sua concha. As folhas de salgueiro de *Nasmyth*, que Sir W. Herschell tomou por "habitantes solares", são os depósitos da energia vital do Sol; "a eletricidade vital que alimenta todo o sistema... o Sol *in abscondito* é, assim, o reservatório de nosso pequeno Cosmos, gerando ele mesmo o seu fluido vital e recebendo sempre tanto

430 *A Odisséia*, Livro XIII, linhas 112-3, Tradução de Butcher & Lang's.
431 *A Odisséia*, Livro XIII, linha 558 *et seq.*

quanto dá", e o Sol *visível* é uma simples *janela aberta no verdadeiro palácio e presença solar*, cujo labor interno ele reflete fielmente.

(...)

Desse modo, durante o período ou vida solar *manvantárica* há uma circulação regular do fluido vital de um extremo ao outro do nosso Sistema, do qual o Sol é o coração, como a circulação do sangue no corpo humano; contraindo-se o Sol com um ritmo semelhante ao do coração humano depois que o sangue regressa. Só que, em vez de realizar o circuito em um segundo aproximadamente, requer o sangue solar dez anos para circular e um ano inteiro para atravessar suas *aurículas* e seus *ventrículos* antes de ir depurar os *pulmões* e de voltar às grandes artérias e veias do Sistema.

(...)

Isso não contestará a Ciência, pois a Astronomia conhece o ciclo fixo de onze anos, ao cabo do qual aumenta o número das manchas solares; *sendo o aumento motivado pela contração* do CORAÇÃO Solar. O Universo, neste caso o nosso Mundo, respira como o faz na Terra o homem e toda criatura viva, a planta e até mesmo o mineral, e como respira o nosso próprio Globo a cada vinte e quatro horas. (I, 541)[432]

A seguinte passagem oferece uma luz adicional em relação à afirmativa de que toda planta e mineral "respira":

A planta e o animal deixam suas carcaças para trás quando a vida se extingue. Assim também faz o mineral, só que em períodos mais longos, já que seu corpo rochoso é mais duradouro. Ele morre ao final de cada ciclo *manvantárico* ou ao término de cada "Ronda"...[433]

E então, em relação à pergunta "toda molécula separada do mineral tem uma Mônada?", a resposta é dada:

Toda molécula é parte da Vida Universal.[434]

Toda entidade, cada ser, assim como todas as esferas, fazem parte da Essência-Vida em suas jornadas cíclicas. Enquanto ocorre esse constante influxo e efluxo da força vital, cada esfera possui seus próprios meios de se adaptar à Essência-Vida que por ela circula.

Agora, que as condições e as leis que governam nosso Sistema Solar se acham plenamente desenvolvidas, e que a atmosfera de nossa Terra, como as de todos os demais globos, tornou-se por assim dizer um cadinho próprio, ensina a Ciência Oculta que através do espaço ocorre uma contínua troca de moléculas, ou melhor, de átomos, que se correlacionam, permutando assim, em cada planeta, os seus combinados equivalentes. Alguns homens de ciência, dentre os mais eminentes físicos e químicos, começam a suspeitar esse fato que os ocultistas conhecem há séculos. O espectroscópio apenas mostra a similaridade provável (a partir da evidência externa) da substância terrestre e da substância sideral; é incapaz de ir mais longe ou de esclarecer se os átomos gravitam ou não, uns em relação aos outros, da mesma

432 Vol. II, pp. 264-5, ed. 6 vol.; I, 590-1, 3ª ed.

433 *Cartas dos Mahatmas para A.P. Sinnett*, p. 80 e p. 79 [Vol. I, Carta nº 66, p. 274, Ed. Teosófica (Nota Ed. Bras.)].

434 *Idem* nota 433.

maneira e nas mesmas condições em que se presume que fazem, física e quimicamente, em nosso planeta. A escala de temperatura, do mais alto ao mais baixo grau que se possa conceber, admite-se que é a mesma em todo o Universo; entretanto, as suas propriedades, salvo as de dissociação e reassociação, diferem em cada planeta; e, assim, entram os átomos em novas formas de existência, formas que não são nem conhecidas nem sequer imaginadas pela ciência física. Conforme já dissemos em *Five Years of Theosophy* (pág. 242), a essência da matéria cometária, por exemplo, "é inteiramente diversa das características químicas e físicas conhecidas pelos cientistas mais ilustres de nossa Terra". E essa mesma matéria durante sua rápida passagem através de nossa atmosfera experimenta certas modificações em sua natureza. Em consequência, não só os elementos do nosso planeta, como os de todos os seus irmãos do nosso Sistema Solar, diferem tanto uns dos outros em suas combinações, como diferem dos elementos cósmicos situados além de nossos limites solares. Segue-se, portanto, que os elementos do nosso planeta não podem ser tomados como estalão aferidor na comparação com os de outros mundos. (I, 142-3)[435]

Não obstante, as jornadas cíclicas se aplicam não somente à Força-Vida Una, mas aos seres, conforme já foi dito. Até mesmo os átomos seguem a jornada contínua, impelidos pela lei do Movimento constante. Mas antes de desenvolvermos esse tema vamos compreender melhor o significado do termo "átomo", conforme é usado na Filosofia Esotérica. Isso está definido em um *Comentário*:

As Mônadas (*Jīvas*) são as Almas dos Átomos; aquelas e estes são a estrutura com que se revestem os *Chohans* (*Dhyānis*, deuses) quando uma forma se faz necessária. (*Catecismo Esotérico*)

(...)

Cada átomo se converte em uma unidade visível complexa (molécula) e, uma vez atraída à esfera da atividade terrestre, a essência Monádica, passando através dos reinos mineral, vegetal e animal, se converte em homem. (*Catecismo Esotérico.*) E mais: "Deus, Mônada e Átomo são as correspondências de Espírito, Mente e Corpo (*Ātman*, *Manas* e *Sthūla-Śarīra*) no homem. (*Catecismo Esotérico.*) (I, 619)[436]

Atesta a jornada cíclica dos átomos:

Encerrado no Seio da Eterna Mãe, em seu estado prístino e virginal, todo átomo nascido além dos umbrais do seu reino está condenado a uma incessante diferenciação. "*A Mãe dorme, mas está sempre respirando.*" E a cada expiração envia ao plano de manifestação os seus produtos mutáveis, os quais, arrastados pela onda da correnteza, são disseminados por *Fohat* e conduzidos para esta ou aquela atmosfera planetária ou para o espaço além. Uma vez apreendido por uma dessas atmosferas, o átomo se perde, desaparecendo sua pureza original de maneira definitiva, a não ser que o acaso o dissocie daquela, levando-o a uma "corrente de *efluxo*" (termo ocultista que significa o processo inteiramente diverso daquele que a expressão implica ordinariamente), quando ele pode ser novamente arrastado à fronteira em que antes havia sucumbido, e tomar o rumo, não do Espaço *de cima*, mas do Espaço *interior*, sendo posto em um estado de equilíbrio diferencial e alegremente reabsorvido. (I, 143)[437]

---

435 Vol. I, pp. 198-9, ed. 6 vol.; I, 166-7, 3ª ed.
436 Vol. II, p. 344, ed. 6 vol.; I, 679, 3ª ed.
437 Vol. I, p. 199, ed. 6 vol.; I, 167, 3ª ed.

7. A Doutrina da Relação das Mônadas com o Sistema

A relação entre as partes componentes de um Sistema Solar já foi demonstrada. A razão principal desse relacionamento se deve à sua origem comum e unidade essencial. Isso já foi mais extensamente enfatizado com relação ao intercâmbio da Força-Vida vitalizante, que, através do Sol, cumpre constantemente jornadas cíclicas de ida e volta ao coração central do Sistema Solar. Segue-se, portanto, como sequência natural, que as Mônadas evoluindo sobre as esferas possuem uma relação muito mais significativa com o Sistema Solar do que uma mera residência temporal sobre uma esfera qualquer. Todavia, essa relação se estende em proporções ainda maiores devido aos laços que unem as Mônadas a focos mais potentes de Vida. Esses "focos de Vida" representam centralizações da Força-Vida que irradiam das Esferas Galácticas – geralmente conhecidas como os Signos do Zodíaco.

Podemos dividir, para fins de estudo e para tornar o ensinamento mais claro, o relacionamento abordado nesta seção em duas categorias: (1) a relação das próprias Mônadas; (2) a relação das vestes que as Mônadas requerem para sua residência sobre uma esfera. Devemos ter em mente que, quando usamos o termo Mônadas neste contexto, o significado técnico pretendido é o de seres se manifestando na fase e forma de *Prakriti* chamada de Reino Humano (uma vez que apenas esse Reino será aqui considerado).[438]

Primeiro consideraremos a ideia apresentada na segunda categoria: (2) as vestes que as Mônadas requerem para sua residência sobre uma esfera. Essas vestes são os "uniformes" apropriados ao globo (ou esfera) sobre o qual se encontra a Mônada. No caso do globo da Terra – sobre o qual a Mônada está temporariamente estacionada durante a vida terrena – os "princípios" foram transmitidos para a Terra pelos *Dhyānis* Planetários que supervisionam os Sete Planetas Sagrados. É claro que o *status* das Mônadas no globo terrestre representa aquilo que elas foram capazes de desenvolver durante sua estada evolucionária sobre a esfera. Assim como os *Dhyānis* dos Sete Planetas Sagrados são os "Vigilantes" dos sete globos da Cadeia Terrestre – um *Dhyāni* tendo vigilância particular sobre um globo assim como sobre uma raça –, de maneira similar os *Dhyānis* dos Sete Planetas Sagrados atuam como "primários" sobre os sete princípios do homem, um *Dhyāni* Planetário para cada princípio. Nas palavras de um *Comentário*:

---

438 O relacionamento das Mônadas com o sistema pode ser aplicado a todas as Classes de Reinos da Escada hierárquica da Vida, mas não há por que nos referirmos a reinos abaixo do humano. Esclarecendo este ponto: quando se tratar da constituição setenária do homem, nenhum outro reino, além do Humano, é considerado, pela simples razão de que nos reinos inferiores, o *Saptaparna* ("a planta de sete folhas") está "fechado", quer dizer, embora as "sete folhas" estejam presentes, elas não são capazes de se desenvolver ou "abrir" neste *Manvantara* planetário.

E assim como cada uma das Sete Regiões da Terra, cada um dos Sete Primogênitos (os grupos humanos primordiais) recebe espiritualmente a luz e a vida de seu próprio *Dhyāni* especial, e fisicamente do Palácio (a casa, o planeta) desse *Dhyāni*...
(...)
O mesmo igualmente sucede em relação ao homem e a cada "homem" (cada princípio) no homem. Cada um recebe sua qualidade específica de seu Primário (o Espírito Planetário), e por isso cada homem é um setenário (ou uma combinação de princípios, cada um dos quais tem origem em uma qualidade daquele *Dhyāni* especial). (II, 29)[439]

No que diz respeito à primeira categoria – a relação das próprias Mônadas:

A Humanidade, fisicamente considerada, está dividida em vários grupos, cada um deles conectado com um dos grupos *Dhyānicos* que primeiro formaram o homem *psíquico*. (I, 559)[440]

Entretanto, o relacionamento não deve ser considerado de forma tão simples. É bom lembrar que não são as vestes que estão sendo consideradas, mas as próprias Mônadas, e que o relacionamento remonta a um período muito anterior ao aparecimento dos sistemas planetários e deve ser buscado até mesmo na origem da vida senciente. Para tal, um indício nos é fornecido por uma das antigas *Estâncias de Dzyan*. Entretanto, seu conteúdo é tão abstruso que, se não fosse pelas notas explicativas fornecidas para a elucidação do *śloka* místico, poucas seriam as chances de que este pudesse nos parecer inteligível. As letras "a" até a "g", entre parênteses, representam as interpretações e são colocadas sequencialmente, embora de maneira bastante condensada. O assunto é bastante profundo, e merecedor de profunda e repetida reflexão:

Observa o começo da Vida senciente sem forma (a).
(...)
Primeiro, o Divino (*veículo*) (b), o Um que procede do Espírito-Mãe (*Ātman*); depois, o Espiritual – (*Ātma-Buddhi*, Alma Espiritual – tem relação com os princípios *cósmicos*) (c); (*novamente*) os três provindos do um (d), os quatro do um (e), e os cinco (f), de que procedem os três, os cinco e os sete (g). São os triplos e os quádruplos em sentido descendente; os Filhos nascidos da Mente do Primeiro Senhor (*Avalokiteśvara*), os Sete Radiantes (os "*Construtores*"). São eles o mesmo que tu, eu, ele, Ó *Lanoo*! Os que velam sobre ti e tua mãe, *Bhūmi* (a Terra). Estância VII, *śloka* 1.
(...)
(a) A Hierarquia dos Poderes Criadores divide-se esotericamente em sete (4 e 3) compreendidas nas doze grandes Ordens, gravadas pelos doze signos do Zodíaco. Estas sete ordens da escala manifestada relacionam-se com os sete planetas. Todas se acham subdivididas em inumeráveis grupos de Seres divinos espirituais, semiespirituais e etéreos.
(...)
As principais Hierarquias são insinuadas no grande Quaternário, ou os "quatro corpos e as três faculdades" (exotericamente) de *Brahmā*, e o *Panchāsya*, os cinco *Brahmās* ou os cinco *Dhyāni-Buddhas*, no sistema budista.

---

439 Vol. III, pp. 41-42, ed. 6 vol.; II, 32, 3ª ed.
440 Vol. II, p. 283, ed. 6 vol.; I, 610, 3ª ed.

(...)

O grupo mais elevado compõe-se das assim chamadas Chamas Divinas, também mencionadas como "Leões de Fogo" e "Leões da Vida", e cujo esoterismo está escondido de forma segura no signo zodiacal de Leão. É o *nucléolo* do Mundo Superior Divino. São os Sopros Ígneos Sem Forma, idênticos, em certo aspecto, à Tríade *Sephirothal* superior, que os cabalistas situam no "Mundo-Arquetípico". (I, 213)[441]

(...)

(b) No Zohar... aquele "Divino Veículo" já não se apresenta como no *Livro dos Números* caldeu. Na verdade, *Ain-Soph*, o Nada Absoluto e Sem Limites, utiliza também a forma do Uno, o "Homem Celeste" manifestado (a Causa Primeira), como sua Carruagem (em hebreu *Mercabah*, em sânscrito *Vahāna*), para descer e manifestar-se no mundo dos fenômenos... No *Livro dos Números* se explica que *En* (*Ain* ou *Aior*) é o único existente por si mesmo, e que sua "Profundidade", o *Bythos* dos gnósticos, chamado *Propator*, não é senão periódico. Este último é *Brahmā*, como diferenciado de *Brahman* ou *Parabrahman*. É o Abismo, a Origem da luz ou *Propator*, que é o *Logos* Não Manifestado ou a Ideia Abstrata,[442] e não *Ain-Soph*, cujo Raio se serve de Adão Kadmon ("macho e fêmea") ou o *Logos* Manifestado, o Universo objetivo, como de uma carruagem...

(...)

... nesta Chama divina, que é o "Um", são acesos os três grupos descendentes. Tendo sua essência potencial no grupo superior, eles aparecem, nesse momento, como Entidades distintas e separadas. São chamadas as Virgens da Vida, a Grande Ilusão, etc., e, coletivamente, a "Estrela de seis pontas"... A Estrela de seis pontas relaciona-se com as seis Forças ou Poderes da Natureza, com os seis planos, princípios etc. etc., todos sintetizados pelo sétimo ou ponto central da Estrela.[443] Todos, incluindo as Hierarquias superiores e inferiores, emanam da Virgem Celeste, a Grande Mãe em todas as religiões, o Andrógino, o *Sephira*-Adão-Kadmon... Em sua Unidade, a Luz espiritual é o mais elevado dos princípios, o sétimo, *Daivīprakriti*, a Luz do *Logos* Não Manifestado. Mas em sua diferenciação passa a ser *Fohat* ou os "Sete Filhos". O primeiro é simbolizado pelo ponto Central no Triângulo Duplo; o segundo, pelo Hexágono, ou os "Seis Membros" do Microprosopo... (I, 214-6)[444]

Nesse ponto um dos *Comentários* sobre as *Estâncias de Dzyan* é adicionado, embora sua elucidação não seja apresentada. Devemos salientar, entretanto, que a referência ao Fogo, Éter, Água e Terra *não* é sobre os Elementos, mas sim as Hierarquias causativas que trazem à existência os respectivos Princípios-Elementos, que ao final resultam nos Elementos. Chamamos também a atenção para a Segunda Ordem, Fogo e Éter, o Grupo da Mente ou da Consciência, a ser descrito abaixo na interpretação (c). Quanto à Primeira Ordem dos Seres Hierárquicos, representando a Vida, o coração e o pulso do Universo: é por essa razão que as jornadas cíclicas descritas em seções anteriores estão impregnadas de tamanha potência, fluindo de e para a Fonte Central da Vida. Como é dito pelo *Comentário*:

---

441 Vol. I, p. 261, ed. 6 vol.; I, 233-4, 3ª ed.

442 O assunto do Primeiro *Logos*, ou do *Logos* Não Manifestado, assim como do Segundo e Terceiro *Logos*, é tratado mais amplamente no Capítulo XII.

443 Novamente refere-se à Seção 2 desse Capítulo, sobre *Lokas* e *Talas*.

444 Vol. I, pp. 261-3, ed. 6 vol.; I, 234-6, 3ª ed.

"O primeiro depois do "Um" é o Fogo Divino; o segundo, o Fogo e Éter; o terceiro é composto de Fogo, Éter e Água; o quarto, de Fogo, Éter, Água e Ar. O Um não se ocupa dos globos habitados pelo homem, mas das Esferas internas e invisíveis. O Primogênito é a VIDA, o Coração e o Pulso do Universo; o Segundo é sua MENTE e Consciência". (Essa "Consciência" não tem qualquer relação com a *nossa* consciência. A consciência do "UM Manifestado", se não é absoluta, ainda é incondicionada). (I, 216)[445]

(...)

(c) *A Segunda Ordem de Seres Celestes*, os do Fogo e Éter, que correspondem ao Espírito e à Alma, ou *Ātma-Buddhi*, e cujo nome é legião, ainda carecem de forma, sendo, porém, mais distintamente "substanciais". Constituem a primeira diferenciação na Evolução secundária ou "Criação", que é uma palavra enganosa. Como o nome indica, são os protótipos dos *Jīvas* ou Mônadas que encarnam, sendo formados pelo Espírito Flamante da Vida. Qual a luz pura do Sol, o Raio passa através deles, que lhes proporciona o seu veículo futuro, a Alma Divina, *Buddhi*. Esses estão diretamente relacionados com as Legiões do Mundo Superior de *nosso* sistema. Destas Unidades Duplas emanam as "Tríplices". (I, 216)[446]

(...)

(d) A *Terceira Ordem* corresponde a *Ātma-Buddhi-Manas*: Espírito, Alma e Inteligência, e é denominada de "Tríade".

(...)

(e) A *Quarta Ordem* é formada pelas Entidades substanciais. É o grupo mais elevado entre os *Rūpas* (Formas Atômicas). É o viveiro das Almas humanas, conscientes e espirituais. São chamados os "*Jīvas* imortais" e constituem, por intermédio da Ordem que lhes é inferior, o primeiro Grupo da primeira Legião Setenária – o grande mistério do Ser humano consciente e intelectual. Pois este último é o campo em que jaz oculto, *em sua privação*, o Germe que irá *cair na geração*. Este Germe converter-se-á na força espiritual que, na célula física, guia o desenvolvimento do embrião e é a causa da transmissão das faculdades hereditárias, e de todos os atributos inerentes ao homem. (I, 218-9)[447]

Com relação às palavras "*Rūpas* (Formas Atômicas)" na citação acima, uma nota foi acrescentada fornecendo uma importante pista para uma questão que se repete e que pode ser colocada da seguinte maneira: é afirmado que a Mônada que está realizando sua jornada evolucionária através de veículos ou vestes apropriadas ao Reino Animal é incapaz de atuar autoconscientemente, pois o elo responsável pelo estabelecimento de sua autoconsciência não foi feito – isso quer dizer que o princípio *Manas* não foi desperto e não está funcionando. Esse fator também determina a linha de demarcação entre os Reinos Animal e Humano. Mas, para todos os efeitos, a mesma condição prevaleceu nos primeiros estágios do Reino Humano, nas Rondas Um, Dois e Três, e até mesmo nas Raças Um e Dois da Quarta Ronda. E quanto às Mônadas que estavam realizando sua evolução no Reino Humano antes que o Princípio Mental fosse desperto durante a Terceira Raça? Não haveria, então, qualquer diferença entre o Reino Animal e o Reino Humano? E o que fazia a Mônada?

---

445 Vol. I, pp. 263, ed. 6 vol.; I, 236, 3ª ed.
446 Vol. I, p. 263-4 ed. 6 vol.; I, 236-7, 3ª ed.
447 Vol. I, p. 265, ed. 6 vol.; I, 239, 3ª ed.

Uma das funções da Mônada nessas primeiras Rondas é ser a base para o estabelecimento de um "veículo viável" na Cadeia da Terra – "viável no sentido de preparar um veículo para a época em que o Princípio Mental (ou *Manas*) esteja apto a atuar". A Mônada é o ponto de apoio para a reunião das vestes, ou melhor, o ponto através do qual a Mônada é capaz de trabalhar ou desenvolver seus invólucros, uma vez que as vestes foram reunidas, ou obtidas, das esferas – os Sete Planos Sagrados (conforme explicado na primeira categoria desta seção). Dessa forma, a Mônada estava dando condições ao "*Saptaparna*" (o homem-planta de sete folhas) de desenvolver ou "abrir" suas pétalas, uma de cada vez, uma pétala para cada Ronda. Entretanto, o desenvolvimento completo ou total florescimento da quinta pétala – o Princípio Mental – só ocorrerá na Quinta Ronda.

Não obstante, existe uma diferença idêntica entre o Reino Animal e o Reino Humano com relação ao veículo físico, que ocorre pela influência direta e orientada da Mônada nas primeiras Rondas, anterior ao despertar do Princípio Mental. Esta passagem deixa isso bem claro:

> Na Filosofia Esotérica, cada partícula física depende de seu correspondente *número* superior, o Ser a cuja essência pertence; e, em cima como embaixo, o Espiritual evolve do Divino, o Psicomental do Espiritual – tingido em seu plano inferior pelo astral –, seguindo toda a Natureza, a animada e a (aparentemente) inanimada, o seu processo evolutivo em linhas paralelas, e retirando os seus atributos tanto de cima como de baixo. (I, 218)[448]

Muito embora essa passagem possa ser encarada como uma afirmativa generalizada, pode ainda ser aplicável onde quer que se encaixe, na medida em que cada ensinamento está encadeado e inter-relacionado com todas as outras doutrinas. Consequentemente, pode ser bem adaptado ao tema específico em consideração (neste caso a Mônada), de forma que também possa ser elucidado. Em primeiro lugar, a palavra *númeno* – um termo bastante conhecido na filosofia Platônica, significando uma realidade subjacente, ao contrário de uma aparência externa ou fenômeno. É um terno inquestionavelmente aplicável à Mônada, pois – não é demais repetir – a Mônada não se manifesta diretamente em esferas físicas, só podendo fazê- lo através de um *upādhi* (um veículo ou "véu do espírito"). Falando tecnicamente, a Mônada é *Ātma-Buddhi* e contacta o Plano Físico (indiretamente) através de seu *upādhi*, *Manas*; *Manas*, por sua vez, contacta o mundo físico através de seu *upādhi*, a personalidade – composta do aparato psíquico-mental, *Kāma-Manas* (o Ego Inferior) mais o *Linga-Śarīra* e o *Sthūla-Śarīra* (o Corpo Modelo e o Corpo Físico). Na citação, *Manas* é chamado de Espiritual – e pode ser visto como um Raio emitido pela Mônada, *Ātma-Buddhi*, que "evolve do Divino." O "psíquico-mental" que evolui do Espiritual equivale a *Manas* inferior e *Kāma*, que é "tingido em seu plano inferior pelo astral", uma vez que o Ego inferior (*Manas* mais *Kāma*) é estimulado para a atividade pela

448 Vol. I, p. 266, ed. 6 vol.; I, 239, 3ª ed.

mente física e suas correlações tanto no físico quanto no astral, pelo *Linga-Śarīra*, já que as sensações funcionam primeiramente no *Linga-Śarīra* (chamado de "corpo astral" em *A Doutrina Secreta*) e transmitidas para o corpo físico (*Sthūla-Śarīra*).

No que tange especificamente ao ponto em consideração, ou seja, a diferença existente entre os veículos físicos pertencentes aos Reinos Animal e Humano, obviamente essa diferença é ainda maior *após* o despertar da consciência do Princípio Mental (*Manas*), que ocorreu na Terceira Raça da presente Quarta Ronda. Todavia, havia uma diferença mesmo nas Primeiras Rondas, revelada pela citação na qual os "atributos" são tirados "de cima", ou seja, através da associação com a Mônada, muito embora a Mônada não esteja encarnada *no* corpo físico. Quanto à localização da Mônada:

> A Forma Astral que revestia a Mônada estava, COMO AINDA ESTÁ, envolta por sua esfera ovóide ou *aura*, que aqui corresponde à substância da célula-germe ou *óvulo*. A própria forma astral é o núcleo dotado, hoje como então, do Princípio de Vida. (II, 117)[449]

Conforme salientado anteriormente, "a forma astral" é aqui equivalente ao *Linga-Śarīra*; o período de tempo a que se faz referência é o da Segunda Raça; as palavras "COMO AINDA ESTÁ", enfatizadas em letras maiúsculas, referem-se ao tempo presente, ou seja, à Quinta Raça. As palavras "hoje" e "então" no final da citação designam a Quinta e a Segunda Raças; as últimas quatro palavras, "do princípio de vida", significam *Prāna* (relativo a todos os "sete princípios").

É preciso estar claro que até mesmo a evolução da *forma* física (*rūpa*, ou veículo) pertencente ao Reino Humano retira mais atributos da Mônada do que o faz o Reino Animal, uma vez que o processo evolutivo diz respeito à preparação de um veículo no qual a Mônada seja capaz de funcionar *ao final* (na Sétima Ronda). Mas antes que isso possa ocorrer, o veículo precisa estar preparado para que *Manas* (o Princípio Mental) possa funcionar, e esse veículo não se encontrava pronto nas primeiras Rondas. Tampouco estava pronto na Quarta Ronda nos Globos A, B e C; nem mesmo nas primeiras Raças do Globo D. Isso é mencionado claramente nas *Estâncias de Dzyan* (Estância VII), onde é relatado que os veículos "não estão prontos". No caso do Reino Animal, os veículos não estão prontos e não estarão durante esse *Manvantara* planetário. Isso constitui a grande lacuna entre o Reino Animal e Humano. Assim, "cada partícula física depende de seu correspondente *númeno* superior", a Mônada, "o Ser a cuja essência pertence".

Com relação ao desenvolvimento de um *rūpa* (veículo ou forma) adequado para o funcionamento do Princípio Mental, podemos acrescentar outro fator, além da distinção acima exposta. Ele trata especificamente daquilo que é chamado de "germe primitivo" – usando as palavras de um escritor científico contemporâneo de *A Doutrina Secreta*. Tendo em vista o contexto da citação que se segue, talvez as palavras "padrão primordial" consigam transmitir a ideia de forma mais clara, indicando que

449 Vol. III, p. 126, ed. 6 vol.; II, 124, 3ª ed.

existe um "padrão primordial" para o homem, distinto do "padrão primordial" apropriado aos reinos animal e vegetal. Esse conceito, mantido pela Filosofia Esotérica, choca-se diretamente com a base da teoria proposta por aqueles que afirmam que o homem descende de um ancestral animal – ou, conforme foi modificada essa teoria, de um ancestral comum tanto ao homem quanto ao macaco. Em outras palavras, o *rūpa*, ou forma do homem, não é uma projeção do reino animal, mas dele distinto. Também devemos lembrar que o homem precedeu toda forma mamífera nessa Quarta Ronda. A citação inicia-se da seguinte maneira:

> Tal como a Ciência, a Filosofia Esotérica não admite "desígnio" nem "criação especial". Repele toda pretensão ao "miraculoso", e não aceita coisa alguma fora das leis uniformes e imutáveis da Natureza. Ensina, porém, que há uma lei cíclica, uma dupla corrente de Força (ou Espírito) e de Matéria, que emana do *Centro Neutro* do Ser e se desenvolve por seu progresso cíclico e incessantes transformações. O germe primitivo, do qual evolucionou toda a vida vertebrada através das idades, sendo distinto do germe primordial que deu origem à vida vegetal e animal, existem leis secundárias cuja obra é determinada pelo estado em que se encontram os materiais sobre os quais vão atuar, e dos quais a Ciência (especialmente a Fisiologia e a Antropologia) parece saber muito pouco. Os seus partidários falam desse "germe primitivo" e sustentam achar-se cabalmente demonstrado que o "desígnio" (e o *designador*), se é que existe algum (no caso do homem, com a maravilhosa estrutura de seus membros, especialmente de suas mãos), deve ser situado em uma época muito mais remota, e está, realmente, contido no germe primordial, de onde emana, certamente, toda a vida vertebrada e, provavelmente, toda a vida animal ou vegetal, que se desenvolveu de modo lento. (II, 731)[450]

Essa passagem foi retirada de um trabalho de Laing, intitulado *Modern Science and Modern Thought*, p. 94. Mas note o comentário feito a respeito do "germe primitivo", e especialmente a frase de encerramento:

> Isso é exato no que respeita ao "germe primordial", não o sendo, porém, quanto a datar o mesmo "germe" somente de "uma época muito mais remota" que o homem; pois sua origem remonta a uma distância incomensurável e inconcebível, *no Tempo*, ainda que não no Espaço, da formação mesma do nosso Sistema Solar. (II, 732)[451]

A importância dessa afirmativa não pode ser superestimada. Devemos refletir sobre ela repetidas vezes, pois ela demonstra, conclusivamente, que existe um Plano Divino que antecede o nascimento do Sistema Solar. Mais ainda, indica que existe um "padrão primordial" para o homem que antecede ao nascimento dos mundos. Dessa forma, deve estar claro que os planetas e os sóis, assim como o homem, seguem um ritmo cíclico sequencial. Além do mais, os seres do nosso mundo são o resultado de padrões primordiais que fazem parte do Plano Divino.

---

450 Vol. IV, pp. 300-1, ed. 6 vol.; II, 772-3, 3ª ed.
451 Vol. IV, p. 301, ed. 6 vol.; II, 773, 3ª ed.

Para resumir o tema a respeito da conexão da Mônada com a evolução, acrescentamos uma citação que indica claramente que a Mônada é responsável diretamente por esse fator.

> O que impulsiona e força em direção à evolução, isto é, o que determina o crescimento e o desenvolvimento do Homem em busca da perfeição, é: (a) a Mônada, ou o que nela atua de modo inconsciente em virtude de uma Força que lhe é inerente, e (b) o Corpo Astral inferior ou Eu *pessoal*. A primeira, quer esteja aprisionada em um corpo animal ou em um vegetal, é dotada dessa Força; em verdade, ela própria é essa Força. Por causa de sua identidade com a FORÇA UNIVERSAL, inerente à Mônada, como já ficou dito, ela é toda-poderosa no plano *Arūpa*, ou sem forma. Em nosso plano sua essência é demasiado pura e permanece universalmente potencial; mas, individualmente, é inativa... (II, 109-10)[452]

Alguma palavra poderia ser mais clara? A Mônada "impulsiona a evolução e a força", pois possui dentro de si uma força inerente que por sua vez está ligada à FORÇA UNIVERSAL, equivalendo à Força Divina. É essa força que traz o Universo à existência. Enviada de sua Fonte Sublime, a Mônada busca obter uma condição equivalente à sua Fonte superior — começando de uma existência sem autoconsciência, sempre buscando obter supraconsciência (ou alcançar a "Realidade"). Usando de uma analogia, as centelhas procuram a própria Chama Universal, em vez de permanecerem separadas da Chama; pois a Chama é sua Fonte. Na luta para consegui-lo é necessário que a Mônada se estabeleça temporariamente em Mansões da Vida, por meio de veículos (ou vestes) subsidiários — essas vestes são reunidas dos reinos através dos quais a Mônada passa em sua jornada de retorno à Fonte. Entretanto, apesar das habitações temporárias construídas nas Mansões da Vida — as "habitações" representam a encarnação nas Esferas (ou Mansões da Vida) —, esse elo e esse parentesco com a Fonte permanecem intocados. Durante intervalos nas Esferas (como por exemplo, entre as vidas terrenas), a Mônada tem permissão para retornar à sua Fonte Mãe. Eis, em linhas gerais, a descrição da relação da Mônada com as Esferas.

Voltemos à consideração da Estância VII, *śloka* 1, e à explicação numerada parágrafo (e), que trata do Quarto Grupo (na relação da Mônada), especificamente a quarta sentença do parágrafo (e):

> São chamados os "*Jīvas* imortais" e constituem, por intermédio da Ordem que lhes é inferior, o primeiro Grupo da primeira Legião Setenária — o grande mistério do Ser humano consciente e intelectual.

O "grande mistério" é uma referência aos *Mānasaputras*, e umas poucas palavras são acrescentadas em explicação:

> O número sete não compreende somente Sete Entidades, mas também Sete Grupos ou Legiões, como anteriormente explicado. O Grupo mais elevado, o dos *Asuras* nascidos do pri-

452 Vol. III, p. 118, ed. 6 vol.; II, 115-6, 3ª ed.

meiro corpo de *Brahmā*, que se converteu em "Noite", é setenário; isto é, divide-se (como o dos *Pitris*) em sete classes, das quais três são *Arūpa* (sem corpo) e quatro possuem corpo. São eles mais verdadeiramente os nossos *Pitris* (Antepassados) do que os *Pitris* que projetaram o primeiro homem físico. (I, 218-9)[453]

Essa passagem pode gerar certa confusão por três razões: (1) os *Asuras* são geralmente vistos como "demônios" e oponentes aos deuses; (2) a redação da frase "os *Asuras* nascidos do primeiro corpo de *Brahmā*, que se converteram em Noite"; (3) o jogo com a palavra *Pitris*, "mais verdadeiramente os nossos *Pitris* do que os *Pitris*".

(1) Embora seja verdadeiro que o termo *Asura* é geralmente traduzido por "demônio", o uso antigo da palavra, conforme encontramos no *Rig-Veda*, significa um ser espiritual (um "deus", não um espírito mau). Por exemplo, a palavra é aplicada a Varuna, um dos "deuses" védicos. E aqui é empregada em seu significado original.

(2) Refere-se a uma alegoria quanto à povoação do mundo conforme os *Purānas*. Após a "criação" de *Brahmā*, a grande divindade concentrou a mente em si mesma para a povoação do mundo, o que começou com a construção de uma progênie através de sua vontade, e, para esse propósito, assumiu quatro corpos: os corpos da Noite (*Rātri*), do Dia (*Āhan*), do Crepúsculo (*Sandhyā*) e do Alvorecer (*Jyotsnā*), gerando quatro grandes grupos de seres. Esses grupos são os *Asuras*, os Deuses, os *Pitris* e os Homens. O primeiro grupo foi gerado da seguinte maneira, de acordo com o relato do *Vishnu-Purāna*:

> Havendo *Brahmā* concentrado sua mente em si mesmo, e estando o corpo que assumiu impregnado da Qualidade das Trevas, primeiramente criou os *Asuras* que saíram de sua Coxa; e depois abandonou esse corpo, sendo, então, transformado na Noite.[454]

Os *Purānas* consideram os *Asuras* em seu *último* significado, ou seja, associam-nos a "demônios" da escuridão. Entretanto, existe uma interpretação esotérica na qual os *Asuras* precederam os Deuses, porque as divindades da Noite sempre chegam antes das divindades do Dia. Assim é em praticamente todas as teogonias. Os deuses da "Noite" representam divindades de uma era *mais antiga*, enquanto as divindades do "Dia" dizem respeito aos seres divinos do *kalpa* (era) *atual*. Conforme o bem conhecido exemplo das divindades gregas, Zeus e suas onze divindades maiores representam os deuses e deusas do *kalpa* atual; Chronos e os Titãs, que foram depostos por Zeus, representam as divindades de um ciclo anterior. Assim os *Asuras*, nascidos do corpo da Noite, precederam os Deuses que nasceram *neste* Dia. Notemos também que os *Pitris*, que são chamados de "Filhos do Crepúsculo" nas *Estâncias de Dzyan*, foram produzidos quando *Brahmā* assumiu o Corpo do Crepúsculo; portanto prece-

453 Vol. I, p. 266, 6 vol. ed.; I, 239, 3ª ed.
454 Cap. V; transcrito em *S.D.*, vol. II, p. 59; III, 69, ed. 6 vol.; II, 62, 3ª ed.

deram os Homens, que nasceram no Corpo da Aurora, uma vez que os *Pitris* são o produto de um *kalpa* anterior – a Cadeia Lunar.

(3) O significado literal da palavra *pitri* é pai, ancestral, de forma que pode ser usado em referência tanto a ancestrais espirituais quanto físicos. Portanto, os *Pitris* Lunares são os ancestrais do "homem físico"; os *Asuras* (aqui) são os "pais" da parte intelecto-espiritual do homem. A conexão dos *Asuras* com a humanidade se estende mais longe no passado, além do ciclo presente, a um *kalpa* ainda mais distante; assim, eles são "mais verdadeiramente nossos *Pitris* (ancestrais)" do que os ancestrais *atuais* – os *Pitris* Lunares (ou *Barhishads*).

Outra indicação é fornecida nas palavras "sem corpo" e "com corpo": as três classes *arūpa* ou "sem corpo" (incorpóreas) de *Pitris* são os *Lhas* Solares ou *Mānasaputras*, que despertaram o Princípio-Mente adormecido dos humanos durante a Terceira Raça da Quarta Ronda. As quatro classes "com corpo" (corpóreas) são os *Pitris* Lunares, ou *Barhishad Pitris*, que projetaram seus *Chhāyās* ("duplos"), estabelecendo assim a Primeira Raça. A relação tem continuidade no parágrafo (g), que vem após o parágrafo (f), na interpretação da Estância VII, *śloka* 1.

> (f) O Quinto Grupo é muito misterioso, pois está conectado com o Pentágono Microcósmico, a estrela de cinco pontas representando o homem. Na Índia e no Egito esses *Dhyānis* estavam relacionados ao Crocodilo, e sua morada é no Capricórnio. Esses são termos intercambiáveis na astrologia indiana, pois este (décimo) signo do Zodíaco é chamado de *Makara*, traduzido livremente como "crocodilo". (I, 219)[455]
>
> (...)
>
> ...Supoe-se que o quinto grupo dos Seres celestiais contém em si os atributos duais dos aspectos espirituais e físicos do Universo; os dois pólos, poderíamos dizer, da Inteligência Universal (*Mahat*) e da natureza dual do homem, espiritual e física. Daí seu número cinco, que multiplicado por dois torna-se dez, relacionando-se com *Makara*, o décimo signo do Zodíaco. (I, 221)[456]

O parágrafo final na sequência de interpretações desta Estância lida com o sexto e sétimo grupos, fazendo a relação diretamente com o Reino Humano, pois existe uma conecção muito próxima entre os grupos, especialmente com relação às vestes – aquelas que são descritas como os "cinco princípios humanos intermediários." Porque o sexto e sétimo grupos são os *Dhyāni-Chohans*. É indicado que a entrada naquela hierarquia é obtida quando se alcança o cume do desenvolvimento no Reino Humano e dela se gradua. A passagem é importante e é apresentada na sua totalidade:

> (g) A *Sexta* e a *Sétima Ordens* participam das qualidades inferiores do Quaternário. São entidades conscientes e etéreas, tão invisíveis quanto o Éter; como os ramos de uma árvore, elas brotam do primeiro Grupo central dos Quatro, e por seu turno fazem brotar de

455 Vol. I, p. 266, ed. 6 vol.; I, 239, 3ª ed.
456 Vol I, p. 268, 6 vol. ed.; I , 241, 3ª ed.

> si inúmeros Grupos secundários, dos quais os inferiores são os Espíritos da Natureza, ou Elementais, de incontáveis espécies e variedades; desde os informes e insubstanciais – os Pensamentos ideais de seus criadores – até os atômicos, organismos invisíveis à percepção humana. Estes últimos são considerados "os espíritos dos átomos", constituindo o primeiro degrau que antecede o átomo físico (criaturas sencientes, se não inteligentes). Todos estão sujeitos ao *Karma*, e devem esgotá-lo em cada ciclo. Ensina a Doutrina Secreta que não existem seres privilegiados no Universo, assim em nosso sistema como nos outros, assim nos mundos externos como nos mundos internos – seres privilegiados à maneira dos Anjos da religião ocidental ou dos judeus. Um *Dhyān-Chohan* não surge ou nasce como tal, subitamente, no plano da existência, isto é, como um Anjo plenamente desenvolvido; mas veio a ser o que é. A Hierarquia Celeste do *Manvantara* atual ver-se-á transportada, no próximo ciclo de vida, a Mundos superiores, e dará lugar a uma nova Hierarquia composta dos eleitos de nossa humanidade. A existência é um ciclo interminável no seio da Eternidade Absoluta, em que se movem inúmeros ciclos internos, finitos e condicionados. Deuses citados como tais não demonstrariam nenhum mérito pessoal em serem Deuses. Semelhante classe de Seres – perfeitos unicamente em virtude da natureza imaculada e especial que lhes fosse inerente – em face de uma humanidade que luta e sofre, e ainda das criaturas inferiores, seria o símbolo de uma injustiça eterna de caráter realmente satânico, um crime para todo o sempre presente. Uma anomalia e uma impossibilidade na Natureza. Portanto, devem os "Quatro" e os "Três" encarnar-se como todos os demais seres. Por outro lado, este Sexto Grupo é quase inseparável do homem, que dele retira todos os seus princípios, exceto o mais elevado e o inferior, ou seja, o seu espírito e o seu corpo: os cinco princípios humanos intermediários constituem a própria essência dos *Dhyānis*. Só o Raio Divino, *Ātman*, provém diretamente do Uno. Perguntar-se-á: como pode ser? Como é possível conceber que estes "Deuses" sejam, ao mesmo tempo, suas próprias emanações e seus "Eus" pessoais? Será em sentido idêntico ao do mundo material, em que o filho é (de certo modo) o próprio pai, visto ser o seu sangue, o osso de seus ossos, e a carne de sua carne? A isso respondem os instrutores: "Em verdade, assim é." Mas só depois de penetrar no âmago do mistério do Ser é que se pode ter a perfeita compreensão desta verdade. (I, 221-2)[457]

Embora tenhamos que concordar sinceramente que as interpretações das *Estâncias de Dzyan* sejam longas e de difícil compreensão, cremos ter sido melhor fornecer as citações, de forma a indicar a relação que existe entre as Mônadas e as esferas galácticas, cujos focos de influência encontram expressão naquilo que chamamos de Signos do Zodíaco – dois dos quais foram especificamente mencionados durante a interpretação das *Estâncias*.

Embora a relação da Mônada com o Sistema não esteja sempre clara, podemos dizer que, algumas vezes, o ensinamento é sugerido ou aludido, em vez de diretamente indicado, objetivando evocar a intuição, possibilitando ao estudante "dar um salto" à frente e compreender o significado, mais que oferecer o lento método de análise dedutiva. Observe a importância da passagem que descreve a Mônada (mais especificamente a Essência Monádica ou o Raio Divino) emanando diretamente do UM. Devemos aqui reiterar que, como manifesta o *Comentário*, "o Um não se ocu-

---

457 Vol. I, pp. 268-9, ed. 6 vol.; I, 241-2, 3a. ed.

pa dos globos habitados pelo homem, mas das Esferas internas e invisíveis". Essa relação com as esferas internas e invisíveis perdura a despeito do que possa estar ocorrendo nas esferas externas e visíveis, às quais pertencem as vestes externas da Mônada e de onde essas mesmas vestes foram reunidas, de forma a fornecer um veículo à Mônada, embora sua raiz esteja nas esferas internas e invisíveis.

O objetivo final da Mônada é tornar-se um *Ser* totalmente consciente, tal qual a Fonte da qual brotou, *mais* o funcionamento consciente de todas as suas vestes, enriquecidas e exaltadas. Pois até mesmo as "vestes" consistem de *seres* reunidos por evos de peregrinação, como Centelhas expelidas pela Mônada em uma condição de não autoconsciência. De maneira que os seres que formam as vestes da Mônada são carregados por ela, e com ela, durante sua peregrinação, em sua jornada rumo à obtenção de uma superconsciência glorificada.

Dando continuidade ao relacionamento da Mônada – mais precisamente da Essência Monádica ou Raio Divino:

> "Ó sábio! Abandona o conceito de que *Não Espírito é Espírito*!" – diz *Shankarāchārya*. *Ātman* é Não Espírito em seu estado final *parabrahmānico*, *Īshvara*, o *Logos* é Espírito, ou, segundo a explicação do Ocultismo, é uma unidade composta de Espíritos viventes manifestados, a fonte e a sementeira de todas as *s* terrestres e mundanas, *mais* os seus Reflexos divinos, que emanam do *Logos* e a ele retornam, quando cada um chega ao ponto culminante do seu percurso... Consequentemente, a Mônada, considerada como Unidade, está acima do sétimo princípio no Cosmos e no homem; e, como Tríade, é a progênie direta e radiante daquela Unidade complexa, não o Sopro de "Deus", nome este que se dá à mesma Unidade, nem uma criação *ex-nihil*, porquanto semelhante ideia é de todo antifilosófica e degrada a Divindade, rebaixando-a a uma condição finita e com atributos. Como bem disse o tradutor de *Crest-Jewel of Wisdom*, ainda que *Īshvara* seja "Deus", "Imutável nos mais profundos abismos dos *Pralayas* e (também) durante os mais intensos períodos de atividade dos *Manvantaras*, *além* (dele) está *Ātman*, ao redor de cujo pavilhão reinam as trevas do eterno *Māyā*". As "Tríades" nascidas sob a influência do mesmo planeta, ou melhor, as Radiações de um mesmo Espírito Planetário ou *Dhyāni-Buddha*, são, em todas as suas vidas e renascimentos posteriores, almas irmãs ou "gêmeas" nesta Terra. (A ideia é idêntica à da Trindade Cristã, os "Três em Um", apenas é mais metafísica: o "Superespírito", Universal, manifestando-se nos dois planos superiores, os de *Buddhi* e de *Mahat*. São as três Hipóstases metafísicas, mas nunca pessoais.)
>
> (...)
>
> Sabiam-no todos os altos Iniciados de todas as épocas e países. "Eu e meu Pai somos um" – dizia Jesus (João, x, 30). A identidade, ao mesmo tempo em que a diferenciação ilusória, entre a Mônada *Angélica* e a Mônada *Humana*, ressai das seguintes frases: "Meu Pai é *maior* do que eu" (João, xiv, 28); "Glorificai a *vosso* Pai, *que está no Céu*" (Mat. V, 16). (I, 573-4)[458]

A distinção entre a Mônada *Angélica* e a Mônada *Humana* é claramente indicada: a Mônada Angélica significa a Essência Monádica ou o Raio Divino, enquanto que

---

458 Vol. II, pp. 297-8, ed. 6 vol.; I, 626-7, 3ª ed.

a Mônada Humana está representada na constituição humana por *Ātma-Buddhi*, o Peregrino. Essa distinção ajudará a compreender a relação da Mônada com o sistema e sua Origem, fornecida na seguinte citação:

> Todo estudante de Ocultismo sabe que os corpos celestes estão intimamente relacionados durante cada *Manvantara* com a humanidade daquele ciclo especial; e há alguns que creem que cada grande personalidade nascida durante esse período possui — como qualquer outro mortal, apenas em um grau maior — seu destino delineado em sua própria constelação ou estrela, traçado como uma autoprofecia, uma autobiografia antecipada, pelo Espírito que habita aquela estrela em particular. A Mônada humana, em seus primeiros dias, é esse Espírito, ou a Alma mesma daquela estrela (ou planeta). Assim como o nosso Sol irradia sua luz e raios sobre todos os corpos celestes dentro de nosso sistema, também o Regente de todo Planeta-Estrela, a Mônada mãe, lança para fora de si a Mônada de toda alma "peregrina" nascida sob a sua casa, dentro de seu próprio grupo. Os Regentes são, esotericamente, sete, ou ainda os *Sephiroth*, os "Anjos da Presença", os *Rishis*, ou os *Amshaspends*. "O Um não é um número" é dito em todos os trabalhos Esotéricos. (v. 333)

A referência feita aos *Rishis* oferece uma oportunidade apropriada para trazermos a anotação final da Estância 7, item (h), que foi acrescentada como uma explicação às palavras "os Sete Radiantes":

> Os sete *Rishis* criadores, agora relacionados com a constelação da Ursa Maior. (I, 213)[459]

Os sete *Rishis* ou *Saptarshis* são equiparados aos *Amshaspends* (ou *Amesha Spentas*) dos persas, ou ainda aos Sete Raios primitivos, ou os sete grupos ou hierarquias principais de *Dhyāni-Chohans*, como indicado na passagem a seguir. Observe, também, a relação das Mônadas com o Sistema:

> Há sete Grupos principais desses *Dhyān-Chohans*, Grupos que se podem ver e identificar em todas as religiões, porque são os SETE Raios primordiais. Ensina o Ocultismo que a Humanidade está dividida em sete Grupos distintos, com suas subdivisões mentais, espirituais e físicas. E por isso há sete planetas principais, as *esferas* dos sete Espíritos residentes; cada Grupo humano nasce sob a égide de um deles, que o guia e o influencia. Há somente sete planetas *especialmente* relacionados com a Terra, e doze casas; mas as combinações possíveis de seus aspectos são inumeráveis. Como cada planeta pode assumir doze aspectos diferentes em relação a cada um dos outros, o número de suas combinações deve ser quase infinito; como infinitas são, realmente, as capacidades espirituais, psíquicas, mentais e físicas das incontáveis variedades do *genus homo*, cada uma nasce sob um dos sete planetas e de uma das mencionadas e inumeráveis combinações planetárias. (I, 573)[460]

Além dos sete grupos principais existe ainda outra relação — um elo individual, ainda mais potente. Nesse relacionamento outra distinção deve ser feita, entre a per-

459 Vol. I, p. 260, ed. 6 vol.; I, 233, 3ª ed.
460 Vol. II, p. 297, ed. 6 vol.; I, 626-7, 3ª ed.

sonalidade – significando uma pessoa vivendo sua vida diária na Terra – e a individualidade – aquilo que perdura de vida em vida na Terra, que une as personalidades como as pérolas são unidas em um colar por meio de um fio.

> A estrela sob cuja influência nasce uma Entidade humana – reza o Ensinamento Oculto – permanece para sempre como a sua estrela durante todo o ciclo de suas encarnações em um *Manvantara*. *Mas esta não é a sua estrela astrológica*. Esta última diz respeito e se relaciona somente à *Personalidade*; a primeira, à *Individualidade*. O "Anjo" desta Estrela, ou o *Dhyāni-Buddha* com ela relacionado, será o Anjo que guia, ou simplesmente o que preside, por assim dizer, cada novo renascimento da Mônada, *que é parte de sua própria essência*, ainda que o seu veículo, o homem, possa ignorá-lo sempre. (I, 572-3)[461]

---

461 Vol. II, p. 296, ed. 6 vol.; I, 626, 3ª ed.

CAPÍTULO VIII

A Doutrina das Raças

Este capítulo é, na realidade, uma extensão do assunto considerado no Capítulo V, sob o título de Doutrina da Mudança Contínua, embora trate de uma fase específica do tema principal. Assim, está sob a operação da mesma lei — a Lei do Movimento Eterno, principalmente por seu aspecto particular dizer respeito à manifestação de mudanças contínuas (ou, como também podemos dizer, o modo pelo qual a evolução é obtida). Por isso, acreditamos ser útil devotar um capítulo em separado a esse tema específico.

Ao ler o título, sugerimos que a palavra *doutrina* seja enfatizada no lugar da palavra *raças*. A razão para isso é que a palavra "raça" é usada em um sentido específico e não possui os significados usuais — descendentes de um ancestral comum; uma linha ou tronco genealógico, ou família; uma classe de pessoas que possuem interesses comuns; uma grande divisão da humanidade feita de tribos e nações; uma ramificação dessa divisão; seres humanos como uma classe ou *humanidade em geral* (todas essas são definições de dicionário). A última (em itálico) aplica-se satisfatoriamente ao termo "Reino Humano", mas, conforme usada na Filosofia Esotérica, a palavra "raça" indica um tipo específico de *desenvolvimento evolutivo*, não apenas no que tange ao desenvolvimento físico e às características externas, mas também incluindo uma condição de desenvolvimento intelectual e espiritual específica.

Na tentativa de transmitir um significado nítido, o termo Raça-Raiz foi usado, alternadamente, com o mesmo significado de raça, e embora o termo raiz, figurativamente conectada com raça, transmita a ideia de uma base da qual a raça se origina, cresce e dela tira sua vida e vigor, ainda assim não exprime adequadamente a ideia desejada, principalmente porque uma Raça-Raiz tem existência e depois desaparece, dando lugar a uma nova Raça-Raiz. A dificuldade com relação à palavra "raça" surge do seguinte fator: a ideia geral conectada a esse termo sugere um grupo ou divisão de seres humanos que se estabelece em um país, forma uma nação, tem seu período de crescimento, alcança um clímax de influência e depois declina. Seu lugar é assumido por outra raça, composta de outro grupo de indivíduos. Mas a ideia que a Filosofia Esotérica busca transmitir é que embora os indivíduos ou personalidades que habitam determinada Raça-Raiz possam ser novos, essas personalidades não são mais que as manifestações externas das *mesmas Mônadas* que usaram personalidades anteriores como veículos para um determinado período de manifestação. Os veículos desapareceram, é verdade, assim como as características da antiga Raça-Raiz. Em seu devido tempo, as mesmas Mônadas tomarão veículos de uma variedade ainda maior, que, é claro, serão "novos", de forma a darem continuidade ao seu ciclo evolutivo, em novas terras e em novas condições, formando outra Raça-Raiz, totalmente diferente da Raça-Raiz anterior.

O termo "Mônada", conforme é usado aqui, significa o Peregrino que está passando pelo Ciclo de Necessidade (vivendo vida após vida no globo terrestre), usando vestes ou veículos apropriados ao Reino Humano. Tecnicamente, a Mônada é *Ātma-Buddhi*, que por meio do *Manas* superior permite que o Peregrino imortal se manifeste na Terra repetidamente, utilizando o corpo humano como veículo por um período de manifestação equivalente a uma vida na Terra.

Uma vez que a lei do Movimento predomina tanto nas esferas manifestadas (as esferas das causas) como nas esferas imanifestadas (que podem ser consideradas as esferas dos efeitos), as raças estão destinadas a irem e virem. Ainda assim, o Reino Humano permanece sobre o globo. O Reino Humano é composto de Mônadas que estão passando por seu ciclo de evolução em globos que sustentam a vida humana. Da mesma forma, a lei de periodicidade requer que períodos devotados à atividade sejam seguidos por igual período de repouso. As raças devem seguir o mesmo padrão.

Sugerimos que, se considerarmos uma raça (ou Raça-Raiz) como *um estágio superior de desenvolvimento evolutivo*, poderemos obter uma ideia mais precisa do ensinamento básico relacionado à Doutrina das Raças. Com isto em mente, a Doutrina das raças pode ser desenvolvida através de sete postulados:

(1) Um período de atividade (*Manvantara* planetário) tem o propósito de dar a oportunidade aos seres, na Escada da Vida, de galgarem ou obterem uma condição evolucionária mais elevada. A Escada da Vida consiste de dez Hierarquias, ou Classes de Seres, compostas de Mônadas que usam essas Hierarquias com propósitos de desenvolvimento evolutivo. Um período cíclico completo é necessário para que os seres subam de um degrau a outro na Escada da Vida. Um período cíclico completo equivale a Sete Rondas, ou a um *Manvantara* Planetário.

(2) O ciclo de evolução é concluído pelas dez Hierarquias que executam um circuito nas esferas que constituem uma Cadeia. Uma Cadeia possui sete globos. O circuito é feito em série, começando pelo primeiro dos sete globos, Globo A – que está localizado em um plano espiritual e é, portanto, um globo espiritual –, descendo à segunda esfera, o Globo B, depois à terceira, o Globo C, e, completando sua descida, ao quarto Globo da série, o Globo D, que é o mais material dos globos. O circuito continua, agora no sentido ascendente, do mais material dos globos - e também dos planos – à quinta esfera, o Globo E, da quinta à sexta, o Globo F, e da sexta à sétima, o Globo G – que é, em espiritualidade, comparável ao primeiro globo da série. Um circuito em série por e através dos sete globos que compõe uma Cadeia forma uma Ronda.

(3) O ciclo de evolução é realizado pelas dez Hierarquias, que avançam por sete estágios em cada globo da Cadeia, comparáveis às sete "ondas de esforço". Assim como as ondas de um litoral seguem uma à outra, subindo até o seu pico e depois quebrando na praia, as "ondas de esforço" são estimuladas pela Legião de seres, ou Mônadas, de cada classe. Entretanto, ao invés de cada "onda de esforço" quebrar, elas são absorvidas pela onda seguinte, de forma que, quando a sétima onda alcançar seu pico, conterá a acumulação do esforço de todas as sete ondas ondulando sobre o próximo globo, para realizar as sete ondas de esforço necessárias. Essas sete ondas de esforço são equivalentes a sete estágios principais de desenvolvimento evolutivo. No caso do Reino Humano, esses sete estágios principais de desenvolvimento são chamados de Sete Raças ou Sete Raças-Raízes, cada uma sendo um estágio necessário na consecução do Plano Divino. Toda a Legião de Mônadas que forma o Reino Humano deve passar por sete estágios principais de desenvolvimento, cada estágio tendo a duração de alguns milhões de anos.

(4) A Legião de Mônadas no Reino Humano está atualmente passando pelo ciclo de evolução do quarto globo da Cadeia Terrestre, o Globo D, e está no processo de desenvolvimento do quinto estágio principal de desenvolvimento evolutivo. Assim, a humanidade é descrita como estando na Quinta Raça-Raiz.

(5) Os sete estágios principais de desenvolvimento pelos quais a humanidade evolui podem ser subdivididos em sete estágios menores de desenvolvimento. Sete estágios menores são necessários para cada estágio principal. Esses estágios menores são chamados de sub-raças, de forma que cada Raça-Raiz consiste de sete sub-raças.

(6) Quando a Legião de Mônadas humanas conclui os sete estágios principais de desenvolvimento em um determinado globo da cadeia, prossegue para o próximo globo da série, de forma a cumprir sete estágios principais de desenvolvimento nesse novo globo. Até agora a humanidade concluiu três circuitos completos da série de sete globos e está progredindo no quarto ciclo ou Quarta Ronda do circuito. O Reino Humano está localizado no quarto globo da série de sete globos, chamado de Globo D.

(7) Cada uma das sete Raças-Raízes possui um continente ou área que é o seu "lar", onde cumprirá sua evolução específica sobre o globo.

O escopo da evolução fornecido neste amplo esquema é tão vasto que as considerações sobre a evolução física que a ciência persegue se apequenam quando comparados. Todo o plano é de proporções tão estupendas que *A Doutrina Secreta* o trata apenas como *uma fase do plano*, a fase mediana, tratando apenas do que está ocorrendo no quarto globo da Cadeia Terrestre (Globo D) durante a Quarta Ronda. Mesmo sobre esse globo, não são mencionados os sexto e sétimo estágios de desenvolvimento humano, nem as últimas partes do quinto (a nossa presente Raça-Raiz).

Entretanto, um esboço é fornecido sobre as quatro primeiras raças. E as mudanças que ocorreram no desenvolvimento da humanidade durante esse breve período (*breve* em comparação ao circuito completo de Sete Rondas, embora seja na verdade um período que cobre *milhões de anos*) sobrepujam qualquer mudança adiantada por qualquer antropologista. Essas mudanças são parte dos ensinamentos relativos à raça do homem, conforme registrados nas *Estâncias de Dzyan*, sobre as quais *A Doutrina Secreta* baseia seus relatos sobre a evolução do homem.

Entretanto, de maior importância que a evolução física do homem é o desenvolvimento de suas capacidades e potencialidades inerentes. Quando estas estiverem desenvolvidas em sua totalidade, o homem será como um deus na Terra. Mas esse desenvolvimento não é obtido por acréscimo de características externas ou por mudanças na forma, embora isso ocorra. Tampouco o desenvolvimento é alcançado por meio da implantação de novas faculdades – ele é obtido através do desdobramento ou da apresentação das capacidades inerentes que já estão presentes *dentro* do homem, mas trancadas, por assim dizer, no interior das potências da Mônada.

Como mencionado no Capítulo VII, a Mônada que está buscando o seu desenvolvimento através da fase humana de evolução já possui a condição e a capacidade inerentes de um *Dhyāni-Chohan*, mas não teve ainda a oportunidade de desenvolver suas vestes inferiores, ou de intermediar as potências que possibilitariam sua atuação no Reino *Dhyāni-Chohânico*. A Mônada só será capaz de fazê-lo depois de ter passado pelos estágios do Reino Humano necessários, isto é, por Sete Raças e por Sete Rondas. Quando isso for feito, a Mônada terá se graduado no Reino Humano e poderá atuar no Reino *Dhyāni-Chohânico*, no próximo degrau superior da Escada da Vida.

O tema da Doutrina das Raças corre o risco de se sobrepor ao tema da evolução humana. Uma vez que esse aspecto do ensinamento foi amplamente tratado no quinto capítulo (numa seção devotada a essa fase), faremos um esforço no sentido de não duplicar ideias, embora seja imperativo repetir aqui os três postulados sobre a evolução humana, pois um claro entendimento dessas proposições ajuda a obter uma noção das ideias fundamentais relacionadas à Doutrina das Raças, especialmente no que diz respeito aos primeiros estágios do homem neste globo (durante a Quarta Ronda).

> No que concerne à evolução da humanidade, a Doutrina Secreta postula três novas proposições que se encontram em contradição formal com a Ciência moderna, bem como com os dogmas religiosos correntes. Ensina ela: (a) a evolução simultânea de sete Grupos humanos em sete diferentes partes do nosso Globo; (b) o nascimento do corpo *astral* antes do corpo *físico*, servindo o primeiro de modelo ao segundo; e (c) que o homem, nesta Ronda, precedeu a todos os mamíferos – inclusive os antropoides – do reino animal. (II, 1)[462]

[462] Vol. III, p. 15, ed. 6 vol.; II, 1, 3ª ed.

A Primeira Aparição do Homem

Uma breve explicação sobre os três postulados, embora um tanto quanto diferente das linhas já traçadas no Capítulo V, ajudará na apresentação de nosso tema. O primeiro postulado trata daquilo que podemos considerar como poligenismo, haja vista a citação que segue o item (a):

> (a) a evolução simultânea de sete Grupos humanos em sete diferentes partes do nosso Globo.
>
> (...)
>
> Em sentido estrito, a Filosofia Esotérica ensina um poligenismo modificado; porquanto os seus antepassados ou "Criadores" eram todos Seres divinos – ainda que de diferentes classes ou graus de perfeição em sua Hierarquia –, sustenta que os homens nasceram, contudo, em sete pontos diversos do continente que então existia. Embora todos tivessem uma origem comum, não é menos verdade que, em razão das circunstâncias já expostas, as suas potencialidades e capacidades mentais, as suas formas exteriores ou físicas, bem como as suas características futuras, eram completamente diferentes. Umas superiores, outras inferiores, *conforme o Karma* das diversas Mônadas que reencarnavam, as quais não podiam ser todas do mesmo grau de pureza em suas últimas vidas em outros mundos.
>
> (...)
>
> Assim se explicam as diferenças de raça, a inferioridade do selvagem e outras variedades humanas. (II, 249)[463]

O significado dessa origem poligênica é a produção de muitas e diferentes causas, em diferentes períodos e lugares. Também implica no poligenismo, que é a teoria segundo a qual membros de uma espécie se originaram de mais de um par de primogenitores. De acordo com a lei setenária, sete grupos humanos foram produzidos em sete porções diferentes; consequentemente, a história bíblica sobre o surgimento da humanidade a partir de um único par é considerada alegórica.

Entretanto, existe ainda um fator adicional de maior importância que a origem poligênica. Devemos ter em mente que os três postulados fazem referência específica ao quarto globo e à *Quarta Ronda*, e não a globos ou rondas anteriores. Assim sendo, eles tratam da seguinte situação: como já descrito nos parágrafos 3 e 6 acima, as Mônadas humanas concluíram sete estágios principais de desenvolvimento no *Globo C* (da Quarta Ronda). A seguir, ocorre um período interplanetário de descanso, tecnicamente conhecido como *Sāndhyas* e *Sāndhyanshas*. Em outras palavras, o crepúsculo e o alvorecer ocorrem, sendo que cada período equivale a um décimo de todo o período de atividade do Globo C. Assim, um crepúsculo (*Sāndhya*) segue o período de atividade no Globo C, e uma aurora (*Sāndhyansha*) precede o período de atividade do Globo D. Durante o *Sāndhya* e o *Sāndhyansha*, algumas Mônadas – as mais avançadas delas – entram no *Nirvāna*, enquanto outras entram nas "Esferas de

---

463 Vol. III, p. 251, ed. 6 vol.; II, 259, 3ª ed.

Expectação" (a serem explicadas mais adiante). Como o Globo C é mais etérico que o Globo D e está situado em um plano mais espiritual, os estágios *finais* no Globo C teriam desenvolvido um veículo etérico superior, assim como uma "sétima raça", mais avançada para a fase de desenvolvimento da raça humana no Globo C. Mas, uma vez que o Globo D está localizado em um plano inferior, ou material, serão necessários os veículos das Mônadas humanas preparados pelos *Pitris* Lunares (como explicado no Capítulo V), e esses *Pitris* eram de sete tipos ou grupos.

Mesmo assim, os primeiros sete grupos foram produzidos em forma etérica, e devem ser vistos como "pressentimentos" de homens, mais do que a forma humana à qual estamos familiarizados. Isso será explicado conforme desenvolvermos a história antiga da humanidade. Além disso, ao mesmo tempo em que as formas eram projetadas por esses Seres Superiores, a potência que possibilitava que as formas continuassem em linhas de desenvolvimento era fornecida de forma que fossem capazes de evoluir da maneira como ocorre atualmente – conforme o registro descrito pelas Estâncias Antigas. Essa potência era fornecida não apenas ao Reino Humano, mas também aos Reinos Animal e Vegetal. Esse ponto deve ser observado quando consideramos o desenvolvimento evolutivo que ocorreu em todos os Reinos da Natureza neste globo. Isso é reforçado na citação a seguir, na qual a "potência" acima referida é chamada de "Centros de Força *Dhyān-Chohānicos*":

> São os "Muitos" que procedem do "Único" – os germes espirituais vivos ou *centros de forças* –, cada qual sob uma forma setenária, que primeiramente gera e em seguida dá o IMPULSO PRIMORDIAL à lei de evolução e de desenvolvimento lento e gradual.
>
> (...)
>
> Limitando o ensinamento estritamente à nossa Terra, pode-se indicar que, assim como as formas etéreas dos primeiros homens foram inicialmente projetadas em sete zonas por sete *Centros* de Força *Dhyān-Chohānicos*, assim também há centros de poder criador para cada espécie original das inumeráveis formas da vida vegetal e animal. Não há nisso uma "criação especial" ou um "desígnio", exceto no "plano básico" geral elaborado pela Lei Universal; mas há, certamente, "planejadores", embora estes não sejam nem onipotentes nem oniscientes, no sentido absoluto dos termos. São simplesmente Construtores, ou Maçons, que trabalham sob o impulso dado a eles pelo Mestre Maçom incognoscível (em nosso plano) – a VIDA UNA e a Lei. Pertencendo a esta esfera, não cabe a eles intervir em outra, nem têm a possibilidade de fazê-lo, pelo menos no presente *Manvantara*. Que eles trabalham por ciclos e em uma escala de progressão estritamente geométrica e matemática, mostram-no amplamente as espécies animais extintas; e que atuam dentro de um plano quanto aos pormenores das vidas inferiores (de espécimes animais secundários, etc.), prova-o suficientemente a história natural. (II, 732)[464]

Voltando às palavras do primeiro postulado, ou seja, "a evolução simultânea de sete Grupos humanos em sete diferentes partes do nosso Globo", é importante lembrar que os sete grupos não devem ser tomados como as sete raças. A razão para

464 Vol. IV, p. 301 ed. 6 vol.; II, 773, 3ª ed.

tal pode ser encontrada no significado dado à palavra *grupo*, pois, como apontado na seção final da Doutrina das Esferas, existem sete *grupos de Mônadas*, cada grupo sob o foco específico de um planeta – um grupo para cada um dos Sete Planetas Sagrados. Conforme a tendência evolutiva das raças progride, entretanto, os sete grupos ou classes tornam-se mais e mais generalizados, de forma que na presente Quinta Raça não há, aparentemente, distinção a ser notada entre os sete grupos originais. Uma razão para essa aparente falta de distinção é o aspecto evolutivo que está sendo enfatizado na Quinta Raça-Raiz, ou seja, o aspecto *Manas* do Princípio *Kāma*. Não obstante, os *indivíduos* (ou Mônadas individuais) ainda pertencem aos tipos originais do grupo, sob o domínio de um planeta específico, mesmo que não possam ser distinguidos por suas características exteriores. Por fim, conforme a tendência evolutiva racial avança, os indivíduos pertencentes aos sete tipos de grupo irão mostrar suas características originais, embora de maneira mais evoluída, durante a Sétima Raça.

Também é digno de nota que cada um dos sete grupos, assim como cada uma das sete porções do globo, está sob a regência de um *Dhyāni* (Observador), da mesma forma que cada uma das Sete Raças e das Sete Rondas está sob a influência de um Reitor (Observador). Um *Comentário* sobre as *Estâncias de Dzyan* coloca a ideia da seguinte forma:

> E assim como cada uma das Sete Regiões da Terra, cada um dos Sete Primogênitos (os Grupos Humanos primordiais) recebe espiritualmente a luz e a vida de seu próprio *Dhyāni* especial, e fisicamente do Palácio (a casa, o planeta) desse *Dhyāni*, o mesmo sucede com as sete grandes raças a nascer aí. A Primeira nasce sob a influência do Sol... (II, 29)[465]

Com relação aos sete "Primogênitos", também chamados de "Existentes por si mesmos", o *Comentário* XIV sobre as *Estâncias de Dzyan* diz:

> O semelhante produz o semelhante, e não mais, na gênese do Ser; e a evolução, com suas leis condicionadas e limitadas, surge depois. Os Existentes por si mesmos – as Essências Espirituais Angélicas, que são os Seres imortais, porque permanecem não condicionados na Eternidade, embora sejam periódicas e condicionadas em suas manifestações *manvantáricas* – são chamados "Criações" porque aparecem no Raio Espiritual manifestado pelo poder inerente de sua Natureza INATA, que está fora do Tempo e do Espaço (finito ou condicionado). Os produtos terrenos, animados e inanimados, inclusive a humanidade, são erroneamente chamados criação e criaturas; representam o desenvolvimento (evolução) dos elementos distintos. (II, 242)[466]

Dando continuidade aos postulados, vamos neste ponto considerar o terceiro (c) antes do segundo, pois este afirma:

465 Vol. III, pp. 41-42, ed. 6 vol.; II, 32, 3ª ed.
466 Vol. III, pp. 244-5, ed. 6 vol.; II, 252, 3ª ed.

(c) que o homem, nesta Ronda, precedeu a todos os mamíferos – inclusive os antropoides – do reino animal.

As palavras que devemos enfatizar nesta passagem são: "nesta Ronda", que se refere à Quarta Ronda; e "os mamíferos". Uma vez afirmado que o homem precedeu os antropoides, óbvio está que ele não "descende dos antropoides", nem de um ancestral comum. A importância dessa afirmação não deve ser menosprezada.

Tenham em mente que, embora os animais – inclusive os mamíferos – tenham se desenvolvido depois do homem e, em parte, *com* os materiais por ele abandonados, o animal mamífero, sendo-lhe muito inferior, passou a placentário e teve os sexos separados muito antes que o homem. (II, 736)[467]

Os "materiais abandonados" não se referem à substância física, mas à "matéria astral". Não obstante, conforme aponta a citação, os mamíferos "fisicalizaram-se" antes do homem, por causa de sua condição placentária (ou seja, cultivando um animal mais novo dentro de um útero), assim como se "separaram" antes (ou seja, tornaram-se animais de dois sexos antes dos humanos).

Poderíamos perguntar: qual é então a origem do homem, já que este precedeu aos mamíferos? Podemos responder a essa questão desta forma: a origem da humanidade pode ser traçada até os seres divinos, que criaram não um homem físico, mas uma cópia daquilo que eles mesmos são; quer dizer, possuindo veículos etéricos, de substância não física. Essa é a razão para que o segundo postulado esteja redigido desta forma:

(b) o nascimento do corpo *astral* antes do corpo *físico*, servindo o primeiro de modelo ao segundo.

O termo técnico para a palavra "astral" é *Linga-Śarīra* – um composto sânscrito que significa literalmente "o modelo" (*linga*) que é dispensado, embora "dispensado" não ocorra até *depois* da morte do corpo físico. Na verdade, o mesmo processo ocorre no nascimento: primeiro o *Linga-Śarīra* é concebido, depois o corpo físico é moldado sobre o padrão fornecido, primeiro com a ajuda da mãe, e depois que a criança nasce o processo continua através do ciclo de crescimento do jovem, até que a maturidade seja alcançada.

É bom prestar atenção, no entanto, no fato de que essas formas astrais (ou etéricas) primordiais prevaleciam tanto no reino animal quanto no reino humano, e que eram de uma constituição totalmente diferente do veículo físico atual.

As formas dos homens e dos outros mamíferos, anteriormente à separação dos sexos, eram constituídas de matéria etérea, com uma estrutura inteiramente diferente da dos organis-

467 Vol. IV, p. 306, ed. 6 vol.; II, 778, 3ª ed.

mos físicos que comem, bebem, digerem etc. As combinações fisiológicas necessárias a essas funções processaram-se quase por completo após a incipiente materialização "física" dos sete Tipos-Raízes do astral, durante a "parada a meio caminho" entre os dois planos de existência. (II, 736)[468]

Os "dois planos" a que se refere a citação são os Planos Astral e Físico. Devemos notar, ainda, que a "matéria astral" utilizada nas formas dos reinos animal e humano (naqueles evos passados) pertencia ao Quarto Plano Cósmico, embora relativos a um subplano diferente do subplano físico, pois existem sete subplanos para cada Plano Cósmico.

Convém lembrar que a matéria astral é o quarto estado na matéria, tem seu próprio "protilo", como a nossa matéria grosseira. Há vários protilos na Natureza, que correspondem aos diversos planos da matéria. Os dois reinos elementais subfísicos, o plano da Mente, *Manas*, ou quinto estado da matéria, e o plano de *Buddhi*, ou sexto estado, evolveram ambos de um dos seis protilos que constituem a base do Universo Objetivo. (II, 737)[469]

Acreditamos ser de ajuda uma definição da palavra "protilo": é um composto grego da palavra *proto*, primeiro, original, e *hyle*, matéria – traduzindo: matéria primordial. Uma definição mais técnica seria: a suposta substância cósmica primitiva da qual se acredita que os elementos químicos são formas especializadas. Cada um dos "quarto, quinto e sexto estados de matéria" a que se faz referência pertence a um subplano "superior" (ou mais refinado) que o subplano físico com o qual estamos familiarizados. Os dois "reinos elementais subfísicos" mencionados fazem referência aos subplanos "abaixo" (ou mais densos) do físico.

Na citação anterior, o termo "parada a meio caminho" se refere ao estágio entre os dois planos, onde o astral e o físico permanecem em equilíbrio, digamos assim, antes que o processo de "fisicalização" se complete. Esse completamento é representado pelo aparecimento das "vestes de pele" mencionadas na citação a seguir, e que também explica o termo "parada a meio caminho", desta forma:

O "ponto médio da evolução" é aquela fase em que os protótipos *astrais* começam definitivamente a tornar-se físicos e a ficar, por conseguinte, sujeitos aos agentes de diferenciação que operam presentemente ao nosso redor. As causas físicas assumem logo a supremacia com o aparecimento das "vestes de pele" – isto é, do equipamento fisiológico em geral. (II, 736)[470]

Com relação à transição que ocorre da forma astral para a forma física, uma ilustração do processo que se dá durante os fenômenos presenciados em sessões, chamados (embora erroneamente) de "materialização de espíritos", é fornecida.

---

468 Vol. IV, p. 306, ed. 6 vol.; II, 778, 3ª ed.
469 *Idem* nota 468.
470 Vol. IV, p. 306, ed. 6 vol.; II, 777-8, 3ª ed.

Quanto à primeira realidade da descida no Plano Físico, que teve no homem e no animal fisiológico o seu ponto culminante, dispomos de uma prova tangível nas denominadas "materializações".
(...)
Em todos estes casos ocorre uma completa imersão temporária do astral no físico. A evolução do homem *fisiológico* desde as raças etéreas do *primeiro período* da idade Lemuriana – o período Jurássico da Geologia – encontra um perfeito paralelo na "materialização" dos "espíritos" (?) nas salas das sessões. (II, 737)[471]

Uma explicação mais detalhada sobre o processo de fisicalização e da "separação de sexos" é fornecida na continuação do tema principal deste capítulo, as *Raças-Raízes*. Sua inclusão neste ponto foi necessária para a elucidação dos três postulados que fornecem a base para a apresentação da Filosofia Esotérica com relação às raças humanas.

A Primeira Raça-Raiz

Havendo relatado a origem do homem, o próximo passo será descrever o primeiro *rūpa*, ou a forma da Primeira Raça-Raiz. Isso é explicado da seguinte forma por um *Comentário*:

O *Rūpa* Celeste (*Dhyān-Chohan*) cria (o homem) segundo sua própria forma; é uma ideação espiritual resultante da primeira diferenciação e do primeiro despertar da Substância (manifestada) universal; essa forma é a Sombra ideal de si mesma; e é o Homem da Primeira Raça.
(...)
Para dizer com maior clareza, e limitando a explicação à nossa Terra, o dever dos primeiros Egos "diferenciados"... foi o de imbuir a Matéria Primordial com o impulso evolucionário e orientar seus poderes formativos na modelagem de suas produções... Para tanto, os "Criados por si mesmos" e os "Existentes por si mesmos" projetaram suas pálidas Sombras. (II, 242-3)[472]

Podemos acrescentar a esta explicação outro parágrafo:

Sujeitos à lei eterna, os Deuses só podiam projetar de si mesmos *sombras* de homens, um pouco menos etéreos e espirituais, um pouco menos *divinos* e *perfeitos* do que eles próprios – sombras também. A primeira Humanidade foi, portanto, uma pálida cópia de seus Progenitores; demasiado material, apesar de etérea, para constituir uma hierarquia de Deuses; demasiado espiritual e pura, para constituir HOMENS, dotada como é de todas as perfeições *negativas* (*Nirguna*). A perfeição, para que o seja verdadeiramente, deve nascer da imperfeição; o *incorruptível* deve ter sua imagem no corruptível, que será o seu veículo, base e contraste. (II, 95)[473]

471 Vol. IV, p. 306, ed. 6 vol.; II, 778, 3ª ed.
472 Vol. III, p. 245, ed. 6 vol.; II, 253, 3ª ed.
473 Vol. III, p. 104, ed. 6 vol.; II, 100, 3ª ed. *Nirguna* quer dizer "desprovido de qualidades".

Daí a necessidade de evoluir através do Reino Humano, culminando na obtenção da condição de deuses. O termo técnico para "sombras" é *chhāyās*; assim, a Primeira Raça é chamada de Raça *Chhāyā*.

Um *Comentário* sobre as *Estâncias de Dzyan*, em forma de um Catecismo, coloca em linguagem mística o que ocorreu para o surgimento da primeira raça da humanidade:

> Dos mundos materiais descendem os que dão forma ao homem físico em cada novo *Manvantara*. São os *Lhas* (Espíritos) inferiores que possuem um duplo corpo (uma Forma Astral dentro de uma Forma Etérea). São os construtores e criadores do nosso corpo de ilusão... (II, 57)[474]

A frase "dos mundos materiais descendem os que dão forma ao homem físico" faz referência aos *Pitris*, que vieram de uma cadeia de globos mais material que a cadeia da Terra, a Cadeia Lunar. Entretanto, como completaram sua evolução naquela cadeia, obtiveram a condição de "deuses" e foram intitulados "Senhores da Lua, dos corpos aéreos" (Estância III, *śloka* 12). O "novo *Manvantara*" significa o começo da Quarta Ronda no Globo D, uma vez que há um período de tempo comparativamente curto, um décimo do período do *Manvantara* que acabou de terminar – tecnicamente um *Sandhyā* e um *Sandhyānśa*, ou seja, Aurora e Crepúsculo – entre a conclusão das Sete Raças no Globo C e o começo da Primeira Raça no Globo D. A esse período confere-se o nome de "*Pralaya* planetário" ou "período de obscurecimento".

Os Senhores da Lua são chamados de "*Lhas* inferiores", de forma a fazer uma distinção entre os *Pitris* Lunares e os *Pitris* Solares – os últimos chamados de "Deuses da Vontade", que descendem "de Esferas Superiores". *Lhas* é uma palavra tibetana equivalente a *Pitris*. A forma (*rūpa*) é denominada "corpo de ilusões", que a princípio era um veículo etéreo, depois se tornou físico e impermanente, sujeito a constantes modificações. Veja-se ainda a colocação que faz um *śloka*, apresentando as palavras de comando do grande Senhor da Face Resplandecente ao Senhor da Terra: "Tua Gente estará sob o comando dos Pais. Teus Homens serão mortais." (Estância I, *śloka* 3). Porque:

> Sendo a Lua um corpo inferior, mesmo em relação à Terra, sem falar de outros planetas, os homens terrestres produzidos por seus Filhos – os homens lunares ou "antepassados" – com a matéria de seus corpos ou envoltórios não podem ser imortais. E não podem chegar a ser homens verdadeiros, inteligentes e autoconscientes, sem que sejam *acabados*, por assim dizer, por outros criadores. (II, 45)[475]

---

474 Vol. III, p. 67, ed. 6 vol.; II, 60, 3ª ed.
475 Vol. III, p. 56, ed. 6 vol.; II, 48, 3ª ed.

A "terminação" faz referência ao trabalho dos "Deuses da Vontade" de Esferas Superiores – os *Mānasaputras*, ou ainda os Filhos da Mente, ou *Pitris* Solares. Isso, entretanto, não ocorreu até a Terceira Raça. O Catecismo continua:

> Dentro das formas projetadas pelos *Lhas* (*Pitris*), as duas letras descenderam das esferas da expectativa. Mas são como um telhado sem paredes ou pilares para sustentá-lo. (II, 57)[476]

Notas de rodapé foram acrescentadas para explicar o significado de "duas letras" e "esferas de expectativa":

> As duas letras significam a Mônada, também chamada "o Duplo Dragão". No Sistema Esotérico, os sete princípios do homem são representados por sete letras. As duas primeiras são *mais* sagradas que as quatro letras do Tetragrammaton. (II, 57)[477]

As quatro letras do Tetragrammaton são *yod, he, vau, he* – ou, em português, no maiúsculo IHVH, geralmente atribuído a Jeová pelos cabalistas cristãos, ou pelos escritores modernos por Iavé. Nenhuma dessas escolas de pensamento, entretanto, interpretou o Tetragrammaton da mesma maneira que a cabala caldeia. Essa antiga escola considerava as quatro letras com a mesma reverência que os pitagóricos têm por seu *Tetraktys*.[478]

> Esferas de Expectativa (significam) as esferas intermediárias, onde as Mônadas que não alcançam o *Nirvāna*, diz-se que dormitam em inconsciente inatividade, no intervalo dos *Manvantaras*. (II, 57)[479]

Estão esperando pelo período cíclico, quando então poderão descer nas formas para elas preparadas pelos *Pitris* Lunares, no começo da Quarta Ronda do Quarto Globo. Mas até que a "terceira letra", o princípio *Manas*, não seja desperto, as "duas letras" (a Mônada) estarão como "um telhado sem paredes ou pilares para sustentá-lo".

> Porque o "Dragão Duplo" não tem influência sobre a mera forma. É como a brisa onde não há árvores, nem ramos que a recebam e acolham. Não pode influir na forma quando não há agente transmissor (*Manas*, a "Mente"), e a forma o ignora. (Catecismo, Livro III, sec. 9) (Vol. II, p. 57)[480]

É por esta razão que a Primeira Raça é chamada de Raça sem Mente, assim como a Segunda Raça, uma vez que *Manas* não havia despertado.

A Primeira Raça passou por seu período de tempo cíclico. Sua fase de desenvolvimento especial foi centrada na ativação do primeiro sentido. Dessa forma, ao

476 Vol. III, p. 67, ed. 6 vol.; II, 60, 3ª ed.
477 Vol. III, p. 68, ed. 6 vol.; II, 60, 3ª ed.
478 Para uma explicação sobre o *Tetraktys*, ver capítulos III e XII.
479 Vol. III, p. 68, ed. 6 vol.; II, 60, 3ª ed.
480 Vol. III, p. 68, ed. 6 vol.; II, 60, 3ª ed.

final da Primeira Raça, o sentido da audição, juntamente com o seu órgão correspondente, foi aperfeiçoado. Os seis sentidos restantes foram deixados para serem desenvolvidos nas seis raças seguintes; estavam presentes, mas apenas em seus estágios rudimentares. (II, 107)[481]

É bom lembrar que essa raça primitiva não era física, não havia qualquer rigidez em sua organização, uma vez que não havia uma estrutura óssea. De uma maneira um tanto quanto jocosa, H.P.B. chamou a essa raça de "sacos de pudim". Da mesma maneira, a condição do globo terrestre não era a mesma de hoje. Cada raça é adaptada às condições do globo. Assim, a Primeira Raça possuía o seu "lar", que era chamado de "A Ilha Sagrada e Imperecível".

> A razão desse nome é que, segundo se afirma, a "Terra Sagrada..." nunca participou da sorte dos outros Continentes, por ser a única cujo destino é durar desde o começo até o fim do *Manvantara*, passando por todas as Rondas. É o berço do primeiro homem e a morada do último mortal *divino*, escolhido como um *Śishta* para semente da futura Humanidade. Muito pouco se pode dizer sobre essa ilha misteriosa e sagrada, exceto, talvez, na poética expressão de um dos comentários, que "a Estrela Polar mantém sobre ela o seu vigilante olhar, desde a aurora até o fim do crepúsculo de 'um dia' do Grande Sopro". (II, 6) [482]

Uma breve explicação de alguns dos termos será de ajuda.

Śishta é um termo pouco usado; entretanto, dá a indicação do que ocorre durante as Rondas (esse termo será melhor considerado no capítulo pertinente às Rondas). Essa palavra sânscrita deriva do verbo *śish*, permanecer. Assim, *Śishtas* são literalmente "permanecedores", aqueles que permaneceram para trás quando as sete grandes "ondas de esforço" (descritas no postulado 3 acima) emergiram no globo seguinte da Cadeia. Não devem de forma alguma ser encarados como um tipo de "refugo" – muito pelo contrário, devem ser vistos como o tipo mais altamente evoluído da humanidade. Assim, eles são poeticamente mencionados na citação como "mortais divinos", formadores da "semente futura" da humanidade. Isso ocorrerá quando as Sete Grandes Ondas retornarem para recapitular suas atividades sobre o globo do qual partiram, de modo a darem continuidade à sua peregrinação cíclica nos outros globos da Cadeia. Então a "semente da humanidade" estará pronta para brotar para a vida no devido *kalpa* (ciclo), durante a próxima Ronda.

"Um Dia do Grande Sopro" é um dia de *Brahmā*, equivalente a um *Manvantara* planetário, ou um período de Sete Rondas.

Nos *Comentários* sobre as *Estâncias*, o Primeiro Continente é chamado por seu nome sânscrito, *Ādi-Varsha*, sendo seu significado literal "a Terra Primordial". Nos *Purānas* é vastamente mencionado como *Śveta-Dvīpa* (o Continente Branco), a resi-

---

481 Vol. III, p. 116, ed. 6 vol.; II, 113, 3ª ed.
482 Vol. III, pp. 19-20, ed. 6 vol.; II, 6, 3ª ed.

dência de *Vishnu* ou ainda o Monte Meru. A escritura masdeísta, o *Vendidād*, chama--o de *Airyanem Vaējo*, e a Doutrina Secreta a ele se refere como "a Terra dos Deuses sob a direção de seus chefes, os Espíritos deste Planeta". (II, 6)[483]

Durante a metade do ciclo de uma Raça-Raiz, a Terra que será o lar da próxima raça começa a ser preparada. Primeiro marcado por convulsões na superfície da Terra, o processo de preparação progride constantemente, durante muitas eras, de forma que tudo esteja pronto quando chegue o tempo para uma nova raça assumir. Pois

> o nosso globo está sujeito a sete mudanças periódicas *completas*, que seguem *pari passu* com as raças. Pois a Doutrina Secreta nos ensina que, durante a Ronda atual, tem que haver sete *Pralayas* terrestres,[484] ocasionados por desvios na posição do eixo na Terra. É uma lei que atua em épocas fixas, e de nenhum modo cegamente, como poderia pensar a Ciência; mas em estrita harmonia com a Lei *Kármica*. Em Ocultismo esta Lei Inexorável é mencionada como o "GRANDE AJUSTADOR"...
>
> (...)
>
> ...já ocorreram quatro dessas perturbações do eixo. Os antigos continentes, exceto o primeiro, foram absorvidos pelos oceanos; outras terras apareceram e enormes cordilheiras se ergueram onde não havia montanha alguma. A face do Globo tem se transformado por completo, de cada vez; a *sobrevivência* das nações e raças "mais aptas" foi assegurada por uma assistência oportuna; e as ineptas – as que falharam – desapareceram, varridas da face da Terra. Tais seleções e mudanças não se verificam entre o nascer e o pôr do Sol, como se poderia imaginar, mas requerem vários milênios até que as novas instalações estejam prontas.
>
> (...)
>
> As *sub-raças* estão sujeitas ao mesmo processo de depuração, como também os ramos laterais ou raças de família. (II, 329-30)[485]

Entretanto, a Primeira Raça não foi varrida ou pereceu durante as grandes mudanças ocorridas na superfície da Terra, quando um novo continente estava sendo preparado para a Segunda Raça. Ao contrário, permaneceu intocada durante todas as convulsões. Na verdade, a raça primitiva atravessou seus ciclos necessários durante o período que lhe cabia, ocupando alguns milhões de anos. Mas havia pouca diferença entre a Segunda Raça e a Raça *Chhāyā* (a "Raça Sombra"), a raça que veio à existência através dos corpos brilhantes dos Senhores ou *Pitris* Lunares – a Primeira simplesmente tornou-se a Segunda Raça.

---

483 Vol. III, p. 19, ed. 6 vol.; II, 5-6, 3ª ed.

484 O termo é aqui usado de forma figurada, não literal; pois embora o globo sofra convulsões, não desaparece – significado literal da palavra *Pralaya*. O *Pralaya* planetário ocorre ao final de Sete Rondas, não durante uma Ronda ou entre Rondas.

485 Vol. III, pp. 329-30, ed. 6 vol.; II, 344, 3ª ed.

A Segunda Raça-Raiz

> A raça antiga (primitiva) foi absorvida pela Segunda Raça, e tornou-se uma com ela. (II, 121)[486]

Esse é o significado das poéticas palavras das *Estâncias de Dzyan*:

> Quando a raça envelheceu, as águas antigas se misturaram com as águas mais recentes. (Estância V, *śloka* 21)

A comparação da absorção de uma raça na outra com o encontro de duas correntes de água em um rio é excelente. Uma poderosa torrente ondulante em pouco tempo abarca a corrente mais lenta, e logo domina todo o rio. Esse é o processo que ocorre em todos os casos entre uma raça nova e uma antiga. Cada nova raça não surge de repente enquanto a velha raça ainda está em curso. Assim como um novo continente começa a se formar na metade de uma Raça-Raiz, também as "sementes" da nova raça começam a ser cultivadas durante a era mediana da raça. Despercebido a princípio, leves diferenças começam a surgir. Gradualmente, mais indivíduos nascem com essas modificações. Em seu devido tempo, um maior número de pessoas passa a exibir essas características. Conforme passam os anos, os novos tipos se tornam padronizados e surge um número maior de indivíduos apresentando o novo traço, embora ainda em minoria. Ao seu tempo, ocorre um ímpeto maior e o novo tipo demonstra mais força do que a raça anterior, correndo em paralelo com ela. Quando, finalmente, avança rapidamente, torna-se predominante e uma nova raça torna-se o padrão de todo o globo, a despeito das origens dos grupos nas diferentes partes do mundo.

O *śloka* prossegue com sua analogia do encontro das águas. A primeira parte se aplica à fusão de duas raças quaisquer; a segunda sentença faz referência particular à Primeira e Segunda Raças. Uma explicação a este *śloka* segue-se:

> Quando as gotas ficaram turvas, elas se desvaneceram e sumiram na corrente nova, a corrente cálida da vida. O exterior da primeira se converteu no interior da segunda. (Estância V, *śloka* 21)
>
> (...)
>
> Trata-se do misterioso processo de transformação e evolução da humanidade. O material das primeiras formas — nebuloso, etéreo e negativo — foi atraído pelas formas da Segunda Raça e por elas absorvido, tornando-se o complemento das formas da Segunda Raça. O *Comentário* explica isso dizendo que, sendo a Primeira Raça constituída tão somente das Sombras Astrais dos Progenitores Criadores, e não tendo, obviamente, corpos astrais e físicos próprios, a raça *nunca morreu*. Seus "homens" dissolveram-se gradualmente e foram absorvidos pelos corpos de sua progênie, os "Nascidos do Suor", que eram mais densos que os deles. A antiga forma se desvaneceu; foi absorvida pela nova forma mais humana e física,

486 Vol. III, p. 129, ed. 6 vol.; II, 128, 3ª ed.

desaparecendo nela. Não havia morte naqueles dias de um período mais ditoso que o da Idade de Ouro; mas o material primitivo ou paterno foi utilizado para a formação do novo ser, a fim de constituir o corpo e até mesmo os princípios ou corpos internos, ou *inferiores*, da progênie. (II, 121)[487]

Sábio conselho é dado no *Comentário* do *Livro de Dzyan*, que diz:

Se compreenderes a Secundária, ó *Lanoo*, deves primeiro estudar sua relação com a Primária. (II, 113)[488]

Daí a razão para lidarmos com o tema da Raça Primária. Ela pode ser melhor memorizada por suas três características, que são bem expressas pelas três palavras sânscritas *Amānasa*, *Chhāyā* e *Bhūta*.

Amānasa: formada pelo particípio negativo *a* – que significa não, ou, em compostos, sem; e *mānasa*, o adjetivo da palavra *manas*, o princípio mental; literalmente, sem mente. Entretanto, a ideia que se pretende transmitir não é a de que a Primeira Raça seja "desprovida de mente", mas sim que o princípio mental não estava atuante, ou estava dormente. *Manas* permaneceu adormecido até o seu despertar pelos *Mānasaputras* (Filhos da Mente), durante a Terceira Raça-Raiz.

Chhāyā, literalmente "sombra", também aplicável à imagem astral. Os Filhos dos Nascidos de Si Mesmos (como também é conhecida a Primeira Raça).

"eram as sombras das sombras dos Senhores" – isto é: os progenitores criaram o homem tirando-o de seus próprios corpos astrais... No Oriente, pretende-se que os *Devas* não têm "sombra" própria. (II, 112)[489]

Os Senhores, ou progenitores, são os *Pitris* Lunares.

Bhūta é geralmente traduzido como fantasma, e aplicável ao termo *Kāma-Rūpa*, significando o espectro que habita o *Kāma-Loka* no estado pós-morte, normalmente chamado de Mundo Astral. Um *śloka* em uma das *Estâncias de Dzyan* diz: "Sua progênie foi *Bhūta*, sem Forma e sem Mente" (Est. IV, *sl.* 15), o que significa que a Primeira Raça não havia ainda obtido um veículo físico – *Sthūla-Śarīra* –, de forma que atuava apenas nos reinos etéricos, ou Mundo Astral, como um *Bhūta*.

Juntamente com a ideia da fusão da Primeira e da Segunda Raça, devemos ter em mente que as Mônadas, utilizando os veículos da Raça Primitiva de modo a obter as experiências evolucionárias, são as próprias Mônadas que usam os *rūpas* (veículos ou formas) da Segunda Raça para obter graus mais elevados de desenvolvimento racial. Assim, os indivíduos da Segunda Raça são, de fato, os mesmos indivíduos da Primeira Raça. A analogia de uma sala de aula pode ser aplicada. Os alunos que

487 Vol. III, p. 129-30, ed. 6 vol.; II, 128, 3ª ed.
488 Vol. III, p. 122, ed. 6 vol.; II, 120, 3ª ed.
489 Vol. III, p. 121, ed. 6 vol.; II, 118, 3ª ed.

entraram na escola para estudar no Ensino Fundamental 1, após completarem seus trabalhos, são os mesmos alunos que irão para o Ensino Fundamental 2 no próximo período. Quando terminarem seus estudos no Ensino Fundamental 2, irão para o Ensino Médio; e assim por diante até se graduarem.

Afirmamos há pouco que havia pouca diferença entre a Raça *Chhāyā* e sua sucessora, embora um pequeno grau de variação possa ser notado, o qual se tornará mais presente quando a Segunda Raça tiver cumprido seus sete estágios menores de desenvolvimento. A Raça Primitiva é considerada sem sexo; a Segunda, assexuada. Embora os termos sejam praticamente sinônimos, existe, não obstante, uma pequena diferença. Sem sexo significa desprovido de sexo. Assexuada significa que não possui uma distinção entre os sexos – e, como segunda definição, que foi produzida sem a mediação do sexo, por divisão celular ou cissiparidade. Outros modos assexuados de reprodução são através de processo de brotamento e por espécies viáveis. Os processos de cissiparidade eram aplicáveis especialmente à Primeira Raça; o de brotamento estava associado com a Segunda Raça.

Passemos a considerar a ameba por um momento, uma vez que foi indicado que a Primeira Raça reproduziu a Segunda Raça de maneira análoga à da ameba, "só que em uma escala mais etérea, mais impressionante e mais extensa" (II, 116).[490] A ameba é definida como a mais inferior das formas animais, um protozoário, que consiste de uma unidade de massa de matéria viva. A camada externa de um protoplasma é geralmente mais firme que a camada interna, a qual contém um núcleo ou uma quantidade de núcleos e de nucléolos. Ao alcançar seu tamanho máximo, a ameba se retrai, dividindo-se em duas amebas filhas, cada uma contendo metade do núcleo materno. Ou, de outra forma, duas amebas se fundem, formando uma nova ameba.

Também sugerimos considerar o processo da divisão celular. Esse estudo foi realizado com grande entusiasmo pelos biólogos, a ponto de formular uma nova ciência, a citologia. Os citologistas afirmam que todos os seres vivos possuem a mesma unidade estrutural, ou seja, a célula, mas que, em geral, as células possuem a mesma substância, chamada protoplasma. A divisão de células já foi cuidadosamente delineada. Esse processo no qual as células tomam forma é chamado de mitose. Segue aqui um breve resumo do processo.

Perto do centro de toda a célula está o seu núcleo, o qual contém os cromossomos e nucléolos, assim como o nucleoplasma (ou seiva nuclear). Quando o processo de divisão celular se inicia, a membrana externa que cobre o núcleo desaparece, assim como os nucléolos, enquanto que entre os centríolos (dois "corpos centrais" que antes da divisão permanecem aparentemente dormentes no plasma celular, ou citoplasma) se forma o que é chamado de fuso miótico, ou o fuso responsável pela separação da célula, na forma de um sistema de raios; nas pontas do fuso é formada uma

490 Vol. III, p. 125, ed. 6 vol.; II, 123, 3ª ed.

figura em forma de estrela, chamada *áster*. Então os cromossomos se ligam aos raios do fuso, tornando-se menores e mais densos, movendo-se para o equador da célula, como se fossem puxados pelos raios (chamados de fibras). Quando os cromossomos atingem a posição equatorial, cada um foi duplicado em todos os seus materiais — o material que compõe os cromossomos são os genes, ou unidades hereditárias. Então, cada grupo de cromossomos se move gradualmente em direção aos polos opostos, de forma que o grupo completo de cromossomos de um polo é uma réplica perfeita do grupo no outro polo. Logo depois que cada porção da célula se separa da outra porção, no centro, membranas nucleares são formadas ao redor de cada grupo de cromossomos, de modo que, quando a separação se completa, temos duas células completas, no lugar da única célula original. Cada célula, então, dá prosseguimento ao seu crescimento até o tamanho aproximado da célula dividida. Este é o processo pelo qual duas células são formadas a partir de uma única célula.

> Se, com efeito, a teoria celular se aplica igualmente à botânica e à zoologia, e se se estende à morfologia assim como à fisiologia dos organismos, e se a ciência física considera as células microscópicas como seres vivos independentes — exatamente como o Ocultismo considera as "Vidas Ígneas" —, não há nenhuma dificuldade em conceber o processo primitivo de procriação. (II, 116-7)[491]

"Vidas Ígneas" — A Manifestação da Força-Vida

O termo "vidas ígneas" chama a atenção para uma das mais importantes passagens na qual essa explicação é fornecida:

> As "vidas ígneas" constituem a sétima e mais elevada subdivisão do plano da matéria, e correspondem, no indivíduo, à Vida Una do Universo, ainda que unicamente nesse plano de matéria. Os micróbios da ciência estão na primeira e mais baixa subdivisão do segundo plano, o do *Prāna* material ou Vida. O corpo físico do homem sofre uma completa mudança de estrutura a cada sete anos, e a sua destruição e conservação devem-se às funções alternadas das "vidas ígneas", como destruidoras e construtoras. Elas são construtoras, sacrificando-se elas próprias, sob a forma de vitalidade, para conter a influência destruidora dos micróbios; e, proporcionando a estes o necessário, obrigam-nos, mediante esse freio, a construírem o corpo material e suas células. São destruidoras quando o freio desaparece, e os micróbios, carentes da energia vital para construir, são deixados em liberdade e se convertem em agentes de destruição. Assim, durante a primeira metade da vida do homem, ou seja, nos *cinco* primeiros períodos de sete anos, estão as "vidas ígneas" indiretamente ocupadas na construção do corpo material do homem; a vida percorre a curva ascendente, com a sua força utilizada para construir e fazer crescer. Passado esse período, principia a idade da retrocessão; esgotando-se a energia no trabalho das "vidas ígneas", inicia-se a obra da destruição e decadência. (I, 262-3)[492]

---

491 Vol. III, p. 125, ed. 6 vol.; II, 123, 3ª ed.
492 Vol. I, p. 306, ed. 6 vol.; I, 283, 3ª ed.

As "vidas ígneas" também são chamadas de "vidas incontáveis" e ainda "vidas invisíveis"; são os meios pelos quais a Vida Una, a Força-Vida, ou ainda a Força Universal, se manifesta no corpo físico. São as vidas ígneas que constroem e mantêm o corpo humano, "da mesma maneira que a rocha forma a nossa Terra". A passagem completa de onde esta nota foi extraída é de igual importância. Demonstra que a Filosofia Esotérica considera a unidade de toda vida como um princípio fundamental, não apenas do ponto de vista da estrutura comum da célula, nem pela similaridade da substância química que compõe os corpos, mas por um fator ainda mais básico.

> Ensina a Ciência que os organismos do homem e do animal, tanto vivos como mortos, estão repletos de centenas de bactérias de espécies as mais diversas; que somos ameaçados externamente, cada vez que respiramos, com a invasão de micróbios, e internamente por leucomaínas, aeróbios, anaeróbios e muita coisa mais. Mas a Ciência ainda não foi ao ponto de afirmar, como o faz a Doutrina Oculta, que os nossos corpos, assim como os dos animais, as plantas e pedras, são inteiramente formados de semelhantes seres, os quais, com exceção de suas espécies maiores, não podem ser observados pelo microscópio. Até agora, no que se refere à parte puramente animal e material do homem, a Ciência está a caminho de descobertas que irão corroborar plenamente essa teoria. A Química e a Fisiologia são os dois grandes magos do futuro, destinados a abrir os olhos da humanidade para as grandes verdades físicas. Cada dia que passa mais se demonstra a identidade entre o animal e o homem físico, entre a planta e o homem, entre o réptil e a sua toca, a rocha, e o homem. Pois se há identidade entre os componentes físicos e químicos de todos os seres, a ciência química pode muito bem concluir que não existe diferença alguma entre a matéria de que se compõe o boi e a que forma o homem. Mas a Doutrina Oculta é muito mais explícita. Diz ela: não só a composição química é a mesma, senão as mesmas *vidas invisíveis* e infinitesimais formam os átomos dos corpos da montanha e da margarida, do homem e da formiga, do elefante e da árvore que o abriga do Sol. Toda partícula, chamem-na orgânica ou inorgânica, *é uma vida*. Todo átomo ou molécula no Universo *dá ao mesmo tempo a vida e a morte às formas*, pois constrói, mediante agregação, os universos e os efêmeros veículos destinados a acolher as almas que transmigram, assim como destrói e muda eternamente as *formas*, despedindo as almas de suas habitações provisórias. Cria e mata, gera e extermina, traz à existência e aniquila este mistério dos mistérios, que é o *corpo vivo* do homem, do animal ou da planta, em cada instante no tempo e no espaço; engendra igualmente a vida e a morte, a beleza e a fealdade, o bem e o mal, e ainda as sensações *agradáveis e desagradáveis, as benéficas e as maléficas. É aquela VIDA* misteriosa, representada coletivamente por miríades de incontáveis vidas... (I, 260-1)[493]

Entretanto, no período que está sendo considerado, ou seja, durante a Segunda Raça-Raiz, quando a procriação da raça era feita por um processo similar ao da divisão celular, que se modificou, gradualmente, para o método conhecido como brotamento, o processo de fisicalização não havia ainda ocorrido. Esta raça recebeu o nome de Sem Ossos, indicando que uma estrutura física rígida ainda não havia se desenvolvido. Essa segunda "humanidade" é descrita como sendo

493 Vol. I, pp. 304-5, ed. 6 vol.; I, 281-2, 3ª ed.

composta pelos mais heterogêneos e gigantescos semi-humanos, a primeira tentativa da Natureza material para construir corpos humanos. (II, 138)[494]

Seja como for, a Segunda Raça desenvolveu o segundo sentido, o do tato, fazendo uso também do primeiro sentido desenvolvido pela Raça Primitiva, o da audição. Possuíam até uma espécie de "linguagem de sons", descrita como "sons cantados, compostos unicamente de vogais" (II, 198),[495] e também possuíam uma "terra natal".

> "Hiperbóreo" será o nome escolhido para o segundo Continente, a terra que estendia os seus promontórios ao Sul e a Oeste do Pólo Norte, para receber a Segunda Raça, e que abrangia tudo o que hoje se conhece como Ásia do Norte. Foi o nome dado pelos gregos mais antigos à longínqua e misteriosa região, aonde, de acordo com a tradição, Apolo, o "Hiperbóreo", ia viajar todos os anos. *Astronomicamente*, Apolo é sem dúvida o Sol, que abandonando os seus santuários helênicos adorava visitar anualmente o seu longínquo país, onde se dizia que o Sol nunca se punha durante a metade do ano...
> (...)
> *Historicamente*, porém, ou melhor, etnológica e geologicamente, o significado é outro. A terra dos Hiperbóreos, o país que se estendia além de Bóreas, o Deus de coração gelado, o Deus das neves e das tempestades, que gostava de dormir pesadamente sobre a cordilheira dos Montes Rifeus, não era um país ideal, como supõem os mitólogos, nem um país vizinho da Cítia e do Danúbio. Era um Continente real, uma terra *bona fide*, que não conhecia o inverno naqueles tempos primitivos, e cujos tristes restos não têm ainda hoje mais que um dia e uma noite durante o ano. As sombras da noite nunca desciam sobre ela, assim diziam os gregos, porque era a *Terra dos Deuses*, a morada favorita de Apolo, o Deus da luz, de quem eram sacerdotes e servidores bem-amados os respectivos habitantes. Uma *ficção* poética, assim pode hoje considerar-se; mas naqueles tempos era uma *verdade* poetizada. (II, 7)[496]

A Forma Astral que revestia a Mônada

Aqui encontramos um ponto importante a ser lembrado, e a repetição da citação tem em vista o fato de que é aplicável ao período da Segunda Raça-Raiz, aqui referida como "então" na última sentença; a palavra "agora" significa a era atual, a da Quinta Raça-Raiz:

> A forma astral que revestia a Mônada estava envolta, como ainda está, por sua esfera ovóide ou *aura*, que aqui corresponde à substância célula-germe ou *óvulo*. A própria Forma Astral é o núcleo dotado, hoje como então, do Princípio de Vida. (II, 117)[497]

O "princípio de vida" é a terceira enumeração dos princípios do homem – *Prāna* –, para o qual o *Linga-Śarīra*, ou corpo modelo, atua como um transportador ou

494 Vol. III, p. 146, ed. 6 vol.; II,146, 3ª ed.
495 Vol. III, p. 203, ed. 6 vol.; II, 208, 3ª ed.
496 Vol. III, p. 20, ed. 6 vol.; II, 6-7, 3ª ed.
497 Vol. III, p. 126, ed. 6 vol.; II, 124, 3ª ed.

transmissor, descrito na citação como a "forma astral" e o núcleo. Quanto à palavra "astral", aqui está uma definição:

> A palavra "astral" não tem, necessariamente, o sentido de sutil como a fumaça, mas antes o de "cintilante", brilhante ou diáfano, em graus diversos, desde o estado inteiramente nebuloso até o gelatinoso. (II, 251)[498]

– uma condição atribuída à nossa Terra (Globo D), alguns milhões de anos antes de sua consolidação final.

Além de conhecida como Sem Ossos, outro nome para a Segunda Raça-Raiz é "Nascidos do Suor"; a razão disso está explicada em um dos *Comentários* das *Estâncias de Dzyan*. O *śloka* é seguido de uma explicação:

> Os primeiros da Segunda Raça (Raiz) foram os Pais dos "Nascidos do Suor"; os últimos da Segunda Raça (Raiz) foram os próprios "Nascidos do Suor".
>
> (...)
>
> Esta passagem do *Comentário* se refere à obra da evolução desde o começo até o fim de uma raça. Os "Filhos da Ioga", ou Raça Astral primitiva, passaram, *como raça* ou coletividade, por *sete* fases de evolução, tal como ocorreu e ainda ocorre no caso de cada Ser individual... Assim, os homens das primeiras sub-raças da Segunda Raça vieram inicialmente ao mundo pelo processo que já descrevemos com base na lei de analogia; ao passo que os das últimas foram sendo, *pari passu* com a evolução do corpo humano, gradualmente formados de outro modo. O processo da reprodução também comportava, em cada raça, sete fases, e cada uma das quais se prolongou durante vários *éons*. (II, 117-8)[499]

Após ter completado seus sete estágios de desenvolvimento através de suas sete sub-raças, conforme já explicado, a Segunda Raça-Raiz dá lugar à Terceira Raça-Raiz:

> As sempre floridas terras (entre outras a Groenlândia) do Segundo Continente, que gozavam de eterna primavera, foram sucessivamente transformadas de Édens que eram em Hades hiperbóreos. Tal transformação foi provocada pelo deslocamento das grandes massas de água do Globo, ao mudarem de leito os oceanos; e a maior parte da Segunda Raça pereceu nessa primeira e tremenda agonia causada pela evolução e consolidação do Globo durante o período humano. (II, 138)[500]

Nas enigmáticas palavras da Estância:

> Os Nascidos de Si mesmos foram os *Chhāyās*... Nem a água nem o fogo podiam destruí-los. Seus filhos foram destruídos. (Estância VI, *śloka* 23).

Antes de começar a narrativa da Terceira Raça, pode ser conveniente repetir os Vigilantes das duas raças: o Reitor (ou regente planetário) da Segunda Raça é Júpi-

---

498 Vol. III, p. 253, ed. 6 vol.; II, 262, 3ª ed.
499 Vol. III, p. 126, ed. 6 vol.; II, 124, 3ª ed.
500 Vol. III, p. 146, ed. 6 vol.; II, 146, 3ª ed.

ter, em sânscrito *Brihaspati*; o *Dhyāni* vigilante da Terceira Raça é Venus (bastante significativo), "o resplandecente" – este é o significado de *Śukra*, o nome sânscrito do planeta, também conhecido como *Uśanas*.

A Terceira Raça-Raiz

Ao ingressar no terceiro estágio de evolução do Reino Humano, é alcançada a fase mais importante do desenvolvimento da humanidade. Ao contrário da lentidão do avanço evolucionário ocorrido durante os períodos da Primeira e da Segunda Raça, o qual ocupou alguns milhões de anos, o ritmo se acelera na fase seguinte. Assim como numa sinfonia, onde o movimento da segunda parte é levado em um ritmo compassado e majestoso, e a terceira é conduzida em uma cadência animada, geralmente marcada por grandes contrastes o mesmo ocorre com o drama do desenvolvimento da raça humana, e grandes mudanças ocorrem na terceira fase. As mudanças são tão marcantes que não há qualquer semelhança entre os seres que deram início ao terceiro estágio e a humanidade evoluída ao seu término. Embora seja verdadeiro não haver provas concernentes a essas raças primitivas, como fósseis ou outros restos físicos, registros foram feitos. É dito que os Iniciados são capazes de verificar as afirmações das *Estâncias de Dzyan* a respeito das raças por seus próprios métodos de verificação.

> Os ensinamentos ocultos são eminentemente panspérmicos, e a história primeva da Humanidade só está "oculta para os comuns dos mortais"; para os Iniciados, a história das raças primitivas não se acha enterrada no sepulcro dos tempos, como o está para a ciência profana. Portanto, apoiados, de um lado, por esta ciência, que nos ensina o desenvolvimento da Natureza; e, de outro lado, por uma fé implícita na Sabedoria – poderíamos quase dizer na Pansofia – das tradições universais acumuladas e conservadas pelos Iniciados, que as aprimoraram até o ponto de convertê-las num sistema quase perfeito; assim apoiados, ousamos expor claramente a doutrina. (II, 133)[501]

O terceiro estágio de evolução do Reino Humano não é apenas de suprema importância, mas é também o mais interessante de todas as raças humanas. Além do mais, essa época realizou a evolução de características físicas permanentes – a estrutura óssea –, assim como as maiores mudanças na forma dos seres humanos. Acrescente-se a esses fatos o ponto culminante: o despertar das faculdades mentais, o ponto crucial da evolução humana. Ao mesmo tempo, a Terceira Raça é chamada de "a mais misteriosa de todas as cinco que até agora se desenvolveram." (II, 197)[502]

Na verdade, as grandes mudanças mencionadas podem ser separadas em três divisões distintas, cada uma totalmente diferente da outra: (1) os Nascidos do Suor

---

501 Vol. III, p. 141, ed. 6 vol.; II, 141, 3ª ed.
502 Vol. III, p. 202, ed. 6 vol.; II, 207, 3ª ed.

— o processo evolucionário desenvolvido pela Segunda Raça e que foi transmitido às primeiras sub-raças da Terceira Raça. (2) A segunda divisão marca o aparecimento de "seres duplos" — andróginos. Durante esse período, a raça é chamada tecnicamente de os "Nascidos do Ovo" e de "Duplos". (3) O desenvolvimento dos dois sexos: essa terceira divisão caracterizou a real divisão dos seres duplos em dois sexos — chamada de separação dos sexos, que resultou em humanos machos e fêmeas.

Todo o período de evolução de Terceira Raça está desenhado de maneira poética, embora concisa, nesta única Estância de *Dzyan*:

> A Segunda desenvolveu depois os Nascidos do Ovo, a Terceira (Raça). O Suor aumentou, suas Gotas cresceram, e as Gotas se tornaram duras e redondas. O Sol os aqueceu; a Lua os esfriou, e os modelou; o Sopro os alimentou até a sua maturidade. Da Abóbada Estrelada o Cisne Branco fecundou a Grande Gota. O Ovo da Futura Raça, o Homem-Cisne da Terceira ulterior. Primeiramente, Macho-Fêmea; depois, Homem e Mulher. (Estância VI, *śloka* 22)

Provavelmente o termo "Ovo Nascido do Suor" poderia substituir o completo significado pretendido nas duas primeiras frases do *śloka*, como podemos deduzir pela seguinte explicação:

> O texto da Estância induz claramente que o embrião humano foi nutrido *ab extra* pelas Forças Cósmicas, e que o "Pai-Mãe", aparentemente, proporcionou o germe que amadurecia; segundo tudo indica um "ovo nascido do suor", que devia ser chocado, de algum modo misterioso, sem nenhuma relação com o "duplo" pai. É relativamente fácil conceber uma humanidade ovípara, pois, até mesmo hoje, o homem é, em certo sentido, "nascido do ovo". (II, 131)[503]

Ou seja, de um óvulo dentro de um útero, onde é nutrido *de dentro* por meios físicos, em contraste com o método da primitiva Terceira Raça, que, como observado na primeira frase da citação acima, era nutrido *de fora* (o significado de *ab extra*), através da força Cósmica. Que mudança! Explicação adicional é fornecida, ainda com referência às primeiras sub-raças da Terceira Raça (chamada de Terceira Humanidade):

> Enquanto as primeiras sub-raças da Terceira Humanidade procriavam suas espécies por uma exsudação de suco ou fluido vital, cujas gotas, congelando-se, formavam uma bola ovoide, digamos mesmo um ovo, que servia como veículo exterior para o feto ou criatura ali gerada, o método de procriação das sub-raças posteriores mudou, pelo menos em seus resultados. As crianças das primeiras sub-raças eram inteiramente sem sexo — e até mesmo sem forma definida, pelo que sabemos —, mas as duas sub-raças subsequentes vieram ao mundo andróginas. (II, 132)[504]

Ou seja, seres humanos com dois sexos.

503 Vol. III, p. 140, ed. 6 vol.; II, 139, 3ª ed.
504 Vol. III, pp. 140-1, ed. 6 vol.; II, 140, 3ª ed.

Os Filhos do *Yoga* Passivo

Um *Comentário* sobre as *Estâncias de Dzyan* explica o processo ocorrido nos primeiros estágios. Refere-se aos seres humanos daquele período primitivo da Terceira Raça pelo nome de "Filhos do *Yoga* Passivo". Devemos fazer uma distinção entre esse termo e "Filhos da Vontade e do *Yoga*", pois este último representa os mais elevados exemplos da raça humana, os seres mais evoluídos da Terceira Raça. Primeiro, expliquemos o termo "Filhos do *Yoga* Passivo".

> À Terceira Raça, coletivamente, se dá algumas vezes o nome de "Filhos do *Yoga* Passivo", significando que ela foi produzida inconscientemente pela Segunda Raça, a qual, carecendo de atividade intelectual, se supõe que vivia sempre imersa naquela espécie de contemplação abstrata e vazia, inerente às condições do *Yoga*. (I, 207)[505]

Nas palavras do *Comentário*:

> Os "Filhos do *Yoga* Passivo". Saíram dos Segundos *Mānushyas* (raças humanas) e se tornaram ovíparos. As emanações que se desprendiam de seus corpos durante as épocas de procriação eram ovulares; os pequenos núcleos esferoidais se desenvolviam em um grande veículo mole, oviforme, que endurecia gradualmente, rompendo-se após um período de gestação e dele saindo o jovem animal humano, sem mais ajuda, como sucede com as aves no curso da nossa raça. (II, 165 6)[506]
>
> (...)
>
> Isso deve parecer ao leitor ridiculamente absurdo. Sem embargo, está rigorosamente conforme as regras da analogia evolucionária, que a Ciência tem observado no desenvolvimento das espécies animais vivas. Primeiro, a procriação por "autodivisão", à semelhança da Monera (vide Haeckel); a seguir, após algumas fases, a ovípara, como no caso dos répteis e no das aves, depois; e por fim os mamíferos com os seus modos *ovovivíparos* de produzir as crias.
>
> (...)
>
> Se o termo *ovovivíparo* se aplica a certos peixes e répteis que chocam os ovos nos seus próprios corpos, por que não o aplicar também às fêmeas (mamíferos), inclusive a mulher? O óvulo em que, após a fecundação se dá o desenvolvimento do feto, é um ovo. (II, 166)[507]
>
> (...)
>
> Ora, o ponto em que mais insistimos no momento é que, seja qual for a origem atribuída ao homem, a sua evolução se processou na seguinte ordem: (1) ele foi sem sexo, como o são todas as formas primitivas; (2) depois, por uma transição natural, converteu-se em um "hermafrodita solitário", um ser bissexual; e (3) deu-se finalmente a separação e ele se tornou sem sexo; "possuem, contudo, a faculdade de passar pelo processo de uma multiplicação assexual"; porque então seria excluído o homem dessa lei da Natureza? A reprodução bissexual é uma evolução, uma forma especializada e aperfeiçoada, na escala da matéria, do ato da reprodução fissípara. (II, 132-3)[508]

---

505 Vol. I, p. 255, ed. 6 vol.; I, 228, 3ª ed.
506 Vol. III, p. 173, ed. 6 vol.; II, 175, 3ª ed.
507 Vol. III, p. 173, ed. 6 vol.; II, 175, 3ª ed.
508 Vol. III, p. 141, ed. 6 vol.; II, 141, 3ª ed.

(...)
Além disso, a sucessão progressiva dos métodos de reprodução, segundo nos revela a Ciência, é uma confirmação sugestiva da Etnologia Esotérica. Para documentá-la, não é preciso mais que dispor em ordem os seguintes dados.

I — *Cissiparidade*: (a) Como se observa na divisão em dois do fragmento homogêneo de Protoplasma conhecido pelo nome de Ameba ou Monera; (b) Como se vê na divisão da célula dotada de um núcleo central, célula em que este núcleo se rompe em dois subnúcleos, os quais ora se desenvolvem dentro da parede celular original, ora a transpõem e se multiplicam no exterior como entidades independentes. (Compare-se com a Primeira Raça-Raiz.)

II — *Brotamento*: Uma pequena parte da estrutura paterna infla na superfície e finalmente se destaca, crescendo até alcançar o tamanho do organismo original; exemplos: numerosos vegetais, a anêmona marinha, etc. (Compare-se com a Segunda Raça-Raiz.)

III — *Esporos*: Uma célula única é expelida pelo organismo paterno, desenvolvendo-se em um organismo multicelular que reproduz os caracteres daquele; por exemplo, as bactérias e os musgos.

IV — *Hermafroditismo Intermediário*: Órgãos masculino e feminino que fazem parte do mesmo indivíduo. Por exemplo: a maioria das plantas, os vermes, os caracóis, etc. Associação com o brotamento. (Compare-se com a Segunda Raça-Raiz e a Terceira em seu início.)

V — *União verdadeiramente sexual*: (Compare-se com a Terceira Raça-Raiz em sua fase última.) (II, 166-7)[509]

A Humanidade Andrógina

Embora a ideia de uma humanidade andrógina possa ser encarada com escárnio, uma pequena busca entre as religiões antigas que sobreviveram até os nossos dias revelará que essa crença era aceita nas antigas eras. Devemos ter em mente que os fragmentos das crenças religiosas que chegaram até nós são versões popularizadas, ou seja, eram transmitidas à população principalmente em forma de contos; contudo, isso nos faz concluir que haveria alguma base para que esses ensinamentos fossem apresentados à população. Como exemplo, temos o mito grego de Hermafrodito.

Em Cária havia uma nascente cujas águas fluíam para a bela fonte de Salmacis. A fonte era governada por uma ninfa — assim como todas as massas d'água. A encantadora ninfa apaixonou-se por um belo jovem, cujo nome era Hermafrodito, o filho de Hermes e Afrodite, a deusa do amor. O jovem um dia se aproximou da fonte para saciar sua sede e se refrescar em suas águas frias. Gostou tanto dos refrescantes borrifos produzidos pela fonte que resolveu, para deleite da ninfa, ali se banhar todos os dias. Ela estava tão enamorada do jovem que suplicou aos deuses permissão para unir-se eternamente com seu amado. Os deuses atenderam seu pedido. Um dia, após banhar-se na fonte, Hermafrodito de lá saiu metade homem e metade mulher.

Na arte grega antiga, também podemos encontrar Zeus representado com seios femininos, e Afrodite algumas vezes era representada com barba. Nos Hinos Órficos,

---

509 Vol. III, pp. 173-4, ed. 6 vol.; II, 175-6, 3ª ed.

cantados durante os Mistérios, um verso diz que "Zeus é masculino, Zeus é uma donzela imortal". No antigo Egito, o deus Amon era descrito como estando unido à deusa Neith. Na Índia, algumas divindades também são pintadas metade homem, metade mulher. Na antiga Pérsia, Meshia e Meshiane eram vistos da mesma maneira. Os persas também achavam

> que o homem era produto da árvore da vida e crescia em pares andróginos, até que estes pares foram separados devido a uma subsequente modificação da forma humana. (II, 134)[510]

O celebrado dramaturgo cômico da Grécia antiga, Aristófanes, repete a tradição dominante na época sobre a condição andrógina da humanidade, quando escreve (no *Banquete* de Platão):

> A nossa natureza não era antigamente o que hoje é. Era *andrógina*; a forma e o nome participavam ao mesmo tempo do macho e da fêmea, sendo comuns a ambos... Seus corpos eram redondos, e o modo de correr circular. Eram terríveis em força e vigor, e dotados de uma ambição prodigiosa. Por isso, Zeus *dividiu cada um em dois*, e, sob sua direção, Apolo fechou de novo a pele. (II, 133-4)[511]

Até mesmo na Bíblia encontramos uma referência sobre a forma redonda ou circular da humanidade, na visão de Ezequiel na qual quatro seres divinos "tinham a aparência de homens", "cujo aspecto e estrutura eram como se fosse uma roda no meio de outra roda. Quando iam, iam sobre seus quatro lados". (capítulo I)

Em fragmentos dos ensinamentos herméticos do antigo Egito, que sobreviveram até os nossos dias sob a denominação de Divino Pimandro,

> todo o reino animal possui dois sexos. Assim, em seu cap. I, sec. 18, lemos que: "Tendo-se completado o circuito, *o nó foi desatado*... e todos os animais, que eram igualmente andróginos, foram *desligados* (separados) ao mesmo tempo que o homem". (II, 96)[512]

Que definitivamente a forma humana deveria ser andrógina está claramente indicado na Estância de *Dzyan*, onde estão representados os grandes *Chohans* ordenando aos Senhores da Lua (os *Pitris* Lunares):

> Produzi Homens, Homens com a vossa natureza. Dei-lhes as formas internas. Ela (a Terra) construirá as vestimentas externas. Eles serão Machos-Fêmeas. (Estância III, *śloka* 12.)
>
> (...)
>
> Quase assexual em seus primórdios, essa raça (a Terceira Raça) tornou-se bissexual ou andrógina; gradualmente, é claro. A transição desde o início até a última metamorfose necessitou de muitas gerações, no curso das quais a célula simples que saiu do primeiro antepassado (os dois em um), se desenvolveu a princípio num ser bissexual; depois, a célula,

---

510 Citado do Ensaio de Alexander Wilder *The Primeval Race Double-Sexed*, Vol. III, p. 142, ed. 6 vol.; II, 142, 3ª ed.

511 Vol. III, p. 142, ed. 6 vol.; II, 142, 3ª ed.

512 Vol. III, p. 105, ed. 6 vol.; II, 101, 3ª ed.

> convertendo-se num verdadeiro ovo, deu nascimento a uma criatura unissexual... Mas é evidente que as unidades humanas da Terceira Raça começaram a separar-se nas suas cascas pré-natais, ou nos ovos, e surgiram sob a forma de pequeninos seres, machos e fêmeas definidos, muitos séculos após o aparecimento de seus primeiros progenitores. À medida que transcorriam os períodos geológicos, as sub-raças novamente surgidas começaram a perder suas capacidades natais. Lá para o fim da quarta *sub-raça* da Terceira Raça, cessou a faculdade que tinha o menino de caminhar assim que saía de sua casca, e já nos últimos tempos da quinta (sub-raça) principiou a humanidade a nascer em condições iguais às de nossas gerações históricas e por idêntico processo. Isso exigiu, naturalmente, milhões de anos. (II, 197)[513]

O processo acima descrito trabalhava em consonância com o desenvolvimento evolucionário da raça humana, conforme caminhava pelo Arco de Descida. Uma vez que, do ponto de vista da *evolução racial*, o ponto mais baixo foi alcançado durante o período intermediário da Terceira Raça (no quarto globo da Cadeia terrestre durante a Quarta Ronda, pois 3 e ½ é o ponto médio das sete raças). Contudo, devemos ter em mente que o ser humano *primitivo* da Terceira Raça era um ser extraordinário. Ele é descrito como um "Titã da Era Secundária":

> um ser apto a lutar com êxito contra os gigantescos monstros do ar, do mar e da terra. E os antecessores daqueles, os protótipos etéreos dos atlantes, pouco tinham que temer dos que não lhes podiam causar danos. (II, 9)[514]

Muito mais significativa é essa afirmação:

> Essa raça podia viver com igual facilidade na água, no ar e no fogo, porque tinha domínio ilimitado sobre os elementos. Eram os "Filhos de Deus"; não os que viram as filhas dos homens, mas os verdadeiros *Elohim*, embora na Cabala oriental ele tenham outro nome. (II, 220)[515]

Não há informação sobre o período de existência dessas primeiras raças, pela seguinte razão:

> ...a verdadeira cronologia da Primeira e da Segunda Raça, bem como da primeira parte da Terceira, se acha bem velada pelos Iniciados. Tudo o que se pode dizer sobre o assunto é que a Primeira Raça-Raiz terá sido pré-Secundária, como efetivamente se ensina. (II, 715)[516]

A Era Secundária dos períodos geológicos é dividida nos períodos Triássico, Jurássico e Cretáceo. A mais antiga, ou Era Primária, é dividida nos períodos Devoniano, do Carvão e Permiano. A Primeira Raça-Raiz, então, é contemporânea da Era Primária da geologia.

---

513 Vol. III, pp. 202-3, ed. 6 vol.; II, 207-8, 3ª ed.
514 Vol. III, p. 22, ed. 6 vol.; II, 8, 3ª ed.
515 Vol. III, p. 224, ed. 6 vol.; II, 230, 3ª ed.
516 Vol. IV, p. 283, ed. 6 vol.; II, 754, 3ª ed.

A Separação dos Sexos Ocorreu há Dezoito Milhões de Anos

Apenas um período *é* fornecido no que tange às raças, e por ser a única figura numérica apresentada, é digno de nota por sua raridade – especialmente por estabelecer o período no qual a humanidade adquiriu sua existência na Terra na forma *atual* (ou seja, com um *rūpa* com a característica de dois sexos). Essa figura nos é apresentada da seguinte forma:

> Depositando os ocultistas a mais completa confiança na exatidão dos seus anais astronômicos e matemáticos, calculam a idade da humanidade e afirmam que o homem (com sexos separados) existe na presente Ronda precisamente desde 18.618.727 anos, de acordo com os ensinamentos bramânicos e também com alguns calendários hindus. (I, 150)[517]

Como esta figura foi calculada no ano de 1888 (quando *A Doutrina Secreta* foi publicada), 70 anos devem ser acrescidos para o ano de 1958,[518] totalizando 18.618.797 anos.

É bom enfatizarmos que a 5ª sub-raça da Terceira Raça-Raiz marcou o estabelecimento dos dois sexos:

> ...foi em sua quinta sub-raça que se deu a *separação* dos sexos da humanidade e *nasceu o primeiro homem* pelo processo hoje normal. Este "primeiro homem" corresponde, na Bíblia, a Enos ou Enoch, filho de Seth (Gênesis, IV) (II, 715)[519]

O homem moderno está inclinado a acreditar que o auge da civilização só foi alcançado em nossos dias atuais, e declara que nunca antes houvera tal prosperidade. Também sustenta a opinião de que a humanidade está avançando culturalmente em comparação com os homens das cavernas de alguns milhares de anos. Aqueles que mantêm essa noção irão naturalmente rejeitar a ideia de que pode ter havido qualquer civilização digna de assim ser chamada alguns milhões de anos atrás, assim como cidades por elas construídas e habitadas. Para contrapor essa opinião existe um registro antigo, narrado nas *Estâncias de Dzyan*, que menciona as atividades culturais da Terceira Raça, ou Lemurianos, como foram chamados em substituição ao seu verdadeiro nome, o qual não foi divulgado.

> Eles (os Lemurianos) construíram cidades colossais. Com terras e metais raros eles construíram. Com base nos fogos (lava) expelidos. (Estância XI, *śloka* 43)
>
> (...)

517 Vol. I, p. 205, ed. 6 vol.; I, 174, 3ª ed.
518 O ano de 1961 ocorreu a primeira publicação, em inglês, da presente obra. (Nota da tradutora.)
519 Vol. IV, p. 283, ed. 6 vol.; II, 755, 3ª ed.

...sob a direção de seus *Reis divinos*, edificaram grandes cidades, cultivaram as artes e as ciências, conheceram a Astronomia, a Arquitetura e as Matemáticas. A civilização primitiva dos Lemurianos não se seguiu imediatamente à sua transformação fisiológica, como se poderia supor. Entre a evolução fisiológica final e a construção da primeira cidade transcorreram muitas centenas de milhares de anos. No entanto, o Lemurianos já estavam em sua sexta sub-raça, construindo com rochas e lava suas primeiras cidades rochosas. Uma dessas grandes cidades de estrutura primitiva foi toda construída de lava, a umas trinta milhas a oeste do sítio em que agora a ilha de Páscoa estende sua estreita faixa de solo estéril; cidade que uma série de erupções vulcânicas destruiu por completo. Os restos mais antigos das construções ciclópicas foram todos obras das últimas sub-raças lemurianas... As primeiras grandes cidades foram, porém, construídas na parte do continente hoje conhecida sob o nome de Ilha de Madagascar. Naqueles tempos, como nos de hoje, havia povos civilizados e selvagens. (II, 317)[520]

(...)

No entanto, apesar da civilização, enquanto os seus irmãos pastores gozavam, por direito de nascimento, de poderes maravilhosos, os "construtores" só gradativamente podiam adquirir os seus; e, quando chegavam a obter esses poderes, usavamnos geralmente para conquistas sobre a natureza física e com objetivos egoístas e ímpios. A civilização sempre desenvolveu os aspectos físico e intelectual, a expensas dos aspectos psíquico e espiritual. O domínio sobre a própria natureza psíquica e sua direção, que os ignorantes atribuem hoje ao sobrenatural, eram faculdades inatas e congênitas na humanidade primitiva, e se desenvolviam no homem tão naturalmente como andar e pensar... Mas tornaram-se "Secretos" apenas em nossa raça, pois era propriedade pública na Terceira. (II, 318-9)[521]

O Terceiro Continente, que veio a ser o lar da Terceira Raça-Raiz, batizado de Lemúria como substituição ao seu verdadeiro nome, estava situado, principalmente, na região onde agora se encontra o Oceano Pacífico. Para uma descrição mais simples, foi dividido em duas porções, chamadas de Lemúria Setentrional e Lemúria Meridional.

A teoria de uma Lemúria Setentrional não pode dar lugar a nenhuma confusão. O prolongamento desse grande continente na parte norte do Oceano Atlântico não contraria, em absoluto, a opinião geralmente aceita quanto à localização da Atlântida desaparecida, e as duas coisas se confirmam mutuamente. Convém não esquecer que a Lemúria, que serviu de berço à Terceira Raça-Raiz, ocupava não só uma vasta área no Oceano Pacífico, como ainda se estendia, em forma de ferradura, para além de Madagascar, contornava a África do Sul (então um mero fragmento em processo de formação) e alcançava a Noruega através do Oceano Atlântico. O grande *depósito de água doce chamado o Wealden inglês – que todos os geólogos consideram a desembocadura de um grande rio anterior – não é senão o leito da corrente principal que desaguava na Lemúria Setentrional durante a era Secundária*. A existência real desse rio em outros tempos é um fato científico; reconhecerão os seus partidários, como consequência, a necessidade de aceitar uma Lemúria Setentrional da Era Secundária? O Professor Berthold Seeman admitia não só a realidade desse grande continente, mas ainda que *a Austrália e a Europa faziam parte, outrora, de um mesmo continente*

520 Vol. III, pp. 317-8, ed. 6 vol.; II, 330-1, 3ª ed.
521 Vol. III, pp. 318-9, ed. 6 vol.; II, 332-3, 3ª ed.

— corroborando assim toda a teoria da "ferradura", já enunciada. Não poderia haver confirmação mais expressiva dos nossos acertos que neste fato: a *elevada cordilheira* da bacia do Atlântico, que tem a altura de 9.000 pés e se estende para o Sul num percurso de duas a três mil milhas a partir de um ponto próximo das Ilhas Britânicas, torce primeiramente para a América do Sul, e depois *muda quase em ângulo reto* para continuar em direção *Sudeste até a costa africana*, de onde se prolonga para o Sul, rumo a Tristão da Cunha. Essa cordilheira é o resto de um continente atlântico; e, se fosse possível continuar seguindo-lhe a direção, deixaria patente a realidade de um ponto de junção submarino, sob a forma de ferradura, com um continente do Oceano Índico em tempos passados. (II, 333)[522]

Quanto à Lemúria Meridional:

Ocupava toda a área compreendida desde a base dos Himalaias, que a separava do mar interior, cujas ondas rolavam sobre o que hoje é o Tibete, a Mongólia e o grande deserto de Shamo (Gobi); de Chittagong, a oeste na direção de Hardwār, e a leste de Assam. Daí se estendia para o Sul, através da Índia Meridional, Ceilão e Sumatra; e, abarcando, no rumo do Sul, Madagascar à direita, Austrália e Tasmânia à esquerda, avançava até alguns graus do Círculo Antártico. A partir da Austrália, que era então uma região interior do Continente principal, estendia-se ao longo do Oceano pacífico, além de Rapa-nui (Teapy ou a Ilha de Páscoa), que agora se encontra a 26° de latitude Sul e a 110° de longitude Oeste. (II, 323-4)[523]

A Austrália, classificada em geral como um continente-ilha, tem sido considerada, ao lado da Polinésia, como remanescente de um único e gigantesco continente — pelo menos essa era a ideia expressa em *Pedigree of Man* (p. 82). Quanto a essa assertiva, o seguinte comentário foi feito:

Certamente que foi "um único e gigantesco continente", visto que, durante o curso da Terceira Raça, se estendia de Este a Oeste até onde hoje se encontram as duas Américas. A Austrália atual não era mais que uma fração dele, havendo ainda que acrescentar algumas ilhas sobreviventes que estão disseminadas aqui e ali pela superfície do Oceano Pacífico, e uma larga faixa da Califórnia, que também pertenceu ao mesmo continente. (II, 328)[524]

Da mesma forma como ocorriam grandes mudanças na estrutura da Terceira Raça-Raiz, o mesmo acontecia com as grandes massas de terra.

O *Comentário* nos diz que a Terceira Raça se achava somente no ponto médio de seu desenvolvimento, quando,

(...)

O eixo da Roda se inclinou. O Sol e a Lua cessaram de brilhar por sobre as cabeças daquela porção dos *Nascidos do Suor*; a população conheceu a neve, o gelo e a geada; e o desenvolvimento dos homens, das plantas e dos animais foi retardado. Os que não pereceram ficaram como *crianças semidesenvolvidas* (em comparação com seus irmãos gigantescos de outras zonas), em tamanho e inteligência. Foi este o Terceiro *Pralaya* das Raças. (II, 329)[525]

---

522 Vol. III, pp. 332-3, ed. 6 vol.; II, 347-8, 3ª ed.

523 Vol. III, pp. 323-4, ed. 6 vol.; II, 338, 3ª ed.

524 Vol. III, pp. 327-8, ed. 6 vol.: II, 342, 3ª ed.

525 Vol. III, p. 329, ed. 6 vol.; II, 343-4, 3ª ed.

Aqui *Pralaya* está mais em um sentido figurativo do que em seu significado literal. Pois o *Comentário* demonstrou que a raça não pereceu em sua totalidade, mas teve seu desenvolvimento retardado. A Quarta Raça-Raiz estava então sendo preparada, enquanto que a Terceira continuava por seus estágios de desenvolvimento.

> O afundamento e a transformação da Lemúria tiveram início quase no Círculo Ártico (Noruega), e a Terceira Raça terminou o seu ciclo em Lanka, ou melhor, no que se converteu em Lanka para os Atlantes. O diminuto resto que hoje conhecemos sob o nome de Ceilão é a terra montanhosa da antiga Lanka, e a enorme ilha desse nome era, nos tempos da Lemúria, o gigantesco continente já descrito. (II, 332)[526]

No entanto, antes do término da carreira da Terceira Raça, os Filhos da Névoa de Fogo obtiveram a Sabedoria Secreta, e aguardaram em um lugar secreto. Pois está dito:

> Felizmente para a espécie humana, a "Raça Eleita" já havia se convertido no veículo de encarnação dos *Dhyānis* mais elevados (intelectual e espiritualmente), antes que a humanidade se tornasse de todo material. Quando as últimas sub-raças — exceto algumas das mais inferiores — da Terceira Raça pereceram com a destruição do Grande Continente Lemuriano, as "Sementes da *Trindade da Sabedoria*" já haviam adquirido o segredo da imortalidade na Terra, esse dom que permite à mesma Alta Personalidade passar *ad libitum* de um corpo esgotado para outro. (II, 276)[527]

A "Raça Eleita" é conhecida por muitos nomes: os Filhos da Vontade e do *Yoga*, os Filhos da Névoa de Fogo, os Filhos de Ad, a Hierarquia dos Eleitos. Foram produzidos por *Kriyāśakti* (através da força de vontade e do *Yoga*) na primeira porção da Terceira Raça, antes da separação dos sexos, quando ainda se encontravam em seu estado de pureza.

> Tratava-se de uma progênie consciente, porque uma parcela da raça já se achava animada pela centelha divina de uma inteligência espiritual e superior. Essa progênie não constituía uma raça. O primeiro foi um Ser Maravilhoso, chamado "o Iniciador", seguindo-se um grupo de Seres semi-humanos e semidivinos. "Eleitos", na *gênese* arcaica, para tarefas especiais, diz-se que neles se encarnaram os mais elevados *Dhyānis* — "*Munis* e *Rishis* de *Manvantaras* anteriores" — *para formar o seminário de Adeptos humanos do futuro*, sobre a Terra e durante o presente Ciclo. Os "Filhos da Vontade e do *Yoga*", nascidos, por assim dizer, de uma forma imaculada, estavam, segundo se explica, inteiramente à parte do resto da humanidade. (I, 207)[528]

O lugar secreto no qual aguardavam era uma ilha situada em um vasto oceano interno, que se entendia sobre a Ásia Central e norte dos Himalaias. Essa Ilha,

---

526 Vol. III, p. 332, ed. 6 vol.; II, 347, 3ª ed.
527 Vol. III, p. 278, ed. 6 vol.; II, 288, 3ª ed.
528 Vol. I, p. 255-6, ed. 6 vol.; I, 228, 3ª ed.

que por sua beleza incomparável não possui rival no mundo... segundo a crença, existe ainda hoje, como um oásis rodeado pela terrível solidão do grande Deserto de Gobi, cujas areias "não há memória humana de que tenham sido alguma vez pisadas". (II, 220)[529]

O Despertar do Princípio Mental

No que diz respeito à Terceira Raça-Raiz, muito pouco foi dito até aqui a respeito do mais *importante evento* ocorrido durante a era do terceiro estágio de desenvolvimento evolucionário do Reino Humano, pois nos pareceu melhor dedicar uma seção especial a este tema. Embora vários capítulos pudessem ser escritos sobre o assunto, apresentaremos aqui apenas um esboço. Deve ser reforçado que os ensinamentos a respeito do Despertar do Princípio Mental – ou "a Vinda dos *Mānasaputras*", como também é conhecido o evento, ou ainda "a Encarnação dos Filhos da Sabedoria" – são uma fase essencial na consideração da Terceira Raça-Raiz.

Esse aspecto dos ensinamentos está sob o domínio da Lei Divina da Compaixão, pois aqueles seres nos degraus superiores da Escada da Vida – para usar uma analogia conhecida – abaixaram-se a fim de oferecer uma mão amiga aos seus irmãos dos degraus inferiores, de forma a auxiliá-los em sua subida. Entretanto, este não foi simplesmente um auxílio alegórico; foi um evento verdadeiro, beneficiando indivíduos, assim como o Reino Humano como um todo. No seu devido tempo, ou seja, em *Manvantaras* futuros, será a vez da Legião Humana assumir o papel dos *Mānasaputras*, auxiliando na iluminação de seus irmãos mais novos na Escada da Vida, que agora estão experimentando a fase de desenvolvimento evolucionária no Reino Animal. Esta é a Lei da Compaixão.

> Ademais, a lei una absoluta, sempre em ação e infalível, que procede sempre do mesmo modo, de uma a outra Eternidade (*Manvantara*) – proporcionando sempre uma escala ascendente ao manifestado, ou o que chamamos a Grande Ilusão (*Mahā-Māyā*), mas submergindo o Espírito cada vez mais profundamente na materialidade, por um lado, e depois assegurando a sua *redenção por meio da carne* e libertando-o –, esta lei, dizemos, emprega, para tais objetivos, Seres pertencentes a outros planos mais elevados, homens ou *Mentes* (*Manus*), conforme as exigências *kármicas*. (II, 87-8)[530]

Embora a vinda dos *Mānasaputras* já tenha sido mencionada como sendo o evento primordial na evolução da humanidade, essa afirmação precisa ser repetida várias vezes, de forma que possa penetrar na consciência do leitor – para que se possa perceber que o esforço primário de *A Doutrina Secreta*, ao retratar o nascimento e desenvolvimento da humanidade (sob o título de Antropogênese) é seguir os passos desse acontecimento memorável.

---

529 Vol. III, p. 224 ed. 6 vol.; II, 230-1, 3ª ed.
530 Vol. III, pp. 96-7, ed. 6 vol.; II, 92-3, 3ª ed.

Pois foi por causa desse despertar que o homem passou a ser considerado de uma nova maneira.[531] A partir desse ponto de vista nobre e luminoso, seguir-se-á a compreensão de que o homem ainda não desenvolveu suas faculdades espirituais em toda a sua potencialidade, muito embora esteja em um caminho evolucionário que o capacitará a obter tal desenvolvimento, assim como a alcançar sua meta, sua herança divina.

Uma razão para que as pessoas criadas no Ocidente achem difícil compreender todo o significado dos ensinamentos a respeito dos *Mānasaputras* e o estímulo do Princípio Mental é porque o assunto é visto a partir de ideias formuladas com respeito à história bíblica de Adão e Eva, a serpente, a maçã, o "pecado" ao comer a fruta proibida e a consequente "queda". Então seus olhos se abriram. Uma alegoria é verdade. Mas, então, a "encarnação" dos *Mānasaputras*, ou a "colocação da Mente", é relatada de forma alegórica. Todas as alegorias têm o propósito de despertar a intuição e não devem ser tomadas ao pé da letra.

> Admite-se, até certo ponto, que o Ensinamento Esotérico seja alegórico. Para torná-lo compreensível à inteligência mediana, faz-se necessário o uso de símbolos em uma forma inteligível. Daí a razão de ser das narrativas alegóricas e semimíticas dos ensinamentos exotéricos, assim como das representações *semi*metafísicas e objetivas do ensinamento esotérico. Pois, as concepções pura e transcendentalmente espirituais são adaptadas somente aos modos de percepção daqueles que "*veem sem olhos, escutam sem ouvidos e sentem sem órgãos*", segundo a pitoresca expressão empregada nos *Comentários*. (II, 81)[532]

Quem são os *Mānasaputras*? A palavra é um composto sânscrito de *putra*, filho, e *mānasa*, o adjetivo de *manas*, mente; temos, portanto, Filhos da Mente, Filhos de *Mahat* ou Filhos da Sabedoria. São chamados de *Lhas* Solares (um termo tibetano) ou *Pitris* Solares, de forma a distingui-los dos Filhos do Crepúsculo, Filhos da Lua ou ainda *Pitris* Lunares, que desenvolveram ou "projetaram" o homem na Primeira Raça-Raiz. Deixando de lado as várias fábulas e alegorias, e apresentando a maneira na qual os Filhos de *Mahat* são vistos na Filosofia Esotérica,[533] dizemos que os *Mānasaputras* representam a Quinta Hierarquia. Significativamente, *Manas* é o quinto princípio da constituição humana — o Princípio Mental. Os *Pitris* Lunares representam a Sexta Hierarquia (em ordem descendente); o sexto princípio (de cima para baixo) da constituição humana é o *Linga-Śarīra*, o corpo modelo (algumas vezes chamado de "forma ou corpo astral"). O relacionamento desses dois grupos hierárquicos com o Reino Humano é claramente esboçado na citação a seguir (as palavras "este ciclo" significam a Quarta Ronda):

---

531 Uma "nova maneira" realmente, em comparação com a antiga ideia prevalente à época em que *A Doutrina Secreta* foi escrita, na qual o homem era encarado como um "pecador miserável".

532 Vol. III, pp. 90-1, ed. 6 vol.; II, 85, 3ª ed.

533 Esse assunto foi esboçado no Capítulo VII, na seção intitulada A Relação das Mônadas com o Sistema, em consideração à Estância VII, *śloka* 1.

O grupo da hierarquia incumbido de "criar" os homens é, portanto, um grupo especial; e desenvolveu o homem-espectral neste Ciclo, precisamente como o fez um grupo ainda mais elevado e espiritual na Terceira Ronda. Mas, como aquele grupo é o Sexto na escala descendente da Espiritualidade (sendo o sétimo e último o dos Espíritos Terrestres, ou Elementais, que formam, constroem e condensam gradualmente o corpo físico do homem), não pode elaborar senão a forma etérea do homem futuro, uma cópia espectral, transparente, pouco visível, dos seres que compõem o mesmo grupo. À Quinta Hierarquia (os seres misteriosos que presidem à constelação do Capricórnio, *Makara* ou "Crocodilo", na Índia e no Egito), compete a tarefa de animar a forma animal, vazia e etérea, dela fazendo o Homem Racional. Este é um dos assuntos sobre os quais muito pouco se pode dizer ao público em geral. É um MISTÉRIO... (I, 233)[534]

Uma pequena alegoria extraída do fragmento hermético conhecido como *Divino Pimandro* pode ser citada, com sua breve explicação, indicando, não obstante, que os *Mānasaputras* (chamados de "Anjos superiores") haviam passado pelo estágio humano em *Manvantaras* anteriores, adquirindo a total capacidade de *Manas* (chamado de o "reflexo de *Mahat*"):

...os Anjos superiores haviam atravessado inumeráveis *éons* antes, através dos "Sete Círculos", *arrebatando-lhes* assim o Fogo Sagrado; em poucas palavras, isto quer dizer que em encarnações passadas, tanto nos mundos inferiores como nos mundos superiores, haviam assimilado toda a sabedoria neles existente: o reflexo de *MAHAT* em seus diversos graus de intensidade. Nenhum Ser, angélico ou humano, pode alcançar o estado de *Nirvāna*, ou de pureza absoluta, sem passar pelos *éons* de sofrimento e do *conhecimento* do MAL, assim como do BEM, uma vez que de outro modo este último permaneceria incompreensível. (II, 80-1)[535]

A maneira pela qual se queira encarar o despertar da mente — seja na forma bíblica familiar, seja de acordo com a lenda grega na qual Prometeu sobe à morada dos deuses a fim de lhes roubar o fogo, e o esconde num caule de funcho enquanto desce à Terra para trazer ao homem "o fogo da mente", seja de acordo com as alegorias hindus, ou ainda na fábula dos Anjos Caídos — vai depender do quanto se é apto a interpretar as alegorias, ou da vontade de compreender os ensinamentos da Filosofia Esotérica a respeito do homem.

A lenda dos "Anjos Caídos", em seu significado esotérico, contém a chave das múltiplas contradições do caráter humano; assinala o segredo da autoconsciência no homem e é o fulcro em que se apoia todo o seu Ciclo de Vida — a história de sua evolução e de seu desenvolvimento.

(...)

A compreensão exata da Antropogênese Esotérica depende da boa interpretação desta doutrina. Fornece um indício da questão tão controversa da Origem do Mal; e mostra como foi o próprio homem que dividiu o Uno em vários aspectos divergentes. (II, 274)[536]

---

534 Vol. I, p. 279, ed. 6 vol.; I, 253-4, 3ª ed.
535 Vol. III, p. 90, ed. 6 vol.; II, 84-5, 3ª ed.
536 Vol. III, p. 276, ed. 6 vol.; II, 286, 3ª ed.

O ponto crucial dessa situação está na compreensão do funcionamento do Princípio Mental, ou *Manas*, tanto antes quanto depois do seu despertar. Isso está evidente nas *Estâncias de Dzyan*, pois em um de seus *ślokas*, seguindo imediatamente a descrição da primeira aparição do homem nesta Quarta Ronda, a pergunta é formulada:

> Como nasceram os *Manushya*? Como se formaram os *Manus* com mente?" (Estância IV, *śloka* 16)

O significado do termo *Manushya* se torna aparente quando é entendido que essa palavra deriva do verbo sânscrito *man*, pensar; por essa razão, um ser pensante. Esta ideia é enfatizada na segunda pergunta através da repetição da palavra *manus* seguida de "com mente", significando o funcionamento do princípio mental, e não apenas da posse de um órgão de pensamento, o cérebro físico. A palavra *manu* também possui o significado de homem, assim como de um ser pensante. O *śloka* continua explicando que, embora os *Pitris* Lunares tenham originado aquilo que possuíam (conforme dito com relação à Primeira Raça-Raiz), eles não eram capazes de dotar os seres humanos com a habilidade de usar esse princípio do pensamento, ou processo intelectual, de maneira autoconsciente.

> O "Fogo Vivente" era necessário, esse Fogo que confere à mente humana sua percepção e consciência, ou *Manas*. (II, 102)[537]

Bastante similar à lenda grega de Prometeu levando o fogo dos deuses para os homens, não é verdade?

O próximo *śloka* das *Estâncias de Dzyan* continua a narrativa, em forma alegórica, a respeito de como o homem foi preparado, enumerando todos os princípios do homem, com exceção de *Manas*, o "fogo *vivente*", pois era considerado ausente. (Na verdade estava presente, mas inativo até o período da Terceira Raça-Raiz.) Os nomes dos princípios, em sânscrito, são fornecidos entre colchetes; as palavras em itálico dentro dos parênteses são as explicações incluídas por H.P.B.:

> O Sopro (*a Mônada Humana*) (que é *Ātman* com seu *upādhi Buddhi*) necessitava de uma Forma. Deram-na os Pais (os *Pitris* Lunares — o Sexto grupo hierárquico). O Sopro necessitava de um corpo denso; a Terra (espíritos da Terra — o sétimo grupo hierárquico) a modelou. O Sopro necessitava do Espírito de Vida (*Jīva* — tornando-se *Prānā* na constituição do homem); os *Lhas* Solares o insuflaram em sua forma. O Sopro necessitava de um Espelho de seu Corpo (*a sombra astral*) [*Linga-Śarīra*]; "Nós lhe damos o nosso!" disseram os *Dhyānis*. O Sopro necessitava de um Veículo dos Desejos (*Kāma Rupa*); 'Aqui o tem!' disseram os Drenadores das Águas (*Śuchi, o fogo da paixão e do instinto animal*). O Sopro necessitava de uma Mente para abranger o Universo; "Isso não podemos dar!" disseram os pais. "Nunca a tive!" disse o Espírito da Terra. "Se eu lhe desse a minha, a forma seria consumida!" disse o Grande Fogo (*solar*)... O Homem (*nascente*) permaneceu um *Bhūta*, vazio e sem entendimento. (II, 104-5)...[538]

537 Vol. III, p. 111, ed. 6 vol.; II, 107, 3ª ed.
538 Vol. III, p. 113, ed. 6 vol.; II, 110, 3ª ed.

...até a Terceira Raça-Raiz. Um *Comentário* se segue às palavras de encerramento do *śloka* 18, com explicações adicionais para maior clareza:

> Os filhos do Pai Amarelo e da Mãe Branca.
>
> (...)
>
> No último *Comentário* a sentença está assim traduzida: "Os Filhos do Sol e da Lua, que foram nutridos pelo Éter (ou vento)." (II, 109)[539]
>
> (...)
>
> O "Pai" do homem físico primitivo, ou do seu corpo, é o Princípio Elétrico Vital que reside no Sol. A Lua é sua "Mãe", por causa do misterioso poder que possui e que exerce uma influência tão marcante na gestação e na geração humana, que ela preside, como também no crescimento das plantas e dos animais. O "vento" ou Éter, que no caso tem o papel de agente transmissor, por intermédio do qual essas influências são transportadas e descem dos astros, disseminando-se pela Terra, é mencionado como a "Nutriz", mas só o "Fogo Espiritual" faz do homem uma entidade divina e perfeita. (II, 105)[540]

Como era de se esperar, são os *Comentários* sobre as *Estâncias de Dzyan* que fornecem os indícios para a compreensão dos *ślokas* alegóricos. Chamamos a atenção ao fato de que já na Segunda Raça os exaltados Filhos da Sabedoria estavam executando seu trabalho divino de Compaixão, embora a "Raça Sem Mente" ainda não estivesse pronta para a iluminação alcançada durante o *kalpa* seguinte (ciclo racial). Após a citação, um parágrafo explicativo aponta para o que deveria ter acontecido à raça humana se os Filhos de *Mahat* não tivessem animado o *Saptaparna*. Tecnicamente falando, isso significa que para a porção remanescente da peregrinação cíclica da Quarta Ronda, ou seja, as raças restantes do Globo D, assim como dos Globos E, F e G (um período de tempo que ocupa milhões de anos), a humanidade teria muito provavelmente continuado em seu estado de semiconsciência, e nenhuma iluminação teria ocorrido antes do ponto mais inferior do Arco Descendente ter sido alcançado, uma vez que é no Globo D, durante a Quarta Ronda e na Quarta Raça, que o Arco Descendente alcança seu auge. O equilíbrio entre espírito e matéria é atingido. Tem início o Arco Ascendente. Nas palavras do *Comentário*:

> Os Filhos de *MAHAT* são os que animam a Planta humana. São as Águas que caem no solo árido da vida latente, e a Centelha que vivifica o Animal humano. São os Senhores da Vida Espiritual Eterna... No princípio (durante a Segunda Raça), alguns (dos Senhores) só insuflaram parte de sua essência nos *Manushya* (homens), e alguns elegeram o homem para seu domicílio.
>
> (...)
>
> Mostra isso que nem todos os homens foram encarnações dos "Divinos Rebeldes", senão apenas um pequeno número dentre eles. Para os outros, o seu Quinto Princípio foi simplesmente ativado pela centelha nele projetada, o que explica a grande diferença entre as capacidades intelectuais dos homens e das raças. Se os "Filhos de *Mahat*" não houvessem,

539 Vol. III, pp. 117-8, ed. 6 vol.; II, 115, 3ª ed.

540 Vol. III, pp. 113-4, ed. 6 vol.; II 110-1, 3ª ed.

alegoricamente falando, saltado através dos mundos intermediários, em seu impulso para a liberdade intelectual, jamais teria sido o homem-animal capaz de elevar-se acima desta terra e de alcançar a meta final por seu esforço próprio. A Peregrinação Cíclica teria que realizar-se através de todos os planos da existência em estado semi-inconsciente, senão de todo inconsciente, tal como sucede com os animais. Graças àquela revolta da vida intelectual contra a inatividade mórbida do espírito puro é que hoje somos o que somos – homens autoconscientes, pensantes, possuindo em nós mesmos as capacidades e os atributos dos Deuses, tanto para ao bem como para o mal. Os *Rebeldes* são, portanto, os nossos Salvadores. Que os filósofos meditem sobre isso, e mais de um mistério se tornará claro para eles. Não é senão pela *vis attractiva* dos contrastes que os dois opostos – Espírito e Matéria – podem ser cimentados entre si, na Terra, e fundidos no fogo da experiência consciente e do sofrimento, encontrarem-se unidos na Eternidade. Isso revelará o significado de muitas alegorias até agora incompreensíveis e levianamente qualificadas como "fábulas". (II, 103)[541]

Neste ponto, o próprio *Livro de Dzyan* pode ser salientado de forma a mostrar a necessidade do funcionamento de um princípio médio na constituição setenária do homem. Onde estaria o homem sem a sua vida-pensamento, sem sua habilidade para criar? Ele seria "apenas um *chhāyā*, uma sombra sem entendimento", conforme as palavras do *śloka* 16 tão bem o expressam. Na citação, *Ātman* é chamado de "o Sopro" e também de "o indivisível", ou seja, o princípio não diferenciado – que não deve se separar de sua Origem. O *upādhi Buddhi* é chamado de *Vāhana*, uma palavra sânscrita que vem do verbo *vāh*, que significa suportar, carregar; temos então, o carregador, ou seja, um veículo (como geralmente é traduzida essa palavra).

Diz o *Livro de Dzyan* sobre o Homem Primordial, quando o projetou pela primeira vez o "Sem-Osso", o Criador Incorpóreo:

(...)

Primeiro o Sopro, depois *Buddhi* e o Filho-Sombra (o Corpo) foram "criados". Mas onde estava o Eixo (o Princípio médio, *Manas*)? O homem está condenado. Quando estão sós, o Indivisível (o Elemento não-diferenciado) e o *Vāhan* (*Buddhi*) – a causa do Sem-causa – se destacam da Vida manifestada. A menos que sejam unidos e cimentados entre si pelo Princípio médio, o veículo da consciência pessoal de *Jīva*;

(...)

...explica o *Comentário*. Em outras palavras, os dois "princípios" superiores não podem ter individualidade na Terra, não podem constituir o homem, a não ser que existam: (a) a Mente, o *Manas*-Ego, para se conhecer a si mesmo, e (b) a falsa personalidade terrestre, ou o Corpo de desejos egoístas e a Vontade pessoal, para ligar o todo, como ao redor de um eixo – o que é bem o caso –, com a forma física do homem. São o quinto e o quarto princípios – *Manas* e o *Kāma Rūpa* – que contêm a Personalidade dual, o verdadeiro Ego imortal, se assimilado aos dois superiores, e a Personalidade falsa e transitória, o *Māyāvi* ou Corpo Astral, ou Alma Animal Humana (como é chamada) – que devem estar intimamente amalgamados para os fins de uma existência terrestre completa. Fazei a Mônada Espiritual de um Newton, enxertada na do maior Santo da Terra, encarnar no mais perfeito corpo físico que se possa imaginar – isto é, em um corpo de dois ou mesmo de três princípios, composto de

[541] Vol. III, pp. 111-2, ed. 6 vol.; II, 108, 3ª ed.

seu *Sthūla-Śarīra*, *Prāna* (o Princípio Vital) e *Linga-Śarīra* –; mas, se faltarem aqueles dois princípios, o médio e o quinto, terei criado um idiota ou, quando muito, um ente de formosa aparência, sem alma, vazio e inconsciente. O "*cogito, ergo sum*" não teria razão de ser no cérebro de semelhante criatura, pelo menos neste plano. (II, 241-2)[542]

Outro *Comentário*, no formato de um Catecismo, apresenta a mesma ideia de forma alegórica, tão precisa quanto bela:

O Homem necessita de quatro chamas e três fogos para ser homem na Terra, e requer a essência dos quarenta e nove fogos para se tornar perfeito. (II, 57)[543]

As "quatro chamas" correspondem aos quatro princípios inferiores do homem, o Quaternário Inferior, que perecem com a morte: *Sthūla-Śarīra*, *Linga-Śarīra*, *Prāna*, *Kāma*. Os "três fogos" representam os três princípios superiores do homem, a Tríade Superior, a parte imortal do homem: *Manas*, *Buddhi*, *Ātman*. A "essência dos quarenta e nove fogos" necessária para que o homem se torne "perfeito", ou seja, quando a peregrinação cíclica se completar ao final de sete Rondas, representam os "sete dentro dos sete":[544] 7 x 7 = 49. O Catecismo prossegue:

Aqueles que deixaram as Esferas Superiores, os Deuses da Vontade, são os que completam o *Manu* da ilusão. Porque o "Dragão Duplo" não tem influência sobre a mera forma. É como a brisa onde não há árvores, nem ramos que a recebam e acolham. Não pode influir na forma quando não há agente transmissor (*Manas*, a "Mente"), e a forma o ignora. (II, 57)[545]

Os "Deuses da Vontade" – os Filhos de *Mahat*, ou *Mānasaputras* – são assim chamados porque têm total conhecimento de *Kriyāśakti*, o poder da vontade. Eles deixam suas "Esferas Superiores", *lokas* mais elevados que a nossa esfera material, para cumprir sua missão de ajudar o "*Manu* da ilusão", ou seja, o homem das primeiras raças, assim descrito por não possuir *Manas* em atividade, sendo assim um homem incompleto. Os Deuses da Vontade "completam" o homem quando ativam o Princípio *Manas*. O "Duplo Dragão" significa a Mônada, *Ātman* em conjunção com seu *upādhi*, *Buddhi*. Sem *Manas*, a Mônada é incapaz de "ter influência" sobre a forma. O Catecismo conclui:

Nos mundos mais elevados, os três constituem um; na Terra (no começo) o um se converte em dois. São como duas linhas (lados) de um triângulo que perdeu sua base, a qual é o terceiro Fogo. (*Catecismo*, Livro III, sec. 9) (II, 57)[546]

---

542 Vol. III, p. 244, ed. 6 vol.; II, 251-2, 3ª ed.
543 Vol. III, pp. 67-8, ed. 6 vol.; II, 60, 3ª ed.
544 A explicação completa sobre os 49 fogos se encontra no Capítulo IX.
545 Vol. III, pp. 67-8, ed. 6 vol.; II, 60, 3ª ed.
546 *Idem* nota 545.

A frase "nos mundos mais elevados" se aplica aos globos superiores da Cadeia Terrestre; similar ao *estado* de *Devachan*, onde "os três", *Ātman*, *Buddhi*, *Manas*, são como *um*. Uma nota de rodapé é acrescentada como explicação:

> No *Devachan* é necessário o elemento superior de *Manas* para constituir um estado de consciência e percepção da Mônada desencarnada. (II, 57)[547]

"Na Terra" (significando o Globo D na Quarta Ronda), "no começo", nas primeiras raças, "o um se converte em dois": *Ātman* com seu *upādhi*, *Buddhi*, conhecido como Mônada e Peregrino, não pode funcionar no plano material sem *seu upādhi*, *Manas*, de forma que equivalem a "dois" durante o período das "Raças sem Mente". Mas os dois se convertem em três quando o triângulo é completado, quando os *Mānasaputras* ativam *Manas*, completando, por conseguinte, o homem.

> Ensina a Doutrina Secreta que a única diferença entre os objetos animados e os inanimados, na Terra e entre a estrutura animal e a humana, é que em uns estão latentes os diversos "Fogos", e nos outros estão ativos. Os *Fogos Vitais* existem em todas as coisas, e não há um átomo sequer que não os possua. Mas no animal os "três princípios superiores" não estão despertados; acham-se somente em estado potencial, latente e, portanto, *não existentes*. E assim permaneceriam até hoje as formas animais dos homens se houvessem sido deixadas tais como saíram dos corpos de seus Progenitores, cujas Sombras eram para se desenvolver exclusivamente sob o impulso das forças e dos poderes inerentes na Matéria. Mas, como está escrito no *Pimandro*: "Este é um mistério que até hoje jazia selado e oculto". (II, 267)[548]

Não obstante, existe uma lacuna entre o Reino Animal e o Reino Humano, e isso se deve à habilidade de usar o Princípio Mental conscientemente. O homem possui tal poder, os animais não. O Homem possui a habilidade de usar a Mente superior e através dela moldar sua vida em direção a propósitos nobres. Os animais não são capazes de utilizar a Mente superior, não importa o quão inteligentes sejam suas respostas aos treinamentos e o desempenho das tarefas ensinadas por seus treinadores. Tampouco são capazes de se tornarem expoentes da lei moral. Os humanos podem fazê-lo, se *quiserem*.

> Entre o homem e o animal – cujas Mônadas (ou *Jīvas*) são no fundo idênticos – existe o abismo intransponível da Mentalidade e da Autoconsciência. Que é a mente humana em seu aspecto superior? De onde procede se não é uma parte da essência – e em alguns casos raros a encarnação, a *essência mesma* – de um Ser superior, de um Ser pertencente a um plano superior e divino? (II, 81)[549]
>
> (...)
>
> Mas a Filosofia Esotérica ensina que um *terço* dos *Dhyānis* – isto é, as três classes de *Pitris Arūpa* providos de inteligência – "que é um sopro sem forma composto de substâncias

547 Vol. III, p. 68, ed. 6 vol.; II, 60, 3ª ed.
548 Vol. III, p. 269, ed. 6 vol.; II, 279, 3ª ed.
549 Vol. III, p. 90, ed. 6 vol.; II, 85, 3ª ed.

intelectuais, não elementares", foram simplesmente *condenados, pela lei do Karma e da evolução, a renascer* ou encarnar-se na Terra. Alguns desses *Dhyānis* eram *Nirmānakāyas* procedentes de outros *Manvantaras*. (II, 93-4)[550]

Com relação a esta passagem que se refere aos "*Nirmānakāyas* procedentes de outros *Manvantaras*", deve ser feita uma menção aos *Vairājas*, considerados como uma classe de *Pitris* Solares. A ortografia da palavra sânscrita denota que os *Vairājas* são "filhos de *Virāj*". Nas *Leis de Manu* é dito que *Virāj* surgiu da seguinte forma: Quando *Brahmā* (o Senhor Criativo, ou Terceiro *Logos*) começou a "criar", dividiu sua própria substância em duas artes; uma masculina e outra feminina. Da parte feminina brotou o poder masculino chamado *Virāj*, que depois produziu o primeiro *Manu*. Na filosofia esotérica, as partes masculina e feminina de *Brahmā* representam as forças centrífuga e centrípeta que operam na Natureza, também vistas como as forças de atração e repulsão, positivas e negativas; também chamadas das potências masculina e feminina na Natureza.

Todavia, o ponto específico com relação aos *Vairājas* é que "na filosofia esotérica eles são chamados de *Nirmānākayas*".[551] E outra indicação é fornecida na seguinte passagem:

> Os *Vairājas* são os Egos flamejantes de outros *Manvantaras*. Já foram purificados no fogo das paixões. São os que se recusaram a criar. Alcançaram o Sétimo Portal, e renunciaram ao *Nirvāna*, permanecendo por *Manvantaras* posteriores. (*D.S.*, V, 543)

A frase "Egos flamejantes" nos chama a atenção para o aspecto *manásico* dos *Pitris*, também enfatizado no termo Senhores da Chama, característico dos *Pitris* Solares. A referência àqueles que foram purificados no fogo das paixões significa que eles completaram o ciclo de evolução humana através das Sete Rondas do Círculo de Necessidade, alcançando assim o Sétimo Portal. Essa ideia também é enfatizada na palavra sânscrita *Agnishvātta-Pitris* (Senhores da Chama), que significa, literalmente, "os Ancestrais suavizados pelo fogo" da evolução. Quanto à afirmação de que os *Vairājas* "se recusaram a criar", isso faz referência à única Estância da Cosmogênese que fala da antropogênese, a Estância VI, *śloka* 5 (as primeiras séries de do Volume I):

> Na Quarta (Quarta Ronda, ou revolução da Vida e do Ser em torno das "Sete Rodas menores"), os Filhos recebem ordem de criar suas Imagens. Um Terço recusa-se. Dois Terços obedecem. (I, 191)[552]
>
> (...)

---

550 Vol. III, p. 102-3, ed. 6 vol.; II, 98, 3ª ed. *Nirmānakāya*: em suma, aquele que alcançou o *Nirvāna* mas renunciou a ele, a fim de permanecer como um *Buddha* de Compaixão nos planos superiores da Terra. Este termo é explicado integralmente no Capítulo XI.

551 *Glossário Teosófico*, p. 358.

552 Vol. I, p. 242, ed. 6 vol.; I, 213, 3ª ed.

> Acrescenta o *Comentário*, explicando o verso: Os Santos Jovens (os Deuses) negaram-se a multiplicar e a criar espécies à sua semelhança e segundo a sua classe. "Não são Formas (*Rūpas*) apropriadas para nós. Devem ser aperfeiçoadas." Eles recusam-se a entrar nos *Chhāyās* (sombras ou imagens) de seus inferiores. (I, 192)[553]

Dando continuidade à referência ao retorno dos *Nirvānis* (aqueles seres exaltados que alcançaram o *Nirvāna* em *Manvantaras* anteriores e retornaram daquele estado beatífico), assim como à relação existente entre o Reino Humano e os seres superiores da Onda de Vida Humana, as citações a seguir apontam claramente para um relacionamento de uma classe particular de *Dhyāni-Chohans*. (O termo "*Dhyāni-Chohan*", ou *Dhyān-Chohan*, é um termo generalizante, embora *Mānasaputra* refira-se a uma classe específica.)

> Há uma Lei Cíclica Eterna de Renascimentos; e, encabeçando a série, na aurora de cada *Manvantara*, acham-se aqueles que gozaram, durante *evos* incalculáveis, de uma trégua em suas reencarnações de *Kalpas* anteriores: são os primeiros e os mais elevados *Nirvānis*. Tocou-lhes, a esses "Deuses", a vez de encarnarem no presente *Manvantara*; daí a sua presença na Terra e as alegorias correspondentes... (II, 232)[554]
>
> (...)
>
> Temos presente o trecho de uma carta de um dos mestres que se refere diretamente a estes Anjos que encarnam. Diz a carta: "...há, deve haver, 'fracassos' nas raças etéreas dos muitos tipos de *Dyān-Chohans* ou *Devas* (*entidades* desenvolvidas de um período planetário *anterior*), assim como entre os homens. Ainda assim, como estes *fracassos* são demasiados evoluídos e espiritualizados para serem obrigados a retroceder, perdendo a condição de *Dyān-Chohans* e caindo no vórtice de uma nova evolução primordial através dos reinos inferiores — o que ocorre, então, é o seguinte. Quando um novo Sistema Solar deve surgir, esses *Dhyān-Chohans* são trazidos pelo influxo 'para adiante' dos elementais (entidades... que hão de converter-se em humanidade numa época *futura*), e permanecem como uma força espiritual latente e inativa na aura do mundo nascente... até que o estágio da evolução humana é alcançado. ... Eles se tornam então uma *força ativa* e se misturam com os elementais..., para *desenvolver, pouco a pouco, o tipo pleno da humanidade*." Ou seja, para desenvolver o homem e dotá-lo de Mente Autoconsciente ou *Manas*. (II, 232-3)[555]

Em complemento ao que foi dito acima, existe ainda outro fator que é considerado na passagem a seguir. Relaciona-se com o elo *kármico* entre o ser elevado conhecido como *Lha* (ou *Dhyān-Chohan*) e um ser humano. Embora breve, uma vez que o assunto é tocado de leve, essa passagem é uma indicação de que há um elo muito mais real do que aparente.

> Ao mesmo passo em que encarnavam nos veículos humanos desenvolvidos pelas primeiras raças sem mente (sem *Manas*), ou, em outros casos, só os animavam, os Poderes e os Princí-

553 Vol. I, p. 243, ed. 6 vol.; I, 214, 3ª ed.

554 Vol. III, p. 235, ed. 6 vol.; II, 242, 3ª ed.

555 *Ibid.* A citação aparece em *Cartas dos Mahatmas para A.P. Sinnett*, p. 87 [Ed. Teosófica, Vol. I, Carta nº 66, p. 282 (Nota Ed. Bras.)].

> pios tinham que fazer a sua escolha levando em conta o *Karma* passado das Mônadas, para servirem de traço de união entre elas e seus corpos. (II, 318)[556]

Podemos recapitular o tema desta seção, O Despertar do Princípio Mental, por meio de uma breve citação. Chamamos especial atenção para a frase que afirma que até mesmo na forma mais inferior de vida animal, uma ameba, *uma Mônada está presente.*

> ...o Homem está presente na Terra desde o começo da Ronda atual. Depois de passar por todos os Reinos da Natureza nas três Rondas precedentes, sua constituição física – adaptada às condições térmicas daquelas primitivas épocas – estava apta para receber o *divino Peregrino* na aurora da vida humana, isto é, há 18.000.000 de anos. Só no meado da Terceira Raça-Raiz foi o Homem dotado de *Manas*. E, unidos os *Dois*, e depois os *Três*, fizeram-se *Um*; porque, embora os animais inferiores, desde a ameba ao homem, tivessem recebido *suas* Mônadas, que encerram todas as qualidades superiores potencialmente, estas qualidades têm que permanecer latentes até que o animal alcance a forma humana, antes de cuja fase o *Manas* (a Mente) não se desenvolve. Nos animais todos os princípios se acham paralisados e num estado comparável ao do feto, excetuando-se o segundo (princípio Vital), o terceiro (princípio Astral) e rudimentos do quarto, *Kāma*, que é o desejo, o instinto, cuja intensidade e desenvolvimento variam com as espécies. (II, 254-5)[557]

Uma breve explicação com relação aos termos usados: o período de tempo chamado de "aurora da vida humana" se refere ao despertar do Princípio Mental durante a Terceira Raça, e não à primeira aparição do homem nesta Quarta Ronda. O "divino Peregrino" significa os *dois* princípios superiores: *Ātman* e seu *upādhi Buddhi*; o "três que se fez um", *Ātma-Buddhi-Manas*; o princípio "vital" ou Princípio-Vida – *Prāna*; a forma "astral" – *Linga-Śarīra*, ou o corpo modelo; observe que o princípio desejo, *Kāma*, em seus estágios iniciais ("rudimentos do quarto"), se manifesta nos animais como instintos, enquanto que os instintos humanos são suplantados por seus *desejos*.

Embora as palavras "dotado de *Manas*" e "recebido suas Mônadas", se tomadas ao pé da letra, pareçam implicar que o quinto, sexto e sétimo princípios foram doados ou presenteados, a frase "nos animais todos os princípios se acham paralisados e num estado comparável ao do feto" indica que esses três princípios superiores, *Ātman*, *Buddhi* e *Manas*, *já se encontram ali*, mas estão esperando o desenvolvimento evolucionário requerido dos veículos ou vestes inferiores. Quando isso é obtido, seu desenvolvimento é possível. Mesmo no homem, o princípio *Búddhico* ainda não está ativo; está aguardando o desenvolvimento adequado da Mente superior (*Manas*). Em *éons* futuros (durante a Sexta Ronda) ocorrerá um processo análogo com relação ao Princípio *Búddhico*, ou seja, um processo similar ao despertar do Princípio Mental

556 Vol. III, p. 318, ed. 6 vol.; II, 332, 3ª ed.
557 Vol. III, pp. 256-7, ed. 6 vol.; II, 266-7, 3ª ed.

(ocorrido durante a Terceira Raça). Então, em ciclos ainda mais futuros (durante a Sétima Ronda), um processo parecido ocorrerá quanto ao Princípio *Átmico*. Então, em vez de estar parcialmente desenvolvido, como no presente, o *Saptaparna* (o "homem-planta de sete folhas") estará totalmente expandido.

As Raças com o Terceiro Olho

Antes de passar para o assunto da Quarta Raça-Raiz, existe ainda outra fase de desenvolvimento a ser considerada com relação à Terceira Raça. De fato, essa fase se aplica tanto à Raça Lemuriana quanto à Atlante, daí a necessidade de uma seção à parte para a sua apresentação. À primeira vista, o título poderia sugerir que se trata de um assunto mitológico; todavia, os registros arcaicos são novamente utilizados para relatar a história antiga da humanidade com relação às raças precedentes.

"Então o Terceiro Olho deixou de funcionar" (Estância X, *śloka* 42), declara a *Estância de Dzyan*. Isso certamente acompanha a injunção bíblica: "Que tuas palavras sejam poucas."[558] Não fosse pelos *Comentários* das *Estâncias*, não haveria maneira de explicar esse breve *śloka*. Obviamente, se o terceiro olho deixou de funcionar, deve ter funcionado antes do período em consideração, de forma que os *Comentários* se tornam duplamente necessários.

Assim, como em muitas fases da Terceira Raça, uma divisão trina pode ser feita com relação ao funcionamento dos olhos: (1) o estágio da raça que possuía um único olho; (2) o estágio no qual a raça possuía três olhos; (3) a fase em que a raça apresentava dois olhos (como no presente).

Pouco é dito a respeito do primeiro estágio (ou seja, sobre a Terceira Raça com um olho só); todavia, estranhamente, essa é a fase que foi passada de geração a geração através dos tempos, através da tradição, registrada conforme está na mitologia.[559] O período no qual funcionava apenas um olho é aquele do princípio da Terceira Raça, antes da separação dos sexos, quando os humanos ainda eram andróginos. Este estágio não se aplicava somente ao Reino Humano, mas também ao Reino Animal. Uma citação é o bastante para deixar este ponto claro:

> No princípio, todas as classes e famílias das espécies viventes eram hermafroditas e dotadas, objetivamente, de um só olho. No animal — cuja forma era tão etérea (astralmente) quando a do homem, antes que os corpos de ambos começassem a desenvolver suas "vestimentas de pele", isto é, a desenvolver *de dentro para fora* o denso revestimento de substância física ou matéria, com o seu mecanismo fisiológico — no animal, dizíamos, o Terceiro Olho foi, primitivamente, tal como no homem, o único órgão visual. Os dois olhos físicos frontais só mais tarde se desenvolveram, tanto no bruto como no homem, cujo órgão visual físico acusava,

558 Eclesiastes, cap. v, verso 2.

559 O aspecto mitológico será considerado em sequência à apresentação dos registros arcaicos.

no começo da Terceira Raça, a mesma posição que em alguns vertebrados cegos de hoje, isto é, debaixo de uma pele opaca. Só que os estágios de desenvolvimento do olho singular ou primitivo, no homem como no bruto, estão agora invertidos, visto que o homem já ultrapassou, na Terceira Ronda, a fase não racional, estando atualmente, em relação à criação estritamente animal, adiantado de todo um plano de consciência. Por isso, enquanto o olho "ciclopiano" era e ainda é, no homem, o órgão da visão *espiritual*, no animal era o da visão objetiva. E, depois, havendo esse olho cumprido a sua missão, foi substituído, no curso da evolução física do simples ao complexo, por dois olhos, e assim posto de lado e preservado pela Natureza para o novo uso em *éons* futuros.

(...)

Isso explica por que a glândula pineal alcançou o seu maior desenvolvimento quando era proporcionalmente menor o desenvolvimento físico. É nos vertebrados que esse órgão é mais proeminente e objetivo, enquanto que no homem se acha cuidadosamente oculto e inacessível, exceto para o anatomista. (II, 299)[560]

Podemos agora adicionar um *Comentário*, em virtude de sua exposição esclarecedora:

Naqueles remotos tempos dos machos-fêmeas (hermafroditas), existiam criaturas humanas de quatro braços, uma só cabeça, mas três olhos. Podiam ver pela frente e por detrás.

(...)

Quer dizer: o terceiro olho estava na parte posterior da cabeça. A declaração de que a humanidade hermafrodita possuía "quatro braços" parece solucionar o mistério de todas as representações e ídolos dos deuses exotéricos da Índia. Na Acrópole de Argos havia um *xoanon* (estátua de madeira), grosseiramente esculpida e atribuída a Dédalo, representando um colosso de três olhos, consagrada a Zeus Triopes, o de "Três Olhos". A cabeça do "deus" tinha dois olhos no rosto e o outro no extremo superior da fronte. Considera-se essa estátua como a mais antiga de todas as estátuas arcaicas. (II, 294)[561]

O *Comentário* continua:

Um *Kalpa* mais tarde (após a separação dos sexos), tendo os homens caído na matéria, teve sua vista espiritual enfraquecida, e o terceiro olho passou pouco a pouco a perder o seu poder... Quando a Quarta (Raça) atingiu o ponto médio de sua idade a Visão Interna teve que ser despertada e adquirida por meio de estimulantes artificiais, cujo processo os sábios antigos conheciam...

(...)

A visão interna não podia ser adquirida daí por diante, senão por meio do exercício e da iniciação, exceto no caso de "magos de nascença" — sensitivos e médiuns, como agora são chamados.

(...)

Por sua vez, o terceiro olho, petrificando-se gradualmente, não tardou a desaparecer.

(...)

560 Vol. III, pp. 300-1, ed. 6 vol.; II, 313, 3ª ed.
561 Vol. III, pp. 295-6, ed. 6 vol.; II, 308, 3ª ed.

> Esta expressão "petrificando-se", empregada em lugar de "ossificando-se", é curiosa. O "olho posterior", que é obviamente a Glândula Pineal, a pequena massa semelhante a uma ervilha, de matéria cinzenta que adere à parte posterior do terceiro ventrículo do cérebro, quase sempre se diz que contém "concreções minerais e areia", e "nada mais".
>
> (...)
>
> As duas faces converteram-se em uma única face, e o olho retirado profundamente em direção à cabeça, encontrando-se agora enterrado sob os cabelos. Durante os instantes de atividade do homem onterno (durante o êxtase e a visão espiritual) o olho infla e se dilata. O Arhat o vê e sente, e regula suas ações em conformidade... O *Lanoo* sem mácula (o discípulo, o *chela*) não deve temer nenhum perigo; aquele que não se mantém em estado de pureza (que não é casto) não receberá ajuda do "olho *deva*".
>
> (...)
>
> Infelizmente assim é: o "olho *deva*" não mais existe para a maioria da humanidade. O terceiro olho *está morto* e já não atua, mas deixou atrás de si um testemunho de sua existência. Esse testemunho é a GLÂNDULA PINEAL. Quanto aos homens de "quatro braços", são os que serviram de protótipos para os deuses hindus de quatro braços... (II, 294-5)[562]

Embora o terceiro olho já não mais atue como um órgão espiritual, a glândula pineal possui papel vital como órgão físico, pois é a estrutura do sistema endócrino. Novamente temos um conjunto trino de sistemas; uma falha em qualquer um deles resultaria no colapso do corpo físico, a saber: (1) o sistema voluntário, ou cérebro-espinhal, que representa o sistema nervoso controlado pela vontade; (2) o sistema involuntário, ou simpático, que consiste de todas as funções corpóreas que não são controladas pela vontade; e (3) o sistema endócrino, composto de doze glândulas que descarregam suas secreções vitais diretamente na corrente sanguínea, sob a predominância da glândula pineal.[563]

O termo "olho *deva*" da citação acima traduz literalmente o significado da palavra sânscrita *devāksha*, o olho divino, o olho da sabedoria, também chamado de terceiro olho, ou "olho de *Śiva*". Também é o olho de *Dangma* das *Estâncias de Dzyan*.

> Só o Iniciado, enriquecido pelo conhecimento adquirido através de inúmeras gerações de seus predecessores, dirige o "Olho de *Dangma*" para a essência das coisas, em que *Māyā* não pode ter nenhuma influência. (I, 45)[564]

Pois o "Olho Aberto de Dangma" representa

> a faculdade de intuição espiritual, por meio da qual se pode obter o conhecimento direto e exato. (I, 46)[565]

---

562 *Ibid*, 561.

563 Para informações com relação ao sistema endócrino e sua vital importância para o corpo físico, assim como a relação da glândula pineal com o *Karma*, aconselhamos aos leitores o livro do autor intitulado *Man's Potent Force*.

564 Vol. I, pp. 117-8, ed. 6 vol.; I, 77, 3ª ed. Aqui *Māyā* significa "ilusão" ou "visão ilusória".

565 Vol. I, p. 118, ed. 6 vol.; I, 77, 3ª ed. Podemos acrescentar ainda outra parte da sentença: "Esta faculdade se acha intimamente relacionado com o 'terceiro olho'..." (*Ibid.*)

A operação desta faculdade também significa o uso do sétimo sentido, que será desenvolvido na Sétima Raça em evos futuros, assim como o sexto sentido – clarividência e clauriaudiência espiritual – será colocado em uso na Sexta Raça.

> A expressão alegórica dos místicos hindus, que se refere ao "Olho de *Śiva*", o *Tri-Lochana* ("Três Olhos"), encontra assim a sua justificação e a sua razão de ser, sendo a transferência da glândula pineal (o antigo "terceiro olho") para a testa uma licença exotérica. (II, 295)[566]

Ao ser informado de que o homem possuía, antigamente, o uso de um olho espiritual, e que já não mais possui o poder para utilizá-lo, alguém poderia se aventurar a perguntar: uma vez que se afirma que a evolução do homem se faz de forma ascendente e não descendente, porque ele teve que perder o uso de seu olho de sabedoria? A resposta a isso é encontrada no ensinamento a respeito do Ciclo Descendente e do Ciclo Ascendente (amplamente explorado no Capítulo V). Afirma-se que o terceiro olho era ativo como um órgão espiritual na primeira parte da Terceira Raça, antes do período em que a raça humana se separou em dois sexos. A sua perda ocorreu à medida que o Ciclo Descendente tornou-se mais pronunciado. Finalmente, o estágio mais inferior do Arco Descendente foi alcançado, e o Arco Ascendente teve início. Embora seja verdadeiro que durante o Ciclo de Descida as faculdades espirituais do homem se tornaram atrofiadas, deixando de funcionar por força da ênfase dada às conquistas materiais, também é verdade que tal obliteração não é permanente. Pois à medida que o Ciclo Ascendente prossiga, em eras futuras o homem recuperará o uso de suas faculdades espirituais, alcançando o poder de empregá-las conscientemente.

Além disso, deve-se lembrar que, na era em que o terceiro olho estava ativo, o seu uso durante os primórdios da Terceira Raça era "sem *Manas*" – isto é, antes do despertar do Princípio Mental. Portanto, ele era usado "inconscientemente", da mesma maneira que os animais usam seus "instintos", e não de maneira autoconsciente. Quando os olhos da sabedoria eram ativados, conscientemente, por aqueles da Quarta Raça (os Atlantes), que sabiam como fazê-lo por seus próprios meios, podemos ver o que sucedeu a eles. Antes, porém, forneceremos uma resposta técnica à pergunta formulada acima:

> Se o "olho" suplementar está agora atrofiado no homem, isso prova que foi ativo em outro tempo, como o é em certos animais inferiores; a Natureza jamais cria a menor e mais insignificante forma sem que vise um objetivo ou uso determinado. Foi um órgão ativo, dizemos nós, naquela fase da evolução em que o elemento espiritual, no homem, reinava supremo sobre os elementos intelectuais e psíquicos ainda incipientes. E, à medida que o Ciclo seguia o seu curso descendente, em direção ao ponto em que os sentidos físicos se desenvolvem *pari passu* com o crescimento e consolidação do homem físico – vicissitudes e tribulações complexas e intermináveis do desenvolvimento zoológico – aquele "olho" central acabou

566 Vol. III, p. 297, ed. 6 vol.; II, 309, 3ª ed.

atrofiando-se, juntamente com as primeiras características espirituais e puramente psíquicas do homem. Os olhos são o espelho e a janela da alma...
(...)
Não esquecer que a Ciência Oculta nos apresenta a *Primeira Raça* como espiritual, internamente, e, externamente, etérea; a *Segunda*, mentalmente psicoespiritual, e corporalmente físico-etérea; a *Terceira*, que no seu início estava ainda privada de inteligência, como físico-astral em seu corpo e vivendo uma vida interna, na qual o elemento psicoespiritual não era ainda influenciado pelos sentidos fisiológicos, então incipientes. Os dois olhos frontais contemplam o que está na frente deles, sem ver o passado ou o futuro. O "Terceiro Olho", porém, *abraça a ETERNIDADE.* (II, 298-9)[567]

Sobre como os Atlantes agiram:

O "Olho de *Śiva*" não se atrofiou por completo senão lá pelo fim da Quarta Raça. Quando a espiritualidade e todas as faculdades e atributos divinos do Homem-*Deva* da Terceira Raça se converteram em servidores das paixões fisiológicas e psíquicas recém despertadas no homem físico, em vez de o contrário, o Olho perdeu o seu poder. Tal era a lei da evolução, e, a bem dizer, não significou uma QUEDA. O pecado não estava em usar as novas faculdades desenvolvidas, mas no seu *mau uso*, em fazer do tabernáculo destinado a abrigar um Deus, o templo de todas as iniquidades *espirituais*. E se empregamos a palavra *pecado*, é unicamente para que todos possam compreender o que queremos dizer, pois *Karma* seria o termo mais apropriado no caso. Por outra parte, ao leitor que se sentir perplexo ante o emprego da expressão "iniquidades espirituais", em lugar de "iniquidades físicas", lembramos que não pode haver iniquidade física. O corpo é apenas o órgão irresponsável, o instrumento, não do homem *psíquico*, mas do homem espiritual. E no caso dos Atlantes, o Ser Espiritual foi precisamente o que pecou, porque o Elemento Espírito, naqueles dias, era ainda o princípio "diretor" do homem. Foi então que se gerou, para as nossas Mônadas, o *Karma* mais pesado da Quinta Raça. (II, 302)[568]

Narrativas Mitológicas sobre as Raças com o Terceiro Olho

Vejamos agora como a Mitologia preservou a memória das raças com o terceiro olho. Aqueles que estão familiarizados com a literatura grega se lembrarão de que Homero, em sua *Odisseia* – a fábula das perambulações e façanhas do herói grego Ulisses (ou Odisseu) –, fala de seres gigantescos que habitavam uma ilha, que por esse motivo era chamada de ilha dos gigantes. Ulisses e seus homens chegaram a essa ilha quando navegavam para casa, de retorno da Guerra de Troia. Os habitantes dessa ilha eram chamados de Ciclopes, um nome que significa "olhos redondos", pois eram descritos como gigantes prodigiosos que possuíam um único olho circular no meio da testa. A história relata como um dos gigantes, Polifemo, aprisionou Ulisses

567 Vol. III, pp. 299-300, ed. 6 vol.; II, 312, 3ª ed.
568 Vol. III, p. 303, ed. 6 vol.; II, 316, 3ª ed.

e seus companheiros, fechando a entrada de sua caverna com uma imensa pedra que vinte touros não poderiam ter removido. Na verdade, Homero apenas seguiu a mitologia popular, usando a narrativa como meio de relatar o artifício de seu astucioso herói, adornando a fábula com a ingenuidade de Polifemo: como ele foi capaz de sobrepujar Polifemo, como ele tramou para cegar o gigante e depois escapou da caverna e da ilha dos ciclopes.

Embora o relato seja, sem dúvida, considerado bastante fantasioso, serve, no entanto, como meio de manter em mente os registros antigos que falam sobre a existência de homens gigantes. De fato, a mitologia grega menciona titãs ainda maiores. Havia Títio, que ao se deitar cobria nove acres. Também Encélado, com proporções ainda maiores, podendo apenas ser controlado se fosse preso pela cintura ao Monte Etna. Esses Titãs representam as primeiras raças, que eram de um tamanho maior que os seis pés de altura dos lemurianos – embora não fossem totalmente "fisicalizados" nessa época.

Aqui há uma interessante observação sobre a origem dos deuses e deusas da Grécia antiga, juntamente com uma passagem que indica o significado da história de Homero sobre Ulisses e os gigantes.

> De igual modo, quase todos os Deuses do Egito, da Grécia e da Fenícia, como os de outros Panteões, eram de origem setentrional e eram nascidos na Lemúria, pelo fim da Terceira Raça, após ter completado a sua evolução física e fisiológica. Todas as fábulas da Grécia foram construídas sobre fatos históricos (...). Os Ciclopes de "um olho só", os gigantes que aparecem na fábula como filhos de Coelus e Terra – em número de três, segundo Hesíodo – foram as três últimas sub-raças dos lemurianos, e o "olho único" era uma alusão ao olho da sabedoria, pois os dois olhos da face só alcançaram seu completo desenvolvimento como órgãos físicos no começo da Quarta Raça. A alegoria de Ulisses, cujos companheiros foram devorados, salvando-se o rei de Ítaca porque vazou com um tição de fogo o olho de Polifemo, baseia-se na atrofia psicofisiológica do "terceiro olho". Ulisses pertence ao ciclo dos heróis da Quarta Raça, e, embora fosse um "Sábio" para esta última, era considerado um celerado pelos Ciclopes pastoris. Sua aventura com os Ciclopes – esta gigantesca e selvagem raça, antítese da requintada civilização da *Odisseia* – é uma reminiscência alegórica da transição gradual da civilização ciclópica de enormes construções de pedra à cultura mais sensual e física dos Atlantes, que por fim ocasionaram às últimas sub-raças da Terceira Raça a perda do seu olho *espiritual*, que tudo penetrava. (II, 769-70)[569]

Enquanto a história de Odisseu e do gigante é bem conhecida – pelo menos pelos estudantes dos clássicos – o relato dos Arimaspi tende a ser desacurado. Os Arimaspi eram povos que habitavam a Scitia (descrita por Herodoto como a terra entre os Carpatos e o Don). Eles eram caracterizados como uma raça tendo um só olho, voltados ao roubo de ouro dos grifos, que guardavam o metal precioso. Na mi-

569 Vol. IV, pp. 338-9, ed. 6 vol.; II, 812-3, 3ª ed. Coelus representa o Céu e Terra, o nosso planeta, na narrativa mitológica. A raça de Titãs, mitologicamente, era filha do Céu e da Terra.

tologia Apolo é descrito como tendo matado os Arimaspi usando seu arco e flechas. Veja como isso é interpretado:

> A outra alegoria, que apresenta Apolo matando os Ciclopes para vingar-se de seu filho Asclepis, não se refere às três raças representadas pelos três filhos do Céu e da Terra, mas aos Ciclopes Hiperbóreos dos Arimaspi, a última raça dotada do "Olho da Sabedoria". Os primeiros deixaram relíquias de suas contruções por toda parte, tanto no sul como no norte; os últimos foram confinados exclusivamente no norte. Por essa razão, Apolo – principalmente o deus dos videntes, cuja missão era punir a dessecação – matou-os. Seus dardos representando as paixões humanas, ardentes e letais, foram escondidos atrás de uma montanha nas regiões hiperbóreas. No sentido cósmico e astronômico, este deus hiperbóreo é a personificação do Sol, que durante o curso do ano sideral (25.868 anos) muda os climas da face da terra, tornando as regiões tropicais frígidas e *vice versa*. No sentido psicológico e espiritual, é muito mais importante. (II, 770)[570]

Outra história da Mitologia – a de Perseu – nos fornece indicações ainda mais significativas sobre a condição da Terceira Raça. Embora toda a narrativa seja um tanto quanto longa, uma parte dela é aqui aplicável, e vale a pena ser narrada devido à interpretação que a segue.

Chegara aos ouvidos do Rei Acrísio que um oráculo havia predito que ele perderia sua vida pelas mãos de seu neto. Ao ouvir isso, o monarca imediatamente aprisionou sua jovem filha adorada, Dânae, em seu castelo, proibindo que qualquer homem se aproximasse dela. Mas os decretos dos deuses não são fáceis de evitar. O próprio Zeus, governador dos deuses, seduziu a filha de Acrísio com uma chuva de ouro. No devido tempo, Dânae deu à luz um filho. Surpreendendo-se com o fato, e ainda procurando um modo de evitar a profecia, o monarca fez com que sua filha e seu rebento, Perseu, fossem enclausurados em uma arca, que depois foi jogada ao mar. A arca, entretanto, não afundou, e foi levada, juntamente com seus ocupantes, pelas ondas e correntes oceânicas até a terra de Serifo. Ali, um solitário pescador espreitou a estranha arca, e ficou muito mais surpreso ao abri-la. Ele imediatamente levou a bela jovem e seu filho ao rei Polidectes, que os tratou com realeza. Ao seu tempo o jovem se tornou um adulto. Buscando separá-lo de sua mãe – uma vez que dela havia se enamorado –, Polidectes mandou Perseu em uma missão supostamente impossível: trazer-lhe a cabeça de uma Górgona.

A Górgona, chamada Medusa, era um monstro tão medonho que qualquer ser vivo que a encarasse petrificava de terror, e imediatamente se transformava em pedra. Perseu percebeu que não lhe havia sido confiada uma missão qualquer. Assim sendo, apelou aos deuses Hermes e Atenas para ajudá-lo. Com a ajuda dessas divindades, ele foi em direção à terra onde viviam as Greias.

---

570 Vol. IV, p. 339, vol. 6 ed.; II, 813, 3ª ed.

As Greias eram velhas mulheres sábias, que tinham um único olho e um único dente comum a todas. Observando que uma mulher por vez estendia sua mão para receber o olho de sua irmã e colocá-lo em sua testa a fim de olhá-lo, Perseu tramou colocar sua mão no lugar de uma das irmãs, recebendo, assim, o único olho. Depois disso ele declarou que não devolveria o olho às Greias a não ser que elas lhe ensinassem como cumprir sua missão com sucesso, ou seja, onde encontrar a Medusa e como contatar as Ninfas, com as quais poderia obter as sandálias aladas de Hermes, de forma a chegar mais rápido ao local de sua missão, a terra onde viviam as três Górgonas. E também onde obter o elmo da invisibilidade, para que pudesse se aproximar do terrível monstro sem ser notado, e a espada de Hermes, com a qual iria cumprir sua missão; o escudo de Atenas, em cujo reflexo poderia olhar a fim de executar seu feito sem se transformar em pedra; e a bolsa de couro na qual colocaria a cabeça da Górgona. Então, com a obtenção do olho, Perseu obteve o conhecimento e assim cumpriu sua missão com sucesso, e ao final cumpriu a profecia do oráculo.

Mas o resto da história das aventuras desse herói nos levaria para muito longe do nosso tema, que é demonstrar a forma habilidosa pela qual essa narrativa comunica os registros antigos sobre a Terceira Raça.

As três irmãs sábias (as Greias, assim chamadas porque tinham o cabelo grisalho desde o nascimento) representam a Terceira Raça. São descritas como possuindo apenas um dente, porque nesses primeiros estágios a raça era "sem ossos". O único olho representa o órgão da visão na primeira parte da raça, antes da separação dos sexos e *antes* do desenvolvimento dos dois olhos como órgãos físicos.

Do ponto de vista do Ocultismo, entretanto, o terceiro olho representa o órgão da visão *espiritual*, o meio pelo qual a percepção espiritual é obtida. Na história de Perseu, o jovem sozinho não era capaz de usar o olho espiritual, embora o tivesse obtido temporariamente. Ele tinha que contar com as três mulheres sábias para obter o conhecimento; portanto, ele representa, na verdade, o olho da sabedoria. Note novamente o uso do número "três". Três Górgonas são mencionadas por Hesíodo: Esteno, a poderosa, Eríale, a errante, e Medusa, a dominadora. Eram as filhas do deus marítimo Fórces e Ceto. Conta-se que Medusa foi transformada nesse monstro terrível por ter ousado disputar com a deusa da sabedoria, Atenas, gabando-se de sua própria beleza. Uma interpretação disso pode ser sugerida: Medusa tentou usar o olho da sabedoria por motivos egoístas (justamente como é registrado que foi feito pelos Atlantes), e por isso foi punida pela deusa.

O uso do número três é comum na Mitologia grega, especialmente quando relacionado com mulheres. Somando-se às três Greias e as três Górgonas, havia as três graças: Efrosine, Aglaia e Tália; Três Fúrias – Alecto, Tisífone e Megera; nove Musas – três conjuntos de *três*; e também as três Parcas ou Destinos – Cloto, Láquesis e Átropos. Na antiga Escandinávia havia os três Norns – Urd, Werdandi e Skuld (Passado, Presente e Futuro, respectivamente); a seguir, nos tempos modernos, encontramos as três bruxas em *Macbeth*, de Shakespeare.

De volta a Perseu. Por ter obtido conhecimento espiritual, o jovem foi capaz de adquirir as sandálias aladas, o elmo da invisibilidade, a espada do conhecimento e o escudo do poder – representando *Buddhi* associado à *Manas* superior; Atenas, a deusa da sabedoria – *Manas* superior; Hermes, o deus da intuição – *Buddhi*. Quanto ao nascimento do herói através de uma chuva de ouro, três interpretações podem ser oferecidas. (1) A Mônada entra pela primeira vez no mundo físico utilizando as vestes que pertencem ao Reino Mineral – quer dizer, obtendo uma vestimenta, ou veículo físico, para subir na Escada da Vida, que começa quando entra no estado de manifestação física no primeiro reino físico – o Reino Mineral. (2) A primeira aparição visível do embrião em sua vida intrauterina pode estar relacionada a uma pedra, que representa o Reino Mineral. (3) O nascimento necessita da passagem pelos três Reinos que compreendem a Escada da Vida.

Embora o Terceiro Olho tenha deixado de atuar, a humanidade continua em seu Arco Ascendente pelo Ciclo de Necessidade, e, no devido tempo, a habilidade para usar o olho da sabedoria será obtida conscientemente. Juntamente com a abertura do olho do espírito, o homem adquirirá visão espiritual e aprenderá a viver em consonância com as Leis Divinas, em vez de usar seu conhecimento e poder para seu próprio benefício.

A Quarta Raça-Raiz

Conforme antes sugerido, a Quarta Raça-Raiz, geralmente chamada de Raça Atlante, começou a surgir, embora gradualmente, durante a metade da Raça Lemuriana, seguindo a grande convulsão ocorrida, que afetou a morada da Terceira Raça. Embora a Lemúria seja considerada o Terceiro Continente, o termo significa, na verdade, a terceira conformação continental global, assim como a Atlântida se refere à quarta configuração global. Com o surgimento da Quarta Raça, o quarto estágio de desenvolvimento do Reino Humano também teve início. Nota-se também uma mudança nos registros antigos, fornecendo uma fonte de informação sobre as raças. As *Estâncias de Dzyan* tomam um novo aspecto, e os *ślokas* poéticos e simbólicos dão lugar a versos concisos que comunicam a narrativa histórica. Veja-se este *śloka*:

> Assim, de dois a dois, nas Sete Zonas, a Terceira (Raça) deu nascimento à Quarta (Raça). (Estância X, *śloka* 38)
>
> (...)
>
> Assim, a Quarta Raça Atlante se desenvolveu de um núcleo de homens da Terceira Raça da Lemúria do Norte, concentrado em um ponto situado aproximadamente onde fica atualmente o meio do Oceano Atlântico. (II, 333-4)[571]

571 Vol. III, p. 333, ed. 6 vol.; II, 348, 3ª ed.

Ao dar nascimento aos homens da Quarta Raça, os lemurianos transmitiram suas características e padrões aos atlantes, ou seja, os dois sexos e a estrutura fisicalizada. A estatura havia diminuído ao final da convulsão catastrófica, e continuava a diminuir, embora fossem gigantes em comparação com a presente altura da raça humana. A Quarta Raça, então, desenvolveu o quarto sentido – o paladar, assim como completou o total desenvolvimento da visão por meio de dois olhos físicos, que evoluíram com o desaparecimento do terceiro olho.

> Os dois olhos dianteiros só foram completamente desenvolvidos como órgãos físicos no início da Quarta Raça. (II, 769)[572]

Embora não apresentando alterações marcantes na estrutura física da humanidade, o quarto estágio de desenvolvimento do Reino Humano possuiu aspectos bem distintos. Podemos classificá-los em quatro categorias, para propósito de esclarecimento e estudo.

(1) O desenvolvimento da estrutura *física* atingiu o seu auge.
(2) O desenvolvimento da intelectualidade.
(3) O grande avanço ao longo da fase *humana* de desenvolvimento.
(4) A "grande escolha" – representando o período crítico da Quarta Ronda.

(1) O Desenvolvimento da estrutura física – Uma vez que a estrutura física havia se estabilizado durante a Terceira Raça, após a separação dos sexos (que é geralmente chamada de "A Queda"), sua evolução em linhas físicas também tinha relação com o desenvolvimento da simetria das formas, ao mesmo tempo em que sua estatura diminuía.

> Até este ponto da evolução, o homem pertence mais à natureza metafísica que à natureza física. Só depois da chamada QUEDA é que as raças começaram a desenvolver rapidamente a forma puramente humana.
> (...)
> Estritamente falando, não é senão a partir das raças atlantes gigantescas que se pode fazer referência ao *homem*, pois só a Quarta Raça foi a primeira *espécie humana completa*, apesar de possuir uma estatura muito maior que a nossa de hoje. (II, 227)[573]

Estamos propensos a encarar a presente condição da raça humana como representando o estágio evolucionário mais avançado que já foi atingido pelo Reino Humano. Isto, é claro, do ponto de vista científico. Entretanto, no que diz respeito ao maior desenvolvimento do veículo humano, o ápice da evolução física foi alcançado cerca de dois milhões de anos atrás – durante a metade da Quarta Raça-Raiz,

---

572 Vol. IV, p. 338, ed. 6 vol.; II, 813, 3ª ed.
573 Vol. III, pp. 230-1, ed. 6 vol.; II, 237-8, 3ª ed.

quando se encontrava no auge de sua glória. Acompanhando o avanço pelo Arco Ascendente, existem outros fatores de maior importância que o desenvolvimento material. Assim sendo, a evolução do veículo físico já não é mais tão enfatizada em linhas estritamente materiais; consequentemente, os fatores espirituais desabrocharão ciclo após ciclo no Arco Ascendente.

Por conseguinte, o auge, no que tange à forma física, foi alcançado durante a metade do ciclo atlante. A palavra "auge", aqui, não se aplica somente à estatura obtida, mas sim à beleza e simetria da forma. Isto está resumido no seguinte trecho:

> os gigantes cuja força e beleza física alcançaram seu apogeu, de acordo com a lei de evolução, mais ou menos no período médio de sua quarta sub-raça. (Vol. II, 319)[574]

Mais importante ainda que a evolução da forma física, entretanto, é o que será considerado na segunda categoria, a saber:

(2) o desenvolvimento da intelectualidade. É preciso cuidado para não confundir o desenvolvimento intelectual com o desenvolvimento espiritual. A diferença pode ser feita facilmente quando se iguala a intelectualidade com as qualidades *Manásicas*, e a espiritualidade com as qualidades *Bhúddicas*, e então o divino com as qualidades *Átmicas*. Este ponto específico é coberto por esta sucinta frase das *Estâncias*:

> A Quarta Raça desenvolveu a linguagem (Estância IX, *śloka* 36)

Embora a princípio possa parecer estranho que a fala não tenha se desenvolvido até a Quarta Raça, uma vez que o despertar do Princípio Mental se deu durante a Terceira Raça, existe uma razão para tal. E esta vem a ser o seguinte fator: não havia necessidade para a formulação da linguagem na raça anterior, uma vez que a comunicação era feita de forma mais veloz do que aquela da fala; era feita por meio de transmissão de pensamento.

Um breve exame do desenvolvimento da linguagem também demonstra o surgimento do intelecto.

> Os *Comentários* explicam que a Primeira Raça, a raça etérea ou os Filhos astrais *Yoga*, também chamados "Nascidos por Si Mesmos", carecia de linguagem, no sentido que damos a este vocábulo, porque também carecia de mente em nosso plano. A Segunda Raça possuía uma "linguagem de sons", a saber: sons cantados, compostos unicamente de vogais. A Terceira Raça desenvolveu a princípio uma espécie de palavra que não passava de um ligeiro progresso sobre os diversos sons da Natureza, os gritos dos insetos gigantescos e dos primeiros animais, que apenas acabavam de aparecer na época dos "Nascidos do Suor", isto é, durante a Terceira Raça primitiva. Em sua segunda metade, (...) somente então é que a linguagem se desenvolveu. Não foi, porém, mais que uma tentativa. A linguagem, conforme o ensinamento oculto, desenvolveu-se assim na seguinte ordem:

574 Vol. III, p. 319, ed. 6 vol.: II, 333, 3ª ed.

I. *Idioma monossilábico:* o dos primeiros seres humanos já quase completamente desenvolvidos no fim da Terceira Raça-Raiz, homens "cor de ouro", de pele amarela, depois da separação em sexos e do pleno despertar de suas mentes. Antes disso, se comunicavam entre si pelo que hoje se chamaria "transferência de pensamento", embora, com exceção da raça dita dos "Filhos do *Yoga* e da Vontade" – a primeira em que se encarnaram os "filhos da Sabedoria" –, o pensamento estivesse mui pouco desenvolvido no homem físico incipiente e nunca se elevasse acima de um nível terreno inferior. Pertenciam seus corpos físicos à Terra, e suas Mônadas permaneciam em um plano inteiramente superior. A linguagem não podia ser bem desenvolvida sem a completa aquisição e desenvolvimento da faculdade de raciocínio. Este idioma monossilábico foi, por assim dizer, o pai das línguas monossilábicas mescladas de consoantes duras, ainda em uso pelas raças amarelas conhecidas dos antropólogos.

II. *Idioma aglutinante.* Esses caracteres linguísticos originaram as línguas aglutinantes, faladas por algumas raças atlantes, enquanto outros antecessores pertencentes à Quarta Raça conservaram a linguagem materna. E como os idiomas têm sua evolução cíclica – infância, pureza, crescimento, *queda na matéria*, mescla com outras línguas, maturidade, decadência e finalmente morte – o idioma primitivo das raças atlantes mais civilizadas, aquele que é mencionado nas obras sânscritas com o nome de *Rākshasi Bhāshā*, entrou em decadência e desapareceu quase por completo. Enquanto a "nata" da Quarta Raça se elevava cada vez mais rumo ao ápice da evolução física e intelectual, deixando assim à Quinta Raça (a raça ariana) nascente, como herança, as línguas de flexão altamente desenvolvidas, o idioma aglutinante entrou em decadência, subsistindo apenas como idioma fóssil e fragmentário, aqui e ali, limitando-se quase às tribos aborígines da América.

III. *Idioma de inflexão.* A raiz do sânscrito – tido erroneamente como o "irmão mais velho" do grego, em vez de "seu pai" – foi a primeira língua da Quinta Raça e é hoje a dos Mistérios dos Iniciados. (II, 198-200)[575]

(3) Quanto à terceira classificação – o grande avanço ao longo da fase de desenvolvimento humano. Isso pode parecer um tanto quanto vago à primeira vista, embora seja uma declaração algo longa. Todavia, já foi dito que, "estritamente falando, não é senão a partir das raças atlantes gigantescas que se pode fazer referência ao *homem*". Além do mais, a declaração inclui uma fase de desenvolvimento específica, a qual é de importância especial no que diz respeito ao Reino Humano (da qual nos ocuparemos após esta introdução ao tema).

Primeiramente, é preciso fazer uma clara distinção entre o ponto mais inferior do Arco Descendente – que ocorreu na metade da Quarta Ronda – e o período intermediário do ciclo Atlante – que é a Quarta sub-raça da Quarta Raça-Raiz. O ponto mais inferior do Arco Descendente ocorreu na metade da *Terceira* Raça-Raiz. Foi nesse ponto que o maior desenvolvimento *material* ocorreu:

Ademais, os ensinamentos arcaicos nos dizem que, durante o período médio da raça Lêmuro-Atlante, as três raças e meia após a gênese do Homem, a Terra, o Homem e tudo o que existe no Globo eram de uma natureza ainda mais grosseira e material, ao passo que algumas coisas como os corais e certas conchas se apresentavam num estado astral semi-

575 Vol. III, pp. 203-5, ed. 6 vol.; II, 208-10, 3ª ed.

> gelatinoso. Os ciclos que desde então se sucederam, fazendo-nos passar adiante, já no arco ascendente oposto, nos proporcionaram algum progresso no sentido da "desmaterialização", como diriam os espiritistas. A Terra, nós mesmos e todas as coisas amoleceram desde então – sim, até nossos cérebros. (II, 250)[576]

Quão maravilhosas são essas últimas palavras! Tal toque de espirituosidade certamente nos ensina uma lição.

É claro que os Atlantes não estavam nem perto de serem tão "desmaterializados" quanto a atual Quinta Raça, embora o ciclo evolucionário que se afasta dos mais profundos recantos da materialidade tivesse levado à simetria da forma, conforme já mencionado. Entretanto, conforme o ciclo Atlante se aproximava de seu ápice na jornada pelo Arco Ascendente (no qual estamos também nós, da Quinta Raça), a condição evolucionária (em linhas estritamente humanas) estava mais pronunciada. Será ainda mais enfatizada à medida que os ciclos se sucedam, até que o auge do ciclo de vida do Reino Humano seja alcançado, ao final do *Manvantara* Planetário. Essa ênfase à fase humana, na verdade, foi iniciada quando o Princípio Mental foi despertado durante a Terceira Raça, conforme já explicamos. A Quarta Raça continuou com o desenvolvimento até que, na metade do Ciclo Atlante, a divergência entre o Reino Humano e o Animal alcançou o ponto em que havia uma distinta separação entre os reinos. Em outras palavras, não era mais possível, para qualquer um que estivesse utilizando os veículos do Reino Animal para sua experiência evolucionária, entrar no Reino Humano. Conforme expresso em termos técnicos, "o Quarto", ou seja, o Quarto Globo, nossa Terra, o Globo D,

> não possui Globo "irmão" no plano a que pertence, e constitui assim o fiel da "balança" representada pela Cadeia inteira. É a esfera dos ajustamentos evolutivos finais, o mundo da balança *kármica*, a sala da Justiça onde se decide o curso da Mônada durante o resto de suas encarnações no Ciclo. E sucede, portanto, que, depois de ultrapassado esse ponto central do Grande Ciclo – isto é, após o ponto médio da Quarta Raça da Quarta Ronda em nosso Globo – não mais podem ingressar Mônadas no reino humano. A porta está fechada para este Ciclo, a balança foi nivelada. Porque, de outro modo, se necessário fosse admitir uma alma nova para cada um dos inúmeros milhares de seres humanos que desaparecem, e não existisse reencarnação, seria em verdade difícil encontrar "lugar" para os "espíritos" que perderam o corpo; e nunca haveria explicação para a origem e as causas do sofrimento. A ignorância dos princípios ocultos e a acumulação de falsos conceitos sob o pretexto de educação religiosa foi o que deu lugar ao materialismo e ao ateísmo, como protesto contra a suposta ordem divina das coisas.
>
> (...)
>
> As únicas exceções à regra já citada são as "raças mudas", cujas Mônadas já se acham dentro do estado humano, pelo fato de que tais "animais" são posteriores ao homem e semidescendentes dele; os últimos e mais adiantados espécimes são os antropoides e outros símios. Es-

576 Vol. III, pp. 252-3, ed. 6 vol.; II, 261, 3ª ed.

tas "aparências humanas" não passam, na realidade, de cópias deformadas da humanidade primitiva. (I, 182-3)[577]

Esta citação traz à tona um assunto que apenas *A Doutrina Secreta* esclarece, pois trata de um problema sem solução para os antropólogos – a saber, a origem dos símios antropoides.[578] Esta explicação também se aplica ao fato desse evento, ocorrido durante a Quarta Raça, ter se tornado uma herança *kármica* da Quinta Raça. Ainda mais, esclarece a afirmação contida na terceira proposição a respeito da evolução humana: "que o homem, nesta Ronda, precedeu a todos os mamíferos – inclusive os antropoides – do reino animal." A linguagem direta das *Estâncias* não deixa espaço para dúvida a respeito da atitude dos atlantes:

> Então a Quarta cresceu em orgulho. Somos os reis, foi dito; somos os deuses.
>
> (...)
>
> Tomaram esposas de aparência formosa. Esposas escolhidas entre os sem mente, os de cabeça estreita. Procriaram monstros, demônios perversos, machos e fêmeas, e também *Khados* (*Dākinī*), de mente limitada. (Estância X, *śloka* 40-1)
>
> (...)
>
> O *Comentário*, descrevendo aquela espécie (ou raça) de animais "de aparência bonita" como bípedes, diz: "Tinham forma humana, mas com as extremidades inferiores, da cintura para baixo, cobertas de pelos." Talvez a raça dos sátiros.
>
> (...)
>
> Se os homens existiam há dois milhões de anos, deviam ser – tal como os animais – muito diferentes, física e anatomicamente, do que agora são, e, então, mais próximos que hoje do tipo de animal mamífero puro. (II, 287)[579]
>
> (...)
>
> Os que até então eram Seres semidivinos, aprisionados em corpos que só tinham de humanos a aparência, passaram por uma transformação fisiológica e tomaram como esposas mulheres formosas verdadeiramente humanas, nas quais haviam encarnado Seres inferiores e mais materiais (ainda que celestes). Estes Seres com formas femininas – *Lilith* é o seu protótipo nas tradições judaicas – são denominados *Khado* (em sânscrito: *Dākinī*) nos escritos esotéricos. As lendas alegóricas dão à principal dessas *Liliths* o nome de *Sagye Khado* (em sânscrito: *Buddha Dākinī*), e a todas é atribuída a arte de "andar pelos ares", bem como uma extraordinária bondade para com os mortais, não sendo elas, porém, dotadas de mente – só do instinto animal. (II, 284-5)[580]
>
> (...)
>
> Mas os Lemurianos e os Atlantes, aqueles "filhos do Céu e da Terra", se fizeram notar, sem dúvida, pelo seu caráter de feiticeiros; pois a Doutrina Secreta os acusa precisamente de

577 Vol. I, p. 234, ed. 6 vol.; I, 205, 3ª ed.

578 Para aqueles não familiarizados com a definição científica dos símios antropoides, os antropoides são os macacos sem cauda da família dos Pongidae, ou seja, o orangotango de Bornéo e de Sumatra, os gorilas e os chimpanzés da África Ocidental e Centro-Equatorial. A família chamada Hylobatidae consiste dos gibbons do sudeste da Ásia e ilhas, e também estão incluídos na classificação de símios antropoides.

579 Vol. III, p. 288, ed. 6 vol.; II, 300, 3ª ed.

580 Vol. III, p. 286, ed. 6 vol.; II, 297-8, 3ª ed.

uma coisa que, se admitida, poria termo às dificuldades da Ciência no tocante à origem do homem, ou melhor, de suas semelhanças anatômicas com o Símio Antropoide.

(...)

Um estudo atento dos *Comentários* esclarecerá ao leitor que os seres aos quais se uniram os recém "encarnados" para procriar eram chamados "animais" não porque não fossem seres humanos, mas porque eram muito diferentes, física e mentalmente, das raças mais perfeitas que se haviam desenvolvido fisiologicamente na época anterior. (II, 286)[581]

(4) "A grande escolha". O evento histórico acima relatado mostra a tendência que certas raças dos Atlantes estavam seguindo, à medida que a Quarta Raça alcançava sua plenitude. Indicava que a escolha que estava sendo feita não estaria em consonância com as leis divinas. Diz o *Comentário*:

Muitos adquiriram conhecimento DIVINO, melhor — conhecimento ILÍCITO, e seguiram voluntariamente a SENDA DA ESQUERDA. (Comentário xxxiii)

(...)

Foi assim que os Atlantes se aproximaram, por sua vez, da destruição. Quem sabe quantos períodos geológicos foram necessários para que se consumasse essa *quarta destruição*! (II, 331)[582]

(...)

Assim explicam os nossos *Comentários*: "Eles (a sexta sub-raça dos Atlantes) usavam encantamentos mágicos até mesmo contra o Sol," e, ante o insucesso, o maldiziam. Aos feiticeiros da Tessália atribuía-se o poder de fazer baixar a lua, segundo conta a história grega. Os Atlantes do último período eram famosos por seus poderes mágicos, pelas perversidades, ambições e audácias em desafiarem os Deuses. (II, 762)[583]

(...)

Eles (os Atlantes) ergueram grandes imagens de nove *yatis* (27 pés) de altura: o tamanho de seus corpos. Fogos lunares haviam destruído a terra de seus Pais (os Lemurianos). A água ameaçava a Quarta (Raça). (Estância XI, *śloka* 44)

Antes de concluir a narrativa a respeito do ocaso da Atlântida, passamos à descrição de suas vastas terras:

A *parte atlântica da Lemúria* foi a base geológica do que é geralmente conhecido por Atlântida. Essa última, de fato, deve ser considerada mais como um desenvolvimento do prolongamento atlântico da Lemúria do que como uma massa de terra completamente nova, levantada para atender às exigências especiais da Quarta Raça-Raiz. O que ocorre com as sucessivas mudanças e ajustamentos das massas continentais é análogo ao que sucede com a evolução das raças; não se pode traçar uma linha demarcatória bem definida entre o término de uma antiga ordem de coisas e o começo de outra. A continuidade dos processos naturais não se interrompe nunca. Assim, a Quarta Raça Atlante se desenvolveu de um núcleo de Homens da Terceira Raça da Lemúria Setentrional, concentrado em um ponto situado mais

581 Vol. III, pp. 287-8, ed. 6 vol.; II, 299, 3ª ed.
582 Vol. III, pp. 330-1, ed. 6 vol.; II, 345, 3ª ed.
583 Vol. IV, p. 331, ed. 6 vol.; II, 805, 3ª ed.

> ou menos onde fica atualmente o meio do Oceano Atlântico. Seu continente formou-se pela união de muitas ilhas e penínsulas que se ergueram acima das águas no transcurso normal dos séculos *para finalmente se converterem na verdadeira morada da grande raça conhecida como Atlante.* (II, 333-4)[584]
> (...)
> Em diferentes épocas do passado, grandes ilhas, mesmo continentes, existiam onde hoje não há mais que resíduos d'água... em uma época remota, um viajante poderia atravessar por terra toda a distância do que agora é o Oceano Atlântico, atravessando a barco os estreitos canais que existiam, então, entre uma ilha e outra.[585]

Isso parece indicar que havia mais terra que água durante a era da quarta conformação global. Mesmo as montanhas eram mais altas nas terras dos gigantes, pois havia uma

> cadeia gigantesca de montanhas que se estendia ao longo da borda ou disco terrestre. Tais montanhas tinham as suas raízes fincadas no fundo dos mares, e alteavam as cristas aos céus, onde se perdiam entre as nuvens. Nos antigos continentes havia mais montanhas do que vales. Atlas e o Pico do Tenerife, hoje diminutos remanescentes dos dois continentes desaparecidos, eram três vezes mais altos no tempo da Lemúria e duas vezes no da Atlântida. O orgulhoso Atlas, conforme a tradição esotérica, teve a sua terça parte sorvida pelas águas, ficando os dois terços como uma herança da Atlântida. (II, 763)[586]

Mas o esplendor dessa poderosa raça começou a eclipsar devido às suas práticas perniciosas. O aviso sobre as águas ameaçadoras (*śloka* 44) não foi levado em consideração. Três curtas sentenças narram o que aconteceu àqueles que "cresceram em orgulho".

> As primeiras grandes águas vieram. Elas submergiram as sete grandes ilhas.
> (...)
> Salvos todos os justos; destruídos os ímpios. (Estância XI, *sl.* 45-6)

Deixamos aos *Comentários* o toque dramático necessário para descrever um evento tão calamitoso. E o quão notável é esta narrativa! Mas deixemos o documento falar por si mesmo. É apresentado com as seguintes palavras:

> O manuscrito especial de onde foram extraídos os fragmentos que se seguem, já traduzidos em linguagem mais compreensível, é dito que foi copiado de tábuas de pedra que pertenceram a um *Buddha* dos primeiros tempos da Quinta Raça, o qual fora testemunha do dilúvio e da submersão dos principais continentes da Raça Atlante. (II, 423)[587]
> (...)

584 Vol. III, p. 333, ed. 6 vol.; II, 348, 3ª ed.
585 *Ísis sem Véu*, vol. I, 558.
586 Vol. IV, p. 332-3, ed. 6 vol.; II, 806-7, 3ª ed.
587 Vol. III, p. 421, ed. 6 vol.; II, 441-2, 3ª ed.

Os Reis da Luz partiram em ira. Os pecados dos homens se tornaram tão negros que a Terra se estremece em sua agonia... Os assentos azuis permanecem vazios. Quem, entre os da (raça) morena, quem, entre os da vermelha, ou ainda entre os da negra, pode ocupar os assentos benditos, os assentos da sabedoria e da misericórdia? Quem pode avocar a flor do poder, a planta do talo de ouro e da flor azul?

(...)

Os "Reis da Luz" é o nome que se dá em todos os escritos arcaicos aos Soberanos das Dinastias Divinas. Os "Assentos do Azul" são traduzidos por "Tronos Celestes" em alguns documentos. A "Flor do Poder" é hoje o Lótus; o que seria naquele tempo, quem o sabe?

(...)

O escritor prossegue lamentando a sorte do seu povo...

(...)

E o "Grande Rei de Face Resplandecente", o chefe de todos os de Face Amarela, entristeceu-se ao ver os pecados daqueles de Face Negra.

(...)

Enviou os seus veículos aéreos (*Vimānas*) a todos os chefes irmãos (os chefes das outras nações e tribos), com homens piedosos no interior dizendo: "Preparai-vos, levantai-vos homens da boa lei e atravessai o país enquanto (ainda) está seco."

(...)

Os Senhores da Tempestade se aproximam. Seus carros se aproximam da terra. Os Senhores da Face Negra (os Feiticeiros) não viverão mais que uma noite e dois dias nesta terra paciente. Ela está condenada; e serão submergidos com ela. Os Senhores inferiores dos Fogos (os Gnomos e os Elementais do Fogo) estão preparando suas *Āgnyāstras* mágicas (armas de fogo construídas por meio da Magia). Mas os Senhores do Olhar Tenebroso ("olho mau") são mais fortes do que eles (os Elementais), que são escravos dos poderosos. Eles são versados em *Astra* (*Vidyā*, o conhecimento mágico superior). Vinde, e usai os vossos poderes mágicos (para enfrentar os dos Feiticeiros). Que os Senhores da Face Resplandecente (os Adeptos da Magia Branca) procedam de modo que os *Vimānas* dos Senhores da Face Negra caiam em suas mãos (ou em seu poder), a fim de que nenhum (dos Feiticeiros) possa, graças a eles, escapar às águas, evitar a Vara dos Quatro (Divindades *kármicas*) e salvar os seus perversos (partidários ou povos).

(...)

Que os de Face Amarela enviem sonos para (hipnotizar?) os de Face Negra. Que eles ainda assim evitem (aos Feiticeiros) a dor e o sofrimento. Que todos os homens fiéis aos Deuses solares restrinjam (paralisem) todos os homens dependentes dos Deuses lunares, para que não sofram, nem escapem ao seu destino.

(...)

E que todos os de Face Amarela dêem sua água de vida (seu sangue) aos animais falantes dos de Face negra, para que não acordem os seus amos.

(...)

É soada a hora, a noite negra está prestes.

(...)

Que o seu destino se cumpra. Nós somos os servidores dos Quatro Grandes. Que voltem os Reis da Luz.

(...)

O Grande Rei deixou pender sua Face Resplandecente e chorou...

(...)

Quando os Reis se reuniram, já havia começado o movimento das águas...

(...)

(Mas) as nações já tinham passado sobre as terras enxutas. Estavam muito além do nível das águas. Seus Reis as alcançaram nos *Vimānas* e as conduziram ao País do Fogo e do Metal (a Este e ao Norte).

(...)

Choveram Estrelas (Meteoros) sobre as terras dos de Face Negra; mas eles dormiam.

(...)

Os animais falantes (os vigilantes mágicos) não se mexeram.

(...)

Os Senhores inferiores aguardavam ordens, mas estas não chegaram, porque os seus amos dormiam.

(...)

As águas se elevaram e cobriram os vales de um extremo ao outro da Terra. As terras altas ficaram e o fundo da Terra (os países situados nos antípodas) permaneceu seco. Ali habitavam os que haviam escapado: os homens de Face Amarela e olhar reto (a gente sincera e franca).

(...)

Quando os Senhores da Face Negra despertaram e pensaram em suas *Vimānas* para fugir das ondas que subiam, viram que tinham desaparecido.

(...)

Outra passagem nos mostra que alguns dos Magos de "Face Negra" mais poderosos – que haviam despertado antes dos outros – perseguiram os que os tinham despojado, achando-se estes na retaguarda...

(...)

Mas os perseguidores, "cujas cabeças e peitos sobressaíam acima das águas", lhe deram caça "durante três períodos lunares"; e, finalmente, alcançados pelas águas, que subiam cada vez mais, foram eles mortos até o último homem, cedendo o solo sob os seus pés e tragando a terra todos os que a tinham profanado. (II, 424-8)[588]

(...)

Tanto a Lemúria quanto a Atlântida afundaram, e foram tragadas com suas civilizações superiores e "deuses"; entretanto, entre as duas catástrofes, transcorreu um breve período de cerca de 700.000 anos; a "Lemúria" floresceu e pereceu naquele insignificante lapso de tempo antes da primeira parte do período Eoceno[589] ...[590]

(...)

O desaparecimento da Atlântida (o grupo de continentes e ilhas) começou durante o período Mioceno... e culminou – *primeiro*, com o desaparecimento final do continente maior, um evento coincidente com a elevação dos Alpes; e *segundo* com o evento das últimas Ilhas justas mencionadas por Platão. Os sacerdotes egípcios de Sais informaram ao seu antepassado Sólon que a Atlântida (isto é, a única grande ilha remanescente) havia perecido 9.000 anos antes de seu tempo. Esta não é uma data fantasiosa, uma vez que eles preservaram seus registros, cuidadosamente, por milênios.[591]

---

588 Vol. III, pp. 422-6, ed. 6 vol.; II, 443-7, 3ª ed.

589 Eoceno – época em que se acelera o desenvolvimento dos mamíferos. (N. ed. bras.)

590 *Cartas dos Mahatmas para A.P. Sinnett*, p. 148 [Editora Teosófica, Vol. II, Carta nº 93B, p. 112 (Nota Ed. Bras.)].

591 *Ibid.*, p. 155.

Os hindus também conservaram seus registros astronômicos.

> E dispõem de observações em seus anais que remontam ao primeiro Grande Dilúvio a que se referem as reminiscências *históricas* dos Arianos — o Dilúvio que fez submergir o que então restava da Atlântida, há 850.000 anos. (II, 332)[592]

A Quinta Raça-Raiz

Com a submersão da Atlântida levando a glória da Quarta Raça-Raiz a um intempestivo final, os registros antigos cessaram. Esses registros, as místicas *Estâncias de Dzyan*, fornecem a base para a narrativa apresentada da história das raças humanas. Apenas dois pequenos *ślokas* mencionam a Quinta Raça, a atual:

> A Quinta, procedente do tronco Santo permanecido; ela foi governada pelos primeiros Reis Divinos.
>
> (...)
>
> ... As Serpentes que voltaram a descer, que fizeram a paz com a Quinta, que a ensinaram e instruíram. (Estância XII, *ślokas* 48-49)

O "tronco santo" se refere, na verdade, ao *śloka* anterior (nº 46), no qual está escrito: "Salvos todos os justos, destruídos os ímpios." Não obstante, é bom lembrar que a Quinta Raça-Raiz estava em processo de formação muito antes que a tempestade catastrófica se abatesse sobre o funesto Império Atlante. De fato, é dito que a primeira sub-raça da Quinta Raça (ou Raça Ariana, conforme é geralmente chamada), já existia há muitos milhares de anos:

> O dilúvio *semi*-universal conhecido da Geologia — o primeiro Período Glaciário — deve ter ocorrido justamente na época assinalada pela Doutrina Secreta, a saber, 200.000 anos (em algarismos redondos) após o começo de nossa Quinta Raça, ou pouco mais ou menos na época indicada pelos Srs. Croll e Stockwell para o primeiro Período Glaciário, ou seja, há cerca de 850.000 anos. Assim, como esse cataclismo é atribuído pelos geólogos e os astrônomos a "uma excentricidade extrema da órbita da Terra", e como a Doutrina Secreta lhe atribui a mesma causa, adicionando, porém, outro fator, o deslocamento do eixo da Terra. (II, 144-5)[593]

Fornece-nos, ainda, o tempo de existência da Quinta Raça até a era presente. Vale ressaltar que o termo *sui generis* — "de si próprio", que também pode ser traduzido como "em seu próprio direito" — não cobre o período no qual a raça estava em processo de formação, vivendo e se desenvolvendo ao largo da antiga raça florescente.

---

592 Vol. III, p. 332, ed. 6 vol.; II, 347, 3ª ed.
593 Vol. III, pp. 152-3, ed. 6 vol.; II, 153, 3ª ed.

A nossa Quinta Raça-Raiz já tem de existência – como raça *sui generis* e de todo independente de seu tronco – cerca de 1.000.000 de anos. (II, 435)[594]

Aparentemente, quando a primeira sub-raça tornou-se uma raça *sui generis*, foi segregada da massa da Quarta Raça e não recebeu os benefícios da civilização e cultura Atlante antes que as terras maiores fossem engolidas, pois era necessário que a raça jovem fosse "ensinada e instruída" pelas Serpentes ou Dragões de Sabedoria (conforme diz o *śloka* nº 49). Essa sub-raça surgiu no Norte.

A raça Ariana nasceu e se desenvolveu no extremo Norte, embora as suas tribos houvessem emigrado mais para o Sul da Ásia, após a submersão do continente da Atlântida. (II, 768)[595]

Como não existe relato subsequente sobre a Quinta Raça, e estando esta ainda em processo de desenvolvimento, apenas um esboço fragmentado pode ser fornecido com relação ao quinto estágio de desenvolvimento do Reino Humano. Uma fase pode ser destacada: a que diz respeito à estatura da forma humana. A altura foi padronizada de tal forma que um homem extraordinariamente alto (acima de dois metros) é excepcionalmente raro. Além do mais, o organismo humano "só se tornou perfeito e simétrico na Quinta Raça". (II, 294)[596]

Os "tabernáculos" aperfeiçoaram-se em contextura e em simetria da forma, crescendo e desenvolvendo-se com o Globo em que se acham; mas o progresso físico se fez a expensas do Homem Interno Espiritual e da Natureza. Os três princípios intermédios, na Terra e no homem, se tornaram cada vez mais materiais com a sucessão das raças, e a Alma retraiu-se para dar lugar à Inteligência Física; convertendo-se a essência dos Elementos nos elementos materiais compostos que hoje conhecemos. (I, 225)[597]

Neste exemplo, os "três princípios intermédios" são *Prāna* – o princípio-vida; *Kāma* – o princípio do desejo; e a "inteligência física" ou *Kāma-Manas* – a Mente Inferior (não *Manas*, ou o próprio Princípio Mental, já que *Manas*, uma vez desperta na constituição humana, é vista como um princípio dual, seja unida a *Buddhi* ou combinada com *Kāma*, conforme indicado). Esta é a fase predominante do quinto estágio de desenvolvimento, mais importante até que o aspecto físico. Esse aspecto continuará a evoluir por todo o período da Quinta Raça. Por analogia, e deduzindo o que o desenvolvimento *deveria ser*, entretanto, somos levados a concluir que o desenvolvimento evolucionário intelecto-espiritual da Quinta Raça foi retardado. Isso se deve principalmente a cargas e heranças *kármicas* muito pesadas, tanto no Plano Físico como no Mental, Moral e Espiritual, ocasionadas pelas civilizações Lemuriana e Atlante. Isso se dá porque os seres que formam a presente raça são os mesmos

594 Vol. III, p. 432, ed. 6 vol.; II, 453, 3ª ed.
595 Vol. IV, p. 338, ed. 6 vol.; II, 812, 3ª ed.
596 Vol. III, p. 295, ed. 6 vol.; II, 307, 3ª ed.
597 Vol. I, p. 272, ed. 6 vol.; I, 245-6, 3ª ed.

seres que constituíam as raças antigas. Essa afirmação parece um exagero? Encontramos corroboração para ela na seguinte passagem:

> No caso dos Atlantes, o Ser Espiritual foi precisamente o que pecou, porque o Elemento Espírito, naqueles dias, era ainda o princípio "diretor" do homem. Foi então que se gerou, para as nossas Mônadas, o *Karma* mais pesado da Quinta Raça. (II, 302)[598]

Além disso, as incessantes guerras e derramamentos de sangue, tanto nos tempos antigos como no atual, são cargas *kármicas* difíceis de serem desfeitas.

> Em nossa Quinta Raça atual, tão materializada, o Espírito terreno da Quarta Raça tem ainda uma grande influência; mas já nos aproximamos dos tempos em que o pêndulo da evolução se inclinará para cima, reconduzindo a humanidade ao nível espiritual da primitiva Terceira Raça-Raiz. Durante a sua infância, a humanidade se compunha inteiramente daquela Legião Angélica – os Espíritos que habitavam e animavam os monstruosos tabernáculos de barro da Quarta Raça, construídos e constituídos por milhões e milhões de vidas, como também o são agora os nossos corpos. (I, 224-5)[599]

O único *Comentário* sobre as *Estâncias de Dzyan* que faz referência à Quinta Raça fornece uma exposição técnica do parágrafo acima citado, e também é elucidado mais adiante por meio de observações e de um diagrama:

> Nós (a Quinta Raça-Raiz), desde nossa primeira metade (de duração das Sete Rondas) em diante (no arco hoje ascendente do Ciclo), estamos no ponto médio da Primeira e da Segunda Raça (ou entre uma e outra) quando seguiam para baixo (isto é, quando as raças estavam então no arco descendente do Ciclo)... Calcula por ti mesmo, ó *Lanoo*, e vê.
> (...)
> Calculando como nos é aconselhado, vemos que durante aquele período de transição – ou seja, a segunda metade da Primeira Raça astral-etéreo-espiritual – a humanidade nascente carecia do elemento cerebral do intelecto, por estar em seu arco descendente. E como nos encontramos em uma linha paralela, no arco *ascendente*, carecemos, por conseguinte, do elemento espiritual que ora está substituído pelo intelectual. Observe-se efetivamente que estando no período *Manāsa* do nosso Ciclo de Raças, ou na Quinta Raça, já cruzamos, portanto, o meridiano do perfeito equilíbrio entre o Espírito e a Matéria – ou do equilíbrio entre a inteligência cerebral e a percepção espiritual. Há, contudo, um ponto importante que é preciso não esquecer.
> (...)
> Estamos apenas na Quarta Ronda, e é na Quinta que se dará o completo desenvolvimento de *Manas*, como raio direto do *MAHAT* universal, sem o estorvo da matéria. Não obstante, como todas as sub-raças e nações têm os seus ciclos e fases de desenvolvimento evolutivo repetidos em escala menor, assim deve suceder com mais forte razão no caso de uma Raça--Raiz. A nossa raça, portanto, como Raça-Raiz, já transpôs a linha equatorial, e prossegue em seu curso cíclico pelo lado espiritual; mas algumas de nossas sub-raças se acham ainda no sombrio arco descendente de seus respectivos ciclos nacionais, enquanto outras, as mais

598 Vol. III, p. 303, ed. 6 vol.; II, 316, 3ª ed.
599 Vol. I, p. 271, ed. 6 vol.; I, 245, 3ª ed.

antigas, tendo cruzado o ponto médio, que é o que decide se uma raça, nação ou tribo viverá ou perecerá, estão no apogeu do desenvolvimento espiritual como sub-raças. (II, 300-1)[600]

Além das *Estâncias de Dzyan*, outro registro transmissor de um profundo significado para aquele que o compreende foi preservado. Esse registro consiste de cinco estátuas situadas nos arredores de Bamian.

Bamian é uma pequena e miserável cidade, meio em ruínas, situada na Ásia Central, na metade do caminho entre Cabul e Balkh, ao pé do Koh-i-Baba, montanha enorme do Paropamiso, ou Cordilheira do Indo-Kush, que fica a 8.500 pés acima do nível do mar. Em outros tempos, Bamian fazia parte da antiga cidade de Djuldjul, saqueada e destruída, até a última pedra, por Gengis Khan, no século XIII. Todo o vale está cercado de rochas colossais, cheias de cavernas e grutas, partes naturais e partes artificiais, que serviram antigamente de morada para os monges budistas, que ali haviam instalado os seus *vihāras*. (II, 338)[601]

Esses monges budistas, quando chegaram ao vale por volta do primeiro século, ao verem as estátuas decidiram "vesti-las" da forma que o *Buddha* é geralmente representado. Fizeram isso utilizando uma cobertura de argamassa sobre a pedra, e entalhando várias figuras pequenas em nichos. Quando o famoso viajante chinês Hiuen Tsang visitou Bamian no século sétimo, disse:

"O brilho dos ornamentos de ouro que cobria a estátua ofuscava a vista",[602] mas hoje não resta nenhum vestígio dos dourados.

(...)

Mas as cinco estátuas são obra dos Iniciados da Quarta Raça, que, após a submersão de seu continente, buscaram refúgio nos desertos e nos cumes das montanhas da Ásia Central. Estas cinco estátuas são, portanto, uma reminiscência imorredoura do Ensinamento Esotérico referente à evolução gradual das raças.

(...)

A maior representa a Primeira Raça da humanidade, cujo corpo etéreo foi assim perpetuado na pedra dura e indestrutível para instrução das gerações vindouras, porque de outro modo sua lembrança não teria jamais sobrevivido ao Dilúvio Atlante. A segunda — a de 120 pés de alto — representa os Nascidos do Suor; e a terceira — a de 60 pés — imortaliza a raça que caiu, inaugurando assim a primeira *raça física*, nascida de pai e mãe, e cujos últimos descendentes estão simbolizados nas estátuas encontradas na Ilha da Páscoa. Estes descendentes tinham somente de 20 a 25 pés de estatura no tempo em que a Lemúria foi submergida, depois de sua quase total destruição por fogos subterrâneos. A Quarta Raça era ainda menor, mesmo assim gigante em comparação com a nossa Quinta Raça; e a série termina com esta última. (II, 339-40)[603]

---

600 Vol. III, pp. 301-2, ed. 6 vol.; II, 314-5, 3ª ed.

601 *Vihāras*: mosteiros. Vol. III, pp. 337-8, ed. 6 vol.; II, 353, 3ª ed.

602 *Si-yu-ki*, Livro I, "*Fan-yen-na*" (*Bāmiyān*). A primeira estátua mede 173 pés — setenta pés mais alta que a Estátua da Liberdade de Nova Iorque.

603 Vol. III, p. 339, ed. 6 vol.; II, 354-5, 3ª ed. É sempre interessante confirmar os ensinamentos de *A Doutrina Secreta* através de descobertas atuais. Com esse respeito, portanto, a atenção é dirigida ao seguinte relato sobre as estátuas de Bamian. William O. Douglas, Oficial de Justiça da Suprema Corte dos Estados Unidos desde 1939, também um conhecido viajante, visitou o Afeganistão em 1951 e parou em Bamian a 12 de julho. Em seu livro

A Quinta Raça colocou em desenvolvimento o quinto sentido, o olfato. A Quarta Raça havia desenvolvido o paladar, o quarto sentido.

O "lar" da Quinta Raça abrange o atual sistema continental do nosso globo. Entretanto, se as novas terras que surgiram para a nova raça devem ser consideradas como "lar", então essas terras são as Américas, a Europa e a Ásia Menor.

> Mas, tendo-se estabelecido a sucessão dos Continentes segundo a ordem de evolução das raças, desde a Primeira até a Quinta, que é a nossa Raça-Raiz Ariana, a Europa deve-se chamar o Quinto Continente... Houve uma época em que o delta do Egito e a África do Norte faziam parte da Europa, antes que a formação do Estreito de Gibraltar e o levantamento ulterior do Continente alterassem por completo o mapa da Europa. A última mudança notável ocorreu há uns 12.000 anos, e foi seguida pela submersão da pequena ilha Atlante à qual Plantão deu o nome de Atlântida, que era o do Continente a que ela pertencia. (II, 8-9)[604]

No devido tempo, o "Quinto Continente" começará a sofrer modificações, a maior parte delas ocorrerá através de fogos vulcânicos e depois submergência – como aconteceu ao Terceiro Continente. Mas a Quinta Raça ainda existirá ao tempo da Sexta, assim como a Quarta Raça persistiu lado a lado com a Quinta. Isso é claramente explicado a seguir, além de predizer onde surgirá a nova sub-raça da presente Raça-Raiz:

> Muitos milhões de anos são passados desde o começo da Raça Atlante, e, não obstante, vemos ainda os últimos Atlantes mesclados com o elemento Ariano, desde há 11.000 anos. Isso demonstra a enorme sobreposição de uma raça sobre a raça que a sucede, embora em caracteres e tipo externo a mais velha perca suas características e assuma os novos traços da mais jovem. Isso se verifica em todas as formações de raças humanas mescladas. Ora, a Filosofia Oculta ensina que, até mesmo atualmente, sob as nossas próprias vistas, a nova raça e as novas raças estão em via de formação, devendo a transformação se operar na América, onde silenciosamente já se iniciou.
>
> (...)
>
> De anglo-saxões puros que eram apenas há trezentos anos, os americanos dos Estados Unidos se converteram em uma nação à parte; e, como resultado do enorme e acentuado

---

Beyond the High Himalayas, publicado em 1952, ele narra sua viagem a esse recanto raramente visitado, situado em um fértil vale entre as montanhas de Indo-Kush. Apenas algumas poucas cabanas de barro permanecem marcando o lugar onde uma vez foi a grandiosa Bamian. Um rochedo de arenito, algumas centenas de pés de altura, menos de meio milha de comprimento, flanqueando o lado oeste do vale. Na superfície plana do rochedo, três estátuas gigantescas podem ser vistas. Mr. Douglas afirma que a maior das três possui 53 metros de altura, ou mais ou menos 175 pés, e a elas se refere como "três figuras históricas". Ele prossegue repetindo a tradição corrente na vila, chamando-as de "*Buddha*, a esposa de *Buddha* e o filho de *Buddha*". É claro que a razão para isso é que os devotados seguidores de *Buddha* não puderam resistir à oportunidade de cobrir as figuras com os trajes de *Buddha*. Quando Bamian florescia como um centro do Budismo, cavernas e salões eram cortados nos rochedos para serem usados como residência. Esses ainda são visíveis, mas os templos e santuários não estão mais ali, pois o vale foi devastado por muçulmanos no Século VIII. Os seguidores do Islã não apenas destruíram todos os santuários, mas também massacraram os indefesos budistas. Mas perceba o girar da roda *kármica*: cinco séculos mais tarde, as hordas mongóis invadiram o vale de Bamian. Além de demolirem toda a cidade em 1220, Gengis Khan exterminou todos os habitantes muçulmanos.

604 Vol. III, pp. 21-2, ed. 6 vol.; II, 8, 3ª ed.

cruzamento de nacionalidades diferentes, formam quase uma raça *sui generis*, não só mentalmente como também fisicamente...
(...)
Assim, os americanos se tornaram, em apenas três séculos, uma raça primária, antes de se converterem numa raça à parte, fortemente diferenciada de todas as demais raças que atualmente existem. São eles, numa palavra, os germes da sexta sub-raça, e daqui a algumas centenas de anos serão certamente os pioneiros daquela raça que há de suceder, com todas as suas novas características, à raça europeia de hoje, a quinta sub-raça. Depois disso, dentro de uns 25.000 anos, começarão a preparar a sétima sub-raça; até que a Sexta Raça-Raiz fará o seu aparecimento no cenário de nossa Ronda... A Quinta Raça irá se sobrepor à Sexta durante muitas centenas de milhares de anos, transformando-se mais lentamente que a sua sucessora, mas alterando-se quanto à estatura, ao físico em geral e à mentalidade, do mesmo modo que a Quarta Raça se sobrepôs na Raça Ariana e a Terceira na dos Atlantes. (II, 444-5)[605]

A Sexta Raça-Raiz

Muito pouco pode ser dito com relação à Sexta Raça-Raiz. O processo de desenvolvimento dessa grande raça acontecerá durante a sexta e sétima sub-raças de nossa atual Quinta Raça-Raiz. Uma indicação é fornecida sobre o local onde o início da preparação da futura raça se dará.

Deste modo, a humanidade do Novo Mundo, que é muito mais velho que o Antigo (fato que os homens haviam também esquecido), é a Humanidade de *Pātāla* (os Antípodas ou o Mundo Inferior, como é chamada a América na Índia), que tem por missão e por *Karma* plantar as sementes de uma raça futura, maior e muito mais gloriosa que todas as que temos conhecido até agora. Os Ciclos de Matéria serão seguidos por Ciclos de Espiritualidade, e de completo desenvolvimento mental. (II, 446)[606]

Este é o aspecto que deverá ser enfatizado, também, ao final das sub-raças da Quinta Raça. Quando a nova raça se tornar uma "raça à parte",

já não haverá americanos quando se iniciar a Sexta Raça, como não haverá europeus; porque então terá surgido *uma nova raça com muitas nações novas*. Contudo, a Quinta Raça não ficará extinta, mas sobreviverá durante certo tempo, permeando a nova raça por muitas centenas de milênios, e a sua transformação, conforme já foi dito, se fará mais lentamente que a de sua sucessora, embora mudando por completo no mental, no físico, em geral, assim como na estatura. A humanidade não voltará a desenvolver corpos de gigantes, como no caso dos Lemurianos e dos Atlantes, porque a evolução da Quarta Raça conduziu os Atlantes ao último grau de materialidade, no seu crescimento físico, ao passo que a raça atual está em seu arco ascendente, e a Sexta virá rapidamente a libertar-se dos entraves da matéria, inclusive os da carne. (II, 446)[607]

---

605 Vol. III, pp. 442-3, ed. 6 vol.; II, 463-5, 3ª ed.
606 Vol. III, pp. 443-4, vol. 6 ed.; II, 465, 3ª ed.
607 Vol. III, pp. 443-4, ed. 6 vol.; II, 465, 3ª ed.

Isso parece indicar que, durante a época do sexto estágio principal de desenvolvimento do Reino Humano, os veículos ou "corpos" serão mais etéreos que o físico, e andróginos. Porque a Sexta Raça no Arco Ascendente – representado os Ciclos de Espiritualidade – estará em posição comparável às da Primeira e Segunda Raça no Arco Descendente, ou nos Ciclos da Matéria. Lembramos que ambas as raças possuíam veículos etéricos. Ainda de maior importância, o aspecto intelecto-espiritual do homem será enfatizado. Referindo-se a esse tempo futuro, o *Vishnu-Purāna* profetiza o que irá ocorrer ao final do *Kali-Yuga*, nosso Ciclo (*yuga* ou era) atual:

> E no fim da idade de *Kali*, a nossa idade atual, *Vishnu*, ou o "Rei Eterno", aparecerá como *Kalki* (*Avatāra*) para restabelecer a justiça sobre a Terra. As mentes daqueles que vivem naquele tempo serão despertadas, e se tornarão transparentes do cristal. "Os homens que assim se transformarão, com o advento daquela era especial (Sexta Raça), *serão como que as sementes* de outros seres humanos, e darão nascimento a uma raça que seguirá as leis da idade *Krita* da Pureza"; ou seja, será a Sétima Raça, a raça dos "*Buddhas*", dos "Filhos de Deus", nascidos de pais *imaculados*. (II, 483)[608]

Outra fase do sexto estágio de desenvolvimento associada com o aspecto intelecto-espiritual entrará em atividade conforme progrida a evolução da Sexta Raça. Esse desenvolvimento futuro é sempre referido como o "sexto sentido" do homem – um sentido que funcionará e será totalmente normal em ciclos futuros. Esse sentido será parecido com aquele que hoje é conhecido como clarividência. Junto com o desenvolvimento desse sexto sentido, a matéria desenvolverá outra característica, que pode ser chamada de "permeabilidade".

> As qualidades, ou, o que talvez seja um termo mais apropriado, as características da matéria, devem sempre ter uma relação direta e clara com os sentidos do homem. A matéria possui extensão, cor, movimento (movimento molecular), sabor e odor, faculdades que correspondem aos sentidos existentes no homem; a próxima característica a desenvolver – e que por enquanto denominaremos PERMEABILIDADE – corresponderá ao próximo sentido que o homem deve adquirir, e que chamaremos de CLARIVIDÊNCIA NORMAL. (I, 251)[609]

O domínio total do sexto sentido ocorrerá quando *Manas*, o quinto princípio, puder ser incorporado, conscientemente, ao sexto sentido. Da mesma maneira, a plena utilização do sétimo sentido somente será possível quando ocorrer a fusão consciente de *Buddhi* (o sexto princípio) ao sétimo sentido.[610] A fusão de *Manas* com o sexto sentido pode ser descrita como a habilidade de usar *Jñānaśakti*. Este poder é explicado como:

> *Jñānaśakti* – Literalmente, o poder da inteligência, da sabedoria ou do verdadeiro conhecimento. Tem dois aspectos:

608 Vol. IV, p. 51, ed. 6 vol.; II, 507, 3ª ed.
609 Vol. I, p. 296, ed. 6 vol.; I, 272, 3ª ed.
610 Cf. Vol. II, p. 639, ed. or.; IV, 210, ed. 6 vol.; II, 676, 3ª ed.

(...)
Eis *algumas* de suas manifestações, *quando colocado sob a influência ou domínio de condições materiais*: (a) o poder da mente para interpretar as nossas sensações; (b) seu poder para recordar ideias passadas (memória) e dar origem a expectativas futuras; (c) o poder que resulta do que os psicólogos modernos chamam de "leis de associação" e que permite à mente formar relações *persistentes* entre vários grupos de sensações e de possibilidades de sensações, gerando assim a ideia ou noção de um objeto externo; (d) o poder de relacionar nossas ideias umas com as outras por meio do laço misterioso da memória, fazendo surgir deste modo a noção do eu ou da individualidade. Eis agora *algumas* de suas manifestações, *quando se liberta dos liames da matéria*: (a) Clarividência; (b) Psicometria. (I, 292-3)[611]

Esse será, inquestionavelmente, um dos usos de *Manas*, o Princípio Mental, durante a Quinta Ronda. A clarividência, livre "dos liames da matéria", é descrita da seguinte forma:

A Clarividência verdadeira significa a faculdade de ver através da matéria mais densa (esta desaparece ante o olho espiritual do Vidente através de sua vontade), a despeito do tempo (passado, presente e futuro) ou da distância.[612]

Isto descreve o uso do Olho de *Dangma*.

Só o Iniciado, enriquecido pelo conhecimento adquirido através de inúmeras gerações de seus predecessores, dirige o "Olho de *Dangma*" para a essência das coisas, em que *Māyā* não pode ter nenhuma influência. É neste ponto que os ensinamentos da Filosofia Esotérica, em relação com os *Nidānas* e as Quatro Verdades, assumem capital importância; porém, são secretos." (I, 45)[613]

Embora esta afirmativa possa parecer estranha, houve um tempo em que a humanidade possuía a habilidade de usar o Olho de *Dangma*, e possuía da mesma forma o poder de empregar suas faculdades clarividentes; mas esse era um uso inconsciente do Olho de *Dangma*. Na Sexta Raça ele será usado conscientemente.

Os nossos sentidos físicos normais de hoje eram, do ponto de vista em que nos situamos atualmente, anormais naqueles dias de evolução descendente e de queda lenta e progressiva na matéria. E houve um dia em que tudo o que em nosso tempo moderno é considerado como fenômeno, tão intringante para os fisiólogos, agora compelidos a admiti-los – como a transmissão do pensamento, a clarividência, a clauriaudiência, etc., tudo o que, em suma, passa por "maravilhoso" e "anormal" – tempo houve em que tudo isso, e muita coisa mais, estavam sob o domínio de faculdades e sentidos comuns a toda a humanidade. Sucede, porém, que percorremos ciclos que nos levam para trás e para diante; isto é, tendo perdido em espiritualidade o que ganhamos em desenvolvimento físico até quase o fim da Quarta Raça, estamos agora, do mesmo modo, perdendo no físico, gradual e imperceptivelmente, quanto voltamos a ganhar em reevolução espiritual. Este processo deve continuar até a época em

611 Vol. I, p. 333, ed 6 vol.; I, 312, 3ª ed.
612 *Glossário Teosófico*, p. 85.
613 Vol. I, p. 117-8, ed. 6 vol.; I, 77, 3ª ed.

que a Sexta Raça-Raiz se encontre no mesmo nível espiritual da Segunda Raça, representada por uma humanidade há muito desaparecida. (I, 536-7)[614]

Uma indicação nos é fornecida quanto ao período em que mudanças ocorrerão nas formações continentais da Terra, preparando-a para o futuro "lar" da Sexta Raça-Raiz. Esse período está estabelecido em ciclo sideral – um período de 25.868 anos, o que também é o ciclo de precessão dos equinócios. Este último é explicado do ponto de vista astronômico como sendo um lento movimento dos pontos equinociais na elipse, de leste para oeste, fazendo com que o tempo entre os sucessivos equinócios encurte. Afirma-se que isso é causado pela atração do Sol e da Lua sobre a saliência equatorial da Terra. Isto é mais elaborado na citação a seguir, que também fornece um significado esotérico associado aos ciclos siderais:

> Se o observador for dotado de alguma intuição verá, então, quanto a prosperidade e a decadência das nações se encontram intimamente relacionadas com o princípio e o fim deste Ano Sideral. Certo, os que não são ocultistas levam a desvantagem de não poderem basear-se em tempos tão remotos. A Ciência nada lhes ensina sobre o que se passou há cerca de 10.000 anos; no entanto, ele pode encontrar consolo no conhecimento – ou se preferem – na especulação sobre o destino de cada uma das nações modernas que lhes são familiares – daqui a cerca de 16.000 anos. O sentido de tudo isto é muito claro. Em cada Ano Sideral, os trópicos se afastam dos pólos *quatro graus* (em cada revolução dos pontos equinociais) enquanto o equador dá voltas pelas constelações zodiacais. Ora, como sabem todos os astrônomos, os trópicos atualmente se acham somente a vinte e três graus e uma fração (inferior a meio grau) do equador. Restam-lhe, portanto, dois e meio graus a percorrer até o fim do Ano Sideral, o que dá à humanidade, em geral, e às nossas raças civilizadas, em particular, o prazo de mais uns 16.000 anos. (II, 330-1)[615]

Na citação acima, entretanto, não se faz menção à precessão dos equinócios em relação aos Signos do Zodíaco, ou àquilo que H.P.B. chama em outro lugar de "Zodíaco astrológico" esotérico – pois, além de tudo, este é o verdadeiro significado dos Signos do Zodíaco. A conexão entre o ponto de vista astronômico e a explicação esotérica pode ser melhor compreendida pela referência à outra citação:

> Retornando ao Zodíaco astrológico propriamente dito, ele é um círculo imaginário, que passa ao redor da Terra no plano do Equador, sendo Áries 0° seu primeiro ponto. É dividido em doze partes iguais denominadas "Signos do Zodíaco", contendo cada um 30° de espaço, e nele é medida a verdadeira ascensão dos corpos celestes. Zodíaco móvel ou natural é uma série de constelações que formam um cinturão de 47° de largura situado ao Norte e ao Sul através do plano da eclíptica. A precessão dos equinócios é causada pelo "movimento" do Sol através do espaço, o que faz com que as constelações pareçam mover-se para frente contra a ordem dos signos, a razão de 50 e 1/3 segundos por ano. Um cálculo simples demonstra que, a tal razão, a constelação de Touro (*Aleph*, em hebraico) encontrava-se no primeiro signo do Zodíaco no princípio do *Kali-Yuga* e, portanto, o ponto equinocial caía ali. Neste tempo,

614 Vol. II, pp. 260-1, ed. 6 vol.; I, 585-6, 3ª ed.
615 Vol. III, p. 330, ed. 6 vol.; II, 345, 3ª ed.

também, Leão estava no solstício de verão, Escorpião no equinócio de outono e Aquário no solstício de inverno, e estes fatos formam a chave astronômica da metade dos mistérios religiosos do mundo, inclusive o esquema cristão.[616]

Que pena que H.P.B. não pôde elaborar mais sobre esta importante afirmação! Sem nos alongarmos neste tema (que parece um tanto quanto distante do assunto das Raças-Raízes, embora, em realidade, haja uma íntima conexão, uma vez que os ciclos siderais estão envolvidos), outra sentença que nos força à meditação pode ser acrescentada:

> O verdadeiro significado e o sentido oculto do Zodíaco foram e continuam sendo um mistério para todos, exceto para os Iniciados.[617]

A Sétima Raça-Raiz

As referências à Sétima Raça-Raiz são ainda mais escassas. O sétimo e último estágio de desenvolvimento do Reino Humano no quarto globo durante a Quarta Ronda deverá ser, necessariamente, totalmente diferente da evolução que está sendo levada a cabo atualmente. Uma vez que é dito que a Sexta Raça está evoluindo para uma raça etérea, a Sétima Raça deverá ser ainda mais estérea, e mais desenvolvida intelectual e espiritualmente, de maneira que o homem será "como um deus". Afirma-se que na Sétima Raça os grandes Adeptos e Ascetas Iniciados produzirão "outra vez Filhos imaculados Nascidos da Mente". (II, 275)[618]

Devemos ter o cuidado de fazer a distinção entre as referências à Sétima Raça da Quarta Ronda e a Sétima Raça da Sétima Ronda. A Sétima Raça concluirá a evolução do quarto globo durante o ciclo da Quarta Ronda. Mas o progresso evolucionário da Quarta Ronda, após o ponto culminante da Sétima Raça do Globo D (nossa Terra) terá continuidade por globos superiores da Cadeia Terrestre. A consumação da evolução do Reino Humano não ocorrerá até a Sétima Raça da Sétima Ronda do Sétimo Globo (Globo G). Assim, devemos notar que:

> Mesmo na futura Sétima Raça, quando os nossos quatro princípios inferiores estarão totalmente desenvolvidos, *Manas* só o estará em escala proporcional. Esta limitação, contudo, só se refere ao desenvolvimento espiritual. (II, 167)[619]

Os quatro princípios inferiores são: *Sthūla-Śarīra*, o corpo físico; *Linga-Śarīra*, o corpo modelo; *Prāna*, o princípio vital; e *Kāma*, o princípio do desejo.

---

616 *Glossário Teosófico*, p. 387.
617 *Ibid.*
618 Vol. III, p. 277, ed. 6 vol.; II, 288, 3ª ed.
619 Vol. III, p. 175, ed. 6 vol.; II, 177, 3ª ed.

> Segundo o curso da lei natural, o homem não deve tornar-se um ser setenário *perfeito* antes da Sétima Raça da Sétima Ronda. Ele encerra em si, porém, todos esses sete Princípios em estado latente, desde o seu nascimento. (II, 167)[620]

Não será antes do final da Sétima Raça na Sétima Ronda que

> se verá tão livre quanto o era no princípio, havendo ganho, porém, a experiência e a sabedoria, frutos de todas as suas vidas pessoais, sem suas maldades e tentações. (II, 180-1)[621]

Um aspecto do sétimo estágio será o desenvolvimento do sétimo sentido – aquele da percepção instantânea do conhecimento –, durante o ciclo da Sétima Raça desta Quarta Ronda. O funcionamento desse sétimo sentido será feito através de dois órgãos no corpo humano que operam em consonância com os princípios superiores do homem – o quinto e o sexto, *Manas* e *Buddhi*. Esses dois órgãos são, respectivamente, a glândula pituitária e a glândula pineal (o "Terceiro Olho"). Quando o sexto sentido trabalha com o sétimo através desses dois órgãos,

> (...) a luz que irradia desse sétimo sentido e ilumina os campos do infinito. Por um curto espaço de tempo o homem se torna onisciente; o passado e o futuro, o espaço e o tempo, desaparecem e para ele se tornam o Presente. (*D.S.*, V, 482)

A passagem seguinte relativa aos sentidos nos auxiliará neste ponto:

> A divisão dos sentidos em cinco vem da mais remota antiguidade. Mas aceitando esse número, nenhum filósofo moderno se perguntou como podiam existir tais sentidos, isto é, ser percebidos e utilizados conscientemente, senão pela existência de um *sexto* sentido, a percepção mental, para registrá-los e recordá-los; e ainda o *sétimo* – este para os metafísicos e os ocultistas – a fim de conservar-lhes o fruto espiritual e a recordação, como no Livro de Vida que pertence ao *Karma*. Os antigos dividiam os sentidos em cinco, simplesmente, porque seus mestres, os Iniciados, se detinham no do *ouvido*, por ser o sentido que se desenvolveu no Plano Físico, ou melhor, que se reduziu e se limitou a este plano somente no princípio da Quinta Raça. (A Quarta Raça já havia começado a perder a condição "espiritual", tão preeminentemente desenvolvida na Terceira Raça). (I, 535)[622]

Junto com o desenvolvimento do sétimo sentido, a humanidade recuperará a condição espiritual que uma vez possuiu, mas que perdeu durante o ciclo descendente no Arco Sombrio. Mas essa recuperação será obtida conscientemente, por causa do funcionamento do princípio *Manas*. Nos primeiros estágios da evolução humana – durante a Segunda Raça e nas primeiras partes da Terceira Raça-Raiz – a condição espiritual era então manifestada pela humanidade de forma inconsciente, pois era uma época na qual o Princípio Mental ainda não havia sido despertado para a ativida-

620 Vol. III, p. 175, ed. 6 vol.; II, 177, 3ª ed.
621 Vol. III, p. 187, ed. 6 vol.; II, 190-1, 3ª ed.
622 Vol. II, p. 259, ed. 6 vol.; I, 584, 3ª ed.

de. Esse período futuro é chamado de *Ratnāvabhāsa Kalpa*. Este pode ser traduzido por "um ciclo de precioso esplendor", pois o termo sânscrito é composto da seguinte maneira: *ratna*, joia; *avabhāsa*, do verbo *avabhās*, que significa brilhar, ser brilhante; e *kalpa*, ciclo. Aqui há uma indicação quanto ao futuro esplendor dessa era:

> Uma era na qual toda diferença sexual terá deixado de existir, e o nascimento será por meio de *Anupādaka* (sem pais), assim como na Segunda e na Terceira Raça-Raiz. A Filosofia Esotérica ensina que isso ocorrerá no final da Sexta e durante a Sétima e última Raça-Raiz desta Ronda.[623]

***

Concluindo o tema da Doutrina das Raças, a lei que a governa deve ser mais uma vez enfatizada. Esta lei se manifesta de duas formas, requerendo uma descida à materialidade com o propósito de manifestação nos planos materiais, seguida de uma reascenção aos planos espirituais, se bem que o desenvolvimento evolucionário seja continuamente progressivo.

> Os ocultistas creem em uma *Lei inerente ao Desenvolvimento Progressivo*. (II, 260)[624]
>
> (...)
>
> Além disso, aprendemos que as transformações pelas quais passou o homem no arco descendente — que é centrífugo para o Espírito e centrípeto para a Matéria — e aquelas que estão se preparando para atravessar no futuro, em seu caminho ascendente, invertendo a direção das duas forças — ou seja, convertendo-se a Matéria em centrífuga e o Espírito em centrípeto. (II, 261)[625]

É de suprema importância que o ponto a seguir seja claramente compreendido. No estudo da Doutrina das Raças, o veículo físico, ou "corpo" do homem, não é o fator a ser enfatizado, mas sim os sete *estágios de desenvolvimento*, em que cada raça assinala um estágio de desenvolvimento principal na direção ascendente da Escada da Vida. Na verdade, o veículo físico faz parte da narrativa histórica das raças, mas, de ainda maior importância que a evolução veicular ou física, existem outras duas linhas de evolução: a intelectual e a monádica. Portanto, afirma-se que:

> A forma nada significa. Os gêneros e as espécies da flora e da fauna, e o animal superior, o homem que ocupa o vértice, mudam e variam conforme o meio em que se encontram e as condições climáticas, não apenas em cada Ronda, mas também em cada Raça-Raiz, assim como depois de cada cataclismo geológico que põe termo a essas raças ou lhes assinala o ponto médio. Na Sexta Raça-Raiz, os orangotangos, gorilas e chimpanzés representarão os restos de mamíferos quadrúmanos extintos; e formas novas, ainda que em menor número e

623 *Glossário Teosófico*, p. 276
624 Vol. III, p. 262, ed. 6 vol.; II, 271, 3ª ed.
625 Vol. III, p. 264, ed. 6 vol.; II, 273, 3ª ed.

> cada vez mais espaçadas, à medida que passar o tempo e se aproximar o fim do *Manvantara*, desenvolver-se-ão dos tipos "rejeitados" das raças humanas, ao retornarem estas ao astral, saindo do lodo da vida física. Antes do homem não havia macacos, e estes estarão extintos antes que a Sétima Raça se desenvolva...
> (...)
> Isso deverá, certamente, ocorrer daqui a milhões de anos. (II, 262-3)[626]

A condição humana é um estágio essencial na escalada da Escada hierárquica da Vida. Sua consumação bem sucedida habilita a Mônada a continuar sua jornada espiral em direção a reinos superiores de Existência. Cada estágio marca o desenvolvimento do Plano Divino.

626 Vol. III, p. 265, ed. 6 vol.; II, 274-5, 3ª ed.

CAPÍTULO IX

A Doutrina das Rondas

Como ocorre com a Doutrina das Raças, a Doutrina das Rondas pertence à lei do Movimento Eterno. Entretanto, esta lei se manifesta em uma escala tão vasta que os períodos de tempo envolvidos são de alcance cósmico, superando todas as figuras que tratam de eventos humanos. Este assunto é de tal magnitude que uma apresentação detalhada dificilmente pode ser tentada. Ele só pode ser tratado por meio de um esquema geral, semelhante ao método utilizado por um artista quando começa a pintar um quadro: amplos movimentos são feitos para desenhar traços distintos na tela, sem consideração aos detalhes.

Como não é possível apresentar uma narrativa sequencial sobre as Rondas (pela simples razão de que ela não foi fornecida), decidimos tratar o assunto nas sete seções abaixo:

1. Rondas Internas
2. A Relação das Rondas com as Raças
3. A Relação das Rondas com as Esferas
4. A Relação das Rondas com os Vigilantes
5. A Relação das Rondas com os Estados Pós-Morte
6. A Relação das Rondas com os Princípios
7. Rondas Externas

Estes são apenas aspectos da Doutrina das Rondas, subdividida nessa forma simplificada para fins de descrição. Pela lista fica bastante aparente que o assunto das Rondas está intimamente ligado e inter-relacionado com a Doutrina das Esferas e a Doutrina das Raças, portanto alguma repetição será notada. Isso é inevitável pela complexidade do assunto. Tome, como exemplo, um dos principais postulados:

> 1º) Tudo é setenário, tanto no Universo metafísico como no Universo físico. Atribuem-se, por isso, a cada corpo sideral, a cada planeta, visível ou invisível, seis Globos companheiros. A evolução da vida prossegue nesses sete Globos ou corpos do primeiro ao sétimo, em Sete Rondas ou Ciclos. (I, 158-9)[627]

---

627 Vol. I, p. 213, ed. 6 vol.; I, 182, 3ª ed.

Uma vez que a Doutrina das Esferas e a Doutrina das Raças já foram estudadas, podemos dar início à Doutrina das Rondas esclarecendo o significado do termo "Ronda".

1. Rondas Internas

Uma Ronda significa a jornada circular de uma Mônada desde o primeiro globo de uma Cadeia de globos até a última esfera dessa Cadeia, perfazendo sete ciclos em cada globo. Estes sete ciclos são equivalentes às Sete Raças-Raízes (já delineadas no capítulo precedente). Os sete globos manifestos da Cadeia são enumerados com as primeiras sete letras do alfabeto: Globo A, Globo B, Globo C, Globo D, Globo E, Globo F e Globo G. São necessárias Sete Rondas, ou Sete Circuitos, em uma Cadeia de Globos setenária, para completar o Ciclo de Necessidade, que compreende um *Manvantara* Planetário (ou um período de atividade planetária).

Faz-se necessário repetir o significado do termo "Mônada". A palavra se aplica à essência imortal, o Peregrino, que está realizando sua jornada cíclica, chamada de Ciclo de Necessidade. Para cumprir sua jornada, o Peregrino se utiliza de uma capa ou veste apropriada ao Reino da Escada da Vida na qual se manifesta para um período de atividade planetária (um *Manvantara* planetário). A Escada da Vida é composta de dez degraus; em cada um se encontra um dos Reinos de Vida, composto de Legiões ou Classes de Mônadas. Por exemplo, uma Mônada que está realizando a jornada cíclica no Reino Mineral — que representa o quarto degrau da Escada da Vida, ou o mais inferior dos reinos manifestados — conclui uma Ronda quando tiver percorrido o circuito dos sete globos de uma Cadeia (do Globo A até o G, em sequência).

No caso de um ser humano, a Mônada, o Peregrino, está atualmente utilizando a veste apropriada ao Reino Humano para manifestações temporárias. Surge no mundo em um corpo humano, um veículo físico, por um período de vida. O Peregrino deixa o globo por um tempo, mas retorna à Terra para outra vida, e depois outra, sempre viajando na jornada cíclica. A atual posição na qual as Legiões de Mônadas Humanas estão realizando sua jornada cíclica é o quarto globo (Globo D) da Cadeia setenária. Como foi explicado na Doutrina das Raças, o desenvolvimento evolucionário sobre o globo é concluído por meio de sete estágios de desenvolvimento principais, chamados de Raças-Raízes. O quinto estágio de desenvolvimento principal está em progresso, de maneira que a humanidade está na Quinta Raça-Raiz do quarto globo.

A execução dos sete principais estágios de desenvolvimento (ou sete Raças-Raízes) no globo completa uma *Ronda Global*. Quando completam uma Ronda Global, as Legiões de Mônadas humanas se movem para a próxima posição em sua jornada cíclica, ou seja, o próximo globo da série de sete, de forma a completar sete estágios principais de desenvolvimento, em um grau mais avançado neste globo, pois este também é de um grau superior. O próximo globo da jornada cíclica é o Globo E. Seguindo sete passos evolucionários, ou sete estágios no Globo E, as Legiões Monádicas se moverão para o Globo F. Após sete estágios de desenvolvimento no Globo F, a Onda de Vida Humana será transferida para o Globo G, onde completará o circuito. Quando sete Raças-Raízes tiverem sido completadas em cada um dos Sete Globos da Cadeia, ou seja, no Globo A, Globo B, Globo C, Globo D, Globo E, Globo F e Globo G, uma *Ronda Planetária* completa foi concluída.

As Legiões de Mônadas Humanas estão em processo de execução de seu Quarto Circuito desta jornada cíclica, de forma que está na Quarta Ronda Planetária do Ciclo de Necessidade. A jornada no Arco Descendente (que consiste dos Globos A, B e C) foi completada, pois sete estágios de desenvolvimento foram executados em cada um dos três primeiros globos. O quarto globo, Globo D, representa a parte inferior do arco e também é o ponto de virada, onde começa o Arco Ascendente. A Quarta Ronda Planetária será concluída quando as Legiões Monádicas tiverem executado sete estágios principais de desenvolvimento (ou Sete Raças-Raízes) em cada um dos globos do Arco Ascendente (Globos E, F e G).

O Ciclo de Necessidade estará concluído quando sete circuitos completos tiverem sido realizados em todos os globos da Cadeia, ou seja, Sete Rondas Planetárias, cada Ronda consistindo de Sete Raças-Raízes em Sete Globos da Cadeia. Isto constitui a conclusão de um Dia de *Brahmā*, que é equivalente a um *Manvantara* Planetário (um período planetário de atividade), ou uma revolução da Roda (usando-se um termo das *Estâncias de Dzyan*).

Embora o termo “Ronda” descreva o caráter cíclico da peregrinação evolucionária em execução, devemos ter em mente que durante cada Ronda um diferente estágio cíclico de evolução, ou um grau mais avançado de desenvolvimento, está sendo cumprido.

> Cada Ronda repete em escala mais elevada o trabalho evolucionário da Ronda precedente. (I, 187)[628]

Pois mesmo a Primeira Ronda em uma Cadeia é mais avançada *em grau*, visto que se encontra em um plano superior, do que a última Sétima Ronda completada na Cadeia anterior.

Porque esses estágios de evolução cíclica estão sendo executados de globo em globo, *dentro* de uma série de sete globos da Cadeia planetária, e recebem o nome de “Rondas Internas”.

[628] Vol. I, p. 238, ed. 6 vol.; I, 209, 3ª ed.

REPRESENTAÇÃO GRÁFICA DAS RONDAS

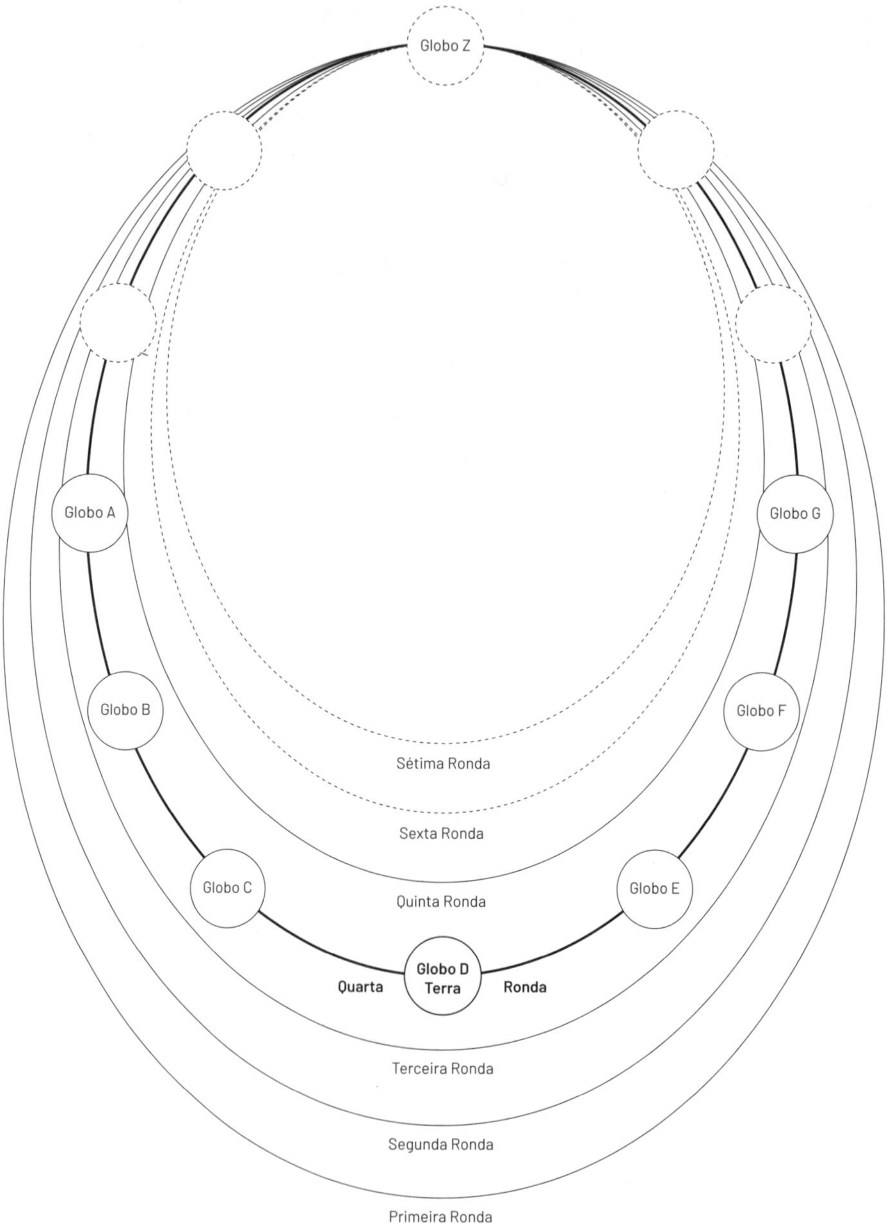

EXPLICAÇÃO SOBRE O DIAGRAMA DAS RONDAS

Neste diagrama, o principal ponto que se deseja apresentar é que as Sete Rondas são executadas por todas as Legiões de Mônadas, ou seja, por cada uma das dez Classes de Mônadas ou Reinos que compõem a Escada da Vida. Cada Classe tem que cumprir todas, e cada uma, das Sete Rondas. Na realidade, cada Classe ou Reino experimenta o circuito de uma maneira adequada à sua própria classe, ou seja, as Mônadas utilizam as vestes e experimentam o desenvolvimento evolucionário apropriado a cada Reino.

A fim de não confundir a mente com os vários aspectos em um único diagrama, os Sete Planos Cósmicos não estão representados, embora isso possa ser feito facilmente, relacionando-se o globo superior (Globo Z) ao Primeiro Plano Cósmico, e o globo inferior (Globo D) ao Sétimo Plano Cósmico, e depois relacionando dois globos a cada um dos cinco Planos Cósmicos restantes (independentemente da maneira na qual os globos estão posicionados).

Em *A Doutrina Secreta* é dito que a Primeira Ronda começou no Globo A e continuou pelo circuito dos seis globos restantes. Isso se deve ao fato de tanto o Globo A quanto o Globo G (o sétimo globo manifesto) estarem situados no primeiro *plano manifestado* (que é o Quarto Plano Cósmico – veja *S.D.* I, 200).[629] Entretanto, existem três planos superiores aos planos de manifestação, que podemos chamar (por conveniência e esclarecimento) de planos do "Não Manifestado", onde estão localizados os *Arūpa-Lokas* (literalmente os "Mundos Sem Forma").

Destaca-se que nas *Cartas dos Mahatmas para A.P. Sinnett* afirma-se que a conclusão de uma Ronda ocorre no Globo Z.[630] Colocando-se o Globo Z no Primeiro Plano Cósmico (o Plano do Não Manifestado), temos a pista para o começo e a conclusão das Rondas. Assim, cada Ronda é concluída – da Primeira à Sétima, em sequência – começando e terminando neste *Arūpa-Loka* (um globo sem um *rūpa* manifestado). Para chamar a atenção para essa característica do *arūpa*, o Globo Z do diagrama está desenhado com linha tracejada, assim como os outros quatro globos dos Planos Cósmicos II e III. Dessa forma, o diagrama ilustra as Rondas começando de um ponto central no Globo Z, que irão se completar também neste Globo.

Novamente, a fim de evitar confusão, a Primeira Ronda, a Segunda Ronda e a Terceira Ronda estão indicadas por formas elípticas. Entretanto, a Quarta Ronda é desenhada ocorrendo *através* dos globos da Cadeia. Deve-se ter em mente que cada uma das Sete Rondas é concluída dentro, sobre e através de cada um dos globos manifestados (ou *Rūpa-Lokas*), assim como nos cinco *Arūpa-Lokas*, através de sete ciclos em cada um dos globos. Esses sete ciclos são chamados de Sete Raças (ou Raças-Raízes). Como se pretende chamar atenção especial para a Quarta Ronda, esta

---

629 Vol. I, p. 249, ed. 6 vol.; I, 221, 3ª ed.

630 Ver pp. 95-6 [Ed. Teosófica, Vol. I, Carta nº 67, p. 292 (Nota Ed. Bras.)].

é desenhada com uma linha mais escura, pois é a Ronda que está sendo executada no presente, e o Arco de Descida trouxe a Onda de Vida Humana ao Globo D (nossa Terra). Além disso, a linha mais escura indica que esta é a mais material das Rondas, ou, em outras palavras, a matéria é mais predominante na Quarta Ronda. Deve-se também lembrar que uma *Ronda Global* é concluída através do desenvolvimento de Sete Raças em um Globo – as Sete Raças sendo equivalentes a sete estágios de desenvolvimento ou avanço evolutivo –, enquanto que uma *Ronda Planetária* significa a conclusão de Sete Raças em cada um dos globos do circuito completo.

Recapitulando: a Onda de Vida Humana está passando por sua Quarta Ronda sobre o Quarto Globo (dos sete globos manifestados, ou *Rūpa-Lokas*), e atingiu o seu quinto estágio de desenvolvimento. Afirma-se, portanto, que ela está na Quinta Raça.

Como existem alguns pioneiros na vanguarda da evolução humana, que estão em seu Quinto Ciclo Planetário, a Quinta Ronda é indicada por meio de uma elipse, já que ocorre no campo de atividade da Quarta Ronda. Em outras palavras, a Quinta Ronda também está sendo executada dentro, sobre e através das séries de globos da Cadeia.

A Sexta e Sétima Rondas são indicadas por linhas tracejadas, transmitindo a ideia de que essas Rondas serão executadas em evos posteriores. Essas Rondas, por sua vez, serão concluídas dentro, sobre e através de todos os globos da Cadeia.

2. A Relação das Rondas com as Raças

O uso da palavra "Raças" no título desta seção tem a intenção de incluir todos os seres que compõem as Dez Classes de Mônadas, ou Reinos, na Escada da Vida. Cada uma das dez classes está realizando seus ciclos evolucionários nos globos da Cadeia planetária através das Rondas. A razão para o uso do termo é que todas as classes de Mônadas devem executar sete estágios principais de desenvolvimento em cada globo da Cadeia, independentemente de sua posição na Escada Evolucionária da Vida – ou seja, independentemente do Reino no qual estejam passando por suas experiências evolucionárias. Na citação a seguir, esboçando o circuito, o ciclo evolucionário é ilustrado por uma referência ao Reino Humano; as palavras de abertura "o grande ciclo" significam uma *Ronda Global*, e as palavras de encerramento "sete ciclos menores", ou os grandes "Ciclos Raciais", referem-se às sete Raças-Raízes:

> O Grande Ciclo abrange o progresso da Humanidade desde o aparecimento do homem primordial de formas etéreas. Ele circula através dos Ciclos internos da evolução progressiva do homem, desde o homem etéreo ao semi-etéreo e ao puramente físico, até à libertação do homem de sua "veste de pele" e de matéria; e depois prossegue seu curso descendente, e passa de novo ao ascendente, para recolher-se ao atingir o ponto culminante da Ronda, quando a Serpente *Manvantárica* "engole a própria cauda", e são decorridos sete Ciclos Menores. Estes são os Grandes Ciclos de Raça. (I, 642)[631]

631 Vol. II, p. 367, ed. 6 vol.; I, 703-4, 3ª ed.

A serpente *manvantárica* que engole o próprio rabo representa um período de atividade e a conclusão de uma Ronda; também simboliza os Arcos Descendente e Ascendente.

Essa é uma descrição geral do que ocorre durante o período de uma Ronda, embora seja aplicável, especialmente, à nossa Ronda atual – a Quarta Ronda sendo a mais material das Rondas. É preciso ter em mente, entretanto, que cada Ronda possui seu *status* evolucionário específico, que deve ser cumprido. Da mesma forma, cada globo possui uma condição distinta a ser alcançada.

De significado especial é o processo que inicia a evolução no primeiro globo, o Globo A, e na Primeira Ronda, representando o despertar de uma Cadeia de sua condição *laya* (um estado onde matéria e espírito são homogêneos; repouso absoluto). As primeiras a aparecerem no coração central do futuro globo, à frente até mesmo do reino mais inferior, localizado no décimo degrau da Escada da Vida – o Terceiro Reino Elemental – são as Classes dos Reinos *Dhyān-Chohānicos*, que *não* se graduaram antes da Cadeia entrar em *Pralaya* (um período de repouso absoluto – dissolução). Por causa desta "falha", eles passam a agir como guardiões ou líderes da futura Cadeia, que é a "reencarnação" da Cadeia anterior. Durante esse processo de formação, essas Classes permanecem nos reinos espirituais, por assim dizer, do primeiro globo (Globo A), embora não participem do aspecto material do globo. Permanecendo assim como força espiritual, elas fornecem os padrões ou tipos para todos os Reinos inferiores da Escada da Vida, sem entrar realmente nos processos evolucionários dessas Classes, até a chegada da Sétima Classe. A Sétima Classe é o Reino Humano.

Quando o Terceiro Reino Elemental tiver passado por seus sete estágios de desenvolvimento – parte deles consistindo do processo formativo do próprio globo, embora invisível ao olho físico –, a maioria desses seres elementais deixará o primeiro globo, assim como foi realizado pelos líderes, entrando no coração do segundo globo para realizar sete ciclos no Globo B, e também auxiliar na construção da segunda esfera. No capítulo anterior, sobre A Doutrina das Raças, esses sete ciclos foram comparados com sete ondas de esforço que se movem de um globo ao outro, carregando o impulso de vida ao globo seguinte.

Falamos de uma maioria de seres passando de um globo a outro a fim de carregar o impulso de vida. Entretanto, uma minoria é deixada para trás no primeiro globo, assim como, subsequentemente, em cada um dos globos, à medida que cada Classe de Mônadas avança de globo a globo. Esses que foram deixados para trás possuem um propósito especial a cumprir. São chamados tecnicamente de *Śishtas* – uma palavra que significa literalmente "resíduos", uma vez que a maioria da sua Classe se moveu para uma outra esfera. O propósito dos *Śishtas* é permanecer no globo e fornecer futuras "sementes de vida" às Legiões Monádicas, quando estas retornarem àquela esfera nas Rondas subsequentes – de forma que os tipos superiores mais evoluídos, alcançados através dos sete estágios de desenvolvimento sobre o globo, sejam preservados. Os *Śishtas* mantêm as "formas residuais" intactas durante a ausência da Onda de Vida que carrega as legiões de Mônadas pelo circuito da Cadeia, esperando o tempo no qual a Onda de Vida retornará, trazendo o impulso de vida àquela esfera, revivificando as atividades pertencentes ao reino específico a que os *Śishtas* pertencem.

Devemos ter em mente que cada uma das Dez Classes de Mônadas, ou Reinos, deixa seus próprios *Śishtas* em cada um dos sete globos de uma Cadeia, cada vez que aquele Reino prossegue em seus sete estágios de desenvolvimento em cada esfera, durante cada Ronda. Dessa forma, a Onda de Vida que está voltando não precisa "reconstruir" uma nova forma, mas simplesmente assume o estágio evolutivo em que foi deixado no ciclo anterior.

Em resposta ao questionamento que é feito em relação ao "sacrifício" feito pelos *Śishtas* (com especial referência ao Reino Humano): ainda que num sentido pareça ser um sacrifício ser deixado para trás pela Onda de Vida evolutiva em andamento, compensações podem ser c: (1) os *Śishtas* estão numa condição quase *Nirvānica* e não são envolvidos no turbilhão evolutivo de atividades; (2) consequentemente, eles não estão criando "*Karma* novo"; (3) os *Śishtas* estão sendo observados e sob a guarda direta dos Reinos Superiores na Escada da Vida, que têm *seus* ciclos evolutivos durante a ausência dos sete reinos inferiores aos quais os *Śishtas* pertencem.

Voltemos à entrada das Classes de Mônadas no começo de uma Cadeia. Conforme o impulso de vida do Terceiro Reino Elemental surge no Globo B, deixando seus *Śishtas* no Globo A, a legião de Mônadas pertencentes ao Segundo Reino Elemental acorda de seu repouso *pralaico* e entra no primeiro globo, de modo a cumprir seus sete estágios de desenvolvimento no Globo A. Quando o Terceiro Reino Elemental tiver completado suas sete ondas de esforço no Globo B, movendo-se para o terceiro globo e carregando o impulso de vida, o Segundo Reino Elemental, de forma semelhante, terá cumprido suas sete ondas de esforço no Globo A, e se moverá para o Globo B, deixando seus *Śishtas* e se retirando para que a legião de Mônadas do Primeiro Reino Elemental possa entrar no Globo A. Então as classes de Mônadas que formam o Terceiro Reino Elemental alcançam sete estágios de desenvolvimento no Globo C e partem deste terceiro globo, deixando para trás seus *Śishtas* e carregando consigo o impulso de vida ao Globo D; o Segundo Reino Elemental se move para o Globo D; o Primeiro Reino Elemental viaja até o Globo B; e o primeiro dos reinos manifestos, que consiste de legiões de Mônadas do Reino Mineral, situado no quarto degrau da Escada da Vida, é despertado e está pronto para começar seu estágio setenário de desenvolvimento no Globo A.

> Com as três evoluções completadas, o globo material começa a se formar. O reino mineral, o quarto em toda a série, mas o primeiro em seu estágio (de reino manifestado) abre o caminho. Seus depósitos são, no começo, vaporosos, flexíveis e plásticos, tornando-se duros e concretos no sétimo anel.[632]

---

632 *Cartas dos Mahatmas para A.P. Sinnett*, p. 94 [Ed. Teosófica, Vol. I, Carta nº 67, p. 290 (Nota ed.bras)].

– ou no sétimo estágio de desenvolvimento no Globo A. Com a conclusão desses sete estágios, a Onda de Vida Mineral transfere suas energias para o Globo B, deixando seus *Śishtas* no primeiro globo, enquanto a classe de Mônadas pertencente ao Reino Vegetal entra no Globo A. Enquanto isso, o Primeiro Reino Elemental se move do segundo globo para o Globo C; o Segundo Reino Elemental segue seu caminho até o Globo D; e o Terceiro Reino Elemental inicia o Arco Ascendente ao alcançar o Globo E. O Arco Descendente consiste da passagem do Globo A ao Globo D, e o Arco Ascendente abrange o circuito do Globo D ao G. Assim que as Mônadas do Reino Vegetal completam os seus sete estágios de desenvolvimento no Globo A, carregam o impulso de vida ao Globo B, depois de deixar seus *Śishtas* no primeiro globo. Então chega a vez das Mônadas que estão utilizando os veículos do Reino Animal entrarem no Globo A. Em sequência, o Reino Mineral se move para o Globo C; o Primeiro Reino Elemental desce ao Globo D; o Segundo Reino Elemental começa sua jornada ascendente no Globo E; e o Terceiro Reino Elemental alcança o Globo F. Quando a classe de Mônadas pertencentes ao Reino Animal conclui seus sete estágios de desenvolvimento no Globo A, a legião monádica deixa seus *Śishtas* no primeiro globo para começar suas fases evolucionários no Globo B, e a sétima classe na Escada da Vida entra no Globo A. Esta é a legião de Mônadas humanas emergindo de seu período *pralaico* interplanetário. O circuito rítmico continua com o advento das Mônadas do Reino Animal no Globo B; o Reino Vegetal transfere suas energias vitais ao Globo C; o Reino Mineral desce ao Globo D; o Primeiro Reino Elemental sobe para o Globo E; o Segundo Reino Elemental alcança o Globo F; e o terceiro Reino Elemental chega ao Globo G.

Com a chegada da Onda de Vida Humana ao Globo A (na Primeira Ronda), as Classes de *Dhyāns-Chohans* que precederam todos os reinos inferiores saem de seu estado de inatividade e começam a atuar.

> Eles se tornam então uma Força *ativa*, e se associam aos elementais, ou *entidades* que evoluíram do reino animal puro para desenvolver, pouco a pouco, o tipo pleno da humanidade. Nessa associação eles perdem sua inteligência superior e a espiritualidade da condição de *Devas* para recuperá-las no final do sétimo anel da sétima ronda.[633]
>
> (...)
>
> Então surge o homem no globo A, uma antecipapão etérea do ser compacto que ele está destinado a se tornar em nossa Terra. Desenvolvendo sete raças matrizes com muitas ramificações de sub-raças, ele, como os reinos precedentes, completa seus sete anéis e é, então, transferido sucessivamente para cada um dos globos que estão mais adiante, até o Z. Desde o início o homem tem todos os sete princípios em forma germinal, mas nenhum estava desenvolvido... Em cada uma das rondas ele desenvolve um dos princípios em sua totalidade.[634]

633 *Cartas dos Mahatmas para A.P. Sinnett*, p. 94 [Ed. Teosófica, Vol. I, Carta nº 66, p. 282 (Nota ed.bras)].

634 *Ibid*, pp. 94-5. Com relação ao uso da letra Z para um globo: "Concordamos chamar uma Ronda a passagem de uma Mônada do Globo A ao globo Z (ou G)," *op. cit.*, p. 80 [Editora Teosófica, Vol. I, Carta nº 67, p. 291. (Nota Ed. Bras.)].

É preciso ter em mente que o processo evolucionário para a legião de Mônadas pertencente ao Reino Humano durante a Primeira Ronda é diferente daquele que ocorre nas Rondas posteriores. Observe o seguinte:

> O homem, ou melhor, aquilo que se tornará um homem, passa por todas as formas e reinos durante a primeira Ronda, e por todas as formas humanas durante as duas Rondas seguintes. (I, 159)[635]

Entretanto, as Mônadas pertencentes ao Reino Humano, mesmo durante a Primeira Ronda (e especialmente durante as Rondas seguintes), não são do mesmo grau evolutivo; na realidade,

> As Legiões Monádicas podem ser divididas, *grosso modo*, em três grandes classes:
>
> 1ª) As Mônadas mais desenvolvidas – os Deuses Lunares ou "Espíritos" chamados *Pitris* na Índia – cuja função é passar na primeira Ronda através do ciclo tríplice e completo dos reinos mineral, vegetal e animal, em suas formas mais nebulosas, etéreas e rudimentares, assumindo-as, a fim de assimilar a natureza da Cadeia recentemente formada. Estas Mônadas são as primeiras a alcançar a forma humana (se é que pode existir alguma forma no reino do quase subjetivo) sobre o Globo A, na primeira Ronda. São elas, portanto, que se acham na vanguarda do elemento humano e o representam durante a Segunda e a Terceira Rondas, e que, finalmente, preparam suas sombras no começo da Quarta Ronda para a segunda Classe, ou seja, para as Mônadas que virão em seguida.
>
> 2ª) As Mônadas que são as primeiras a alcançar o estado humano durante três Rondas e meia, tornando-se "homens".
>
> 3ª) Os retardatários, as Mônadas em atraso e que, por impedimentos *kármicos*, não chegarão ao estado humano durante este Ciclo ou Ronda. (I, 174-5)[636]

A afirmativa de que o homem se desenvolveu através de modelos ou tipos dos três reinos inferiores – embora *não* em forma ou substância física, uma vez que o primeiro globo da Primeira Ronda não é um globo material e não produz formas materiais como as que nos são familiares – é confirmada pelo processo pelo qual ainda passa o feto humano em sua vida intrauterina. Isso está claramente indicado em um *Comentário* sobre as *Estâncias de Dzyan*:

> O feto humano reproduz agora em suas transformações todas as formas que a estrutura física do homem assumiu ao longo dos três *Kalpas* (Rondas), durante as tentativas da matéria não inteligente (por ser imperfeita), em seus cegos impulsos para dar revestimento plástico à Mônada. Na era presente o embrião físico é, sucessivamente, uma planta, um réptil e um animal, antes de se tornar definitivamente um homem, capaz de, por sua vez, desenvolver dentro de si mesmo a sua contraparte etérea. (I, 184)[637]

---

635 Vol. I, p. 214, ed. 6 vol.; I, 183, 3ª ed.
636 Vol. I, p. 227, ed. 6 vol.; I, 197, 3ª ed.
637 Vol. I, p. 235, ed. 6 vol.; I, 206, 3ª ed.

De fato, o processo acima descrito se aplica ao homem atual da Quarta Ronda, e não ao homem da Primeira Ronda. Pois

> o "Homem" no Globo A, durante a Primeira Ronda, não é propriamente o homem, senão o seu protótipo, a sua imagem sem dimensões, provinda das regiões astrais. (I, 175)[638]

Quando as sete classes de Mônadas na Escada da Vida — cuja sétima é o Reino Humano — tiverem completado seus sete estágios evolucionários em um globo, deixando ali seus *Śishtas*, o globo entrará em um estágio de dormência. Esse estágio é sempre mencionado como o *Pralaya* inter-Ronda, embora, tecnicamente, o termo *Pralaya* não descreva tal condição, uma vez que o globo não é "dissolvido" (o significado literal da palavra *Pralaya*). De fato, os representantes das Ondas de Vida pertencentes às sete classes de Mônadas (os *Śishtas*) ainda mantêm o globo, embora, em termos evolucionários, não permaneçam em um estado de atividade. O termo "obscurecimento" também tem sido aplicado ao estado do globo, se bem que esta palavra também não transmite a ideia de uma "esfera adormecida", no sentido de que as classes inferiores das Ondas de Vida não estão executando suas atividades evolucionárias sobre o globo.

À medida que o Reino Humano completa seus sete estágios de desenvolvimento em cada um dos globos da Cadeia (em sequência), deixando seus *Śishtas* em cada globo, cada esfera passa para um estágio de dormência. Quando a Onda de Vida Humana conclui o sétimo estágio evolucionário no sétimo globo (Globo G), toda a Cadeia de globo repousa em um estado de dormência. Segue-se então uma inter-Ronda *Nirvānica*, que dura um intervalo igual a um décimo do período de atividade da Ronda anterior.

O processo evolucionário das sete classes de Mônadas é tão ajustado que quando a sétima classe (humana) completa seu sétimo estágio de desenvolvimento no último globo do circuito, *todos* os reinos também terão terminado seus estágios evolucionários no Globo G, quase ao mesmo tempo. Isso se deve às Leis de Aceleração e Retardação, que operam como um suporte, por assim dizer, desde o globo mais inferior ao mais superior da série, atuando como uma aceleração no Arco Descendente e uma retardação no Arco Ascendente. Assim, as classes nos degraus inferiores da Escada da Vida respondem à Lei de Aceleração no Arco Descendente, apressando suas atividades cíclicas. As classes mais desenvolvidas são influenciadas pela Lei de Aceleração nos globos superiores do Arco Ascendente, enquanto os reinos menos desenvolvidos respondem à Lei de Retardação.

> Quando todos os reinos tiverem atingido o globo Z, eles não se movimentarão mais adiante para reentrar no globo A na precedência do homem, mas sob uma lei de retardamento, que opera a partir do ponto central — ou Terra — até Z, e que equilibra um princípio da acelera-

---

638 Vol. I, p. 228, ed. 6 vol.; I, 199, 3ª ed.

> ção no arco descendente – terão recém-terminados a sua evolução respectiva de gêneros e espécies quando o homem atingir o seu mais elevado desenvolvimento no globo Z – nesta ou em qualquer outra ronda. A razão disso está no tempo muito maior requerido por eles para desenvolver as suas infinitas variedades, se os compararmos com o homem; a velocidade relativa de desenvolvimento *nos anéis*, portanto, aumenta naturalmente à medida que avançamos na escala desde o mineral. Mas estas diferentes proporções são ajustadas pelo fato de o homem permanecer mais tempo nas esferas interplanetárias de descanso para sua bem-aventurança ou aflição – de forma que todos os reinos terminem seus trabalhos, simultaneamente, no planeta Z.[639]

Quando se esgotar o tempo da inter-Ronda *Nirvānica*, o Globo A responderá à vibração da vida à medida que as Mônadas recém-chegadas recomeçarem seus períodos de atividade evolucionária. Elas seguem a mesma sequência esboçada na Primeira Ronda, mas com uma diferença nesta Segunda Ronda. Uma vez que as "formas-residuais" foram preservadas pelos *Śishtas*, nem o globo nem os tipos precisam ser remodelados ou restabelecidos. As legiões de Mônadas recém-chegadas tomam as formas remanescentes de seus reinos respectivos e começam a sua série de sete estágios de desenvolvimento em seu Segundo Circuito, ajustando à Segunda Ronda as condições preponderantes para as esferas e Mônadas.

> Começando por considerar as coisas lá pela remotíssima Segunda Ronda vemos que a Evolução já se processa sobre um plano inteiramente diferente. Só na primeira Ronda é que o Homem (celestial) se torna um ser humano no Globo A; (volta a ser) um mineral, uma planta, um animal, no Globo B e no C, etc. O processo muda por completo a partir da Segunda Ronda. (I, 159-60)[640]

Quando as sete classes de Mônadas tiverem executado seu Segundo Circuito de sete estágios de desenvolvimento em cada um dos sete globos da Cadeia, seguindo o processo esboçado na Primeira Ronda, terão completado sua Segundo Ronda, e a segunda inter-Ronda *Nirvānica* terá início.

Sucedendo ao período de dormência da segunda inter-Ronda, o Circuito se prepara para um terceiro momento, desenvolvendo as qualidades da Terceira Ronda para as esferas, assim como para as classes de Mônadas. Pois note-se que, em cada Ronda do Arco Descendente, o ciclo de Rondas se torna cada vez mais material.

Como mencionado na Doutrina das Esferas, o quarto globo da Cadeia é a mais material das esferas. Como melhor explicado na Doutrina das Raças, o quarto estágio principal de desenvolvimento é o mais material das Raças-Raízes. De forma similar, no ciclo das Rondas, a Quarta é a mais material das Rondas. Consequentemente, a Terceira Ronda é mais material que o Segundo Circuito, e os estágios preparatórios para a Quarta Ronda começam a se manifestar na Terceira. Não obstante, devemos

639 *Cartas dos Mahatmas para A.P. Sinnett*, pp. 95-6 [Ed. Teosófica, Vol. I, Carta nº 67, pp. 291-2 (Nota Ed. Bras.)].
640 Vol. I, p. 214, ed. 6 vol.; I,183, 3ª ed.

lembrar que mesmo na Terceira Ronda o aspecto mais material não é equivalente à matéria da Quarta Ronda. Assim, todo os desenvolvimentos evolucionários

> até a Terceira Ronda são sem forma como matéria, e insensível como consciência. (I, 24-7)[641]
> (...)
> Os centros de consciência da Terceira Ronda, destinados a desenvolver-se na humanidade que hoje conhecemos, chegaram à percepção do Terceiro Elemento, a Água. (I, 252)[642]

Foi também durante a Terceira Ronda que o homem passou por um estágio "não racional" de existência (Cf. II, 299).[643] Quanto aos estágios progressivos da consciência humana,

> Na primeira ronda sua consciência em nossa terra é entorpecida, débil e envolta em sombras, algo como a consciência de um bebê. Quando ele atinge a nossa Terra na segunda ronda torna-se, até certo grau, um pouco mais responsável; na terceira ele já se tornou inteiramente responsável. Em cada estágio e em cada ronda o seu desenvolvimento mantém o mesmo ritmo do globo no qual se encontra.[644]

Quando consideramos o estágio evolucionário da Terceira Ronda, é necessário salientar que, assim como na Quarta Ronda todos os animais mamíferos eram tidos como "rejeitos" do tipo mamífero original, representado pelo homem, da mesma forma, na Terceira Ronda, certos tipos surgiram do tipo representado pelo homem na Terceira Ronda.

> As formas de animais terrestres da *Terceira Ronda* se referiam tanto aos tipos descartados pelo Homem da Terceira Ronda quanto essa nova importação na esfera do nosso planeta – o tronco mamífero – se refere à Humanidade da Segunda Raça-Raiz da Quarta Ronda. O processo de desenvolvimento do feto humano sintetiza não apenas as características da vida terrestre da Quarta Ronda, como também as da Terceira Ronda. Toda a gama do tipo é percorrida de modo abreviado. (II, 68-5)[645]
> (...)
> Está certo dizer que o homem deste *Manvantara*, isto é, das três Rondas precedentes, passou por todos os reinos da Natureza: que foi "uma pedra, uma planta, um animal"; mas (a) estas pedras, estas plantas e estes animais eram os protótipos, os espécimes rudimentares dos da Quarta Ronda, e (b) até mesmo os do começo da Quarta Ronda eram as sombras astrais, como dizem os ocultistas, das pedras, plantas e animais de hoje. Além disso, nem as formas, nem as espécies humanas, vegetais e animais eram o que mais tarde vieram a ser. Assim, os protótipos astrais dos seres inferiores do reino animal da Quarta Ronda que precederam os *Chhāyās* dos homens, já eram as envolturas consolidadas, ainda que muito etéreas, das formas ou modelos mais etéreos produzidos ao findar a Terceira Ronda no Globo D. "Pro-

641 Vol. I, p. 292, ed. 6 vol.; I, 267, 3ª ed.
642 Vol. I, p. 297, ed. 6 vol.; I, 273, 3ª ed.
643 Vol. III, p. 300, ed. 6 vol.; II, 313, 3ª ed.
644 *Cartas dos Mahatmas para A.P. Sinnett*, p. 95 [Ed. Teosófica, Vol. I, Carta nº 67, p. 291 (Nota Ed. Bras.)].
645 Vol. IV, pp. 254-5, ed. 6 vol.; II, 723, 3ª ed.

> duzidos com o resíduo da substância material proveniente dos corpos mortos dos homens e (de outros) animais (*extintos*) da Ronda Anterior", ou Terceira Ronda – como diz o *śloka* 28. Portanto, ao passo que os indescritíveis "animais" que antecederam o homem astral em nossa Terra, no início deste ciclo de Vida, eram ainda – por assim dizer – a progênie do Homem da Terceira Ronda, os mamíferos da Ronda atual devem, em grande escala, sua existência também ao homem. (II, 186-7)[646]

Enquanto essas passagens tratam das formas físicas em que as Mônadas se manifestam como vestes, de acordo com os seus respectivos reinos, desta forma demonstrando que o homem (ou melhor, o "Homem Celestial", ou seja, Adão Kadmon, como diz a Cabala, significando o "tipo ideal") é o repositório de todas as formas físicas, há uma razão ainda mais potente para essa atração ou afinidade do homem, revelada nas luminosas palavras de um *Comentário* sobre as *Estâncias de Dzyan*:

> Cada Forma na Terra e cada Ponto (átomo) no Espaço tende, em seus esforços de autoconstrução, a seguir o modelo posto à sua frente, o "Homem Celeste"... A involução e a evolução do átomo e o seu crescimento e desenvolvimento externo e interno têm um só e mesmo objetivo, o Homem, o Homem como a forma física mais elevada e última sobre a Terra; as "Mônadas" em sua totalidade absoluta e em sua condição de desperta – como culminação das encarnações divinas na Terra. (I, 183)[647]

Embora enfatizando o fato de que a Mônada utiliza as vestes da Classe ou Reino ao qual está associada durante este Ciclo de Necessidade, não é demais repetir qual é esta condição:

> ...não há Mônada (*Jīva*) que não seja divina e que, portanto, não tenha sido ou não venha a ser humana no futuro. O último termo (isto é, Mônada humana) ficará sem sentido a menos que a diferença seja bem compreendida. A Mônada é uma gota de água no Oceano sem limites que está além do plano da diferenciação primordial, ou, para ser mais exato, *dentro* desse plano. É *divina* em sua condição superior, e *humana* na inferior (sendo os adjetivos "superior" e "inferior" usados na falta de outros melhores), mas permanece sempre uma Mônada (exceto no estado *nirvānico*) em todas as circunstâncias e sob qualquer forma exterior. Assim como o *Logos* reflete o Universo na Mente Divina, e o Universo Manifestado se reflete em cada uma de suas Mônadas – conforme a expressão de Leibnitz, que assim repete o ensinamento oriental –, também a Mônada, durante o ciclo de suas encarnações, deve refletir-se em todas as *formas-Raízes* de cada reino. Destarte, têm razão os cabalistas quando dizem que "o Homem se converte em uma pedra, em uma planta, em um animal, em um homem, em um espírito e, finalmente, em um Deus", levando a cabo assim o seu ciclo ou circuito, e regressando ao ponto de partida como HOMEM *Celeste*. Por "Homem", porém, deve entender-se a Mônada Divina, e não a Entidade Pensante e muito menos o seu corpo físico. (II, 185-6)[648]

---

646 Vol. III, p. 193, ed. 6 vol.; II, 196-7, 3ª ed.
647 Vol. I, p. 235, ed. 6 vol.; I, 205-6, 3ª ed.
648 Vol. III, p. 192, ed. 6 vol.; II, 196, 3ª ed.

Após concluir o Terceiro Circuito, ao realizar sete estágios de desenvolvimento em cada globo do Arco Ascendente (Globos E, F e G), ocorre a inter-Ronda *Nirvānica*. Tudo estava pronto para o Circuito atual, a Quarta Ronda.

Recapitulemos.

As mais desenvolvidas, as Mônadas Lunares, alcançam o estado humano germinal na Primeira Ronda; passam a seres humanos terrestres, ainda que etéreos, lá para o fim da Terceira Ronda, permanecendo no Globo, durante o período de "obscurecimento", como germes da humanidade futura da Quarta Ronda, e representando assim os precursores do gênero humano ao iniciar-se a Ronda atual, a Quarta. Outras Mônadas só vão alcançar o estado humano nas Rondas Segunda e Terceira ou na primeira metade da Quarta. E, finalmente, as mais atrasadas, ou seja, aquelas que ainda ocupam formas animais após o ponto médio da curva da Quarta Ronda, não chegarão a ser homens durante todo este *Manvantara*. Só irão despontar nas fronteiras da humanidade quando a Sétima Ronda estiver em seu período final, para serem, por sua vez, introduzidas em uma nova Cadeia, depois do *Pralaya*, pelos peregrinos mais antigos, os progenitores da Humanidade, aqueles que foram chamados a Semente da Humanidade (*Śishta*), isto é, os Homens que formarão a vanguarda de todos no final destas Rondas. (I, 182)[649]

Os *Śishta* estavam presentes nos globos do Arco Descendente (Globos A, B e C), esperando as Legiões Monádicas do Reino Humano que prosseguiam em sua descida cíclica nesta Quarta Ronda. Mesmo agora, as "sementes da vida" para a humanidade futura estão prontas, esperando nos globos do Arco Ascendente (Globos E, F e G).

A narrativa sobre as Raças-Raízes da humanidade, conforme descrita na Doutrina das Raças, fornece a história da jornada cíclica apenas em nosso globo (Globo D), esboçando quatro e meio estágios principais de desenvolvimento durante a atual Quarta Ronda.

Antes de passarmos à seção seguinte, um breve esboço descritivo (uma espécie de visão superficial) do Homem durante as Quatro Rondas é possível:

Eis o que rezam os ensinamentos:

(...)

O Homem da Primeira Ronda e da Primeira Raça no Globo D (ver Nota 1), nossa Terra, era um ser etéreo (um *Dhyāni* Lunar, como homem), não inteligente, mas superespiritual, correspondendo, segundo a lei da analogia, ao homem da Primeira Raça da Quarta Ronda.

Nota 1. "O que se pretendia significar era: a primeira "Natureza", o primeiro "corpo", a primeira "mente", no primeiro plano de percepção, no primeiro Globo, na primeira Ronda."

(...)

Ronda II. O homem ainda é gigantesco e etéreo; o seu corpo se torna, porém, mais firme e condensado; é um homem mais físico, ainda menos inteligente que espiritual, porque a evolução da mente é mais lenta e mais difícil que a da estrutura física.

(...)

649 Vol. I, pp. 233-4, ed. 6 vol.; I, 204-5, 3ª ed.

Ronda III. Possui agora um corpo perfeitamente concreto ou compacto; no princípio sua forma é a de um macaco gigante, mais inteligente, ou antes, mais astuto que espiritual. Porque, no arco descendente, chegou a um ponto em que a sua espiritualidade primordial é eclipsada e obscurecida pela mentalidade nascente (ver Nota 2).

Nota 2. "Restaurar: alcançou ele agora o ponto (por analogia, e como na terceira Raça-Raiz da Quarta Ronda) em que sua espiritualidade primordial (a do homem-anjo) é eclipsada e obscurecida pela nascente mentalidade humana – e tereis a versão verdadeira."

(...)

Na segunda metade da Terceira Ronda, sua estatura gigantesca decresce, seu corpo melhora em contextura; torna-se um ser mais racional, embora pareça mais um símio que um *Deva*. (Tudo isto se repete quase exatamente na Terceira Raça-Raiz da Quarta Ronda.)

(...)

Ronda IV. O intelecto tem considerável progresso nesta Ronda. As raças (até então mudas) adquirem a linguagem humana (atual) neste Globo; e, a partir da Quarta Raça, a linguagem se aperfeiçoa e cresce o conhecimento. Neste ponto médio da Quarta Ronda (e da Quarta Raça-Raiz ou Atlante) a humanidade transpõe o ponto axial do ciclo *Manvantárico* menor... o mundo se enriquece com os resultados da atividade intelectual, mas decresce em espiritualidade. (I, 188-9)[650]

(...)

Aí estão as palavras do Instrutor – o texto, as frases e as notas explicativas entre aspas. (I, 189)[651]

Uma nota descritiva com relação à nossa Terra (Globo D) e ao homem durante a *Primeira Ronda* pode ser acrescentada:

Assim como a Terra sólida começou por ser uma esfera de fogo líquido, de poeira ígnea e seu fantasma protoplasmático, também o homem passou por fases análogas. (I, 191)[652]

Ou, talvez, como nas esclarecedoras palavras do *Comentário*:

O Globo era, diz o *Comentário*, incandescente, frio e radiante, como os seus homens e animais etéreos, durante a Primeira Ronda. (I, 252)[653]

Pela lei da analogia, durante a Sétima Ronda, o globo e o homem terão novamente esta condição.

---

650 Vol. I, pp. 239-40, ed. 6 vol.; I, 211-2, 3ª ed.
651 Vol. I, p. 240, ed. 6 vol.; I, 212, 3ª ed.
652 Vol. I, p. 242, ed. 6 vol.; I, 214, 3ª ed.
653 Vol. I, p. 297, ed. 6 vol.; I, 273, 3ª ed.

3. A Relação das Rondas com as Esferas

Assim como a seção anterior trata do *status* das Classes de Mônadas durante suas jornadas cíclicas sobre as esferas da Cadeia planetária, a presente seção tratará do *status* dos globos durante a passagem das Legiões Monádicas através das sete esferas, sendo que a conclusão de um circuito de globos, do primeiro ao último, é chamada de uma Ronda. O significado do termo "*status* dos globos" pode ser explicado através de uma referência ao terceiro postulado que cobre o ensinamento a respeito das esferas. Na citação, "nossa Terra", significa o quarto globo da Cadeia Planetária Terrestre, também chamado de "Globo D".

> A Terra como representante visível dos globos-companheiros, invisíveis e superiores, seus "Senhores" ou "Princípios", deve existir, do mesmo modo que os demais, durante sete Rondas. Nas três primeiras ela se forma e se consolida; na quarta ela alcança estabilidade e sua máxima consistência; nas três últimas, retorna gradualmente à sua primeira forma etérea: espiritualiza-se, por assim dizer. (I, 159)[654]

A princípio, seria bom reafirmarmos a posição das esferas com relação aos planos. Os sete globos da cadeia planetária estão localizados nos quatro Planos Cósmicos inferiores da seguinte maneira:

Globos A e G no Quarto Plano Cósmico
Globos B e F no Quinto Plano Cósmico
Globos C e E no Sexto Plano Cósmico
Globo D (sozinho) no Sétimo Plano Cósmico

O período cíclico de uma Ronda é medido pela passagem das Classes de Mônadas sobre as esferas, e tanto a descida quanto a subida através dos planos coincidem com esse processo. Assim, a passagem de Legiões Monádicas do Quarto para o Sétimo Plano representa a primeira metade do ciclo de uma Ronda e, por isso, é chamado de descida pelo Arco da Matéria (da evolução da matéria – durante a qual o espírito involui) ou Arco Descendente. Desta forma, as Ondas de Vida monádicas concluem metade de uma Ronda, através de sua passagem pelos Globos A, B, C e D. A jornada das Classes de Mônadas na metade seguinte do ciclo da Ronda é feita pela subida do Sétimo Plano Cósmico, através do Sexto e Quinto, retornando ao Quarto Plano, completando assim uma Ronda. A escalada através dos planos é chamada de uma ascensão pelo Arco do Espírito (ou uma evolução do espírito, durante a qual a matéria involui) do Arco Ascendente. As Legiões Monádicas completam todo o ciclo de uma Ronda através de seu movimento circular pelos globos E, F e G.

---

654 Vol. I, p. 213, ed. 6 vol.: I, 183, 3ª ed.

A condição das esferas com relação às Rondas (ou seja, os estágios de desenvolvimento evolucionário progressivo), seguida pelos globos durante as Rondas, está sujeita à mesma lei que governa as Legiões Monádicas – um aumento na materialidade no ponto médio do ciclo de Ronda (Rondas 1, 2, 3 e meio). Retornando para a espiritualidade durante a metade seguinte do ciclo de Rondas (Rondas 4, 5, 6 e 7).

> Cada Ronda (no arco descendente) é apenas uma repetição em uma forma mais concreta da Ronda anterior, como cada globo – até a nossa quarta Esfera, a Terra atual – é uma cópia mais densa e material da esfera que a precede, em sua ordem sucessiva nos três planos superiores. Em seu caminho pelo Arco Ascendente, a evolução se espiritualiza e torna etérea, por assim dizer, a natureza geral das coisas, colocando-as no mesmo nível do plano em que se encontra o globo gêmeo no arco oposto; daí resultando que, ao chegar ao sétimo Globo, em qualquer das Rondas, a natureza de tudo o que evoluciona retorna à condição existente no ponto de partida, com a adição, em cada vez, de um grau novo e superior nos estados de consciência. É claro, portanto, que a chamada "origem do homem" neste planeta, na presente Ronda ou Ciclo de Vida, deve ocupar o mesmo lugar e a mesma ordem – salvo quanto a certos aspectos atinentes às condições de lugar e de tempo – que na Ronda precedente. (I, 252-3)[655]

Uma explicação no tocante ao Arco Descendente. Podemos interpretá-lo de duas maneiras: (1) os estágios progressivos das esferas para baixo, ou no Arco Descendente ou no Arco da Matéria, representando as três primeiras Rondas e meia do ciclo de Sete Rondas; (2) a passagem das Legiões Monádicas através dos Globos no Arco Descendente – globos A, B, C e D. Da mesma forma, "passando ao Arco Ascendente" pode fazer referência a: (1) os estágios de desenvolvimento dos Globos para cima, no Arco do Espírito, durante a outra metade da Quarta Ronda, assim como nas Rondas Cinco, Seis e Sete; (2) a passagem das Ondas de Vida através dos Globos do Arco Ascendente – Globos E, F e G. Os "globos gêmeos" podem se referir a: Globos C e E, Globos B e F, Globos A e G. A "Ronda precedente" é a Terceira Ronda.

As Raças-Raízes seguem a mesma lei, conforme explicado na Doutrina das Raças. Assim, a Primeira Raça-Raiz da humanidade era etérea, cada Raça tornando-se mais e mais material à medida que a jornada cíclica prossegue pelo Arco Descendente. Uma das *Estâncias de Dzyan* fornece a lei – referindo-se especificamente à Terra – de forma simbólica:

> Depois de grandes sofrimentos libertou-se ela (a Terra) de suas Três Peles velhas, vestiu as Sete Peles novas, e permaneceu com a Primeira. (Estância I, *śloka* 4.)

Este *śloka* foi introduzido com as seguintes palavras:

> A Escritura Arcaica ensina que, no início de cada *Kalpa* local, ou Ronda, a Terra volta a nascer; "assim como o *Jīva* humano (a Mônada), ao passar a uma nova matriz, retoma

---

655 Vol. I, p. 278, ed. 6 vol.; I, 253, 3ª ed.

outro corpo, assim também sucede com o *Jīva* da Terra; em cada Ronda ele se reveste de um invólucro mais perfeito e mais sólido, ao surgir uma vez mais da matriz do espaço para a objetividade" (*Comentário*). Semelhante processo é, naturalmente, acompanhado pelas dores do novo nascimento, isto é, as convulsões geológicas. (II, 46)[656]

Em seguida, esta passagem explicativa é fornecida:

Diz-se que a Terra se libertou de "suas *três* Peles velhas", referindo-se isto às três Rondas precedentes, pelas quais já havia passado; sendo a atual a quarta Ronda das sete. No começo de cada Ronda nova, após um período de "obscurecimento", a Terra (como também sucede às seis outras "Terras") se desfaz — ou assim se supõe — de suas velhas peles, tal como a serpente; e por isso é chamada, no *Aitareya-Brāhmana*, a *Sarpa Rājñī*, a "Rainha das Serpentes" e a "mãe de tudo o que se move". As "Sete Peles", com a primeira das quais permanece atualmente, se referem às sete mudanças geológicas que acompanham a evolução das Sete Raças-Raízes da Humanidade e lhes correspondem. (II, 47)[657]

Com cada progressão pelos ciclos de Rondas sobre o Arco da Matéria, cada "pele" da Terra torna-se mais material; com cada Ronda que avança sobre o Arco do Espírito, cada "pele" torna-se mais etérea. Uma curta sentença descreve a condição da "primeira pele" de nossa Terra (Globo D) durante a Primeira Ronda:

O Globo era, diz o *Comentário*, "*incandescente, frio e radiante*, como os seus homens e animais etéreos, durante a Primeira Ronda". (I, 252)[658]

O significado especial desta sucinta sentença é que ela faz referência ao estado da Terra durante a Primeira Ronda, manifestando apenas um Princípio-Elemento. Pois a Filosofia Esotérica sustenta que apenas *um* Princípio-Elemento é produzido para desenvolvimento evolucionário no curso de uma Ronda. A razão para este ensinamento encontra-se em um *Comentário* sobre as *Estâncias de Dzyan*, ao qual acrescentamos os seguintes ensinamentos: (1) a origem dos Princípios-Elementos (*Tattvas*); (2) a origem dos globos manifestados — e a este respeito, todos os seres que possuem formas; (3) a origem das "Vidas" que constroem todas as formas; (4) a origem dos cometas; (5) a origem do sistema planetário setenário — nossa Terra (*Bhūmi*) é mencionada com "suas seis irmãs", ou seja, os Sete Globos da Cadeia Terrestre. Antes da citação seria bom repetir os sete *Tattvas* (Princípios-Elementos), em sânscrito, seguidos de seus equivalentes em português:

1. *Ādi-Tattva* — Princípio-Elemento Original: "O Uno"
2. *Anupādaka-Tattva* — Princípio-Elemento sem Pais ou O Espiritual
3. *Ākāśa-Tattva* — Princípio-Elemento do Éter

656 Vol. III, p. 58, ed. 6 vol.; II, 50, 3ª ed.
657 Vol. III, pp. 58-9, ed. 6 vol.; II, 50, 3ª ed.
658 Vol. I, p. 297, ed. 6 vol.; I, 273, 3ª ed.

4. *Taijasi* ou *Tejas-Tattva*	Princípio-Elemento do Fogo
5. *Vāyu-Tattva*	Princípio-Elemento do Ar
6. *Āpas* ou *Āpas-Tattva*	Princípio-Elemento da Água
7. *Prithivī-Tattva*	Princípio-Elemento da Terra

Na citação, as palavras colocadas entre parênteses (junto com um ponto de interrogação) são os comentários de H.P.B.. Um *crore* equivale a 10 milhões.

> "Os mundos, para o profano", diz o *Comentário*, "estão construídos com os Elementos conhecidos. Segundo o conceito de um *Arhat*, estes Elementos, coletivamente, são uma Vida Divina; distributivamente, no plano das manifestações, são os inumeráveis *crores* de Vidas. O Fogo somente é UM no plano da Realidade Única: no da Existência manifestada e, portanto, ilusória, suas partículas são vidas ígneas, que vivem e existem as expensas das outras vidas que elas consomem. Por isso, são chamadas "os Devoradores"... Cada coisa visível neste Universo é constituída por Vidas semelhantes, desde o homem primordial, divino e consciente, até os agentes inconscientes que elaboram a matéria." ... "Da VIDA UNA, sem forma e incriada, procede o Universo de Vidas. Primeiro, manifestou-se do Abismo (Caos) o Fogo frio e luminoso (luz gasosa?), o qual formou os Coágulos no Espaço (nebulosas irredutíveis, talvez?)... Estes combateram, e um grande calor se desenvolveu nos encontros e colisões, produzindo a rotação. Surgiu então o primeiro Fogo MATERIAL manifestado, as Chamas ardentes, os Vagabundos do Céu (cometas). O calor gera vapor úmido; este forma água sólida (?), e depois névoa seca, em seguida névoa líquida, aquosa, que apaga o luminoso resplendor dos Peregrinos (cometas?), e forma Rodas sólidas e líquidas (Globos de MATÉRIA). *Bhūmi* (a Terra) aparece com seis irmãs. Estas produzem com seu movimento contínuo o fogo inferior, o calor e uma névoa aquosa, que dá lugar ao Terceiro Elemento do Mundo – a ÁGUA; e do sopro de tudo nasce o AR (atmosférico). Estes quatro são as quatro Vidas dos quatro primeiros Períodos (Rondas) do *Manvantara*. Os três últimos seguir-se-ão." (I, 249-50)[659]

Primeiro, quanto ao significado das duas últimas frases: "as quatro Vidas dos quatro primeiros Períodos" refere-se aos quatro Princípios-Elementos a serem desenvolvidos durante as primeiras Quatro Rondas (numerados de 4 a 7 na citação precedente): os Princípios-Elementos do Fogo, Ar, Água e Terra. O *Manvantara* a que se faz referência é o *Manvantara* Planetário, equivalente a um período de atividade de Sete Rondas. "Os três últimos seguir-se-ão" refere-se às três Rondas ainda por serem completadas: Rondas Cinco, Seis e Sete, desenvolvendo os *Tattvas* (Princípios-Elementos) restantes: *Ākāśa-Tattva*, durante a Quinta ronda; *Anupapādaka-Tattva*, durante a Sexta Ronda; e *Ādi-Tattva*, durante a Sétima Ronda. Assim, completa-se o desenvolvimento dos Princípios-Elementos em sua relação com as esferas ou Globos da Cadeia Terrestre. Chamamos a atenção para a seguinte observação, acrescentada como explicação ao *Comentário*:

> O ensinamento geral do *Comentário* é que cada nova Ronda desenvolve um dos Elementos compostos, tais como são hoje conhecidos pela ciência (que rejeita a primitiva nomencla-

659 Vol. I, p. 294-5, ed. 6 vol.; I, 269-70, 3ª ed.

tura, preferindo subdividi-los segundo os seus componentes). Se a Natureza no plano manifestado é um "Eterno vir a ser", então aqueles Elementos têm que ser considerados do mesmo ponto de vista: devem evoluir, progredir e crescer até o fim do *Manvantara*. Assim, a Primeira Ronda não desenvolveu senão um Elemento, uma só Natureza e uma só humanidade, naquilo que se pode chamar um aspecto da Natureza. (I, 250)[660]

Surge uma pergunta com relação ao desenvolvimento dos Princípios-Elementos em conexão com as Rondas, podendo ser colocada da seguinte maneira: por que o Princípio-Elemento do Fogo é desenvolvido durante a Primeira Ronda, quando este é classificado como o quarto Princípio-Elemento?

Primeiramente, devemos ter em mente que os Princípios-Elementos são emanados, assim como os *Lokas* e *Talas*.[661] Dessa forma, o segundo *Tattva* (Princípio-Elemento) é emanado do primeiro – *Ādi-Tattva*; o terceiro Princípio-Elemento, do primeiro e do segundo – *Anupapādaka-Tattva*; o quarto *Tattva*, do primeiro, segundo e terceiro – *Ākāśa-Tattva*. Segundo, a importância dos Arcos Descendentes e Ascendentes em relação aos ciclos de Rondas também deve ser considerada – o ponto mais inferior do Arco Descendente ocorre no meio do ciclo de Rondas, ou seja, durante a Quarta Ronda. O desenvolvimento emanante dos *Tattvas* coincide com o ponto mais inferior do Arco, de forma que o Princípio-Elemento *Prithivī-Tattva* (do ponto de vista de sua emanação descendente) ocorre durante a Quarta Ronda.

Assim sendo, a solução: os globos manifestados também são chamados como os "planos manifestados" (se podemos usar a expressão – em todos os eventos, Planos IV ao VII). Antes da manifestação existe um período preparatório, assim como uma "descida" através dos três planos – nos quais estão situados os globos *arūpa* (globos não manifestados) – durante este período, nos globos *arūpa* ocorre a emanação dos três primeiros *Tattvas*, fazendo surgir o quarto *Tattva* (*Tejas-Tattva*), o Princípio-Elemento do Fogo no quarto plano cósmico.

Também é sugerido que, uma vez que os sete *Tattvas* são o resultado de uma emanação, cada *Tattva* pode ser subdividido em (ou composto de) sete Princípios-Elementos. Da mesma maneira, os Sete Princípios da constituição humana são emanações e cada princípio é subdividido em sete "subprincípios" – conhecidos como os 49 Fogos. Consequentemente, ao final das Sete Rondas de desenvolvimento cíclico os 49 Elementos-Princípios terão se desenvolvido completamente, assim como o pleno desenvolvimento evolucionário dos Sete Princípios do homem – os 49 Fogos.[662]

De volta ao *Comentário*, uma passagem pode ser acrescida para explicar a atividade dos "Devoradores", descritos como as "vidas ígneas, que vivem e existem a

660 Vol. I, p. 295, ed. 6 vol.; I, 270, 3ª ed.
661 Já descrito em "A Lei Setenária", Capítulo VI, seções 2 e 3.
662 Conforme *Cartas dos Mahatmas para A.P. Sinnett*, p. 92: "Cada elemento tem seus sete princípios e cada princípio tem seus sete subprincípios." [Editora Teosófica, Vol. I, Carta nº 67, p. 287. (Nota Ed. Bras.)]

expensas das outras Vidas que elas consomem," uma vez que é através deles que os globos são construídos. A Terra,

> segundo os ensinamentos, foi construída para a *Primeira* Ronda pelos "Devoradores", que desintegram e diferenciam os germes de outras Vidas nos Elementos; e é de supor que o façam de modo semelhante ao dos aeróbios, no estado presente do mundo, quando minam e desorganizam a estrutura química de um organismo, transformando a matéria animal e dando nascimento a substâncias de constituição variável.
>
> (...)
>
> Quando os "Devoradores" (em que os homens de ciência são convidados a ver, com alguma dose de razão, átomos da Névoa de Fogo, ao que nada objetarão os ocultistas); quando os "Devoradores", dizíamos, diferenciam os "Átomos de Fogo", por um processo especial de segmentação, estes últimos se convertem em Germes de Vida, que se aglutinam de acordo com as leis da coesão e da afinidade. Então os Germes de Vida produzem Vidas de outra espécie, que atuam na estrutura de nossos Globos.
>
> (...)
>
> Assim, o Globo na Primeira Ronda tendo sido construído pelas primitivas Vidas de Fogo (isto é, tendo sido formado como esfera), não possuía solidez nem qualidades, salvo um resplendor frio, sem forma, sem cor; somente no final da Primeira Ronda é que veio a desenvolver um Elemento, o qual, de Essência simples, e por assim dizer, inorgânica, se converteu agora, em nossa Ronda, no fogo conhecido por nós em todo o Sistema. A Terra estava em seu primeiro *Rūpa*, cuja essência é o Princípio *Ākhāśico* chamado (I, 258-9)[663]

O completo desenvolvimento do único Princípio-Elemento, é claro, inclui todas as suas fases pelos Arcos Descendente e Ascendente — ou seja, por todos os globos dos planos cósmicos. O desenvolvimento do primeiro Princípio-Elemento, *Tejas-Tattva*, pode ser citado a fim de ilustrar o procedimento realizado por todos os *Tattvas*, um Princípio-Elemento para cada Ronda. Na citação X é igual ao "imutável princípio eterno único".

> Tome como exemplo o fogo. "D — o princípio ígneo original residente em X — é a causa última de toda manifestação fenomênica do fogo em todos os globos da Cadeia. As causas próximas são os agentes ígneos secundários evoluídos que controlam, individualmente, as *sete* descidas do fogo em cada planeta (globo)... D é um composto setenário cujo fragmento mais elevado é espírito puro. Tal como nós o vemos em nosso globo, ele está em sua condição mais material e grosseira, tão embrutecido quanto o homem em seu invólucro físico. No globo imediatamente anterior ao nosso, o fogo era menos grosseiro que aqui: no globo anterior ao nosso, menos ainda. E assim o corpo da chama foi mais e mais espiritual e puro,

---

663 Vol. I, pp. 302-3, ed. 6 vol.; I, 278-9, 3ª ed.
A razão para que este "princípio" não seja mencionado pode ser apreendida por meio da seguinte passagem em *Cartas dos Mahatmas para A.P. Sinnett*, pp. 90-1 [Ed.Teosófica, Vol. I, Carta nº 67, p. 286 (Nota ed.bras.)]: "Existe apenas um elemento e é impossível compreender nosso sistema antes que sua correta concepção esteja firmemente fixada na mente... Este elemento é, então, para falar metafisicamente — único substrato ou causa permanente de todas as manifestações do Universo fenomênico. Os antigos falavam dos cinco elementos cognoscíveis, éter, ar, água, fogo, terra, e do único elemento incognoscível (para os não iniciados), o sexto princípio do Universo — chame-o de *Purusha Śakti*, enquanto que falar sobre o sétimo fora do santuário pode ser punido com a morte.

menos e menos grosseiro e material, em cada planeta (globo) antecedente. No primeiro de todos na Cadeia *manvantárica*, ele surgiu como um brilho objetivo quase puro — o *Mahā Buddhi*, o sexto princípio da luz eterna. Como o nosso globo está no fundo do arco, onde a matéria se mostra em sua forma mais grosseira junto ao espírito —, quando o elemento do fogo se manifestar no globo seguinte ao nosso, no arco ascendente, será menos denso do que o vemos. A sua qualidade espiritual será idêntica àquela que o fogo possuía no globo precedente ao nosso, na escala descendente; o segundo globo da escala ascendente corresponderá em qualidade ao segundo globo anterior ao nosso na escala descendente, e assim por diante. Em cada globo da Cadeia há sete manifestações de fogo, das quais a primeira é comparável em qualidade espiritual com a última manifestação do planeta imediatamene anterior (globo); o processo se reverte, como você deduzirá, com o arco oposto. As miríades de manifestações específicas desses seis elementos universais são, por sua vez, apenas as derivações, ramos ou ramificações da única e singular "Árvore da Vida" primordial.[664]

A Segunda Ronda desenvolve o quinto Princípio-Elemento, *Vāyu-Tattva*, conhecido como o Elemento Ar. É chamado de segundo Elemento por ter sido o segundo *tattva* a ser desenvolvido. Entretanto, assim como o Princípio-Elemento do Fogo, aquilo que foi desenvolvido na Segunda Ronda não é o Elemento Ar conforme o conhecemos hoje. Isto está claro na citação:

A *Segunda* Ronda traz a manifestação do segundo Elemento — o AR que asseguraria vida contínua a quem o usasse em estado de pureza. Na Europa somente dois ocultistas o descobriram e dele fizeram, e mesmo parcialmente, uma aplicação prática, embora sua composição sempre fosse conhecida entre os mais altos Iniciados orientais. O ozônio dos químicos modernos é veneno, se comparado com o verdadeiro Dissolvente Universal; e deste nunca se poderia cogitar, se não existisse na Natureza. "A partir da Segunda Ronda, a Terra — até então um feto na matriz do Espaço — principiou sua existência real; ela já havia desenvolvido a Vida individual senciente, seu segundo Princípio. O segundo (Princípio) corresponde ao sexto; o segundo é Vida contínua; o outro, a Vida Temporal". (*Comentário*) (I, 260)[665]

A Terceira Ronda traz a manifestação o sexto tattva, *Apas-Tattva*, conhecido como o Elemento Água.

A sucessão dos aspectos primários da Natureza, a que está ligada a sucessão das diferentes Rondas, tem relação, repetimos, com o desenvolvimento dos Elementos (em sentido oculto): Fogo, Ar, Água, Terra. Estamos ainda na Quarta Ronda, e o nosso catálogo não vai além deste ponto. Os centros de consciência da Terceira Ronda, destinados a desenvolver-se na humanidade que hoje conhecemos, chegaram à percepção do Terceiro Elemento, a Água. (I, 252-3)[666]

A nossa Quarta Ronda atual está desenvolvendo o sétimo *tattva* a ser emanado, *Prithivī-Tattva*, o Princípio-Elemento da Terra. Desta forma,

---

664 *Cartas dos Mahatmas para A.P. Sinnett*, p. 92 [Ed. Teosófica, Vol. I, Carta nº 67, pp. 287-8 (Nota Ed. Bras.)].
665 Vol. I, pp. 303-4, ed. 6 vol.; I, 280, 3ª ed.
666 Vol. I, pp. 296-7, ed. 6 vol.; I, 272-3, 3ª ed.

a Quarta (Ronda) transformou o fluido gasoso e a forma plástica do nosso Globo na esfera material grosseira, revestida de uma crosta dura, em que hoje vivemos. "*Bhūmi*" havia adquirido seu *quarto* princípio. (I, 260)[667]

É necessário enfatizar, novamente, que a Terra (Globo D) estava em diferentes estados físicos durante cada uma das Rondas. Mesmo nos primeiros tempos da Quarta Ronda o nosso globo era ainda mais etéreo que físico. Isto fica claro ao tratarmos do assunto das características e tipos pertencentes à Terceira Ronda, chamados de "protótipos astrais", que são transferidos para a atual, a Quarta Ronda.

Ensina o Ocultismo: "Os protótipos astrais dos reinos mineral, do vegetal e do animal, até o homem, consumiram esse tempo (300 milhões de anos) em sua evolução, refazendo-se com os materiais abandonados da Ronda precedente, materiais que, sendo muito densos e físicos em seu próprio ciclo, eram relativamente etéreos se comparados com a materialidade da metade de nossa Ronda. Ao fim desses 300 milhões de anos, a Natureza em sua marcha para o físico e material, no arco descendente, principia com a humanidade em seu trabalho para baixo, endurecendo ou materializando as formas à medida que avança. Assim, os fósseis encontrados nas camadas geológicas, a que se deve atribuir uma antiguidade não de dezoito milhões, mas de muitas centenas de milhões de anos, pertencem na realidade às formas da Ronda precedente, as quais, quando viviam, eram muito mais etéreas que físicas, *segundo o que hoje conhecemos por físico*. Se os percebemos e exumamos como formas tangíveis, isso se deve ao processo de materialização ou cristalização a que nos temos referido, e que ocorreu posteriormente, no início da Quarta Ronda, alcançando o seu máximo após o aparecimento do homem e prosseguindo paralelamente à evolução física deste último. Basta isso para mostrar que o grau de materialidade da Terra varia *pari passu* com o de seus habitantes. Desse modo, encontra o homem hoje, como fósseis tangíveis, o que, outrora, foram (para seus sentidos atuais) formas etéreas dos reinos inferiores". (II, 68)[668]

As palavras do *Comentário* descrevem as condições da Terra antes da Quarta Ronda, de fato, voltando a um período de 120 milhões de anos. Antes dessa época, a Terra tornou-se fria e dura, embora em um grau físico diferente de seu estado atual.

Durante os primeiros sete *crores* do *Kalpa* (os primeiros 70.000.000 de anos), a Terra e os seus dois Reinos (mineral e vegetal), tendo um já completado seu sétimo círculo, e o outro estando ainda incipiente, são luminosos e semi-etéreos, frios, sem vida e translúcidos. No undécimo *crore*, a Mãe (Terra) se torna opaca; e no décimo quarto se produzem as angústias da adolescência. Estas convulsões da Natureza (mudanças geológicas) duram até o seu vigésimo *crore*, sem interrupção, passando depois a periódicas, e separadas por longos intervalos.

(...)

A última mudança ocorreu há cerca de doze *crores* (120.000.000 de anos), mas a Terra, com tudo o que tinha em sua superfície, havia se esfriado, endurecido, adquirindo estabilidade desde anteriores épocas. (*Comentário*, xxii). (II, 312)[669]

---

667 Vol. I, p. 304, ed. 6 vol.; I, 280, 3ª ed.

668 Vol. III, p. 78, ed. 6 vol.; II, 72, 3ª ed.

669 Vol. III, p. 312-3, ed 6 vol.; II, 326, 3ª ed.

Este processo de mudança no aspecto físico da Terra, assim como do homem e outros reinos da Natureza, prossegue de forma constante durante o desenvolvimento evolucionário das Rondas. Não é demais repetir. Em se tratando do tema principal desta seção, outra citação pode ajudar a realçar esse ponto. Também fornece uma espécie de previsão do que ocorrerá nos últimos estágios desta Ronda, assim como se refere ao desenvolvimento do próximo Princípio-Elemento, *Ākāśa-Tattva*, durante a próxima Ronda — a Quinta.

> Os elementos, sejam simples ou compostos, não podem ter permanecido sempre os mesmos desde o começo da evolução de nossa Cadeia. No Universo todas as coisas progridem constantemente durante o Grande Ciclo; e nos ciclos menores passam sem cessar por fases ascendentes e descendentes. A Natureza jamais permanece estacionária durante o *Manvantara*; não se limita a ser, mas está continuamente *vindo a ser*. As vidas mineral, vegetal e animal estão sempre adaptando seus organismos aos Elementos predominantes então reinantes; e por isso *aqueles* Elementos eram então apropriados para ela, como o são agora para a vida da humanidade presente. Só no decorrer da próxima Ronda — a Quinta — é que o quinto Elemento, o Éter, o corpo grosseiro do *Ākāśa* (se assim podemos qualificá-lo), tornando-se um fato familiar da Natureza para todos os homens, como o ar atualmente, deixará de ser tão hipotético no presente, e também um "agente" de tantas coisas. E somente durante aquela Ronda, os sentidos mais elevados, cujo crescimento e desenvolvimento servem ao *Ākāśa*, serão suscetíveis de completa expansão. Na Ronda atual, conforme já tivemos oportunidade de dizer, e quando chegar o momento adequado, é possível que o mundo venha a familiarizar-se com a caracterísitca *parcial* da matéria — permeabilidade — que deve ser desenvolvida concomitantemente com o sexto sentido, podendo ser esperada no período apropriado nessa Ronda. Mas, como o Elemento seguinte a ser acrescentado aos nossos recursos durante a próxima Ronda, a *permeabilidade* se tornará uma característica tão manifesta da matéria que as formas mais densas desta Ronda hão de parecer, às percepções do homem, como um simples obstáculo comparável a um nevoeiro espesso dos nossos tempos. (I, 257-8)[670]

A Sexta Ronda desenvolverá outro Princípio-Elemento, *Anupapādaka Tattva*, o Elemento Espiritual, com mudanças ainda maiores tanto no globo quanto no homem. Finalmente, a Sétima Ronda trará o *Ādi-Tattva*, o Princípio-Elemento Primordial.

> Só no fim do *Manvantara*, depois da Sétima Ronda, é que a Terra (ao contrário do homem) alcançará sua verdadeira e definitiva forma — o seu corpo-concha. (I, 260)[671]

E, concluindo, antes que a Terra atinja a Sétima Ronda,

> sua mãe, a Lua, ter-se-á dissolvido no ar sutil, como sucederá ou não, conforme o caso, com as "Luas" dos demais planetas. (I, 155-6)[672]

---

670 Vol. I, pp. 301-2, ed. 6 vol.; I, 278, 3ª ed.
671 Vol. I, p. 304, ed. 6 vol.; I, 280, 3ª ed.
672 Vol. I, p. 210, ed. 6 vol.; I, 179-80, 3ª ed.

4. A Relação das Rondas com os Vigilantes

"Vigilante" é um dos termos místicos da Sabedoria Antiga, e transmite a ideia de uma proteção por parte de um Ser Superior. Entretanto, esse termo possui um caráter geral, a menos que um campo de supervisão específico seja designado. Seja como for, um Vigilante significa um Ser altamente desenvolvido que atua mais como o lado inteligente de um sistema do que como sua forma – muito embora seja geralmente visto como seu lado "criativo", o que realmente é. Usando uma analogia familiar a todos: no campo da construção, o lado inteligente é representado pelo arquiteto, que desenha e projeta as plantas do edifício. Ele deixa o trabalho efetivo para os pedreiros, carpinteiros e outros trabalhadores que colocam o projeto em andamento. Com materiais de todos os tipos, ou trabalhadores, ou "Construtores", tornam o plano visível, produzindo a forma pretendida.

De fato, os Vigilantes estão em total acordo com o Plano Divino. Uma de suas funções é a de auxiliar aqueles que se encontram nos degraus inferiores da Escada da Vida, para que esses, também, trabalhem em consonância com o Plano Divino. Conforme expresso por um *śloka* das *Estâncias de Dzyan*:

> Então os Construtores, usando sua primeira Vestimenta, descem à radiante Terra, e reinam sobre os homens – que são eles mesmos. (Estância VII, *śloka* 7)
>
> (...)
>
> Os "Vigilantes" reinam sobre os homens durante todo o período do *Satya Yuga* e dos *Yugas* menores, até o início da Terceira Raça-Raiz; e são sucedidos pelos Patriarcas, os Heróis e os *Manes*, *Dhyānis* encarnados de uma ordem inferior... E a Doutrina (Secreta) diz que os *Dhyāni-Buddhas* dos dois Grupos superiores – a saber, os Vigilantes e os Arquitetos – deram reis e chefes divinos às múltiplas e diferentes Raças. Os últimos destes governantes ensinaram à humanidade suas artes e ciências, e os primeiros revelaram às Mônadas encarnadas, que acabavam de deixar seus veículos nos Reinos Inferiores – e que, portanto, haviam perdido toda lembrança de sua origem divina – as grandes verdades espirituais dos mundos transcendentais.
>
> (...)
>
> Desse modo, como diz a *Estância*, "descem os Vigilantes sobre a radiante Terra, e reinam sobre os homens, *que são eles mesmos*". Os Reis concluíram, nas Rondas precedentes, o seu ciclo na Terra e em outros Mundos. Nos *Manvantaras* futuros eles serão guindados a Sistemas superiores ao nosso Mundo planetário; e o seu lugar será ocupado pelos Eleitos de nossa humanidade, os Precursores no difícil e árduo caminho do Progresso. (I, 266-7)[673]

Termos equivalentes a Vigilantes são: Reitores, Senhores da Existência, Sete Senhores Sublimes, *Lhas* e *Dhyānis* (como nas *Estâncias de Dzyan*), *Manus* (na literatura hindu) e *Dhyāni-Buddhas* (no Budismo do Norte). As palavras do *Comentário* chamam a atenção para essa similaridade no uso dos termos, ao mesmo tempo em que reforçam a função desses Seres, referindo-se a eles como Inteligências Iluminadoras.

---

673 Vol. I, pp. 309-10, ed. 6 vol.; I, 287-8, 3ª ed.

> Assim, pois, não há mais que um *Upādhi* (Base) Absoluto, no sentido espiritual; nele e sobre ele são construídos, para fins *manvantáricos*, os incontáveis centros básicos em que se processam as evoluções individuais cíclicas e universais durante o período ativo.

As palavras "centros básicos" equivalem, no parágrafo a seguir, a Esferas de Existência, centros de vida ou, ainda, centros do Ser. "O período ativo" equivale a um *Manvantara*. O *Comentário* prossegue:

> As Inteligências Iluminadoras, que animam os diversos centros do Ser, são chamadas indistintamente, pelos homens que moram além do Grande Alcance (isto é, o Hindustão) de *Manus, Rishis, Pitris, Prajapātis*, etc.; e, pelos que habitam o lado de cá, *Dhyāni-Buddhas, Chohans, Melhas* (Deuses do Fogo), *Bodhisattvas* e outros nomes. Os verdadeiramente ignorantes as chamam de Deuses; os profanos instruídos, o único Deus; e os sábios, os Iniciados, veneram nelas tão somente as manifestações *manvantáricas* de AQUILO, a cujo respeito nem os nossos Criadores (os *Dhyān-Chohans*) nem as suas criaturas podem jamais discutir ou saber coisa alguma. O ABSOLUTO não se define, e nenhum mortal ou imortal jamais o viu nem compreendeu durante os períodos de Existência. O mutável não pode conhecer o Imutável, nem o que vive pode perceber a Vida Absoluta. (II, 34)[674]

Tecnicamente, um *Dhyāni-Buddha*, ou Vigilante, governa sobre uma Ronda; um *Dhyāni-Bodhisattva* (também um Vigilante) vela por uma Raça e é auxiliado por dois *Mānushya-Buddhas*.

> No Sistema Esotérico os *Dhyānis* velam sucessivamente sobre uma das Rondas e sobre as grandes Raças-Raízes de nossa Cadeia Planetária. Ensina-se, por outro lado, que eles enviam seus *Bodhisattvas* à Terra, como representantes humanos dos *Dhyāni-Buddhas* durante cada Ronda e cada Raça. Das "Sete Verdades" e Revelações, ou melhor, segredos revelados, só quatro nos foram dados a conhecer, pois estamos ainda na Quarta Ronda, e por isso não teve o mundo, até agora, senão quatro *Buddhas*...
>
> (...)
>
> Até hoje "existem somente Quatro Verdades e Quatro *Vedas*" — dizem os hindus e os budistas. Foi por uma razão semelhante que Irineu insistiu na necessidade de Quatro Evangelhos. Mas, como cada nova Raça-Raiz, no início de uma Ronda, deve ter a sua revelação e os seus reveladores, a próxima Ronda trará consigo a Quinta, a subsequente a Sexta, e assim por diante. (I, 42)[675]

No esquema brâmane, conforme está nos *Purānas* e nas Leis de *Manu*, tanto as Raças quanto as Rondas estão sob a orientação de *Manus*. Portanto, o termo não é específico, especialmente quando está dito que cada *Manu* "cria" 7 x 7 *Manus*. Neste caso, os *Manus* se referem às Raças, e podem ser explicados da seguinte maneira: cada *Manu* de Ronda "emana seu *chhāyā*" — envia um representante — para um globo (um *Dhyāni-Bodhisattva*), que, por sua vez, emana sete *Manus* para cada Raça, e sete *Manus* para cada sub-raça — 49 *Manus*.

---

674 Vol. III, pp. 46-7, ed. 6 vol.; II, 37, 3ª ed.
675 Vol. I, pp. 114-5, ed. 6 vol.; I, 73-4, 3ª ed.

Além disso, os *Manus* são descritos como zelando pelas Rondas. É dito que o atual "Vigilante", *Vaivasvata*, é o sétimo *Manu* (embora a Ronda atual seja a Quarta). A aparente confusão com relação ao sétimo *Manu* é, entretanto, fácil de ser explicada, como podemos ver pelas escrituras. No lugar de apenas sete *Manus* de Ronda, quatorze estão enumerados: sete são chamados de *Manus*-Raízes, sete são os *Manus*-Sementes. No começo de uma Ronda, no primeiro globo de uma Cadeia (Globo A), surge o *Manu*-Raiz; depois, ao final da Ronda, no último globo da Cadeia (Globo G), o *Manu*-Semente aparece. Assim, o primeiro *Manu*, o *Manu*-Raiz, representa o *Manu* que vela sobre as Ondas de Vida durante seu período de atividade nos sete globos (ou seja, enquanto estão executando seus sete estágios de desenvolvimento em cada globo durante um ciclo de Rondas). Depois, o *Manu* de encerramento, o *Manu*-Semente, assume a vigilância, reinando sobre os *Śishtas* que permanecem em cada um dos sete globos da Cadeia durante o período de dormência (repouso) entre as Rondas. Na realidade, é apenas *um* Vigilante representado por *dois* aspectos: o estado de atividade e o estado de dormência. É uma ideia similar a do aspecto dual dos *loka-talas*. O *loka* representa o lado espírito, e o *tala* o lado matéria: os dois lados de *uma* mesma moeda.

Vaivasvata é considerado o sétimo *Manu*, presidindo a atual Ronda como o *Manu*-Raiz, porque três Rondas já foram completadas, com um *Manu*-Raiz e um *Manu*-Semente para cada. A Quarta Ronda ainda está em processo de desenvolvimento.

Os nomes dos quatorze *Manus* estão enumerados nos *Purānas*. Numerando um *Manu*-Raiz e um *Manu*-Semente para cada Ronda, veremos que os dois aspectos de um *Manu* (isto é, velando por um período de atividade e um período de dormência) governam os sete períodos de Rondas.

Svāyambhuva	no Globo A:	1º *Manu*-Raiz	RONDA 1
Svārochi (ou *Svārochisha*)	no Globo G:	1º *Manu*-Semente	
Auttami	no Globo A:	2º *Manu*-Raiz	RONDA 2
Tāmasa	no Globo G:	2º *Manu*-Semente	
Raivata	no Globo A:	3º *Manu*-Raiz	RONDA 3
Chākshusha	no Globo G:	3º *Manu*-Semente	
Vaivvasvata	no Globo A:	4º *Manu*-Raiz	RONDA 4
Sāvarna	no Globo G:	4º *Manu*-Semente	
Daksha Sāvarna	no Globo A:	5º *Manu*-Raiz	RONDA 5
Brahmā Sāvarna	no Globo G:	5º *Manu*-Semente	
Dharma Sāvarna	no Globo A:	6º *Manu*-Raiz	RONDA 6
Rudra Sāvarna	no Globo G:	6º *Manu*-Semente	
Rauchya	no Globo A:	7º *Manu*-Raiz	RONDA 7
Bhautya	no Globo G:	7º *Manu*-Semente	

5. A Relação das Rondas com os Estados Pós-Morte

Deve ter ficado claro que a Doutrina das Rondas trata de períodos de atividade cíclica que cobrem muitos milhões de anos. À primeira vista, portanto, parece incompatível com o principal tema a ser considerado, que podemos chamar de um estado (ou condição) "individualizado", uma vez que é isto que o estado pós-morte é para *uma* parte da "caracterização" do homem. Entretanto, embora individualizado para uma parte, sua esfera de alcance é cósmica para outra porção do homem. Além do mais, devemos observar de passagem que, a não ser que as Doutrinas das Rondas e das Raças sejam totalmente compreendidas – não como uma busca intelectual, mas como algo pelo que se viver, ou, ainda melhor, a ser incorporado à fibra do próprio indivíduo, por assim dizer – então tanto o estado pós-morte quanto a fase de existência na Terra serão apenas individuais. Pois se o conhecimento dos ciclos de Rondas estiver ausente, parecerá que o homem está indo "contra a corrente" da atividade da Ronda, lutando para seu próprio benefício, ao invés de trabalhar em harmonia com os poderosos ritmos pulsantes que na realidade mantêm toda a vida circulando pelo Ciclo de Necessidade.

Assim é justificado acrescentar que o primeiro *Nidāna* (o primeiro laço que aprisiona o homem à vida terrestre) é, na verdade, o responsável por tanta dor no mundo – *Avidyā*, o não conhecimento do Plano Divino.

Parece pouco necessário afirmar que a Doutrina das Rondas baseia seus ensinamentos na Doutrina da Constante Renovação. Apesar disso, não é demais repetir que é a Mônada que, a fim de completar o Ciclo de Necessidade, se utiliza de veículo após veículo para aparições temporárias sobre o globo no qual a Onda de Vida Humana está atuando. Não obstante, existe um estranho paradoxo: embora seja necessário à Mônada assumir um veículo após o outro para completar o Ciclo de Necessidade, assim continuando pelo ciclo de Rondas, a tomada de tais vestes torna a Mônada incapaz de contatar outras mansões (esferas) de vida com as quais possui estreito relacionamento (esboçado na Doutrina das Esferas), a fim de completar *outras* Rondas. Ela precisa esperar para entrar em um contato mais estreito com outras esferas quando estiver livre do laço que a mantém aprisionada. Esse laço é a fase de existência chamada vida na Terra. A liberdade desse grilhão é obtida em outra fase da existência, conhecida como "morte". Então a Mônada é capaz de continuar suas jornadas cíclicas em outras esferas – primeiro nos outros globos desta Cadeia planetária, depois em outras esferas com as quais esteja relacionada. Dessa forma, outras Rondas têm continuidade durante o estado pós-morte.

Esta é a ideia fundamental subjacente à doutrina de *Gilgoolem*, que pode ser utilizada para explicar a relação das Rondas ao estado pós-morte. Entretanto, embora *Gilgoolem* fosse um ensinamento da Cabala caldeia antiga, ele foi tristemente mal compreendido pelos cabalistas europeus medievais, da mesma forma que a doutrina pitagórica da Metempsicose foi erroneamente interpretada, e não é compreendida por aqueles que se apegam ao significado literal das palavras, sem o conhecimento da intenção comunicada pelas doutrinas.

Primeiramente, as ideias cabalísticas sobre a Metempsicose deveriam ser registradas, e então sintetizadas através do conhecido axioma cabalístico:[676] o sopro torna-se pedra; a pedra converte-se em planta; a planta em animal; o animal em homem; o homem em espírito; e o espírito em um deus. Esta doutrina está intimamente ligada com a doutrina de *Gilgoolem*, e está claro que o objetivo esboçado pelo axioma é alcançado apenas através da reencarnação. *Gilgoolem* é uma palavra hebraica que pode ser traduzida por revoluções ou rodopios, comunicando a ideia cabalística do ciclo de renascimentos. Isso quer dizer que a própria palavra significa as *revoluções* ou *Rondas* que a Mônada deve fazer até atingir seu objetivo — o objetivo recebeu o nome de "Palestina". Entretanto, os cabalistas medievais desenvolveram um conceito bem diferente, de modo algum implícito na Cabala original, transmitindo a noção de que quando os corpos dos judeus são enterrados em terras estranhas, como na *Royal Masonic Encyclopaedia* de Mackenzie,

> contêm um princípio de Alma que não pode obter o repouso, até que por um processo chamado "o torvelinho da Alma" as partículas imortais alcancem de novo o solo sagrado da "Terra Prometida"... Supunha-se que o processo consistia em uma espécie de metempsicose, que fazia a centelha psíquica passar através do pássaro, da fera, do peixe e do minúsculo inseto. (I, 568)[677]

Entretanto, a explicação para esta parte da doutrina de *Gilgoolem* é a mesma aplicada à doutrina pitagórica da Metempsicose: a alma do homem não transmigra para os corpos de animais após a morte, mas

> A alegoria refere-se aos *Átomos do corpo*, cada um dos quais tem de passar através de todas as formas antes de alcançar o estado final, que é o primeiro ponto de partida de cada átomo – seu estado primitivo *laya*. Mas o sentido original do *Gilgoolem*, ou "Revolução das Almas", era a ideia de Almas ou Egos reencarnantes. "Todas as almas vão ao *Gilgoolah*", seguem um processo cíclico ou de revolução, quer dizer, todas passam pela via cíclica do renascimento. Alguns cabalistas julgam que esta doutrina se refere tão somente a uma espécie de purgatório para as almas dos maus. Mas não é assim. (I, 568)[678]

Após a segunda sentença da passagem a seguir, outro autor (Valentino, em seu *Esoteric Treatise on the Doctrine of Gilgul*), que fornece uma outra interpretação à doutrina cabalística, é citado:

> Nenhum filósofo antigo, nem mesmo os cabalistas judeus, dissociou jamais o Espírito da Matéria, e a Matéria do Espírito. Todas as coisas tinham sua origem no Uno, e, procedentes do Uno, a ele deviam voltar finalmente. "A Luz se converte em calor, e se consolida em par-

676 Esse axioma foi explicado no Capítulo V, A Doutrina da Mudança Contínua.

677 Vol. II, p. 292, ed. 6 vol.; I, 621, 3ª ed.

678 Vol. II, p. 292, ed. 6 vol.; I, 621, 3ª ed.

tículas ígneas, as quais, após a ignição, se convertem em partículas frias, duras, redondas e lisas. E a isto se chama a *Alma* aprisionada em seu envoltório de matéria". *Átomos* e *Almas* eram sinônimos na linguagem dos Iniciados. A doutrina das "Almas vertiginosas", *Gilgoolem*, em que tanto acreditaram os sábios judeus, não tinha outra significação esotérica. Os sábios Iniciados judeus nunca pretenderam significar com o nome de Terra Prometida exclusivamente a Palestina; mas assim designavam o próprio *Nirvāna* dos brâmanes e dos sábios budistas — o seio do UNO ETERNO, simbolizado pelo seio de Abraão e, como sucedâneo na Terra, pela Palestina. (I, 568)[679]

É necessária apenas a substituição da palavra *Mônadas* por "Almas" ou "Egos", e acrescentar *nas Esferas*, para se obter a completa explicação da doutrina — ou seja, que o rodopio das Mônadas continua nas esferas durante os estados de pós-morte. Esta interpretação é revelada por outra sentença:

A passagem da Alma-Átomo "pelas sete Câmaras Planetárias" tinha o mesmo significado físico e metafísico. (I, 568)[680]

"Significado físico" é a passagem dos átomos de vida (*Jīvāṇus*) já mencionados através dos sete reinos inferiores da Escada Hierárquica da Vida. Com a morte do corpo, as forças de coesão que mantêm os átomos de vida unidos no molde ou padrão do veículo físico por meio de *Prāna* (a Força Vida), juntamente com o *Linga-Śarīra* (o Corpo Modelo) e o *Sthūla-Śarīra* (o Corpo Físico), sob a supervisão dominante da Mônada, não exercem mais sua influência. Consequentemente, os átomos de vida estão livres para prosseguir suas jornadas, transmigrando (ou seja, passando de um reino a outro) até que sejam atraídos por seus respectivos reinos.

Com relação ao significado metafísico, as "Sete Câmaras Planetárias" fazem referência às chamadas câmaras dentro da Grande Pirâmide: a Câmara de Saturno, a Câmara de Júpiter, a Câmara de Marte, a Câmara de Vênus, a Câmara de Mercúrio, a Câmara Lunar, a Câmara Solar. Quanto à simbologia arquitetônica da Pirâmide,

o ápice se perde no céu azul claro da terra dos faraós e tipifica o ponto primordial perdido no Universo invisível de onde começou a primeira raça dos protótipos espirituais do homem.[681]

Observe a segunte passagem, usando as alterações sugeridas anteriormente:

Desde o momento em que era embalsamada, cada múmia perdia, de certa forma, sua individualidade física; isto simbolizava a raça humana. Calculava-se a melhor posição para que fosse colocada de forma a auxiliar a saída da "alma", e tinha que passar pelas sete câmaras planetárias antes de sua saída através do ápice simbólico. Cada câmara representava, ao mesmo tempo, uma das sete esferas e um dos sete tipos superiores de humanidade psíquico-espiritual, dito encontrarem-se acima da nossa própria humanidade. A cada 3.000 anos a alma,

---

679 Vol. II, p. 291, ed. 6 vol.; I, 620, 3ª ed.
680 Vol. II, p. 292, ed. 6 vol.; I, 621, 3ª ed.
681 *Ísis Sem Véu*, Vol. I, pp. 296-7.

representativa de sua raça, tinha de retornar ao seu ponto original de saída antes de evoluir para uma ainda mais perfeita transformação física e espiritual. Devemos nos aprofundar na abstrusa metafísica do misticismo oriental antes de compreender totalmente a infinitude dos assuntos abrangidos de um só golpe pelo majestoso pensamento de seus expoentes.[682]

6. A Relação das Rondas com os Princípios

Em vista do exposto nas seções anteriores, a relação de Rondas e Princípios abrange o ensinamento — com especial referência ao Reino Humano — de que um dos sete princípios, dos quais o homem é constituído, se desenvolve completamente em uma Ronda. Como esta é a quarta Ronda, o quarto princípio, *Kāma* (o princípio do desejo) está passando por sua fase principal de desenvolvimento.

> Segundo o curso da lei natural, o homem não deve se tornar um Ser Setenário *perfeito* antes da Sétima Raça da Sétima Ronda. Porém, ele encerra em si, em estado latente, todos esses sete Princípios, desde o seu nascimento. Não faz parte da lei da evolução que o *Quinto* Princípio (*Manas*) vá alcançar todo o seu desenvolvimento antes da Quinta Ronda... Mesmo na próxima Sétima Raça, no final desta Quarta Ronda, quando os nossos quatro princípios inferiores estarão totalmente desenvolvidos, o de *Manas* estará apenas proporcionalmente. (II, 167)[683]

Expresso em simbologia mística nas *Estâncias de Dzyan*, o homem é um *Saptaparna* (uma "planta de sete folhas"); um *parna* é revelado em cada Ronda. Uma vez que a palavra *parna* significa folha, podemos dizer que um *parna* equivale a um princípio. Nas sete Rondas, todas as folhas terão sido reveladas.

Outra maneira simbólica de expressar este ensinamento é fornecida no seguinte *Comentário*:

> O Homem necessita de Quatro Chamas e Três Fogos para se tornar um na Terra, e ele requer a essência dos quarenta e nove Fogos para ser perfeito. (II, 57)[684]

Explicando: as Quatro Chamas são representadas pelo quaternário perecível, os quatro princípios inferiores: *Sthūla-Śarīra* (o corpo físico), *Linga-Śarīra* (o corpo modelo), *Prāna* (o princípio vital) e *Kāma* (o princípio do desejo). Os Três Fogos são a tríade imperecível, os três princípios superiores: *Manas* (o princípio mental); *Buddhi* (o princípio discriminador) e *Ātman* (o princípio universal). A "essência dos quarenta e nove fogos" pode ser interpretada como os sete princípios subdivididos em sete: 7 x 7 = 49. Em outras palavras, os "sete dentro dos sete" representam os sete princípios com seus sete aspectos, ou seja, cada um dos sete princípios consiste de sete aspectos: 7 x 7 = 49. Nas palavras do *Comentário*:

---

682 *Ísis Sem Véu*, Vol. I, pp. 297.

683 Vol. III, p. 175, ed. 6 vol.; II, 177, 3ª ed.

684 Vol. III, p. 67, ed. 6 vol.; II, 60, 3ª ed.

> O mesmo igualmente sucede em relação ao homem e a cada "homem" (cada princípio) no homem. (II, 29)[685]

A fim de elucidar o que se pretende significar por "cada homem no homem", o sétimo princípio, *Ātman*, pode ser usado para ilustrar este ponto. Dentro de uma esfera, representando o princípio de *Ātman*, podemos colocar sete esferas, cada uma representando um *aspecto* de *Ātman*. Assim, teremos:

O aspecto *Sthūla-Śarīra* de *Ātman*
O aspecto *Linga-Śarīra* de *Ātman*
O aspecto *Prāna* de *Ātman*
O aspecto *Kāma* de *Ātman*
O aspecto *Manas* de *Ātman*
O aspecto *Buddhi* de *Ātman*
O aspecto *Ātman* de *Ātman*

Cada princípio pode ser listado da mesma forma, resultando nos 49 fogos.

REPRESENTAÇÃO GRÁFICA DAS RONDAS

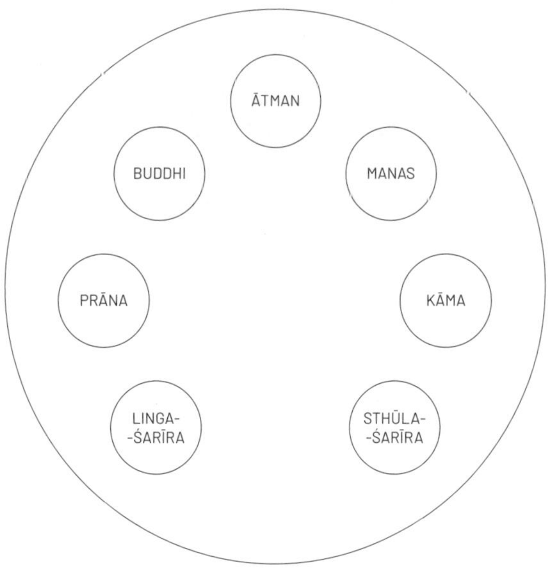

---

685 Vol. III, p. 42, ed. 6 vol.; II, 32, 3ª ed.

REPRESENTAÇÃO GRÁFICA DE "CADA 'HOMEM' NO HOMEM"

Dentro da esfera maior, que representa *Ātman* – o "Homem Divino" – estão colocados sete globos menores. Cada globo representa um dos sete princípios do homem. Isto indica que existem sete princípios dentro *de cada um* dos sete princípios. O diagrama *completo* deveria mostrar cada um dos sete princípios como uma esfera grande, contendo sete globos dentro de cada uma delas: "Cada 'homem' no homem." Em sua totalidade, representam os 49 Fogos.

Uma explicação adicional: embora *Ātman* seja considerado o sétimo e último princípio a ser completamente desenvolvido, é também o princípio original, do ponto de vista de suas emanações. Isso quer dizer que os sete princípios são emanados, ou desdobrados, por este princípio universal, da mesma forma que os sete Princípios-Elementos foram descritos como tendo emanado do Princípio-Elemento original, *Ādi-Tattva*. De forma similar, o Universo emana ou resulta de seu Ponto Central originador – seu *Ātman* ou *Paramātman*.

Já foi afirmado repetidas vezes que *Ātman* não pode atuar ou se manifestar no Plano Físico, mas precisa tornar sua presença aparente através de seu *upādhi*, que é o Princípio *Bhúddico*. *Upādhi* é geralmente traduzido por "veículo", mas também pode ser traduzido como "substituto", uma vez que o significado literal da palavra é "aquilo que fica do lugar de", assim um "véu", ou "véu do espírito", que *Ātman* emite para poder brilhar através de sua emanação. Entretanto, mesmo *Buddhi* é incapaz de se manifestar ou atuar no plano físico sem seu *upādhi*, *Manas*, que é emitido por *Ātma-Buddhi*. De *Ātma-Buddhi-Manas*, *Kāma* é emanado; *Ātma-Buddhi-Manas-Kāma* emana *Prāna*; de *Ātma-Buddhi-Manas-Kāma-Prāna* revela-se *Linga-Śarīra*; e, por último, de *Ātma-Buddhi-Manas-Kāma-Prāna-Linga-Śarīra*, *Sthūla-Śarīra* é emanado. Por força dessa emanação "descendente", deve ficar claro que cada princípio faz parte não apenas de seu princípio emanante próximo, mas de toda a série de princípios. No que tange ao desenvolvimento evolucionário de um princípio em uma Ronda,

> é simplesmente isto: cada "Ronda" traz consigo um desenvolvimento novo e até mesmo uma mudança completa na constituição física, psíquica, mental e espiritual do homem; fazendo evolucionar todos os princípios em escala sempre ascendente. (I, 162)[686]

Outro diagrama serve para indicar o desenvolvimento de um princípio para cada Ronda, assim como para representar os 49 Fogos. No lado esquerdo estão indicadas as Rondas; no lado direito os Princípios, um para cada Ronda. Os princípios estão colocados em emanação descendente, de forma que *Ātman* está representado em primeiro lugar. As Rondas, entretanto, estão indicadas em ordem ascendente, apontando para o avanço (ou subida) em espiral que é realizada durante o Ciclo de Necessidade. Uma Ronda equivale a uma curva da subida em espiral. Novamente,

686 Vol. I, p. 216, ed. 6 vol.; I, 185, 3ª ed.

os sete princípios estão colocados horizontalmente, cada princípio representado por sete "estrelas" perfiladas em colunas; seis estrelas estão "vazias", a sétima "cheia". A "estrela cheia" em cada coluna serve para mostrar o princípio especial que está sendo desenvolvido durante aquela Ronda.

Uma vez que as Legiões de Mônadas Humanas estão atualmente ocupadas em

	STHŪLA-ŚARĪRA	LINGA-ŚARĪRA	PRĀNA	KĀMA	MANAS	BUDDHI	ĀTMAN	
7ª RONDA	☆	☆	☆	☆	☆	☆	★	*ĀTMAN*
6ª RONDA	☆	☆	☆	☆	☆	★	☆	*BUDDHI*
5ª RONDA	☆	☆	☆	☆	★	☆	☆	*MANAS*
4ª RONDA	☆	☆	☆	★	☆	☆	☆	*KĀMA*
3ª RONDA	☆	☆	★	☆	☆	☆	☆	*PRĀNA*
2ª RONDA	☆	★	☆	☆	☆	☆	☆	*LINGA-ŚARĪRA*
1ª RONDA	★	☆	☆	☆	☆	☆	☆	*STHŪLA-ŚARĪRA*

seguir a espiral ascendente na Quarta Ronda, fica claro que o Quarto Princípio, *Kama*, está passando por seu desenvolvimento proeminente. Já que a humanidade está ocupada com sua quinta fase principal de desenvolvimento — que equivale ao que é chamado de Quinta Raça-Raiz — o aspecto *Manas* do princípio *Kāma* está sendo enfatizado. Durante a Sexta Raça o aspecto *Buddhi* do princípio *Kāma* será desenvolvido. Depois, durante a Sétima Raça, o aspecto *Ātman* de *Kāma* terá seu desenvolvimento preeminente.

Durante a Quinta Ronda o princípio *Manas* será desenvolvido em todos os seus sete aspectos.

No diagrama, as "estrelas vazias" servem para indicar os seis outros aspectos de cada Princípio. As "estrelas cheias" representam o Princípio totalmente desenvolvido naquela Ronda.

Não obstante, uma palavra de cautela com relação ao diagrama é necessária. Um diagrama é útil para ilustrar um ponto específico, mas, ao mesmo tempo, esse tipo de representação pode levar a enganos com relação a outros aspectos do ensinamento. Assim, seria errôneo encarar os 49 Fogos como porções separadas e distintas umas das outras. Todos os 49 Fogos se interpenetram, assim como os sete princípios. Foram separados desta forma apenas com o propósito de estudo.

No caso dos 49 Fogos, retratados nesta forma diagramática, a ilustração serve para chamar a atenção para o fato de que alguns dos Fogos foram "iluminados" ou desenvolvidos, particularmente aqueles que pertencem aos princípios inferiores. Por outro lado, os Fogos dos princípios superiores aguardam seu desenvolvimento em Rondas futuras. De fato, todos os Fogos que pertencem às Rondas superiores se encontram dormentes no presente. No que diz respeito aos princípios superiores, o homem ainda não está iluminado. Todavia, existe a possibilidade de realizar tal iluminação; exemplos aparecem na Terra vez por outra.

> Todas essas inteligências prematuramente desenvolvidas (no plano *espiritual*) em nossa Raça são anormais: são os que chamamos "Seres da Quinta Ronda". (II, 167)[687]

Seres da Quinta Ronda

O que significa "Seres da Quinta Ronda"? O significado técnico quer dizer que o desenvolvimento do quarto princípio, *Kāma*, foi completado em todos os seus sete aspectos. Ou seja, todos os Fogos de *Kāma* foram acesos. Em sequência, o esforço para o desenvolvimento do quinto princípio, *Manas*, é feito até que todos os seus sete aspectos sejam desenvolvidos. Esta será a fase de desenvolvimento a ser cumprida no quinto ciclo durante a subida em espiral neste *Manvantara* planetário. Em outras palavras, *Manas* estará *totalmente* desenvolvido na conclusão da Quinta Ronda.

Uma vez que a humanidade está em seu quarto ciclo da subida espiral, a maioria da raça humana está ocupada em desenvolver as fases da Quarta Ronda. Os Seres da Quarta Ronda são, portanto, predominantes. Aqueles a quem se refere a citação como "inteligências prematuramente desenvolvidas no plano espiritual" são precursores, avançaram rapidamente, são chamados "Seres da Quinta Ronda". Assim, os Seres da Quinta Ronda são exemplos do processo de desenvolvimento do aspecto *superior* do princípio *Manas*.

> Segue-se que homens como Confúcio e Platão, que pertenciam psíquica, mental e espiritualmente a planos mais elevados de evolução, eram em nossa Quarta Ronda o que o homem comum atual virá a ser na Quinta Ronda, quando a humanidade ocupará, na escala da evolução, um grau bem superior àquele em que se acha a nossa humanidade de hoje. (I, 162)[688]

Uma explicação técnica de como ocorreu o desenvolvimento dos Seres da Quinta Ronda está disponível:

> E agora, já que o homem, ao completar seu sétimo anel sobre A, apenas começou o seu primeiro anel em Z, e como A morre quando ele o deixa e vai para B, etc., e como ele deve também permanecer na esfera intercíclica após Z, como faz sempre que está entre dois planetas, até que o impulso anime novamente incite a Cadeia, claramente ninguém pode estar mais do que uma ronda à frente de seus semelhantes.[689]

---

687 Vol. III, p. 175, ed. 6 vol.; II, 177, 3ª ed.

688 Vol. I, p. 216, ed. 6 vol.; I, 185, 3ª ed.

689 *Cartas dos Mahatmas para A.P. Sinnett*, p. 96 [Ed. Teosófica, Vol. I, Carta nº 67, p. 293 (Nota Ed. Bras.)].

"Completa o seu sétimo anel sobre A" significa a conclusão da sétima fase principal de desenvolvimento, ou a "Sétima Raça", sobre o primeiro globo da Cadeia terrestre – Globo A. "Z" refere-se à esfera, ou globo, superior da Cadeia. Note-se que é afirmado que o Globo A *morre*, e não que entra em *Pralaya*. No que diz respeito à onda de vida humana, o Globo A terminou seu ciclo evolucionário *para a Ronda*, e continua sua existência em um estado de dormência (ou "obscurecimento"), até que a onda de vida humana retorne ao Globo A para a nova Ronda de desenvolvimento cíclico. A palavra "etc." após Globo B refere-se à passagem subsequente a um estado de dormência para cada globo da Cadeia (chamados de "planetas" na citação) conforme as Legiões de Mônadas Humanas se movem do Globo B ao C, e depois do Globo C ao D, durante o quarto ciclo de globos, ou Quarta Ronda. A citação continua:

> E somente *Buddha* constitui uma exceção em virtude do *mistério*. Temos homens da quinta ronda entre nós porque estamos na metade final do nosso anel setenário terrestre.[690]

Gautama, o *Buddha*, "é uma exceção" porque ele é classificado como sendo da Sexta Ronda. A frase "na metade final do nosso anel setenário terrestre" pode ser esclarecida da maneira que se segue. Como a Terra possui seus anéis para cumprir, assim como as Legiões de Mônadas têm seus anéis, um "anel da Terra" significa a conclusão de um *Manvantara* planetário para a Terra – um *Manvantara* planetário consiste de sete Rondas. A metade do período de sete Rondas seria, consequentemente, três Rondas e meia. Uma vez que a Onda de Vida Humana está seguindo sua quinta fase principal de desenvolvimento (das sete necessárias) nesta Quarta Ronda, então estamos na última metade de nosso anel setenário sobre a Terra. A citação prossegue chamando atenção para o fato de que, durante o período anterior à metade das sete Rondas, não teria sido possível haver Seres da Quinta Ronda:

> Na primeira metade isto não poderia ter acontecido. As inúmeras miríades de nossa humanidade da quarta ronda que nos ultrapassaram e completaram seus sete anéis em Z tiveram tempo de passar seu período intercíclico e começaram sua nova ronda e trabalho no globo D (o nosso).[691]

O "período intercíclico" se refere ao intervalo que ocorre entre as Rondas, tecnicamente conhecido como os *Sandhyās* e *Sandhyānsas* ("auroras" e "crepúsculos"). O período intercíclico também se refere ao intervalo que acompanha a conclusão das sete Raças sobre um globo e a inauguração de uma Onda de Vida no próximo globo da Cadeia. Outra Citação explica o que é executado pelos precursores da raça humana:

> O esquema com seus detalhes setenários seria incompreensível para o homem se este tivesse o poder, como foi comprovado pelos Adeptos mais elevados, de desenvolver prema-

690 *Cartas dos Mahatmas para A.P. Sinnett*, p. 96 [Ed. Teosófica, Vol. I, Carta nº 67, p. 293 (Nota Ed. Bras.)].
691 *Ibid*, p. 96 [ver nota 690 (Nota Ed. Bras.)].

turamente o 6º e o 7º sentidos – os quais serão atributos naturais de todos nas rondas correspondentes. Nosso Senhor *Buddha* – um homem da sexta ronda – não teria aparecido em nossa época, por maiores que fossem seus méritos acumulados em renascimentos anteriores, se não fosse por um *mistério*... Os indivíduos não podem ultrapassar a humanidade da sua própria ronda em mais do que um grau de separação...[692]

Foi em relação à questão sobre os Seres da Quinta Ronda que a célebre observação a seguir foi feita:

Algumas gotas de chuva não fazem uma monção, *se bem que as pressagiem.* (I, 162)[693]

É por causa da interpenetração dos sete princípios – quer dizer, dos "sete dentro dos sete", formando 49 Fogos – que o homem é capaz de evocar seus princípios superiores, que o desenvolvimento da Ronda revelará no tempo devido. Todavia, existe uma forma de acelerar o processo, que é obtida por meio das iniciações.

O objetivo principal de nossos esforços *e iniciações* é obter essa união enquanto ainda na Terra. Aqueles que tiverem sucesso nada têm a temer durante a quinta, sexta e sétima rondas.[694]

A "união" aqui mencionada é a integração dos "três em um – o sexto". Ou seja, integrando-se o quarto, quinto e sétimo princípios – *Kāma*, *Manas* e *Ātman* – no sexto princípio, *Buddhi*. Pois

Os graus de iniciação de um Adepto marcam os sete estágios nos quais ele descobre o segredo dos sete princípios da Natureza e do homem, e desperta seus poderes adormecidos.[695]

7. Rondas Externas

É preciso admitir que o assunto das Rondas Externas é, para muitos, da natureza de um livro fechado, para usar uma expressão familiar. Isso ocorre especialmente se não for feita uma distinção entre as Rondas Internas e as Rondas Externas. Não obstante, existe um significado preciso aplicável a cada termo. Os Mestres que primeiro apresentaram a Filosofia Esotérica deixaram claro que uma distinção era necessária, conforme indica esta passagem:

Você pode ter certeza que nem M. nem eu nos contradissemos em nossas respectivas afirmações. Ele estava falando da Ronda *interna* – eu, da *externa*.[696]

Onde está a diferença?

---

692 *Cartas dos Mahatmas para A.P. Sinnett*, p. 96 [Ed. Teosófica, Vol. I, Carta nº 67, p. 292 (Nota Ed. Bras.)].
693 Vol. I, p. 216, ed. 6 vol.; I, 185-6, 3ª ed.
694 *Cartas dos Mahatmas para A.P. Sinnett*, p. 78 [Ed. Teosófica, Vol. I, Carta nº 44, p. 206 (Nota Ed. Bras.)].
695 *Cartas dos Mahatmas para A. P. Sinnett*, p. 99 [Ed. Teosófica, Vol. I, Carta nº 67, p. 296 (Nota Ed. Bras.)].
696 *Ibid.*, p. 392 [Ed. Teosófica, Vol. II, Carta nº 113, pp. 229-30 (Nota Ed. Bras.)].

Uma definição foi fornecida para as Rondas Internas, ou seja, a passagem das Hostes Monádicas de um globo a outro *dentro* do circuito de sete globos de uma Cadeia planetária.

Uma elucidação posterior explicou que o circuito de sete globos consiste de duas fases: (1) a circulação sobre o Arco Descendente, consistindo da passagem das Ondas de Vida dos Globos A ao D; (2) a circulação sobre o Arco Ascendente, consistindo da passagem das Legiões Monádicas dos Globos D ao G. Ambas as fases são aspectos das Rondas Internas.

As Rondas Externas podem ser definidas como a passagem das Mônadas de uma Cadeia planetária à outra e além, indicando assim que a circulação é *fora* da Cadeia planetária "Pátria". Uma vez que foi demonstrada a existência de uma relação entre a Mônada e os Sete Planetas Sagrados (a Doutrina das Esferas), a passagem da Mônada de e para os membros deste Sistema seria através do cumprimento das obrigações dessa relação (usando a analogia de uma família para elucidar este ponto), ao mesmo tempo preservando os laços de afeto. Essa jornada cíclica continua durante a vida do *Logos* Solar, ou durante o período de um *Manvantara* Solar.

Na Doutrina das Esferas, na seção intitulada A Doutrina das Jornadas Cíclicas, foi apresentado o ensinamento relativo à transferência da energia vital chamada de Vida-Força Una, de um coração pulsante do sistema aos seus membros. O Sol representa o coração e o cérebro do sistema, enquanto os planetas são suas artérias e veias. Não há necessidade de repetir aqui a doutrina,[697] mas, pela sua importância e suporte ao assunto das Rondas Externas, uma parte do *Comentário* será aqui repetida:

> (xxi) A essência real do (Sol) Oculto é um núcleo da Substância-Mãe. É o Coração e a Matriz de todas as Forças vivas e existentes em nosso Universo Solar. É o Centro de onde se disseminam, em suas jornadas cíclicas, todos os Poderes que põem em ação os Átomos no exercício de suas funções, e o Foco no qual se reúnem de novo em sua Sétima Essência, de onze em onze anos. (I, 290)[698]

Isto demonstra que existe uma pulsação rítmica regular entre os planetas e o Sol: um afluxo ao Sol da energia vital para que ela possa ser revitalizada, bem como uma emanação do Sol desta essência de vida. Isso diz respeito à circulação contínua da Força-Vida representativa das jornadas cíclicas das Rondas Externas, tão básica e fundamental quanto o circuito das Rondas Internas no Ciclo de Necessidade.

A próxima fase da Doutrina das Rondas Externas trata da passagem das próprias Mônadas. Assim como é necessário para a Força-Vida Una do Sistema ser revivificada em sua origem através de um circuito realizado nas Rondas Externas, também é necessário às Mônadas, como centelhas da Chama Vital (usando uma analogia),

697 Sugerimos que toda a seção sobre as Jornadas Cíclicas seja relida neste ponto, a fim de se obter um maior entendimento do propósito desta fase das Rondas Externas.

698 Vol. I, p. 331, ed. 6 vol.; I, 310, 3ª ed.

ser "recarregadas" em sua Fonte original. Conforme apresentado na seção intitulada A Relação das Rondas com os Estados Pós-Morte, sob a doutrina do *Gilgoolem* (o Rodopio das Mônadas), a Mônada "tinha que retornar ao seu ponto de partida original", isto é, retornar à Fonte que a originou, "antes de executar outra evolução", ou seja, antes de retornar a Terra e assumir outra veste – ou, como é dito, renascer novamente na Terra. Também foi demonstrado que a jornada cíclica necessitava de uma passagem através das "Sete Câmaras Planetárias" – as Sete Esferas ou os Sete Planetas Sagrados. Uma passagem será aqui fornecida, indicando as jornadas cíclicas das Rondas Externas. Ela é introduzida pela seguinte sentença:

> A origem Planetária da Mônada, ou Alma, bem como de suas faculdades, foi ensinada pelos gnósticos. (I, 577)[699]

Este aspecto do ensinamento foi amplamente coberto na seção intitulada A Doutrina da Relação das Mônadas com o Sistema.[700] A palavra "faculdades" pode ser interpretada como "princípios", que também foram considerados. Continuando a citação:

> No curso de sua descida para a Terra, e de seu regresso da mesma, cada alma nascida da "Luz Infinita" tinha que passar pelas sete regiões planetárias em ambas as vias. (I, 577)[701]

O termo gnóstico "Luz Infinita" é de fato uma forma excelente de expressar a Fonte de onde a Mônada se origina. O que poderia ser mais majestoso que o esplendor daquela Chama inextinguível que abarca o infinito? Observe a importância das palavras "*ambas as vias*", significando a jornada cíclica da Mônada através dos sete planetas em sua partida da Terra – quando a Mônada se liberta de seus grilhões por aquilo que é denominado de "morte" na Terra. Depois, quando é feita a jornada cíclica de retorno da Luz Infinita, a Mônada passa novamente através dos Sete Planetas Sagrados em seu caminho, para assumir uma nova vestimenta na Terra – nascer de novo, a fim de retomar o Ciclo de Necessidade interrompido quando partiu para as Rondas Externas.

Antes de fornecer os nomes dos Sete Planetas Sagrados conhecidos pelos gnósticos, conforme registrado pelo padre cristão Orígenes,[702] uma sentença chama a atenção para o fato de que o conceito original sobre os Regentes Planetários, ou *Dhyānis*, foi alterado em algumas religiões. O motivo disso está explicado em um parágrafo posterior, que podemos ler antes:

> Como de costume, aquilo que *é*, e *era*, desde a origem, divino, puro e espiritual em sua unidade primitiva, converteu-se – por causa de sua diferenciação através do deformante

699 Vol. II, p. 300, ed. 6 vol.; I, 630, 3ª ed.
700 Capítulo VII, A Doutrina das Esferas.
701 Vol. II, p, 300, ed. 6 vol.; I, 630, 3ª ed.
702 Em seu famoso trabalho *Contra Celsum*, Lv. VI, xxiv, xxxviii.

prisma dos conceitos do homem – em humano e impuro, refletindo a natureza pecadora própria do homem. (I, 577)[703]

Isso não explica as estranhas histórias sobre as más práticas de deuses e deusas, encontradas nas religiões? Retornemos à citação:

Os *Dhyāni* e os *Devas* puros das mais antigas religiões converteram-se, no decorrer do tempo, entre os masdeístas, nos Sete *Devas*, os ministros de *Ahriman*, "cada qual encadeado no seu planeta"; entre os brâmanes, nos *Asuras* e em alguns dos *Rishis*, bons, maus e indiferentes. Entre os gnósticos egípcios, Thoth ou Hermes era o chefe dos Sete, cujos nomes foram mencionados por Orígenes como: *Adonai*, gênio do Sol; *Tao* (Iao), da Lua; *Elói*, de Júpiter; *Sabaoth*, de Marte; *Orai*, de Vênus; *Astaphai*, de Mercúrio; e *Ildabaoth* (Jeová), de Saturno. (I, 577)[704]

***

A influência recíproca das Rondas Externas e Internas à medida que a Mônada realiza sua jornada cíclica é um estudo fascinante. Demonstra o trabalho harmonioso das Leis Divinas em consonância com o Plano Divino. Ilustra o fato de que a Mônada está "em casa" em qualquer recanto do Universo – uma vez que a lei e a ordem prevalecem através do Cosmos.

Também traz à tona a verdade do padrão hierárquico sobre o qual está construído o Universo (tema do Capítulo III). Pois, à medida que o homem prossegue no Ciclo de Necessidade, ele descobre que está constantemente alargando seus horizontes, sempre estendendo o alcance de sua consciência, e começa a atuar em campos mais amplos de existência.

A tarefa atual do homem é aprender a evoluir neste globo, pois esta é a esfera na qual a Onda de Vida Humana está conduzindo seus estágios principais de desenvolvimento – por meio das Sete Raças. Através de sua longa jornada cíclica, o homem já aprendeu a atuar em cada um dos reinos da Escada da Vida que se estende abaixo de sua hierarquia, pois a Mônada subiu os degraus da Escada, um a um.

Conforme as Rondas Internas carregam a Onda de Vida Humana de um globo a outro da Cadeia planetária, o homem aprende, através da experiência em cada globo, como evoluir em cada esfera. Na maior parte, entretanto, a jornada cíclica no Arco Ascendente das Rondas Internas está sendo realizada durante os estados do pós-morte – enquanto a Onda de Vida Humana está conduzindo sua evolução no globo atual, o Globo D – está sendo feita inconscientemente. Esse estado é similar àquele que prevaleceu durante o período em que a raça humana estava passando por seu desenvolvimento durante a Primeira e a Segunda Raça desta Quarta Ronda. Isto quer dizer

703 Vol. II, p. 301, ed. 6 vol.; I, 631, 3ª ed.
704 Vol. II, p. 300-1, ed. 6 vol.; I, 630-1, 3ª ed.

que, uma vez que o princípio *Manas* não estava operando ativamente, o homem não estava conduzindo sua evolução conscientemente, através de esforços autodirigidos; sendo assim, ele existia naquilo que pode ser chamado de estado de inconsciência.

Quando um ser humano aprender a funcionar conscientemente em globos superiores, durante a Quarta Ronda, enquanto as Legiões de Mônadas Humanas estiverem conduzindo sua evolução no Globo D (em outras palavras, funcionando conscientemente enquanto circunda o Arco Ascendente durante os estados pós-morte), este homem terá alcançado a condição de um Ser da Quinta Ronda.

Então, levando o tema à sua conclusão lógica, quando um Ser da Quinta Ronda aprender a atuar, conscientemente, em Rondas Externas, ele estará em seu caminho para atingir a capacidade de atuar na qualidade de um Ser da Sexta Ronda.

CAPÍTULO X

Os Estados Pós-Morte

Foi dito que o Movimento é eterno a despeito de qual seja a fase de manifestação ou não manifestação. Em um sentido, isso se aplica à Essência Monádica (aquela parte do homem unida à imortalidade), pois suas esferas de operação não estão sujeitas à finitude. Esta foi uma das chaves para a compreensão dos estados pós-morte. Outra chave está contida na Lei de Periodicidade; aqueles períodos de atividade que são seguidos por períodos de repouso. São duas Leis Divinas que abarcam o Universo.

A existência é contínua. Pode ser dividida em escala cósmica, em períodos de atividade, representando períodos de manifestação e períodos de repouso, nos quais há a não manifestação. No caso dos seres humanos a existência pode ser dividida em duas fases: (1) o aspecto da vida na Terra; (2) os estados pós-morte. Quanto a isso, uma terceira fase pode ser exemplificada: (3) o estado de sono, embora ele inclua as duas fases, pois, nesse estado, as funções vitais corporais continuam suas operações, embora a "cortina de sono" tenha enrolado o dorminhoco em suas pregas. Assim, associado ao sono está o estado de sonho (*Svapna*), um estado de consciência diferente da vigília (*Jāgrat*). Além disso, existe um terceiro estado de consciência conhecido como *Sushupti*, o estado de sono profundo. Não é parecido nem com o estado de vigília nem com o de sonho. É análogo à existência no estado pós-morte, no qual as partes imortais do homem podem atuar e ser conscientes nos planos superiores ao mundo físico. Entretanto, uma vez que a personalidade está paralisada pelo sono, por assim dizer, não é capaz de registrar qualquer mensagem de sua porção imortal.

Em vez de encarar o assunto da morte como se estivesse encoberto em mistério, fechado por um escuro portal além do qual não se pode olhar, a Filosofia Esotérica lança uma luz brilhante sobre o portal, mostrando que este nos leva para outro estado de existência. Ao mesmo tempo em que a porta da vida terrena se fecha atrás da pessoa que a deixa, ela a conduz a outras Mansões de Vida — pois "a Casa de meu Pai tem muitas moradas".[705] Não há como ter dúvidas quanto ao esclarecimento fornecido, pois nos é assegurado que

705 João, xiv, 2 (as palavras de Jesus falando aos discípulos sobre a morte).

> Os antigos Adeptos resolveram os grandes problemas da Ciência, por mais que o Materialismo de nossos dias se recuse a admitir o fato. Os mistérios da Vida e da Morte *foram* sondados por estes grandes e esclarecidos espíritos da antiguidade; e se os conservaram em segredo e em silêncio foi porque tais problemas formavam parte dos Mistérios Sagrados, que deveriam permanecer incompreensíveis para a grande maioria dos homens daquele tempo, como o são para os homens de hoje. (II, 451)[706]

Aquilo que o Homem Almeja Ser, Ele Será

Existe, portanto, um potente significado com relação aos ensinamentos da Filosofia Esotérica a respeito dos estados pós-morte, que merecem um capítulo para a sua consideração. Um fator importante pode ser expresso em poucas palavras: *aquilo que o homem deseja ser, ele será.*[707] Ao rever a própria vida, o indivíduo está apto a concluir que não é bem assim. Entretanto, isso não altera a verdade da afirmação. A conclusão a que se chega é que, provavelmente, devido ao fato de que *muitas coisas* foram desejadas, uma deve ter neutralizado a outra. Apesar disso, afirmar que não se obteve o que se desejava é equivalente a admitir que algo foi desejado, embora possa não ter sido formulado em um ideal dominante. Entretanto, este é o fator importante: se o ideal de um indivíduo foi ou não realizado durante a vida terrena, o que quer que tenha sido desejado será satisfeito nos estados pós-morte, assim como também será a causa do principal motivo da reencarnação seguinte.

Entretanto, mais profundo que o desejo durante a vida terrena, há um anseio ainda mais insistente, tanto quanto indefinível, algumas vezes alcançando o aspecto de sede de conhecimento; pode ainda tomar a forma do que pode ser chamado de "insatisfação divina", ou busca da verdade, ou questionamento intangível. Origina-se do ser essencial do homem, pois este está unido à Fonte de Existência original. Ela emana da Essência Monádica e penetra todo o ser, esteja ele consciente dessa Radiância ou não. É isso que o impele pelo Ciclo de Necessidade, onde segue suas jornadas cíclicas. Sua viagem é contínua, esteja ele atuando na fase da vida terrena ou passando pelos estados pós-morte. Prosseguir pelo Ciclo de Necessidade conscientemente em ambas as fases de existência – ou seja, durante a vida na Terra assim como durante os estados pós-morte – é um objetivo digno de esforço. O fato de que os ensinamentos da Filosofia Esotérica a respeito dos estados pós-morte possam ser o meio pelo qual se pisa a senda em direção a tal objetivo confere ao assunto suprema importância. É um tema que deveria ser reforçado repetidamente.

---

706 Vol. IV, p. 17, ed. 6 vol.; II, 471, 3ª ed.

707 Existe um conhecido provérbio: "Pois como ele pensa em seu coração, assim é ele." *Provérbios*, xxiii, 7. Um aforismo sânscrito atribuído a *Yāska*, *Nirukta* x, 17, 6, expressa esse pensamento desta forma: *Yadyad rūpam kāmayate devatā tattad devatā bhavati*. Traduzindo: qualquer que seja a forma desejada por um ser divino, nela o ser divino se transforma.

Dois Aforismos Importantes

Dois aforismos expõem claramente o ensinamento sobre os estados pós morte:

> Aquele que não possui percepção interna, ou fé na imortalidade de sua alma, neste homem a alma jamais poderá se tornar *Buddhi-Taijasī*, mas permanecerá simplesmente *Manas*, e para *Manas* somente não há imortalidade possível. Para viver uma vida consciente no mundo que se aproxima, é necessário primeiro acreditar nesta vida durante a existência terrestre. Nestes dois aforismos da Ciência Secreta está construída toda a filosofia sobre a consciência *post-mortem* e a imortalidade da alma. O Ego recebe sempre de acordo com seu merecimento.[708]

A afirmação do segundo aforismo é bem clara: para obter total consciência durante os estados pós-morte é necessário obter esse conhecimento, assim como essa habilidade, durante a vida vivida na Terra. (Um objetivo verdadeiramente valioso!) O primeiro aforismo não é de compreensão tão fácil, uma vez que se apoia no conceito da imortalidade da alma. E o que se entende com a palavra "alma"? A conhecida divisão tripla do homem em Corpo, Alma, Espírito? Então, essa afirmação precisa ser esclarecida. Mais do que tentar uma definição da palavra alma, uma explicação sobre o que apresenta a Filosofia Esotérica tornará o aforismo mais claro. Esta se baseia em um entendimento da constituição setenária do homem — o *Saptaparna*. Expresso na simbologia mística das *Estâncias de Dzyan*:

> Os Três são (ligados entre si em) Um; é o nosso Fio, ó *Lanoo*! o Coração do Homem-Planta, chamado *Saptaparna*. (Estância VII, *śloka* 3)

Os três que estão ligados entre si em um formam a tríade imortal, *Ātma-Buddhi-Manas*, os três princípios superiores do homem setenário — a planta de sete folhas, *Saptaparna* — aqui chamado de "coração do homem-planta", algumas vezes também mencionado como "a chama de três línguas".

> O "Fio" do Ser que anima o homem e que passa através de todas as suas personalidades ou renascimentos na Terra (alusão ao *Sūtrātman*), o "Fio" que além disso enlaça todos os "Espíritos", é feito da essência do Trino, do Quádruplo e do Quíntuplo, os quais contêm todos os que os precedem. (I, 236)[709]
>
> (...)
>
> É a Raiz que jamais perece; a Chama de Três Línguas e Quatro Mechas. As Mechas são as Centelhas que partem da Chama de Três Línguas projetadas pelos Sete — dos quais é a Chama — Raios de Luz e Centelhas de uma Lua que se reflete nas Ondas moventes de todos os Rios da Terra. (Estância VII, *śloka* 4)
>
> (...)

---

[708] *A Chave para a Teosofia*, pp. 164-5, ed. or. [Ed. Teosófica, 7ª ed., 2020 (Nota Ed. Bras.)].
[709] Vol. I, p. 282, ed. 6 vol.; I, 256-7, 3ª ed.

> A "Chama de Três Línguas" que jamais se extingue é a Tríade espiritual e imortal: *Ātma-Buddhi-Manas*, ou melhor, a colheita deste último, assimilada pelos dois primeiros, depois de cada vida terrestre. As "Quatro Mechas" que surgem e desaparecem são o Quaternário — os quatro princípios inferiores, inclusive o corpo.
> (...)
> Eu sou a Chama de Três Mechas, e as minhas Mechas são imortais — diz o defunto. (I, 237)[710]

No *Livro Egípcio dos Mortos*. As "quatro mechas" das *Estâncias* compreendem o quaternário inferior: *Kāma, Prāna, Linga-Śarīra, Sthūla-Śarīra.*

Note-se que *Manas*, o Princípio Mental, não é considerado imortal *per se* — ou seja, desacompanhado. Pois *Manas*, na manifestação — quer dizer, quando está *funcionando* no Reino Humano (e isso não se aplica ao caso do Reino Animal) — é na realidade um princípio duplo. Ou *Manas* se une a *Buddhi*, o Princípio Discriminador, ou a *Kāma*, o Princípio do Desejo. Quando assim unido a *Kāma*, forma *Kāma-Manas*, ou *Manas* inferior, que é a base para a coerência e o funcionamento da personalidade — aquilo que vemos como nós mesmos, atuando no mundo diário (não o nosso Ser *interno*). Este é mortal e se separa da tríade imortal nos estados pós-morte (como será explicado mais tarde, em lugar apropriado).

Quando *Manas* está unido a *Buddhi*, essa união forma *Buddhi-Manas*, ou *Manas* Superior. Essa união torna o *Manas* superior imortal, e ele é, por isso, denominado Ego Reencarnante. Todavia, embora imortal, o *Manas* superior ainda não é o nosso Eu interno, chamado de Mônada (*Ātma-Buddhi*). Este ilumina com seu esplendor o Ego Reencarnante, assim como a personalidade. Agora o significado do termo *Buddhi-Taijasī* (no primeiro aforismo) ficará claro, pois *Taijasī* representa o "esplendor de *Buddhi*", que foi irradiado sobre *Manas* por *Buddhi*. A palavra sânscrita *taijasī* significa, literalmente, "originado pela luz" ou "constituído de luz", derivado de *tejas*, luz, fogo, esplendor.

Este é o ponto crucial do problema que existe durante a vida — que, lembramos de passagem, é *uma* das interpretações de Jesus sobre a cruz: como estabelecer a união de *Manas* com *Buddhi* e ter a radiância iluminando a personalidade e a vida diária. Essa radiância é parecida com a "recompensa do paraíso" após a morte (usando agora palavras mais conhecidas no lugar de termos técnicos). E é também o significado de uma frase apocalíptica:

> Diz o *Comentário*: "*Manas* é duplo — Lunar em sua parte inferior, Solar na parte superior." Vale dizer: em seu aspecto superior é atraído para *Buddhi*, e no inferior desce para a sua Alma animal, cheia de desejos egoístas e sensuais, escutando-lhe a voz, e é nisto que consiste o mistério da vida de um Adepto e o da vida de um profano, bem como o da separação *post mortem* entre o Homem divino e o Homem animal. (II, 495-6)[711]

---

710 Cap. i, 7: Vol. I, p. 282, ed. 6 vol.; I, 257, 3ª ed.
711 Vol. IV, p. 64, ed. 6 vol.; II, 520-1, 3ª ed.

"O homem divino" é *Buddhi-Manas*, o Ego Reencarnante; "o homem animal" ou "alma animal" é *Kāma-Manas*, o Eu Inferior.

Quanto mais alto o grau de iluminação em uma personalidade através da radiância do Ego Reencarnante e da Mônada, tanto maior o grau de existência consciente nos estados pós-morte. Um esforço nesta direção produz resultados e obtém sua "recompensa". Isso nos leva de volta à verdade da afirmação: aquilo que o homem deseja ser, ele será.

O Que é Que Morre?

> Pois a Lei que rege o nascimento, o crescimento e a morte de tudo o que há no Cosmos, desde o Sol até o vagalume que voa sobre a relva, é Una. Há um incessante trabalho de perfeição em cada coisa nova que surge; mas a Substância-Matéria e as Forças são sempre as mesmas. E essa Lei opera em cada planeta por meio de várias leis menores. (I, 14-5)[712]

Embora o homem não seja mencionado especificamente, uma vez que é parte componente do Universo, ele está sob domínio dessa Lei que a tudo abarca, assim como a Terra na qual vive. "Cada coisa nova que surge" significa cada vez que reaparece na Terra um novo corpo — conforme expresso na Doutrina da Constante Renovação , assim como a Terra reaparecerá em um "novo corpo" quando seu atual período de atividade (*Manvantara*) tiver terminado seu curso.

São os princípios inferiores, os agregados, que morrem. Isto quer dizer que as vestes ou cascas que foram recolhidas para formar um "corpo" ou veículo são dispersadas quando os princípios superiores se vão. Os princípios superiores (o Eu essencial, seja o Sol ou um vagalume) estão associados durante um *kalpa* (ciclo ou período de tempo) aos princípios inferiores, permitindo que os agregados conduzam seus ciclos evolucionários dentro do campo ou esfera de um ser superior. Então, quando os princípios superiores se vão por um *kalpa*, a união que compunha o corpo se desfaz — "morre". Isso é verdadeiro para o homem, para a Terra, para o vagalume e para o Sol. Após um ciclo de repouso (*Pralaya*), os princípios superiores retornam para outra aparição, reunindo os veículos compostos da mesma "Substância-Matéria e Forças" que formaram seus agregados ou "corpos" anteriores.

Aplicando esse conceito especificamente ao ser humano, foi dito que o Eu essencial do homem está ligado com o Espírito Universal. Essa parte intrínseca do homem está além do alcance da mortalidade e não é afetada pelo que acontece com as vestes inferiores. O termo técnico para as vestes inferiores fornece a chave para a impermanência desses veículos: *Sthūla-Śarīra*, o maciço veículo que definha (*sthūla* — maciço; *śarīra*, do verbo *śrī*, definhar). Colocando a ideia tecnicamente: uma vez

712 Vol. I, p. 200, ed. 6 vol.; I, 168, 3ª ed.

que *Ātman* (o sétimo princípio do homem) está ligado com *Paramātman* (o Eu ou Espírito Universal), ele é um raio do Absoluto e não possui relação com a finitude; consequentemente não pode se manifestar no Plano Físico. *Ātman*, portanto, emite ou emana *upādhis* (que pode ser traduzido por "véus do espírito") através dos quais se estabelece temporariamente sobre o Plano Físico. Após determinado período, durante o qual os *upādhis* estão aptos a atuar, *Ātman*, com seu *upādhi* mais próximo, *Buddhi*, se desembaraça das vestes inferiores. Estas são deixadas sobre o globo do qual foram recolhidas. Enquanto isso, a Mônada (*Ātma-Buddhi*) continua suas jornadas cíclicas. O mesmo processo governa a manifestação das esferas (conforme descrito na Doutrina das Esferas).

> Observe como é perfeita a analogia entre a evolução da Natureza no Cosmos e a do homem individual. Este último vive durante seu ciclo de existência, e morre. Seus princípios superiores, correspondentes ao desenvolvimento de uma Cadeia Planetária, às Mônadas em evolução, passam ao *Devachan*, que corresponde ao *Nirvānā* e aos estados de repouso entre duas Cadeias. Os princípios inferiores do homem se desintegram com o tempo, e a Natureza os reutiliza para a formação de novos princípios humanos; processo idêntico ao da desintegração e formação dos mundos. A analogia, portanto, é o mais seguro guia para a compreensão dos ensinamentos ocultos. (I, 173)[713]

Na verdade, esse aspecto do ensinamento se encontra sob a regência da Lei de Periodicidade, na qual períodos de atividade são seguidos por períodos de repouso. Esse fator deixa claro que o processo da morte é necessário. Também necessárias são as condições que prevalecem nos estados após a morte. Assim é, de forma que uma mudança de polaridade possa ser realizada pela Mônada a fim de que outra fase de existência seja experimentada. Ao mesmo tempo, um meio é fornecido para que as vestes ou cascas inferiores sejam recuperadas, por sua vez. As vestes externas consistem na forma, no corpo físico, que atua como um portador da essência interna durante seu período de atividade, ou seja, durante a vida na Terra. Todo o tempo essa forma está ocupada em um estado de constante atividade; continuamente sendo reconstruída, do contrário a deterioração se instalaria rapidamente.

O Processo da Morte

Uma vez que o processo da morte é necessário, deve estar em consonância com as leis que governam a operação do Cosmos. E assim é, quando o processo é bem compreendido. Aqui não nos referimos à *maneira* pela qual se faz a passagem deste mundo, ou seja, o abandono do físico ou a cessação da vida no corpo; tampouco aos aspectos *kármicos* envolvidos, mas, antes, às leis que governam o próprio processo. É

713 Vol. I, p. 226, ed. 6 vol.; I, 196, 3ª ed.

necessária uma preparação tanto para a saída do Plano Físico quanto para a entrada nos estados pós-morte, da mesma forma que foi necessária uma preparação para o processo de encarnação – e também nesse caso não fazemos referência ao aspecto físico da chegada a este mundo. Mesmo após o evento físico do nascimento, o processo de encarnação consome uma entrada gradual, e não deve ser apressado. A criança cresce, é verdade, mas o *Manas* superior não completa sua união com a entidade senão após o seu sétimo ano, e pode ser que não a complete antes de outros sete anos.

A preparação para a retirada dos princípios superiores dos inferiores ocorre gradualmente. Os laços que foram estabelecidos precisam começar a ser desfeitos. Para compreender essa parte do procedimento é necessário ter um claro entendimento a respeito da constituição sétupla do homem, não da maneira como normalmente é retratada – como sete partes componentes, algo como "tijolos" um sobre o outro, conforme são representados graficamente –, mas como uma união sétupla interpenetrante. Pois, como foi explicado na seção sobre a Relação das Rondas com os Princípios, cada um dos sete princípios é, por sua vez, composto de sete princípios – formando assim os 49 Fogos. Isso pode ser colocado da seguinte forma: cada um dos sete princípios consiste de "sete aspectos" de cada um dos sete princípios. Assim, cada princípio interpenetra cada um dos outros princípios. Fica óbvio, portanto, que o processo de "desligamento" dos princípios superiores dos inferiores ocorre gradativamente.[714] No início, quase não é percebido pela pessoa; todavia, mais cedo ou mais tarde uma mudança será notada, pois o corpo físico reagirá assim que as fases se tornem pronunciadas, particularmente quando os órgãos vitais começarem a ser afetados. Os sinais característicos da idade avançada se insinuam em conformidade com o avanço dos anos. Cada vez mais a personalidade perde seu controle sobre as atividades diárias e o corpo físico começa a declinar, pois sente falta do vigor com o qual estava acostumado. Apesar disso, a idade avançada não é a causa da morte, tampouco da deterioração do corpo físico. Estas são apenas indicações de processos internos executando suas mudanças, e o corpo físico reage em conformidade com elas.

Mesmo quando o efetivo momento da passagem física ocorre, a separação dos princípios superiores dos inferiores *ainda não está completa*. O processo continua nos estados pós-morte (conforme será explicado em seções posteriores). O próprio evento da passagem da esfera física, entretanto, é uma indicação de que a saída do aspecto *físico* foi concluída. A veste inferior, o corpo físico, é abandonada tão facilmente quanto uma folha morta cai de seu galho. Isso deve ser encarado como um simples evento, porque, na realidade, é um evento com o qual estamos acostumados. Toda noite essa saída ocorre, mas o rompimento não é efetivado porque a retirada

714 Muito depende de como a pessoa vive sua vida terrena e, é claro, dos frutos *kármicos* fornecidos pela encarnação anterior. Esses aspectos não serão considerados aqui.

foi incompleta. O elo entre os princípios superiores e inferiores foi mantido constantemente, pois o fio de prata, para usar uma terminologia bíblica,[715] não foi rompido. Ao acordar, a personalidade toma conta, a pessoa se levanta e prossegue com suas atividades triviais. Não obstante, os princípios superiores (a Mônada) fizeram uma passagem às esferas mais elevadas. Não temos conhecimento disso porque até agora não aprendemos a funcionar em nossos princípios superiores, nem a transmitir o conhecimento de tais atividades à personalidade. Não obstante, mesmo parecendo frágil, a conexão entre o *Manas* superior e o *Manas* inferior não foi quebrada. Uma vez mais a potência da frase inicial se confirma: *aquilo que o homem deseja ser, ele será.*

O sono e a morte são irmãos, diziam os gregos antigos. O processo de dormir é, de fato, similar com o que ocorre na morte. Após um longo dia de trabalho, o indivíduo sente a necessidade de repouso e se retira, e antes que se dê conta o corpo está dormindo. A explicação oculta sobre a necessidade do sono é um tanto quanto diferente, e de certa forma está relacionada à necessidade da morte. O sono é necessário por causa de uma superabundância de vitalidade *prānica*, a qual, se não for contrabalançada, despedaçaria o veículo físico. Esse ajustamento harmonizante é realizado durante o sono.

> Assim como um homem exausto por um estado do fluido vital procura outro; como, por exemplo, quando exausto por causa do ar quente se refresca com água gelada; assim também o sono é o recanto sombreado no vale iluminado pelo Sol da vida. O sono é um sinal de que a vida desperta tornou-se muito forte para o organismo físico, e que a força da corrente vital precisa ser quebrada por meio da mudança do estado desperto para o de sono. Peça a um bom clarividente para descrever a aura de uma pessoa que acabou de se revigorar pelo sono, e de outra alguns momentos antes de ir dormir. A primeira estará banhada em vibrações rítmicas de correntes de vida – douradas, azuis e róseas; são elas as ondas elétricas da Vida. A última estará numa névoa de intensos matizes laranja-dourado, compostos de átomos rodopiando com uma rapidez espasmódica quase incrível, demonstrando que a pessoa começa a ficar altamente saturada de Vida; a essência de vida é muito forte para seus órgãos, de forma que ele precisa buscar alívio no lado sombrio da essência, este é o elemento sonho, ou sono físico, um dos estados de consciência.[716]
>
> (...)
>
> Pois, dentro de sua prisão de barro, nosso *Ego* vive sua própria vida sempre que se liberta das teias da matéria, isto é, durante o sono do homem físico. Esse Ego é o ator, o homem real, o verdadeiro ser humano. Mas o homem físico não pode sentir ou ter consciência du-

715 Em Eclesiastes, xii, 5-6: "Pois que vais à casa eterna e os pranteadores andarão rodeando a praça; antes que se rompa o fio de prata, e se despedace o copo de ouro, e se quebre o cântaro junto à fonte." Podemos sugerir uma interpretação: o "fio de prata" representa o elo que junta os princípios superiores aos inferiores; durante o sono o fio de prata não é rompido, pois o *Manas* superior e o *Manas* inferior não foram separados. O "copo de ouro" pode se atribuído à Tríade superior, *Ātma-Buddhi-Manas*, que, por assim dizer, é quebrado – na verdade retirado – dos princípios inferiores, quando ocorre a Segunda Morte. O "cântaro" é o corpo físico, *Sthūla-Śarīra*, o portador da união. É representado partido na fonte, quando não contém mais água – o princípio vital, *Prāna* – a Fonte da Vida.

716 *Transactions of the Blavatasky Lodge*, p. 58 [*Comentários sobre* A Doutrina Secreta, H.P. Blavatsky, Editora CLUC (Centro Lusitano de Unificação Cultural) (Nota Ed. Bras.)].

rante os sonhos; pois a personalidade (o homem externo) e seu cérebro e aparato pensante estão paralisados mais ou menos completamente.[717]

A Mônada busca por revigoramento durante o estado chamado morte. Sua retirada representa o método que governa o processo da morte do ponto de vista da Mônada. Ao invés disso, o processo é usualmente visto do ponto de vista do corpo humano, que geralmente é incapaz de colaborar com essa "passagem ideal", ou retirada, uma vez que a vida na Terra é encerrada de várias maneiras, muitas vezes abruptamente – por catástrofes, guerras, acidentes, por todas as espécies de doenças que afligem o corpo, e algumas vezes a morte é autoinflingida –, cortando o período de vida e rompendo a sequência normal de retirada. Entretanto, a despeito de *como* a passagem ocorre, todo indivíduo segue o padrão ou lei que governa a saída do corpo.

O momento da morte foi descrito em uma passagem bastante significativa, e uma vez que nos fornece um conselho prático, sua inclusão neste ponto deve ser de grande benefício:

> Nenhum homem morre insano ou inconsciente – ao contrário do que dizem alguns fisiólogos. Mesmo um *louco*, ou alguém que esteja sob um ataque de *delirium tremens*, terá seu instante de perfeita lucidez no momento da morte, embora seja incapaz de dizer isso aos presentes. O homem pode frequentemente parecer morto. No entanto, desde a última pulsação, entre a última batida do seu coração e o momento em que a última fagulha de calor animal deixa o corpo – *o cérebro pensa* e o *Ego* revive de novo naqueles poucos e breves segundos toda a sua vida. Que falem em sussurros vocês que assistem a um leito de morte e se encontram na presença solene da Morte. Devem permanecer quietos especialmente logo após a Morte, colocar sua mão fria e úmida sobre o corpo. Falem em sussurros, digo, para que não perturbem a calma vibração do pensamento, prejudicando o trabalho ativo do Passado que lança seu reflexo sobre o Véu do Futuro.[718]

O "murmúrio do pensamento" é uma revisão de todos os incidentes da vida passada nos mínimos detalhes, em sequência apropriada desde o começo da vida até o seu fim, passando como um panorama ante o Observador, o Ego Reencarnante. A recordação dessa visão não é perdida para o Observador, não se torna uma imagem desbotada na tela da vida, pois

> Mas a lembrança completa de todas as vidas (terrenas e *devachânicas*), em resumo (onisciência) – vem apenas no grande final das sete Rondas completas (a menos que o indivívuo tenha se tonado neste meio tempo um *Bodhisattva*, um *Arhat*)[719]

Após o registro dos incidentes da vida recém-vivida, o Ser (agora uma entidade desencarnada) já não participa mais do mundo físico. A esfera das causas, que é o mundo físico, de fato foi deixada para traz. Entretanto, o acontecimento da morte

---

717 *Op. Cit.*, p. 50.
718 *Cartas dos Mahatmas para A.P. Sinnett*, p. 170-1 [Ed. Teosófica, Vol. II, Carta nº 93B, p. 140 (Nota Ed. Bras.)].
719 *Cartas dos Mahatmas para A.P. Sinnett*, p. 198 [Ed. Teosófica, Vol. II, Carta nº 104, p. 188 (Nota Ed. Bras.)].

não é apenas uma simples questão de riscar todas as experiências e sensações terrenas e passar a um paraíso, e lá morar no estado que se imaginou na vida terrena. Existe um ciclo determinado para a Mônada,[720] pelo qual ela precisa passar durante os estados pós-morte, a despeito das crenças imaginadas e ensaiadas durante a vida do indivíduo. Se bem que, no devido tempo, e na ordem apropriada dos estados pós-morte, essas repetidas impressões serão reproduzidas, da mesma forma que se reproduz uma gravação em um disco; a agulha segue as ranhuras do disco reproduz a posição nas quais foram gravadas.

Alguém pode pensar que, ao deixar o mundo físico, não estaria mais sob a regência das leis. Longe disso! Estará ainda *mais* sujeito às leis divinas, pois os estados ou condições nos quais entra não podem ser alterados. Precisam ser seguidos tão rigidamente quanto a noite segue o dia. Assim como leis físicas governam o mundo físico, outras leis governam as esferas dos efeitos. Uma lei pode ser mencionada como exemplo, e seu significado é de grande importância. A entidade desencarnada precisa permanecer muito mais tempo nas esferas dos efeitos do que o tempo despendido na esfera das causas,[721] ainda mais considerando que o ciclo determinado da Mônada requer um período maior para sua conclusão. É por esta razão que o assunto dos estados pós-morte é de máxima importância. Pois

> aquele que possui as chaves para os segredos da Morte possui as chaves da Vida.[722]

O Primeiro Estado Após a Morte - *Kāma-Loka*

Ao deixar a esfera das causas, a entidade desencarnada entrou nas esferas dos efeitos. Ou, para expressá-lo de forma mais sucinta, a entidade desencarnada entrou na segunda das três "habitações". Essas três habitações são:

> A Terra, para o homem físico ou Alma animal; *Kāma-Loka* (*Hades*, Limbo), para o homem desencarnado ou o seu "cascão"; o *Devachan*, para a Tríade superior. (I, 244)[723]

Primeiro, uma explicação quanto aos termos. A palavra habitações, como aqui empregada, significa "planos". Foi usada com relação a uma citação de Éliphas Lévi sobre a descrição das doutrinas cabalísticas, onde ele afirma que "a alma tem três

---

720 "Salvo alguns casos excepcionais, como no caso de um iniciado como nossos *Teshu-Lamas* e os *Bodhisattvas* e outros poucos, nenhuma Mônada pode reencarnar antes de seu ciclo designado." *Op. Cit.*, p. 176 [Ed. Teosófica, Vol. II, Carta nº 93B, p. 148 (Nota Ed. Bras.)].

721 É preciso ter esse ponto em mente durante a leitura deste capítulo. Ele está bem enfatizado na seguinte afirmação: "Em nome dos céus, leve em consideração os seguintes fatos e os veja em conjunto, se puder. (1) As unidades individuais da humanidade permanecem 100 vezes mais tempo nas esferas transitórias dos efeitos do que nos globos." *Cartas dos Mahatmas para A.P. Sinnett*, p. 177 [Ed. Teosófica, Vol. II, Carta nº 93B, p. 149 (Nota Ed. Bras.)].

722 *Op. Cit.*, p. 365 [Ed. Teosófica, Vol. II, Carta nº 136, p. 315 (Nota Ed. Bras.)].

723 Vol. I, p. 289, ed. 6 vol.; I, 264, 3ª ed.

habitações: o plano dos mortais, o Éden superior e o Éden inferior," ou seja, a Terra, o *Devachan* e o *Kāma-Loka*. Uma explicação foi acrescentada:

> A Alma – coletivamente como Tríade Superior – vive em três planos, além do quarto, a esfera terrestre; e existe eternamente no mais elevado dos três. (I, 244)[724]

O termo sugerido para representar o quarto princípio do homem em sua enumeração sétupla, a "alma animal", pouco transmite o significado da palavra sânscrita *Kāma* (do verbo *kam*, desejar), significando o Princípio do Desejo. O uso de "alma animal" teve a intenção de fazer uma distinção entre o quinto princípio, *Manas* (chamado de Alma Humana), e o quarto princípio. Seja como for, tecnicamente, a Terra é a habitação da personalidade, o *Manas* Inferior.

Kāma-Loka, um composto sânscrito que significa literalmente Mundo-Desejo (*loka*: mundo, plano), é um "lugar", assim como um estado particular de consciência adequado a seres desencarnados – tecnicamente chamados de *Kāma-Rūpas* – que entraram nesse plano ou domínio. Equivale ao *Yuh-Kai* tibetano e é definido como:

> O plano *semi*material, para nós subjetivo e invisível, onde as "personalidades" desencarnadas, as formas astrais, chamadas *Kāma-Rūpas* permanecem até serem esgotadas pela total exaustão dos efeitos dos impulsos mentais que criaram esses *eidolons* das paixões e desejos humanos e animais. É o *Hades* dos antigos gregos e o *Amenti* dos egípcios, e a terra das Sombras Silenciosas; uma divisão do primeiro grupo de *Trailokya*.[725]

Uma explicação a respeito da palavra *Trailokya* (três *lokas*) será de auxílio na compreensão da "segunda habitação" na qual a entidade desencarnada entrou. O primeiro dos *Trailokya* é chamado *Kāmadhātu*, a região dos desejos.

> Também chamada *Kāmāvachara* (esferas ou mundos do desejo, seis no total), uma região que inclui o *Kāma-Loka*. Segundo as ideias exotéricas, é a primeira das três regiões, *Trailokyas* – ou três regiões (aplicadas também aos seres celestiais), ou sete planos ou graus, cada um dos quais representado por uma das três principais características, a saber: *Kāma*, *Rūpa* e *Arūpa*, ou seja, as de desejo, forma e ausência de forma. O primeiro dos *Trailokyas*, chamado *Kāmadhātu*, é composto da Terra e dos seis *Devalokas* inferiores, sendo preciso notar que depois da Terra vem o *Kāma-Loka*. Todos estes, tomados em conjunto, constituem os sete graus do mundo material de forma e satisfação sensual. O segundo dos *Trailokyas* é denominado de *Rūpadhātu* ou "forma material" e é igualmente composto de sete *lokas* (ou localidades). O terceiro é *Arūpadhātu* ou "*lokas* imateriais". Contudo, a palavra "localidade" é imprópria para traduzir a palavra *dhātu*, já que ela não significa de maneira nenhuma "lugar", em nenhuma de suas acepções especiais. Assim, por exemplo, *Arūpdadhātu* é um mundo puramente subjetivo, antes um "estado" do que um lugar. Porém, como nas línguas ocidentais não há termos metafísicos adequados para expressar certas ideias, tudo o que podemos fazer é indicar a dificuldade.[726]

---

724 *Ibid.* nota 723.
725 *Glossário Teosófico*, pp. 171-2.
726 *Glossário Teosófico*, p. 171.

Kãma-Rupa: este composto sânscrito significa, literalmente, "forma-desejo" (*rūpa*: forma, aparência), significando o veículo que a entidade desencarnada assume ao entrar no *Kāma-Loka*. O termo é geralmente traduzido por "corpo astral", mas este não deve ser confundido com o *Linga-Śarīra*, que algumas vezes também é traduzido por "corpo astral". O correto significado de *Linga-Śarīra* é "corpo modelo" – *linga* significa padrão, modelo – que definha (*śarīra*, do verbo *śrī*, definhar). Na morte física, o *Linga-Śarīra* permanece próximo ao *Sthūla-Śarīra* (o corpo físico) e logo definha quando deixa de ser sustentado pela Força-Vida, *Prāna* – o terceiro membro da constituição sétupla do homem a deixar a união (ou agregado) na morte. Assim, *Prāna* também está ausente do quaternário restante, que compõe a entidade desencarnada no primeiro estado pós-morte, o *Kāma-Loka*.

Na verdade, o *Kāma-Rūpa* é formado da substância astral e normalmente não é visto no Plano Físico, pois reside em outro plano – no *Kāma-Loka*. A entidade *Kāma-Rūpica* é composta do material mais grosseiro da substância áurica (conquanto seja uma substância mais astral que física) que forma a esfera ovoide, tecnicamente conhecida como *Hiranyagarbha*, mais a essência de cada célula e molécula exsudada do *Sthūla-Śarīra* e do *Linga-Śarīra* na morte. O *Kāma-Rūpa* é geralmente chamado de sombra, concha, fantasma, *eidolon* (palavra grega que significa *imagem*), ou espectro.

> Metafisicamente, e em nossa filosofia esotérica, é a forma subjetiva criada através dos desejos e pensamentos mentais e físicos, e em conexão com as coisas da matéria, por todos os seres sencientes, uma forma que sobrevive à morte de seus corpos. Depois desta morte, três dos sete "princípios" – ou, melhor dizendo, planos dos sentidos e da consciência, nos quais atuam por turnos ou instinto e a ideação do homem – o corpo, seu protótipo astral e a vitalidade física – não tendo mais qualquer nova utilidade permanecem na Terra; os três princípios superiores, agrupados num só, consomem-se no estado de *Devachan*, onde o Ego superior persistirá até que chegue a hora de uma nova encarnação; e o *eidolon* da antiga personalidade fica sozinho em sua nova morada. Nela o pálido duplo do homem vegeta durante certo período de tempo, cuja duração é variável e proporcional ao elemento de materialidade que nele restou e é determinado pela vida passada do defunto. Desprovido de sua mente superior, espírito e sentido físicos, e deixado sozinho com seus próprios aparatos sem sentidos, gradualmente desaparecerá e se desintegrará.[727]

Há ainda outro termo a ser explicado – *Devachan*. A palavra vem do Tibete, e sua aparência, ao ser transliterada dos caracteres tibetanos, é como *bde-ba-can* (o *ca* possui o som de *chan*). O significado da palavra é "que possui a natureza da felicidade", análoga à palavra sânscrita *Sukhāvati*, traduzida geralmente por céu do *Buddha Amitābha*. Entretanto, *Devachan* não é um *loka*; assim, não é um mundo ou um "lugar", embora seja um estado de consciência, sendo que a própria palavra fornece a chave para esse tipo de estado, ou seja, uma felicidade suprema, de bem-aventurança

727 *Glossário Teosófico*, p. 172.

absoluta, no qual entra a tríade imortal, *Ātma-Buddhi-Manas* (a Alma Divina, a Alma Espiritual e a Alma Humana).

> O *Devachan* é sempre comparado com o dia mais feliz dentro de uma série de muitos milhares de outros "dias" na vida de uma pessoa. A intensidade dessa felicidade faz com que o homem esqueça, inteiramente, dos outros, pois seu passado é apagado.
> (...)
> Isso é o que chamamos de estado *Devachânico*, a recompensa da personalidade, e é nesse antigo ensinamento que a confusa noção cristã do Paraíso foi construída, tomada de empréstimo de muitas outras coisas dos Mistérios Egípcios, nas quais a doutrina foi promulgada. (*D.S.* V, 409-1)

Ao explicar os termos, as palavras *Amenti* e *Hades* também devem ser consideradas. *Amenti* era considerado, no antigo credo egípcio popular, como o reino governado pelo Senhor da Morte, Osíris. Entretanto, como a própria palavra sugere, é mais o "Esconderijo" ou "Terra Secreta", pois a palavra *amen* significa aquilo que está escondido, oculto. *Amenti* foi dividido em quatorze partes – lembrando os sete pares *loka-talas*, que produzem quatorze "estações". Cada uma das quatorze divisões da "Terra Oculta" possuía um propósito específico relacionado aos estados pós-morte. Uma das divisões mais comumente referida é o campo de *Aanroo* (ou *Aaru*), que é rodeado por uma cerca de ferro. Ali, como colocado no *Livro dos Mortos*,[728] "os serventes de Hórus colhem o trigo nos campos de *Aanroo*, trigos de sete côvados de altura". Uma explicação sobre a colheita do trigo é fornecida a seguir:

> Trata-se de uma alusão direta à divisão esotérica dos "princípios" do homem, simbolizados no trigo divino. A lenda que figura no terceiro Registro do papiro (*Livro dos Mortos*, CX) reza: "Esta é a região dos *Manes* (homens desencarnados) de sete côvados de altura (a saber: os recém-transferidos, que se supõe ainda serem sétuplos, com todos os seus princípios, inclusive o próprio corpo, representado *astralmente* no *Kāma-Loka* ou *Hades*, antes da separação) [...] e há trigo de *três* côvados de altura para as múmias em *estado de perfeição* (isto é, as já separadas, cujos três princípios superiores estão no *Devachan*), às quais se permite espigá-lo." Essa região, o *Devachan*, é chamada de "a terra do renascimento dos Deuses", e diz-se que é habitada por *Shu*, *Tefnut* e *Seb*. A "região para os Manes de *sete* côvados de altura" – para as múmias ainda imperfeitas – e a região para aquelas "em estado de perfeição", que "espigam trigo de *três* côvados de altura" têm uma significação tão clara quanto possível. Os egípcios seguiam a mesma Filosofia Esotérica que é hoje ensinada pelos

[728] Capítulo cix, versos 4 e 5. É preciso prestar atenção ao fato de que vários papiros achados junto de múmias em sarcófagos, no Egito, são geralmente chamados no Ocidente de "Livros dos Mortos". Esse nome, entretanto, leva a uma concepção errônea, longe de estar de acordo com os fatos do caso. Embora os papiros realmente tratem do assunto dos estados pós-morte e representem os dogmas que eram divulgados pelos sacerdotes, estes permitiram que vários escribas preparassem manuscritos e os vendessem antes do falecimento. Os escritos tinham o título de *Pert em hru* – que pode ser traduzido como "Saindo para a Luz". Esse título certamente transmite um significado diferente aos papiros.

[729] Vol. III, p. 373, ed. 6 vol.; II, 391, 3ª ed.

Adeptos do além Himalaia; quando estes últimos são enterrados, sobre eles se depositam trigo e cereais. (II, 374)[729]

Hades, embora seja uma palavra supostamente conhecida, não é certamente o equivalente grego de Inferno, pois nem é um lugar de punição (no sentido comum da palavra) nem o domicílio frio dos mortos escandinavos. Embora popularmente seja situado sob a terra, e por isso chamado de "Submundo", a ortografia da palavra Hades fornece o indício de seu correto significado. É um composto grego de *a* – o "alfa primitivo" grego, que significa *não* – e *idein*, o verbo *ver*; assim, é aquilo que não é visto, uma vez que está situado em outro plano, separado da Terra. De forma a transmitir a ideia da separação existente entre o plano terrestre e o plano do *Kāma-Loka*, a mitologia grega colocou um corpo de água inavegável entre a terra dos vivos e a região do *Hades*. Essa escura corrente era representada como intransponível, de forma que aqueles que entravam no "Reino do Invisível" ao deixar a Terra não podiam cruzar o Rio Styx, mas tinham de esperar para serem transportados por uma barca até a margem, pelo remador Charon, filho de Erebus[730] e Nox.

A mitologia egípcia também fala de um barqueiro, *Khu-en-ua*, descrito como uma divindade com cabeça de falcão, que leva as almas dos defuntos para as águas que separam a terra dos vivos dos reinos dos mortos.

Não há necessidade de nos prolongarmos sobre as várias localidades no *Hades*, cada uma a residência de sombras (*eidola* é a palavra grega) agrupadas de acordo com a forma de sua morte na Terra – como acidentes, guerras, suicídios, ou ainda por certos modos de vida na Terra. Devemos mencionar, entretanto, a região reservada para os mortais que ousaram desafiar os decretos dos deuses. Ali, um tipo de punição os aguardava.

Ao lado de um belo lago, cercado por árvores verdejantes, o antigo rei da Lídia, Tântalo, filho do chefe dos deuses, Zeus, permanece com água até o queixo. Quando se dobra de forma a atenuar a sede que o atormenta, a água recua; quanto mais se dobra, para mais longe recua a água. Observando suculentas frutas sobre sua cabeça, ele tenta alcançá-las para umedecer sua garganta ressecada, apenas para perceber que a comida evita suas mãos, sendo carregada para longe de seu alcance pela brisa. Mas a sede de Tântalo persiste. Assim ele tenta beber a água de novo, e esta novamente foge dele; mais uma vez tenta alcançar a fruta, e novamente falha. Todavia, o desejo insaciável de mitigar sua sede o estimula cada vez mais. É desse procedimento exasperado que o verbo "tantalizar" entrou em uso.

730 Erebus (grego, *Erebos*), o filho do Caos, casado com sua irmã Nux (Noite, grego *Nyx*), que se tornou pai do Dia e da Luz. Também o barqueiro, Charon. Aqui novamente vemos os filhos do Caos (*Pralaya*) precedendo o período de atividade (*Manvantara*) e dando nascimento às divindades da Era atual. Ao incluir os Titãs em sua guerra contra os deuses, Erebus foi transformado em um rio e arremessado no *Tartarus* (grego, Tártaros) – uma região de frio intenso descrita por Homero como estando abaixo do Hades, assim como a Terra está abaixo dos céus. Por ter sido transportado para as regiões abaixo do Hades, foi considerado como o Submundo. Assim também foi usado por Shakespeare.

Ainda temos os esforços de um rei de Corintos, Sísifo, que rola uma enorme pedra pela encosta de um morro, determinado por puro esforço a movê-la, polegada a polegada, em direção ao alto. Então faz uma pausa para tomar fôlego, e mais um esforço supremo para alcançar o cume, então ele vê a pedra escapar de suas mãos, começar a se mover, ganhar impulso e descer colina abaixo. Uma vez mais faz um esforço para subir com a pedra, virando-a várias vezes, apenas para vê-la descer rapidamente de novo.

Indivíduos excepcionais, podemos dizer. É verdade. Culpados de terríveis crimes contra deuses e, por isso, colocados como exemplo para desestimular possíveis criminosos. E quanto a grupos de pessoas? Sentados em suas mesas são vistos grupos alegres vestidos com roupas de festa, preparando-se para saborear o que foi colocado diante deles. Um bater de asas — e as saborosas guloseimas lhes são arrancadas dos dedos. Outros grupos observam com preocupação ansiosa a posição precária de enormes pedras que ameaçam cair sobre suas cabeças. Versões dramatizadas de pesadelos, parecem! E é bem assim. As mitologias das nações antigas parecem se deliciar com a narrativa dessas cenas sinistras. Aqui elas foram repetidas com o propósito de ilustrar o ponto específico a ser lembrado quanto ao estado de consciência relativo ao Mundo do Desejo. Ele é melhor expresso pelas palavras "insatisfação dos desejos", pois os habitantes do *Kama-Loka* são incapazes de satisfazê-los.[731]

As características marcantes, por assim dizer, da sombra *kāma-rūpica*, ou *eidolon*, é a ação repetitiva. Despojada da Mente Superior e da função coordenadora do Princípio Mental, a sombra simplesmente repete o que foi implantado em seu veículo do desejo.

> Aquelas entidades (*kāma-rūpicas*) que estão abaixo do Plano *Devachânico* estão no *Kāma-Loka* e possuem apenas a inteligência semelhante a dos macacos. (*D.S.*, V, 566)

Em contraste com as características do *Kāma-Loka* (o Mundo do Desejo), que representa a insatisfação das paixões e desejos inferiores, na primeira fase dos estados pós-morte, existe outro polo (para usar uma figura de linguagem) que fornece a satisfação dos anseios espirituais da vida terrena. Na verdade, tanto os desejos quanto as aspirações espirituais foram construídas na estrutura da pessoa durante

---

731 Esta é, sem dúvida, uma lição óbvia a ser aplicada à vida terrena. Por essa razão alguém poderia perguntar: os desejos são realmente satisfeitos durante a vida na Terra? Quantas vezes, por exemplo, alguém tenta pegar um ônibus e não consegue, e ainda o deseja pegar uma e outra vez. Mesmo que em algumas vezes tenha sucesso em pegá-lo, isso não parece detê-lo ao tentar de novo. Aqui, também, o senso de futilidade que atinge a pessoa que vê o ônibus partir para fora de seu alcance não parece atuar como um impedimento; tampouco a óbvia falha daquele que está tão longe do ônibus que não teria possibilidades de alcançá-lo. Esse é apenas um aspecto menor, visto como desmerecedor de atenção. É verdade. Mas julgamos mais sábio usar um "desejo menor" como ilustração deste ponto. Apesar disso, onde está a diferença entre um desejo menor e um desejo maior? As palavras de *Buddha* vêm à mente: Não tente satisfazer os desejos. É como adicionar combustível ao fogo. O ponto importante para se ter em mente é o seguinte: fortes apegos não devem ser cultivados durante a vida terrena, pois continuarão a existir no *Kāma-Loka* — até que finalmente desapareçam juntamente com a sombra *kāma-rūpica*.

a vida que viveu na Terra. Na descrição grega do *Hades* ambas as fases estão representadas. A primeira fase já foi descrita. A segunda região é chamada de Campos Elíseos, que equivalem ao *Devachan*. A palavra grega *Elysion* é de interesse especial. Vem do grego *elysis*, uma variação de *eleusis*, de *eleusethai*, que é o futuro do verbo *elthein*, uma palavra que significa tanto "ir" quanto "vir". Assim, *Elysion Pedion* pode ser traduzido por planície ou campo (*pedion*) para o qual a pessoa vai e *de onde ela vem*. Isto quer dizer o campo ao qual a pessoa retorna para renascer na Terra. É claro que o termo é mais conhecido por seu apelido usual – Campos Alegres ou Campo dos Abençoados.

Seja como for, os alcances superiores do plano denominado *Kāma-Loka* e os níveis inferiores do *Devachan* se misturam um no outro, com uma tênue linha divisória.

O Segundo Estágio dos Estados Pós-Morte – A Segunda Morte

Antes que o habitante do *Hades* seja capaz de entrar na Planície dos Elíseos e participar de suas delícias, ele precisa passar por uma "segunda morte", utilizando uma expressão dos antigos gregos. Mas deixemos Plutarco descrevê-lo de sua maneira única, primeiro salientando que a "região de Deméter" significa nossa Terra:

> Assim é que, das mortes pelas quais passamos, uma faz ao homem, dois de três, e a outra, um (de) dois. A primeira ocorre na região e jurisdição de Deméter, pelo que o nome dado aos Mistérios, *telein*, se assemelhava ao que davam à morte, *teleutan*. Os atenienses também consideravam os mortos como consagrados a Deméter. Quanto à outra morte, tem lugar na lua ou região de Persefona.[732]

Plutarco dividiu a constituição do homem em três partes componentes (ao invés do esquema sétuplo), correspondendo razoavelmente bem à conhecida divisão em Corpo, Alma e Espírito. Na primeira morte, quando o corpo é deixado na Terra, o *eidolon*, juntamente com a alma e o espírito, entram na região de Perséfone e liberta o espírito, possibilitando-lhe entrar nos Campos Elíseos, fazendo "um de dois". Plutarco destina cada uma das três porções da seguinte maneira:

> O homem é composto; e eles *se enganam ao pensar que é composto de apenas duas partes*. Pois imaginam que o entendimento (intelecto) é uma parte da alma (Tríade superior), mas quanto a isso não estão menos enganados que aqueles que fazem da alma parte do corpo, isto é, aqueles que fazem da *Tríade* parte do *quaternário* mortal corruptível. Pois o entendimento (*nous*) excede a alma, pois esta é melhor e mais divina que o corpo. Essa composição da alma (*psique*) com o entendimento (*nous*) forma a razão; e com o corpo (ou *thumos*, a alma animal) a paixão; das quais uma é o início ou princípio do prazer e da dor, e a outra, da

732 Citado em *A Chave para a Teosofia*, p. 98 (ed. or.) [Ed. Teosófica, p. 92. (Nota Ed. Bras.)].

virtude e do vício. Destas três partes unidas e compactadas umas às outras, a Terra forneceu o corpo, a Lua a alma e o Sol o entendimento a uma geração de homens.
(...)
Esta última frase é puramente alegórica, e apenas será compreendida por aqueles versados na ciência esotérica das correspondências, conhecedor de qual planeta está *relacionado a cada princípio*.[733]

De acordo com Plutarco, a porção fornecida pela Terra consiste da estrutura física, da sombra astral e do sopro – que equivalem, dentro do esquema sétuplo, ao *Sthūla-Śarīra*, *Linga-Śarīra* e *Prāna*. Estes são deixados na região de Deméter por ocasião da primeira morte. A segunda porção consiste da *psique* e do *thumos*. *Psique* é a palavra grega para alma, e é equivalente a *Manas* inferior, ou seja, *Manas* em conexão com *Kāma*; *thumos* é a paixão ou desejo animal, *Kāma*. Esses dois componentes formam a porção principal da sombra *Kāma-Rūpica*, e são deixados para trás na região de Perséfone por ocasião da segunda morte. Isso permite que a porção superior, *Nous* (*Buddhi* em conexão com *Manas* superior) e "*To Agathon*" (literalmente "o Deus" – equivalente a *Ātman*) forme a Tríade imortal e entre nos Campos Elíseos (também chamados de "Prados do *Hades*").

Plutarco descreveu em breves palavras, até onde lhe era permitido, a versão grega dos estados após a morte, como segue:

É estabelecido pelo Destino (*Fatum* ou *Karma*) que toda alma, tenha ou não entendimento (mente), uma vez fora do corpo, vagueie por algum tempo, embora nem todas pelo mesmo tempo, na região que se estende entre a Terra e a Lua (*Kāma-Loka*).[734] Pois aqueles que foram injustos e dissolutos sofrem então a punição devida por suas ofensas; mas os bons e virtuosos são lá retidos até que estejam purificados e tenham, por expiação, purgado de si todas as infecções que possam ter contraído por contágio do corpo, como se contraíssem de ar infectado, vivendo na parte mais suave do ar, chamada "Os Prados de *Hades*", onde devem permanecer por um determinado período de tempo prefixado. E então, como que retornando de uma peregrinação errante, ou longo exílio, para seu país, sentem um gosto de felicidade – assim como sentem principalmente aqueles que são iniciados nos Mistérios Sagrados –, mesclado com inquietude, admiração e a esperança própria e peculiar de cada um.
(...)
Essa é a bem-aventurança *Nirvānica*, e nenhum teósofo poderia descrever em palavras mais claras, embora esotéricas, as alegrias mentais do *Devachan*, onde todo homem tem o seu paraíso à sua volta, construído por sua consciência.[735]

Na narrativa egípcia dos estados após a morte, conforme retratado de maneira dramática nos *Livros dos Mortos*, a segunda morte é descrita ocorrendo quando

733 Citado em *A Chave para a Teosofia*, p. 97-98 (ed. or.) [Ed. Teosófica, p. 92 (Nota Ed. Bras.)].
734 Neste ponto encontramos uma nota de rodapé acrescentada por H.P.B.: "Até a separação do superior, 'princípios' espirituais assumem o lugar dos inferiores que permanecem no *Kāma-Loka* até a desintegração." [*A Chave para a Teosofia*, H.P.B., Ed. Teosófica, p. 94 (Nota Ed. Bras.).]
735 Citado em *A Chave para a Teosofia*, p. 99 [Ed. Teosófica, p. 94 (Nota Ed. Bras.)].

Uraeus[736] devora a sombra, após sua separação dos princípios superiores, permitindo que "O Osirificado" se eleve à região de *Sekhem* (os "Campos de Bem-Aventurança", isto é, o *Devachan*).

> A *sombra*, a forma astral, é aniquilada, "devorada pelo *Uraeus*" (cxlix, 51); os *Manes* serão aniquilados; os dois Gêmeos (o 4º e o 5º princípios) serão dispersados; mas a Alma-Pássaro, "a Andorinha Divina e o Uraeus de Chama" (*Manas* e *Ātma-Buddhi*) viverão na Eternidade, porque são os maridos de sua mãe.
>
> (...)
>
> O semelhante só produz o semelhante. A Terra dá ao Homem o seu corpo; os Deuses (*Dhyānis*) lhe dão os seus cinco princípios internos, a Sombra psíquica, da qual aqueles Deuses são, com frequência, o princípio animador. O Espírito (*Ātman*) é uno e inseparável. (I, 227)[737]

As principais indicações para a compreensão desta passagem são fornecidas pelas explicações entre parênteses, embora a primeira elucidação – com relação aos gêmeos – possa causar confusão. Os dois gêmeos se referem à capacidade dual de *Manas quando manifestado*, ou quando atuando dentro da constituição sétupla do homem. Um conjunto dos gêmeos é *Manas* unido a *Buddhi*, que é representado pela Alma-Pássaro, a Andorinha Divina, que se une ao *Uraeus* de Chama e "viverão na eternidade". O segundo conjunto de gêmeos é *Manas* conectado a *Kāma*, o 4º e 5º princípios, que "serão dispersos". Ou seja, *Kāma* retornará ao *Śakti* Universal e a parte inferior de *Manas* retornará aos *Dhyāni-Chohans*[738] – o que confere significado à frase no segundo parágrafo da citação: "A Sombra psíquica da qual aqueles Deuses são", isto é, os *Dhyāni-Chohans*, "são, com frequência, o princípio animador". Observe a distinção entre o *Uraeus* e o *Uraeus* de Chama – o primeiro associado com os princípios inferiores, e o último com os superiores.[739] A referência aos "maridos de sua mãe" é um modo de pensamento egípcio que se refere à não separatividade da tríade imortal.

O termo latino *Manes* (no plural) não deve ser confundido com o termo sânscrito *Manas*; não há qualquer semelhança entre as duas palavras. A palavra *manes*, do latim antigo *manus*, que significa "bom", acabou sendo associada com a morte,

---

736 *Uraeus*, a serpente egípcia, vem do grego *ouraios*, que significa "a partir de uma cauda". O *Uraeus* foi emblematizado no capacete real, e colocado pelos legisladores egípcios sobre a sobrancelha. Também era usado na representação de algumas divindades. "Em egípcio, *Urhek*, uma serpente e um símbolo sagrado. Nele alguns veem uma cobra (cobra *capella*, serpente venenosa do tipo naja), enquanto outros opinam que se trata de uma áspide. Cooper explica que a 'áspide não é um *uraeus*, mas um *cerastae* ou espécie de víbora, isto é, uma víbora com dois chifres. É a serpente real, que leva o *pschent*... o *naya hàje*.' O *Uraeus* 'está ao redor do disco de Hórus e forma o ornamento do gorro de Osíris, além de sombrear a sobrancelha de outras divindades' (Bonwick). O Ocultismo explica que o *Uraeus* é o símbolo da iniciação e também da sabedoria oculta, como sempre o é a serpente. Todos os deuses foram patronos dos hierofantes e seus instrutores." *Glossário Teosófico*, p. 355.

737 Vol. I, p. 274, ed. 6 vol.; I, 248, 3ª ed.

738 Cf. *The Mahatmas Letters to A. P. Sinnett*, p. 72.

739 É esse uso duplo de termos nos manuscritos antigos que torna a tarefa dos tradutores tão difícil. Uma vez que nenhuma indicação é fornecida a eles, como podem interpretar corretamente o significado dos hieróglifos?

e assim ganhou o significado de "espíritos benevolentes". O significado original de *Manes* seria apropriado caso aplicado às entidades desencarnadas nos Campos Elíseos; entretanto, o significado geral da palavra, conforme usado pelos escritores da antiga Roma, transmite a ideia de que *Manes* são as formas astrais no *Kāma-Loka*, tecnicamente chamadas de *Kāma-Rupas*. Assim, a frase "os *Manes* serão aniquilados" enfatiza a ideia contida no *Livro dos Mortos*, qual seja, do *Uraeus* devorando a sombra. Ambas as frases significam "a Segunda Morte".

Proclo, um conhecido neoplatônico, apresenta a segunda morte de forma ainda mais clara do que Plutarco.

> Após a morte a alma continua no corpo aéreo (astral), até que esteja totalmente purificada de toda raiva e paixões sensuais; depois desconecta o corpo aéreo, através *da segunda morte*,[740] da mesma forma que fez com o corpo terrestre. Razão pela qual os antigos dizem que há um corpo celestial sempre ligado com a alma, que é imortal, luminoso, com a aparência de uma estrela.[741]

Comentando a passagem de Proclo, o "corpo aéreo" equivale ao *Kāma-Rupa*, uma vez que é composto de substância astral, não física, e não se encontra no Plano Físico, estando situado no *Kāma-Loka*. A separação de *Manas* superior do *Manas* inferior é descrita como a purificação "de toda raiva e paixões sensuais", representando a associação de *Manas* com *Kāma* durante a vida terrena, que precisa ser descartada, por assim dizer, no *Kāma-Loka*. Isso é feito quando o corpo aéreo é deixado de lado, assim como o corpo terreno foi largado na Terra. Então, quando o último elo que prende a tríade imortal aos remanescentes do quaternário inferior é partido, a Mônada (*Ātma-Buddhi*) se liberta, e então está de volta ao lar, em outra parte do Universo. O que ocorreu na Terra, assim como na primeira parte dos estados após a morte, não a afeta de forma alguma. Continuando com a analogia fornecida por Proclo: resplandecente em seu corpo celestial, a Mônada está livre dos liames da Terra, e pode agora tomar seu caminho rumo às regiões estelares de onde veio. Enquanto isso, seu companheiro de jornada (o *Manas* superior) é encerrado em seu estado de bem-aventurança no *Devachan*.

Na verdade, não há separação da tríade imortal. A aparente divisão feita a pouco tem o propósito de estudo, de forma a salientar qual elemento do "três em um" (*Ātma-Buddhi-Manas*) experimenta o estado *Devachānico*. Como expressa o *Comentário*:

> Nos mundos mais elevados os três constituem um... (II, 57)[742]

...ao qual uma explicação é adicionada:

---

740 Aqui H.P.B. acrescenta: "Quando se elevando ao *Devachan*." Também incluiu a palavra "astral" a seguir de aéreo, na frase "a alma continua no corpo aéreo".

741 Citado de *A Doutrina Secreta*, Vol. V, p. 360.

742 Vol. III, p. 68, ed. 6 vol.; II, 60, 3ª ed.

> No *Devachan* é necessário o elemento superior do *Manas* para constituir um estado de consciência e percepção da Mônada desencarnada. (II, 57)[743]

O fato de que o *Devachan* é estritamente um estado e uma condição para o aspecto do *Manas* superior é claramente apresentado em uma passagem que considera o estado da humanidade antes da iluminação fornecida pelos *Mānasaputras*, na Terceira Raça-Raiz. Pois não havia *Devachan* antes do despertar do Princípio *Manas*, e por essa razão não havia também o *Kāma-Loka*. A "morte", conforme nós a conhecemos, e os estados após a morte, tornaram-se uma necessidade com a configuração do veículo físico e quando a personalidade começou a atuar como uma entidade.

> A morte só surgiu após o homem ter se tornado uma criatura *física*. Os homens da Primeira raça e também da Segunda dissolveram-se e desapareceram em sua progênie. (II, 609)[744]
> (...)
> Até então não havia morte real, mas apenas uma transformação, porque *os homens ainda não tinham personalidade*. Tinham Mônadas – "Sopros" do Alento Único, tão impessoais como a fonte de onde procediam. Tinham corpos, ou antes, sombras de corpos, que não conhecendo o pecado eram sem *Karma*. Assim, como não havia *Kāma-Loka* – e muito menos *Nirvāna*, nem *Devachan* – pois as "Almas" dos homens não possuíam Egos pessoais, não podia haver períodos intermediários entre as encarnações. Semelhante à Fênix, o homem primordial ressuscitava passando do seu corpo velho para um novo. De geração em geração tornava-se cada vez mais sólido, mais perfeito fisicamente, em harmonia com a lei de evolução, que é a *Lei da Natureza*. A morte surgiu com o organismo físico já completo, e com ela a decadência moral. (II, 610)[745]

O *Bardo* e a Gestação

Outro termo ajudará na elucidação dos estados após a morte: *Bardo*. Esta é uma palavra tibetana que significa o intervalo entre a morte e o renascimento. Ele pode ser dividido em três subperíodos: (1) o primeiro período, quando a entidade desencarnada entra em *Yuh-Kai*, o estado de *Kāma-Loka*; (2) o período intermediário, quando a entidade experimenta o Estado de Gestação; (3) o estado *Devachânico*.[746]

O primeiro período ou estado, *Kāma-Loka*, já foi suficientemente estudado. Quanto ao período intermediário, é chamado de Estado de Gestação para transmitir a ideia de uma preparação que ocorre antes que a entidade desencarnada possa entrar no terceiro período – *Devachan*. A quantidade de tempo envolvida nesse segundo período depende dos motivos dominantes estabelecidos na estrutura do ser durante a vida terrena. Existe um triplo propósito nesse estado: (1) fornecer uma

743 *Ibid.* nota 742.
744 Vol. IV, p. 180, ed. 6 vol.; II, 644, 3ª ed.
745 Vol. IV, p. 181, ed. 6 vol.; II, 645, 3ª ed.
746 Cf. *The Mahatama Letters to A.P. Sinnett*, p. 105 [Ed. Teosófica, Vol. I, Carta nº 68, p. 304 (Nota Ed. Bras.)].

oportunidade para que sejam transferidas para a individualidade as melhores e mais espiritualizadas qualidades da personalidade, resultantes do contato entre esses dois aspectos durante a vida na Terra. Colocando tecnicamente, é o contato do *Manas* inferior (isto é, *Manas* unido à *Kāma*) com o *Manas* superior (*Manas* irradiado por *Buddhi*, tecnicamente chamado de *Manas-Taijasī*). (2) Atuar como um estado preparatório para o interlúdio *Devachânico*, uma vez que apenas os mais nobres e elevados anseios da personalidade são experimentados nesse estado. (3) A separação final da tríade imortal dos remanescentes do quaternário inferior – estritamente falando, um quíntico, antes da separação. Essa separação constitui a segunda morte.

Com relação à transferência que ocorre durante o Estado de Gestação, aquilo que é transferido pode ser considerado como o aroma ou essência destilada da personalidade, e é chamado de aspecto *Taijasī* de *Manas*.

> *Taijasī* significa o radiante, em consequência de sua união com *Buddhi*; isto é, *Manas*, a alma humana, iluminada pela radiância da alma divina. Assim sendo, *Manas-Taijasī* pode ser descrito como a mente radiante; a razão *humana* iluminada pela luz do espírito; e *Buddhi-Manas* é a revelação do divino *mais* o intelecto humano e sua autoconsciência.[747]

O resultado da transferência pode ser visto como a pérola no *Sutrātman* ("o fio de *Ātman*"), ligada à sua Origem, a Essência Monádica, dentro de seu invólucro radiante, o *Hiranyagarbha*.

> ... então, com a total radiação de *Ātman* sobre ele, eleva-se como *Manas-Taijasī* até o estado *Devachânico*. Essa é a razão pela qual é chamado por vários nomes. É o *Sutrātman*, o "fio" de prata que "encarna" desde o começo do *Manvantara* até o seu final, enfileirando sobre si as pérolas da existência humana, em outras palavras, o aroma espiritual de cada personalidade que ele *acompanha* através da peregrinação da vida. (*S.D.*, V., 427)

Deve ficar claro que a qualidade do Estado de Gestação – portanto, a quantidade de tempo envolvida nesse período intermediário – depende do tipo de vida vivida na Terra. Também depende do contado feito entre *Manas* superior e o *Manas* inferior durante a vida terrena. Pois esse contato é feito independentemente da consciência que a personalidade possa ter dele. Onde surgem os sentimentos nobres, os ideais elevados e os anseios espirituais? Eles surgem na Mente superior. Não são produtos da Mente inferior. Quando tais inspirações elevadas são nutridas, elas acabam se incorporando na personalidade e resultando em uma vida nobre. Estes são os fatores envolvidos no Estado de Gestação, onde a transferência é executada, de forma que o aroma dessas qualidades espirituais, por assim dizer, possa ser transportado, junto com a tríade imortal, para que sejam despertas novamente e vivificadas no *Devachan*.

---

747 *A Chave para a Teosofia*, p. 159 [Ed. Teosófica, 7ª ed., p. 142 (Nota Ed. Bras.)].

> Lembre-se do ensinamento: a Alma Humana, o *Manas* inferior, é o *único* mediador direto entre a personalidade e o Ego Divino. Aquilo que irá compor nesta Terra a *personalidade*, erroneamente chamado de *individualidade* pela maioria, é a soma de todas as suas características mentais, físicas e espirituais que, sendo impressas sobre a Alma humana, produzem o *homem*. Agora, de todas essas características, somente os pensamentos purificados podem ser impressos no Ego imortal superior. Isso é feito quando a Alma Humana se funde novamente, em sua essência, com sua fonte paterna, misturando-se com esse Ego Divino durante a vida, e a ele se reunindo totalmente após a morte do homem físico. Assim sendo, a não ser que *Kāma-Manas* transmita a *Buddhi-Manas* tais ideações pessoais, e a consciência do seu "eu" (até onde este pode ser assimilado pelo Ego Divino), nada desse "eu" ou personalidade pode sobreviver no Eterno. Apenas o que é digno do Deus imortal, dentro de nós, e de natureza idêntica à quintessência divina, pode sobreviver; pois, nesse caso, são as próprias "sombras", ou emanações, do Ego Divino que a ele se elevam e por ele são absorvidas novamente, tornando-se, mais uma vez, parte de sua própria Essência. Nenhum pensamento nobre, ou aspiração superior, desejo, ou amor imortal divino, pode entrar na mente do homem de barro e ali ficar, a não ser como uma emanação direta do Superior para (e através) do Ego inferior; todo o resto, mesmo dando a impressão de intelectual, procede da "sombra", *a mente inferior*, em sua associação e união com *Kāma*, e extingue-se e desaparece para sempre. Mas as ideações mentais e espirituais do "Eu" pessoal a ele retornam, como partes da Essência Egóica, e jamais podem perecer. Assim, da personalidade que existia, apenas suas experiências espirituais, a memória de tudo o que é bom e nobre, e a consciência de seu "Eu" combinada com todos os outros "Eus" anteriores, sobrevive e se torna imortal. (*S.D.*, V. 490)

Próximo ao fim do Estado de Gestação, junto com o processo de transferência da porção mais nobre da personalidade, ocorre novamente a mesma visão panorâmica experimentada no momento da morte. Todos os incidentes da última vida vivida são exibidos ante o Ego Reencarnante (ou *Manas* superior), que atua com a capacidade de um registrador.

Dessa maneira, a vida passada não é apagada na realidade, mas sim combinada em uma antevisão da vida na futura encarnação. Tornando-se um produto do passado, culmina em um ponto de referência, de forma que o Ego Reencarnante perceba a necessidade da continuação de seu esforço pelo canal que lhe foi preparado, de acordo com sua vida passada.

Tendo registrado a antevisão da próxima vida, o Ego Reencarnante desliza para o terceiro estado após a morte, conhecido como *Devachan*.

O Terceiro Estado Após a Morte - *Devachan*

"Eu entro no domínio de *Sekhem*", diz o defunto no Ritual dos Mortos.[748] *Sekhkem*, ou o *Sekten* Egípcio, equivalente em significado ao *Devachan*, é considerado o domínio sob a jurisdição de Khem, o nome egípcio do deus Horus. *Sekten* é uma das quatorze divisões do *Amenti*.[749] Embora considerado um domínio no Ritual dos Mortos, devemos enfatizar novamente que o *Devachan* é um estado de bem-aventurança, não uma localidade.[750]

E o restante do verso do Ritual continua: "Eu entro na região das Chamas que destruíram seus adversários." Uma nota acrescenta que esta frase significa:

> ...se libertaram das "quatro mechas" geradoras de pecado. (I, 237)[751]

As "quatro mechas" são, está claro, os quatro princípios que formam o Quaternário Inferior (*Sthūla-Śarīra, Linga-Śarīra, Prāna* e *Kāma*), que são deixados para trás quando a entidade desencarnada, que agora se consiste apenas da tríade imortal, entra no estado *Devachânico*. A expressão "quatro mechas" é usada em uma das *Estâncias de Dzyan*, após a referência à "Chama de Três Línguas" (*Ātma-Buddhi-Manas*) – a "raiz que jamais perece".

---

748 Conhecido como *O Livro dos Mortos*, cap. i, 7.

749 Descrito na seção "O Primeiro Estado Após a Morte – *Kāma-Loka*".

750 Cf. esta passagem. "Há muita diversidade nos Estados *Devachânicos*.... bem como há muitas variedades de bem-aventurança como, na Terra, há tonalidade de percepção e de capacidade de apreciar tal recompensa. É um paraíso feito de ideias, produzido pelo próprio Ego, e preenchido por ele com o cenário movimentado pelos fatos e povoado pelas pessoas que ele esperaria encontrar nessa esfera de bem-aventurança compensatória." *Cartas dos Mahatmas para A.P. Sinnett*, p. 102. [Ed. Teosófica, Vol I, Carta nº 68, p. 300. (Nota Ed. Bras.)]

Incorporando a ideia de uma característica variada do Mundo Celeste, os antigos *Eddas* dos escandinavos descreviam o *Valhalla* (equivalente ao *Devachan*) contendo 500 portas – cada "porta" correspondia, naturalmente, a uma condição diferente.

751 Vol. I, p. 282-3, ed. 6 vol.; I, 258, 3ª ed. Colocado tecnicamente: os quatro princípios inferiores são deixados na esfera das causas (nossa Terra) e no *Kāma-Loka*, e retornam às suas fontes de origem, enquanto que a tríade imperecível entra nas esferas dos efeitos. A explicação é fornecida na passagem a seguir. Os nomes sânscritos dos princípios foram incluídos entre parênteses:

"Os mundos dos efeitos não são *lokas* ou localidades. Eles são a sombra do mundo das causas, suas almas – mundos que possuem, como os homens, seus sete princípios, que se desenvolvem e crescem simultaneamente com o corpo. Deste modo, o corpo (*Sthūla-Śarīra*) do homem está unido ao corpo deste planeta, e assim permanece para sempre. Seu princípio vital individual, *Jīvātman* (que se torna 'individualizado' dentro do corpo humano como *Prāna*), chamado em fisiologia de espírito animal, retorna, depois da morte, à sua fonte – *Fohat*; seu *Linga-Śarīra* (corpo modelo) será absorvido no *Ākāśa*; o seu *Kāmarūpa* (Princípio do Desejo) se recombinará com o *Śakti* Universal – a Força Vontade ou energia universal; sua 'alma animal' (*Kāma-Manas*), tomada de empréstimo do alento da Mente Universal, retornará aos *Dhyān-Chohans*; seu sexto princípio (*Buddhi*) – quer seja absorvido ou ejetado pela matriz do Grande Princípio Passivo, deve permanecer em sua própria esfera – seja como parte da matéria-prima não refinada ou como uma entidade individualizada para renascer em um mundo superior das causas. O sétimo (*Ātman*) o levará do *Devachan* e acompanhará o novo Ego ao seu local de renascimento." *Cartas dos Mahatmas para A.P. Sinnett*, pp. 71-2 [Ed. Teosófica, Vol. I, Carta nº 44, p. 198 (Nota Ed. Bras.)].

> As mechas são as centelhas que partem da chama de três línguas (sua *tríade superior*) projetada pelos sete, dos quais é a Chama. (Estância VII, *śloka* 4)

Ātman é chamado na Filosofia Esotérica de A Testemunha Única, mas

> ...enquanto descansa no *Devachan* é chamado de "as Três Testemunhas do *Karma*". (I, 571)[752]
> (...)
> "Eu sou a Chama de Três Mechas, e as minhas Mechas são imortais", diz o defunto. (I, 237)[753]

Ao entrar no estado *Devachânico*, o defunto "Osirificado", como é chamado no Ritual dos Mortos, anuncia: "Eu estou submergido em *Sekhem*."[754]

> A última frase corrobora e repete a doutrina do *Buddhismo* Esotérico, ao aludir diretamente ao Quinto Princípio (*Manas*), ou melhor, à parte mais espiritual de sua essência, que submerge em *Ātma-Buddhi*, é por ele absorvida e com ele se identifica após a morte do homem. (I, 220)[755]

Ao submergir em *Sekhem*, o *Osirificado* já não tem mais lembrança de qualquer de seus sofrimentos ou adversidades passados, pois nem mesmo uma sombra de pesar entra no estado idealizado; sua bem-aventurança consiste em não possuir sequer um murmúrio de ansiedade que perturbe a pintura de suas visões. Conforme os gregos colocavam, ao beber as águas de Lethe (o Rio Subterrâneo do Esquecimento), o passado é apagado – exceto aquilo que foi transferido para o aspecto *Manas* da tríade imortal.[756]

Voltando à Chama de Três Línguas, um verso do Ritual dos Mortos a descreve da seguinte maneira:

> O Defunto resplandece em seu Ovo quando entra no País do Mistério. (I, 364-5)[757]

A alusão ao *Hiranyagarbha* (o "ovo dourado") é clara. Novamente: "É o Ovo de Seb." (I, 365)[758]

---

752 Vol. II, p. 294, ed. 6 vol.; I, 624, 3ª ed.
753 Vol. I, pp. 282-3, ed. 6 vol.; I, 258-9, 3ª ed.
754 *Livro dos Mortos*, cap. xxxviii, linha 2.
755 Vol. I, p. 267, ed. 6 vol.; I, 240, 3ª ed.
756 Cf. esta passagem: "...o Ego colhe a recompensa de seu altruísmo na Terra. Ele está completamente envolvido na benção de todas as suas afeições, preferências e pensamentos pessoais terrestres, e colhe o fruto de suas ações meritórias. Nenhuma dor, nenhum aflição, nem mesmo a sombra de uma tristeza surge para escurecer o horizonte iluminado da sua pura felicidade; porque é um estado de perpétua *Māyā*. ... Já que a percepção consciente da personalidade de um indivíduo na Terra é apenas um sonho no *Devachan* – só que cem vezes mais intensa. Isso é tão verdade, de fato, que o Ego feliz é incapaz de ver através do véu as maldades, aflições e angústias a que os que ele amou na Terra podem estar sujeitos. Ele vive naquele doce sonho com os que ama – quer tenham ido antes ou permaneçam na Terra; ele os têm por perto, tão felizes, tão abençoados e tão inocentes como o próprio sonhador desencarnado." *Cartas dos Mahatmas para A.P. Sinnett*, p. 101 [Ed. Teosófica, Vol. I, Carta nº 68, p. 299 (Nota Ed. Bras.)].
757 *Livro dos Mortos*, cap. xxii, 1. Vol. II, p. 80, ed. 6 vol.; I, 391, 3ª ed.
758 *Livro dos Mortos*, cap. liv, 1-3. Vol. II, p. 80, ed. 6 vol.; I, 391, 3ª ed.

Isso liga a essência da chama à verdadeira Fonte da Existência, pois Seb, embora visto no panteão egípcio como o pai de Osíris e Ísis, é

> Esotericamente, o único princípio antes da criação, mais próximo em significado a *Parabrahm* do que *Brahmā*.[759]

Brahmā é, certamente, considerado o criador do mundo, onde *Parabrahman* é o que abarca Tudo, o Infinito Ilimitado no qual inumeráveis Universos têm existência.

> ... estátuas de Seb podem ser vistas nos museus representadas pelo *ganso* ou *cisne negro*, que põe o ovo do mundo em sua cabeça. Nout, ou Neith, a "Grande Mãe" e, ainda, a "Virgem Imaculada", é a esposa de Seb; ela é a mais velha deusa conhecida, e pode ser encontrada em monumentos da *primeira* dinastia.[760]

Entretanto, é o Ovo em relação aos estados após a morte que está sendo considerado, não o aspecto cósmico. E este é o verdadeiro símbolo descrito no Ritual dos Mortos.

> A gravura de um papiro no *Oedipus Egyptiacus* (Vol. III, p. 124) de Kircher mostra um ovo flutuando sobre a múmia. É o símbolo da esperança e a promessa de um Segundo Nascimento para o Morto *Osirificado*; sua Alma, após a devida purificação no *Amenti*, cumprirá seu período de gestação nesse Ovo da Imortalidade para dele renascer em uma nova vida sobre a Terra. Esse Ovo é, segundo a Doutrina Esotérica, o *Devachan*, a mansão da Felicidade. O Escaravelho alado é outro símbolo de idêntica significação. O Globo Alado não é senão uma forma do Ovo com o mesmo significado do Escaravelho, o *Khopiru* — da raiz *khopru*, vir a ser, renascer —, que se relaciona com o renascimento do homem e com sua regeneração espiritual. (I, 365)[761]

Ainda assim a entrada no *Sekhem* não representava o auge dos estados após a morte, no que diz respeito à descrição egípcia. Pois, no papiro que representa o Ritual dos Mortos,

> ...vê-se o defunto entrar no *Sekhem* com Horus-Thoth e "*sair como espírito puro*" (lxiv, 29).[762] (I, 220 itálicos incluídos)

A importância dessa frase ficará clara quando fizermos referência à passagem pelas sete câmaras planetárias. Enquanto isso, continuamos com as linhas do Ritual, que, quando observadas desse ponto de vista, adquirem importância ainda maior:

> Diz o defunto (linha 30): "Eu vejo as formas de (mim mesmo com vários) homens que se transformam eternamente... Eu conheço este (capítulo). Aquele que o conhece... assume toda espécie de formas viventes.

---

759 *Glossário Teosófico*, p. 294.
760 *Ibid.* nota 759.
761 Vol. II, pp. 80-1, ed. 6 vol.; I, 391, 3ª ed.
762 *Glossário Teosófico*, p. 294.

> (...)
> E nas linhas 34-5, dirigindo-se com uma fórmula mágica ao que no esoterismo egípcio se chama "o coração ancestral", ou o princípio que reencarna, o Ego permanente, diz mais o defunto: "Oh! Coração meu, meu coração ancestral, tu que és necessário às minhas transformações... não te separes de mim ante o guardião das balanças!" (I, 220)[763]

"O guardião das balanças" é Thoth, o deus da sabedoria, atuando como um registrador na cena em que o coração é pesado diante de Osíris, o Senhor de *Amenti*. Thoth é retratado no papel de um Senhor do *Karma*, mantendo sua postura equilibrada, pronto a escrever em seus papiros o resultado da pesagem do coração de *Osíris-Anis* (o postulante). O coração foi colocado em um dos pratos da balança, o outro segura a pluma que representa a Verdade.

> O Livro dos Mortos dá uma lista completas das "transformações" pelo qual passa cada defunto, quando se despe, um por um, de todos aqueles princípios (materializados, para maior clareza, em entidades ou corpos etéreos). (I, 227)[764]

Rondas Internas e Externas

Quanto às "transformações", estas são semelhantes, senão idênticas em significado, às de *Gilgoolem*.[765] E, para dar segurança a esse conceito, Horus,[766] a divindade benigna do Submundo, que acompanha a alma desencarnada até o trono de julgamento de Osíris, intercede pelo *Osirificado* (Osíris-Ani) com as seguintes palavras: "Que sua alma descanse entre as estrelas que nunca se põem!" Troque a palavra *alma* por Mônada e a narrativa egípcia ficará de acordo com a da Filosofia Esotérica. *Dormit in astris* (ele dorme entre as estrelas) — um conhecido epitáfio da Roma antiga — transmitia a mesma mensagem. O "descanso entre as estrelas" era obtido através das Rondas Internas e Externas.

Dando continuidade ao tema, da maneira egípcia, podemos repetir a seguinte citação neste ponto:

> Desde o momento em que era embalsamada, cada múmia perdia, de certa forma, sua individualidade física; isto simbolizava a raça humana. Calculava-se a melhor posição para que ela fosse colocada de forma a auxiliar a saída da "alma", e tinha que passar pelas sete câmaras planetárias antes de sua saída através do ápice simbólico. Cada câmara representava, ao mesmo tempo, uma das sete esferas e um dos sete tipos superiores de humanidade psíqui-

763 Vol. I, p. 267, ed. 6 vol.; I, 240, 3ª ed.
764 Vol. I, p. 273, ed. 6 vol.; I, 247, 3ª ed.
765 Descrita no Cap. IX, seção 5 da Doutrina das Rondas. Sugerimos que essa seção seja relida neste ponto.
766 Hórus, o filho de Osíris e Ísis, era considerado como uma divindade casta. "Um cântico antigo diz dele: 'Por ele o mundo é julgado pelo que contém. Céus e terra estão sob sua presença imediata. Ele governa todos os seres humanos. O Sol gira de acordo com sua vontade. Ele produz abundância e a concede a toda a Terra. Todos adoram sua beleza. Doce é seu amor por nós.'" *Glossário Teosófico*, p. 145.

co-espiritual, ditas encontrarem-se acima da nossa própria humanidade. A cada 3.000 anos, a alma, representativa de sua raça, tinha de retornar ao seu ponto original de saída antes de passar por outra evolução para uma ainda mais perfeita transformação física e espiritual.[767]

Em outras palavras, a Essência Monádica retorna à Fonte da qual havia surgido. A figura dos 3.000 anos é o período de tempo que os egípcios reservavam para a estada em *Sekhem*. As sete câmaras planetárias significam os Sete Planetas Sagrados. A "passagem" era concluída da seguinte maneira – usando o modo de descrição empregado pelos escritos Herméticos[768] (as Sete Zonas equivalem aos Sete Planetas Sagrados):

> São as sete Zonas da ascensão *post mortem* dos escritos herméticos, em cada uma das quais o "Mortal" deixa uma de suas Almas ou Princípios, até que, chegando ao plano que domina todas as Zonas, ele aí permanece como a grande Serpente Sem Forma da Sabedoria Absoluta ou a própria Divindade. (I, 411)[769]

A "grande Serpente Sem Forma" é, obviamente, uma figura de linguagem, pois como poderia o símbolo de uma serpente ser ao mesmo tempo *sem forma*? O símbolo do *Ananta-Śesha* surge em nossa mente – a serpente desenhada em um círculo mordendo a própria cauda –, representando o Círculo do Infinito. A Mônada percorre esse círculo, retornando assim à sua Origem. As palavras a seguir explicam que a frase tinha a intenção de representar o que é inconcebível e incompreensível – assim como os termos *Ain Soph* e *Parabrahman*.

---

767 *Ísis Sem Véu*, Vol. I, p. 297.

768 A definição de H.P.B. para "Hermética" é iluminadora: "Qualquer doutrina ou escritura relacionada com os ensinamentos esotéricos de Hermes, que, considerado como o Thoth egípcio ou como o Hermes grego, era o deus da Sabedoria entre os antigos e, segundo Platão, 'descobriu os números, a geometria, a astronomia e as letras'. Embora, em sua maior parte, os escritos herméticos sejam considerados como espúrios, foram altamente elogiados por Santo Agostinho, Lactâncio, Cirilo e outros. Segundo J. Bonwick, tais escritos 'estão mais ou menos retocados pelos filósofos platônicos existentes entre os antigos cristãos (tais como Orígenes e Clemente de Alexandria), que pretendiam provar seus argumentos cristãos apelando a estes venerados escritos pagãos, embora não pudessem resistir à tentação de fazê-los dizer um pouco mais que o devido'." *Glossário Teosófico*, pp. 140-1.

Mais além, com relação aos Livros de Thoth ou Livros de Hermes: "Os quarenta e dois Livros Sagrados dos egípcios, mencionados por Clemente de Alexandria como tendo existido em seu tempo, nada mais eram que uma parte dos Livros de Hermes. (*Stromata*, Vol. II, p. 321). Jâmblico, na autoridade do sacerdote egípcio Abammon, atribui 1.200 desses livros a Hermes, e Maneto, 36.000." (*S.D.*, V, 58)

"Existe também a evidência adicional de Clemens Alexandrinus, que deve ser considerada até certo ponto. Clemens testemunhou a existência de mais 30.000 volumes dos Livros de Thoth, guardados na biblioteca da Tumba de Osimandias, sobre cuja entrada estavam escritas as palavras: 'Uma Cura para a Alma'." (*S.D.*, V, 58)

O trabalho hermético é frequentemente aludido em *A Doutrina Secreta*, sob o nome de O Divino Pimandro. Uma pista para o seu significado é fornecida: "O 'Pensamento Divino'. O Prometeu egípcio e a personificação do *Nous* ou luz divina, que aparece e instrui Hermes Trimegistus, numa obra hermética intitulada 'Pimandro'." *Glossário Teosófico*, p. 266.

Quanto a como esse trabalho em particular era encarado, o seguinte é indicado: "Só nas traduções originais e positivas pra o Latim e o Grego é que se pode ver quanto o PIMANDRO, o Pensamento Divino de Hermes, é verdadeiramente esotérico e se afina com a Doutrina Secreta." (*S.D.*, II, p. 491, ed. or.; IV, 59, ed. 6 vol.; II, 516, 3ª ed.)

769 Vol. II, p. 127, ed. 6 vol.; I, 442, 3ª ed.

> A Serpente de sete cabeças tem mais de um significado nos ensinamentos arcaicos. É o Dragão de sete cabeças, cada uma das quais é uma estrela da Ursa Menor; mas é também, acima de tudo, a Serpente das Trevas, inconcebível e incompreensível, cujas Sete cabeças são os Sete Logos, os reflexos da Luz Una, anteriormente manifestada em todas as coisas, o *Logos* Universal. (I, 411)[770]

O "Logos Universal", ou o Divino *Ādi-Buddhi*, a "Luz Una manifestada" ou *Daivīprakrit*, e os "Sete Logos", ou Filhos da Luz, são todos mencionados nesta importante passagem:

> A Divina puramente *Ādi-Búddhica* manifesta-se como o *Buddhi* Universal, o *Mahā-Buddhi* ou *Mahat* das filosofias hindus, a Raiz espiritual, onisciente e onipotente, da Inteligência divina, a *Anima Mundi* mais elevada ou o *Logos*. Este desce "como uma chama, difundindo-se desde o eterno Fogo, imutável sem aumento nem diminuição, sempre o mesmo até o fim" do ciclo de existência, e converte-se em Vida Universal no Plano do Mundo. Desse Plano de Vida consciente brotam como sete línguas de fogo os Filhos da luz, os *Logos* de Vida... (I, 572)[771]

As palavras herméticas não estavam se referindo apenas ao movimento circular da Mônada, que estaciona para um "descanso" em cada uma das Sete Zonas, deixando suas respectivas "Almas" em cada zona, sempre circulando até atingir o pináculo – o plano acima de todas as Zonas – sua Origem Paterna. Encontramos corroboração na sabedoria antiga dos caldeus, um fragmento que nos foi acessível, uma vez que foi encontrado entre as telhas assírias. Esse fragmento aparece na forma da história assírio-babilônica de Ishtar, a deusa do amor e da beleza, falando de seu amor por Tammuz. Pode parecer que essas histórias sobre divindades são contos dados ao populacho. Entretanto, os significados subjacentes às fábulas eram revelados apenas para aqueles que entravam nos Mistérios e se tornavam iniciados. Parte da observância dos Mistérios consistia no retrato dramatizado das histórias das divindades. Em acréscimo a essas dramatizações, o significado dos mitos era explicado aos participantes.[772]

---

770 Vol. II, pp. 127-8, ed. 6 vol.; I, 442, 3ª ed.

771 Vol. II, p. 296, ed. 6 vol.; I, 625, 3ª ed.

772 "Ouçam Píndaro, que exclama: 'Feliz daquele que desce à cova como Iniciado, pois ele conhece o fim de sua vida e o reino (os Campos Elíseos) dado por Júpiter.' *Fragmentes*, ix. Ou Cícero: 'A Iniciação não apenas ensina como nos alegrarmos com esta vida, mas também como morrer com mais esperança.' *De Legibus*, II, iv. Platão, Plausâneas, Strabo, Deodoro e dúzias de outros trazem a evidência da grande dádiva da Iniciação; todos os grandes Adeptos, assim como os parcialmente iniciados, dividem o entusiasmo com Cícero. 'Não é verdade que Plutarco, pensando sobre o que aprendeu em sua iniciação, se consola pela perda de sua esposa? Não obteve ele a certeza nos Mistérios de Bacco que a alma (espírito) permanece incorruptível, e que existe um além-mundo?' *Judaism and Paganism*, I, 184." (*S.D.*, V, 254-5.)

"Diz Fílon: 'Sabia-se que os Mistérios revelavam as operações secretas da Natureza.'" (*S.D.*, V. 255)

Com referência à separação dos princípios do homem – descritos na seção intitulada "A Segunda Morte" – a citação a seguir explica o que era representado durante a observância dos Mistérios: "Essa separação, primeiro nos 'Prados do *Hades*', conforme Plutarco chama ao *Kāma-Loka*, depois no *Devachan*, era uma parte, bem como uma parcela das representações durante os Mistérios sagrados, quando os candidatos à iniciação encenavam todo o drama da morte, e da ressurreição como um espírito glorificado." *A Chave Para a Teosofia*, p. 98 [Ed. Teosófica, 7ª ed., p. 92 (Nota Ed. Bras.)].

Assim, a história de Ishtar[773] possui um significado óbvio, que é facilmente discernido, diferente do sazonal "retorno da Primavera" normalmente atribuído à lenda.

Prostrada, em pesar, por causa da morte de Tammuz, Ishtar decide descer até *Aralu*, e lá implorar ao Senhor do Submundo que permita que seu amado retorne ao reino dos vivos. Como em Virgílio:

> *Facilis descensus Averni;*
> *Noctes atque dies patet atri janua Ditis.*

Traduzindo: "Fácil a descida ao Submundo; tanto à noite como de dia, o portal de *Dis* (o legislador do Submundo) permanece aberto." Não obstante, a deusa descobre que *Aralu* era dividido em sete zonas ou esferas, e que na entrada de cada esfera havia um guardião. Embora impressionado por sua beleza e porte real, o guardião da primeira zona impediu a entrada de Ishtar e ordenou que ela deixasse um de seus ornamentos, dizendo-lhe que ela não poderia aparecer ante o legislador de seu domínio com qualquer peça ou ornamento terreno. Assim sendo, a divindade passou ao guardião sua coroa real. Abordada pelo encarregado da segunda esfera, a deusa se desfez de seus brincos. Parada à entrada da terceira zona, o seu colar apaziguou o implacável vigia. Na quarta esfera Ishtar se adiantou e aplacou a sentinela com os ornamentos de seu colo. Tendo sua jornada interrompida pelo zelador da quinta entrada, a deusa despiu seu cinturão precioso e se apressou em direção à sexta zona. Mas o guardião da sexta esfera fez como que a ansiosa amante esperasse até que ele recebesse seus enfeites dos pés e das mãos. E agora restava apenas um ornamento à divindade, uma zona final a entrar, com apenas um véu separando-a de implorar por Tammuz. Sem hesitar, ela passou sua tanga ao protetor da sétima esfera. Mesmo assim, ainda mais linda do que em seus ornamentos era a radiância que cercava Ishtar. Tanto que ela obteve a aprovação do legislador de *Aralu*, que garantiu à deusa o seu pedido e lhe permitiu levar Tammuz de volta à Terra.

Em sua jornada de retorno, a divindade parou na entrada de cada uma das sete esferas, agora para recuperar seus adornos. Do protetor da sétima esfera ela recebeu sua tanga. Do vigia da sexta zona obteve seus adornos dos pés e das mãos. O zelador da quinta esfera relutou em devolver seu cinturão, mas não pode resistir à beleza de Ishtar. Na quarta zona a sentinela estava pronta a devolver-lhe o ornamento de seu colo, assim como o guardião da terceira esfera rapidamente lhe passou seu colar. O segundo guardião já estava com seus brincos na mão, e o guardião do primeiro portão de *Aralu* – que agora era a sua saída – devolveu-lhe sua última posse, a coroa. Após recolher em cada uma das sete esferas o que lhe pertencia, a deusa da beleza estava pronta para retornar à Terra.

Parece desnecessário mostrar que a bela deusa representa a Mônada executando sua jornada cíclica à Luz Infinita, e de lá retornando. No caminho à sua Origem, a

773 Essa fábula também é contada por Will Durant em seu *The History of Civilization*, Volume I.

Mônada deixa em cada uma das sete esferas (os Sete Planetas Sagrados) suas respectivas vestes. Na jornada de volta da Luz Infinita, as vestes que haviam sido deixadas para trás em cada esfera são recolhidas novamente.

Fragmentos que sobreviveram até os nossos dias, do ciclo literário da Grécia antiga, conhecidos como os Hinos Órficos,[774] descrevem a jornada cíclica executada pela alma durante o estado pós-morte. Após mergulhar no Rio de *Lethe* (o "Rio do Esquecimento") a alma (Mônada) visita as mansões das divindades: Hermes, Afrodite, Ares, Semele, Febus, Zeus e Kronos.[775]

Antes de retornar à Terra, a alma mergulha novamente no Rio de *Lethe*; assim, todas as lembranças da jornada são esquecidas. As mansões das divindades estão sob a vigilância de Reitores, assim como nos trabalhos de Hermes Trimegistus.

> Todos os autores e filósofos clássicos que trataram do assunto repetem, juntamente com Hermes Trimegistus, que os sete Reitores – os planetas, incluindo o Sol – são os associados ou colegas de trabalho do Todo Desconhecido, representado pelo Demiurgo, encarregado por conter o Cosmos – nosso mundo planetário – em sete círculos... Essa doutrina de Hermes era a mesma de Pitágoras e, antes dele, de Orfeu.[776] É chamada por Proclo de "a doutrina transmitida por Deus." (*S.D.*, V, 321)

É mais do que provável que as várias sociedades gnósticas tenham incorporado em seus sistemas teogônicos as ideias contidas nos Hinos Órficos. De qualquer

---

774 Pouco é conhecido sobre os Hinos Órficos, entretanto "alguns dos versos 'apócrifos' do Orfeu 'mítico' também foram encontrados, e copiados, palavra por palavra, em hieróglifos, em algumas inscrições da Quarta Dinastia, dirigidos a várias Divindades. Finalmente, Creuzer os descobriu e, imediatamente, apontou o fato muito significativo de que numerosas passagens encontradas em Homero e Hesíodo eram inegavelmente tomadas de empréstimo dos Hinos Órficos pelos grandes poetas, provando que os primeiros são muito mais antigos que a Ilíada e a Odisseia." (*S.D.*, V, 59.)

H.P.B. vê Orfeu como o fundador dos Mistérios Gregos: "Fora da Grécia, Bacco era o todo poderoso 'Zagreus, o mais elevado dos Deuses,' sob cujas ordens estava Orfeu, o fundador dos Mistérios." (*S.D.*, V, 278) Uma razão pela qual os Hinos Órficos são tão pouco conhecidos – mesmo durante o tempo da Grécia antiga – é porque eles eram mantidos para uso nos Mistérios e não eram preservados em forma escrita. "Sabemos através de Heródoto que os Mistérios foram trazidos da Índia por Orfeu – um herói muito anterior a Homero e Hesíodo. Muito pouco realmente se sabe sobre ele, e até bem recentemente a Literatura Órfica e até mesmo os Argonautas eram atribuídos a Onamacritus, um contemporâneo de Pisistratus, Sólon e Pitágoras, a quem foi creditada a compilação da forma presente perto do final do sexto século a.C., ou 800 anos antes do tempo de Orfeu. Mas fomos informados que nos dias de Pausânias havia uma família sacerdotal que, como os *Brāhmans* nos *Vedas*, havia confiado à memória todos os Hinos Órficos, e que geralmente eram transmitidos dessa forma de geração à geração. Colocando-se Orfeu tão distante como 1200 a.C., a Ciência oficial – tão cuidadosa em sua cronologia para ter escolhido em cada um dos casos o período mais distante possível – admite que os Mistérios, ou em outras palavras, o Ocultismo dramatizado, pertence a uma época ainda mais anterior aos Caldeus e Egípcios." (*S.D.*, V, 293.)

775 Esses são nomes gregos das divindades associadas com as Mansões da Vida – os sete Planetas Sagrados. Usualmente eles são chamados por seus nomes latinos: Mercúrio, Vênus, Marte, Diana (a Lua), Apollo (o Sol), Júpiter e Saturno.

776 "Proclo diz que as doutrinas de Orfeu, que era um indiano e veio da Índia, foram as origens dos sistemas promulgados posteriormente. 'O que Orfeu proferiu em alegorias ocultas, Pitágoras aprendeu quando era iniciado nos Mistérios Órficos; e em seguida, Platão recebeu o perfeito conhecimento deles dos escritos Órficos e Pitagóricos.'" (*S.D.*, V, 304.)

forma, o padre cristão Orígenes é testemunha do fato de que eles associavam os Reitores com os Sete Planetas Sagrados, chamando-os de: Adonai, o gênio do Sol; Iao, da Lua; Eloi, de Júpiter; Sabaoth, de Marte; Orai, de Vênus; Astaphai, de Mercúrio; Ildabaoth, de Saturno.[777] Além do mais,

> A origem planetária da Mônada (Alma), bem como de suas faculdades, foi ensinada pelos gnósticos. No curso de sua descida para a Terra e de seu regresso da mesma, cada Alma, nascida da "Luz Infinita", tinha que passar pelas sete regiões planetárias em ambas as vias. (I, 577)[778]

Havendo concluído sua jornada cíclica para a Luz Infinita, e dela retornando, através das Rondas Externas, a Mônada continua sua jornada por meio das Rondas Internas. Coincidente com essa jornada, à medida que o Arco Descendente das Rondas Internas está sendo percorrido, o estado de bem-aventurança do interlúdio *Devachânico* assume a reprodução dos lugares onde se desejava que tais visões beatíficas fossem experimentadas.

Então, também a grande força atrativa de *Tanhā* começa a se afirmar. *Tanhā* é a forma *Pāli* da palavra sânscrita *Trishnā*, que vem da raiz *trish*, "ter sede de"; assim, é traduzida como sede de viver ou desejo pela vida senciente. *Trishnā* é enumerada como um dos doze *Nidānas* ou grilhões, considerados as causas do renascimento na filosofia Budista. Na literatura teosófica podemos dizer que *Tanhā* representa todos os doze *Nidānas*. Seja como for, *Trishnā* dá origem e está intimamente associada a *Upādāna* (literalmente alcançando ou obtendo), palavra que deriva da raiz *upādā*, obter, apropriar-se; assim, é geralmente traduzida por "apegado à vida terrena". *Upādāna* pode ser considerado a realização de *Trishnā*, ou a consumação do desejo pela vida. Caso os desejos materiais e terrenos tenham sido fatores predominantes durante a vida terrena, essas tendências exercem uma poderosa energia em direção ao término do interlúdio *Devachânico*, acelerando, dessa forma, o processo de renascimento na Terra. Como expresso no *Comentário*:

> O Ego Espiritual tem de revisitar, antes de encarnar em um novo corpo, as cenas que deixou em seu último desencarne. Tem de ver por si mesmo e tomar conhecimento de todos os efeitos produzidos pelas causas (os *Nidānas*) geradas por suas ações em uma vida anterior; para que, vendo-as, reconheça a justiça do decreto, e contribua com a lei de Retribuição (*Karma*) ao invés de ameaçá-la. Livro II, *Comentário*. (*S.D.*, V, 249)

"Reconheça a justiça do decreto" implica uma antevisão da vida que tem à frente, relacionando a nova encarnação às causas postas em movimento durante a última vida vivida na Terra, possibilitando que "a lei de Retribuição" faça os ajustes neces-

---

777 Orígenes: *Contra Celsum*, Lv. VI, xxiv, xxxviii.

778 Vol. II, p. 300, ed. 6 vol.; I, 630, 3ª ed.

sários. O "revisitar" do Ego Espiritual consiste na revisão dos incidentes ocorridos em vidas passadas. Quando essa repetição panorâmica ocorre, podemos dizer que o interlúdio *Devachânico* está caminhando para o seu fim, ainda mais que os processos de reencarnação estão assumindo com toda a força. O Ego Reencarnante é definitivamente atraído para a Terra, de forma a efetuar a fruição de sua visão. Então,

> O *Karma* com seu exército de *Skandhas* espera no limiar do *Devachan*. (*S.D.*, V, 473)

Skandhas

Conquanto o assunto dos *Skandhas* não seja realmente parte dos estados após a morte, não obstante existe aí uma íntima conexão, uma vez que este tema pertence ao *Bardo* — o período entre a morte e o renascimento. Na verdade, está especialmente ligado à fase do renascimento, que põe um fim à condição pós-morte — a fase final, se podemos dizer assim. Uma vez que se trata de um processo contínuo, talvez seja difícil estabelecer uma separação entre o final do estado pós-morte e o começo de um "novo nascimento", pois, nesse caso, o processo de reencarnação continua mesmo após ter ocorrido o nascimento físico, já que o *Manas* superior não está totalmente ligado à criança senão até o seu sétimo ano, ou mesmo depois.

Seja como for, os *Skandhas* estão *sempre presentes* durante todo o período dos estados após a morte (como demonstraremos mais tarde), embora tenham sido retratados de maneira um tanto quanto dramática como a espera no "limiar do *Devachan*", prontos a se amarrarem a qualquer um que cruze a entrada.

Em primeiro lugar, vejamos o significado da palavra *Skandhas*. Não existe equivalente em língua ocidental para essa palavra sânscrita. Ela é geralmente traduzida por "faces" ou "grupos de atributos",[779] embora essas palavras não transmitam adequadamente a ideia contida no termo. Pode-se atribuir à palavra o significado de "aquele que se eleva" (ou levanta), uma vez que esse é o significado literal da palavra, derivado da raiz *skand*, que significa elevar-se, levantar. Realmente a conotação da frase "aquele que se eleva" (*riser*) faz lembrar a subida de um degrau ou escada, o que poderia desqualificá-la. Entretanto, "aquele que se levanta" também significa aquele que acorda pela manhã. Assim, temos a conhecida frase "madrugador" [*early riser*]. E isso é exatamente o que ocorre a um *Skandha* quando é vivificado, quando a pessoa retorna à vida terrena. Os *Skandhas* "se levantam" (ou despertam) para formar uma nova personalidade; eles são vivificados pelo nascimento de uma criança.

Ampliando o significado filosófico presente na palavra sânscrita *Skandha*, dizemos que dentro, ou rodeando todo bebê, existem potências que *se elevam* quan-

---

779 Este é o significado da palavra *Skandhas* fornecido pelo *Glossário Teosófico*, p. 301.

do as condições apropriadas são fornecidas. Essas potências estão presentes devido às causas previamente engendradas. Essas causas, portanto, levam à formação dos atributos que eventualmente se manifestam como traços ou características. Esses grupos de atributos se unem à medida que a criança cresce, e dessa maneira se modelam para formar o caráter do indivíduo. Assim sendo, os *Skandhas* podem ser definidos como grupos de atributos que se unem no nascimento, e em sua agregação constituem a personalidade.

Outras frases podem ser sugeridas, como "depósitos de pensamento", "sementes de tendências", ou ainda "sementes de impulso", pois elas também transmitem as ideias associadas ao termo *Skandhas*.

Mas de onde vêm os *Skandhas*? Se eles são descritos como esperando no limiar do *Devachan*, obviamente devem ter sido formados antes da entidade estar pronta para deixar o *Devachan*. De fato, eles devem ter sido formados *antes* do *Devachanī* (aquele que entra no *Devachan*) ter entrado nesse estado de bem-aventurança. Além do mais, nas seções anteriores mostramos que os estados após a morte são *efeitos* das causas produzidas durante a vida na Terra; assim sendo, nenhuma causa nova pode ser colocada em movimento durante as condições ou estados pós-morte. Consequentemente, os "atributos" (*Skandhas*) da nova entidade já haviam sido formados *antes* de sua entrada nos estados pós-morte. Seguramente eles foram formados durante a vida na Terra! Isso nos revela a verdade da frase de abertura da seção sobre os estados que seguem a vida na Terra: "Aquilo que o homem deseja ser, ele será."

O resultado dos pensamentos, desejos, emoções, planos, esperanças e aspirações do homem durante a vida na Terra são por ele mesmo implantados em sua estrutura. De acordo com o que o homem pensa, a sua vida de pensamento é construída. Essa vida de pensamento flui de um dia para o outro, tornando-se parte íntima dele, sua própria corrente de pensamentos, na qual ele está constantemente adicionando novos pensamentos, os quais ali são sedimentados como depósitos de pensamentos. Esses depósitos, ou sementes de tendência, estão embutidos na *aura* que circunda a pessoa durante sua vida, e auxiliam na formação do eu de todo dia. É esse "eu" diário, o resultado de seus pensamentos e feitos, modelados uns nos outros, que ele mostra ao mundo. Resumindo, é a sua personalidade. Conforme o processo continua através da vida, o homem vai se tornando aquilo que sempre desejou. Junto com a personalidade que está criando, está também formando os atributos para sua próxima encarnação na Terra. E isso ele faz em sua vida diária. Esses atributos permanecem adormecidos durante os estados pós-morte, mas brotam para a vida quando ocorre o nascimento físico. Este é o significado dos *Skandhas*.

A filosofia Budista enumera cinco *Skandhas*, como segue:

1. *Rūpa*: forma, molde, figura (da raiz *rūp*, formar, representar); donde os atributos da forma; que tem a ver com os atributos materiais que compõem a forma (cor-

po). Fundamentalmente, são as tendências físicas que aqui estão referidas, uma vez que são fatores predominantes na composição da forma, ou *rūpa*.

2. *Vedanā*: sensação. Intimamente relacionado com o aspecto forma dos *Skandhas*. É bom esclarecer que as sensações corporais deixam suas impressões sobre os átomos-vida, juntamente com as tendências físicas, com as quais possuem uma afinidade tão grande quanto o primeiro grupo.
3. *Sanjnā* (*Sannā*, em *Pāli*): percepção; em relação aos *Skandhas*, é geralmente traduzido por "ideias abstratas". A palavra significa literalmente entendimento mútuo, conhecimento, pois é um derivado da raiz *sanjnā*, concordar entre si, despertar.
4. *Samskāra* (*Sankhāra*, em *Pāli*): impressões mentais; com relação aos *Skandhas*, tendências. A palavra é um composto de *sam* e *kāra*, da raiz *kri*, a mesma de onde deriva a palavra *karma*, significando colocar junto, acumular. As tendências se aplicam ao corpo físico tanto quanto ao mental.
5. *Vijñānā* (*Vinnāna*, em *Pāli*): consciência ou faculdade de pensamento; para os Budistas, literalmente o ato de distinguir, discernir, entender; derivada da raiz *vijñā*, distinguir, discernir, reconhecer; donde, poderes mentais. Este quinto *Skandha* é uma ampliação do quarto *Skandha*, significando atributos mentais, físicos e morais.

Seria errôneo concluir que existem apenas cinco *Skandhas* responsáveis pela construção de uma personalidade. Esses cinco *Skandhas* representam classificações dos grupos principais. Cada um dos cinco pode ser dividido em categorias, nas quais podem ser listados tantos atributos individualizados quanto forem desejados. Por exemplo, os cinco sentidos podem ser listados como categorias. No caso dos *Rūpa-Skandhas* haveria o sentido das informações transmitidas pelos órgãos da visão, da audição, do olfato, do paladar e do tato – representando o funcionamento dos sentidos em conjunção com o *rūpa* (corpo). Aplicáveis aos *Vedanā-Skandhas* estariam as sensações dos órgãos de cada um dos cinco sentidos, sejam elas de prazer ou dor. Ou, estendendo o alcance da ideia, sensações que não são nem prazerosas nem dolorosas (para os cinco sentidos). Quanto aos *Sanjñā-Skandhas*, as ideias abstratas fornecidas pelos sentidos, isto é, cor, som, odor, sabor e contato, podem ser relacionadas. Em acréscimo estariam as ideias dos conceitos de cada uma das ideias enumeradas. Sob os *samskāra-skandhas*, toda tendência imaginável pode ser listada, seja boa ou má. Todos esses atributos dizem respeito à formação da personalidade.

Até aqui apresentamos a exposição filosófica Budista sobre os *Skandhas*. Todavia, o assunto não se encerra aqui, pois a ele a Filosofia Esotérica dá continuidade. Nela afirma-se haver sete *Skandhas*, de acordo com a lei setenária. Os cinco *Skandhas* mencionados são aqueles relacionados à existência objetiva. Por existência objetiva consideram-se os cinco princípios (da constituição sétupla) que estão em relação direta com a vida física sobre a esfera física – ou seja, a existência no Globo D. Os outros dois *Skandhas*, completando sete, pertencem à existência subjetiva. Em outras palavras, os dois *Skandhas* superiores pertencem à parte do homem que é imortal, em essência não afetada pela morte. Por essa razão, a porção envolvida na existência subjetiva do homem não é afetada pela vida na Terra, mas está diretamente relacionada aos estados pós-morte.

A vida comum na Terra não leva em conta os poderes divinos e espirituais do homem, ocupada que está com a existência objetiva. Não obstante, embora esses poderes estejam atualmente adormecidos, esperando seu desenvolvimento em *éons* futuros, existe algo que uma pessoa pode fazer para preparar seu desenvolvimento. Isso foi enfatizado no início deste capítulo e pode ser reiterado com muita vantagem neste momento. De forma a obter uma *vida consciente*, durante os estados após a morte, é preciso acreditar na existência, ou vida subjetiva, durante a vida terrestre. A importância deste ensinamento não deveria ser perdida de vista quando estudamos os estados após a morte. Do que foi dito acima, portanto, deve estar claro que uma pessoa pode dirigir o curso de seus *Skandhas* subjetivos, assim como o de seus *Skandhas* objetivos.

Voltando ao tema dos *Skandhas* objetivos, que é de fundamental importância para se entender os princípios da doutrina, os processos envolvidos na vida diária devem ser considerados por um momento. Primeiro, existe a manutenção do corpo humano no máximo de seu rendimento. O bom senso diz que ele deve ser cuidado da melhor forma possível. Assim, não é mais do que natural que as últimas descobertas das pesquisas científicas sobre as necessidades nutricionais sejam seguidas. Tais descobertas levam o indivíduo a observar uma dieta balanceada (contendo as quantidades apropriadas de vitaminas e minerais). Seguindo esses preceitos, o indivíduo implanta em sua corrente de pensamento um padrão de saúde construtivo, que tende a sobrepujar os processos de decadência, especialmente no campo em que é mais efetivo – nas "sementes de tendências". Caso o indivíduo seja descuidado a esse respeito, o corpo físico sofrerá, e, mais cedo ou mais tarde, sua saúde será afetada de forma adversa. Esse é especialmente o caso quando os anos avançam e deixam sua impressão sobre o organismo. Não apenas seu aspecto trará os traços de sua negligência, mas os órgãos vitais também serão afetados. Com a negligência prolongada, a corrente sanguínea se tornará indolente e o cérebro finalmente sofrerá as consequências. Esse é um conhecimento comum e não há necessidade de nos alongarmos. Além disso, a negligência estabelece padrões que serão difíceis de ser neutralizados, quando nos dermos conta de que, seja como for, uma mudança precisa ser feita. Geralmente essa percepção chega muito tarde e as enfermidades físicas precisam, então, ser suportadas.

O ponto principal é o seguinte: as tendências foram implantadas no aspecto físico da constituição do indivíduo, e serão impressas sobre os *Rūpa-Skandhas*. Então, quando chega a hora em que estes devem se associar a um novo veículo físico – a saber, quando o tempo para isso ocorrer "no limiar do *Devachan*" –, características nocivas serão implantadas sobre a "nova personalidade", assim como as tendências para essa ou aquela doença.[780]

Além da nutrição do corpo existem as sensações corporais, que também precisam ser mencionadas, pois todos estão familiarizados com elas. Todavia, elas também possuem seus atributos distintos, e se tornam mais pronunciadas quando são satisfeitas em excesso. Assim, os *Vedanā-Skandhas* deixam sua impressão como sementes de tendências relativas aos atributos das sensações corporais.

Em conjunção com os atributos da forma e das sensações pertencentes ao corpo, surgem as ideias abstratas relacionadas aos cinco órgãos dos sentidos. (Suficientemente mencionadas no item 3, *Sanjñā-Skandhas*.)

O principal campo de atividade dos *Samskāra-Skandhas* é o mundo mental. Os *Vijñāna-Skandhas* estão intimamente conectados como o grupo dos *samskāras*, uma vez que eles também se referem aos poderes mentais, resultando na consciência. O que está realmente acontecendo quando um indivíduo vive sua vida diária? Imagens mentais estão sendo continuamente produzidas, uma vez que uma das principais características da faculdade mental é a atividade incessante, juntamente com o poder da imaginação. O homem é essencialmente um pensador; ele possui o gênio para o pensamento criativo. Além dessas habilidades, ele tem o poder de controlar as imagens mentais.[781] Quando o permitimos, essas cenas podem se imprimir sobre os *Skandhas*; naturalmente, aquelas de maior potência deixam uma marca mais profunda que as imagens mais fracas. Quando abrigadas por tempo suficiente, resultam em ação, e a ação produz resultados – *Karma*. Conforme o processo continua, dia após dia, essas impressões ficam gravadas em nossa constituição, resultando em traços ou inclinações definidas que auxiliam na formação do caráter. Ao criar esse caráter o homem está na verdade construindo seu próprio padrão futuro, assim como estabelecendo sua personalidade presente. Cada um dos traços formados é ligado com uma semente-impulso, ou *Skandha*. Além disso, cada ato é registrado. Isto é feito através da intervenção dos *Lipikas*, que

---

780 O indivíduo não cai presa de uma doença por acaso, nem a "pega" simplesmente pelo contato. Se a predisposição para certa doença não tiver sido implantada no sistema antes do nascimento, a doença não será fatal. Quanto a isso, a seguinte citação é apropriada: "Quanto àqueles que foram 'derrubados pela cólera ou pela peste ou pelo paludismo ou febre das selvas', eles não poderiam ter sucumbido, caso já não possuíssem as condições para o desenvolvimento de tais doenças desde o nascimento." *Cartas dos Mahatmas para A.P. Sinnett*, p. 133 [Ed. Teosófica, Vol. I, Carta nº 70C, p. 332 (Nota Ed. Bras.)].

781 Compare a seguinte passagem, que ao mesmo tempo fornece um conselho prático: "É com zeloso cuidado que temos de proteger o nosso Plano Mental de todas as influências adversas que diariamente surgem em nossa passagem pela vida terrestre." *Cartas dos Mahatmas para A.P. Sinnett*, p. 64 [Ed. Teosófica, Vol. I, Carta nº 65, p. 270 (Nota Ed. Bras.)].

são os Registradores ou Cronistas, que imprimem sobre tábuas invisíveis (para nós) da Luz Astral, "o grande museu de quadros da eternidade", um registro fiel de cada uma das ações e até de cada um dos pensamentos do homem, e de tudo o que foi, é e será no Universo fenomenal... Esse repositório divino e invisível é o LIVRO DA VIDA. (I, 104)[782]

Cada um pode contribuir para o seu próprio Livro da Vida. De fato, todos o estão fazendo, estejam conscientes disso ou não. O registro é preservado tanto na porção subjetiva do homem quanto em seu aspecto objetivo, através dos *Skandhas*.

Alguns podem estar propensos a pensar que os *Skandhas* pertencem somente aos Planos Físico e Astral; todavia, eles são aplicáveis aos sete planos. Isso, e a relação entre os *Skandhas* e a Luz Astral, é revelado na seguinte citação:

Os *Skandhas* são os germes da vida em todos os sete planos da Existência, e formam a totalidade do homem subjetivo e objetivo. Cada vibração que geramos é um *Skandha*. Os *Skandhas* estão intimamente unidos às imagens na Luz Astral, que é o veículo das impressões, e os *Skandhas*, ou vibrações, conectados com o homem subjetivo ou objetivo, são os elos que atraem o Ego Reencarnante, os germes deixados para trás quando ele entrou no *Devachan*, que devem ser recolhidos novamente e esgotados por uma nova personalidade. Os *Skandhas* exotéricos têm a ver com os átomos e vibrações físicas, ou com o homem objetivo; os Esotéricos, com o homem interno subjetivo. (*S.D.*, V, 560)

Uma vez que os *Skandhas* são os responsáveis pela construção da nova entidade, diz-se que eles são "esgotados pela nova personalidade" — ainda mais que o novo veículo *kāma-manásico* irá depauperar, inquestionavelmente, a efetividade dos *Skandhas* antigos, por causa das novas sementes de tendências que estão sendo criadas na vida diária.

Os *Skandhas* são descritos como "germes de vida", uma expressão que tem a intenção de transmitir a ideia que eles funcionam com o "aspecto vida" da Terra, mais do que com o "aspecto morte", durante os estados pós-morte. Esses dois aspectos representam os "polos opostos de existência", por assim dizer: a esfera das causas, representada pela vida na Terra, e as esferas dos efeitos, nas quais os estados do pós-morte são experimentados.

É dito que os *Skandhas* são "deixados para trás" quando o Ego Reencarnante entra no estado *Devachânico*, porque eles permanecem adormecidos, assim como inativos, nas esferas dos efeitos. Na verdade, entretanto, todo *Skandha* tem de ser implantado na parte imperecível da constituição humana, ou seja, dentro do invólucro radiante que circunda a entidade, tanto durante a vida na Terra quanto nos estados pós-morte. Isso é claramente expresso no Ritual Egípcio dos Mortos: "O Defunto resplandece em seu Ovo quando no País do Mistério."[783] Esse invólucro radiante é o

---

782 Vol. I, p. 165, ed. 6 vol.; I, 130, 3ª ed. (para uma explicação sobre os *Lipikas*, ver Capítulo II).
783 *Livro dos Mortos*, cap. xxii, 1, 29.

Hiranyagarbha (literalmente "o Ovo de Ouro"). Pode ser relacionado a uma emanação ou extrusão da própria Essência Monádica. Não é afetado durante as esferas dos efeitos – permanecendo resplandecente no "País do Mistério". De forma similar não é afetado durante sua estada na esfera das causas (durante a vida terrestre). Consequentemente, os *Skandhas* não são apagados; eles permanecem onde foram implantados, ou seja, dentro do *Hiranyagarbha*, ou no Invólucro Radiante, prontos a saltar para a vida quando são vivificados.

O Nascimento da Personalidade

Do ponto de vista do Plano Físico, quando uma criança nasce, seu corpo é fornecido por seus pais. Mas, do ponto de vista da Mônada, esta está simplesmente assumindo uma nova capa ou veste, por um certo período de tempo, em sua jornada cíclica. Essa veste é um novo agregado, composto dos átomos-vida que estiveram associados em um grupo anterior, e que em sua totalidade formam um corpo físico. Embora baseado em um agregado anterior, é, em certo sentido, um novo corpo. Se este veículo é suprido com um novo cérebro, é lógico supor que há ali uma nova personalidade. Mas de onde vem essa personalidade? Não é fornecida pelos pais, uma vez que se torna evidente que a criança em crescimento possui uma personalidade distinta e diferente de seus pais. Tampouco consiste de uma mistura de suas personalidades.

A Filosofia Esotérica o explica da seguinte maneira. Quando está para ocorrer um nascimento na Terra, o Ego Reencarnante (*Manas* superior), que não foi separado da Mônada (*Ātma-Buddhi*) durante os estados após a morte, se projeta, ou melhor, emite um raio para o Plano Físico, unindo-se com o produto preparado pelos pais.

Como isso acontece? Conforme o interlúdio *Devachânico* ruma para o seu término, as atrações terrenas que surgem na consciência do *Devachanī* (aquele que está experimentando o estado *Devachânico*, o terceiro estado após a morte) não apenas conferem cor ao estado *Devachânico*, mas também impulsionam o *Devachanī* para o Plano Físico da esfera terrestre. Conforme o *Devachanī* entra na esfera terrestre, os átomos-vida que pertenciam ao corpo anterior do indivíduo são atraídos irresistivelmente para seu dono. Pois, da mesma forma que os *Skandhas* são "germes de vida nos sete planos de Existência", assim também o são os átomos-vida.

Juntamente com a atração pela Terra, o *Devachanī* é arrastado para seres humanos particulares com os quais esteve associado em uma vida, ou vidas, passadas na Terra. A presença dos átomos-vida pertencentes ao *Devachanī*, no campo desses dois seres em particular, possibilita a associação do raio do Ego Reencarnante com esses átomos-vida, em especial. Isso ocorre primeiramente nos planos superiores ao físico, mas uma vez dentro do campo físico de seus pais, conforme os átomos-vida "associados" (ou impregnados) buscam os órgãos físicos apropriados dos pais, as "vestes" ou "coberturas" físicas são disponibilizadas... No devido tempo, nasce o bebê. O nascimento do bebê faz com que os *Skandhas* despertem, e, assim vivificados, produzam a nova personalidade – conforme explicado na seção anterior.

Três fatores são necessários para fazer uma semente de flor crescer, quando ela se eleva da escuridão da Terra para a luz: umidade, calor e solo. É verdade que uma semente pode germinar e brotar quando os dois primeiros são fornecidos, porém, sob condições normais, de forma a manter o crescimento, os três devem estar presentes. Similarmente, para fazer os *Skandhas* (sementes de tendências, ou "germes de vida") "crescerem", três fatores são necessários: (1) O Ego Reencarnante precisa se associar com um germe de vida humano – para no devido tempo nascer como um bebê. Podemos dizer que o Ego Reencarnante fornece a Umidade. (2) O Calor é fornecido pela mãe, que por um tempo também auxilia no fornecimento do terceiro fator, até que o nascimento físico ocorra. Então a personalidade fornece o Solo. (3) A criança começa a crescer, e à medida que se desenvolve, sua personalidade mostra características definidas, seguindo o padrão fornecido pelos *Skandhas*.

Existe um símbolo, em forma de lenda, que é bastante apropriado e pode ser usado para explicar o assunto. É o símbolo da Fênix. De acordo com os antigos escritores gregos e romanos, o pássaro realmente representa o seu nome, significando "vivamente colorido" (em grego). Acreditava-se que esse grande pássaro, de magnífica plumagem, vivia por 500 anos. Tácito menciona que Fênix viveu por 1.461 anos.[784] Como não havia fêmeas dessa espécie, a Fênix dava nascimento a seus rebentos de maneira singular. Ela reunia gravetos de árvores de especiarias e deles fazia seu ninho, sobre o qual sentava e concluía seu ciclo de existência. Quando Fênix morria, o ninho rompia em chamas, consumindo o corpo da ave. Então, das cinzas surgia a jovem Fênix, e, quando estava bastante forte, voava até Heliópolis com o que sobrava do ninho, largando-o sobre o altar do Sol.

A interpretação: a Fênix representa a personalidade, que, é claro, é consumida quando o corpo é cremado (seguindo uma antiga prática de disposição dos mortos). Das cinzas da velha personalidade, entretanto, surge uma nova personalidade. Uma vez que a nova entidade não tem lembranças da personalidade anterior, ela se considera uma nova personalidade. O ninho da Fênix que espontaneamente produz chamas é da mesma essência do Sol. Heliópolis (em grego) é a "cidade do Sol", cidadela para a qual ela retorna quando a velha personalidade é consumida (como descrito nas Rondas Externas).

Da mesma forma que a nova Fênix surge das cinzas da velha ave, também os *Skandhas* surgem quando o Ego Reencarnante retorna à vida terrena. Embora es-

784 1.461 anos é o período do ciclo Sótico – o ciclo associado com Sirius (ou Sothis), a estrela mais brilhante do céu egípcio – usada pelos antigos egípcios em seus cálculos. Outros autores clássicos deram um número para a vida da Fênix bem próximo do período de tempo da precessão dos equinócios – 25.920 anos. Isso indicaria que existem outras interpretações relacionadas à lenda da Fênix.

quecida, a velha personalidade, na realidade, não está perdida. Ela permanece como uma pérola sobre o Fio da Vida;[785] tampouco sua carreira é apagada do registro imperecível que o Ego Reencarnante carrega.

***

Concluindo, não é demais repetir: o homem segue o programa que ele criou para si mesmo. Ele o constrói conforme vive sua vida na Terra, dia a dia. Os estados pós-morte que experimentará são resultados de seus próprios atos. Ele os organizou para si durante sua estada na Terra. Então, sua nova encarnação na Terra também será exatamente de acordo com os depósitos de pensamentos (*Skandhas*) que ele armazenou para si. *Aquilo que o homem deseja ser, ele será.*

Esse é o procedimento normal no qual personalidades após personalidades aparecem na Terra. Todavia, existe um processo no qual a necessidade de abandonar uma personalidade e tomar outra pode ser suplantada.

> Felizmente para a espécie humana a "Raça Eleita" já havia se convertido no veículo de encarnação dos *Dhyānis* mais elevados (intelectual e espiritualmente), antes que a humanidade se tornasse de todo material.
> (...)
> ... as "Sementes da *Trindade da Sabedoria*" já haviam adquirido o segredo da imortalidade na Terra, esse dom que permite à mesma grande Personalidade passar *ad libitum* de um corpo desgastado para outro. (II, 276)[786]

Para estes não existe a Morte. A Morte foi dominada.

[785] A bela alegoria vedanta das pérolas sobre o *Sutrātman* está bem explicada no Capítulo I.
[786] Vol. III, p. 278, ed. 6 vol.; II, 288, 3ª ed.

CAPÍTULO XI

A Doutrina das Duas Sendas

Acrescentamos agora outra Lei às Leis Divinas consideradas até aqui – a Lei da Compaixão. Todavia, não se deve imaginar sequer por um momento que essa Lei Divina alguma vez esteve ausente do Plano Divino. Ela está sempre presente, tanto quanto está a Lei de Movimento ou a Lei do Equilíbrio e Harmonia. Entretanto, à mente humana parece necessário associar a compaixão aos *seres*, em vez às próprias Leis Divinas; por isso, a Doutrina das Duas Sendas fornece o tema para a consideração da Lei Divina em um grau superior. Ademais, essa doutrina dá continuidade à sequência do ciclo evolucionário, que tem sido a consideração principal dos capítulos anteriores, e que demonstra a continuação de um progresso ascendente cíclico. Esse avanço ascendente, embora espiral em movimento, caminha na direção de seu ápice – quer dizer, para *este Manvantara* ou período planetário de atividade.

Aqueles que atingem o ápice do ciclo evolucionário são os Grandes Seres que alcançaram um estágio de evolução onde podem prosseguir através de duas Sendas – a Aberta e a Secreta. É preciso ficar bem claro que esse estágio foi obtido pelo esforço consciente por parte desses Seres, e não por meio de presentes ou favores especiais.

Já foi dito que a mudança contínua está sempre ocorrendo, uma vez que o Movimento é uma lei fundamental do Plano Divino. Fica claro, então, que todo ser deve seguir esse Plano Divino, independentemente do local em que se encontra na Escada da Vida (descrita no Capítulo III). Os seres nos seis degraus inferiores da Escada da Vida seguem suas jornadas cíclicas de acordo com os padrões para eles estabelecidos, levando sua evolução inconscientemente, sem ter noção de sua posição e do desenvolvimento que está ocorrendo gradualmente através dos *kalpas* (eras). Os seres nos três degraus superiores da Escada da Vida, ou seja, os três Reinos *Dhyāni-Chohanicos*, não apenas estão auxiliando *conscientemente* as operações dos ciclos como também instituindo as "leis" para os reinos menores, além de continuar em seu próprio avanço em direção às Mansões de Vida superiores.

Entretanto, os seres no sétimo degrau da Escada da Vida, que representa o Reino Humano, são de uma categoria particular. Eles se encontram no estágio de desenvolvimento crucial dentro da Sétupla Grande Jornada Cíclica das Sete Rondas no Ciclo de Necessidade. É a esse Reino em especial que a Doutrina das Duas Sendas se aplica.

Durante os três primeiros Ciclos — ou três Rondas — do Ciclo Sétuplo, os seres do sétimo degrau seguiram os padrões deixados para eles, da mesma forma que fazem todas as entidades dos seis reinos inferiores. As entidades que fazem parte das hierarquias inferiores da Escada da Vida continuarão seguindo esses padrões pelo resto do *Manvantara* (período planetário), observando-os inconscientemente e sem ter noção de sua condição na Escada da Vida. Entretanto, com o começo do Quarto Ciclo (Quarta Ronda), algo diferente ocorreu no reino humano, especialmente depois de ter transcorrido o terceiro período: uma nova era se introduziu, sob a especial regência de uma lei fundamental — a Lei da Compaixão. É claro que isso não significa que essa Lei não estivesse continuamente operante desde o começo do *Manvantara*, pois certamente estava, e assim continuará a agir através do *Mahā-Kalpa* (Grande Era).

Esclarecendo este ponto: qual é a influência dominante e motivante associada à Doutrina das Hierarquias? É o fato de que todo ser vive sua vida na esfera de um ser ainda maior. O Grande Ser fornece o lar para os seres menores, e assim o mantém, independente das atividades que ali possam estar sendo realizadas pelos seres menores. Pare um momento e reflita: o Grande Ser — que é o Sol (o *Logos* Solar) irradia sua vitalidade através do sistema pelo período de um *Manvantara* Solar.[787] O *Logos* Solar sustenta o sistema através da Compaixão — pois a Compaixão é a LEI das Leis.

De forma a cumprir esta Grande lei, a Assistência Divina deve ser fornecida, durante o Quarto Ciclo, para os seres que estão no sétimo degrau da Escada da Vida. Primeiramente, novos *rūpas* (formas ou veículos) são fornecidos pelos Ancestrais Divinos (*Pitris* Lunares) no começo do Quarto Ciclo. Em seguida, os seres do sétimo reino aprendem a atuar no novo *rūpa*, pelos dois primeiros *kalpas* menores (Raças-Raízes) e mais três sétimos do terceiro *kalpa* menor (Terceira Raça-Raiz). Durante esse período, por meio da assistência fornecida por Ancestrais ainda mais Divinos (os *Pitris* Solares), ocorre o despertar. Da mesma forma que uma centelha pode fornecer o estímulo para a combustão do fogo, assim, por meio de ações estimulantes dos Ancestrais Divinos, o Fogo da Mente despertou as potências que se encontravam adormecidas no homem. Dali por diante o homem precisa buscar seu progresso ascendente através de seus próprios esforços: automotivado, autoimpelido, autodeterminado. Ele pode avançar; ele pode permanecer parado; ele pode retardar seu próprio progresso; ou ele pode descer — *se assim ele escolher*. A decisão cabe apenas a ele. O estímulo foi fornecido; a escolha está em suas próprias mãos.

Contudo, pelo motivo de seu destino ser produzido por si mesmo, as leis aplicáveis em todo o Universo operam mais diretamente no sétimo degrau da Escada da Vida, como se intensificadas pelas potências despertas do homem e aplicáveis

787 O período de tempo de um *Manvantara* Solar equivale à época conhecida como a Vida de *Brahmā*, que consiste de 100 Anos de *Brahmā*, um período quase que inimaginável devido à sua magnitude: 311.040.000.000.000 anos. O cálculo desse período de tempo foi demonstrado no primeiro capítulo.

especialmente ao seu domínio. Essas leis já foram consideradas sob as doutrinas explicadas anteriormente. Primeiro, a Lei de Periodicidade, manifestando-se em uma fase particular da Lei da Constante Renovação; segundo, a Lei do Ajuste; terceiro, a Lei da Unidade Essencial; quarto, a Lei do Autodesenvolvimento; quinto, a Lei do Movimento; e agora, a ser enfatizada neste capítulo, a Lei da Compaixão.

O homem já não pode mais permanecer como um colaborador inconsciente no trabalho do Plano Divino, como são os seres naqueles reinos abaixo de si mesmo. Uma inevitável decisão deve ser feita. Todos são obrigados a fazer uma escolha.

A Escolha das Quatro Sendas

Cada peregrino pode escolher entre quatro sendas; apenas o viajante pode determinar qual das quatro deve seguir:

1. A Senda da Imortalidade
2. A Senda do Autoiluminado
3. A Senda da Ascensão
4. A Senda da Queda

O nome que designa a primeira senda é uma tradução do termo sânscrito *Amrita-Yāna*. *Amrita* é composto de *a* (não) e *mrita* (da raiz *mri*, morrer), donde: que não morre, imortal. *Yāna* é uma palavra que significa senda, derivada da raiz *Yā* (ir, viajar). O termo tem a intenção de representar a ideia de que, quando o Grande Ser escolheu seguir o *Amrita-Yāna*, desde então a senda permaneceu como um esplendor imortal para todos os peregrinos seguirem. Nas Escolas Orientais de esoterismo, o *Amrita-Yāna* é conhecido como "a Senda Secreta" — secreta porque aqueles que a escolhem vivem uma "Vida Secreta" como *Nirmānakāyas* (a ser explicado posteriormente). Esses Grandes Seres são conhecidos como os *Buddhas* de Compaixão.

A segunda senda é chamada de *Pratyeka-Yāna*. *Pratyeka* é também uma palavra composta: *prati* significa direção, para; *eka*, o número 1 em sânscrito; assim, esta palavra tem o significado de "para um", ou "para somente um". De forma a eliminar a possibilidade de considerar o *Pratyeka-Yāna* como equivalente à Senda da Mão Esquerda — o que não é fato, pois são polos distantes — o termo "Senda do Autoiluminado" foi escolhido. Esta é a senda que leva ao *Nirvāna*, conforme colocam os Budistas, onde a "gota de orvalho se perde no seio do mar deslumbrante" e fica perdida para o mundo dos homens. Aqueles que alcançam esse objetivo são chamados de *Pratyeka-Buddhas*, obtendo a "Budeidade apenas para si" em vez de renunciar ao Nirvāna, como fazem os *Budhas* de Compaixão. No esoterismo Oriental, o *Pratyeka-Yāna* é chamado de "Senda Aberta" — aberta porque é a senda ensinada a todos, abertamente, como no Budismo, e que leva à meta (o *Nirvāna*).

Deve ficar bem entendido que as "Duas Sendas" não significam a Senda da Mão Direita e a Senda da Mão Esquerda – muitas vezes mencionadas em *A Doutrina Secreta*. Esses dois termos tradicionais não traduzem os termos sâncritos *Pratyeka-Yāna* e *Amrita-Yāna* (que são a "Senda Aberta" e a "Senda Secreta"). Para não haver confusão, a segunda senda aqui é chamada de "a Senda do Autoiluminado", em vez de "senda apenas para si", que seria uma tradução literal de *pratyeka*. Em outras palavras, tanto a Senda Secreta quanto a Aberta (sendas um e dois) são superiores à terceira senda, a Senda da Ascensão, enquanto a Senda da Queda equivale à Senda da Mão Esquerda (a quarta da numeração anterior).

Portanto, a Senda da Queda é o destino final para aqueles que seguem a Senda da Mão Esquerda, ligada às nefastas palavras: "Os Irmãos da Sombra – os assassinos de suas próprias Almas, o terrível clã *Dad-Dugpa*."[788] Por isso o aviso é dado, em palavras poéticas, mas evidentemente adequadas:

> Constrói alto, *Lanoo*, o muro que cercará a tua Ilha Sagrada [o Ego superior], o dique que protegerá a tua mente do orgulho e da satisfação ao pensares na grande façanha realizada.
> (...)
> Um sentimento de orgulho macularia a tua obra. Sim, ergue forte o muro, para que o potente impulso das ondas enfurecidas, que sobem e batem na sua costa, vindas do grande Mundo do oceano de *Māya*, não venha a engolir o peregrino...[789]

A quarta senda (na numeração acima) recebeu o nome de Senda da Descida, e encontra-se no lado oposto das primeiras Duas Sendas. Ela não apenas leva à direção oposta – e essa não é uma figura de linguagem –, mas é uma queda *verdadeira*, terrível de ser contemplada.[790] Será omitida do estudo, uma vez que o tema é a antítese polar da doutrina das Duas Sendas, que, ao lado da Lei da Compaixão, possui mensagens iluminadoras e lida com os mais sublimes pensamentos.

O nome selecionado para a terceira senda é Senda da Ascensão. A subida, entretanto, não é uma subida rápida, pois a viagem pela senda é executada seguindo um curso espiral, que consiste de sete circuitos. Os giros precisam ser seguidos através

---

788 *A Voz do Silêncio*, p. 51, ed. or. [Ed. Teosófica, *śloka* 227, p. 121, 4ª ed., 2022 (Nota Ed. Bras.)].

789 *Ibid.*, p. 59, ed. or. [Ed. Teosófica, aforismos 258 e 259, pp. 131-2, 4ª ed., 2022 (Nota Ed. Bras.)].

790 Antes que alguém pense que essas palavras são exageradas, a passagem a seguir é extraída do livro *Cartas dos Mahatmas para A.P. Sinnett* [Ed. Teosófica, Vol. II, Carta nº 93B, p. 141 (Nota Ed. Bras.)]. A "conclusão do grande ciclo" significa o término das Sete Rondas do Ciclo de Necessidade para este *Manvantara* planetário, empreendido pelos "mortais que passaram através das sete esferas", ou seja, os sete globos que compõem a Cadeia da Terra. O destino daqueles que se colocaram irrecuperavelmente na Senda da Queda é descrito após as palavras "OU ENTÃO", onde o destino dos mortais que alcançaram a Senda da Ascensão é descrito como: "...após a conclusão do grande ciclo: ou um longo *Nirvāna* de Bem-Aventurança (embora inconsciente, de acordo com suas rudes concepções); após o qual – a vida como um *Dhyān-Chohan* por todo um *Manvantara*, ou então *Avichi Nirvāna* e um *Manvantara* de miséria e horror como um ... você não deve ouvir a palavra, nem eu pronunciá-la ou escrevê-la. Mas 'aqueles' nada têm a ver com os mortais que passaram através das sete esferas. O *Karma* coletivo de um Planetário futuro é tão maravilhoso quanto o *Karma* coletivo de um ... o terrível. Basta. Eu já falei demais." (p. 171.)

de ciclos contínuos de renascimentos na Cadeia Terrestre, dentro do Ciclo de Necessidade. Todavia, mesmo seguindo a Senda da Ascensão, existe ainda uma escolha a ser feita, pois dois caminhos surgem à frente:

(1) O Caminho da Obtenção
(2) O Caminho da Divagação

(1) O Caminho da Obtenção – Embora não seja de forma alguma uma subida fácil, se for seguida de forma determinada e sem desvios, com o objetivo fixo de chegar ao final, a subida conduzirá à obtenção da meta. Apesar de ser necessária uma peregrinação obrigatória, esta não precisa ser desprovida de resultados, pois há uma meta. Depende dos esforços de cada peregrino se a meta será ou não atingida. A meta é se tornar um ser humano glorificado, superando a mortalidade, pronto para galgar o próximo degrau da Escada da Vida e obter o *status* de um deus, um *Dhyāni-Chohan*.

(2) O Caminho da Divagação – Esta não é uma condição predeterminada, ou um estado imposto a qualquer um dos peregrinos. A escolha é feita e determinada por cada viajante. Entretanto, o estado é indicativo do que acontecerá ao viajante que continue a executar os ciclos repetidos de renascimentos sem, contudo, atingir a meta. Uma vez que a peregrinação é longa e precisa ser executada, ciclo após ciclo, *kalpa* após *kalpa*, Ronda após Ronda, até certo período fixado – que pode ser chamado de momento final de escolha –, cada peregrino tem o poder de escolher qual o caminho a seguir. Ele pode escolher continuar adiante e entrar na primeira senda – o Caminho da Obtenção. Ou pode escolher deixar a oportunidade passar e permanecer na segunda senda – o Caminho da Divagação. Uma vez que o importante período tenha passado, a escolha feita é irrevogável. O período é definitivo. Ocorre durante o Quinto Ciclo – a Quinta Ronda – sobre o Ciclo de Necessidade.

Aqueles que acharam a jornada demasiado difícil, e decidiram não seguir o Caminho da Obtenção, são, não obstante, obrigados a continuar pela Senda da Ascensão, embora permanecendo no Caminho da Divagação. Isso significa que eles precisam continuar no Ciclo de Necessidade sem completar a jornada e sem obter os frutos da ascensão, que são obtidos ao atingir a meta. Assim, são obrigados a esperar outro Grande Ciclo de Necessidade em outro *Manvantara* – o que significa esperar pela reencarnação da cadeia planetária.

A seguinte analogia pode auxiliar a compreensão do assunto. A vida na Terra pode ser relacionada a uma escola, consistindo de sete graus. Cada grau é subdividido em sete subgraus. Cada grau é equivalente a um ciclo ou Ronda sobre o Ciclo de Necessidade, sendo que são necessários sete ciclos para completar o ciclo maior. O objetivo de ir à escola é o de completar o curso através da consecução dos graus e subgraus, um a um, sem pular nenhum. Uma vez que as lições se tornam cada vez mais difíceis, qualquer aluno que não estudar, ou que não comparecer às aulas, não conseguirá passar nas provas. Por esse motivo, o estudante não pode passar para o grau seguinte. Ele precisa permanecer na mesma classe à espera do tempo em que tenha aprendido o suficiente para avançar ao grau seguinte. Os primeiros quatro graus são relativamente fáceis. Entretanto, quando alcança o quinto grau, as lições se tornam tão difíceis que qualquer estudante que não esteja suficientemente desperto é incapaz de passar nos exames. O estudante que falha não tem sequer a chance de tentar o sexto e o sétimo graus, pois precisa permanecer nos subgraus do quinto grau, incapaz de prosseguir com as lições – e, dessa forma, não pode se formar na escola.

E se o estudante quiser fazer um estudo extra para acelerar o seu progresso? Há algum método para isso? O interesse nas Ciências Ocultas auxilia na tarefa? Aqui encontramos alguns conselhos, e cada um deve determinar se lhe são aplicáveis.

> ...o caminho para as Ciências Ocultas tem de ser trilhado laboriosamente e percorrido com perigo de vida; que cada novo passo nele, que leva à meta final, é rodeado por armadilhas e espinhos cruéis; que o peregrino que se aventura por ele é obrigado primeiro a confrontar e *conquistar* as mil e uma fúrias que guardam seus portões e sua entrada adamantinos – fúrias chamadas Dúvida, Ceticismo, Desprezo, Ridículo, Inveja e, finalmente, Tentação – especialmente a última; e que aquele que quiser ver *mais além* deve primeiro destruir este muro vivo; deve ter um coração e uma alma vestidos de aço e uma determinação de ferro, que nunca falha, e no entanto deve ser dócil, gentil e humilde, e deve ter expulsado do seu coração toda paixão humana, que leve ao mal. Você é tudo isso?[791]

A seguir temos as esplendorosas palavras desse *śloka*:

> Não poderás percorrer a Senda enquanto não te tornares a própria Senda.[792]
>
> (...)
>
> Menciona-se esta "Senda" em todas as obras místicas. Como diz Krishna no *Jñāneshvarī*: "Quando se contempla essa Senda... quer sigamos para o esplendor do Oriente ou para as câmaras do Ocidente, *ó Arqueiro, a viagem por esta estrada é sem movimento*. Nesta Senda, qualquer lugar a que se vá, *esse lugar se torna o seu próprio eu*". "Tu és a Senda" – diz-se ao Adepto Guru e este ao discípulo, depois da Iniciação. "Eu sou o caminho e a Senda", diz outro MESTRE.[793]

Portanto, a questão é mapear o próprio caminho. Seja qual for a meta escolhida, é nisso que o homem se transforma: "ele se torna o caminho" construído para si mesmo. Aqui, novamente encontramos palavras que reforçam o tema do Capítulo X, e que podem ser repetidas com proveito: *aquilo que o homem deseja ser, ele será.*

---

791 *Cartas dos Mahatmas para A.P. Sinnett*, pp. 351-2 [Ed. Teosófica, Vol. II, Carta nº 126, p. 274 (Nota Ed. Bras.)].

792 *A Voz do Silêncio*, p. 12, ed. or. [Ed. Teosófica, *śloka* 58, p. 67, 4ª ed., 2022 (Nota Ed. Bras.)].

793 *Ibid.*, p. 78. Esta explicação do *śloka* foi incluída por H.P.B. como uma nota de rodapé. [Ed. Teosófica, nota de rodapé nº 41, p. 67. 4ª ed., 2022 (Nota Ed. Bras.).]

Pode parecer estranho que o capítulo seja intitulado "A Doutrina das *Duas* Sendas", e que quatro sendas tenham sido enumeradas. Qual é a razão disso? Aqui fornecemos a indicação. A Doutrina das Duas Sendas, uma vez que segue a descrição do Ciclo de Necessidade (fornecida no quinto capítulo), se aplica aos *últimos* estágios do Ciclo – os últimos estágios de subida das "Escadarias", utilizando uma metáfora.[794] Assim sendo, ela se aplica aos peregrinos que realmente se determinaram a avançar, e não a ficar perdidos nas intricadas passagens do Labirinto – que é o resultado de permanecer no Caminho da Divagação.

Ariadne e o Labirinto

A história do fio de Ariadne e do Labirinto é uma das metáforas favoritas usadas por H.P.B. em *A Doutrina Secreta*. Uma vez que alguns podem não estar familiarizados com essa história, pode ser interessante relatá-la aqui, tendo em vista a interpretação muito significativa que será acrescentada.

O Labirinto havia sido construído por Dédalo, o mais inteligente artesão de Hellas, para o Rei Minos de Creta. Foi construído de forma tão engenhosa, e tão numerosas e desnorteantes eram suas passagens, que ninguém que lá houvesse entrado jamais havia saído. Existia ainda mais uma razão para que ninguém conseguisse escapar do Labirinto. Em seus corredores vagueava o Minotauro, um monstro terrível, metade touro, metade humano, que liquidava rapidamente qualquer um que por ali andasse.

Durante essas eras passadas, Atenas estava sob o domínio de Creta. Uma das obrigações impostas aos governantes de Atenas pelos senhores de Creta era que eles deveriam enviar um tributo anual de sete moços e sete moças a Minos. O rei de Creta ordenava esse tributo para que ele pudesse colocar os atenienses, um a um, no Labirinto.

Teseu, filho de Egeu, rei de Atenas, decidiu parar com o sacrifício dos jovens atenienses. Em certa ocasião, a fim de fazê-lo, o filho do rei juntou-se ao grupo de jovens que viajaria a Creta para pagar o tributo anual. Colocando-se à frente dos jovens, ao aparecerem diante de Minos e sua corte, Teseu foi escolhido para ser a primeira vítima a entrar no Labirinto. Entretanto, uma inesperada fonte de libertação surgiu para o príncipe.

Ariadne, a filha do rei de Creta, impressionada pela nobre fisionomia do jovem ateniense, logo se apaixonou pelo vigoroso filho de Egeus, decidindo, então, salvá-lo da morte certa. Tendo se escondido perto do Labirinto, quando Teseu se aproximou do local de sua condenação a princesa surgiu diante dele e presenteou-o com uma

---

794 A subida das "Escadarias" será explicada em continuação à história de Ariadne e o Labirinto.

espada e uma meada. Ariadne orientou o príncipe para que ele fosse desenrolando a meada conforme penetrasse no labirinto, dizendo que ela estaria na entrada segurando a outra ponta do fio.

Teseu entrou confiante no Labirinto, e logo encontrou o Minotauro. O príncipe derrotou o monstro e então pôde achar seu caminho de volta por entre as intrincadas passagens, guiado pelo fio que a princesa segurava.

Quanto à interpretação prometida, os sete moços e as sete moças representam as Sete Rondas e as Sete Raças do Ciclo de Necessidade. O Labirinto representa a arena da vida terrena na qual o ser humano entra. Não possuindo a chave para escapar dos emaranhados da vida, e longe de poder atingir sua meta (a libertação), uma vez que são mortais, eles perecem (são mortos pelo Minotauro no Labirinto). O destino dos mortais é passar para o Submundo onde Minos é o juiz. O julgamento imposto por Minos àqueles que entram em seus domínios consiste em serem obrigados a reentrar no Labirinto – significando o retorno à vida terrena e a divagação pelo Labirinto. O Minotauro (note bem), descrito como metade animal – um touro – e metade humano, representa a natureza inferior do homem: o Princípio do Desejo, *Kāma*, em conjunção com o Princípio Mental, *Manas*. O *Kāma-Manas* geralmente domina a vida do homem, e é responsável por ele ficar cada vez mais enredado na via terrena, a não ser que encontre o fio guia, a saber, *Antahkarana*, a ponte, que possibilita ao homem cruzar o espaço entre a natureza inferior e a natureza superior. *Manas*, com a luz de *Buddhi*, é capaz de derrotar o Minotauro, *Kāma-Manas*. Através do fio guia, e com seu conhecimento espiritual, o sujeito é capaz de obter autodomínio, alcançar a iluminação e finalmente obter a libertação. Como em muitas alegorias gregas, o Eu superior é retratado como uma jovem, Ariadne. O fio que ela oferece a Teseu é a *Antahkarana*; a espada, o Conhecimento Espiritual.

Repetidamente, a chave da analogia é o fio de Ariadne, que possibilita à pessoa resolver os intrincados ensinamentos encontrados no estudo da Sabedoria Antiga.

As Sete Escadarias

Em verdade, a escolha por viajar pela terceira senda, a Senda da Ascensão, foi feita *éons* e *éons* atrás, uma vez que a humanidade está agora no Quarto Ciclo da espiral sobre o Ciclo de Necessidade. Outra ilustração pode ser de ajuda neste ponto.

A analogia de uma escada pode ser usada para representar as hierarquias que compreendem os Reinos da Natureza – chamada de Escada da Vida. Em cada degrau da Escada da Vida está localizado um Reino. O Reino Humano se encontra no sétimo degrau da Escada. Além disso, cada Degrau da Escada da Vida é feito de Sete Patamares. Os Sete Degraus equivalem às Sete Rondas. Para que alguém de um Reino possa subir ao próximo Degrau da Escada da Vida, Sete Escadas precisam ser escaladas, e, quando completadas, possibilitam ao sujeito entrar no Reino daquele Degrau supe-

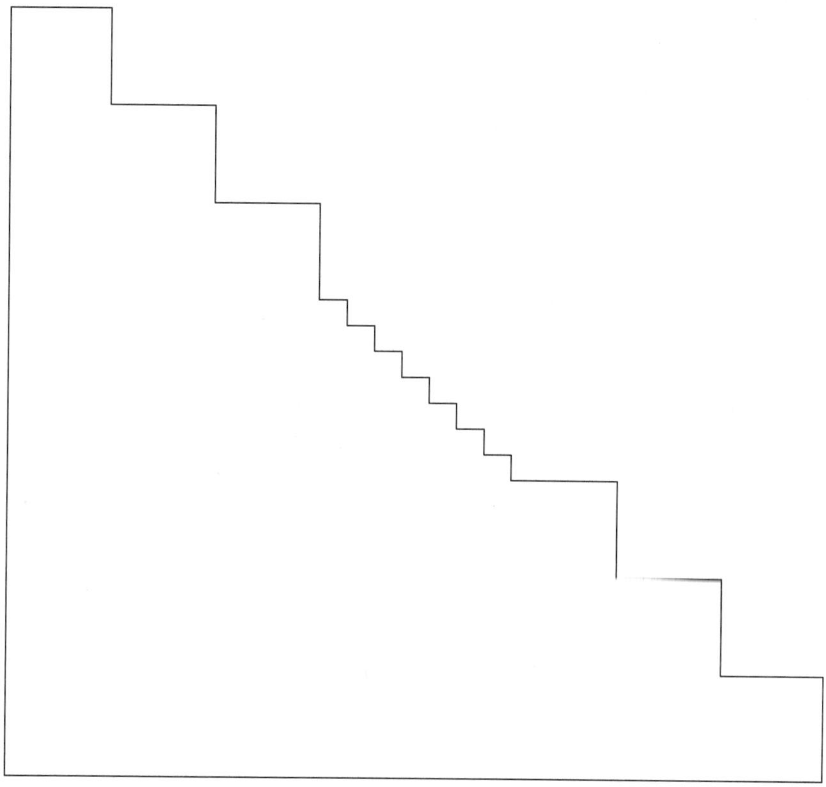

REPRESENTAÇÃO GRÁFICA DAS SETE RONDAS

Neste diagrama, no qual Sete Escadarias estão desenhadas, cada Escadaria representa uma Ronda. Ao subir as Sete Escadarias (ou completar o circuito de Sete Rondas), a pessoa está apta a subir para o próximo Reino da Escada Hierárquica da Vida. A Quarta Escadaria está subdividida em Sete Passos – que representam as Sete Raças do Globo D, e devem ser galgados um a um, de forma a alcançar a próxima Escadaria (que representa a Quinta Ronda). Uma vez que apenas Sete Escadarias estão ilustradas, o diagrama está incompleto, ainda mais porque a Quinta Ronda não começa até que os globos do Arco Ascendente tenham sido circundados (isso quer dizer as Sete Raças-Raízes no Globo E, Globo F e Globo G). Para completar o diagrama, seria necessário colocar sete lances em cada uma das Escadarias – representando os sete Globos de uma Cadeia. Então, cada lance teria que ter sete passos – representando as Sete Raças-Raízes necessárias para cada lance.

rior. Cada Escada, entretanto, consiste de *Sete Passos* (os Sete Passos são equivalentes às Sete Raças). Cada Passo tem de ser galgado, um a um. Cada *Passo* é alcançado por meio de Sete "Pequenos Passos" ou "passinhos" (as Sete sub-raças).

Enquanto estiver estacionado no sétimo Degrau da Escada da Vida, o Reino Humano estará em processo de subida das Sete Escadarias compreendidas pelo Sétimo Degrau. Três Escadarias já foram concluídas, e a humanidade está atualmente estacionada na Quarta Escadaria (Quarta Ronda). Assim, a raça humana está no processo de subir os Sete Passos da Quarta Escadaria. O grosso da humanidade está lutando para subir ao *Quinto Passo* da Quarta Escadaria. Aqueles que ultrapassaram os demais – seres humanos excepcionais, conhecidos como os Irmãos Mais Velhos – estão subindo a QUINTA ESCADARIA. É a eles que a Doutrina das Duas Sendas se aplica, em especial.

Finalmente, a Lei de Movimento levará os peregrinos ao ponto onde uma decisão *final* precisa ser feita quanto à subida das Sete Escadarias. Essa decisão final é feita no *Quinto Passo* ascendente na QUINTA ESCADARIA. Se nenhuma decisão for tomada, e o peregrino for incapaz de dar o *Sexto Passo* da QUINTA ESCADARIA, terá que continuar no segundo caminho da Senda de Ascensão – chamado de Caminho da Divagação – pelo resto do *Manvantara*.

Embora o tempo para que ocorra essa decisão *final* esteja tão distante (cerca de milhões de anos) que chega a ser inimaginável em nossos dias, um a um os dias se seguem, as semanas se transformam em meses, meses em anos, e os anos em uma vida inteira. E então outra vida acontece, e outra. Dessa forma, o momento que se vai, que parecia tão insignificante, pode ser o mais vital e mais precioso de uma existência. Pois neste mesmo instante em que estas palavras são lidas, o ponto vital da decisão de uma pessoa pode fazer uma impressão indelével, ligando-a com o poder a ser obtido. Isso será o fator decisivo quando o momento crucial chegar. A suprema e *final* decisão é feita de muitas decisões menores, cada uma delas importante e necessária ao padrão que está sendo tecido, ou ao destino que está sendo construído para si. Parafraseando um famoso ditado, incluímos uma segunda linha:

> "Amarra o teu arado a uma estrela..."[795]
> Determina o curso, e lá tu chegarás!

Por acaso isso tem uma aparência jocosa? Talvez, mas há mais nessa passagem do que pode parecer à primeira vista. Pois existe esta injunção:

> Fixa o olhar de tua Alma na estrela cujo raio és, a flamejante estrela que brilha dentro das obscuras profundezas do ser permanente, dos campos ilimitados do Ignoto.[796]

---

795 Esse ditado originou-se com Ralph Waldo Emerson, e foi popularizado por jornalistas.

796 *A Voz do Silêncio*, p. 31, ed. or. [Ed. Teosófica, p. 93, 4ª ed., 2022 (Nota Ed. Bras.)].

"A Estrela Cujo Raio Tu És"

Que pensamento sublime o de estar associado a uma estrela flamejante! Poderia algo ser mais enobrecedor? Apenas pensar que se está associado a semelhante supremo esplendor é formidável! É uma fonte inesgotável de inspiração! Então, embora apenas um Raio, temporariamente localizado sobre a Terra, deve existir ainda agora a potencialidade de se tornar como a Fonte do Raio – a potencialidade de possuir a habilidade de se manifestar em *kalpas* muito, *muito* distantes no futuro, da mesma maneira que a fonte o faz – nos campos ilimitados do Ignoto!

Após as palavras "estrela cujo raio és", encontramos uma nota que diz:

> De acordo com o ensinamento esotérico, todo EGO espiritual é um raio de um "Espírito Planetário".[797]

A essa passagem podemos acrescentar:

> *Ātman* é Não-Espírito em seu estado final *Parabrahmânico*; *Īshvara* ou *Logos* é Espírito; ou, segundo a explicação do Ocultismo, é uma unidade composta de Espíritos viventes manifestados, a fonte e a sementeira de todas as Mônadas terrestres e mundanas, *mais* os seus Reflexos divinos, que emanam do *Logos* e a ele retornam, quando cada uma chega ao ponto culminante do seu percurso. Há sete Grupos principais desses *Dhyān Chohans*, grupos que se podem ver e identificar em todas as religiões, porque são os SETE RAIOS primordiais. Ensina o Ocultismo que a Humanidade está dividida em sete grupos distintos, com suas subdivisões mentais, espirituais e físicas. (I, 573)[798]

Na verdade, a conexão que está sendo considerada trata da Fonte e Origem da Mônada, e não de seus invólucros ou vestimentas. Isso é enfatizado mais adiante pela citação a seguir, que reconhece uma Estrela como Origem da Mônada, assim como uma estrela quanto às suas vestes – a personalidade:

> A estrela sob cuja influência nasce uma Entidade humana – reza o Ensinamento Oculto – permanece para sempre como sua estrela durante todo o ciclo de suas encarnações em um *Manvantara. Mas esta não é a sua estrela astrológica*. A última diz respeito e se relaciona tão somente à *Personalidade*; a primeira, à *Individualidade*. O "Anjo" desta Estrela, ou o *Dhyāni-Buddha* com ela relacionado, será o Anjo que guia, ou simplesmente que preside, por assim dizer, cada novo renascimento da Mônada, *que é parte de sua própria essência*, ainda que o seu veículo, o homem, possa ignorá-lo sempre. Cada um dos Adeptos tem o seu *Dhyāni-Buddha*, a sua "Alma-Gêmea" mais velha, que ele conhece, chamando-a "Alma-Pai" e "Fogo-Pai". Mas é só na última e suprema Iniciação que ele se vê face a face com a sua brilhante "Imagem" e aprende a reconhecê-la. (I, 572-3)[799]

---

797 *Ibid*, p. 84, ed. or. Este tema foi considerado no Capítulo VII [Ed. Teosófica, p. 93, 4ª ed., 2022 (Nota Ed. Bras.)].
798 Vol. II, p. 297, ed. 6 vol.; I, 626, 3ª ed.
799 Vol. II, p. 296, ed. 6 vol.; I, 626, 3ª ed.

A iniciação à qual acabamos de nos referir, quando o iniciante encontra o seu "Fogo-Pai", representa um dos estágios finais do ciclo iniciático. Faz referência, inquestionavelmente, ao que está mencionado em uma das *Estâncias de Dzyan*, cuja parte a que se aplica é fornecida nestas palavras simbólicas:

> Alcança o Quarto Fruto da Quarta Senda do Conhecimento que conduz ao *Nirvāna*, e tu compreenderás, porque verás. (Estância VI, *śloka* 7)

Os Quatro Graus de Iniciação

A fase preliminar do ciclo iniciático, assim como seus quatro estágios, é bem conhecida em trabalhos esotéricos, pois está incluída nas exposições filosóficas Budistas. O tema está intimamente relacionado com a Doutrina das Duas Sendas, principalmente porque o propósito da iniciação é acelerar a evolução espiritual do indivíduo. Assim, quando se atravessa os quatro graus de iniciação, o iniciado alcança o estágio de desenvolvimento onde tem de fazer a escolha por uma das sendas: a Aberta ou a Secreta.

Chamamos atenção ao fato de que, embora esses quatro graus de iniciação sejam chamados na filosofia Budista de "os quatro caminhos que levam ao *Nirvāna*", eles não estão relacionados com o que até agora temos chamado de "quatro sendas", já descritas uma a uma. Pois as "quatro sendas para o *Nirvāna*" ainda pertencem ao que foi chamado de Senda da Ascensão. Além do mais, conforme mencionado, o aspirante iniciado determina se ele seguirá o *Pratyeka-Yāna* ou o *Amrita-Yāna*, em continuidade à sua obtenção das quatro sendas para o *Nirvāna*.

Na imaginação poética da filosofia Budista para obter o *status* de um *Buddha*, era preciso primeiro "entrar na corrente", pois esta leva ao "Oceano de Conhecimento", conforme é chamado geralmente o *Nirvāna*. Tendo entrado na corrente, é possível avançar pelos "quatro caminhos que levam ao *Nirvāna*". Isto é mencionado na explicação fornecida ao *śloka* anteriormente citado.

> As obras exotéricas mencionam quatro graus de Iniciação, conhecidos respectivamente pelas seguintes palavras sânscritas: *Srotāpanna*, *Sakridāgāmin*, *Anāgāmin* e *Arhat* – denominações iguais às dos Quatro Caminhos que levam ao *Nirvāna*, em nossa presente Quarta Ronda. (I, 206)[800]

Explicando os termos: *Srotāpanna*, uma palavra sânscrita composta: *srotas*, a corrente ou o leito de um rio; *āpanna*, da raiz *āpad*, entrar. "Aquele que entrou na corrente", ou seja, a corrente do rio que levará ao "Oceano", ou *Nirvāna*. *Srotāpatti* é o estado de entrada na corrente que leva ao "Oceano", ou seja, o primeiro dos quatro caminhos que levam ao *Nirvāna*. Isto está descrito na linguagem poética de *A Voz do Silêncio*:

---

800 Vol. I, p. 255, ed. 6 vol.; I, 226, 3ª ed.

Dize-lhe, ó Candidato, que aquele que faz do orgulho e do amor-próprio servos da devoção; que aquele que, apegado à existência, contudo se mostra paciente e submisso à Lei, como uma delicada flor aos pés de *Shakya-Tub-Pa* (*Buddha*), torna-se *Srotāpatti* neste nascimento. Os *Siddhis* de perfeição podem parecer remotos, muito remotos; porém está dado o primeiro passo; ele entrou na corrente, e talvez adquira a visão da águia das montanhas, o ouvido da tímida corça.

(...)

Dize-lhe, ó Aspirante, que a Verdadeira devoção lhe pode restituir o conhecimento, aquele conhecimento que foi seu em anteriores nascimentos. A visão e a audição *dévicas* não se podem obter numa curta existência.[801]

Os "*Siddhis* de perfeição" foram amplamente descritos no Capítulo V. A habilidade para reaver o conhecimento adquirido em nascimentos anteriores enfatiza o fato de que esse conhecimento é armazenado na parte imortal do homem – assim como é registrado na "grande galeria de quadros da eternidade", os registros *Ākāśicos* – e não se perde quando vem a morte. A visão *dévica* e a audição *dévica* podem ser relacionadas à clarividência e à clariaudiência espiritual. Este é o significado da frase do *śloka*: "Tu compreenderás, porque verás." O ponto alto deste "ver" é obtido quando o estado de "visão ilimitada" é atingido pelo *Arhat*, aquele que "alcançou o quarto fruto", que em realidade é a visão super-humana.

Acredita-se que o *Arhat* "vê" e sabe tudo, quer esteja perto ou distante.[802]

Voltando à explicação dos termos:

Sakridāgāmin é também uma palavra sânscrita composta: *sakri*, uma vez, apenas uma vez; *āgāmin*, chegando, se aproximando, da raiz verbal *āgam*, vir, chegar, ou obter, retornar; temos então "obtendo a condição apenas mais uma vez", ou "retornando apenas mais uma vez" para renascer na Terra.

Anāgâmin, composta de *an*, não, e *āgamin*, de *āgam*, vir, chegar, retornar; assim, "não sujeito a retorno" novamente para renascimento – "aquele que não se reencarnará mais, a menos que deseje ajudar a humanidade".[803]

Arhan (também grafado *Arhat*, *Rahat* e *Arahat*). A palavra deriva da raiz *arh*, que significa ser merecedor, ter o direito, significando aquele que tem o direito à distinção de ter atingido a meta. A condição de um *Arhan* é descrita, assim como todo o ciclo de iniciação, na continuação da citação que explica o *śloka* 7 da *Estância de Dzyan* VI:

O *Arhan*, embora possa ver o passado, o presente e o futuro, não é ainda o mais alto dos Iniciados; pois o próprio Adepto, o candidato *iniciado*, se torna um *Chela* (Discípulo) de um Iniciado mais elevado. Ainda tem o *Arhan* que conquistar três graus para chegar ao topo da

801 *A Voz do Silêncio*, pp. 37-8, ed. or. [Ed. Teosófica, pp. 101-2, 4ª ed., 2022 (Nota Ed. Bras.)].
802 *Ibid.*, p. 86 [Ed. Teosófica, pp. 104, 4ª ed., 2022 (Nota Ed. Bras.)].
803 *Ibid.*, p. 88 [Ed. Teosófica, pp. 113, 4ª ed., 2022 (Nota Ed. Bras.)].

> escala de Iniciação. Há os que o alcançaram, ainda em nossa Quinta Raça; mas as faculdades que são necessárias para estes graus mais elevados só estarão plenamente desenvolvidas, para o tipo geral de asceta, no fim desta Raça-Raiz, e, principalmente, na Sexta e na Sétima. Sempre existirão, portanto, Iniciados e Profanos até o fim deste *Manvantara menor*, o atual Ciclo de Vida. Os *Arhats* da "Névoa de Fogo" – os do último degrau – acham-se apenas a um passo da Raiz Fundamental de sua Hierarquia, a mais elevada que existe na Terra e em nossa Cadeia Terrestre. (I, 206-7)[804]

"*Manvantara menor*, o atual Ciclo de Vida" significa a conclusão da Sétima Raça, o fim da Quarta Ronda neste Globo (Globo D). Uma vez que a Quarta Ronda continuará em globos superiores à cadeia planetária terrestre, fica clara a importância de salientar a palavra *menor*. "Desta Raça-Raiz" significa, é claro, a nossa Quinta Raça-Raiz, que será seguida pela Sexta Raça-Raiz, e esta, por sua vez, pela Sétima Raça-Raiz – cada Raça desenvolvendo faculdades superiores àquelas desenvolvidas pela Raça atual.

Chamamos atenção à afirmação de que esses quatro graus de iniciação são aqueles encontrados em obras *exotéricas* sobre o Budismo; consequentemente, sua apresentação foi popularizada, por assim dizer, de forma que um retrato um tanto o quanto dramatizado de uma obtenção acelerada da meta pudesse parecer possível. Entretanto, aqueles que conquistaram algum grau de proficiência ao longo do "caminho para o *Nirvāna*", e que são, justamente, considerados Irmãos Mais Velhos da raça humana – *Mahatmas* –, pois completaram determinadas iniciações, parecem indicar que há mais coisas envolvidas do que o implicado pela narrativa exotérica, pois temos:

> O principal objetivo de nossos esforços *e iniciações* é alcançar esta união enquanto ainda sobre esta Terra.[805]

A "união" aqui referida é descrita como individualidade, de forma que,

> para percorrer com êxito seus cursos setenários descendente e ascendente, tem de incorporar em si mesma a força vital eterna que reside apenas no sétimo princípio e então unir os três (quarto, quinto e sétimo) em um – o sexto. Os que chegam a fazê-lo se convertem em *Buddhas*, *Dhyān-Chohans*, etc.[806]

Os "cursos setenários descendente e ascendente" significam as Sete Rondas necessárias para o cumprimento de um Ciclo de Necessidade. O curso descendente consiste da jornada através dos três primeiros globos da cadeia planetária – Globo A, B e C – ao Globo D (nossa Terra), chamado de Arco Descendente; o curso ascendente compreende a ascensão através dos Globos E, F e G, chamado de Arco Ascendente. Um circuito completo pelos Arcos, Descendente e Ascendente, equivale a uma Ronda. A "combinação dos três" significa a associação e união dos princípios, o quarto,

---

804 Vol. I, p. 255, ed. 6 vol.; I, 227-8, 3ª ed.
805 *Cartas dos Mahatmas para A.P. Sinnett*, p. 78 [Ed. Teosófica, Vol. I, Carta nº 44, p. 206 (Nota Ed. Bras.)].
806 *Cartas dos Mahatmas para A.P. Sinnett*, p. 78 [Ed. Teosófica, Vol. I, Carta nº 44, p. 206 (Nota Ed. Bras.)].

Kāma, o quinto, *Manas*, e o sétimo, *Ātman*, em um – o sexto princípio, *Buddhi*, e a consequente obtenção do estado de *Buddha*.

Devemos observar que a "força vital eterna" – que equivale à Vida Una, Força Una, a saber, *Jīva* – é descrita como residente no sétimo princípio, *Ātman*. A passagem é concluída com essa importante declaração:

> Aqueles que tiverem sucesso não devem temer a nada durante a quinta, sexta e sétima rondas. Mas isto é um mistério.[807]

Esta referência aos futuros *Buddhas*, ou seja, à obtenção do estado de *Buddha*, necessita de uma consideração sobre os aspectos envolvidos nesse empreendimento. Tecnicamente, um *Buddha completamente desenvolvido* implica um desenvolvimento comparável àquele que ocorrerá ao final da Sexta Ronda, quando o princípio *Búddhico* estará totalmente desenvolvido. Todavia, do ponto de vista do desenvolvimento da Quarta Ronda (o estágio atual humano), o funcionamento do princípio *Búddhico* implica ação na capacidade de um *Buddha*. É bom ter em mente a importância da própria palavra. O termo sânscrito *Buddha* significa literalmente "o desperto" ou "o iluminado". Deriva da raiz *budh*, perceber, conhecer, despertar, e também iluminar. Portanto, aquele que está assim desperto é aquele que possui a habilidade de atuar no princípio *Búddhico*. Inicialmente, isso ocorre em intervalos. Cada vez maior proficiência em seu uso é obtida, até que finalmente a habilidade é adquirida de forma a ser exercida em toda a sua glória e força. H.P.B. resume tal estado brilhantemente, ao definir *Buddha* como:

> O mais alto grau de conhecimento. Para chegar a ser *Buddha* é preciso destruir inteiramente a escravidão dos sentidos e da personalidade, adquirir uma completa percepção do Eu e aprender a não se separar dos demais eus; aprender também, por experiência, em primeiro lugar, a completa falta de realidade de todos os fenômenos do Cosmos visível, chegar a um absoluto desprendimento de todo o efêmero e finito e viver, estando ainda na Terra, só no imortal e eterno, num supremo estado de santidade.[808]

Tudo isso, e mais, é obtido quando o princípio *Búddhico* é ativado pelo princípio *Manas*, pois:

> A suprema energia reside em *Buddhi*; latente – quando associada apenas a *Ātman* – e ativa e irresistível quando galvanizada pela *essência* de *Manas*...[809]

Com relação à obtenção do estado de *Buddha* e ao funcionamento do sexto princípio, *Buddhi*, a sentença a seguir é de grande importância:

---

807 *Ibid.* p. 78 [Ed. Teosófica, Vol. I, Carta nº 44, p. 206 (Nota Ed. Bras.)].
808 *Glossário Teosófico*, pp. 64-5.
809 *Cartas dos Mahatmas para A.P. Sinnett*, p. 341 [Ed. Teosófica, Vol. II, Carta nº 111, p. 209 (Nota Ed. Bras.)].

Penetre na natureza e essência do sexto princípio do Universo e do homem e você terá penetrado o maior mistério que há neste nosso mundo.[810]

Uma vez que o homem é considerado um *Saptaparna*, uma "planta de sete folhas", podemos dizer que cada uma das iniciações corresponde ao desenvolvimento de uma folha – ou de um princípio na totalidade de seu aspecto *sétuplo*. Assim, temos iniciações menores e maiores. Quando as sete folhas estão totalmente desabrochadas ou desenvolvidas, o despertar (ou iluminação) dos 49 Fogos é alcançado.

Até aqui consideramos a obtenção da iniciação final. Mas e quanto aos estágios iniciais que levam à iniciação? Com certeza existe uma maneira de começar a percorrer a Senda, ou, usando um similar Budista, para entrar na corrente. Podemos perguntar: "O que é necessário para entrar na corrente?"

Dar o primeiro passo no caminho, e este pode ser seguido por outro, e outro. Mas, para avançar, o primeiro passo tem de ser dado. Ainda assim, antes que possamos iniciá-lo é necessário que haja o desejo – ou melhor, a firme resolução – de fazê-lo. Podemos encontrar ajuda nessa direção abrindo o *Livro dos Preceitos de Ouro*:[811]

> "Mata os teus desejos, *Lanoo*, torna os teus vícios impotentes, até dares o primeiro passo na solene jornada.[812]

Mas, ah! Esse aviso parece por demais ingênuo para o futuro discípulo (*Lanoo*); talvez ele anseie por algum rito místico, e imagine ser necessário passar por algum

---

810 *Op. Cit.*, p. 99. Uma indicação sobre um desses mistérios relacionados ao princípio de *Buddhi* pode ser colhida da seguinte passagem: "Este último (*Buddhi*) guarda um mistério, que não é revelado a ninguém, a não ser sob o compromisso irrevogável dos *chelas*, ou de qualquer um daqueles que são dignos de verdadeira confiança. É claro que haveria menos confusão se ele pudesse ser revelado, mas, como isto está diretamente relacionado com o poder de projetar conscientemente o duplo através da vontade, e como esse dom, assim como o 'anel de Giges', pode tornar-se fatal para a maioria dos homens e, em particular, ao possuidor desta faculdade, ele é guardado com cuidado." *A Chave para a Teosofia*, pp. 119-20, ed. or. [Ed. Teosófica, p. 111, 7ª ed. 2020 (Nota Ed. Bras.)].

Quanto ao significado do "anel de Giges", é uma referência à mitologia grega. Conta a história que Giges era o rei da Lidia e possuía um anel mágico. O anel era visto assim por causa de sua propriedade singular: fazia com que aquele que o usasse se tornasse invisível. Diz-se que Giges usou o poder desse anel para assassinar seu predecessor, Candaule.

811 Ou *A Voz do Silêncio*. A razão para recorrermos a esse primoroso livro devocional com relação à Doutrina das Duas Sendas deve estar bem clara: sua escrita inigualável é particularmente adequada ao tema presente. E mais: uma seção do livro é intitulada "As Duas Sendas". Então, os Preceitos que formam o texto principal dessa obra fazem parte da mesma série "da qual se extraíram as *Estâncias* do *Livro de Dzyan*, em que se baseia *A Doutrina Secreta*." (Prefácio de *A Voz do Silêncio*, p. vii.)

O autor foi informado por uma aluna pessoal de H.P.B. que seu grupo havia sido instruído para, a fim de obter um melhor entendimento de *A Doutrina Secreta*, *A Voz do Silêncio* fosse estudada em conjunção com aquela obra. É preciso dizer mais? Além disso, devemos salientar que, quando H.P.B. contemplou a produção de *A Doutrina Secreta*, sua intenção era incluir sugestões práticas para a vida diária, que ocorre ser o tema principal do quarto volume proposto. Com certeza este conteria material de natureza similar àquele apresentado em *A Voz do Silêncio*. Mas, uma vez que H.P.B. não editou o seu pretendido Volume IV, foi sugerido que ela preparasse e publicasse *A Voz do Silêncio*, de forma a preencher essa necessidade.

812 *A Voz do Silêncio*, p. 16, ed. or. [Ed. Teosófica, *śloka* 70, p. 71, 4ª ed., 2022 (Nota Ed. Bras.)].

tipo de ordenação como preparação para a jornada. A preparação precisa ser feita, sim, principalmente dentro da própria mente e do próprio coração, sem enganar a si mesmo – *do contrário*... Pois está escrito:

> Luta com os teus pensamentos impuros antes que eles te dominem. Trata-os como eles querem tratar-te, porque, se os poupas, criarão raízes e crescerão e – repara bem – esses pensamentos te dominarão e matarão. Acautela-te, discípulo, não sucumba, não deixes aproximar-se nem mesmo a sua sombra; porque esta crescerá, aumentará em tamanho e poder, e então essa coisa escura absorverá o teu ser antes que tenhas te apercebido bem da presença do monstro hediondo e negro.[813]

Como alguém pode rivalizar com seus pensamentos?

> Silencia os teus pensamentos e concentra toda a tua atenção sobre o teu Mestre, que ainda não vês, mas já sentes.[814]

Tais exigências parecem muito difíceis para um começo imediato? Nesse caso, algumas palavras de encorajamento são fornecidas, mostrando que os esforços jamais são infrutíferos.

> Aprenda que não há esforço, por pequeno que seja – quer no bom sentido, quer no mau – que possa desvanecer-se no mundo das causas. Mesmo a fumaça desfeita fica sem rastros. "Uma palavra brusca dita em vidas passadas não se perde, mas sempre retorna."[815] A pimenteira não produz rosas, nem a prateada estrela de jasmim se torna espinho ou cardo.[816]

---

813 *A Voz do Silêncio*, pp. 11-2. [Ed. Teosófica, *śloka* 54, pp. 66. (Nota Ed. Bras.)] Por acaso essa imagem lhe parece exagerada? Não é bem assim. De maneira ainda mais dramática é fornecida uma descrição do que ocorre, caso o discípulo permita que seus pensamentos se tornem incontroláveis – pois isso sempre leva a vícios: "Há apenas um caminho para a Senda, e só bem no seu final se pode ouvir a 'Voz do Silêncio'. A escada pela qual ascende o candidato é formada de degraus de sofrimento e dor, que só podem ser aplacados pela voz da virtude. Ai de ti, discípulo, se restar um só vício que não tenhas deixado atrás. Pois então a escada cederá e te deitará abaixo; seu pé está apoiado no lodo profundo de teus pecados e falhas, e antes que possas tentar Silêncio."

"...Antes que possas tentar travessar este largo abismo de matéria, tens de lavar os teus pés nas águas da renúncia. Acautela-te, não vás pousar um pé ainda sujo no primeiro degrau da escada. Ai daquele que ousa macular um só degrau com pés lamacentos. A lama vil e viscosa secará, tornar-se-á pegajosa, e acabará por colar-te o pé ao degrau; assim como uma ave presa no visco do caçador astuto, ele será detido de todo progresso ulterior. Os seus vícios tomarão forma e o arrastarão à queda. Os seus pecados erguerão a voz, como o riso e o soluço do chacal depois do pôr do Sol; os seus pensamentos se converterão em um exército, levando-o consigo, como um escravo cativo." (*Op. Cit.*, pp. 15-6.) [Ed. Teosófica, *śloka* 69, p. 70, 4ª ed., 2022 (Nota Ed. Bras.).]

Um retrato dramático do que realmente ocorre! Assim, temos a injunção: "Estrangula os teus pecados, torna-os mudos para sempre, antes que ergas um pé para subir a escada." (*Op. Cit.*, p. 16.) [Ed. Teosófica, *śloka* 71, p. 72, 4ª ed., 2022 (Nota Ed. Bras.).]

814 *A Voz do Silêncio*, p. 16 [Ed. Teosófica, *śloka* 71, p. 72, 4ª ed., 2022 (Nota Ed. Bras.)]. A palavra "Mestre" aqui significa o Ser Superior, pois uma nota é fornecida: "O 'grande Mestre' é o termo usado pelos *lanoos* ou *chelas* para indicar o 'Eu Superior'." *Op. Cit.*, p. 75 [Ed. Teosófica, nota de rodapé nº 9, p. 54, 4ª ed., 2022 (Nota Ed. Bras.)].

815 Uma linha do *Ars Potica* de Horácio nos vem à mente: "Mas as palavras, uma vez proferidas, jamais podem ser chamadas de volta." E também uma passagem de Mateus: "Céus e Terra passarão, mas minhas palavras não passarão." (xxiv, 35.)

816 *A Voz do Silêncio*, Ed. Teosófica, *śloka* 147, p. 97, 4ª ed., 2022 (Nota Ed. Bras.).

> (...)
>
> Podes criar "hoje" tuas oportunidades de "amanhã". Na "Grande Jornada",[817] as causas semeadas a cada hora produzem cada qual a sua colheita de efeitos, porque uma rígida Justiça governa o mundo. Com o potente impulso de sua ação infalível, ela traz aos mortais vidas de felicidades ou de aflições, a progênie *kármica* de todos os seus pensamentos e ações anteriores.[818]
>
> (...)
>
> Aceita, pois, tanto quanto o mérito te haja reservado, ó tu de coração paciente. Anima-te e contenta-te com a sorte. Tal é o teu *Karma*, o *Karma* do ciclo de teus nascimentos, o destino daqueles que, em sua dor e tristeza, nascem ligados a ti, regozijam e choram de vida em vida, presos às tuas ações anteriores.

Enquanto a "progênie *kármica*" não nascer, o indivíduo fica realmente "preso às ações anteriores". Entretanto, há algo mais envolvido além das ações, note bem, pois foi salientado que a progênie *kármica* consiste de "*todos os seus anteriores pensamentos e atos*". Que tremenda carga nós precisamos suportar! É de se espantar que infortúnios pareçam perseguir os passos daquele que está tentando "entrar na senda"? O que se pode fazer a esse respeito? A resposta é dada em uma pequena frase, que, todavia, contém um mundo de promessas. Podemos fazê-lo por meio de pequenos esforços; atacando algo que podemos superar facilmente, um esforço por vez, um a um. É inútil tentar o impossível logo de começo – tentando sobrepujar todas as dificuldades de uma só vez. Assim está escrito (lembrando que "hoje" significa esta vida na Terra e "amanhã" um nascimento futuro):

> Age tu por eles hoje, e eles agirão por ti amanhã.[819]

Não há necessidade de continuarmos mais além com o tema relacionado ao progresso do candidato, uma vez que ele tenha entrado na corrente. No entanto, o seu progresso dependerá inteiramente de seus próprios esforços. Além disso,

> Ninguém, ó *Lanoo*, se torna um *Arhan* na existência em que, pela primeira vez, a Alma começa a ansiar pela libertação final.[820]
>
> (...)
>
> Ainda tenha esperança. Pois se a "Senda Secreta" não é acessível "hoje", estará ao teu alcance "amanhã".[821]

---

817 "Hoje" significa "esta vida"; "amanhã", um "nascimento futuro". Uma nota explica que a "Grande Jornada" significa "o ciclo completo de existências em uma 'Ronda'." (*Op. Cit.*, p. 85.) [*A Voz do Silêncio*, Ed. Teosófica, *śloka* 148, p. 97-8, 4ª ed., 2022 (Nota Ed. Bras.)].

818 *A Voz do Silêncio*, pp. 34-5 [Ed. Teosófica, *śloka* 149, p. 98, 4ª ed., 2022 (Nota Ed. Bras.)].

819 *Ibid.*, p. 35 [Ed. Teosófica, *śloka* 150, p. 98, 4ª ed., 2022 (Nota Ed. Bras.)].

820 *Ibid.*, p. 39 [Ed. Teosófica, *śloka* 173, p. 104, 4ª ed., 2022 (Nota Ed. Bras.)].

821 *Ibid.*, p. 33-34 [Ed. Teosófica, *śloka* 147, p. 97, 4ª ed., 2022 (Nota Ed. Bras.)].

Por mais que a Senda Secreta possa parecer distante no começo da jornada, é bom aprender, desde o seu início, que em determinado estágio da jornada jaz uma escolha a ser feita. Pois que seja lembrado que

> Não podes percorrer a Senda enquanto não te tornares a própria Senda.[822]

A Senda Aberta e a Senda Secreta

> Quem primeiro ouvirá a doutrina das duas Sendas em uma, a verdade revelada sobre o Coração Secreto?[823]

"Coração Secreto" é o nome dado à Doutrina Esotérica. Seus ensinamentos são geralmente apresentados por meio de alegorias e símbolos, com a finalidade de despertar a própria percepção do candidato para as suas verdades. As comparações feitas com relação às duas Sendas são soberbas. É bom reiterar, neste ponto, que a Senda Secreta, também conhecida como *Amrita-Yāna*, é seguida pelos *Buddhas* de Compaixão. A Senda Aberta é escolhida pelos *Pratyeka-Buddhas* e é, portanto, chamada de *Pratyeka-Yāna*.

> A Senda é uma, Discípulo, mas dupla no final, e seus estágios estão marcados por quatro e sete Portais.
>
> Numa extremidade, bem-aventurança imediata; na outra a bem-aventurança diferida. Ambas são a recompensa do mérito; a escolha é tua.[824]

Aqui nos confrontamos com um paradoxo – e existem muitos por encontrar ao longo do caminho! Duas Sendas são descritas, a Aberta – bem-aventurança imediata – e a Secreta – bem-aventurança diferida. Ambas são excelentes. Ainda assim afirma-se que a Senda é uma! Como podemos conciliar esse fato? Em primeiro lugar, quando uma pessoa está viajando por um caminho, pode apenas caminhar sobre *um* caminho. Realmente, quando certo estágio é alcançado, é preciso que uma decisão seja tomada sobre qual das duas sendas escolher, a Aberta ou a Secreta. Não obstante, mesmo quando a escolha é feita, o viajante permanece seguindo *uma* senda – não duas. Além disso, podemos observar que visto "de cima" (ou seja, como alguém localizado em um planeta superior, ou no Sol, olhando para a Terra), tanto a Senda Secreta quanto a Aberta são como *uma*. Pois, nessa visão mais ampla, o alcance tanto da Senda Aberta quanto da Secreta leva para reinos superiores àqueles

---

822 *Ibid.*, p. 12 [Ed. Teosófica, *śloka* 58, p. 67, 4ª ed., 2022 (Nota Ed. Bras.)].
823 *A Voz do Silêncio*, p. 24 [Ed. Teosófica, *śloka* 106, p. 83, 4ª ed., 2022 (Nota Ed. Bras.)].
824 *Ibid.*, p. 41 [Ed. Teosófica, *śloka* 179, p. 106, 4ª ed., 2022 (Nota Ed. Bras.)]. Os "sete portais" são descritos em uma das seções, intitulada Fragmento III.

obtidos na Terra – e mais ainda. Quando a reencarnação na Terra ocorre, a jornada pela Senda é retomada.

Nem precisa ser mencionado, mas deve-se ter em mente que a descrição das Duas Sendas que está sendo fornecida agora pertence apenas àqueles que estão bem avançados no caminho, àqueles descritos como os "*Arhans* de visão ilimitada". Segue o *śloka*:

> A Senda una se torna duas, a *Aberta* e a *Secreta*. A primeira conduz à meta, e a segunda ao autossacrifício.[825]

Alcançamos esse estágio na Senda quando a escolha tem de ser feita: ou continuamos na Senda Secreta ou seguimos a Senda Aberta que nos leva à meta – o *Nirvāna*. Continuar na Senda Secreta é denominado "autossacrifício", descrito nos *ślokas* que se seguirão. O significado deste termo implica continuar "no mundo dos homens", na Senda das Aflições, como um *Nirmānakāya* (que será explicado dentro em pouco). Então, a escolha feita serve para exemplificar a Lei Sublime, a Lei da Compaixão, em seu grau superlativo. Finalmente, entretanto, *éons* e *éons* à frente, a Senda Secreta atingirá o seu auge:

> A "Senda Secreta" também conduz à bem-aventurança *paranirvānica* – mas ao final de inúmeros *Kalpas*; *Nirvānas* ganhos e perdidos por ilimitada piedade e compaixão pelo mundo dos iludidos mortais.[826]

A dica contida neste verso é que aquele que escolher o "autossacrifício", de forma a permanecer em contato com o mundo dos homens, finalmente atingirá a bem-aventurança *paranirvānica* após inúmeros ciclos, "*kalpas* inumeráveis," ou seja, ao final do período de Sete Rondas, quando a Cadeia Terrestre entrar em *Pralaya*. Os "*Nirvānas* ganhos" (notem o uso do plural!) significa a habilidade de entrar nesse estado glorificado. Todavia, a oportunidade é *perdida*, ou melhor, renunciada, "por piedade e compaixão sem limites". A forma plural significa o atingimento desse estágio durante a Quarta, Quinta e Sexta Rondas – talvez muitas vezes em cada Ronda –, mas sempre sendo abandonando, de forma a ficar para trás,

> Porque os solitários Peregrinos, cujos pés sangram em seu regresso à Pátria, jamais estão seguros, até o derradeiro instante, de não errar o seu caminho neste deserto sem limites de ilusão e de matéria, a Vida Terrestre. (I, 208)[827]

O *śloka* continua:

---

825 *A Voz do Silêncio*, p. 41 [Ed. Teosófica, *śloka* 180, p. 106, 4ª ed., 2022 (Nota Ed. Bras.)].
826 *A Voz do Silêncio*, p. 42 [Ed. Teosófica, *śloka* 187, p. 108, 4ª ed., 2022 (Nota Ed. Bras.)].
827 Vol. I, p. 256, ed. 6 vol.; I, 229, 3ª ed.

> Quando ao Permanente o Mutável se sacrifica, o prêmio é teu; a gota retorna ao lugar de onde veio. A Senda Aberta conduz à mudança imutável – o *Nirvāna*, o estado glorioso do Absoluto, à Bem-Aventurança que ultrapassa o entendimento humano.[828]

O "Mutável" que é sacrificado é a personalidade – encarada como mutável porque muda durante cada vida na Terra. Não tem qualquer uso futuro, uma vez que o Permanente seja alcançado – o Permanente, é claro, significa a Mônada (*Ātma-Buddhi*) com seu veículo (*upādhi*), o *Manas* superior. A frase "a gota retorna ao lugar donde veio" é parecida com a conhecida frase Budista "a gota de orvalho se perde no seio do mar deslumbrante", tornando-se uma com sua Fonte. Isso equivale em significado à obtenção do *Nirvāna*, conforme mencionado na frase seguinte do *śloka*. Quão adequada é a frase paradoxal "a mudança imutável"! É bem melhor considerar o "glorioso estado do Absoluto" como sujeito a mudanças – quando este tem que percorrer seu curso cíclico – do que o *nada* das discussões filosóficas. Pois como poderia aquilo que é extinção ("consumação", como alguns eruditos traduzem a palavra *Nirvāna*) mudar, se não há nada para se mudar?

As Duas Sendas são agora batizadas:

> Assim, a primeira Senda é a LIBERTAÇÃO.
> (...)
> Mas a segunda Senda é RENÚNCIA; por isso é chamada a "Senda das Aflições".
> (...)
> A *Senda Secreta* conduz o *Arhan* a aflições mentais indizíveis; aflição pelos mortos vivos, e impotente compaixão pelos homens das tristezas *kármicas*, cujos frutos do *Karma* os Sábios não ousam deter.[829]

A primeira Senda, a Aberta, é chamada de Libertação, onde a emancipação dos *Nidanas* é obtida – ou seja, liberdade dos laços de renascimento neste *Manvantara* –, quando o estado de *Nirvāna* é alcançado como um *Jivanmukta* (literalmente uma "Mônada libertada").

A segunda Senda, a Secreta, é chamada de Renúncia – nesta a meta é realmente renunciada. Que sublime compaixão é evocada! A *razão* para esta renúncia é fornecida agora ao nos referirmos às três Vestes glorificadas – um assunto que necessita de cuidadoso estudo.

---

[828] *A Voz do Silêncio*, p. 41 [Ed. Teosófica, *śloka* 181, p. 106, 4ª ed., 2022 (Nota Ed. Bras.)].
[829] *A Voz do Silêncio*, pp. 41-2 [Ed. Teosófica, p. 107, 4ª ed., 2022 (Nota Ed. Bras.)].

As Três Vestes Glorificadas

> Afasta-te da luz do Sol para a sombra, para dares mais espaço aos outros. As lágrimas que regam o solo árido da dor e da tristeza fazem nascer as flores e os frutos da retribuição *kármica*. Da fornalha da vida humana e de sua fumaça negra, surgem chamas aladas, chamas purificadas, que se elevam sob o olhar *kármico*, tecendo, por fim, o glorioso tecido das três vestes da Senda.
> (...)
> Essas vestes sublimes: *Nirmānakāya*, *Sambhogakāya* e *Dharmakāya*.[830]

As três vestes, ou *Trikaya*, como são chamadas tecnicamente, merecem uma explicação completa.

Nirmānakāya, um composto sânscrito: *nirmāna*, medindo, também formando, fazendo, criando, construindo, derivado da raiz *nirma* (que tem o mesmo significado); *kāya*, o corpo, também um ajuntamento da raiz *chi*, que quer dizer aquilo que é juntado, reunido. A despeito do significado das raízes, a definição dada pelo dicionário, de "o corpo da transformação", onde "o corpo que é criado" ou construído, seria uma melhor maneira de expressar a ideia associada ao termo.

H.P. Blavatsky fornece a seguinte explicação:

> A forma é a do Adepto ou *Yogi* que escolhe ou entra em tal estado *post-mortem* preferencialmente à condição *Dharmakāya* ou estado *nirvānico absoluto*. E atua, assim, porque o último *kāya* (corpo) alija-o para sempre do mundo da forma, conferindo-lhe um estado de bem-aventurança *egoísta*, do qual nenhum outro ser vivo pode participar; assim sendo, o Adepto fica impossibilitado de ajudar a humanidade ou aos próprios *devas*. Como *Nirmānakāya*, contudo, o homem deixa atrás de si apenas seu corpo físico e conserva todos os demais "princípios", exceto o *kāmico*, porque, durante a vida, o extirpou para sempre de sua natureza, sem que possa jamais ressurgir em seu estado *post-mortem*. Assim, pois, ao invés de entrar na bem-aventurança egoísta, escolhe uma vida de autossacrifício, uma natureza que termina apenas com o ciclo de vida, a fim de poder ajudar a humanidade de modo invisível, porém sumamente eficaz.[831]

Descrevendo ainda mais a Veste *Nirmānakāya*, ela é

> aquela forma etérea que assume quando, abandonando o corpo físico, aparece no corpo astral — tendo além disso todo o conhecimento de um Adepto. O *Bodhisattva* o desenvolve em si mesmo à medida que avança na Senda. Ao atingir a meta e recusar sua fruição, permanece na Terra, como um Adepto; quando morre, em vez de entrar no *Nirvāna*, se mantém no glorioso corpo que teceu para si mesmo, *invisível* à humanidade não iniciada para velar por ela e protegê-la.[832]

---

830 *Ibid.*, p. 32 [Ed. Teosófica, p. 94, 4ª ed., 2022 (Nota Ed. Bras.)].

831 *Glossário Teosófico*, p. 231. O "ciclo de vida" mencionado na última frase da citação faz referência ao período de vida na Cadeia Terrestre, que termina quando as Sete Rondas são concluídas.

832 *A Voz do Silêncio*, p. 96 [Ed. Teosófica, p. 148, 4ª ed., 2022 (Nota Ed. Bras.)].

Sambhogakāya, a segunda das três vestes de glória, é uma palavra sânscrita composta, usualmente traduzida como "corpo de deleite", porque a definição da palavra *sambhoga* é deleite, e *kāya*, corpo. Entretanto, devemos salientar que a raiz de *bhuj*, da qual *bhoga* é um derivado, possui outros significados além de deleitar-se ou comer. Também significa fazer uso de, ou tomar posse de, experimentar, viver através, durar (num sentido de tempo). O prefixo *sam* significa "junto", "com"; quando usado como um composto, significa "completamente". Assim, o composto *sambhogakāya* também pode ser traduzido por "o corpo que dura continuamente", ou até "o corpo que está em posse de" (um *Buddha*). Essa tradução guarda mais o seu significado esotérico, que será apresentado agora. É verdade que o termo é explicado como sendo a mesma coisa que *Nirmānakāya*,

> porém com o esplendor adicional de "três perfeições", uma das quais é a total obliteração de tudo concernente à Terra.[833]

É por causa desta total obliteração de tudo concernente à Terra que um *Buddha* de Compaixão escolhe a veste glorificada conhecida como *Nirmānakāya*; assim, ele pode permanecer na esfera terrestre.

Entretanto, embora a obtenção do esplendor das vestes *Sambhogakāya* faça com que o Ser Glorificado passe para além dos laços que o amarram à Terra, outro esplendor lhe fornece a habilidade de experimentar os estágios preliminares da sabedoria e bem-aventurança associados com o estado do *Nirvāna*. Aqui é onde o *Buddha* de Compaixão segue a Lei sublime. Em vez de permanecer em um estado de bem-aventurança, ele renuncia a seu *kāya* (veste) e assume a *Nirmānakāya*, e não "se perde no mundo dos homens". Por outro lado, o *Pratyeka-Buddha* não se demora no estado *Sambhogakāya*, mas passa por ele e atinge o *Dharmakāya*, o "manto sublime".

Então, a segunda veste serve, na verdade, como o "Veículo para a Experimentação" da Bem-Aventurança, pois é um estágio intermediário e fornece os meios pelos quais o *Pratyeka-Buddha* alcança um estado superior, conhecido como o *Dharmakāya* – que significa entrar no *Nirvāna*. Então, também serve o *Sambhogakāya* como meio de acesso ao *Dharmakāya* para o *Buddha* de Compaixão. Entretanto, em vez de entrar no *Nirvāna*, o Exaltado renuncia a seu estado glorificado, assim como ao veículo intermediário, e permanece como um *Nirmānakāya*.

O *Dharmakāya* é a mais elevada das três vestes (ou corpos) glorificadas. Essa palavra composta sânscrita é traduzida geralmente como "o corpo da lei", uma vez que *dharma* significa lei; deriva da raiz *dhri*, manter, apoiar, sustentar, aguentar, e *kāya* (corpo). Assim, podemos traduzir o termo da seguinte maneira: "o corpo que é sustentado em continuação", ou "o corpo que é sustentado permanentemente" pelos *Pratyeka-Buddhas*, que alcançaram a meta de sua própria libertação.

---

833 *Ibid.*

> "O corpo do *Dharmakāya* é o de um *Buddha* completo, isto é, não é um corpo, senão tão só um sopro ideal; a Consciência imersa na Consciência Universal, ou a Alma despida de qualquer atributo. Uma vez transformando-se em um *Dharmakāya*, o Adepto, ou *Buddha*, abandona toda a possível relação com esta Terra, ou pensamento nela. Assim, para capacitar-se a ajudar a humanidade o Adepto que conseguiu o direito ao Nirvāna "renuncia ao corpo de *Dharmakāya*", na linguagem mística; conserva, do *Sambhogakāya*, apenas os grandes e completos conhecimentos, e se mantém na sua veste de *Nirmānakāya*. A escola esotérica ensina que Gautama *Buddha*, com vários de seus *Arhats*, é um *Nirmānakāya* deste gênero, acima do qual, pela grande renúncia e sacrifício pela humanidade, não se conhece ninguém mais elevado. [834]

O processo envolvido na obtenção da veste de *Nirmānakāya* — que ocorre quando é chegado o tempo de abandonar o corpo físico — é explicado da seguinte maneira:

> Quando um Adepto alcança, durante sua vida, aquele estado de santidade e pureza que fazem dele "igual aos Anjos", então, na morte, seu corpo de aparição ou astral torna-se sólido e tangível como o último corpo, e é transformado no homem real. O antigo corpo físico, se desprendendo como a pele da serpente, o "novo" corpo permanece visível ou, por opção do Adepto, desaparece de vista, uma vez que ele está cercado pela concha *Ākāśica* que o encobre. No último caso existem três caminhos abertos ao Adepto. (*S.D.* V, 79-80)

Todos na morte aparecem em um "corpo de aparição ou astral", que é chamado, tecnicamente, de *kāma-rūpa* (literalmente a "forma-desejo"). Mas, é claro, esse *rūpa* não é da mesma consistência que a de um Adepto, conforme descrito acima. Comumente esse "corpo astral" permanece no *Kāma-Loka* (o "Mundo do Desejo") até se desintegrar — na maneira explicada na citação abaixo (número 1). A "concha *Ākāśica*" é apenas uma metáfora, equivalente em significado ao "Ovo Dourado" ou *Hiranyagarbha*, pois, como diz o *Livro Egípcio dos Mortos*, "o falecido está resplandecente em seu Ovo quando ele cruza o país do mistério". "Ele", na citação, faz referência ao "Adepto":

> 1. Ele pode permanecer na esfera da Terra (*Vāyu* ou *Kāma-Loka*), aquela localidade etérea oculta aos olhos humanos, a não ser durante instantes de clarividência. Neste caso, devido à sua grande pureza e espiritualidade, e tendo seu corpo astral perdido as condições necessárias para a Luz *Ākāśica* (o éter inferior ou terrestre) absorver suas partículas semimateriais, o Adepto teria que permanecer na companhia de conchas desintegrantes — sem realizar qualquer trabalho bom ou útil. Isso, é claro, não pode ocorrer." (*S.D.*, V, 80)

O *Kāma-Loka* é o primeiro dos estados após a morte, o lugar no qual o *Kāma-Rūpa* (chamado de concha em desintegração) se desprende, por sua vez, como a "pele da serpente". Observe a descrição fornecida do *Kāma-Loka*: "aquela localidade etérea oculta aos olhos humanos", permeada pela luz *Ākāśica* inferior — usualmente chamada de Luz Astral. A segunda escolha do "Adepto" é a seguinte:

---

834 *A Voz do Silêncio*, pp. 96-7 [Ed. Teosófica, p.148-9, 4ª ed., 2022 (Nota Ed. Bras.)].

2. Ele pode, através de um supremo esforço de vontade, unir-se inteiramente com sua Mônada, e tornar-se uno com ela. Fazendo isso, entretanto, ele iria (a) privar seu Eu superior do *Samādhi* póstumo – uma bem-aventurança que não é o *Nirvāna* real – entretanto, embora puro, o astral é por demais terreno para tal condição; (b) ele se abriria, assim, para a lei *kármica*; essa ação seria, de fato, o resultado do egoísmo pessoal – a colheita dos frutos produzidos por si e para si – apenas." (*S.D.*, V, 80)

É claro que a definição de "Mônada" é *Ātma-Buddhi*. O "Eu superior" também é apresentado por H.P.B. como *Ātman* em conjunção com *Buddhi.*[835] *Samādhi* se refere, geralmente, ao quarto e mais superior dos *Avasthās* – os quatro estados de consciência do sistema *Tāraka Rāja-Yoga*: *Jāgrat*, o estado de vigília; *Svapna*, o estado de sonho; *Sushupti*, o estado de sono profundo; *Samādhi*, um estado beatífico de *Yoga* contemplativa, além deste plano. A referência ao "*Samādhi* póstumo" indica o estado de consciência alcançado pela Mônada nos estados após a morte.

3. O Adepto tem a opção de renunciar conscientemente ao *Nirvāna* e ao repouso, para trabalhar na Terra pelo bem da humanidade. Isto ele pode fazer de duas maneiras: ou, como dito acima, pela consolidação de seu corpo astral em uma aparência física, onde pode assumir a mesma personalidade; ou pode se aproveitar de um corpo físico inteiramente novo, seja de um bebê recém-nascido ou – como se diz ter sido feito por *Sankarāchārya* com o corpo de um *Rāja* morto – "entrando em uma casca abandonada", e vivendo ali por quanto tempo desejar. Isto é chamado de "existência contínua". Tal é a doutrina ensinada, todos têm a escolha entre aprofundar-se nela ainda mais, ou deixá-la sem ser notada. (*S.D.*, V, 80)

Há outra metáfora que é usada em conexão com o *status* de um *Nirmānakāya*. É descrita como o uso de uma veste, como no seguinte *śloka*:

A veste *Shangna*, é certo, pode fornecer a luz eterna. A veste *Shangna* apenas leva ao *Nirvāna* da destruição, detendo o renascimento. Mas, ó *Lanoo*, também mata a compaixão. Os *Buddhas* perfeitos, que vestem a glória do *Dharmakāya*, já não podem ajudar a salvação do homem. Ai! Devem os eus serem sacrificados ao *Eu*; a humanidade para o bem-estar de Unidades?[836]

Embora o termo "*Nirvāna* da destruição" pareça fornecer a antítese da bem-aventurança associada ao *Nirvāna*, ele expressa a verdadeira ideia intencionada. Pois, ao entrar no *Nirvāna*, a "luz eterna", as vestes inferiores são destruídas, e, é claro, a personalidade, que assim "se consome" (a tradução literal da palavra *Nirvāna* pelos Orientalistas). A ideia não é de que a "Centelha" é consumida quando a vela é extinta no reino físico, mas que a Centelha desaparece do mundo material e se torna *uma* com sua Fonte, por certo período de tempo, que pode ter a duração de muitos *éons*. Na verdade, o renascimento foi interrompido, uma vez que as causas para ele foram suprimidas; os *Nidānas* foram rompidos. (Os *Nidānas* são os 12 grilhões ou laços que

835 *A Chave para a Teosofia*, p. 121, ed. or. [Ed. Teosófica, p. 112, 7ª ed., 2020 (Nota Ed. Bras.)].
836 *A Voz do Silêncio*, p. 32 [Ed. Teosófica, *śloka* 142, p. 95, 4ª ed., 2022 (Nota Ed. Bras.)].

prendem o homem à roda de renascimentos, segundo a linguagem budista.) Assim, ocorre que a habilidade para exercer a Compaixão também não está mais disponível. Pois o *Pratyeka-Buddha* foi além, está "perdido no *Nirvāna*", ou, ainda, "a gota de orvalho se perdeu no seio do mar deslumbrante" – dizem os budistas. Quanto ao significado da veste *Shangna*:

> A veste *Shangna*, do *Shangnavesu* de *Rajagriha*, o terceiro grande *Arhat* ou "Patriarca", segundo a terminologia adotada pelos orientalistas para a hierarquia de 33 *Arhats* que espalharam o Budismo. "Veste *Shangna*" significa, metaforicamente, a aquisição de sabedoria com que se entra no *Nirvāna* da destruição (da personalidade). Literalmente, é a "veste de iniciação".[837]

A palavra sânscrita *Samjñā-Veshi* é um composto de *jña*, saber, e *sam*, "junto" – quando em compostos, "completamente"; *veshin*, veste, aparência, derivada da forma causativa do verbo *vish*, vestir. *Samjñā* é geralmente traduzido como consciência. Em conjunção com *veshin*, podemos dar o seguinte significado: a energia direta da consciência espiritual que fornece a "veste" necessária para o *Trikāya*.

Ao invés de considerar o *Trikāya* como "três corpos" (que é o significado literal do termo), melhor seria concebê-lo como três vestes ou estados de consciência, de forma a obter um melhor entendimento do ensinamento conectado a este conceito filosófico. Além disso, torna-se cada vez mais claro que, no estudo da Filosofia Esotérica, o uso de símbolos, seja graficamente ou sob a forma de uma metáfora, é apenas um auxílio cujo propósito é despertar a intuição. Assim, a mente se torna capaz de absorver o pensamento-chave, ou ideia, enquanto segue por linhas de pensamento que lhe são familiares, familiarizando-se, desse modo, com os métodos de transmissão de conhecimento da Sabedoria.

Até aqui, o tema do *Trikāya* tratou das três vestes gloriosas: o *Nirmānakāya*, o *Sambhogakāya* e o *Dharmakāya*. Entretanto, existe outro aspecto do *Trikāya* que deve ser considerado agora. Este aspecto liga a Doutrina das Duas Sendas à Doutrina do *Ātma-Vidyā* (o auge do conhecimento), a doutrina de conclusão, na qual este tema será seguido mais amplamente, e que ilustra a razão para o estudo de *A Voz do Silêncio* em conjunto com *A Doutrina Secreta*. A citação a seguir é bastante significativa, e pode ser resumida em suas palavras de abertura:

> Este é um ensinamento extremamente oculto, porém, uma vez compreendido, explica o mistério de cada *tríade* ou trindade, e é uma verdadeira chave para todo símbolo triplo metafísico. Em sua forma simples e geral encontra-se na Entidade humana em sua tripla divisão em espírito, alma e corpo e, no Universo, considerado panteisticamente, como uma unidade composta de um Princípio divino, puramente espiritual, Seres celestes (seus raios diretos) e a Humanidade. A origem disso encontra-se nos ensinamentos da pré-histórica Religião da Sabedoria ou Filosofia Esotérica. O grande ideal panteístico da Essência desconhecida e incognoscível, que se transforma primeiro em matéria subjetiva e, em seguida,

837 Conforme uma nota em *A Voz do Silêncio* (p. 84) explica [Ed. Teosófica, p. 95, 4ª ed., 2022 (Nota Ed. Bras.)].

em objetiva, é a base fundamental de todas estas *tríades* e ternos. Assim, encontramos no filosófico Budismo do Norte: 1º) *Ādi-Buddha* (Sabedoria Universal Primordial); 2º) os *Dhyāni-Buddhas* (ou *Bodhisattvas*) e 3º) os *Mānuchi Buddhas* (*Buddhas* humanos). Nas ideias europeias encontramos a mesma coisa: Deus, Anjos e Humanidade, simbolizados teologicamente pelo Deus-Homem. A *Trimurti brahmânica* e também o corpo triplo de *Shiva*, no Shivaísmo, foram concebidos sobre a mesma base, mesmo que não seguindo completamente as linhas dos ensinamentos esotéricos. Por conseguinte, não é de se estranhar que este conceito do corpo triplo – isto é, as vestimentas do *Nirmānakāya*, *Sambhokāya* e *Dharmakāya*, a mais grandiosa das doutrinas da Filosofia Esotérica – seja aceito, de forma mais ou menos desfigurada, por todas as seitas religiosas e explicado de modo extremamente incorreto pelos orientalistas. Assim, em sua explicação geral, o corpo triplo simboliza a estátua de *Buddha*, seus ensinamentos e seus *stupas*; segundo as ideias sacerdotais, refere-se à profissão de fé budista chamada *Triratna*, que é a fórmula "de se refugiar em *Buddha*, *Dharma* e *Sangha*".[838]

Retornando ao conceito filosófico original, podemos salientar que a ideia dos Três *Logos*, com relação à Cosmogênese, corresponde exatamente à descrição do *Trikāya*. O Primeiro *Logos*, chamado de Não Manifestado, equivale ao estado de *Dharmakāya*. O Segundo *Logos*, que forma o elo necessário entre o Não Manifestado e o Manifestado, é como o *Sambhogakāya*, que fornece a ponte entre os estados *Dharmakāya* e *Nirmānakāya*. O Terceiro *Logos*, símbolo do aspecto criativo, o *Logos* Manifestado, é representado pelo *Nirmanakaya*. (Este tema será considerado mais adiante, no capítulo final.)

A condição das três vestes é resumida no seguinte *śloka*:

Sim, na Senda de *Ārya* não és mais *Srotāpatti*; és um *Bodhisattva*. Atravessaste a corrente. É certo que tens direito à veste *Dharmakāya*; mas *Sambhogakāya* é maior do que um *Nirvani*, e maior ainda é um *Nirmānakāya* – um *Buddha* da Compaixão.[839]

A Senda *Ārya* significa a senda nobre ou santa (*ārya*, nobre, merecedora, santa). *Srotāpatti*, o estado de "entrada na corrente" que leva ao *Nirvāna*. *Nirvānī* – mais corretamente *Nirvānin*, aquele que entrou no *Nirvāna*. Ainda temos o termo *Bodhisattva* para ser explicado. Esse composto sânscrito de *bodhi*, inteligência, e *sattva*, essência, pode ser traduzido literalmente como "aquele cuja essência tornou-se inte-

---

838 *Glossário Teosófico*, pp. 338-9. Os *Stupas*, acima mencionados, significam os monumentos em forma de cúpula que também são chamados de *dagobas*, geralmente erigidos sobre pontos sagrados relacionados às atividades do *Buddha*, ou ainda colocados sobre relíquias sagradas. *Triratna*, literalmente as três joias: o nome pelo qual a celebrada confissão de fé budista é conhecida. Provavelmente são mais conhecidos sob o nome de os três Refúgios, uma vez que "refúgio" traduz a palavra "*sarana*", como recitado em *Pāli*:

Buddham śaranam gachchhāmi,
dhammam śaranam gachchhāmi,
samgham śaranam gachchhāmi.

"Eu me refugio em *Buddha*; eu me refugio na Lei (*Dhamma*); eu me refugio na Companhia" (ou Congregação – *Samgha* ou *Sangha*) – a Companhia significa em geral o sacerdócio Budista.

839 *A Voz do Silêncio*, pp. 70-1 [Ed. Teosófica, *śloka* 306, p. 147, 4ª ed., 2022 (Nota Ed. Bras.)].

ligência", descrevendo assim os seres que são considerados a incorporação da compaixão do ponto de vista do esoterismo oriental, embora

> Um *Bodhisattva* é, na hierarquia, menos que um *Buddha* perfeito. Na linguagem exotérica se confundem muito estes dois termos. Mas a percepção popular, inata e correta, colocou um *Bodhisattva*, devido ao seu grande sacrifício, mais alto em sua veneração do que um *Buddha*.
>
> (...)
>
> Esta mesma reverência popular chama "*Buddhas* de Compaixão" aos *Bodhisattvas* que, tendo atingido a posição de *Arhat* (isto é, tendo completado a *quarta* Senda ou a *sétima*), recusam-se a passar para o estado *nirvānico* ou "a tomar a veste de *Dharmakāya* e atravessar para a outra margem", porque então estariam impossibilitados de auxiliar os homens, mesmo no pouco que o *Karma* permite. Preferem permanecer invisíveis (em espírito, por assim dizer) no mundo, e contribuir para a salvação dos homens, influenciando-os a seguir a Boa Lei, isto é, guiá-los na Senda da Retidão.[840]

Por isso os *Buddhas* de Compaixão são chamados de *Bodhisattvas* do Coração Secreto.

A escolha na adoção das vestes gloriosas — de *Dharmakāya* ou *Nirmānakāya* — constitui a decisão sobre qual das duas Sendas será seguida: a Aberta ou a Secreta.

> Adotar a humilde veste de *Nirmānakāya* é abrir mão da bem-aventurança eterna para o Eu, a fim de ajudar na salvação do homem. Alcançar a bem-aventurança do *Nirvāna*, mas renunciar a ela, é o passo supremo, final — o mais elevado na Senda da Renúncia.
>
> (...)
>
> Sabe, ó Discípulo, esta é a Senda Secreta, escolhida pelos *Buddhas* de Perfeição, que sacrificaram o EU aos eus mais fracos. [841]

Esta é a primeira senda, o *Amrita-Yāna*. Quanto à outra senda, *Pratyeka-Yāna*:

> ...esta é a Senda Aberta, o caminho da beatitude egoísta, evitado pelos *Bodhisattvas* do "Coração Secreto", os *Buddhas* de Compaixão.[842]

Tal é a Doutrina das Duas Sendas: a Senda Secreta, seguida pelos *Buddhas* de Compaixão; e a Senda Aberta, seguida pelos *Pratyeka-Buddhas*. Ambas conduzem à meta. A Senda Aberta proporciona a bem-aventurança imediata ao viajante; a Senda Secreta a bem-aventurança adiada.

---

840 *A Voz do Silêncio*, pp. 94-5 [Ed. Teosófica, p. 147-8, 4ª ed., 2022 (Nota Ed. Bras.)].

841 *A Voz do Silêncio*, p. 33 [Ed. Teosófica, p. 96, 4ª ed., 2022 (Nota Ed. Bras.)].

842 *A Voz do Silêncio*, p. 33 [Ed. Teosófica, *śloka* 143, p. 95, 4ª ed., 2022 (Nota Ed. Bras.)].

A Doutrina dos *Avatāras*

A Lei associada à Doutrina das Duas Sendas é a Compaixão. Ela é chamada de "a Lei das Leis". Um dos ensinamentos mais profundos da Filosofia Esotérica demonstra a ação dessa lei, em acréscimo ao que foi demonstrado em relação àqueles que seguem a Senda Secreta. Sua elucidação, neste ponto, seguindo a exposição da doutrina dos *Nirmānakāyas*, será de grande ajuda em sua compreensão.

A forma externa desse ensinamento, especialmente em sua apresentação popular, é encontrada em todas as religiões, geralmente descrita como a descida à Terra de um deus em forma humana. Logo as conhecidas palavras do Evangelho vêm à mente:

> Porque Deus amou o mundo de tal maneira que deu o seu Filho unigênito, para que todo o que nele crê não pereça, mas tenha a vida eterna.[843]

No Oriente, esta ideia está presente tanto em forma popular quanto simbólica. Na *Bhagavad-Gitā*, por exemplo, a ideia é expressa de maneira facilmente compreensível:

> Embora não nascido de uma essência imutável, ainda que Senhor de toda a existência, controlando a natureza que é minha, venho à existência por meio de minha própria *māyā*, o poder místico de autoideação, o pensamento eterno na mente eterna. Sempre que a virtude decai e ocorre uma insurreição do vício e da injustiça no mundo, ó *Bharata*, Eu me produzo entre as criaturas. E assim encarno através dos tempos para a preservação do justo, a destruição dos maus e o restabelecimento da retidão.[844]

Mudando para a forma simbólica, a potência divina é descrita como descendo na forma de uma sucessão de *Avatāras*. Estes são popularizados como as dez encarnações divinas de *Vishnu* (a divindade que representa a potência divina que a tudo permeia e que preserva toda a criação). As "encarnações divinas" (*Avatāras*) são enumeradas como a seguir:

1. *Matsya-Avatāra* — conhecido como o *Avatāra* Peixe
2. *Kūrma-Avatāra* — o *Avatāra* Tartaruga
3. *Varāha-Avatāra* — o *Avatāra* Javali
4. *Nara-Simha-Avatāra* — o *Avatāra* Homem-Leão

---

843 João, iii, 16. A palavra "unigênito", que se refere ao Filho (de Deus), é uma tradução do grego *Monogenes*. É preciso notar que esse termo é anterior à era Cristã, pois era usado nos antigos Mistérios da Grécia. Assim, também na mitologia grega, *Monogenes* era um epíteto aplicado à Perséfone, a filha de Deméter. De todas as deusas helênicas, Deméter era associada especialmente com os Mistérios de Elêusis. Plutarco relata que os atenienses viam com reverência todos os que morriam como consagrados a Deméter, pois achavam que o defunto passava de seu reino (a Terra) para o Submundo. Esta última região era regida por Perséfone e seu consorte, Dis.

844 *Bhagavad-Gitā*, ch. iv, versos 5-8 (Revisão de W.Q. Judge). *Māyā* significa o poder da ilusão.

5. *Vāmana-Avatāra* – o *Avatāra* "Anão" (incumbido, conforme diz a fábula, de humilhar o orgulho de *Daitya*, Bali)
6. *Paraśu-Rāma-Avatāra* – *Rāma* com o *Avatāra* Machado (a história narra as batalhas entre *Brāhmanes* e *Kshatriyas*)
7. *Rāma-Chandra-Avatāra* – o herói do *Rāmāyana* (o épico que conta a guerra travada com os *Rākshasas*)
8. *Krishna-Avatāra* – o guru da *Bhagavad-Gitā*
9. *Gautama Buddha*
10. *Kalki-Avatāra* – o futuro *Avatāra* (que surgirá montado em um cavalo branco, brandindo uma espada, tipificando a destruição dos perversos. Sua vinda acontecerá no final do *Kali-Yuga*).

Essa forma de alegoria sobre os *Avatāras* é tão bem escondida que, sem uma pista, ela permanece oculta. Uma vez que o fio de Ariadne não foi fornecido, o caminho para fora do labirinto não pode ser encontrado. Note que o sétimo e oitavo *Avatāras* são figuras heroicas de dois conhecidos épicos, o *Rāmāyana* e o *Mahābhārata*. Os leitores podem ficar surpresos por encontrar *Gautama Buddha* listado como uma encarnação divina de *Vishnu*. Os *Brāmanes* possuem suas próprias razões secretas para isso, embora possamos notar que algumas escolas de pensamento hindu discordam dessa inclusão. É desnecessário mencionar que os budistas rejeitam completamente tal ideia. Sustentam que *Śākyamuni* alcançou a condição de um *Buddha* através de seus próprios méritos. Assim, eles também possuem seu próprio equivalente de encarnações divinas, ainda que, tecnicamente, não estejam classificadas como manifestações *avatāricas*.

Quanto à palavra sânscrita *Avatāra*, é um composto de *ava*, "para baixo", e *tāra*, derivado do verbo *tri*, que significa passar – donde, passando para baixo, ou descendo da potência divina, em geral traduzido como "encarnação divina". (O significado esotérico será fornecido posteriormente.)

A ideia *brāmane* relacionada com a sucessão de *Avatāras* acima é a de que o Espírito Divino, que a tudo permeia, desce de tempos em tempos sobre a Terra, para que sua potência divina possa atuar sobre a humanidade como um poder regenerador. Esse Princípio Divino que a tudo permeia é chamado *Mahā-Vishnu* ("o Grande *Vishnu*"), e assim é explicado em seu significado esotérico:

> Existe um Princípio misterioso na Natureza chamado de *Mahā Vishnu*, que não é o Deus que recebe esse nome, mas um princípio que contem *Bīja*, a semente do *Avatārismo*, ou, em outras palavras, é a potência e a causa de tais encarnações divinas. Todos os Salvadores do Mundo, os *Bodhisattvas* e os *Avatāras* são as árvores da salvação que crescem dessa semente única, o *Bīja*, ou *Mahā Vishnu*. Seja chamado *Ādi-Buddha* (Sabedoria Primeva) ou *Maha Vishnu*, dá no mesmo. Compreendido esotericamente, *Vishnu* é tanto *Saguna* como *Nirguna* (com e sem atributos). No primeiro aspecto, *Vishnu* é o objeto da adoração e devoção exotérica; no segundo, como *Nirguna*, ele é o auge da totalidade da sabedoria espiritual no

Universo – resumindo, *Nirvāna* – e tem, como adoradores, todas as mentes filosóficas. Em seu sentido esotérico, o Senhor *Buddha* foi a encarnação do *Mahā Vishnu*.

(...)

Isto é um ponto de vista puramente espiritual e filosófico. Entretanto, do plano da ilusão, como se diria, ou do ponto de vista terrestre, os Iniciados *sabem* que Ele foi uma encarnação direta de um dos primitivos "Sete filhos da Luz", encontrados em todas as teogonias – os *Dhyān-Chohans* cuja missão, de uma eternidade à outra, é zelar pelo bem-estar espiritual das regiões sob seus cuidados. (*S.D.*, V, 350)

Todos os termos sânscritos já foram explicados anteriormente, com exceção de *Bīja*. Esta palavra significa semente, ou germe-vida; assim, foi traduzida acima como "semente do *Avatārismo*".

As sete classes de Mônadas se originam nos Sete Filhos da Luz (mencionados na citação acima).[845] A filiação do *Avatāra* da Terra com sua Fonte é explicada mais adiante da seguinte maneira:

Assim sendo, todos os *Avatāras* são um e o mesmo: os Filhos de seu "Pai", em uma linha direta descendente, o "Pai", ou uma das sete Chamas que se torna, por um tempo, o Filho, e os dois são um – na Eternidade. Quem é o Pai? Seria a Causa absoluta de tudo? – o Eterno insondável? Não, com certeza. É *Kāranātman*, a "Alma Causal" que, em seu sentido geral, é chamada pelos hindus de *Īshvara*, o Senhor, e pelos cristãos "Deus", o Um e Único. Além do mais, cada ser humano possui seu próprio Espírito divino ou Deus pessoal. Aquela Entidade ou Chama divina da qual *Buddhi* emana está na mesma relação com o homem, embora em um plano inferior, que o *Dhyāni-Buddha* está para seu *Buddha* humano. (*S.D.*, V, 351)

Enquanto a citação acima expõe a filiação direta do "Pai" e do "Filho", existe uma relação que se estende ainda mais poderosamente. Ela é mencionada na seguinte passagem:

No simbolismo antigo, era sempre o Sol – mas o Sol espiritual, e não o físico – que se acreditava enviar os principais Salvadores e *Avatāras*. Daí o laço de união entre os *Buddhas*, os *Avatāras* e tantas outras encarnações dos Sete Supremos. Quanto mais se aproxime do seu Protótipo no "Céu", tanto melhor para o mortal cuja personalidade foi eleita – por sua própria Divindade *pessoal* (o Sétimo Princípio) – para sua mansão terrestre. (I, 638)[846]

Esta citação merece um escrutínio mais minucioso. Primeiro, o "Sol" mencionado não é nosso Sol visível (como claramente indicado), mas sim o Sol Central Espiritual – muito além de nosso Sistema Solar. Segundo, os "Sete Supremos" são os Sete "Raios" Primordiais, ou Sete Filhos da Luz, que aparecem durante os primeiros estágios do nascimento de um Cosmos. Terceiro, a última frase: uma vez que está escrita de forma alegórica, pode ser esclarecida mais extensamente. O sétimo princípio

845 Esse relacionamento foi tratado no Capítulo VII.

846 Vol. II, p. 363, ed. 6 vol.; I, 699-700, 3ª ed.

mencionado como a divindade pessoal do homem é *Ātman*, claro. O "protótipo no céu" se refere a um dos Sete Filhos da Luz, que atua como o transmissor do Efluxo Divino que se torna o "mensageiro" *avatārico*. Então temos outra passagem, escrita com o mesmo espírito, que achamos adequada apresentar no momento:

> Suponhamos que uma pessoa, possuindo um veículo suficientemente limpo, seja selecionada para propósitos especiais durante seu ciclo de encarnações por seu Deus pessoal, o Manancial (no plano do manifestado) de sua Mônada, que assim se torna seu habitante interno. Esse Deus, seu próprio protótipo ou "Pai nos Céus" e, em certo sentido, não apenas a imagem na qual ele, o homem espiritual, é moldada, mas no caso que estamos considerando é o próprio Ego individual e espiritual. Este é um caso de Teofania permanente, que dura uma vida. Tenhamos em mente que isso não é nem *Avatārismo*, conforme compreendido na Filosofia *Brāmane*, nem o homem selecionado é um *Jīvanmukta* ou *Nirvānī*, mas é um caso totalmente excepcional nos domínios do misticismo. O homem pode ter sido ou não um Adepto em suas vidas passadas; ele é apenas, e simplesmente, um indivíduo extremamente puro e espiritual, ou o foi em seu nascimento anterior, se o veículo selecionado é de um bebê recém-nascido. Neste caso, após a translação física desse santo, ou *Bodhisattva*, seus princípios astrais não podem mais estar sujeitos à dissolução natural, como a que ocorre no mortal comum. Eles permanecem em nossa esfera e dentro da atração e alcance humano; então, não podemos dizer que é apenas um *Buddha*, um *Sankarāchāria*, ou um Jesus que anima várias pessoas a um mesmo tempo, mas até mesmo os princípios de um Adepto superior podem estar animando os tabernáculos exteriores dos mortais comuns. (*S.D.*, V. 358-9)

O ponto a ser enfatizado nessa citação singular são as frases "é um caso totalmente excepcional nos domínios do misticismo" e "é um caso de Teofania permanente, que dura uma vida". A palavra Teofonia é um composto grego que significa, literalmente, a aparição ou manifestação de um deus (*theos*, deus; *phania*, de *phainesthai*, aparecer). Em outro lugar, H.P.B. define Teofania como segue:

> Em seu significado geralmente aceito é a "comunicação entre os Deuses (ou Deus) e aqueles mortais iniciados que estão espiritualmente aptos a desfrutar de tal intercurso". Entretanto, esotericamente significa mais que isso. Pois não é apenas a presença de um Deus, mas uma real – embora temporária – encarnação, a combinação, por assim dizer, da Divindade Pessoal, o Eu superior, com o homem – seu representante ou agente na Terra. (*S.D.*, V, 76)

Chamamos a atenção para a última frase da citação anterior; esta fornece uma pista para a compreensão daquilo que ocorre na manutenção do que podemos chamar de "componente intermediário" de um *Avatāra*. (Vamos voltar ao assunto nesta mesma seção.) O significado especial de "*Avatārismo*, conforme compreendido na Filosofia *Brāmane*" é que esta dá uma ênfase especial sobre o aspecto *Vishnu* do *Avatārismo*. Explicando: o aspecto *Vishnu* pode ser feito equivalente a um Raio particular dos Sete Filhos da Luz, e atuar como um ponto de foco para o "mensageiro *Avatārico*".

A frase "mensageiro *Avatārico*" é usada para distinguir a emanação Divina (ou "divindade") – que "desce" das esferas superiores – da "manifestação" que aparece na Terra e fica conhecida como *Avatāra*.

Então, deve ficar claro que o "mensageiro *Avatārico*" vem de reinos superiores e não é produto desta esfera terrestre. A palavra "mensageiro" é usada de forma a indicar a ideia de que a Emanação Divina foi transportada para esta esfera, e não que surgiu sobre o globo. Na verdade, a Emanação Divina não se torna um *Avatāra* até se manifestar na Terra. A manifestação ocorre quando o veículo é preparado, pois, obviamente, o Efluxo Divino aparece no mundo sob a forma humana.

Antes de ir mais além, talvez seja interessante considerarmos a seguinte questão, bem como a resposta fornecida:

> O que é um *Avatāra*? Pois antes de usarmos o termo ele precisa ser bem compreendido. É a descida da Divindade manifestada – seja sob um nome específico de *Shiva*, *Vishnu* ou *Ādi-Buddha*[847] – em uma forma ilusória de individualidade, uma aparência que para o homem, neste plano de ilusão, é objetiva, mas não o é de fato. Essa forma ilusória não possui passado e nem futuro, porque não possui encarnação anterior e tampouco irá passar por renascimentos subsequentes, não tem relação com o *Karma*, que, portanto, não tem influência sobre ele." (*S.D.*, V, 352)

É afirmado que o *Avatāra* "desce" em uma forma ilusória porque não aparecerá novamente nesta Terra. A afirmação é feita porque o mensageiro *Avatārico* desce sobre esta esfera e não irá passar pela evolução cíclica da Cadeia Terrestre, como o fazem todas as Mônadas que seguem o Ciclo de Necessidade. Para cumprir o propósito desse Ciclo de necessidade, é obrigatório que as Mônadas voltem uma e mais vezes à vida terrena, executando assim o ciclo de renascimentos. Por outro lado, o mensageiro *Avatārico* não está preso à roda de renascimentos (para usar a expressão budista).

Com relação à manifestação do *Avatāra* em uma forma física na Terra, um *Comentário* sobre o *Livro de Dzyan* possui uma afirmação significativa (para a qual uma nota de rodapé foi incluída como explicação):

> Ele escolhe como Seus *Avatāras* somente aqueles que possuíam as Sete virtudes em sua encarnação anterior.
>
> (...)
>
> Ele "de Sete Virtudes" é aquele que sem o benefício da Iniciação se torna Puro, como um Adepto pela simples ação de seu próprio mérito. (*S.D.*, V, 357)

Isto significa que esse veículo físico é da mais alta qualidade, em verdade um *vāhana* (veículo) adequado ao Esplendor Divino.

Acabamos de elucidar dois componentes que formam o *Avatāra*; ambos são de fácil compreensão, uma vez que são iguais à visão religiosa do assunto – ou seja, que a divindade (a Emanação Divina) desceu de esferas superiores e entrou em um corpo

847 *Śiva* é o terceiro aspecto da *Trimurti* hindu (composta por *Brahmā*, *Vishnu* e *Śiva* – o aspecto três-em-um da divindade. *Śiva* representa a força regenerativa do Cosmos. *Ādi-Buddha* (literalmente, a "Sabedoria Primordial") é um termo budista do norte que significa a inteligência suprema e absoluta que a tudo permeia.

físico "puro" ("puro" devido às "Sete Virtudes"), conforme explicado. Para todos os efeitos e propósitos, essa explicação é bastante suficiente para a massa popular, e é por isso que foi, e continua sendo, tão prontamente aceita em todas as crenças. Entretanto, do ponto de vista filosófico – especialmente no caso da Filosofia Esotérica –, algo mais está envolvido nessa rara aparição de uma divindade sobre a Terra. Tentaremos explicar o assunto.

Para dar clareza ao seu ponto principal consideremos, por um momento, a situação de um homem na plenitude de sua vida, sendo obrigado, repentinamente, sem qualquer preparação, a encarnar como um bebê recém-nascido. Seria uma situação terrível, para dizer o mínimo. É claro que nos referimos à "consciência" do homem, *não ao seu corpo* ou veículo.

Sabendo que essa ideia pode soar bizarra, podemos fornecer uma ilustração mais familiar. Nós a encontramos nos contos de fadas, nos quais os seres humanos são repentinamente "transformados em animais" por mágicos ou fadas cruéis que agitam suas varas mágicas sobre os mortais em transe. Também encontramos exemplos na literatura clássica, como na *Odisseia* de Homero, onde a voluptuosa Circe oferece um suntuoso banquete aos companheiros de Odisseu para depois transforma-los em suínos. O mesmo destino encontraria Odisseu não fosse pela oportuna intervenção de Hermes (o deus da sabedoria, diga-se de passagem). Shakespeare também recorreu à sua *tour de force* em sua divertida fantasia, *Sonhos de Uma Noite de Verão*. Entretanto, o transformado Bottom não é descrito como um completo imbecil, pois mantém sua característica rude e o poder de expressão durante o intervalo em que a Titania enfeitiçada permanece sob sua magia.

O aspecto comum retratado nos contos de fadas é que a evolução cessa imediatamente para esses humanos transformados. Eles se tornam impotentes, e já não podem mais usar suas capacidades e poderes humanos quando transformados.

A ideia que se pretende transmitir ao leitor é que a divindade que desce sobre a Terra se encontra mais ou menos na mesma situação. O Ser Glorioso não pode atuar no reino humano porque foi "transformado" de um ser divino em um ser humano. Sua "descida sacrificial" seria frustrada, ou se tornaria ineficaz, a menos que um ser humano altamente evoluído, representando o produto mais elevado da raça humana, fosse capaz de fornecer a "parte humana desenvolvida" para a divindade. Tal assistência possibilita que o mensageiro celestial atue através do *upādhi* humano intermediário, que "iria renunciar", por assim dizer, ao Esplendor Divino pelo nível físico humano inferior.

Esse procedimento, conforme explica a Filosofia Esotérica a respeito dos *Avatāra*, é realizado por meio da intervenção de um *Nirmānakāya*. É aqui que encontramos novamente os *Buddhas* de Compaixão que escolheram a Senda Secreta. Pois, devido à sua sublime compaixão, a divindade é realmente capaz não apenas de se manifestar, mas de atuar na Terra para o bem da humanidade. Isso explica a relação entre a Doutrina dos *Avatāras* e o tema principal deste capítulo, a Doutrina das Duas Sendas.

O *Avatāra* é capaz de atuar na Terra através do componente intermediário fornecido pelo *Nirmānakāya*. Este componente atua como o princípio estabilizador dos três componentes, cimentando-os em uma unidade. Assim, a porção intermediária forma o elo entre o superior e o inferior.

A consideração do aspecto técnico da constituição do homem será benéfica, uma vez que se torna necessário determinar exatamente qual porção do *Nirmānakāya* é utilizada nos constituintes que compõem o *Avatāra*.

Já foi determinado que o *Nirmānakāya* pode ser visto como a luz de um ser de cinco princípios, ou seja, sem o *Sthūla-Śarīra* (o corpo físico) e *Kāma*, pois o Princípio do Desejo está totalmente adormecido – quer dizer, pelo tempo em que o estado de *Nirmānakāya* é mantido.

Como é um princípio fundamental que o *Ātman* (o sétimo princípio) não possa funcionar no plano físico sem um *upādhi* ("véu do espírito" ou veículo), fica evidente que o *Ātman per se* (por si só, sozinho) não deve ser considerado. Em outras palavras, na manifestação o *Ātman* é inseparável de seu *upādhi*, *Buddhi* (o sexto princípio). Essa dualidade forma o que é chamado de Mônada, e é equivalente ao primeiro componente do *Avatāra* – aquilo que foi chamado de mensageiro *Avatārico* (*Ātma-Buddhi*).

Como o componente inferior foi suprido na Terra, durante a vida o corpo físico "puro" (*Sthūla-Śarīra*) deve funcionar com seus "companheiros indissolúveis", ou seja, *Linga-Śarīra* (o Corpo Modelo), vitalizado por *Prāna* (o Princípio Vital), enquanto *Kāma* fornece o sangue.

Resta apenas um princípio a ser tratado: *Manas*, especialmente em seu aspecto superior, chamado de Ego superior, também conhecido como Ego reencarnante. Podemos citar uma significativa declaração:

> O *Manas* pode transmitir sua essência para vários veículos, por exemplo, o *Māyāvi-Rūpa*, etc. (*S.D.*, V, 564)

Uma confirmação posterior é fornecida:

> Sim, era, provavelmente, o Ego, Gautama, sob uma casca nova adaptada e melhor – a de um *Brāhmane* do Sul de Índia... (*S.D.*, V, 365)

...que se tornou o componente intermediário do *Avatāra* conhecido como *Shankarāchārya*.

O ponto importante a se lembrado é o seguinte: o *Nirmānakāya* não deixa de atuar *em sua própria capacidade*, ainda que, concomitantemente, ele seja capaz de fornecer ao mensageiro *Avatārico* um *upādhi* humano. O *Nirmānakāya* pode realizar essa "proeza mágica" (aparentemente, para nós) por causa de sua própria realização do desenvolvimento evolucionário. A corroboração dessa afirmação está disponível. Primeiro:

Quando o nosso grande *Buddha* – o patrono de todos os adeptos, o reformador e codificador do sistema oculto, o primeiro a alcançar o *Nirvāna* na Terra, tornando-se um Espírito Planetário; isto é – seu espírito podia a um único e mesmo tempo vaguear pelos espaços interesterales *em plena consciência*, e continuar por sua vontade na Terra, em seu corpo original individual. Pois o Eu divino havia se desembaraçado tão completamente da matéria que podia criar por sua vontade um substituto interno para si, deixando-o na sua forma humana por dias, semanas, às vezes anos, sem ser afetado pela mudança, tanto no princípio vital como na mente física de seu corpo. A propósito, esta é a forma mais elevada de adeptado a que um homem pode aspirar em nosso planeta.[848]

Segundo:

Como a nossa terra fornece todas as condições *Māyāvicas*, acontece que o Princípio Egoico purificado, o Eu astral e pessoal de um Adepto, embora forme na realidade um todo integral com seu Eu superior (*Ātman* e *Buddhi*), pode, todavia, por propósitos de misericórdia e benevolência universais, separar-se de sua Mônada divina, de forma a ter, neste plano de ilusão, e de existência temporária, uma vida consciente, independente e distinta, sob uma forma ilusória emprestada, servindo ao mesmo tempo para dois propósitos: o esgotamento de seu próprio *Karma* individual e a salvação de milhões de seres humanos menos favorecidos do que ele contra os efeitos da cegueira mental. (*S.D.*, V, 361-2)

Terceiro: no capítulo intitulado "O Mistério de *Buddha*":[849]

Dizem que o *Buddha* está no *Nirvāna*, embora este veículo, uma vez mortal – o corpo sutil – de Gautama ainda esteja presente entre os Iniciados; nem ele deixará o reino de Existência consciente enquanto a humanidade sofredora necessitar de seu auxílio divino – pelo menos não até o final desta Raça-Raiz. De tempos em tempos, Ele, o Gautama "astral", Se associa, de uma maneira muito misteriosa – para nós, incompreensível – com *Avatāras* e grandes santos, e trabalha através deles. E muitos podem ser mencionados...

(...)

Shankara era um *Avatāra* no pleno significado da palavra. De acordo com *Shayanāchārya*, o grande comentador dos *Vedas*, ele deve ser considerado como um *Avatāra*, ou encarnação direta de *Śiva* – o *Logos*, o Sétimo Princípio da Natureza – Ele mesmo. Na Doutrina Secreta, Sri Shankaracharya é considerado como a residência – durante os 32 anos de sua vida mortal – de uma Chama, o mais elevado dos Seres Espirituais manifestados, um dos Sete Raios Primordiais. (*S.D.*, V, 364-5)

---

848 *Cartas dos Mahatmas para A.P. Sinnett*, p. 43 [Ed. Teosófica, Vol. I, Carta nº 18, p. 119 (Nota Ed. Bras.)].

849 Chamamos a atenção para esta importante declaração feita pouco antes do início do primeiro volume de *A Doutrina Secreta*, com relação aos *Dhyāni-Buddhas* e suas correspondências terrenas, os *Mānushi-Buddhas*: "O princípio verdadeiro está indicado em um Volume subsequente (veja 'O Mistério sobre *Buddha*'), e será explicado mais completamente em lugar adequado." (Vol. I, p. 52, ed. or.; I, 123, ed. 6 vol.; I, 83, 3ª ed.) Isso indica que a seção intitulada "O Mistério sobre *Buddha*" já havia sido preparada antes que o primeiro volume fosse terminado. Entretanto, este importante capítulo foi omitido do Volume II (Vol. III e IV da edição de Adyar). Após o falecimento de H.P.B., o manuscrito foi incorporado ao que hoje é conhecido como Volume III (ou Volume V da edição de Adyar). Um *Dhyāni-Buddha* é aquele que "permanece eternamente em tempo e espaço, isto é, de um *Mahā-Kalpa* a outro". (*S.D.*, V, 365.)

Outra pista é fornecida em auxílio à compreensão deste assunto místico. Ela é encontrada quando consideramos o aspecto *Bodhisattva* do *Buddha* como equivalente à parte intermediária, componente de um *Avatāra*. Está na citação seguinte, e é exatamente o assunto referido na nota de rodapé anterior!

Quando o mundo necessita de um *Buddha* humano, o *Dhyāni-Buddha*...

> ..."cria" através do poder de *Dhyāna* (meditação, devoção onipotente) um filho nascido da mente – um *Bodhisattva* – cuja missão é continuar seu trabalho na Terra após a morte do *Buddha* humano (ou *Mānushya-Buddha*) até o surgimento do *Buddha* seguinte. O significado Esotérico deste ensinamento é claro. No caso de um simples mortal, os seus princípios são apenas mais ou menos reflexos luminosos dos sete Princípios cósmicos, e dos sete Princípios celestiais, a Hierarquia dos Seres supersensórios. No caso de um *Buddha*, eles próprios são quase os princípios *in esse*. O *Bodhisattva* substitui nele o *Kārana-Śarīra*, o princípio do Ego, e o resto correspondentemente; e é dessa forma que a Filosofia Esotérica explica o significado da frase que "por meio de *Dhyāna* (ou meditação abstrata) o *Dhyāni-Buddha* (o Espírito de *Buddha* ou Mônada) cria um *Bodhisattva*", ou o Ego revestido astralmente dentro do *Mānushya-Buddha*. Assim, enquanto o *Buddha* retorna ao *Nirvāna* de onde procedeu, o *Bodhisattva* permanece para continuar o trabalho do *Buddha* sobre a Terra. Portanto é esse *Bodhisattva* que pode ter proporcionado os princípios inferiores para o corpo de aparência de *Shankarāchārya*, o *Avatāra*... (*S.D.*, V 365-6)
>
> De acordo com o Ensinamento Esotérico, o Nirvāna dos budistas é apenas o limiar do Paranirvāna. (*S.D.*, V, 367)

Sem dúvida, a Doutrina dos *Avatāras* é misteriosa e de difícil compreensão. A razão principal para isso deve-se ao fato de que, neste particular, o princípio *Búddhico* está diretamente envolvido. E quanto ao que não está revelado?

> Penetre na natureza e essência do sexto princípio do Universo, e do homem, e você terá penetrado o maior mistério que há neste nosso mundo.[850]

É de se admirar que este seja um assunto difícil?

A fim de auxiliar no entendimento, devemos ter em mente que o *Nirvāna* é um estado de consciência – como é o *Devachan* –, não um lugar. A ênfase que deve ser dada ao *Nirmānakāya* é quanto ao estado que se alcança desse modo, e não focalizar a atenção ao fator *kāya*, ou "fator-corpo". O *Nirmānakāya* e o *Bodhisattva* podem ser considerados termos equivalentes em importância; entretanto, cada palavra salienta um determinado aspecto do ensinamento.

É possível que surja a pergunta: Como pode o *Buddha* estar no *Nirvāna* e ainda atuar como um *Nirmānakāya*? A chave para a resposta está, é claro, no princípio *Búddhico*. Todavia, o seguinte pensamento pode ser acrescentado: o princípio de *Ātman* pode estar no estado de *Nirvāna*, pela razão que este nunca se separa de sua Fonte. Além disso,

---

850 *Cartas dos Mahatmas para A.P. Sinnett*, p. 99 [Ed. Teosófica, Vol. I, Carta nº 67, p. 296 (Nota Ed. Bras.)].

> Não se deve supor que algo possa entrar em *Nirvāna* sem que ali já não estivesse eternamente. (*S.D.*, V, 353)

Entretanto, o aspecto *Bodhisattva* do *Buddha* pode atuar na Terra concomitantemente.

Jesus, o Cristo – um *Avatāra*

Ao considerarmos a doutrina dos *Avatāras*, devemos dar atenção à maneira pela qual Jesus, o Cristo, é encarado, pois se afirma que Jesus foi um *Avatāra*. Esta afirmativa pode ser encontrada no capítulo intitulado "A Doutrina dos *Avatāras*" (*S.D.*, V, 349-60). Após citar uma passagem da *Bhagavad-Gitā*,[851] que explica a encarnação na Terra de uma Radiância Divina, um texto declara:

> Na realidade, "para a preservação do justo e a destruição dos maus", personalidades conhecidas como Gautama, Shankara, Jesus, e outros poucos, nasceram, cada um em sua época, conforme afirmado – "Eu nasço em todo *Yuga*" – e todos nasceram através do mesmo Poder.
>
> (...)
>
> Há um grande mistério em tais encarnações que estão fora e além do ciclo geral de renascimentos. Os renascimentos podem ser divididos em três classes: as encarnações divinas chamadas *Avatāras*; aqueles Adeptos que desistem do *Nirvāna* para ajudar a humanidade – os *Nirmānakāyas*; e a sucessão natural de renascimentos para todos – a lei comum. (*S.D.*, V, 351-2)

Jesus está na primeira classificação – uma encarnação divina chamada *Avatāra*. Em uma linguagem ainda mais direta, encontramos:

> Enquanto a população comum de budistas – especialmente os burmêses – encaram Jesus como uma encarnação de *Devadatta*, um parente que se opôs aos ensinamentos de *Buddha*, os estudantes da Filosofia Esotérica veem no Sábio Nazareno um *Bodhisattva* com o espírito do próprio *Buddha* dentro Dele. (*S.D.*, V, 351-2)

Com as explicações já fornecidas, essa citação significa que Jesus, o Sábio Nazareno, foi um *Avatāra*. Ele tipificou os ensinamentos da Filosofia Esotérica com relação aos *Avatāras*. O Ser Glorioso que desceu à Terra entrou em um corpo físico, ao qual foi unido por meio do componente intermediário, fornecido pelo *Buddha*. Quando a união se completou, Jesus tornou-se, verdadeiramente, o Cristo.

Embora tal ideia possa parecer estranha para aqueles criados na Igreja, ela já foi certa vez sustentada por ardentes seguidores da fé Cristã, assim como os Maniqueus:

---

851 Essa passagem do capítulo iv da *Bhagavad-Gitā* foi citada como introdução de "A Doutrina dos *Avatāras*", na página 454.

> Os Maniqueus sustentavam que Jesus era uma permutação de Gautama; que *Buddha*, Cristo e Mani eram uma e a mesma pessoa.[852]

Cerinto, um gnóstico (100 d.C.), sustentava que o Poder Divino de um *Eon*, cujo nome era "o Ungido" (Cristo), desceu sobre Jesus, quando este foi batizado, dotando-o com poderes miraculosos. Entretanto, antes da Paixão e ressurreição, o espírito de Cristo deixou Jesus.

Basilides, um dos mais conhecidos dos gnósticos, que floresceu em Alexandria, por volta de 125 d.C., fundando uma escola, sustentava que o *Nous*, a primeira emanação (ou *Eon*) desceu sobre a Terra e encarnou em Jesus para aliviar as misérias do mundo. Esse *Nous* não poderia ser morto; então, antes da crucificação, a forma de Jesus e de Simão de Cirene foram trocadas.

> Basilides negava a realidade do corpo de Jesus e, chamando-o de "ilusão", sustentava que havia sido Simão de Cirene que sofrera na cruz em seu lugar. Todos esses ensinamentos são ecos das Doutrinas Orientais. (*S.D.*, V, 351)

As concepções de Marcion (Século II d.C.), outro eminente líder gnóstico, hoje considerado também cristão, podem ser incluídas:

> Ele negava os fatos *históricos* (agora encontrados nos Evangelhos) do nascimento de Cristo, sua encarnação e paixão, e também a ressurreição do corpo de Jesus, afirmando que tais afirmações eram simplesmente a *carnalização* de alegorias e símbolos metafísicos, e uma degradação da verdadeira ideia espiritual.[853]

Uma citação de encerramento fornece, de uma forma bastante clara, a posição de H.P. Blavatsky com relação a Jesus. Foi extraída de uma controvérsia mantida entre o próprio Abade Roca e ela, publicada na revista teosófica francesa intitulada *Le Lotus*. Como foi escrito originalmente em francês, essa passagem não é tão conhecida quanto seus outros escritos:

> Para mim, Jesus Cristo, quer dizer, o Deus-Homem dos cristãos, uma cópia dos *Avatāras*

---

852 *Ísis Sem Véu*, Vol. II, p. 286. A autoridade dessa afirmativa é dada por Neander (em sua *History of the Church*, Vol. I, p. 817). Os Maniqueus eram uma seita do século III, fundada por Mani (215-76 d.C.), que se autoproclamava um "Embaixador da Luz". Surgida na Pérsia, baseada parte nos credos zoroastrianos e parte nos credos cristãos, a fé se espalhou rapidamente sobre o Oriente Médio, alcançando proporções de religião, embora fortemente combatida pelos propagadores do Zoroastrismo. Tanto os Maniqueus quanto os Zoroastrianos foram mais tarde praticamente varridos quando os Muçulmanos invadiram o Oriente Médio, impondo o Islamismo sobre as nações conquistadas. O Maniqueísmo penetrou primeiramente no Império Greco-Romano, em 280, e se espalhou pelo Império Romano após 330, embora seriamente combatido pelos imperadores romanos. Alguns sustentam que os recentes Cataristas e Albigenses (séculos 12 e 13) remontam suas origens ao Maniqueísmo e Marcionitismo.

853 *Glossário Teosófico*, p. 207. Não é nosso propósito fornecer uma narrativa dos ensinamentos gnósticos a respeito de Jesus. Os exemplos fornecidos demonstram conclusivamente que as concepções gnósticas estavam de acordo com os ensinamentos da Filosofia Esotérica – embora não em sua totalidade. A razão pela qual mais informações não nos são possíveis deu-se pela perda de registros antigos causados pela destruição da Biblioteca de Alexandria.

> de todos os países, do Krishna hindu, assim como do Horus egípcio, nunca foi uma pessoa histórica. Ele é uma personificação divinizada do tipo glorificado dos grandes Hierofantes dos Templos, e sua história contada no Novo Testamento é uma alegoria, que contém, com certeza, profundas verdades esotéricas, mas ainda uma alegoria... A lenda da qual falo está baseada... na existência de um personagem chamado Jehoshua (de onde "Jesus" foi extraído), nascido em Lud ou Lidda, cerca de 120 anos antes da era moderna... Apesar de todas as pesquisas desesperadas realizadas durante longos séculos, se deixarmos de lado o testemunho dos "Evangelistas", isto é, homens desconhecidos cuja identidade nunca foi estabelecida, e aquela dos Padres da Igreja, fanáticos interessados, nem a história, nem a tradição profana, nem documentos oficiais, ou modernos do drama *soi-disant*, podem fornecer uma única prova séria da existência real e histórica, não apenas do Deus-Homem, mas, até mesmo, daquele chamado Jesus de Nazaré, do primeiro ao 33º ano. Tudo é escuridão e silêncio.[854]

Embora a narrativa do personagem histórico chamado Jesus esteja coberta por escuridão e silêncio, seu registro verdadeiro é conhecido e mantido em arquivos secretos, junto com os volumes esotéricos que desapareceram misteriosamente.

Por mais obscuro que possa ser o assunto dos *Avatāras*, não obstante é uma fonte inesgotável de maravilhas, pois investiga os segredos mantidos pelos guardiões da Sabedoria.

O Ser Maravilhoso

Ainda há outro exemplo da Lei de Compaixão que pode ser apresentado neste ponto, uma vez que está de acordo com a doutrina em consideração. Suas linhas místicas de pensamento servirão como uma conclusão adequada à Doutrina dos Avatāras e da Senda Secreta. Essa passagem inspiradora, embora longa, será fornecida em sua inteireza, uma vez que não é citada em outras obras. Também serve para exemplificar o aspecto de sacrifício desconhecido no Ocidente.

> Os *Arhats* da "Névoa de Fogo"[855] – os do último degrau – acham-se apenas a um passo da Raiz Fundamental de sua Hierarquia, a mais elevada que existe na Terra e em nossa Cadeia Terrestre. Essa "Raiz Fundamental" tem um nome que não pode ser traduzido em idioma ocidental, senão por meio de várias palavras reunidas; o "*Banyan*-Humano que vive sempre". Diz-se que este "Ser Maravilhoso" desceu de uma "elevada região" durante a primeira parte da Terceira Idade, antes da separação dos sexos na Terceira Raça.

---

854 *Le Lotus*, Abril, 1888. Compare a esta breve afirmação: "João, o Batista, nunca ouviu falar de Jesus, que é uma abstração espiritual e não um homem vivo naquela época." *Cartas dos Mahatmas para A.P. Sinnett*, p. 415 [Ed. Teosófica, Vol. I, Carta nº 38, p. 185 (Nota Ed. Bras.)].

855 Os "*Arhats* da Névoa de Fogo" são os mais altos Iniciados de certo grupo, citados no parágrafo seguinte do extrato. Eles estão situados em uma ilha "que por sua beleza sem paralelos não possui rival no mundo, era habitada pelos últimos remanescentes da raça que precedeu à nossa. Essa raça podia viver de igual modo na água, no ar ou no fogo, pois possuía um controle ilimitado sobre os elementos... Foram eles que comunicaram os mais extraordinários segredos da Natureza aos homens, a eles revelando a inefável, e agora perdida 'palavra'." *Ísis Sem Véu*, Vol. I, p. 589.

(...)

No primeiro período de existência da Terceira Raça – quando ainda em estado de pureza –, os "Filhos da Sabedoria" (que encarnaram nessa Raça, conforme adiante veremos) criaram pelo poder de *Kriyāśakti* uma geração denominada "Filhos de *Ad*" ou "da Névoa", "Filhos da Vontade e do *Yoga*", etc. Tratava-se de uma progênie consciente, porque uma parcela da Raça já se achava animada pela centelha divina de uma inteligência espiritual e superior. Essa progênie não constituía uma Raça. O primeiro foi um Ser Maravilhoso, chamado "o Iniciador", seguindo-se um grupo de Seres semi-humanos e semidivinos. "Eleitos", na *gênese* arcaica, para tarefas especiais, diz-se que neles encarnaram os mais elevados *Dhyānis* – "*Munis* e *Rishis* de *Manvantaras* anteriores" – *para formar o berçario de Adeptos humanos do futuro* sobre a Terra, e durante o presente Ciclo. Os "Filhos da Vontade e do *Yoga*", nascidos, por assim dizer, de uma forma imaculada, estavam, segundo se explica, inteiramente à parte do resto da humanidade.

(...) ele é, como disse, o Inominável que tem tantos nomes, mas cujos nomes e cuja própria natureza são desconhecidos.

O "Ser" a que acima nos referimos – e que deve permanecer inominado – é a Árvore de que se ramificaram, nas eras subsequentes, todos os grandes Sábios e Hierofantes, historicamente conhecidos: tais como o Rishi Kapila, Hermes, Enoch, Orfeu, etc. Como homem *objetivo* é o misterioso personagem (sempre invisível aos profanos), no entanto, sempre presente, de que tanto falam as lendas do Oriente e, especialmente, os Ocultistas e os estudantes da Ciência Sagrada. Ele muda de forma, e, não obstante, permanece sempre o mesmo. E é ele quem possui a autoridade espiritual sobre todos os Adeptos *iniciados* do mundo inteiro. É como já dissemos o "Inominado", aquele que tem muitos nomes, mas cujos nomes e cuja natureza sejam desconhecidos. É *o* "Iniciador", e o chamam "O GRANDE SACRIFÍCIO"; porque, sentado no limiar da LUZ, ele a contempla do Círculo de Trevas em que se encontra e que não irá transpor; e não deixará o seu posto senão no último DIA deste Ciclo de Vida. Por que permanece o Vigilante Solitário no posto que escolheu? Por que continua sentado junto à fonte da Sabedoria Primordial, da qual não mais bebe, visto que nada tem a aprender que já não saiba – sim, nem nesta Terra, nem em seu Céu? Pela razão de que os solitários Peregrinos, cujos pés doloridos em seu regresso ao Lar, jamais estão seguros até o derradeiro instante de não se perderem neste deserto sem limites de ilusão e de matéria, chamado de Vida Terrestre. É porque ele deseja mostrar, a cada um dos prisioneiros que conseguiram libertar-se dos laços da carne e da ilusão, o caminho que conduz àquela região de liberdade e de luz, da qual voluntariamente se exilou. Em suma, ele se sacrificou pelo bem da humanidade, embora apenas um pequeno número de eleitos possa aproveitar-se do GRANDE SACRIFÍCIO.

(...)

Foi sob a direção imediata e silenciosa desse *MAHĀ-GURU* que todos os outros Mestres e Instrutores menos divinos se tornaram, desde o primeiro despertar da consciência humana, nos guias da humanidade primitiva. Graças a estes "Filhos de Deus", as raças humanas receberam, em sua infância, as primeiras noções de todas as artes e ciências, bem como de conhecimento espiritual... (I, 207-8)[856]

---

856 Vol. I, pp. 255-6, ed. 6 vol.; I, 228-9, 3ª ed.

A nobreza absoluta deste exemplo da Lei de Compaixão merece o nosso pensamento mais reverente. Sua leitura deveria ser uma benção, transmitindo a mensagem, conforme o faz, de que a humanidade não está privada de seus Guias e Vigilantes.

De acordo com esses sentimentos elevados encontram-se as delicadas linhas de *A Voz do Silêncio* que falam da realização daquele que se torna um *Buddha*, e que, seguindo o exemplo sublime retratado pelo *Tathāgata*,[857] servirão de exemplo para o ensinamento esotérico a respeito das Duas Sendas e da Lei de Compaixão:

> ... toda a Natureza vibra com reverência jubilosa e se faz submissa. A estrela prateada cintila a notícia às flores noturnas, o riacho sussurra esse conto às pedras; as ondas escuras do oceano o cantam aos rochedos envoltos de espumas, as brisas perfumadas o cantam aos vales, e os altivos pinheiros sussuram misteriosamente: "Surgiu um mestre, um MESTRE DO DIA". (*Śloka* 281)
>
> Ele se ergue agora como uma alva coluna branca no Ocidente, sobre cuja fronte o Sol nascente do pensamento eterno derrama as suas primeiras e mais gloriosas ondas. A sua mente, como um oceano calmo e ilimitado, se alastra no espaço sem praias. Ele detém a vida e a morte na sua poderosa mão. (*Śloka* 282)
>
> Sim, ele é poderoso. O poder vivo tornou livre nele, esse poder que é ELE mesmo. Ele pode elevar o tabernáculo da ilusão muito acima dos Deuses, acima dos grandes *Brahmā* e *Indra*. *Agora*, certamente, ele conquistará o seu grande prêmio! (*Śloka* 283)
>
> Não usará ele os dons, que isso lhe confere, para seu descanso e bem-aventurança, sua felicidade e glória tão bem ganhos – ele, o subjugador da grande ilusão? (*Śloka* 284)
>
> *Não*, ó candidato à herança secreta da Natureza! Se quiseres seguir os passos do santo *Tathāgata*, esses dons e poderes não são para o ser. (*Śloka* 285) [858]
>
> (...)
>
> Inclina agora a tua cabeça e escuta bem, ó *Bodhisattva* – diz a Compaixão: "Pode haver bem-aventurança quando tudo que vive deve sofrer? Quererás salvar-te ouvindo todo o mundo chorar?" (*Śloka* 307)
>
> Agora ouviste o que se disse. (*Śloka* 308)
>
> Alcançarás o sétimo degrau e atravessarás a porta do conhecimento final, mas apenas para desposares a dor – se queres ser *Tathāgata*, seguir os passos de teu predecessor, permanece altruísta até o interminável fim. (*Śloka* 309)
>
> Estás esclarecido – escolhe o teu caminho. (*Śloka* 310)
>
> Contempla a suave luz que inunda o céu oriental. Céu e Terra unem-se em gestos de louvor. E dos quádruplos poderes manifestados sobe um cântico de amor, tanto do Fogo brilhante como da Água corrente, da Terra de suaves perfumes como do Vento impetuoso. (*Śloka* 311)

---

857 *Tathāgata* é um nome conferido a Gautama, o *Buddha*, quando alcançou "a outra margem" e, ao invés de juntar-se "ao Oceano" retornou como um *Nirmānakāya* visando permanecer na Terra. A palavra é interessante por se tratar de uma palavra sânscrita composta, e que pode ser interpretada de duas maneiras: (1) *tathā*, assim; e *gata*, ido – ou seja, "assim ele foi" para a outra Margem; (2) *tathā*, assim, e *āgata*, vir – ou seja, "assim ele veio" da outra Margem. O título é aplicável a qualquer um que siga os passos de seu predecessor e faça a Grande Renúncia.

858 *A Voz do Silêncio*, pp. 65-6 [Ed. Teosófica, pp. 139-40, 4ª ed., 2022 (Nota Ed. Bras.)].

Escuta!... do profundo e insondável vórtice daquela dourada na qual o Vencendor se banha, a voz sem palavras de TODA A NATUREZA se ergue em mil tons para proclamar (*śloka* 312):

REGOZIJAI-VOS, Ó HOMENS DE MYALBA.[859] (*Śloka* 313)

UM PEREGRINO REGRESSOU "DA OUTRA MARGEM". (*Śloka* 314)

NASCEU UM NOVO ARHAN... (*Śloka* 315)

PAZ A TODOS OS SERES.[860]

859 *Myalba* é uma palavra tibetana que significa literalmente "Inferno", mas é aplicada à nossa Terra pela escola esotérica. "A doutrina esotérica não conhece inferno, ou lugar de castigo, a não ser um planeta habitado por homens, ou a Terra." (*A Voz do Silêncio*, p. 97.) [Ed. Teosófica, p. 150, 4ª ed., 2022 (Nota Ed. Bras.).]

860 *A Voz do Silêncio*, pp. 71-2 [Ed. Teosófica, pp. 148-51, 4ª ed., 2022 (Nota Ed. Bras.)].

CAPÍTULO XII

A Doutrina do Conhecimento Universal

O título deste capítulo final é usado de forma a transmitir a ideia de que a Filosofia Esotérica é capaz de comunicar o "conhecimento universal" de todas as suas doutrinas. Entretanto, isso não implica que esse conhecimento universal seja fornecido aqui. Para fazê-lo, sete chaves seriam necessárias, assim como a habilidade e a intuição para usá-las. Com isso seria possível obter total elucidação de todos os ensinamentos. Como foi afirmado, por diversas vezes, que a total e completa exposição sétupla não foi tentada em *A Doutrina Secreta*, as pistas estão faltando. Mais ainda: não foi permitido que elas fossem fornecidas. Uma razão para essa reticência foi expressa desta maneira:

> Há uma parte da Ciência Secreta que, por eras incalculáveis, deve permanecer oculta do olhar profano. Mas isso porque transmitir à multidão despreparada segredos de tal magnitude seria o mesmo que entregar uma vela acesa a uma criança dentro de um paiol de pólvora. (I, p. xxxv)[861]

Isto foi escrito meio século antes que a fissão nuclear fosse contemplada. E vejam ao que essa descoberta levou... à bomba atômica! A passagem está tão repleta de significado hoje, se não mais, quanto no dia em que foi escrita. Claramente, isso implica que há mais conhecimento do que aquele até agora transmitido, e esse está nas mãos dos Guardiões que dominaram as complexidades das doutrinas e ensinamentos da Sabedoria Antiga. Assim, é bem melhor afirmar que um conhecimento posterior estará disponível, e que outros fascículos do conhecimento serão produzidos, do que declarar que a "última palavra" foi comunicada. Por outro lado, seria pior encarar a sentença: "Isso foi o mais longe que você poderia chegar, e não mais além!" Se pudéssemos imprimir na mente do leitor apenas uma mensagem, esta seria: o pensamento humano não encontra fronteiras nos domínios da Filosofia Esotérica. Pois há um horizonte de conhecimento em constante expansão, acessível àquele que vasculha esse Continente de Pensamento. Depende apenas de sua própria habilidade para expandir o seu arco de visão, ou então permanecerá naqueles limites por ele mesmo traçados.

---

[861] Vol. I, p. 57, ed. 6 vol.; I, 18, 3ª ed.

Em vista das doutrinas até aqui consideradas, deve estar claro que o homem não está de modo algum totalmente desenvolvido, evolucionariamente falando. Ele alcançou um ponto no Ciclo de Necessidade onde está desenvolvendo suas capacidades mentais, isto é, o aspecto intelectual de sua natureza. Suas faculdades e potências espirituais mais elevadas, entretanto, mal estão começando a ser desenvolvidas. Isso porque o reino humano está em sua Quarta Volta sobre o Ciclo de Necessidade, o que equivale ao que é chamado de Quarta Ronda. Assim, a humanidade está essencialmente ocupada com o desenvolvimento do Quarto Princípio, *Kāma*.

A Doutrina do Conhecimento Universal será explicada *completamente* quando o sétimo princípio do homem estiver em processo de desenvolvimento. Isso se seguirá ao completo desabrochar do princípio *Búddhico*, que ocorrerá durante a Sexta Ronda, enquanto o desenvolvimento *Manásico* superior ocorrerá durante a Quinta ronda. Não obstante, haverá um "prenúncio", por assim dizer, da percepção do Conhecimento Universal, quando o sétimo sentido no homem for despertado e desenvolvido. Isso se dará durante a Sétima Raça desta Quarta Ronda, e acompanhará o completo desenvolvimento do sexto sentido durante a Sexta Raça.

O sétimo sentido pode ser definido como uma "percepção instantânea" ou um reconhecimento intuitivo da sabedoria, que é muito superior à obtenção de conhecimento intelectual. Assim, o futuro desenvolvimento da raça humana possibilitará ao homem considerar alguns estágios da Doutrina do Conhecimento Universal. O seu grau de aquisição do conhecimento aumentará junto com o seu progresso sobre o Arco Ascendente de evolução.

Ātma-Vidyā

"Conhecimento Universal" é usado para traduzir a palavra sânscrita *Ātma-Vidyā*. Este composto pode ser vertido em mais de uma maneira, como, por exemplo, "conhecimento do eu", "conhecimento da Seidade", "conhecimento da Alma", embora "eu" seja uma tradução melhor do que "alma". *Vidyā* vem do verbo *vid*, saber; portanto, conhecimento. Entretanto, como *Ātman* é o princípio universal no homem, uma vez que está ligado ao Universo, o termo "conhecimento universal", para *Ātma-Vidyā*, certamente traduz o significado da palavra. O termo é explicado em *A Doutrina Secreta* com relação aos quatro *Vidyās*, dos quais *Ātma-Vidyā* é o maior:

> Dos quatro *Vidyās* — dentre os sete ramos do Conhecimento mencionados nos *Purānas* —, a saber: *Yajña-Vidyā*, a prática de ritos religiosos para a consecução de certos resultados; *Mahā-Vidyā*, o grande conhecimento (mágico), hoje degenerado no culto tântrico; *Guhya-Vidyā*, a ciência dos Mantras e do seu verdadeiro ritmo ou canto, dos encantamentos místicos, etc.; e *Ātma-Vidyā*, ou a *Sabedoria Divina* e verdadeiramente *Espiritual* —, somente este último é capaz de lançar uma luz definitiva e absoluta sobre os ensinamentos dos três primeiros. Sem o auxílio de *Ātma-Vidyā*, os outros três ramos não passam de ciências *superficiais*, grandezas geométricas com largura e comprimento, mas nenhuma espessura.

> São como a alma, os membros e a mente de um homem adormecido, capaz de movimentos mecânicos, de sonhos incoerentes e até de caminhar feito um sonâmbulo; de produzir efeitos visíveis, mas estimulados tão somente por causas instintivas, não intelectuais, e de modo algum por impulsos espirituais plenamente conscientes. Das três primeiras ciências é possível explicar e ensinar muita coisa. Entretanto, a menos que *Ātma-Vidyā* proporcione a chave para os ensinamentos, permanecerão elas, como sempre, quais fragmentos de um livro cujo texto foi mutilado; sombras de grandes verdades, percebidas vagamente pelos mais espirituais, mas deformadas a tal ponto que não podem ser reconhecidas por aqueles que desejariam fixar cada sombra na parede. (I, 168-9)[862]

Ātma-Vidyā, portanto, fornece a exposição completa da doutrina da Filosofia Esotérica. Entretanto, uma vez que toda a elucidação não foi revelada, é o bastante compreender *totalmente* a parte que foi explicada. Mesmo a parte que foi apresentada é de difícil compreensão, como pode ser percebido rapidamente quando nos voltamos ao relato da Cosmogênese nas *Estâncias de Dzyan*, ou dando uma olhadela pelas páginas que narram o surgimento de mundos, ou Mônadas.

A Lei do "Vir a Ser"

"Vir a Ser" é o nome escolhido para a Lei que foi selecionada para expressar as ideias relativas a este capítulo, num esforço para formular em palavras o mistério da vida que conduz à manifestação todas as entidades que compõem os dez Reinos da Escada da Vida. São incalculáveis milhões de entidades que surgem na existência manifesta. Essa corrente de vida não apenas perdura durante o presente espaço de tempo, mas tem sido contínua por eras sem conta! *De onde vêm todos esses seres*? Talvez a melhor resposta esteja colocada de forma alegórica na seguinte passagem:

> Uma noite, as estrelas deixaram de brilhar na escuridão, e daí desertaram-se, caindo como chuva sobre a Terra, *onde agora se acham ocultas.* [Do *Chun-Tsiu*] Essas estrelas são as Mônadas. (II, 486)[863]

Ou, em linhas mais filosóficas, porém igualmente místicas em seu conteúdo:

> São os "muitos" que procedem do "Único" — os germes espirituais vivos ou *centros de forças* — cada qual sob uma forma setenária, que primeiramente gera e em seguida dá o IMPULSO PRIMORDIAL à lei de evolução e de lento desenvolvimento gradual. (II, 732)[864]

Como podemos descrever a Lei do "Vir a Ser"? Vemos entidades aparecendo por todos os lados — seja no Reino Vegetal, Animal ou Humano —, todas elas re-

---

862 Vol. I, p. 222, ed. 6 vol.; I, 192, 3ª ed.
863 Vol. IV, p. 55, ed. 6 vol.; II, 511, 3ª ed.
864 Vol. IV, p. 301, ed. 6 vol.; II, 773, 3ª ed.

presentando seres (ou Mônadas, para usar um termo técnico). De onde elas vêm? Normalmente dizemos que elas surgem de "sementes" de vida (acrescentando qualquer conhecimento científico adquirido sobre o assunto). Mas isso não nos fornece a resposta a respeito de onde elas vêm, nem fornece a solução ao mistério da vida, que penetra todas as miríades de formas que pululam na Terra. Aqui está como a Lei do "Vir a Ser" é descrita no *Livro dos Aforismos de Tsong-Kha-Pa*, e, por sua vez, essa passagem explica a citação anterior:

> ...ao primeiro palpitar da vida renascente, *Svabhāvat*, "a Radiação Cambiante das Trevas Imutáveis e inconscientes na Eternidade", passa, em cada novo renascimento do Cosmos, de um estado inativo a outro de atividade intensa; ele se diferencia, e então começa a sua obra através desta diferenciação. Essa obra é o *KARMA*.
>
> (...)
>
> Os Ciclos são também dependentes dos efeitos produzidos pela mesma atividade. "O Átomo Cósmico Uno se converte em sete Átomos no plano da Matéria, e cada um se transforma em um centro de energia; aquele mesmo Átomo se converte em Sete Raios no plano do Espírito; e as sete Forças criadoras da Natureza, irradiando-se da Essência-Raiz..., seguem, algumas a via da direita, e outras a via da esquerda, separadas até o fim do *Kalpa*, e, sem embargo, estreitamente enlaçadas. O que é que as une? O *Karma*." Os Átomos emanados do Ponto Central irradiam, por sua vez, novos centros de energia, que, sob a influência do sopro potencial de *Fohat*, iniciam a sua obra de dentro para fora, e multiplicam-se outros centros menores. Estes, no curso da evolução e involução, formam por sua vez as Raízes ou causas geradoras de novos efeitos, desde os mundos e globos "habitados pelo homem" até os gêneros, espécies e classes de todos os *sete* reinos, dos quais só conhecemos *quatro*. Pois, como diz o *Livro dos Aforismos de Tsong-Kha-Pa*, "Os benditos artífices receberam o *Thyan-Kam* na eternidade."
>
> (...)
>
> *Thyan-Kam* é o poder ou conhecimento que permite dirigir o impulso da Energia Cósmica na direção certa. (I, 634-5)[865]

Explicando os termos. *Svabhavat* é um termo composto sânscrito que pode ser traduzido, literalmente, como "auto vir a ser", ou ainda o "estado de auto vir a ser". Expresso filosoficamente, é a condição ou estado da substância cósmica antes da separação, descrita como o "Pai-Mãe" nas *Estâncias de Dzyan*. Equivale ao *Ākāśa*. No livro de Gênesis, no Velho Testamento, as "Águas" primitivas expressam a mesma ideia. Devemos notar que *Svabhavat* não "desce" de sua própria condição ou estado, nem deixa o seu próprio Plano, e, ainda assim, todos os seres e mundos surgem a partir Dele. Nas palavras do Catecismo *Buddhista*:

> Todas as coisas saíram do *Ākāśa* (ou *Svabhāvat*, em nossa Terra), em obediência a uma lei de movimento que lhe é inerente, e desaparecem após certa existência. (I, 635-6)[866]

865 Vol. II, pp. 359-60, ed. 6 vol.; I, 695-6, 3ª ed.
866 Vol. II, pp. 360, ed. 6 vol.; I, 697, 3ª ed.

"O Átomo Cósmico Uno" não é tão fácilmente definido. Essa frase já foi citada em outro lugar como sendo o Átomo Primordial, a evolução dos mundos surgindo "a partir dos Átomos Primordiais e do ÁTOMO Pré-Primordial, na primeira diferenciação daqueles". (II, 731)[867]

> O *Átomo Primordial* (*Anu*) não pode ser multiplicado, nem em seu estado pré-genético nem no primogenético; e, por isso, é chamado de "Soma Total, figurativamente, é claro, pois esta "Soma Total" é ilimitada. O que para o Físico, que só conhece o mundo de causas e efeitos visíveis, é o abismo do nada, para o ocultista é o Espaço sem limites do *Plenum* Divino. (I, 148)[868]

Os "Sete Raios" aqui citados se referem àquela manifestação da Essência Una que, na Aurora do *Manvantara*, trará à existência os Sete Sóis. Como colocado em linguagem mística no *Comentário*:

> Os Sete Seres que estão no Sol são os Sete Sagrados, nascidos por si mesmos em virtude do poder inerente à Matriz da Substância-Mãe. São eles que enviam as sete Forças principais, chamadas Raios, que no começo do *Pralaya* se concentrarão em sete novos Sóis para o próximo *Manvantara*. A energia da qual elas surgem para a existência consciente em cada Sol é o que alguns chamam de *Vishnu*, que é o Sopro do ABSOLUTO.
>
> (...)
>
> Nós o chamamos de a Vida Una Manifestada – ela é também um reflexo do Absoluto. (I, 290)[869]

As "sete forças criativas da Natureza" também são descritas, no seguinte trecho, como Sete Centros:

> Se os *Dhyān-Chohans* e todos os Seres Invisíveis – os Sete Centros e suas Emanações diretas, os centros *menores* de Energia – são o reflexo direto da Luz Una, no entanto, os homens estão ainda muito distanciados deles, já que a totalidade do Cosmos visível se compõe de "seres *produzidos por si mesmos*, as criaturas do *Karma*". (I, 635)[870]

A "Essência-Raiz" é o *Ākāśa*, ou *Svabhāvat* (conforme explicado acima), ou, ainda, a *Mūlaprakriti* dos vedantinos. Aquilo que irradia da Essência-Raiz é *Purusha-Prakriti* (Espírito-Matéria) ainda como *uma* substância-espírito *antes* da diferenciação. Quando o processo de separação ocorre, *Prakriti* segue a "via da esquerda", realizando a evolução da matéria no Arco Descendente, enquanto *Purusha* segue a "via da direita", a involução do espírito. Todavia, ambos "estão estreitamente enlaçados", uma vez que o processo de evolução e involução é inseparável. No Arco Ascendente os dois processos são revertidos: ocorre a evolução do espírito e a involução da matéria.

---

867 Vol. IV, p. 300, ed. 6 vol.; II, 772, 3ª ed.
868 Vol. I, p. 204, ed. 6 vol.; I, 172, 3ª ed.
869 Vol. I, p. 331, ed. 6 vol.; I, 310, 3ª ed.
870 Vol. II, p. 360, ed. 6 vol.; I, 696, 3ª ed.

Os "sete reinos" são as Classes de seres sobre a Escada hierárquica da Vida, quatro dos quais estão classificados como Mineral, Vegetal, Animal e Humano. Os três não reconhecidos são os três Reinos superiores dos *Dhyān-Chohans*.

Os "benditos artífices" são os *Dhyān-Chohans*, pois eles receberam *Thyan-Kam* e, portanto, estão engajados em "dirigir o impulso da Energia Cósmica no sentido certo", ou seja, em consonância com a Lei da Harmonia.

Cada um dos Reinos representa a manifestação da Vida ou Força Una a ele aplicada.

> Ensina a Filosofia Esotérica que tudo vive e é consciente, mas não que toda vida e toda consciência sejam semelhantes às dos seres humanos ou mesmo dos animais. Nós consideramos a vida como a única forma de existência manifestando-se no que chamamos Matéria, ou naquilo que, no homem, chamamos Espírito, Alma e Matéria (separando-os sem razão). A Matéria é o Veículo para a manifestação da Alma neste plano de existência, e a Alma é o Veículo em um plano mais elevado para a manifestação do Espírito; e os três formam uma Trindade sintetizada pela Vida, que a todos permeia. A ideia da vida universal é um daqueles antigos conceitos que estão retornando à mente humana, neste século, como consequência de sua libertação da teologia antropomórfica. (I, 49)[871]

Vida, ou a Vida Una, tecnicamente *Jīva* (o significado da raiz desta palavra é "vida"), é o princípio vital que anima a existência, e está presente a despeito da forma ou veículo no qual a Mônada se manifesta, em quaisquer dos Reinos da Escada da Vida. Já em sua época, H.P.B. perguntou se *Jīva* estava presente, ou não, em todos os seres. A resposta foi fornecida na citação que segue a pergunta:

> "É o *Jīva* um mito, como diz a Ciência, ou não é?", perguntam alguns teósofos, que vacilam entre a ciência materialista e a idealista. A dificuldade que sentimos para bem compreender os problemas esotéricos que dizem respeito ao "estado último" da Matéria reedita aquele velho quebra-cabeça do *objetivo* e do *subjetivo*. (I, 603)[872]
>
> (...)
>
> Os Ocultistas reconhecem um Princípio Vital, distinto e independente do organismo — material, sem dúvida, *porque a força física não pode ser divorciada da matéria* — mas constituído por uma substância que existe em um estado não conhecido da Ciência. *A vida, para eles, é alguma coisa mais que a interação de átomos e moléculas*. Existe um Princípio Vital sem o qual nenhuma combinação molecular jamais poderia produzir um organismo vivo, e muito menos a chamada Matéria "inorgânica" do nosso plano de consciência.
>
> (...)
>
> Por "combinações moleculares" entendemos, é claro, as da matéria de nossas atuais percepções ilusórias, matéria que só transmite energia nos planos em que nos encontramos. (I, 603)[873]

871 Vol. I, p. 120, ed. 6 vol.; I, 79-80, 3ª ed.
872 Vol. II, p. 327, ed. 6 vol.; I, 661, 3ª ed.
873 Vol. II, p. 327, ed. 6 vol.; I, 660-1, 3ª ed.

> Pois, os ocultistas, expondo-se ao risco de serem ridicularizados pelo mundo dos físicos, sustentam que todas as "Forças" dos cientistas têm sua origem no Princípio Vital, a Vida Una coletiva do nosso Sistema Solar – sendo esta "Vida" uma parte, ou mais propriamente, um dos *aspectos* da Vida Una Universal. (I, 591)[874]

Declaração bastante veemente, embora não forneça a informação sobre a *fonte* ou origem dessa Vida Una. Entretanto, isso está disponível em outra passagem, que fornece não apenas a indicação da origem da essência da vida, mas também informa como esse princípio vital está sendo fornecido, constantemente, não apenas para a Terra, mas para todos os membros do Sistema. As citações, embora usadas anteriormente, merecem repetição e estudo cuidadoso, uma vez que oferecem o ponto de vista esotérico com relação ao Sol.

> Esse "mistério", ou a origem da Essência da Vida, o Ocultismo o situa no mesmo centro que o núcleo da *matéria-prima* (pois são uno) do nosso Sistema Solar.
>
> (...)
>
> "O Sol é o coração do Mundo Solar (Sistema), e o seu cérebro está oculto por trás do Sol (visível). Dali, a sensação é irradiada para cada centro nervoso do grande corpo, e as ondas da essência da vida fluem para dentro de cada artéria e de cada veia... Os planetas são os seus membros e as suas pulsações..." (*Comentário*) (I, 540-1)[875]
>
> (...)
>
> A essência real do (Sol) Oculto é um núcleo da Substância-Mãe. (Ou seja, o "sonho da Ciência", a verdadeira matéria primordial homogênea que nenhum mortal pode tornar objetiva nesta *Raça*, nem mesmo na presente *Ronda*.) É o Coração e a Matriz de todas as Forças vivas e existentes em nosso Universo Solar. É o Núcleo de onde se disseminam, em suas jornadas cíclicas, todos os Poderes que põem em ação os átomos, no exercício de suas funções, e o Foco no qual se reúnem de novo em sua Sétima Essência, de onze em onze anos. (I, 290)[876]
>
> (...)
>
> A Filosofia Oculta nega que o Sol seja um globo em combustão, mas o define, simplesmente, como um mundo, uma esfera resplandecente, atrás da qual se acha oculto o Sol verdadeiro, e o Sol visível sendo apenas o reflexo, a concha. As folhas de salgueiro de Nasmyth, que Sir W. Herschell tomou por "habitantes solares", são os depósitos da energia vital do Sol; "a eletricidade vital que alimenta todo o sistema... o Sol *in abscondito* é, assim, o reservatório de nosso pequeno Cosmos, gerando ele mesmo o seu fluído vital e recebendo sempre tanto quanto dá", e o Sol *visível* é uma simples *janela aberta no verdadeiro palácio solar*, cujo labor interno ele revela sem alteração.
>
> (...)
>
> Deste modo, há uma circulação regular do fluido vital em todo o nosso Sistema, do qual o Sol é o coração – o mesmo que a circulação do sangue no corpo humano –, durante o período ou vida solar *manvantárica*, o Sol se contraindo ritmicamente, em cada retorno, como faz o coração humano. Só que, em vez de realizar o circuito em um segundo aproximadamente, o sangue solar leva dez de seus anos para circular e um ano inteiro para atravessar

874 Vol. II, p. 315, ed. 6 vol.; I, 647, 3ª ed.
875 Vol. II, p. 264, ed. 6 vol.; I, 590, 3ª ed.
876 Vol. I, p. 331, ed. 6 vol.; I, 309-10, 3ª ed.

suas *aurículas* e seus *ventrículos* antes de ir depurar os *pulmões* e de voltar às grandes artérias e veias do Sistema.

(...)

Isso não contestará a Ciência, pois a Astronomia conhece o ciclo fixo de onze anos, ao cabo do qual aumenta o número das manchas solares; *sendo o aumento motivado pela contração* do CORAÇÃO Solar. O Universo, neste caso o nosso Mundo, respira, como o faz na Terra, o homem e toda criatura viva, a planta e até mesmo o mineral, e como respira o nosso próprio Globo em cada vinte e quatro horas. A região obscura não é devida à "absorção exercida pelos vapores que emergem do seio do Sol e se interpõem entre o observador e a fotosfera", como pretende o Padre Secchi; nem as manchas são formadas "pela própria matéria (matéria gasosa ardente) que a erupção projeta sobre o disco solar". O fenômeno se assemelha à pulsação sadia e regular do coração ao passar o líquido vital pelos orifícios de seus músculos. Caso houvesse a possibilidade de dar luminosidade ao coração humano, e tornar visível este órgão vivo e palpitante, de modo que permitisse sua projeção sobre uma tela, a exemplo do que fazem os professores de Astronomia para mostrar a Lua, todo mundo veria então repetir-se o fenômeno das manchas solares a cada segundo, verificando serem devidas à contração e ao ímpeto do sangue. (I, 541-2)[877]

A comparação entre a pulsação do Sol e os batimentos do coração humano é altamente significativa. É outra indicação do padrão fundamental que permeia todo o Universo.

"Como o Um se Tornou os Muitos"

"Como o Um se tornou os Muitos" é realmente uma frase expressiva. Confrontamo-nos novamente com o problema de não sermos capazes de fornecer a explicação *completa* de "como"! É verdade que deve haver uma Fonte (ou o UM) de onde os Muitos se originaram, já que o início de um *Manvantara* é representado como uma irradiação de um Ponto Central.[878] Nas cartas simbólicas do *Manuscrito Arcaico*, onde está representada a origem do Universo — símbolo que pode, por analogia, ser aplicado a um Sistema Solar ou a um Planeta —, o segundo diagrama da série descreve um círculo escuro que representa o Infinito sem Limites. No campo escuro há um ponto central branco.

O ponto no círculo, até então imaculado, Espaço e Eternidade em *Pralaya*, indica a aurora da diferenciação. É o ponto dentro do Ovo do Mundo, o germe interno de onde se desenvolverá o Universo, o Todo, o Cosmos, infinito e periódico; germe que é, latente e ativo, revezando-se periodicamente nos dois estados. O único círculo é a Unidade Divina, de onde tudo procede e para onde tudo retorna: sua circunferência, símbolo forçosamente limitado, porque limitada é a mente humana, indica a PRESENÇA abstrata e sempre incognoscível, e

---

877 Vol. II, pp. 264-5, ed. 6 vol.; I, 509-2, 3ª ed.

878 Novamente uma referência à citação do *Livro dos Aforismos de Tsong-Kha-Pa*, descrita anteriormente neste capítulo.

> seu plano, a Alma Universal, embora os dois sejam *um*. Sendo branca a superfície do disco e negro todo o fundo que o rodeia, isso mostra que esse é o único conhecimento, não obstante, ainda obscuro e nebuloso, que ao homem é dado alcançar. No plano têm origem as manifestações *manvantáricas*, porque é naquela ALMA que, durante o *Pralaya*, dorme o Pensamento Divino, no qual jaz oculto o plano de todas as cosmogonias e teogonias futuras. (I, 1)[879]

E aquilo que também permanece oculto é a epítome do Plano Divino. Na aurora da manifestação, a epítome do Plano Divino torna-se conhecida do Primeiro *Logos*, que, como Causa Primeira, a imprime sobre os Construtores, "os Filhos Luminosos da Aurora *Manvantárica*" (Estância II, *śloka* 1). "Os criadores do Universo" (I, 53).[880] Conforme a emanação de todos os Seres Divinos prossegue,[881] todos são impressos com o Plano Divino, e como todos os "benditos artífices receberam o *Thyan-Kam*", eles possuem o conhecimento para guiar os impulsos da energia cósmica na direção correta.

Podemos dizer que o símbolo do Ponto Central é a base sobre a qual a Filosofia Oculta ergue sua estrutura que explica o surgimento de um sistema, e como os Muitos procederam do UM.

> A Doutrina Secreta ... postula uma "Forma Única de Existência" como base e fonte de todas as coisas. Mas é possível que a expressão "Forma Única de Existência" não seja totalmente correta. A palavra sânscrita é *Prabhavāpyaya*, "a região" (seria melhor dizer "o plano") "de onde tudo sai e para onde tudo retorna", como diz um comentarista. (I, 46)[882]

A palavra em sânscrito é interessante, porque seus componentes transmitem duas ideias opostas: a primeira parte, *prabhava*, da raiz *prabhu*, significa surgir, brotar, originar; o segundo componente, *apyaya*, do verbo *api*, entrar em, desaparecer em; assim, o ponto de origem assim como o ponto de desaparecimento. Do Ponto Central surge um Universo para um *Manvantara*; depois, no *Pralaya*, o Universo desaparece no mesmo Ponto Central.

Aplicando a ideia ao nosso próprio mundo:

> Do Um desconhecido, a Totalidade Infinita, o UM manifestado, ou o periódico, Divindade *Manvantárica*, emana; e esta é a Mente Universal, que, separada de sua Fonte-Origem, é o *Demiurgo* ou *Logos* Criador dos cabalistas ocidentais, e o *Brahmā* de quatro faces da religião hindu. Em sua totalidade, e se o considerarmos do ponto de vista esotérico como o Pensamento Divino manifestado, ele representa as Legiões dos mais elevados *Dhyān-Chohans* Criadores. (I, 110)[883]

---

879 Proêmio, Vol. I, p. 69, ed. 6 vol.; I, 31, 3ª ed.

880 "... e nesta doutrina, que se ocupa somente de nosso Sistema Planetário, eles, como arquitetos do mundo, são também chamados os 'Vigilantes' das Sete Esferas, as quais exotericamente vêm a ser os Sete Planetas, e esotericamente as sete esferas ou Globos de nossa Cadeia." (Vol. I, p. 124, ed. 6 vol.; I, 83, 3ª ed.)

881 Conforme descrito no Capítulo III, A Doutrina das Hierarquias.

882 Vol. I, p. 118, ed. 6 vol.; I, 77, 3ª ed.

883 Vol. I, p. 170, ed 6 vol.; I, 135, 3ª ed.

O trecho a seguir esclarece o conceito com relação ao Ponto Central. Chamamos especial atenção à frase "tendo em vista que todos os átomos contêm em si mesmos a energia criadora do Alento divino". Isso explica como e por que toda Mônada – todo *Jīvātman* –, quando da sua emissão, é banhada, ou impregnada, com *Jiva* – Vida.

> Por "centro" aqui se entende um centro de energia ou foco cósmico. Quando a chamada "Criação", ou formação de um planeta, é realizada por esta força que os Ocultistas designam como Vida, e a Ciência como Energia, então se dá o processo de dentro para fora, tendo em vista que todos os átomos contêm em si mesmos a energia criadora do Alento divino. Assim, enquanto que depois de um *Pralaya* Absoluto, quando o material preexistente consiste em só Um Elemento, e o Alento "está em toda parte", este último atua de fora para dentro – depois de um *Pralaya* menor, havendo tudo permanecido em *status quo* (um estado de resfriamento, por assim dizer, como a Lua), ao primeiro estremecimento do *Manvantara* o planeta ou os planetas começam o seu retorno à vida, de dentro para fora. (I, 11-12)[884]

Com relação ao "Alento Divino", ou Grande Alento, devemos ter em mente que esse é eterno. Como expresso no Catecismo Oculto, no qual a pergunta é feita para depois ser respondida:

> "Que é aquilo que sem cessar vai vem?"
> "É o Grande Alento." (I, 11)[885]

Quanto aos "*Pralayas* menores", isso se refere ao que ocorre com um planeta entre as Rondas (entre as Rondas 1 a 6 inclusive), quando as Legiões Monádicas, pertencentes ao Reino Humano, deixam um Globo da Cadeia para continuar seu Ciclo de Necessidade no próximo Globo da série. Diz-se que o Globo assim deixado permanece *in status quo*, isto é, na condição em que foi desocupado, até que a Legião Humana retorne a esse Globo para continuar o Ciclo de Existência. Quando a Sétima Ronda está sendo concluída, entretanto, cada Globo que foi deixado pelas últimas Legiões da Escada da Vida começa seu "*Pralaya* absoluto".

Uma Inalação do Grande Alento representa o período de repouso, um "*Pralaya* absoluto", quando o "Alento está em toda parte". Uma Exalação denota um ciclo de atividade, ou um período de manifestação – um *Manvantara*.

Retornando ao tema do Ponto Central, que num certo sentido equivale ao Átomo Primordial, devemos salientar que a descrição do que ocorre nos estágios iniciais de sua manifestação demonstra o processo da Lei do "Vir a Ser". Uma excelente passagem que descreve como esse processo ocorre no caso da formação de um mundo pode ser encontrada em *Cartas dos Mahatmas para A.P. Sinnett*, e uma vez que essa ilustração particular não é fornecida em *A Doutrina Secreta*, sua inclusão neste ponto deve ser de grande valia. É interessante notar que a ideia é introduzida através do

---

884 Proêmio, Vol. I, p. 77, ed. 6 vol.; I, 40, 3ª ed.
885 Proêmio, Vol. I, p. 77, ed. 6 vol.; I, 39, 3ª ed.

mesmo tópico ora em consideração, ou seja, da Vida Una, Força Una – mencionada na citação como o Elemento Uno. Também devemos notar que a questão que traz à tona essa passagem realmente iluminadora contém a essência da Terceira Proposição Fundamental.[886] Esta foi a questão formulada:

> Cada forma mineral, vegetal, animal, contém dentro de si aquela entidade que possui a potencialidade de desenvolvimento até chegar a ser um espírito planetário? Há, neste momento atual, nesta Terra atual, tal essência, espírito ou alma – o nome não importa – em cada mineral etc.[887]

Observe o modo como é respondida a questão: primeiro, a atenção é dirigida ao homem, sintetizando a jornada cíclica de todos os reinos inferiores – mineral, vegetal e animal. Note que cada entidade em cada reino representa o Átomo Primordial, e é impregnada com as potencialidades para obter finalmente a condição de um Espírito Planetário, pois é inerentemente radiante com a Vida Una (Força Una, *Yin Sin*). Depois, é dada atenção, finalmente, à descrição dos processos por onde o "UM se torna os Muitos". O Mahatma K.H. escreve:

> Invariavelmente; só que é melhor chamá-lo de *germe* da entidade futura, e é o que tem sido durante eras. Pense no feto humano. Desde o momento de sua concepção até completar seu sétimo mês de gestação, ele repete em miniatura os ciclos mineral, vegetal e animal pelos quais passou em suas encarnações anteriores, e apenas nos dois últimos meses desenvolve a sua futura entidade humana. Essa só estará completa por volta do sétimo ano da criança. Todavia, sempre existiu sem qualquer *acréscimo* ou *decréscimo* durante eternidades e mais eternidades, antes de percorrer seu caminho para o exterior, *através* e *dentro* do útero da mãe Natureza, da mesma forma que hoje trabalha no seio de sua mãe terrena. Tem razão um sábio filósofo, que confia mais em suas intuições do que nos ditos da ciência moderna: "Os estágios da existência intrauterina do homem são um registro condensado de algumas páginas ausentes da história da Terra." Assim, você deve olhar para trás e ver as entidades animais, vegetais e minerais. Precisa encarar cada entidade em seu ponto inicial na trajetória *manvantárica* como o átomo cósmico primordial já diferenciado pela primeira vibração do alento de vida do *Manvantara*. Porque a potencialidade que finalmente se torna um espírito planetário perfeito se oculta, e *é*, de fato, aquele átomo cósmico primordial. Atraído por suas "afinidades *químicas*" (?) para a combinação com outros átomos afins, o agregado de tais átomos unidos se tornará, em devido tempo, um globo "habitado por homens", após os estágios de nebulosa, da espiral e da esfera de fogo místico e da condensação, consolidação, contração e esfriamento pelos quais o planeta teve de passar sucessivamente. Mas veja bem, nem todo globo se torna um "produtor de *homens*". Eu simplesmente afirmo o fato, sem deter-me mais nesse assunto. A grande dificuldade de compreender a ideia do processo acima está no risco de formar concepções mentais mais ou menos incompletas do trabalho do elemento *único*, de sua inevitável presença em todo átomo imponderável, e da sua subsequente, incessante e quase ilimitável multiplicação de novos centros de atividade, sem que seja afetada, de modo algum, a sua própria quantidade original. Vamos tomar essa agregação

886 Ver Capítulo V, A Doutrina da Mudança Contínua.
887 *Cartas dos Mahatmas para A.P. Sinnett*, p. 88 [Ed. Teosófica, Vol. I, Carta nº 67, p. 284 (Nota. Ed. Bras.)].

de átomos, destinada a formar nosso globo, e, depois, lançando um olhar superficial sobre o conjunto, seguir o trabalho especial de tais átomos. Chamaremos o átomo primordial de A. Este não é um centro circunscrito de atividade, mas o ponto inicial do remoinho *manvantárico* de evolução, dando nascimento a novos centros que podemos chamar B, C, D, etc., infinitamente. Cada um desses pontos capitais dá nascimento a centros menores, a, b, c, etc. Esses últimos, no curso da evolução e involução, em seu devido tempo, se tornam A', B', C', etc., e assim formam as raízes, ou as causas de desenvolvimento de novos gêneros, espécies, classes, etc., *ad infinitum*. Pois bem, nem o A primordial nem os seus átomos companheiros, nem seus derivados a', b', c', perderam uma só partícula de sua força original ou essência vital devido à evolução de seus derivados. A força não é transformada em algo diferente ... mas em cada desenvolvimento de um novo centro de atividade, a partir de *dentro* de si mesma, ela se multiplica até o infinito sem jamais perder uma partícula de sua natureza, seja em quantidade ou qualidade. No entanto, ela adquire algo mais em sua diferenciação à medida que progride. Essa "força", digamos assim, demonstra ser verdadeiramente indestrutível, mas *não* tem correlações e *não* é conversível no sentido aceito pelos membros da R.S.,[888] porém, ao invés disso, pode-se dizer que ela *cresce* e *se expande* tornando "algo mais" enquanto nem a sua própria potencialidade nem o seu ser são, em absoluto, afetados por essas transformações. Nem ela pode adequadamente ser chamada de *força*, uma vez que não passa de um atributo de *Yin-Sin* (*Yin-Sin*, ou a única "Forma de existência", e também chamada de *Ādi-Buddhi* ou *Dharmakāya*, a essência mística universalmente difundida) quando se manifesta no mundo fenomênico dos sentidos, isto é, apenas o seu velho conhecido, *Fohat* ... Os brâmanes iniciados a chamam (*Yin-Sin* e *Fohat*) de *Brahman* e *Śakti*, quando se manifesta como essa força. Nós talvez estejamos mais corretos se a chamarmos de *vida infinita*, a fonte de toda vida visível e invisível, uma essência inesgotável, sempre presente; em resumo, *Swabhavat*. (Em sua aplicação universal, *Fohat* quando se manifesta através de nosso mundo fenomenal, ou melhor, no Universo visível, daí suas limitações). Ela é *pravritti* quando ativa, *nivritti* quando passiva. Chame-a de *Śakti* ou *Parabrahman*, se quiser, e diga, junto com os advaitas (Subba Row é um deles) que *Parabrahm* mais *Māyā* é *Ishwar*, o princípio criativo – um poder geralmente chamado de Deus, que desaparece e morre com o resto quando chega o *Pralaya*. Ou você pode ficar com os filósofos budistas do norte e chamá-la de *Ādi-Buddhi*, a suprema e absoluta inteligência que a tudo permeia, com sua Divindade que se manifesta periodicamente – "*Avalokiteshvara*" (uma natureza *manvantárica* inteligente, coroada pela humanidade) –, o nome místico dado por nós às legiões de *Dhyān-Chohans* (os *Dhyāns-Chohans* solares, ou apenas as legiões do nosso Sistema Solar), considerados coletivamente, legiões essas que representam a fonte-mãe, o agregado de todas as inteligências que existiram, existem ou algum dia existirão, seja na nossa corrente de planetas produtores de homens, ou em qualquer parte ou porção de nosso Sistema Solar. E isto levará você, por analogia, a ver que, por sua vez, *Ādi-Buddhi* (como implica a própria tradução literal do seu nome) é a inteligência agregada das inteligências universais, inclusive a dos *Dhyān-Chohans*, e até mesmo os da ordem mais elevada.[889]

---

888 R.S.: Royal Society, a mais antiga sociedade científica na Grã-Bretanha e uma das mais antigas da Europa, organizada no século 17 (Nota Ed. Bras.).

889 *Cartas dos Mahatmas para A.P. Sinnett*, pp. 88-90 [Editora Teosófica, Vol. I, Carta nº 67, pp.284-6 (Nota Ed. Bras.)]. A maioria dos termos usados foram explicados na própria citação, ou já haviam sido explicados antes. *Ishwar* ou *Ishvara*, uma palavra sânscrita que significa Senhor ou Mestre (da raiz *is*, governar ou ser o Mestre) é usada no *Mahābhārata* e também na *Bhagavad-Gitā* como Espírito Supremo, equivalente ao *Logos*.

"O *Logos*, ou o Verbo, tanto o não manifestado como o manifestado, é chamado *Ishvara*, o Senhor, pelos hindus; os ocultistas, porém, lhe dão outro nome. *Ishvara*, dizem os vedantinos, é a consciência mais elevada na

A Primeira Proposição Fundamental

A fim de obter um melhor entendimento sobre "Como o UM se tornou os Muitos" e, ao mesmo tempo, dar continuidade ao estudo da Lei do "Vir a Ser", achamos por bem considerar a *primeira* das três proposições fundamentais de *A Doutrina Secreta*. A segunda e terceira proposições já foram definidas, mas a primeira – de longe a mais difícil das três – requer *Ātma-Vidya* para a sua compreensão.

Antes de dar início à exposição, entretanto, é melhor fornecer ao leitor uma lista de termos equivalentes usados nos postulados que são necessários para a explicação do surgimento de um Universo. Condições similares prevalecem para a gênese de um Sistema Solar ou de um sistema planetário. Embora o plano adotado, até aqui, tenha sido descrever cada termo à medida que ele surgia, um desvio é necessário em vista do fato de que essa proposição introduz e lida com ideias que não são geralmente encontradas na filosofia ou teologia ocidental. A explicação dos termos seguirá no seu devido curso. Precisamos ter em mente que as quatro primeiras séries de termos a serem dadas empregam palavras relativas ao que é chamado de Não Manifestado, ou estágio Pré-Manifestação, ou seja, as palavras descrevem um estado *anterior* ao aparecimento do Universo – conforme expresso em uma pequena referência a essa condição na Bíblia, quando "a escuridão pairava sobre a face do abismo" (Gêneses, i, 2).

Lista de Termos Equivalentes

PRÉ-MANIFESTAÇÃO – *PRALAYA* – ESTADO-*LAYA*
Ideação Cósmica não existente. Substância Cósmica que se resolve de volta ao estado primário de objetividade potencial abstrata.

O PRINCÍPIO ILIMITADO, IMUTÁVEL
Tat (Védico), *Parabrahman* (Vedanta), *Sat* (*Brahmane*), *Ain Soph* (Cabalístico), *Tien-Sin* (Chinês), A Raiz sem Raiz de Tudo (*Estâncias*), *Oeaohoo* (*Estâncias*), Escuridão Eterna (das *Estâncias*); o Infinito.

MENTE UNIVERSAL (das *Estâncias*)
Ādi-Budha ou *Ādi-Buddhi* (Budistas do Norte), Sabedoria Primordial, Ideação Divina, Mente Divina, Ideação Pré-Cósmica, Pensamento Divino, Sabedoria Absoluta; *Yin-Sin* (Chinês).

Natureza. 'Esta consciência', respondem os ocultistas, 'é só uma unidade sintética do mundo do *Logos* manifestado – ou no plano da ilusão; pois é a soma total da consciência *Dhyān Chohânica*'." (*S.D.*, I, p. 573, ed. or.; II, 296-7, ed. 6 vol.; I, 626, 3ª ed.)

ĀKĀSHA (Sânscrito – Transhimalaico)
Substância Pré-Cósmica, Substância Cósmica Primordial, *Aditi* (Védico), *Mulaprakriti* (Vedanta), Matéria-Raiz Pré-Cósmica, Matéria-Raiz Primordial, *Pradhāna* (*Brahmane*), *Svabhavat* (Budista do Norte), Pai-Mãe (*Estâncias*), *Alaya* (Budista do Norte), *Zeruana* (Masdeísta), *Bythos* (Gnósticos), Caos ou *Caino* (Grego), "Águas" (Bíblia-Gêneses); Divindades: *Neith* ou *Nut* (Egípcio), *Anaita* (Assíria), *Nerfe* (Etrusco).

FOHAT (Tibetano – Transhimalaico)
A Força Una, Energia Cósmica, Energia Dinâmica da Ideação Cósmica. Um aspecto de *Daivīprakriti* (Vedanta); Luz de todos os três *Logoi*.

PRIMEIRO *LOGOS* – *Logos* Não Manifestado:
Primeiro Ponto, Ponto no Círculo, Monas, Primeira *Sephira* (*Kether* da Cabala), *Brahman* (Brâmane).

SEGUNDO *LOGOS* – *Logos* Não Manifestado-Manifestado:
Espírito-Matéria, *Purusha-Prakriti*; coletividade abstrata dos Demiurgos (Construtores); Segunda *Sephira* (*Binah* da Cabala).

TERCEIRO *LOGOS* – *Logos* Manifestado:
Mahat, *Mahā-Buddhi*, Mente Cósmica, Ideação Cósmica, Alma do Mundo Universal; Diferenciação Última do Segundo *Logos* e individualização da Força Cósmica; Terceira *Sephira* (*Chochmah* da Cabala); Divindades Criativas.

IDEAÇÃO CÓSMICA – *Purusha*; SUBSTÂNCIA CÓSMICA – *Prakriti*.
Tanto *Ākāśa* quanto *Fohat*, conforme usado na Filosofia Esotérica, se aplicam igualmente aos estágios de Pré-Manifestação, como ao Universo Manifestado, uma vez que ambos atuam nos sete planos de existência. A radiação do Primeiro *Logos* marca o começo da Manifestação. Como esse *Logos* nunca aparece *em manifestação*, ele é chamado de *Logos* Não Manifesto (a ser explicado posteriormente).

As palavras iniciais da Primeira Proposição Fundamental salientam a tônica do sublime tema a ser considerado:

> Um PRINCÍPIO Onipresente, Sem Limites e Imutável, sobre o qual toda especulação é impossível, porque transcende o poder da concepção humana e porque toda expressão ou comparação da mente humana não poderia senão diminuí-lo. Está além do horizonte e do alcance do pensamento, ou, segundo as palavras do *Māndukya*, é "inconcebível e inefável". (I, 14)[890]

---

890 Proêmio, Vol. I, p. 79, ed. 6 vol.; I, 42, 3ª ed.

"As palavras do *Māndukya*" se referem a um dos *Upanishads* que possui esse nome – *Māndukya* é o nome de uma Escola Védica. Uma razão para não tentarmos definir o Princípio Imutável pode ser sugerida: qualquer ideia colocada em palavras tende a circunscrever ou limitar aquilo que é de natureza intrinsecamente ilimitada e, desta forma, confinaria ao invés de expandir nossos horizontes. Mesmo distante alguém poderia se aventurar a estender seu pensamento para a vastidão estelar dos céus noturnos, descrevendo galáxias ou ilhas de Universos distantes trilhões de anos-luz, num esforço para se aproximar do Princípio Ilimitado; todavia, tal tentativa ainda estaria limitando o âmbito do Princípio Imutável.

Mais uma palavra de cautela: é preciso ter cuidado para não designar a este *princípio* qualquer dos atributos geralmente associados à Divindade pelo pensamento ocidental, pois isto destrói de uma vez a ideia que se tenta transmitir. É inquestionável que o mesmo pensamento estava presente nos *Vedas*, pois encontramos a partícula neutra pronominal sânscrita *TAT* (que geralmente é traduzida como Aquilo) usada como forma de expressar a origem de ESTE-MUNDO,[891] ou o sistema Manifestado – surgiu. Entretanto, a palavra sânscrita mais usada com relação a isso é o termo vedanta cognato, *Parabrahman*. O pensamento subjacente a este termo é muito profundo e pode ser esclarecido quando definimos o composto sânscrito. A segunda parte, *Brahman*, significa o aspecto mais elevado de uma hierarquia cósmica; o primeiro componente, *para*, significa além; assim "aquilo que está além da hierarquia cósmica", ou o Infinito. O termo cabalístico equivalente é *Ain Soph*, expressando a mesma ideia em sua tradução literal: "sem limites", o Ilimitado.

Para aquele que esteja pela primeira vez em contato os conceitos expressos na Primeira Proposição Fundamental, uma grande fonte de confusão pode surgir ao se tentar associar o Primeiro *Logos* com *Parabrahman*, ou seja, igualando o *Logos* ao Princípio Imutável. Provavelmente uma razão para tal confusão é que o Princípio-Raiz ou Raiz sem Raiz é o primeiro a ser enumerado, e, uma vez que o adjetivo *Primeiro* é mencionado em relação ao *Logos*, a mente faz a associação de que este é o conceito primário que está sendo postulado. Entretanto, o *Logos* deve ser visto antes como a Primeira *Causa* da Manifestação, e não entra no conceito relativo aos estágios Pré-Manifestação. Mais uma vez, o *Logos* pode ser corretamente associado com o Ponto Originador ou o Ponto Central (já definido), onde o Princípio Imutável *não* é visto como a *causa* da manifestação.

Outra razão para confusão está claramente colocada em uma nota de rodapé:

> "Primeiro" é uma palavra que pressupõe necessariamente algo "que foi o primeiro a surgir", "o primeiro no tempo, no espaço e na categoria"; e, portanto, algo finito e condicionado. O "primeiro" *não pode ser o absoluto*, pois ele é uma manifestação. Assim, o Ocultismo orien-

891 Na edição inglesa: *THIS-IDAM* (Nota Ed. Bras.).

> tal chama o Todo Abstrato de "a Causa Una e sem Causa, a Raiz sem Raiz", e aplica o nome "Primeira Causa" ao *Logos*, no sentido que Platão dá a este vocábulo. (I, 14-15)[892]

Isso quer dizer que o mesmo significado atribuído à palavra foi dado na filosofia estóica: o princípio controlador e desenvolvedor do Universo.

A ideia pode ser mais esclarecida considerando o seguinte: a mente pode conceber facilmente a existência de outros Universos. Cada um desses Universos pode ter seu próprio Ponto Central originador e deve surgir através de uma Primeira Causa ou Primeiro *Logos*. Assim, existem vários Primeiros *Logoi* (o plural de *Logos*). Então se postula que vários Universos originam um campo ou esfera na qual cada um possui seu próprio âmbito de operação. Cada um desses campos está além *deste* Universo e, portanto, localizado dentro dos Ilimitados alcances do Infinito; em suma, em *Parabrahman*. Pois a Primeira Causa ou Primeiro *Logos* é equiparado a *Brahman* (no esquema hindu).

A apresentação da Primeira Proposição Fundamental continua com as palavras:

> De forma a compreender mais claramente estas ideias, o leitor deve adotar, como ponto de partida, o seguinte postulado: há uma Realidade Absoluta, anterior a tudo o que é manifestado ou condicionado. Esta Causa Infinita e Eterna, vagamente formulada no "Inconsciente" e no "Incognoscível" da filosofia europeia, em voga, é a Raiz sem Raiz de "tudo quanto foi, é e será". É, naturalmente, desprovida de todo e qualquer atributo, e permanece essencialmente sem nenhuma relação com o Ser manifestado e finito. É a "Asseidade", mais propriamente que o Ser, *Sat*, em sânscrito, e está fora do alcance de todo pensamento ou especulação. (I, 14)[893]

Sat – Asseidade – O Grande Alento

Quanto ao termo sânscrito *Sat*, gramaticamente, é o particípio passado do verbo *as*, que significa "existir", ou seja, *existindo*. Na filosofia hindu, especialmente no Vedanta, a palavra está associada com a realidade, de forma que significa aquilo que realmente é, um ser verdadeiro, Realidade; assim, aquilo que sempre *é*.

> Esta Asseidade é simbolizada na Doutrina Secreta sob dois aspectos. De um lado, o Espaço Abstrato absoluto, representando a subjetividade pura, aquilo que nenhuma mente humana pode excluir de qualquer conceito, nem conceber como existente em si mesmo. De outro lado, o Movimento Abstrato absoluto, que representa a Consciência Incondicionada. Os próprios pensadores ocidentais têm afirmado que a consciência, separada da mudança, é inconcebível para nós, e que o movimento é o melhor símbolo da mudança e sua característica essencial. Este último aspecto da Realidade Una é ainda simbolizado pela expressão "o Grande Alento". (I, 14)[894]

---

892 Vol. I, p. 80, ed. 6 vol.; I, 43, 3ª ed.
893 Vol. I, pp. 79-80, ed. 6 vol.; I, 42, 3ª ed.
894 *Ibid.*

Já foi estabelecido que o termo "Grande Alento" é equivalente a Movimento Eterno. O termo foi explicado mais adiante como segue:

> Por "aquele que é, e, todavia, não é", entende-se aquele Grande Alento, do qual só podemos dizer que é a Existência Absoluta, sem que nos seja dado representá-lo em nossa imaginação como uma forma qualquer de Existência que possamos distinguir da Não-Existência. Os três períodos — Presente, Passado e Futuro — são na Filosofia Esotérica um tempo composto; mas apenas em relação ao plano fenomenal, pois que no reino do *numena* não tem validade abstrata. (I, 43)[895]

Uma vez que os estágios pré-manifestação estão sendo considerados, obviamente os três conceitos de tempo — ou seja, passado, presente e futuro — são como um, ou, mais precisamente, são "não-tempo", ou ainda "aquele que é e todavia não é", representando o Grande Alento.

> Assim, o primeiro axioma fundamental da Doutrina Secreta é aquele UM ABSOLUTO, metafísico — a ASSEIDADE, simbolizada como a Trindade teológica pela inteligência finita. (I, 14)[896]

Isto se dá porque as religiões ocidentais formuladas não tratam dos estágios pré-manifestação, mas iniciam seu sistema a partir do nível do Manifestado, ou da Primeira Causa.

Parabrahman – A Realidade Una

Por outro lado, *A Doutrina Secreta* vai além do nível da Primeira Causa. As filosofias orientais também. O próprio termo usado o indica, a saber, *Parabrahman*. *Para* significa *além*; *Brahman* significa o Primeiro *Logos*, e pode ser equiparado à Primeira Causa. Na declaração da primeira proposição, *Parabrahman* é equiparado em significado ao Absoluto, como definido abaixo:

> *Parabrahman*, a Realidade Una, o Absoluto, é o campo da Consciência Absoluta, vale dizer, daquela Essência que está fora de toda relação com a existência condicionada, e cuja existência consciente é um símbolo condicionado. Mas, logo que saímos, em pensamento, desta Negação Absoluta (para nós), surge o dualismo no contraste entre o Espírito (ou Consciência) e a Matéria, entre o Sujeito e o Objeto. (I, 15)[897]

Um termo místico para a "Raiz sem Raiz de Tudo", usado nas *Estâncias de Dzyan* com relação aos estágios Pré-Manifestação, é *Oeaohoo*, claramente explicado na seguinte citação:

---

895 Vol. I, p. 116, ed. 6 vol.; I, 74-5, 3ª ed.
896 Vol. I, p. 80, ed. 6 vol.; I, 42, 3ª ed.
897 *Ibid.*

> "*Oeaohoo*" é traduzido nos *Comentários* por "Pai-Mãe dos Deuses", ou o "Seis em Um", ou a Raiz Setenária de que tudo procede. Depende do acento que se dê a estas sete vogais: podem pronunciar-se como uma, três e até sete sílabas, acrescentando-se um *e* depois do *o* final. Esse nome místico somente é divulgado porque, sem a posse do segredo de sua tríplice pronúncia, não produz efeito algum.
>
> (...)
>
> *OEAOHOO* É UNO.
>
> (...)
>
> Refere-se a não-separatividade de tudo quanto vive e tem sua existência, seja em estado ativo ou passivo. Num sentido, *Oeaohoo* é a Raiz sem Raiz de Tudo e, portanto, uno com *Parabrahman*; noutro sentido, é um nome da Vida Una Manifestada, a Unidade Eterna vivente. A "Raiz" que significa, como já explicado, o Conhecimento Puro (*Sattva*), a eterna (*Nitya*) Realidade não condicionada, ou *Sat* (*Satya*), tenha o nome de *Parabrahman* ou o de *Prakriti*, pois estes são os dois aspectos do Uno. (I, 68-9)[898]

Um termo chinês equivalente em significado ao Absoluto, ou *Parabrahman*, é *Tien-Sin*, que é traduzido como "o Céu da Mente" — *tien*, céu; *sin* (também traduzido *hsin*), mente ou consciência; a consciência ou sabedoria que a tudo permeia.

Ādi-Buddhi ou Ādi-Budha

Tien-Sin está associado à próxima ideia a ser postulada, a qual também trata dos estágios de Pré-Manifestação. Assim como existe um Infinito Ilimitado, que não deve ser aprisionado pelo pensamento humano, há, também, uma Sabedoria Ilimitada ou uma Inteligência Total, que está além do alcance da definição, assim como não possui limites. No Budismo do Norte é chamado de *Ādi-Buddhi* (mais corretamente, talvez, *Ādi-Budha*, que pode ser traduzido como "Sabedoria Primordial" ou "Inteligência Primitiva" — "a essência mística universalmente difundida"). O termo "Mente Divina", ou "Mente Universal", pode ser usado para transmitir o significado pretendido em *Ādi-Budha*, desde que nenhuma associação a um pensador seja atribuída à "Mente". Por esta razão, melhor que "Mente", a Primeira Proposição usa o termo "Ideação", com o significado de uma origem de ideias, ou *fonte* de inteligência.

Para propósitos de discussão filosófica e a fim de esclarecer o postulado, *Ādi-Budha* pode ser considerado sob dois aspectos: (1) Ideação Pré-Cósmica (usando o termo da primeira proposição); (2) Ideação Cósmica. A Ideação Pré-Cósmica ou Divina se refere aos estágios Pré-Manifestação; a Ideação Cósmica, à aurora da manifestação e subsequente atividade durante o ciclo de vida. Assim, a Ideação Pré-Cósmica é a fonte e origem

---

898 Vol. I, p. 136, ed. 6 vol.; I, 97-8, 3ª ed.

> da força e de toda consciência individual; e de onde promana a inteligência que preside o vasto plano da Evolução cósmica. (I, 15)[899]

A Mente Cósmica equivale a *Mahat* (uma palavra sânscrita que significa, literalmente, "o Grande"), o grande Princípio da Mente ou Intelecto, e é

> a ideação divina em operação ativa (criativa), e assim a única manifestação periódica no tempo e *in actu* da Mente Universal Eterna – *in potentia*. Em estrita verdade, a Mente Universal é apenas outro nome para o Absoluto, *fora do tempo e do Espaço*. Esta Ideação Cósmica, ou Mente, não é de forma alguma uma evolução (menos ainda uma "criação"), mas simplesmente um dos aspectos do primeiro, que não conhece mudanças, que sempre foi, é, e sempre será.[900]

Desta forma, podemos afirmar que a Ideação Divina, ou Ideação Pré-Cósmica, é eterna em sua potencialidade, mas periódica em sua potência.[901]

Mūlaprakriti – A Substância-Raiz Pré-Cósmica

Quando o conceito anterior é compreendido, podemos introduzir o próximo postulado – em continuação aos estágios Pré-Manifestação –, ou seja, o da Substância-Raiz Pré-Cósmica. Este termo equivale ao significado da palavra sânscrita *Mūlaprakriti*, que é um termo vedantino. *Mūlaprakriti* é um composto formado por *mūla*, que significa "raiz", e *prakriti*, ela própria um composto: *pra*, "antes" e *kriti*, do verbo *kri*, fazer, a mesma raiz de onde deriva a palavra *Karma*, literalmente "aquilo que faz antes", ou seja, uma fonte ou substância geradora, mas geralmente traduzida como natureza, ou "matéria", ou "substância". *Mūlaprakriti*, então (ou a Substância-Raiz Pré-Cósmica), pode ser considerada a fonte e origem do lado substância de um Universo manifesto. Entretanto, essa Matéria-Raiz Primordial não deve ser vista como estando "separada" do Espírito, pois os dois não podem ser divididos, nem devem ser concebidos como divisíveis nos estágios Pré-Manifestação. Para colocar a ideia tecnicamente, *Mūlaprakriti* é *avyakta*, que significa que a Substância-Raiz Pré-Cósmica não é manifestável. Quando ocorre uma separação entre o Espírito e a Matéria (*Purusha* e *Prakriti*), *Prakriti* é *vyakta*: a Matéria está em manifestação, a diferenciação ocorreu. Como expresso pela filosofia Vedanta nas palavras de um de seus expoentes, Subba Row:

> "Do ponto de vista objetivo (do *Logos*), *Parabrahman* aparece no *Logos* como *Mūlaprakriti*... Naturalmente que este *Mūlaprakriti* para ele é material, como todo objeto material o é para

899 Vol. I, p. 80, ed. 6 vol.; I, 43, 3ª ed.

900 *Transactions of the Blavatsky Lodge*, p. 19 [*Comentários sobre* A Doutrina Secreta, Brasília: Ed. Teosófica, p. 51, 2019 (Nota Ed. Bras.)].

901 *Ibid.*, p. 6 [*Comentários sobre* A Doutrina Secreta, Brasília: Ed. Teosófica, p. 28, 2019 (Nota Ed. Bras.)].

nós... *Parabrahman* é uma realidade incondicionada e absoluta, e *Mūlaprakriti* uma espécie de véu lançado sobre ele." (I, 10)[902]

É bem verdade que essas ideias não são facilmente compreendidas quando lidas pela primeira vez. A razão é que estamos considerando a origem e mistério da Existência – como salientado na passagem a seguir:

> A ideia dominante mais precisa que se encontra em todos os ensinamentos antigos, a respeito da Evolução Cósmica e da primeira "criação" do nosso Globo com todos os seus produtos orgânicos e *inorgânicos* – palavra estranha na pena de um ocultista! – é que todo o Cosmos surgiu do Pensamento Divino. Este Pensamento impregna a Matéria, que é coeterna com a Realidade Única; e tudo o que vive e respira é produto das emanações do Uno *Imutável, Parabrahman = Mūlaprakriti*, a Raiz Una Eterna. O primeiro destes dois aspectos, o do Ponto Central dentro, por assim dizer, de regiões completamente inacessíveis à inteligência humana, é a Abstração Absoluta; ao passo que, em seu aspecto de *Mūlaprakriti*, a Eterna Raiz de Tudo nos dá, pelo menos, uma vaga ideia do Mistério do Ser. (I, 339-340)[903]

O "aspecto do Ponto Central dentro" faz referência ao segundo diagrama do Manuscrito Arcaico descrito no Proêmio, também referido como as antigas cartas simbólicas da antiguidade, onde "o ponto no círculo até então imaculado, Espaço e Eternidade em *Pralaya*, indica a aurora da diferenciação". Mas ao invés de continuar manifestando-se *para fora*, nos é dado um conceito de retorno *para dentro*, e uma vez que estamos considerando os estágios de pré-manifestação (equivalente ao *Pralaya*), é de se espantar que seja afirmado estarem as regiões "completamente inacessíveis à inteligência humana"? Por esse motivo, até o Pensamento Divino é considerado da seguinte maneira:

> O Pensamento Divino não pode ser definido, nem sua significação explicada, exceto pelas inumeráveis manifestações da Substância Cósmica, na qual aquele Pensamento é *sentido* espiritualmente pelos que têm capacidade para tanto. Dizer isto, depois de enunciado que a Divindade Desconhecida é abstrata, impessoal e assexuada, devendo estar na raiz de toda Cosmogonia e de sua subsequente evolução, equivale a não dizer absolutamente nada. É como se tentássemos resolver uma equação transcendente sem dispormos, para determinar o valor real de seus termos, senão de certo número de quantidades *desconhecidas*. Nas primitivas cartas simbólicas da antiguidade, o Pensamento Divino aparece representado por uma obscuridade sem limites, em cujo fundo, conforme já mostramos, surge o primeiro ponto central em branco – simbolizando deste modo o ESPÍRITO-MATÉRIA, coevo e coeterno, que faz o seu aparecimento no mundo fenomenal, antes de sua primeira diferenciação. (I, 327)[904]

Observe que "Espírito-Matéria" está em letras maiúsculas e hifenizado, indicando a unidade, a não divisibilidade, como no *Pralaya*. O termo técnico é *Svabhavat*,

---

902 Vol. I, p. 76, ed. 6 vol.; I, 39, 3ª ed.
903 Vol. II, p. 53, ed. 6 vol.; I, 362-3, 3ª ed.
904 Vol. II, p. 41, ed. 6 vol.; I, 349, 3ª ed.

ou Pai-Mãe (conforme usado nas *Estâncias de Dzyan*), ou ainda *Ākāśa* – que é visto pelos ocultistas como uma radiação de *Mūlaprakriti*. A citação continua:

> Quando "o Uno se converte em Dois", pode-se então nomeá-lo como Espírito e matéria. (I, 327-8)[905]

Espírito e Matéria: Dois Aspectos do Absoluto

Do ponto de vista da Filosofia Esotérica, muito embora o Um tenha se convertido no dois, Espírito e Matéria, não devem ser encarados como separados e independentes, cada um atuando "da sua própria maneira", mas sim como dois aspectos da Realidade Una: o Espírito é matéria sublimada, e a Matéria é espírito consolidado. Uma ilustração pode ser de ajuda. Vamos considerar um lápis, sem borracha, com ponta nos dois lados, colocado horizontalmente: uma ponta representa o "espírito", e a outra ponta a "matéria". Gire o lápis e o lado que agora está representando o espírito antes era a matéria, e a matéria está onde o espírito estava representado. Agora coloque o lápis na posição vertical. A ponta de baixo representa a consolidação do espírito – a matéria; a ponta de cima agora está representando a sublimação da matéria – o espírito; os dois aspectos do Um. A citação prossegue, explicando Espírito e Matéria. Note que há uma referência à "lei imutável", que reina mesmo durante os *Pralayas* ou estágios pré-manifestação:

> Ao "Espírito" podem ser atribuídas todas as manifestações da consciência, direta ou reflexa, e da "intenção consciente" (adotando uma expressão moderna, em uso na chamada *filosofia ocidental*), como se evidencia o Princípio Vital e na submissão da Natureza à ordem majestosa da Lei imutável. A "Matéria" deve ser considerada como o objetivo em sua mais pura abstração, a base existente por si mesma, cujas *manvantáricas* diferenciações setenárias constituem a realidade objetiva, subjacente aos fenômenos de cada fase da existência consciente. Durante o período do *Pralaya* Universal, a Ideação Cósmica é inexistente, e os diversos estados diferenciados da Substância Cósmica se resolvem novamente no estado primitivo de objetividade abstrata potencial. (I, 328)[906]
>
> (...)
>
> Diz-se que a Ideação Cósmica é não existente durante os períodos *pralaicos*, pela simples razão de que não há nada nem ninguém para lhe perceber os efeitos. (I, 328)[907]

Esta é uma explicação sucinta do verso 3 da Estância I: "A Mente Universal não existia, porque não havia *Ah-hi* para contê-la." Pois, como continua e explica a citação:

---

905 *Ibid.*

906 Vol. II, p. 41, ed. 6 vol.; I, 349, 3ª ed.

907 Vol. II, p. 42, ed. 6 vol.; I, 350, 3ª ed.

> Não pode haver manifestação de consciência, de semiconsciência, ou mesmo de "intenção consciente", senão por meio do veículo da Matéria; vale dizer que no plano em que vivemos, onde a consciência humana *em seu estado normal* não pode elevar-se acima da chamada metafísica transcendente, somente por meio de uma agregação ou construção molecular é que o Espírito surge como corrente de subjetividade individual ou subconsciente. E como a matéria, separada da percepção, é mera abstração, os dois aspectos do Absoluto, Substância Cósmica e Ideação Cósmica, são mutualmente interdependentes. Para dizer com toda a exatidão, evitando confusões e interpretações errôneas, a palavra "Matéria" deveria ser aplicada ao agregado de objetos cuja percepção é possível, e a palavra "Substância" aos *Numenos*. Porque, se os fenômenos do *nosso* plano são criações do Ego que percebe – modificações de sua própria subjetividade –, todos os "estados de matéria que representam o agregado dos objetos percebidos" não podem ter, para os filhos do nosso plano, senão uma existência relativa e puramente fenomenal. (I, 328-9)[908]

Esta é a explicação esotérica ao exasperante problema de *Māyā* – o Irreal. O significado literal do termo é "aquilo que é medido", ou seja, é limitado, pois *Māyā* vem do verbo *mā*, medir. Para "os filhos do nosso plano", o mundo e seus fenômenos são bastante "reais", mas para aquele que pode ver além das limitações do mundo físico, o *nosso* plano – que consiste mais de fenômenos do que de númenos – é irreal.

Com as explicações fornecidas a respeito do Espírito e da Matéria, os postulados contidos na Primeira Proposição Fundamental (que ora retomamos) devem ficar mais compreensíveis.

> O Espírito (ou Consciência) e a Matéria devem ser, no entanto, considerados não como realidades independentes, mas como duas facetas ou aspectos do Absoluto (*Parabrahman*), que constituem a base do ser condicionado, seja subjetivo ou objetivo.
>
> (...)
>
> Se considerarmos essa tríade metafísica como a raiz de que procede toda manifestação, o Grande Alento assume o caráter de Ideação pré-cósmica. É a *fons et origo* da força e de toda consciência individual; e de onde promana a inteligência que preside o vasto plano da Evolução cósmica. Por sua vez, a Substância-Raiz Pré-Cósmica (*Mūlaprakriti*) é o aspecto do Absoluto que serve de *substratum* a todos os planos objetivos da Natureza.
>
> (...)
>
> Assim como a Ideação Pré-Cósmica é a raiz de toda consciência individual, assim também a Substância Pré-Cósmica é o substrato da matéria nos seus diversos graus de manifestação.
>
> (...)
>
> Daí resulta que o contraste desses dois aspectos do Absoluto é essencial para a existência do Universo manifestado. Isolada da Substância Cósmica, a Ideação Cósmica não poderia manifestar-se como consciência individual; pois só por meio de um veículo (*upadhi*) de matéria é que a consciência emerge como "Eu sou Eu", sendo necessária uma base física para concentrar um Raio da Mente Universal a certo grau de complexidade. E, por sua vez, separada da Ideação Cósmica, a Substância Cósmica não passaria de uma abstração vazia, e nenhuma manifestação de consciência poderia surgir.

---

908 Vol. II, p. 42, ed. 6 vol.; I, 350-1, 3ª ed.

> (...)
> O Universo Manifestado acha-se, portanto, impregnado pela dualidade, que vem a ser a essência mesma de sua *Ex*-istência como manifestação. Mas, assim como os polos opostos de Sujeito e Objeto, de Espírito e Matéria, não são mais que aspectos da Unidade Una, que é a sua síntese, assim também no Universo Manifestado existe "algo" que une o Espírito à Matéria, o Sujeito ao Objeto. (I, 15-16)[909]

Fohat - "A Figura Mais Importante da Cosmogonia Esotérica"

Duas das grandes ideias que dizem respeito à Primeira Proposição Fundamental já foram introduzidas, a saber: *Parabrahman* e *Mūlaprakriti*. A terceira será agora incluída no esquema. Enquanto para alguns as ideias já apresentadas possam parecer desconcertantes e desnorteantes (para não dizer completamente perturbadoras, especialmente para aqueles que têm uma visão de "Deus" como a fonte de Tudo) a terceira ideia parecerá ainda mais misteriosa, uma vez que não há comparação com qualquer conceito do pensamento ocidental; não obstante, trata-se de um assunto muito fascinante. Que ideia — ou melhor, figura — é esta, considerada como "uma das mais importantes figuras, senão a mais, da cosmogonia esotérica"?[910] Esse "algo", que a especulação ocidental, presentemente, desconhece, é chamado, pelo ocultista, de *Fohat*. (I, 16)[911]

Sugerimos uma breve caracterização, antes de definirmos o termo. Podemos considerar *Fohat* como uma ponte entre o Não Manifestado (*Pralaya*) e o Manifestado (*Manvantara*), pois quando *Fohat* entra em cena, as coisas começam a acontecer! Se bem que *Fohat* já estivesse em cena durante o *Pralaya*. Essa é uma dentre as muitas coisas misteriosas com relação a essa Ilustre Presença. Testemunhe como o drama se desenvolve à medida que os estágios da Pré-Manifestação caminham para seu fim, após um período de Sete Eternidades, quando o impulso *manvantárico* estremece através do infinito — a Existência Una estando envolvida em seu sono sem sonhos —, animando as energias adormecidas no Ponto Central, e a Impressão Divina começa a se mover de dentro para fora:

> O impulso *manvantárico* principia com o redespertar da Ideação Cósmica, a Mente Universal, simultânea e paralelamente com o primeiro emergir da Substância Cósmica — sendo esta última o veículo *manvantárico* da primeira — de seu estado *pralaico* não diferenciado. A Sabedoria Absoluta então se reflete em sua Ideação, a qual, por um processo transcendente, superior e incompreensível à consciência humana, se transforma em Energia Cósmica: *Fohat*. Vibrando no seio da Substância inerte, *Fohat* a impulsiona à atividade e guia suas

---

909 Vol. I, pp. 80-1, ed. 6 vol.; I, 43-4, 3ª ed.
910 Vol. I, p. 109, ed. or.; I, 169, ed. 6 vol.; I, 134, 3ª ed.
911 Vol. I, p. 81, ed. 6 vol.; I, 44, 3ª ed.

primeiras diferenciações em todos os Sete planos da Consciência Cósmica. Deste modo, há Sete Prótilos (como são chamados atualmente, ao passo que para a antiguidade ária eram os Sete *Prakritis* ou Naturezas), servindo cada um de base *relativamente* homogênea, que se vai diferenciando, no curso da crescente heterogeneidade, durante a evolução do Universo, na maravilhosa complexidade dos fenômenos que se apresentam nos planos de percepção. O termo "relativamente" é empregado de propósito, porque, a própria existência resultando de semelhante processo de segregações primárias da Substância Cósmica não diferenciada, dentro de suas bases setenárias de evolução, nos leva a considerar o Prótilo de cada plano como sendo só uma fase *intermediária* por que passa a Substância na sua trajetória desde o abstrato até a objetividade completa. (I, 328)[912]

Com relação ao significado da palavra *Fohat*:

A palavra é um composto turaniano e possui vários significados. Na China, *Pho*, ou *Fo*, é a palavra para "alma animal", o *Nephesh* vital ou sopro de vida. Alguns dizem que deriva do sânscrito *Bhū*, que significa existência, ou antes, a essência da existência. Agora, *Svayambhū* significa *Brahmā* e Homem ao mesmo tempo. Significa autoexistência e autoexistente, aquilo que é duradouro, o sopro eterno. Se *Sat* é a potencialidade do Ser, *Pho* é a potência do Ser. Entretanto, o significado depende inteiramente da posição do acento. De mais a mais, *Fohat* é relacionado a *Mahat*. É o reflexo da Mente Universal, a síntese dos "Sete" e as inteligências dos sete Construtores criativos, ou, conforme os chamamos, os Cosmocratores. Assim, como você compreenderá, a vida e a eletricidade são uma em nossa filosofia. Dizem que a vida é eletricidade; se é assim, então a Vida Una é a essência e a raiz de todo fenômeno elétrico e magnético neste plano de manifestação.[913]

Na declaração da Proposição Fundamental, *Fohat* é descrito como

a "ponte" por meio da qual as ideias existentes no Pensamento Divino são impressas na Substância Cósmica, como Leis da Natureza. *Fohat* é, assim, a energia dinâmica da Ideação Cósmica; ou então, encarado sob outro aspecto, é o "*medium*" inteligente, o poder diretor de toda manifestação, o Pensamento Divino transmitido e manifestado por intermédio dos *Dhyān-Chohans*, os Arquitetos do Mundo visível. Assim, do Espírito ou Ideação Cósmica provém a nossa Consciência; da Substância Cósmica, os diversos veículos em que esta Consciência se individualiza e chega ao Eu, à consciência de si mesma ou reflexiva; enquanto *Fohat*, em suas manifestações várias, é o elo misterioso que une o Espírito à Matéria, o princípio animador que eletriza cada átomo para dar-lhe vida. (I, 16)[914]

Esse é, ainda, outro aspecto de como o UM torna-se os Muitos. Durante o *Pralaya*, os átomos adormecidos, inertes, podem ser realmente considerados apenas

---

912 Vol. II, pp. 41-2, ed. 6 vol.; I, 349-50, 3ª ed. Os Sete *Prakritis* são os Sete Elementos Cósmicos, também conhecidos como os *Tattvas* ou Sete Princípios do Cosmos, também chamados os Sete *Mahābuthas* – os Sete Grandes Elementos – enumerados em: *Ādi*; *Anupapādaka*; *Ākāśa*; *Tejas* – Fogo; *Vāyu* – Ar; *Apas* – Água; *Prithivī* – Terra.
Na filosofia *Sānkhya*, os Sete *Prakritis*, ou "produções produtivas", são listados como *Mahat*, *Ahamkāra* e os cinco *Tanmātras* (*Śabda*, audição; *Sparśa*, tato; *Rūpa*, forma ou visão; *Rasa*, paladar; *Gandha*, olfato). Os *Tanmātras*, "elementos rudimentares", deram origem aos *Mahābhūtas*.

913 *Transactions of the Blavatsky Lodge*, p. 70 [*Comentários sobre* A Doutrina Secreta, Brasília: Ed. Teosófica, p. 105, 2019 (Nota Ed. Bras.)].

914 Vol. I, p. 81, ed. 6 vol.; I, 44, 3ª ed.

uma Unidade homogênea (ou seja, o Uno). Entretanto, quando despertados pelo ímpeto de *Fohat*, os átomos, um a um, são vivificados e chamados de volta à atividade. Mais uma vez eles se tornam "os Muitos".

Não tentaremos descrever todos os aspectos de *Fohat*. As atividades dessa FORÇA ativadora de múltiplas faces são tão numerosas que poderíamos devotar um único volume para descrevê-la em toda a sua complexidade. Entretanto, existe um ponto que precisa ser esclarecido, pois causa muita confusão no estudo de *A Doutrina Secreta*, porque parece haver declarações conflitantes com relação a *Fohat*. Por isso, é preciso fazer uma clara distinção entre as atividades de *Fohat* nos estágios Pré-Manifestação (ou *Pralaya*) –, objeto da principal consideração da Primeira Proposição Fundamental –, e as energias dessa FORÇA sempre presente no Universo Manifestado (*Manvantara*). Isso foi enfatizado de uma maneira bastante sucinta:

> *Fohat* é uma coisa no Universo ainda não manifestado, e outra coisa no Mundo fenomenal e cósmico. (I, 109)[915]

Assim, quando um período de Manifestação está a caminho, *Fohat*

> é aquele poder oculto, elétrico e vital, que, sob a Vontade do *Logos* Criador, une e relaciona todas as formas, dando-lhes o primeiro impulso, que com o tempo se converte em lei. Mas, no Universo Não Manifestado, *Fohat* não é isso, como Eros não é o brilhante Cupido alado posterior, ou o AMOR. (I, 109)[916]

Devemos ter em mente que o "*Logos* Criador" significa o Terceiro *Logos*, ou o *Logos* na Manifestação, supervisionando, por assim dizer, as atividades criativas, e não o Primeiro *Logos* ou *Logos* Não Manifestado. (Isso será considerado mais adiante.) A atividade de *Fohat* que "une e relaciona todas as formas, dando-lhes o primeiro impulso, que com o tempo se converte em lei", representa a Lei do "Vir a Ser", que continua durante o *Manvantara* como a Lei do Movimento. No caso do Reino Humano, ele impele a Mônada a aparecer repetidas vezes sobre a Terra, viajando pelo Ciclo de Necessidade.

Eros = *Fohat*

A comparação de *Fohat* nos estágios não manifestado de um Universo (*Pralaya*) e *Fohat* na manifestação (*Manvantara*) com Eros e Cupido lança uma interessante luz sobre a mitologia grega. Cupido era, na verdade, o brilhante deus alado do Amor na antiga Roma, e antes disso era visto da mesma maneira que na Grécia,

---

915 Vol. I, p. 169, ed. 6 vol.; I, 134, 3ª ed.
916 *Ibid.*

sob o nome de Eros, sempre em companhia de sua mãe Vênus (Afrodite), a deusa do Amor. Representada carregando arco e flechas, cujos dardos de desejo eram atirados tanto em deuses quanto em homens, a divindade começou a ser gradativamente associada ao desejo. Originalmente, entretanto, Eros era um personagem diferente. Na cosmogonia grega antiga, Eros era o terceiro membro da trindade, os outros dois sendo Caos e Gaia. *Nessa* trindade Eros representava *Fohat*. Pois, como na narrativa mitológica, as flechas de Eros atingiam todas as coisas e as vivificavam com vida e prazer. Na Filosofia Esotérica isso significa que *Fohat* impregna cada Mônada com a Vida Una. O segundo membro dessa trindade, Gaia, significava a "Matéria Primordial", enquanto Caos equivalia a *Chaino* (na verdade, a palavra caos deriva da palavra grega *chaino*), que significa o "Vazio", ou o Grande Abismo. Este termo equivale em significado a *Ain Soph*, o Ilimitado ou ESPAÇO. É claro que esse não é o significado comum de "desordem" ou "confusão" associado à palavra *caos*. Na trindade primitiva, então, Caos (ou antes, *Chaino*), Gaia e Eros eram equivalentes em significado a *Parabrahman*, *Mūlaprakriti* e *Fohat*. Assim eles representam os estágios pré-manifestação de um Universo.

Outra cosmogonia diz que a trindade consiste de Erebus, Gaia e Eros. Erebus (em grego, *Erebos*) significa originalmente escuridão – ou seja, ausência de luz –, também um aspecto do *Pralaya*, antes do surgimento da luz. Na mitologia mais recente Erebus era descrito como um lugar de escuridão entre a Terra e o Hades, e Gaia passou a significar a Terra, ou a deusa da Terra. Na citação a seguir, que dá prosseguimento às atividades de *Fohat*, poderemos notar que Erebus e Nux (Noite) são descritos como nascidos *do* Caos. Nas narrativas mitológicas recentes, Gaia e Uranos (Terra e Céu) também são descritos como nascidos do Caos, e Gaia era representada como a esposa da divindade Uranos.

Finalmente, os membros dessa trindade são chamados Uranos, Gaia e Eros (Céu, Terra e Amor), perdendo assim seu significado esotérico.

> ... de acordo com a interpretação esotérica, o céu e a terra foram criados após isso (ou seja, após os Anjos), evolvendo do *segundo* Princípio ou *Logos* – a Divindade criadora.[917]

Devemos lembrar que todas as mitologias sofreram modificações. Isso se observa na teogonia egípcia, e também é notado na mitologia hindu, pois existe uma diferença entre as divindades do *Rig-Veda* e a mesmas divindades nos *Puranas*. O mesmo ocorreu na Grécia, especialmente no caso de Eros. Adições posteriores foram associadas com Cupido e eram totalmente diferentes da primeira descrição de Eros, carecendo de sua significação prístina.

Na citação que se segue, dando continuidade à descrição das atividades de *Fohat* na manifestação, é feita uma menção ao "ato místico supersensório" e à emis-

[917] *Ísis Sem Véu*, Vol. II, p. 36. Em *A Doutrina Secreta*, "a Divindade criadora" é geralmente chamada de Terceiro *Logos*.

são do raio criativo. Esta é a indicação da associação de Eros (em seu significado original) com *Fohat*.

Uma ideia similar está presente no *Rig-Veda*. *Kāma*, ou *Kāmadeva*, representado como o deus do desejo, é descrito como *Aja* (o não nascido), a primeira manifestação do Uno. Porque "o Desejo despertou primeiro n'ELE, e foi o germe primordial da Mente, cujos Sábios, procurando com seu intelecto, descobriram, com seu coração, ser o elo que relaciona a entidade com a não entidade."[918] Isso relaciona *Kāma* com as atividades de *Fohat*. Uma descrição de *Kāma* no *Rig-Veda*

> ...fornece a tônica para o que ele simboliza. *Kāma* é o primeiro *desejo* consciente *que tudo abrange* pelo bem e amor universais, e o primeiro sentimento de infinita e terna compaixão e misericórdia por tudo que vive e sente, necessita de auxílio e bondade, que surge na consciência da FORÇA UNA criadora, assim que este vem à vida, sendo como um raio do ABSOLUTO.[919]

Resumindo as atividades de *Fohat*, uma citação se inicia com a descrição das condições pré-manifestação (*Pralaya*). Observe a mudança que ocorre em *Fohat* quando começa o despertar do *Manvantara* após um *Pralaya*, quando o "Filho Divino surge" — equivalente ao Terceiro *Logos*.

> *Fohat* ainda nada tem a ver com o Cosmos, porque o Cosmos não é nascido e os Deuses dormem ainda no seio do "Pai-Mãe".[920] É uma ideia filosófica abstrata; não produziu ainda nada por si mesmo, é simplesmente o poder criador potencial, em virtude de cuja ação o *Numeno* de todos os fenômenos futuros se divide, por assim dizer, para reintegrar-se em um ato místico suprassensível e emitir o Raio criador. Quando o "Filho Divino" surge, *Fohat* passa então a ser a força propulsora, o Poder ativo, que é a causa de o Um converter-se em Dois e em Três (no plano cósmico da manifestação). O tríplice Um se diferencia nos Muitos, e *Fohat* se transforma na força que reúne os átomos elementais e faz com que se aglutinem e se combinem entre si. Vemos um eco destes antiquíssimos ensinamentos na mitologia grega primitiva. Erebus e Nux nascem do Caos, e, sob a ação de Eros, dão, por sua vez, nascimento a Aether e a Hemera, a luz da região superior e a da região inferior ou terrestre. As Trevas engendram a Luz. Compare-se isto com a Vontade ou o "Desejo" de criar de *Brahmā*, nos *Purānas*; e, na cosmogonia fenícia de Sanchoniathon, com a doutrina de que o desejo, *Pothos*, é o princípio da criação. (I, 109-110)[921]

Novamente *Fohat* está associado com o surgimento dos átomos, pois "*Fohat* está intimamente associado com a 'Vida Una'." (I, 110)[922] É assim, pois, que um Sistema Solar surge, pela ação de *Fohat*. Atuando no grande assim como no pequeno, a for-

918 Cf. *S.D.*, Vol. II, p. 579, ed. or.; IV, 150, ed. 6 vol.; II, 611-2, 3ª ed.
919 *Glossário Teosófico*, pp. 170-1.
920 Equivalente a *Svabhavat*. "Pai-Mãe" é o termo usado nas *Estâncias de Dzyan*.
921 Vol. I, pp. 169-70, ed. 6 vol.; I, 134-5, 3ª ed.
922 Vol. I, p. 170, ed. 6 vol.; I, 135, 3ª ed.

mação de um inseto ou de uma planta é efetuada pelo grande poder construtivo de sua Força energizante:

> *Fohat* é, portanto, a personificação do poder elétrico vital, a unidade transcendente que enlaça todas as energias cósmicas, assim nos planos invisíveis como nos manifestados; sua ação se parece – numa imensa escala – à de uma Força viva criada pela Vontade, naqueles fenômenos em que o aparentemente subjetivo atua sobre o aparentemente objetivo e o põe em movimento. *Fohat* não é só o símbolo vivo e o receptáculo daquela Força, mas também os ocultistas o consideram como uma Entidade, que opera sobre as forças cósmicas, humanas e terrestres, e exerce sua influência em todos esses planos. No plano terrestre, a influência se faz sentir na força magnética e ativa produzida pela vontade enérgica do magnetizador. No plano cósmico, está presente no poder construtor que, na formação das coisas – do sistema planetário ao pirilampo e à singela margarida –, executa o plano que se acha na mente da Natureza ou no Pensamento Divino, com referência à evolução e crescimento de tudo o que existe. Metafisicamente, é o pensamento objetivado dos Deuses, o "Verbo feito carne" numa escala menor, e o mensageiro da Ideação cósmica e humana; a força ativa na Vida Universal. Em seu aspecto secundário, *Fohat* é a Energia Solar, o fluido elétrico vital e o Quarto Princípio, o Princípio de conservação, a Alma Animal da Natureza, por assim dizer, ou a Eletricidade. (I, 111)[923]

Já dissemos o bastante para demonstrar o vasto e abrangente campo de operações executadas por este poderoso Energizante. Não há necessidade de dúvidas agora quanto à importância dessa notável figura. Com o poder energizante em constante movimento, a neutralidade do *Pralaya* já não é mais possível; as forças de Manifestação assumem e um novo Período de Atividade é estabelecido. Assim, com *Fohat* dominando a cena, a Primeira Proposição Fundamental é encerrada.

Resumo da Primeira Proposição Fundamental

Todavia, o assunto não está de todo concluído, pois acrescentamos um resumo, que é tão excelente que deveria ser memorizado. Os termos por si só são muito úteis, enquanto que as ideias, se apreendidas, ajudarão a esclarecer muitos dos problemas que surgem na tarefa de entender a primeira parte de *A Doutrina Secreta*.

> O seguinte resumo dará ao leitor uma noção mais clara:
>
> 1. O ABSOLUTO: O *Parabrahman* dos Vedantinos ou a Realidade Una, *Sat*, que é, como disse Hegel, ao mesmo tempo Absoluto Ser e Não-Ser.
>
> 2. A primeira manifestação, o impessoal, e, em filosofia, o *Logos não manifestado*; o *Logos* precursor do Manifestado. É a "Causa Primeira", o "Inconsciente" dos panteístas europeus.
>
> 3. Espírito-Matéria, Vida; o "Espírito do Universo", *Purusha* e *Prakriti*, ou o *segundo Logos*.

---

923 Vol. I, pp. 170-1, ed. 6 vol.; I, 136, 3ª ed.

> 4. A Ideação Cósmica; *Mahat* ou Inteligência, a Alma Universal do Mundo; o *Numeno* Cósmico da Matéria, a base das Operações inteligentes da Natureza; também chamado *Mahā-Buddhi*.
>
> A REALIDADE UNA; seus aspectos *duais* no Universo condicionado. (I, 16)[924]

Cada parágrafo numerado será considerado separadamente.

(1) A palavra "Absoluto" deriva de um composto do latim: *ab*, de; e *solutus*, o particípio presente do verbo *solvere*, perder; donde, liberto, independente – ou seja, não dependente de nada externo. Assim sendo, o significado literal é o mesmo da palavra sânscrita *Mukti*, e também *Moksha*, ambas significando liberto, liberado. Esses são os termos brâmanes equivalentes ao *Nirvāna* budista. Ao usar o termo "Absoluto" com relação à Primeira Proposição Fundamental, H.P.B., muito provavelmente, tinha o seguinte significado em mente (que é um dos fornecidos pelo dicionário): *existindo independentemente de qualquer outra causa*. Isso descreve perfeitamente um dos significados dados ao termo sânscrito *Sat*, que é colocado ao lado de Absoluto como um equivalente, ou seja, o sempre existente, Asseidade. Esse termo, assim como a palavra vedantina *Parabrahman*, já foi explicado o suficiente, não necessitando de repetição.

O Primeiro *Logos* – O Segundo *Logos* – O Terceiro *Logos*

(2) Embora este segundo item do resumo seja intitulado "a primeira manifestação", em seguida há um termo que, em filosofia, é chamado de "*Logos* Não Manifestado", ou o Primeiro *Logos*. Isso requer uma explicação. A "primeira manifestação" é assim considerada porque antes de sua aparição "nada existia", usando as palavras da *Estância*. Com referência ao diagrama do Manuscrito Arcaico, o primeiro símbolo é um círculo escuro, representando o Absoluto – *Parabrahman*. A segunda figura é um círculo escuro com um ponto branco em seu centro: isso retrata a primeira manifestação. Isto foi explicado como segue:

> Temos o plano do círculo, e sua superfície que é negra; o ponto dentro do círculo é potencialmente branco, e esta é para as nossas mentes a primeira concepção possível do *Logos* invisível. As "Trevas" são eternas, o Raio é periódico. Havendo brilhado deste ponto central e vibrado o Germe, o Raio é reabsorvido novamente dentro do ponto, e o Germe se converte no Segundo *Logos*, o triângulo dentro do Ovo do Mundo.[925]

---

924 Vol. I, p. 81-2, ed. 6 vol.; I, 44, 3ª ed.

925 *Transactions of the Blavatsky Lodge*, pp. 67-8 [*Comentários sobre* A Doutrina Secreta, Brasília: Ed. Teosófica, p. 101, 2019 (Nota Ed. Bras.)].

O primeiro Ponto foi assim descrito no Zohar:

> O Ponto Indivisível, que não tem limites e que não pode ser compreendido por causa de sua pureza e do seu resplendor, dilatou-se *exteriormente*, produzindo um fulgor que lhe servia de Véu; mas também este último *não podia ser contemplado* por causa de sua Luz incomensurável. E igualmente se dilatou *exteriormente*, e esta expansão formou a sua vestimenta. Assim, por meio de uma constante *palpitação* (movimento), o mundo veio finalmente a ter existência." A Substância Espiritual lançada pela Luz Infinita é o *Primeiro Sephira* ou *Shekinah*. (I, 355)[926]

A primeira *Sephira* é, portanto, a primeira manifestação, e também é descrita como *Shekinah*, que significa "véu", ou seja, "não manifestado". É a mesma ideia associada à *Mālaprakriti*, o termo vedantino, que é visto como uma espécie de véu sobre *Parabrahman*. Observe que o *Movimento Constante* está presente.

Com relação ao *Logos* Não Manifestado, Pitágoras sustentava que a *Monas*[927] nunca manifestada

> ...vive em solidão e trevas; quando soa a hora, irradia de si mesma o UM, o primeiro número. Este número ao descer produz o Dois, o segundo número, o Dois, por sua vez, produz o Três, formando um triângulo, a primeira figura geométrica completa no mundo da forma.[928]

Aqui temos a base para a explicação relativa aos três *Logoi*, chamados de Primeiro *Logos*, Segundo *Logos* e Terceiro *Logos*. Com relação ao Primeiro *Logos*, ou à *Monas* nunca manifestada de Pitágoras, há pouco mencionada, pode ser observado que outra interpretação é dada da *Tetraktys* Sagrada, diferente daquela de Tétrade, o Quatro Sagrado:

> A verdadeira *Tetraktys* dos pitagóricos era a *Tetraktys* da Mônada invisível, a qual produz o primeiro Ponto, o segundo e o terceiro, e logo se retira para as trevas e o silêncio eterno; em outras palavras, a *Tetraktys* é o primeiro *Logos*. Tomada do plano da matéria, é, entre outras coisas, o Quaternário inferior, o homem de carne ou de matéria.[929]

Mas compare com essa passagem de *Ísis Sem Véu*:

> O primeiro número eterno é o Pai, ou o Caldeu primitivo, o invisível e o incompreensível *caos*, do qual promanou o um *Inteligível*... Portanto, estritamente falando, existe uma *TETRAKTYS*, ou quaternário, que consiste da Primeira Ininteligível, e sua emanação tripla, que constitui propriamente nossa Trindade.[930]

---

926 *Zohar*, I, 20a, citado em *S.D.*, Vol. II, p. 70, ed. 6 vol.; I, 379, 3ª ed.

927 O mesmo que Mônada.

928 *Transactions of the Blavatsky Lodge*, p. 67 [*Comentários sobre* A Doutrina Secreta, Brasília: Ed. Teosófica, p. 100, 2019 (Nota Ed. Bras.)].

929 *Ibid.*, p. 72 [*Comentários sobre* A Doutrina Secreta, Brasília: Ed. Teosófica, p. 110, 2019 (Nota Ed. Bras.)].

930 *Ísis Sem Véu*, Vol. II, p. 36.

Quanto à emanação dos três *Logoi* que formam um triângulo (conforme descrito por Pitágoras), o *Zohar* também considera a emanação das três primeiros *Sephiroth* – *Kether*, a Coroa; *Chochmah*, a Sabedoria; *Binah*, a Inteligência – na forma de um triângulo:

> Dois lados do Triângulo Superior, o lado direito e a base, que simbolizam a Essência Inefável e seu corpo manifestado, o Universo, são compostos de linhas não interrompidas; o terceiro lado, o esquerdo, é uma linha pontilhada. É por meio desta última que emerge *Sephira*. Estendendo-se em todas as direções, rodeia finalmente todo o Triângulo. Nesta emanação se forma a tríplice Tríade. (I, 354)[931]

Outra ilustração, descrevendo a emanação dos três *Logoi*, pode ser melhor compreendida. Consideremos o som de uma palavra. Antes de sua própria pronúncia, é preciso (1) formular o *pensamento* sobre ela: ou seja, que palavra deve ser pronunciada, e o que quer dizer o significado da palavra. Quando isso é bem determinado, procede-se à (2) *formulação*, que diz respeito à maneira como a palavra é pronunciada. Quando isso é estabelecido, (3) o *som* da palavra é realizado: a palavra é dita. Aquilo que era não manifestado torna-se manifestado.

A mesma ideia prevalece quando aplicamos essa ilustração ao *Logos* (o significado literal desse termo grego é "palavra"). Embora a potência de um Universo manifestado esteja sempre presente no Pensamento Divino (ou Ideação Divina), enquanto não houver uma focalização ou concentração da Sabedoria Divina em um Ponto, não poderá haver um meio para a futura manifestação do Universo. A concentração da Sabedoria Divina se torna uma radiação do Pensamento Divino e representa (1) o pensamento potente – o Primeiro *Logos* – para a manifestação do Universo. Depois, através das potências da concentração do Pensamento Divino sobre o até então indivisível Espírito-Matéria Primordial ou *Mūlaprakriti* (que equivale ao *Ākāśa*, o Pai-Mãe, ou ainda *Svabhavat* –, a Essência Plástica que preenche o Universo e é a raiz de todas as coisas), e está sempre presente, assim como *Parabrahman* ou *Sat*, e *Ādi-Budha* estão, (2) a formulação da futura Manifestação é impregnada sobre o Espírito-Matéria Primordial (Segundo *Logos*). Quando unido a *Fohat* (também sempre presente), segue-se uma separação de *Svabhavat*, e (3) a Palavra Divina é pronunciada – o Terceiro *Logos* – quando a ideia se manifesta a partir do não manifestado. Isso é resumido na seguinte passagem:

> O Primeiro *Logos* Manifestado é a Potência, a Causa não revelada; o Segundo, o Pensamento ainda latente; o Terceiro, o Demiurgo, a Vontade ativa, que evoluciona a partir de seu Eu universal, o efeito ativo, o qual, por sua vez, torna-se a causa em um plano inferior.[932]

---

931 Vol. II, p. 69, ed. 6 vol.; I, 379, 3ª ed.

932 *Transactions of the Blavatsky Lodge*, p. 67 [*Comentários sobre* A Doutrina Secreta, Brasília: Ed. Teosófica, p. 101, 2019 (Nota Ed. Bras.)].

Em uma das *Estâncias de Dzyan* existe uma referência aos três *Logoi*, mas como não são chamados por seus nomes familiares – pelo contrário, são usados termos místicos, e para piorar são colocados em *ordem reversa*! –, o completo significado da passagem fica perdido. Além do mais, o termo "*Logos*" não é usado, nem há uma explicação para o verso. Felizmente, a última resposta à série de questões e respostas às quatro *Estâncias de Dzyan*, conhecida sob o título de *Transactions of the Blavatsky Lodge* (*Comentários sobre* A Doutrina Secreta, Ed. Teosófica), fornece a indicação necessária. A primeira parte do *śloka* 6 da Estância IV diz:

> Em seguida, os Segundos Sete, que são os *Lipikas*, produzidos pelos Três (*Palavra, Voz e Espírito*). (I, 103)[933]

Uma pergunta é feita: "Qual é a diferença entre Espírito, Voz e Palavra?" (Note que agora estão colocadas em sua correta ordem de emanação.) A isso é respondido:

> Em um sentido, a mesma diferença que há entre *Ātman*, *Buddhi* e *Manas*. O Espírito emana das Trevas desconhecidas, o mistério no qual nenhum de nós pode penetrar. Esse Espírito – chame-o o "Espírito de Deus" ou Substância Primordial – reflete-se nas Águas do Espaço – ou ainda indiferenciada matéria do futuro Universo, e, dessa forma, produz o primeiro torvelinho de diferenciação dentro da matéria primordial homogênea. Esta é a Voz, pioneira da "Palavra" ou primeira manifestação, e dessa Voz emana a Palavra ou *Logos*, isto é, a expressão definida e objetiva daquilo que até então permanecia nas profundezas do Pensamento Oculto. Aquilo que se reflete no Espaço é o Terceiro *Logos*. Podemos expressar esta Trindade por meio dos termos Cor, Som e Números.[934]

Aqui uma pista adicional para o significado de *Logos*:

> O significado esotérico do termo *Logos* – Linguagem ou Palavra, *Verbo* – é a conversão do pensamento oculto em expressão objetiva, como sucede com a imagem na fotografia. O *Logos* é o espelho que reflete a MENTE DIVINA, e o Universo é o espelho do *Logos*, embora esse último seja o *esse* do Universo. Assim como o *Logos* reflete *tudo* no Universo do Pleroma, assim também reflete o Homem, em si mesmo, tudo o que vê e encontra em seu Universo, a Terra. (II, 25)[935]

(3) Embora o termo dado a esse estágio emanante do Segundo *Logos* – que dessa forma atua como uma ponte entre o não manifestado e o manifestado e, portanto, é visto por algumas escolas de pensamento como o *Logos* Não Manifestado-Manifestado – seja Espírito-Matéria, é necessário compreender claramente que esse termo hifenizado não denota uma "fusão" de espírito e matéria, mas sim tenta representar um estágio anterior à separação; de fato, espírito

---

933 Vol. I, p. 165, ed. 6 vol.; I, 129, 3ª ed.

934 *Transactions of the Blavatsky Lodge*, p. 113 [*Comentários sobre* A Doutrina Secreta, Brasília: Ed. Teosófica, p. 179, 2019 (Nota Ed. Bras.)].

935 Vol. III, p. 38, ed. 6 vol.; II, 28, 3ª ed.

e matéria ainda *não se separaram*. Isso é claramente dito em um *Comentário* sobre o *Livro de Dzyan*:

O Espírito é a primeira diferenciação do (e no) ESPAÇO; e a Matéria é a primeira diferenciação do Espírito. O que não é nem Espírito nem Matéria é AQUILO, a CAUSA sem Causa, do Espírito e da matéria, que são a Causa do Cosmos. E AQUILO, nós O chamamos a VIDA UNA ou o Sopro Intracósmico. (I, 258)[936]

Note-se que no parágrafo (3) do resumo, Espírito-Matéria é igualado à Vida – a Vida Una. O "Sopro Intracósmico" representa o aspecto do Grande Alento durante um período de manifestação (*Manvantara*). O "Estado *Laya*" na citação a seguir é uma condição que prevalece durante o período de repouso (*Pralaya*).

"Tudo que deixa o Estado *Laya* entra na Vida ativa, e é atraído ao torvelinho do MOVIMENTO (o Dissolvente Alquímico da Vida); Espírito e Matéria são dois aspectos do UNO, que não é nem Espírito nem Matéria, sendo ambos a VIDA ABSOLUTA, latente." (*Livro de Dzyan*, Com. III, par. 18) (I, 258)[937]

(...)

Repetimos: *os semelhantes devem produzir os semelhantes*. A Vida Absoluta não pode produzir um átomo inorgânico, seja simples ou complexo; e ainda no estado *Laya* existe a vida, exatamente do mesmo modo que o homem imerso em profundo sono cataléptico continua um ser vivente, embora com todas as aparências de um cadáver. (I, 258-9)[938]

O termo sânscrito no parágrafo (3), *Prakriti*, equiparado à Matéria, já foi bastante definido. *Purusha* nem tanto. O significado comum dessa palavra sânscrita é "homem". Deriva do verbo *pri*, encher, completar, guardar. Entretanto, a palavra também possui um significado filosófico que denota o princípio animador no homem, ou seja, o espírito ou alma. Nos Vedas, *Purusha* significa a fonte original do Universo, o Ser Supremo, e nesse sentido é usado em várias obras. Na filosofia *Sānkya*, *Purusha* é usado como um equivalente a Espírito (assim como no parágrafo 3), como um espectador passivo de *Prakriti* – a força criativa.

"O Espírito e a Matéria, ou *Purusha* e *Prakriti*, são somente os dois aspectos do Um sem Segundo" – tal é o ensinamento. (I, 51) [939]

(4) Todos os termos listados nesse parágrafo: Ideação Cósmica, *Mahat* ou Inteligência, a Alma-Mundo Universal; *Numeno* Cósmico da Matéria, *Mahā-Buddhi*, são sinônimos do aspecto filosófico do Terceiro *Logos* – o *Logos* Manifestado. Do ponto de vista das cosmogonias e teogonias, o Terceiro *Logos* representa a

---

936 Vol. I, p. 302, ed. 6 vol.; I, 279, 3ª ed.
937 Vol. I, p. 302, ed. 6 vol.; I, 278-9, 3ª ed.
938 *Ibid.*
939 Vol. I, p. 122, ed. 6 vol.; I, 82, 3ª ed.

divindade criadora, que produz a formação do mundo e seus seres. A ideia popular hindu de deus, *Brahmā*, representa esse ponto de vista.

Com relação a *Mahat*, aqui está uma breve definição:

> O único Grande Arquiteto do Universo *impessoal* é *MAHAT*, a Mente Universal. E *Mahat* é um símbolo, uma abstração, que assume um aspecto nebuloso, uma forma de entidade de todas as concepções materializantes do homem.[940]

A palavra significa, literalmente, "O Grande". Várias escolas de filosofia hindu consideram *Mahat* de forma diferente. Isso é claramente indicado na passagem a seguir:

> Segundo algumas escolas, *Mahat* é o primogênito de *Pradhāna* (substância não diferenciada, ou o aspecto periódico de *Mūlaprakriti*, a Raiz da Natureza), sendo *Pradhāna* chamada *Māyā*, a Ilusão. Sobre este ponto, creio que os ensinamentos esotéricos diferem da doutrina Vedantina, tanto da escola Advaita como da *Viśishthādvaita*:[941] pois dizem que, enquanto *Mūlaprakriti*, o *numeno*, é existente por si mesmo e sem origem, numa palavra, sem pais (*Anupādaka*) e uno com *Brahman*, *Prakriti*, seu fenômeno, é periódico e não passa de um fantasma ou projeção do primeiro. De igual modo, *Mahat*, o primogênito de *Jñāna* (ou *Gnose*), Conhecimento, Sabedoria do *Logos*, é um fantasma refletido do Absoluto *Nirguna* (*Parabrahman*), a Realidade Única, "sem atributos nem qualidades", ao passo que, para alguns vedantinos, *Mahat* é uma manifestação de *Prakriti* ou Matéria. (I, 62)[942]
>
> (...)
>
> Ora, o que é *Pradhāna*, senão *Mūlaprakriti*, a Raiz de Tudo sob outro aspecto?...
>
> (...)
>
> O *Ākāśa*, portanto, é *Pradhāna* sob outra forma;... Pois, *Mahat* é o primeiro produto de *Pradhāna* ou *Ākāśa*; e *Mahat* – a Inteligência Universal, "cuja *propriedade característica* é *Buddhi*" – outro não é senão o *Logos*, dando-se-lhe os nomes de *Īshvara*, *Brahmā*, *Bhāva*, etc. Em resumo, é o "Criador" ou a Mente Divina em sua função criadora, a "Causa de todas as coisas". (I, 256-7)[943]

Mahā-Buddhi, literalmente o "Grande *Buddhi*", é o sexto Princípio Cósmico e equivale a *Mahat* em algumas escolas de pensamento.

> A Alma Universal não é a Causa inerte da Criação, ou (*Para*) *Brahman*, mas simplesmente o que nós chamamos o Sexto Princípio do Cosmos *Intelectual*, no plano manifestado do ser. É *Mahat* ou *Mahābuddhi*, a Grande Alma, o Veículo do Espírito, o primeiro reflexo primordial da CAUSA sem forma, e aquilo que está ainda *além* do Espírito. (I, 420)[944]

---

940 *Transactions of the Blavatsky Lodge*, p. 41 [*Comentários sobre* A Doutrina Secreta, Brasília: Ed. Teosófica, p. 87, 2019 (Nota Ed. Bras.)].

941 Com relação às diferenças entre as escolas *Advaita* e *Viśishtādvaita*, ver a nota de rodapé da p. 517.

942 Vol. I, p. 131, ed. 6 vol.; I, 92, 3ª ed.

943 Vol. I, p. 300-1, ed. 6 vol.; I, 276-7, 3ª ed.

944 Vol. II, p. 138, ed. 6 vol.; I, 453, 3ª ed.

O parágrafo final do resumo menciona a Realidade Una em seu aspecto dual no Universo condicionado. Os dois aspectos da Realidade Una são a Mente Universal e a Substância Cósmica Primordial. A Mente Universal

> constitui a base do aspecto-*sujeito* do Ser manifestado, e é a fonte de todas as manifestações da consciência individual. *Mūlaprakriti*, ou a Substância Cósmica Primordial, é a base do aspecto-*objeto* das coisas – a base de toda a evolução e cosmogênese objetivas. A Força, então, não emerge com a Substância Primordial da latência *Parabrahmânica*. Ela é a *transformação em energia do pensamento supraconsciente* do *Logos*, energia infundida, por assim dizer, na objetividade deste último, saído da latência potencial da Realidade Una. (II, 24)[945]

Concluímos assim a exposição da Primeira Proposição Fundamental. Antes de passarmos ao próximo assunto, que será a consideração dos Três *Logoi* em relação com as *Estâncias de Dzyan*, será apropriado considerar a questão que provavelmente está sendo formulada na mente do leitor, se é que já não foi formulada e expressa. Podemos colocá-la dessa maneira: por que as cosmogonias e teogonias das várias nações tratam fundamentalmente do aspecto criativo, e mais ainda dos episódios genealógicos? E por que as narrativas sobre essas divindades são algumas vezes tão confusas que fica praticamente impossível correlacionar os acontecimentos com os ensinamentos da Sabedoria Antiga?

Uma resposta iluminadora a essas questões pode ser encontrada, mostrando a razão de o estudo dessa Primeira Proposição Fundamental ser tão importante. Ao mesmo tempo, faz uma referência à Segunda Proposição Fundamental, que deve ser mantida em mente mesmo quando consideramos a Primeira Proposição. Também nos é fornecida uma chave para descobrir uma interpretação dos três *Logoi* ao considerarmos os vários sistemas de cosmogonias e teogonias. Embora o trecho seja longo, seu estudo é do mais alto auxílio.

> São frequentes os elementos de confusão que se introduzem nos atributos e nas genealogias dos Deuses em suas Teogonias, o Alfa e o Ômega dos anais da ciência simbólica, tal como apresentada ao mundo pelos escritores semi-iniciados brâmanes e bíblicos. Essa confusão, no entanto, não poderia ocorrer por parte das nações primitivas, que se compunham de descendentes e discípulos dos Instrutores Divinos; pois os atributos, como as genealogias, estavam inseparavelmente ligados aos símbolos cosmogônicos, sendo os "Deuses" a vida e o "princípio-alma" que animam as diferentes regiões do Universo. Em nenhum lugar e a ninguém se permitia que as especulações passassem *além* desses Deuses *manifestados*. A Unidade sem limites, infinita, permanecia em todas as nações como terreno virgem proibido, até onde não se aventurava o pensamento humano nem se especulavam vãs teorias. A única alusão que se fazia girava em torno da concepção sumária de suas propriedades de diástole e sístole, de expansão periódica, ou dilatação e de contração. No Universo, com todas as suas incalculáveis miríades de sistemas e mundos, que desaparecem e reaparecem na eternidade, os poderes antropomórficos ou Deuses, suas Almas, tinham que desaparecer

945 Vol. III, p. 37, ed. 6 vol.; II, 27-8, 3ª ed.

também, com os seus corpos. Conforme diz o nosso *Catecismo*: "O Sopro retornando ao Seio Eterno que os exala e inala."

(...)

A Natureza ideal, o Espaço Abstrato, no qual todo o Universo é misteriosa e invisivelmente engendrado, constitui o aspecto feminino do poder procriativo da Natureza, tanto na Cosmogonia Védica como nas demais. Aditi é *Sephira*, e a Sofia dos gnósticos, e Ísis, a Virgem-Mãe de Hórus. (II, 42-3)[946]

Aditi é uma das mais antigas deusas hindus, muito mencionada no *Rig-Veda*. É a filha de Daksha e esposa de Kasyapa, é considerara a mãe dos *Ādityas* (as sete divindades da esfera celestial),[947] assim como de outros deuses. *A-diti* significa literalmente "não amarrada", livre; assim, é associada à Expansão Infinita – o Espaço. Na citação acima, Aditi representa a "divindade criadora", assim com Ísis entre os egípcios, simbolizando dessa forma o Terceiro *Logos*. O Ideador ou Arquiteto, superior à divindade criativa, é o Segundo *Logos*, enquanto que O Desconhecido representa o *Logos* Não Manifestado. Na continuação do extrato, Adão Kadmon, um termo cabalístico – geralmente traduzido por Homem Celestial, ou Humanidade idealizada –, na maior parte das vezes é equiparado ao Terceiro *Logos*; assim como o Pai-Mãe (Espírito-Matéria) representa o Segundo *Logos*.

Em todas as Cosmogonias, por trás da Divindade "Criadora", e acima dela, existe uma Divindade Superior, um Idealizador, ou Arquiteto, do qual o Criador não é mais que o agente executivo. Mais alto ainda, *por cima e ao redor, dentro e fora*, há o Incognoscível e o *Desconhecido*, a Fonte e a Causa de todas essas Emanações.

(...)

Portanto, é fácil explicar a razão pela qual Adão-Adami se encontra na Escritura caldeia, seguramente mais antiga que os Livros Mosaicos. Em assírio, *Ad* quer dizer o "pai"; em aramaico, *Ad* significa "um", e *Ad-ad* o "único um"; enquanto que, em assírio, *Ak* é "criador". Assim, *Ad-am-ak-ad-mon* veio a ser Adão-Kadmon, na Cabala (*Zohar*), com o sentido de "Único (Filho) do Divino Pai ou do Criador", pois os termos *am* e *om* significavam ao mesmo tempo, em quase todas as línguas, o *divino* ou a *divindade*. Desse modo, Adão-Kadmon e Adão-Adami chegaram a ter o significado de "a primeira Emanação do Pai-Mãe ou a Natureza Divina", e, literalmente, "o Primeiro Um Divino". É fácil verificar que *Ad*-Argat (ou *Aster't*, a Deusa síria esposa de *Ad-on*, o Senhor Deus da Síria ou o Adonai judeu), e Vênus, Ísis, Íster, Mylitta, Eva, etc., são idênticas a *Aditi* e *Vāch*[948] dos hindus. Todas são as "Mães de tudo o

946 Vol. III, p. 54, ed. 6 vol.; II, 46, 3ª ed.

947 Na "chave astronômica" os sete *Ādityas* são os regentes dos sete planetas.

948 *Vāch*: forma derivada do verbo *vāch*, falar; assim, fala. Também a fala personificada por uma deusa. Assim, nos Vedas, ela é representada como uma criação de *Prajāpati* (a divindade criadora ou Terceiro *Logos*) e casada com o deus. Podemos interpretar da seguinte maneira: uma vez que uma palavra é pronunciada, ela é "criada", e o resultado da palavra falada fica ligado (ou casado) com o seu criador. Em outros lugares, *Vāch* é até mesmo considerada a mãe dos *Vedas*. Isso ilustra as variações que ocorrem não apenas com relação às divindades, mas também quanto aos sistemas filosóficos. Este último pode ser claramente demonstrado através dos três segmentos da escola filosófica Vedantina, dividida em *Advaita*, *Dvaita* e *Viśishtādvaita*. A *Advaita* (*a*, não; *dvaita*, dual; assim, a Escola Não-Dualística) foi fundada por Sankaracharya. O ponto de vista não dual pode ser exemplificado por dois

que vive" e "dos deuses". Por outra parte, cósmica e astronomicamente, todos os deuses masculinos foram, em primeiro lugar, "Deuses-Sóis"; e depois, teologicamente, os "Sóis da Justiça" e os *Logoi*, todos simbolizados pelo Sol. Todos são *Protógonos* – Primogênitos – e *Microprosopos*. (II, 43)[949]

Microprosopos é um termo cabalístico que significa "Semblante Menor"; conforme usado aqui, significa *divindades menores*.

Pré-Manifestação e o *Logos* nas *Estâncias de Dzyan*

Um exemplo de cada termo, conforme usado nas *Estâncias de Dzyan*, auxiliará na compreensão dos ensinamentos relacionados à Cosmogênese e aos estágios Pré-Manifestação. Damos continuidade à Lista de Termos Equivalentes:[950]

PRALAYA – o estado Pré-Manifestação – conforme descrito:

A forma Una de Existência, sem limites, infinita, sem causa, permanecia sozinha, em um Sono sem Sonhos; e a Vida pulsava inconsciente no Espaço Universal, em toda a extensão daquela Onipresença... (Estância I, *śloka* 8)

(...)

O Universo estava mergulhado em *Paranishpanna*, para ser expirado por aquele que é, e todavia não é. Nada existia. (Estância I, *śloka* 6)

(...)

Paranishpanna é a perfeição absoluta que todas as existências alcançam no fim de um grande período de atividade, ou *Mahāmanvantara*, e em que permanecem durante o período seguinte de repouso. (I, 42)[951]

(...)

Por "aquele que é, e, todavia, não é", entende-se aquele Grande Sopro, do qual só podemos dizer que é a Existência Absoluta, sem que nos seja dado representá-lo em nossa imaginação como uma forma qualquer de Existência que possamos distinguir da Não-Existência. (I, 43)[952]

---

de seus ensinamentos: a identidade de *Ātman* com *Paramatman*; a identidade do espírito e matéria (*Purusha* e *Prakriti*). A escola Dualística, *Dvaita*, cujo fundador foi Madhva (nascido por volta de 1.200), sustentava visões contrárias, demonstrada nas cinco maiores diferenças: *Brahman* e *Ātman* são distintos – ou seja, duais, um ponto de vista dualístico; *Brahman* e *Prakriti* são distintos; *Ātman* e *Prakriti* são distintos; o espírito de um homem (*Ātman*) é distinto do de outro homem; uma parte da matéria (*Prakriti*) é distinta de outra parte da matéria. O terceiro sistema de pensamento, *Viśishtādvaita* (*viśish:* distinguir, particularizar; assim, chamada de Escola Não Dualística Qualificada, fundada por Rāmānuja no século 12), sustentava que o espírito do homem tinha identidade qualificada com *Brahman*; embora dependente e diferente de *Brahman*, no final o espírito do homem se unirá com *Brahman*. A Filosofia Esotérica esclarece e resolve os diferentes pontos de vista.

949 Vol. III, pp. 54-5, ed. 6 vol.; II, 46-7, 3ª ed.

950 Ver LISTA DE TERMOS EQUIVALENTES nas páginas 494 e 495. Cada termo é exemplificado por um *śloka* das *Estâncias de Dzyan*.

951 Vol. I, p. 115, ed. 6 vol.; I, 74, 3ª ed.

952 Vol. I, p. 116, ed. 6 vol.; I, 74-5, 3ª ed.

O PRINCÍPIO IMUTÁVEL – a frase que melhor expressa *Parabrahman* é:

Só as Trevas enchiam o Todo Sem Limites. (Estância I, *śloka* 5)
(...)
A Essência das Trevas sendo Luz Absoluta, as Trevas são consideradas como a representação alegórica apropriada da condição do Universo durante o *Pralaya*, ou seja, durante o repouso absoluto ou não ser, tal como aparece à nossa razão finita. (I, 69)[953]

OEAOHOO – um termo equivalente: "*Oeaohoo* é Uno." (Estância III, *śloka* 5)

Num sentido, *Oeaohoo* é a Raiz sem Raiz de Tudo e, portanto, uno com *Parabrahman*; noutro sentido, é um nome da Vida Una Manifestada, a Unidade Eterna vivente. (I, 68)[954]

MENTE UNIVERSAL: "A Mente Universal não existia." (Estância I, *śloka* 3)

O Universo ainda estava oculto no Pensamento Divino. (Estância II, *śloka* 6)

SVABHAVAT – *Ākāśa* – *Svabhavat* – Pai-Mãe: "O Pai-Mãe, *Svabhavat*, era só Trevas; e *Svabhavat* jazia nas Trevas. (Estância II, *śloka* 5)

Svabhavat, a "Essência Plástica" que preenche o Universo, é a raiz de todas as coisas. *Svabhavat* é, por assim dizer, o aspecto budista concreto da abstração denominada *Mūlaprakriti* na filosofia hindu. É o corpo da Alma, e aquilo que o Éter seria em relação ao *Ākāśa*, sendo este último o animador do primeiro. (I, 61)[955]

FOHAT: "Então Svabhavat envia Fohat para endurecer os Átomos." (Estância III, *śloka* 12)

Os primeiros cinco termos foram exemplificados. Os estágios de emanação dos três *Logoi* estão também descritos nas *Estâncias*. Outra vez, *Movimento* é descrito como o responsável pelo início da radiação, "o movimento universal, a vibração do Alento criador na Natureza". (I, 2)[956]

É o *Movimento* que dá origem ao *Logos*, o Verbo em Ocultismo. (I, 67)[957]

O termo usado para o *Primeiro Logos* nas *Estâncias* é Luz, que focaliza em um ponto ou Germe, e o *Raio* que emana da Luz se torna o *Segundo Logos*. O início do estágio do Primeiro *Logos* pode ser declarado como ocorrendo quando "A Última Vibração da Sétima Eternidade palpita através do Infinito". (Estância III, *śloka* 1)

953 Vol. I, p. 137, ed. 6 vol.; I, 98, 3ª ed.
954 Vol. I, p. 136, ed. 6 vol.; I, 98, 3ª ed.
955 Vol. I, p. 130, ed. 6 vol.; I, 90, 3ª ed.
956 Vol. I, p. 70, ed. 6 vol.; I, 32, 3ª ed.
957 Vol. I, p. 135, ed. 6 vol.; I, 96, 3ª ed.

"A última Vibração da Sétima Eternidade" do *Pralaya* transforma-se na primeira vibração do futuro *Manvantara* – a primeira vibração que anuncia a Aurora.

> A Vibração se propaga, tocando o Universo inteiro com sua veloz asa, e o Germe que mora nas trevas; as Trevas que sopram sobre as adormecidas Águas da Vida. (Estância III, *śloka* 2)

No começo da radiação do Primeiro *Logos* não há ainda uma atividade *externa*, nem existe diferenciação ou separação do Espírito-Matéria Cósmico Primordial (*Svabhavat*). Entretanto, há um processo ou estágio preparatório:

> A Mãe intumesce e se expande de dentro para fora, como o Botão de Lótus. (Estância III, *śloka* 1)
>
> A "Mãe" é *Mātri-Padma* – a "Mãe-Lótus", ou ainda, o "Ovo Eterno".
>
> O "vir a ser" do Segundo *Logos* é colocado nessas palavras:
>
> As Trevas irradiam a Luz [o Primeiro *Logos*], e a Luz emite um Raio [o Segundo *Logos*] solitário sobre as Águas e dentro das Entranhas da Mãe. O Raio atravessa o Ovo Virgem; faz o Ovo Eterno estremecer, e desprende o Germe não-Eterno (periódico), que se condensa no Ovo do Mundo. (Estância III, *śloka* 3)

O Ovo do Mundo é o primeiro estágio da Manifestação *externa*, ou seja, o Terceiro *Logos*, uma vez que o Primeiro *Logos* permanece sempre imanifesto.

> O Ovo Eterno tornar-se-á periódico apenas quando o raio do Primeiro *Logos* tiver reluzido do Germe latente em *Mātri-Padma*, que é o Ovo, a Matriz do Universo que há de ser.[958]

No estágio de emanação do Segundo *Logos*, o Espírito-Matéria (Pai-Mãe) ainda não está diferenciado, embora ainda potencialmente presente. Não é até a manifestação do Terceiro *Logos* que começa a diferenciação – ou separação de espírito e matéria. O processo de início da manifestação é assim descrito de forma alegórica nas *Estâncias*:

> O Pai-Mãe urde uma Tela, cujo extremo superior está unido ao Espírito (*Purusha*), Luz da Obscuridade Única, e, o inferior, à Matéria (*Prakriti*), sua Sombra. A Tela é o Universo, tecido com as Duas Substâncias combinadas em Uma, que é *Svabhavat*. (Estância III, *śloka* 10)

O *Māndhukya-Upanishad*, cujas elevadas palavras abrem a apresentação da Primeira Proposição Fundamental, é agora citado a fim de ampliar a ideia contida nas *Estâncias*. *Brahmā*, na citação, equivale ao Terceiro *Logos*.

> "Assim, como a aranha estende e recolhe a sua teia; assim como as plantas brotam da terra... assim também o Universo provém de Aquele que não desaparece" (I, I, 7). *Brahmā*, porque

958 *Transactions of the Blavatsky Lodge*, p. 69 [*Comentários sobre* A Doutrina Secreta, Brasília: Ed. Teosófica, p. 104, 2019 (Nota Ed. Bras.)].

o "Germe das Trevas desconhecidas" é o material de que tudo se desenvolve e evoluciona, "como a teia da aranha e a espuma da água", etc. Mas isto somente será expressivo e verdadeiro se o termo *Brahmā*, o "Criador", se derivar da raiz *brih*, crescer ou expandir-se. *Brahmā* expande-se e converte-se no Universo tecido de sua própria substância. (I, 83)[959]

"A Primeira Lição em Filosofia Esotérica"

Um fator muito importante deveria ser mantido sempre em mente:

A primeira lição da Filosofia Esotérica é que a Causa Incognoscível não evolui, nem conscientemente nem inconscientemente, limitando-se a exibir periodicamente *aspectos* diferentes de Si mesma para a percepção das mentes finitas. Ora, a Mente Coletiva — a Mente Universal — composta de inumeráveis e variadas Legiões de Poderes Criadores, por mais infinita que seja no Tempo Manifestado, é, não obstante, finita quando se compara com o Espaço Não-Nascido e Inalterável em seu aspecto essencial supremo. O que é finito não pode ser perfeito. (II, 487)[960]

Daí a necessidade de um período de repouso (*Pralaya*), a ser seguido por um período de atividade (*Manvantara*), para que outro esforço possa ser feito de forma a chegar-se mais próximo da perfeição. Essa é a ideia básica na Segunda Proposição Fundamental.

As doutrinas Esotéricas ensinam a existência de uma "forma antecedente de energia que passa por ciclos periódicos de fluxo e de refluxo, de repouso e de atividade" ... (I, 625)[961]

Então, quando chega o Grande Período de Repouso,

A Ciência Oculta ensina que a "Mãe" permanece difundida no Infinito, durante o *Pralaya*, como o Grande Abismo, as "Águas *secas* do Espaço", na curiosa expressão do *Catecismo*, e se converte em *úmida* somente após a separação e a passagem, sobre a sua face, de *Nārāyana*, "o Espírito que é a Chama invisível que nunca arde mas inflama tudo aquilo em que toca, e lhe dá a vida e o poder de geração". (I, 625-6)[962]

Com relação à palavra "Mãe" nesta citação: anteriormente, "Mãe" havia sido igualada a *Aditi* (o sinônimo védico de *Ākāśa*, ou Matéria-Raiz Pré-Cósmica), e esta interessante ressalva foi feita: o Sol e "seus sete Irmãos menores" (ou seja, "os Sete Planetas Sagrados") evolveram e agregaram-se "do seio de sua Mãe (*Aditi*), sendo esse seio a Matéria *prima*" — novamente *Ākāśa* ou *Mūlaprakriti*.

959 Vol. I, p. 148, ed. 6 vol.; I, 111, 3ª ed.
960 Vol. IV, p. 55, ed. 6 vol.; II, 511, 3ª ed.
961 Vol. II, p. 350-1, ed. 6 vol.; I, 686, 3ª ed.
962 Vol. II, p. 350-1, ed. 6 vol.; I, 686, 3ª ed.

Quanto a *Nārāyana*: esta palavra sânscrita tem o significado literal de "filho do homem". Entretanto, o termo é usado em um sentido filosófico no *Mahābhārata* e nos *Purānas*, como um equivalente de *Purusha* Cósmico – Homem Universal Primordial. *Nārāyana*, então, está associado a *Vishnu* ou ainda a *Brahmā* e às Águas Cósmicas. Por exemplo, no *Mahābhārata*, III, 189, 3, onde Vishnu diz: "'À água dei o nome de *nāra* nos tempos antigos, e portanto me chamo *Nārāyana*, pois este foi sempre o meio em que me desloquei' (*Ayana*)." (II, 591)[963]

> As "Águas" e a "Água" são o símbolo do *Ākāśa*, "o Oceano Primordial do Espaço", sobre o qual *Nārāyana*, o Espírito nascido de si mesmo, se move, apoiando-se *no que é a sua progênie.* (I, 458)[964]

Outra vez, referindo-se ao *Logos* Manifestado e ao Não Manifestado, *Īshvara* é considerado como o Manifestado, e *Nārāyana* representa o *Logos* Não Manifestado.[965] A relação entre o *Logos* Não Manifestado e o Manifestado é, é claro, "intermediada" pelo Segundo *Logos*, como já explicado.

O Ponto de Origem de um Sistema

Até agora a consideração do tema do "Vir a Ser" foi feita de um ponto de vista generalizante, ou de um ponto de vista "universal" e não "particular", não tendo sido designado qualquer "sistema particular". Falando de forma filosófica:

> O Universo existe em ideia no *Logos*, existe como uma impressão misteriosa na região da força e é, finalmente, transformado no Cosmos manifestado, objetivamente, quando essa força transfere sua própria imagem ou impulso para a matéria cósmica.[966]

O Ponto de Origem de um "sistema universal" pode ser comparado à Mônada *Universal*. Tal Mônada Universal contém a potência para trazer à existência inumeráveis *Mônadas Cósmicas*, que se manifestam como Sistema Solares. Da Mônada Cósmica emergem os sistemas planetários. O iniciador dessa emergência é chamado de *Manu* no esquema brâmane – com referência particular ao nosso sistema pla-

---

963 Vol. IV, p. 163, ed. 6 vol.; II, 625-6, 3ª ed.

964 Vol. II, p. 177, ed. 6 vol.; I, 494, 3ª ed.

965 *Transactions of the Blavatsky Lodge*, p. 13 [*Comentários sobre* A Doutrina Secreta, Brasília: Ed. Teosófica, p. 42, 2019 (Nota Ed. Bras.)].

966 Subba Row, em sua terceira palestra sobre a *Bhagavad-Gitā* [*Filosofia da Bhagavad-Gitā*, Ed. Teosófica, Brasília, 2019 (Nota Ed. Bras.)], publicada originalmente em *The Theosophist* (1887), para a qual H.P.B. aconselha o leitor a recorrer a H.P.B., na citação anterior, bem como no trecho seguinte (p. 93 ed. P.L.). Observe o seguinte: "Todo o Cosmos existe no *Logos* como um germe... Esse é o germe no qual todo o plano do Sistema Solar existe eternamente. A imagem existente no *Logos* se expande e amplifica quando comunicada com sua luz, e é manifestada na matéria quando a luz atua sobre *Mūlaprakriti*." (p. 92.)

netário da Terra. O iniciador primário é chamado *Manu Svāyambhuva* – a última palavra significando "o automanifestado", pois este brota do Princípio Imutável que nunca descansa.

> É d'ELE que emana o Grande *Logos Invisível*, que desenvolve todos os outros *Logoi*; o *Manu* Primordial, que dá vida aos outros *Manus*, que coletivamente fazem surgir o Universo e tudo quanto nele está contido, e que, no seu conjunto, formam o *Logos Manifestado*. Os *Comentários*, por isso, ensinam que, se nenhum *Dhyān-Chohan*, nem mesmo o mais elevado, pode conhecer por completo "o estado da precedente Evolução Cósmica..., os *Manus* têm o conhecimento de suas experiências em todas as Evoluções Cósmicas através da Eternidade".
> (...)
> ...o primeiro *Manu* é chamado *Svāyambhuva*, o "Automanifestado", o Filho do Pai *Não-Manifestado*...
> (...)
> O próprio *Manu* se diz criado por *Virāj* ou *Vaishvānara*, o Espírito da Humanidade, significando que sua Mônada emana do Princípio que jamais repousa, no início de cada nova Atividade Cósmica; daquele *Logos* ou Mônada UNIVERSAL (a coletividade dos *Elohim*) que *irradia de si mesma* todas as Mônadas Cósmicas que se convertem nos centros de atividade – os Progenitores dos inumeráveis Sistemas Solares, assim como das Mônadas *humanas*, ainda não diferenciadas, das Cadeias Planetárias, e de todos os seres que estas encerram. *Svāyambhuva*, ou "nascido de si mesmo", é o nome de cada Mônada Cósmica *que se converte no Centro de Força de onde surge uma Cadeia Planetária* (*são sete as Cadeias* em nosso Sistema). As irradiações desse Centro se convertem, por sua vez, em outros tantos *Manus Svāyambhuva* (nome genérico misterioso que significa muito mais do que aparenta), e cada um deles se converte, como Legião, no Criador de sua própria Humanidade. (II, 310-1)[967]

Com relação a isso, o termo equivalente a *Manu*, na Filosofia Esotérica, é *Dhyāni-Buddha*.

No extrato anterior foi fornecida uma pista sobre a origem das Mônadas humanas – o assunto dominante deste capítulo, cujo título é "Como o UM se tornou os Muitos". Novamente, esse é apenas um aspecto da Lei do "Vir a Ser". Embora possa parecer que tenhamos nos afastado muito do assunto, esse não é o caso, pois da mesma forma que a Mônada Cósmica é o centro radiante do seu sistema, também a Mônada humana é o centro radiante do seu sistema. Isso significa que os sete princípios que compõem a constituição humana são radiações ou emanações de uma fonte central, enquanto que a sua veste mais externa, o *Sthūla-Śarīra*, é na verdade composto de diminutas vidas, cada uma delas passando por transformações e evoluções cíclicas em compasso com o sistema como um todo, enquanto a hierarquia governar o seu sistema (isso é, durante a vida na Terra). Além do mais, da mesma forma que o Primeiro *Logos* permanece "não manifestado" através da atividade cíclica de um *Manvantara*, também a Essência Monádica permanece em seu plano – não se manifestando no Plano Físico.

---

967 Vol. III, pp. 311-2, ed. 6 vol.; II, 324-5, 3ª ed.

Porque *Ātman* é um com *Paramātman*, isto é, "sendo idêntico ao Espírito Universal, e o homem sendo uno com ele em sua essência", pergunta-se: "O que é então a Mônada propriamente dita?" A resposta é:

> É aquela centelha homogênea que se irradia em milhões de raios procedentes dos Sete Raios Primordiais, de que falaremos mais adiante. É a CENTELHA QUE EMANA DO RAIO INCRIADO – um mistério. (I, 571)[968]

Esse "mistério" permanece trancado dentro do segredo de *Ātma-Vidyā* – o Conhecimento Universal –, pois

> só *Ātman* é a única base, real e eterna de tudo, a Essência e o Conhecimento Absoluto, o *Kshetrajña*. (I, 570)[969]

Esse conhecimento absoluto é obtido em casos de elevado *Samādhi*, quando o estado *Turīya*, ou *Nirvāna* final, é alcançado. Explicando o termo:

Kshetrajña: este composto sânscrito pode ser traduzido literalmente como "o conhecedor no corpo", pois *kshetra* significa campo ou habitação; *jña*, conhecedor. Este termo é usado na *Bhagavad-Gitā*,[970] designando o princípio consciente no corpo, ou seja, o Ego Consciente, tecnicamente o aspecto *Buddhi-Manas* da constituição setenária do homem. *Kshetrajñesvara*, um termo cognato, significa "o Nobre Conhecedor". Na Filosofia Esotérica o termo "Testemunha" também é aplicado ao *Kshetrajña*.

Samādhi é o estado obtido pelo *Kshetrajña* – o conhecedor consciente. Também uma palavra composta: *sam*, "com" ou "junto"; *ā*, "para"; *dhā*, colocar ou segurar; então, colocar junto, segurar junto, com ênfase especial às faculdades mentais, pois o termo é aplicado ao oitavo e último estágio do *Yoga*, significando uma concentração intensa e suprema das faculdades mentais e espirituais. Como expresso anteriormente, quando os mais elevados estágios do *Samādhi* são alcançados, a obtenção do *Nirvāna* final pode ser conseguida. Como explicado em *A Voz do Silêncio*:

> *Samādhi* é o estágio em que o asceta perde a consciência de toda a individualidade, incluindo a sua. Torna-se o TODO.[971]

Quanto ao estado *Turīya*, este se refere especificamente aos quatro estados de consciência, ou o *Chatur Avasthās* do sistema *Tāraka Rāja-Yoga*. A própria palavra *Turīya* deriva da palavra *chatur*, o número quatro, literalmente o quarto estado – o mais elevado dos quatro estados de consciência, correspondendo a *Ātman* na classi-

---

968 Vol. II, p. 294, ed. 6 vol.; I, 624, 3ª ed.
969 Vol. II, p. 294, ed. 6 vol.; I, 623-4, 3ª ed.
970 Ed. Teosófica, Brasília, 2022 (Nota Ed. Bras.).
971 *A Voz do Silêncio*, p. 80, ed. or. [Ed. Teosófica, p. 77, 2022 (Nota Ed. Bras.)].

ficação quaternária da constituição do homem, naquele sistema. O (estado) *Turīya Avasthā* é descrito como

> quase um estado *Nirvānico* no *Samādhi*, que por si só é um estado de beatitude do *Yoga* contemplativo além deste plano. Uma condição da Tríade superior.[972]

Ātman, Buddhi, Manas. *Sankarāchārya*, o maior expoente da filosofia vedanta, descreveu o estado *Turīya* como uma condição

> quando o discípulo alcança aquele estado de consciência primordial, a beatitude absoluta, cuja natureza é a verdade, e que não tem forma nem ação, abandona este corpo ilusório de que se revestiu o *Ātman*, à semelhança do ator (que abandona) a roupa (que vestira). (I, 570)[973]

Surge o questionamento: uma vez que o conhecimento universal (*Ātma-Vidyā*) é obtido quando abandonamos o corpo ilusório, por que é necessário que *Ātman* assuma uma vestimenta *māyāvica* (ilusória)?

A resposta completa, com certeza, depende da doutrina do *Ātma-Vidyā*, assim como da compreensão da constituição do homem, mas a *base* para a sua compreensão está em perceber as ideias subjacentes que formam o assunto deste capítulo — especialmente com relação à emanação dos três *Logoi*. Isso pode ser comparado aos três princípios superiores da constituição setenária do homem — *Ātman, Buddhi* e *Manas* —, embora a analogia não deva ser levada tão longe. No texto que se segtue, *Manas* representa "a linha inferior do Triângulo", na analogia da Mônada humana, e novamente é referido como "o princípio necessário", enquanto que a Mônada universal, "a linha inferior do Triângulo", é representada pelo Terceiro *Logos* — *Mahat*. O "Espírito *puro*" é *Ātman*.

> Neste nosso plano não há potencialidade de criação ou autoconsciência em um Espírito *puro*, a não ser que a sua natureza, demasiado homogênea, perfeita — porque divina — se misture, por assim dizer, a uma essência já diferenciada, sendo por ela fortalecida. Só a linha inferior do Triângulo — que representa a primeira Tríade que emana da Mônada Universal — pode proporcionar essa consciência necessária no plano da Natureza diferenciada. Mas como podiam as puras Emanações, que, segundo esse princípio, deviam ser originariamente *inconscientes* (em nosso sentido), suprir de algum modo o Princípio requerido, se elas mal o possuíam? A resposta é difícil de compreender, a menos que se conheça bem a metafísica filosófica de uma série, sem princípio nem fim, de Renascimentos Cósmicos, e se esteja familiarizado com aquela lei imutável da Natureza, que é o MOVIMENTO ETERNO, cíclico e espiral, e por conseguinte progressivo, mesmo em seu aparente retrocesso. O Princípio Divino Único, o AQUILO sem nome dos *Vedas*, é o Todo Universal, que não pode ficar em "Absoluto Repouso", nem em seus aspectos e emanações espirituais, nem em seus átomos físicos, exceto durante as Noites de *Brahmā*. (II, 80)[974]

---

972 *Glossário Teosófico*, pp. 345-6.
973 Vol. II, p. 294, ed. 6 vol.; I, 623, 3ª ed.
974 Vol. III, p. 89-90, ed. 6 vol.; II, 84, 3ª ed.

As Noites de *Brahmā* são os *Pralayas*. "O Princípio Divino Único, o AQUILO sem nome dos *Vedas*" é a palavra sânscrita *TAT*, ou ainda o Ilimitado, o Princípio Imutável da Primeira Proposição Fundamental. É mencionado uma vez mais na citação seguinte, porque ali as ideias são claramente colocadas. Ao compreender esse postulado, o leitor pode obter certo entendimento da apresentação da Filosofia Esotérica – que é chamada de "o sistema".

> A lei fundamental do sistema, o ponto central de onde tudo surgiu e para onde tudo converge e gravita, e sobre o qual repousa toda a sua filosofia, é o PRINCÍPIO SUBSTANCIAL, Uno, Homogêneo, Divino: a Causa Radical Única.
>
> > ...Alguns poucos, cujas lâmpadas brilhavam mais, foram conduzidos,
> > De uma causa a outra causa, ao manancial secreto da Natureza,
> > E descobriram que um Princípio primordial deve ser...
>
> Chama-se "*Princípio Substancial*", pois torna-se "Substância" no plano do Universo manifestado (que não passa de uma ilusão), enquanto permanece um "Princípio" no ESPAÇO abstrato, visível e invisível, sem começo nem fim. É a realidade onipresente; impessoal, porque imanente em tudo e em cada uma das coisas. Sua *impessoalidade* é o conceito fundamental do sistema. Está latente em cada átomo do Universo; e no próprio Universo.
>
> (...)
>
> O Universo é a manifestação periódica daquela Essência Absoluta e desconhecida. Dar o nome de "Essência" é, contudo, pecar contra o próprio espírito da filosofia. Pois, embora o substantivo possa ser derivado, nesse caso, do verbo *esse*, "ser", ainda assim não pode ser identificado com um "ser" de qualquer tipo, que seja concebível pelo intelecto humano. Define-se melhor dizendo que AQUILO não é Espírito nem Matéria, mas ambos ao mesmo tempo. *Parabrahman* e *Mūlaprakriti* são, na realidade, UM, e, no entanto, Dois no conceito Universal do Manifestado, inclusive no do *Logos* UM, ou "Manifestação primeira"... (I, 273)[975]

Os estágios que marcam a aproximação de um período de manifestação (ou *Manvantara*) são recapitulados nessa citação:

> O primeiro estágio é o aparecimento do ponto potencial dentro do círculo – o *Logos* Não Manifestado. O segundo estágio é o disparar do Raio, a partir do ponto branco potencial, produzindo o primeiro ponto, chamado no *Zohar*, *Kether* ou *Sephira*. O terceiro estágio é a produção a partir de *Kether*, de *Chochmah* e *Binah*, deste modo constituindo o primeiro triângulo, que é o Terceiro *Logos* ou *Logos* manifestado – em outras palavras, o Universo subjetivo e objetivo. Além disso, deste *Logos* manifestado, emanarão os Sete Raios, que no *Zohar* são chamados os *Sephiroth* inferiores, e no Ocultismo oriental os sete raios primordiais. Daí procedem as inumeráveis séries de Hierarquias.[976]

---

975 Vol. I, pp. 316-7, ed. 6 vol.; I, 294, 3ª ed.

976 *Transactions of the Blavatsky Lodge*, p. 68 [*Comentários sobre* A Doutrina Secreta, Brasília: Ed. Teosófica, p. 102-3, 2019 (Nota Ed. Bras.)].

Os Sete Primordiais

Todos os termos do texto acima já foram explicados, com exceção de um deles: os Sete Raios. Conforme usado em *A Doutrina Secreta*, os Sete Raios fazem referência específica aos Sete Primordiais, também chamados de Sete Originais, com os quais está ligada a Essência Monádica. Há uma referência a isso na citação sobre *Ātman*, descrito como "a Centelha que emana do Raio Incriado – um mistério".

Como indicado anteriormente, o mistério não é divulgado, já que pertence à questão da emanação da Essência Monádica a partir de sua Fonte, assim como está ligado ao tema do Sol Central Espiritual. Esses tópicos permanecem tão além do alcance da finitude quanto o *Logos* Não Manifestado. No entanto, algumas poucas passagens podem ser indicadas, a fim de lançar alguma luz sobre os Sete Primordiais. Primeiro, um vislumbre das palavras místicas de um *śloka* de uma das *Estâncias de Dzyan*:

> Escutai, ó Filhos da Terra. Escutai os vossos Instrutores, os Filhos do Fogo. (Estância IV, *śloka* 1)

Aqui, "Filhos do Fogo" é um termo equivalente em significado aos Sete Primordiais. Uma nota é acrescentada:

> As expressões "Filhos do Fogo", "Filhos da Névoa de Fogo", e outras análogas, exigem um esclarecimento. Elas se relacionam com um grande mistério primitivo e universal...
> (...)
> "Filhos do Fogo" – porque foram os primeiros Seres (em *A Doutrina Secreta* são chamados de "Mentes" (*Ah-hi*), evoluídos do Fogo Primordial. (I, 86-7)[977]

Então o próximo *śloka*:

> Aprendei o que nós que descendemos dos Sete Primordiais, nós, que nascemos da Chama Primordial, aprendemos de nossos Pais. (Estância IV, *śloka* 2)

E a explicação:

> A distinção entre os "Primordiais" e os sete Construtores subsequentes consiste em que aqueles são o Raio e a Emanação direta do primeiro "Quatro Sagrado", a *Tetraktys*, ou seja, o Eternamente Autoexistente (eterno em *essência*, note-se bem, não em manifestação e distinto do UM Universal). Latentes, durante o *Pralaya*, e ativos, durante o *Manvantara*, o "Primordial" procede do "Pai-Mãe" (Espírito-Hilé ou *Ilus*); ao passo que o Quaternário manifestado e os Sete procedem unicamente da "Mãe". Esta última é a Virgem Mãe Imaculada, que fica sob a sombra, mas não é fecundada pelo Mistério Universal – quando ela surge do seu estado de *Laya* ou condição não diferenciada. Na realidade, é claro que todos são *um*;

977 Vol. I, pp. 150-1, ed. 6 vol.; I, 113-4, 3ª ed.

mas seus aspectos, nos vários planos do Ser, são diferentes. Os primeiros "Primordiais" são os Seres mais elevados da Escala da Existência. (I, 88)[978]

O Sol Central Espiritual

Especulando sobre a fonte do Plano Divino, a origem das estrelas e sóis, sistemas e Universos, acabamos voltando para aquele Espaço Total sem limites, no qual todas as esferas de manifestação têm existência, onde a Escuridão equivale à Luz Total. Ali, nessa Vastidão, se encontra o que a Filosofia Esotérica chama de Sol Central Espiritual.

> No oceano sem limites do espaço irradia o Sol Central Espiritual *Invisível*.[979]
> (...)
> Não ousamos sequer pensar sobre sua grandiosidade e perfeição infinitas. É suficiente saber que *Ele* existe e que *Ele* é todo sabedoria. Basta saber que em comum com as criaturas, nossas companheiras, possuímos uma centelha de *Sua* essência. O poder supremo que reverenciamos é o sem limites e sem fim — o grande "SOL CENTRAL ESPIRITUAL", por cujos atributos e efeitos visíveis de sua VONTADE inaudível, estamos cercados.

Poderíamos divisar uma Fonte mais sublime? As palavras de um *Comentário* falam dessa Fonte da seguinte maneira:

> Uma estrela resplandecente que se desprende do coração da Eternidade; o farol da esperança em cujos Sete Raios pendem os Sete Mundos do Ser. (I, 120)[980]

Os "Sete Raios" são os Sete Primordiais (como já explicado). Novamente são mencionados como as "Sete Luzes", conforme a explicação que segue o *Comentário* dá continuidade ao tema:

> Verdadeiramente é assim; uma vez que são as Sete Luzes cujos reflexos constituem as Mônadas humanas imortais — o *Ātman*, ou o Espírito radiante de toda criatura pertencente à família humana. Primeiro essa Luz Setenária; Depois, o "Mundo Divino" — as inumeráveis luzes acesas na Luz primordial — os *Buddhis*, ou Almas Divinas sem forma, do último Mundo *Arūpa* (sem forma). (I, 120)[981]

O significado da frase "as inumeráveis luzes acesas na Luz primordial — os *Buddhis*" refere-se a um dos *ślokas* das *Estâncias de Dzyan*:

> *Fohat* traça linhas espirais para unir a Sexta à Sétima — a Coroa. (Estância V, *śloka* 4)

---

978 Vol. I, p. 152, ed. 6 vol.; I, 116, 3ª ed.
979 *Ísis Sem Véu*, Vol. I, p. 302.
980 *Ibid.*, p. 29.
981 Vol. I, p. 179, ed. 6 vol.; I, 145, 3ª ed.

Uma explicação é adicionada ao *śloka*:

Este traçado de "linhas espirais" refere-se tanto à evolução dos Princípios do Homem quanto à evolução dos Princípios da Natureza; evolução que se processa gradualmente, como sucede com todas as coisas na Natureza. O Sexto Princípio do Homem (*Buddhi*, a Alma Divina), embora sendo um simples sopro em nossas concepções, contudo, ele algo material, quando comparado com o Espírito Divino (*Ātman*), do qual é mensageiro e veículo. (I, 119)[982]

Assim como *Fohat* era preeminente nos estágios de surgimento da manifestação de um sistema, assim também ele é representado como predominante na união de *Ātman* e *Buddhi*. No caso de um ser humano, portanto, isso constitui a "estrela resplandecente" que se desprende do "coração da Eternidade" – conforme a analogia do que ocorre na evolução da Mônada. As atividades de *Fohat* são descritas da seguinte maneira:

Fohat, em sua qualidade de AMOR DIVINO (Eros), o poder elétrico de afinidade e simpatia, é apresentado alegoricamente como buscando unir o Espírito puro, o Raio inseparável do Um Absoluto, com a Alma, constituindo os dois a Mônada no Homem, e na Natureza, o primeiro elo entre o sempre incondicionado e o manifestado. (I, 119)[983]

Voltando ao *śloka* anterior: "Nós, que descendemos dos Sete Primordiais, nós, que nascemos da Chama Primordial" (Estância IV, *śloka* 2): uma conexão pode ser verificada entre a Chama Primordial e o Sol Central Espiritual. Isso fica claro na seguinte explicação:

...há dois "Fogos", e os ensinamentos ocultos fazem uma distinção entre eles. Do primeiro, ou Fogo puramente *sem forma e invisível*, oculto *no Sol Central Espiritual*, diz-se que é Tríplice (metafisicamente); ao passo que o Fogo do Cosmos manifestado é Setenário, tanto no nosso Sistema Solar quanto em todo o Universo. "O fogo do conhecimento consome toda ação no plano da Ilusão" – diz o *Comentário*. "Portanto, os que o conquistaram, e estão emancipados, são chamados "Fogos". (I, 87)[984]

É por causa daqueles que conquistaram "o Fogo" e consumiram "toda ação no plano da ilusão" – este mundo de *Māyā* – que os "libertos" podem entrar no *Nirvāna* (conforme descrito na Doutrina das Duas Sendas). Testemunhe a consumação que ocorre quando aquele que é emancipado (conhecido como um *Jīvanmukta*, equivalente ao *Nirvānin* budista) obtém o estado *Nirvānico*:

Tu mesmo e a mente, como gêmeos em um mesmo nível, a estrela que é o teu guia brilhando acima, nas alturas. Os Três que residem na glória e na bem-aventurança inefáveis, agora

---

982 Vol. I, p. 178, ed. 6 vol.; I, 144, 3ª ed.
983 *Ibid.*
984 Vol. I, p. 151, ed. 6 vol.; I, 114-5, 3ª ed.

perderam os seus nomes no mundo de *Māyā*. Tornaram-se uma só estrela, o fogo que arde mas não queima, aquele fogo que é o *Upādhi* da Chama. (*Śloka* 88)

E isto, ó *Yogī* triunfante, é o que os homens chamam de *Dhyāna*, o verdadeiro precursor de *Samādhi*. (*Śloka* 89)

E agora o teu *ser* está perdido no Ser [*Self*], tu mesmo em TI MESMO, imerso naquele SER do qual anteriormente irradiaste. (*Śloka* 90)

Onde está a tua individualidade, *Lanoo*, onde está o próprio *Lanoo*? És a chispa perdida no fogo, a gota dentro do oceano, o raio de luz sempre presente, tornado o Todo e o fulgor eterno. (*Śloka* 91)

E agora, *Lanoo*, tu és o agente e a testemunha, o que irradia e a irradiação, a Luz no Som, e o Som na Luz.[985] (*Śloka* 92)

Então, falando sobre como tornar-se um *Atmajnanin* – um conhecedor de *Ātman*, ou o Ser Único Universal – e assim entrar no caminho que leva à aquisição do Conhecimento Universal:

Diz a grande Lei: "Para te tornares o *Conhecedor do Eu Total*, tens primeiro de ser o conhecedor do *Ser*." Para chegares ao conhecimento desse *Ser*, tens de abandonar o *eu* ao *Não Eu*, o Ser ao Não Ser, e poderás então repousar entre as asas da *Grande Ave*. Sim, suave é o descanso entre as asas daquilo que não nasce, nem morre, mas é o *AUM* através das idades eternas. (*Śloka* 19)[986]

Finalmente, o atingimento da meta:

E agora, descansa sob a árvore de *Bodhi*, que é a perfeição de todo o conhecimento, porque, sabe-o, és o Mestre de *Samādhi* – o estado da visão infalível. (*Śloka* 98)

Veja! Tu te tornaste a luz, tu te tornaste o Som, és o teu Mestre e o teu Deus. Tu próprio és o objeto da tua busca: a voz ininterrupta que soa através de eternidades, isenta de mudanças, isenta de pecados, os sete sons em um só. (*Śloka* 99)

A VOZ DO SILÊNCIO.[987]

---

985 *A Voz do Silêncio*, pp. 19-20, ed. or. [Ed. Teosófica, pp. 76-7, 4ª ed. 2022 (Nota Ed. Bras.)]. Uma nota é acrescentada com relação ao "*upādhi* da chama": "A base (*upādhi*) da chama sempre inatingível, enquanto o asceta está nesta vida." (p. 19)

986 *A Voz do Silencio*, p. 5 (ed. or.) [Ed. Teosófica, p. 56, 4ª ed., 2022 (Nota Ed. Bras.)]. "Idades eternas" é equivalente a um *Kalpa* ou Idade de *Brahmā* (cf. pp 74-5, ed. or.).

987 *Ibid.*, pp. 21-2 [Ed. Teosófica, pp. 79-80, 4ª ed., 2022 (Nota Ed. Bras.)].